# STATISTICAL YEARBOOK OF CHINA COMMODITY EXCHANGE MARKET

# 中国商品交易市场统计年鉴

# 2018

国家统计局贸易外经统计司 编

Compiled by
Department of Trade and External Economic Relations Statistics,
National Bureau of Statistics of China

中国统计出版社
China Statistics Press

**图书在版编目（CIP）数据**

中国商品交易市场统计年鉴 . 2018 / 国家统计局贸易外经统计司编 . -- 北京 : 中国统计出版社 , 2018.11
ISBN 978-7-5037-8736-2

Ⅰ . ①中… Ⅱ . ①国… Ⅲ . ①国内市场 – 统计资料 – 中国 – 2018 – 年鉴 Ⅳ . ① F723-66

中国版本图书馆 CIP 数据核字 (2018) 第 243216 号

中国商品交易市场统计年鉴—2018

作　　者 / 国家统计局贸易外经统计司
责任编辑 / 尹　伊
装帧设计 / 李雪燕
出版发行 / 中国统计出版社
通信地址 / 北京市丰台区西三环南路甲 6 号　邮政编码 /100073
网　　址 / http://csp.stats.gov.cn/
电　　话 / 邮购（010）63376907　书店 (010)68783172
印　　刷 / 河北鑫兆源印刷有限公司
经　　销 / 新华书店
开　　本 / 880 × 1230mm　1/16
字　　数 / 864 千字
印　　张 / 27.75
版　　别 / 2018 年 11 月第 1 版
版　　次 / 2018 年 11 月第 1 次印刷
定　　价 / 360.00 元

# 《中国商品交易市场统计年鉴—2018》
# 编辑委员会

# 编辑说明

一、《中国商品交易市场统计年鉴-2018》是反映我国大型商品交易市场全貌的资料性工具书，至今已连续出版了十九年，旨在通过大量、丰富、详实、具体和权威的统计数据，全面系统和多角度地反映中国大型商品交易市场发展情况。本年鉴是各级经济和市场管理部门、科研机构与大专院校分析研究市场、进行宏观调控和科学决策、理论研究和教学的重要资料；也是生产经营单位了解市场、获取商业信息的必备参考用书。

二、本年鉴分为三部分：第一部分综合篇，第二部分地区篇，第三部分市场篇，并附有主要统计指标解释。

三、本年鉴中的亿元商品交易市场统计范围为 2017 年成交额亿元及以上的商品交易市场。全国性数据未包括台湾省、香港特别行政区和澳门特别行政区。

四、本年鉴中的时期数据为 2017 年度，时点数据为 2017 年末，数据来自于 2017 年亿元以上商品交易市场统计年报。

五、本年鉴数据表格中的空白，表示该项统计指标数据为零或无该项数据。

# 目 录

# 第一部分 综合篇

简要说明：

本篇资料主要内容为亿元以上商品交易市场的基本情况，包括市场个数、摊位个数、营业面积、成交额，以及按照市场类别、摊位类别、经营方式、经营状态和经营环境的分组数据等。

# 1-1 历年商品交易市场情况

| 年 份 | 市场数(个) | 年末出租摊位数(个) | 营业面积(平方米) | 成交额(万元) |
|---|---|---|---|---|
| 2000 | 3087 | 2115115 | 82615615 | 156723889 |
| 2001 | 3273 | 2200662 | 93973140 | 177190514 |
| 2002 | 3258 | 2190814 | 103131711 | 198400373 |
| 2003 | 3265 | 2148866 | 109840363 | 215144785 |
| 2004 | 3365 | 2229818 | 124774690 | 261027342 |
| 2005 | 3323 | 2248803 | 131408239 | 300209160 |
| 2006 | 3876 | 2527987 | 180723148 | 371374661 |
| 2007 | 4121 | 2681630 | 198146314 | 440850978 |
| 2008 | 4567 | 2839070 | 212252204 | 524579577 |
| 2009 | 4687 | 2994781 | 232303299 | 579637907 |
| 2010 | 4940 | 3193365 | 248323113 | 727035303 |
| 2011 | 5075 | 3334787 | 262345039 | 820172688 |
| 2012 | 5194 | 3494122 | 278993712 | 930237663 |
| 2013 | 5089 | 3488170 | 288683344 | 983651254 |
| 2014 | 5023 | 3534757 | 295679201 | 1003099019 |
| 2015 | 4952 | 3468638 | 300657328 | 1001337865 |
| 2016 | 4861 | 3457899 | 300233736 | 1021396989 |
| 2017 | 4617 | 3347936 | 296917738 | 1082475882 |

# 1-2 历年商品交易市场变动

(比上年增长 %)

| 年 份 | 市场数 | 年末出租摊位数 | 营业面积 | 成交额 |
|---|---|---|---|---|
| 2001 | 6.03 | 4.04 | 13.75 | 13.06 |
| 2002 | -0.46 | -0.45 | 9.75 | 11.97 |
| 2003 | 0.21 | -1.91 | 6.50 | 8.44 |
| 2004 | 3.06 | 3.77 | 13.60 | 21.33 |
| 2005 | -1.25 | 0.85 | 5.32 | 15.01 |
| 2006 | 16.64 | 12.41 | 37.53 | 23.71 |
| 2007 | 6.32 | 6.08 | 9.64 | 18.71 |
| 2008 | 10.82 | 5.87 | 7.12 | 18.99 |
| 2009 | 2.63 | 5.48 | 9.45 | 10.50 |
| 2010 | 5.40 | 6.63 | 6.90 | 25.43 |
| 2011 | 2.73 | 4.43 | 5.65 | 12.81 |
| 2012 | 2.34 | 4.78 | 6.35 | 13.42 |
| 2013 | -2.02 | -0.17 | 3.47 | 5.74 |
| 2014 | -1.30 | 1.34 | 2.42 | 1.98 |
| 2015 | -1.41 | -1.87 | 1.68 | -0.18 |
| 2016 | -1.84 | -0.31 | -0.14 | 2.00 |
| 2017 | -5.02 | -3.18 | -1.10 | 5.98 |

# 1-3 商品交易市场总体情况

| 项　目 | 市场数量（个） | 总摊位数（个） | 年末出租摊位数（个） | 营业面积（平方米） | 成交额（万元） |
|---|---|---|---|---|---|
| **总　计** | **4617** | **3898122** | **3347936** | **296917738** | **1082475882** |
| **一、按市场类别分组** | | | | | |
| **1.综合市场** | **1309** | **1446325** | **1254329** | **81667819** | **258343310** |
| 生产资料综合市场 | 47 | 64097 | 54861 | 7876154 | 12991110 |
| 工业消费品综合市场 | 267 | 532080 | 462256 | 27002806 | 87057416 |
| 农产品综合市场 | 661 | 448938 | 393923 | 24491383 | 106817127 |
| 其他综合市场 | 334 | 401210 | 343289 | 22297476 | 51477657 |
| **2.专业市场** | **3308** | **2451797** | **2093607** | **215249919** | **824132572** |
| 生产资料市场 | 607 | 342027 | 271210 | 60941695 | 293306045 |
| 农业生产用具市场 | 17 | 5791 | 5038 | 1748938 | 2558870 |
| 农用生产资料市场 | 25 | 6186 | 5107 | 992256 | 1319961 |
| 煤炭市场 | 4 | 3346 | 3346 | 1983400 | 2640355 |
| 木材市场 | 40 | 16653 | 13414 | 5012998 | 6904882 |
| 建材市场 | 214 | 151491 | 111218 | 23310862 | 19616505 |
| 化工材料及制品市场 | 31 | 24895 | 17507 | 2090035 | 38461676 |
| 金属材料市场 | 195 | 88097 | 75558 | 20680741 | 197710185 |
| 机械设备市场 | 45 | 26991 | 24317 | 2701721 | 6793679 |
| 其他生产资料市场 | 36 | 18577 | 15705 | 2420744 | 17299932 |
| 农产品市场 | 937 | 587848 | 507207 | 42077829 | 193466821 |
| 粮油市场 | 100 | 32623 | 28544 | 3580674 | 16279748 |
| 肉禽蛋市场 | 108 | 46052 | 41729 | 2829124 | 14732650 |
| 水产品市场 | 139 | 77784 | 69077 | 4519338 | 36613008 |
| 蔬菜市场 | 274 | 216568 | 182064 | 16309891 | 42622444 |
| 干鲜果品市场 | 124 | 80036 | 67448 | 7344380 | 45887362 |
| 棉麻土畜、烟叶市场 | 15 | 21212 | 17270 | 1392911 | 4653624 |
| 其他农产品市场 | 177 | 113573 | 101075 | 6101511 | 32677985 |
| 食品、饮料及烟酒市场 | 117 | 79630 | 61089 | 3862885 | 12068037 |
| 食品饮料市场 | 34 | 25705 | 21936 | 1104023 | 3092380 |
| 茶叶市场 | 29 | 22682 | 12418 | 1070075 | 2548969 |
| 烟酒市场 | 10 | 3283 | 2872 | 279688 | 1046112 |
| 其他食品饮料及烟酒市场 | 44 | 27960 | 23863 | 1409099 | 5380576 |
| 纺织、服装、鞋帽市场 | 511 | 738536 | 659568 | 34579515 | 151693011 |
| 布料及纺织品市场 | 67 | 123511 | 107392 | 9905598 | 65874385 |
| 服装市场 | 327 | 451953 | 404441 | 19550359 | 58261792 |
| 鞋帽市场 | 38 | 28847 | 25170 | 1325945 | 6333363 |
| 其他纺织服装鞋帽市场 | 79 | 134225 | 122565 | 3797613 | 21223471 |
| 日用品及文化用品市场 | 79 | 62512 | 51774 | 2926604 | 12027522 |
| 小商品市场 | 32 | 29641 | 26994 | 1022027 | 4545242 |
| 箱包市场 | 5 | 6470 | 4986 | 591400 | 1855460 |
| 玩具市场 | 4 | 5133 | 1699 | 369874 | 251107 |
| 文具市场 | 4 | 1050 | 987 | 117446 | 174686 |
| 图书、报刊杂志市场 | 6 | 1217 | 1174 | 69274 | 357339 |
| 音像制品及电子出版物市场 | 3 | 691 | 609 | 20500 | 158490 |
| 体育用品市场 | 1 | 324 | 260 | 12800 | 18000 |
| 其他日用品及文化用品市场 | 24 | 17986 | 15065 | 723283 | 4667198 |

1-3　续表

| 项　　目 | 市场数量(个) | 总摊位数(个) | 年末出租摊位数(个) | 营业面积(平方米) | 成交额(万元) |
|---|---|---|---|---|---|
| 黄金、珠宝、玉器等首饰市场 | 25 | 18710 | 15038 | 2556322 | 6944937 |
| 电器、通讯器材、电子设备市场 | 121 | 59869 | 51019 | 3190272 | 7890850 |
| 家电市场 | 32 | 12646 | 10781 | 1478308 | 3040354 |
| 通讯器材市场 | 20 | 11654 | 10026 | 406971 | 1106072 |
| 照相、摄像器材市场 | 3 | 1039 | 972 | 56320 | 90725 |
| 计算机及辅助设备市场 | 56 | 28716 | 24275 | 1076893 | 3073904 |
| 其他电器、通讯器材、电子设备市场 | 10 | 5814 | 4965 | 171780 | 579795 |
| 医药、医疗用品及器材市场 | 22 | 75267 | 42416 | 2630857 | 13147475 |
| 中药材市场 | 22 | 75267 | 42416 | 2630857 | 13147475 |
| 其他医药、医疗用品及器材市场 | | | | | |
| 家具、五金及装饰材料市场 | 555 | 326050 | 294399 | 43158975 | 54426323 |
| 家具市场 | 174 | 93569 | 85677 | 16805644 | 17776577 |
| 装饰材料市场 | 221 | 119583 | 108397 | 15677993 | 18554388 |
| 灯具市场 | 16 | 7579 | 6899 | 1202935 | 2312978 |
| 厨具、盥洗设备市场 | 6 | 3717 | 2997 | 346048 | 274113 |
| 五金材料市场 | 77 | 57180 | 49582 | 4169937 | 10486377 |
| 其他装修市场 | 61 | 44422 | 40847 | 4956418 | 5021890 |
| 汽车、摩托车及零配件市场 | 250 | 91431 | 77339 | 14528325 | 66212034 |
| 汽车市场 | 178 | 53510 | 45263 | 11302105 | 56369697 |
| 摩托车市场 | 10 | 3836 | 3489 | 276930 | 525805 |
| 机动车零配件市场 | 62 | 34085 | 28587 | 2949290 | 9316532 |
| 花、鸟、鱼、虫市场 | 28 | 23115 | 22236 | 1468675 | 4755482 |
| 花卉市场 | 23 | 21587 | 20716 | 1407088 | 4532793 |
| 鸟市场 | | | | | |
| 观赏鱼市场 | | | | | |
| 其他花鸟鱼虫市场 | 5 | 1528 | 1520 | 61587 | 222689 |
| 旧货市场 | 12 | 7137 | 6461 | 235185 | 318320 |
| 古玩、古董、字画市场 | 2 | 875 | 690 | 27840 | 20339 |
| 邮票、硬币市场 | | | | | |
| 其他旧货市场 | 10 | 6262 | 5771 | 207345 | 297981 |
| 其他专业市场 | 44 | 39665 | 33851 | 3092780 | 7875715 |
| **二、按营业状态分组** | | | | | |
| 1.常年营业 | 4563 | 3860942 | 3325256 | 293795428 | 1076558874 |
| 2.季节性营业 | 50 | 35464 | 21214 | 3036744 | 5704982 |
| 3.其他 | 4 | 1716 | 1466 | 85566 | 212026 |
| **三、按经营方式分组** | | | | | |
| 1.以批发为主 | 2678 | 2763661 | 2339816 | 232212743 | 939968519 |
| 2.以零售为主 | 1939 | 1134461 | 1008120 | 64704995 | 142507363 |
| **四、按经营环境分组** | | | | | |
| 1.露天式 | 647 | 403880 | 361685 | 50949587 | 130855067 |
| 2.封闭式 | 3400 | 3019449 | 2587223 | 203671680 | 784210896 |
| 3.其他 | 570 | 474793 | 399028 | 42296471 | 167409919 |

# 1-4 商品交易市场情况(按营业状态分)

(常年营业)

| 项 目 | 市场数量 (个) | 总摊位数 (个) | 年末出租摊位数 (个) | 营业面积 (平方米) | 成交额 (万元) |
|---|---|---|---|---|---|
| **总 计** | **4563** | **3860942** | **3325256** | **293795428** | **1076558874** |
| **1.综合市场** | **1304** | **1441190** | **1249553** | **81574526** | **258189956** |
| 生产资料综合市场 | 47 | 64097 | 54861 | 7876154 | 12991110 |
| 工业消费品综合市场 | 267 | 532080 | 462256 | 27002806 | 87057416 |
| 农产品综合市场 | 657 | 444877 | 389971 | 24417090 | 106716502 |
| 其他综合市场 | 333 | 400136 | 342465 | 22278476 | 51424928 |
| **2.专业市场** | **3259** | **2419752** | **2075703** | **212220902** | **818368918** |
| 生产资料市场 | 605 | 341896 | 271079 | 60825629 | 293177931 |
| 农业生产用具市场 | 17 | 5791 | 5038 | 1748938 | 2558870 |
| 农用生产资料市场 | 24 | 6146 | 5067 | 912256 | 1290461 |
| 煤炭市场 | 4 | 3346 | 3346 | 1983400 | 2640355 |
| 木材市场 | 39 | 16562 | 13323 | 4976932 | 6806268 |
| 建材市场 | 214 | 151491 | 111218 | 23310862 | 19616505 |
| 化工材料及制品市场 | 31 | 24895 | 17507 | 2090035 | 38461676 |
| 金属材料市场 | 195 | 88097 | 75558 | 20680741 | 197710185 |
| 机械设备市场 | 45 | 26991 | 24317 | 2701721 | 6793679 |
| 其他生产资料市场 | 36 | 18577 | 15705 | 2420744 | 17299932 |
| 农产品市场 | 899 | 569421 | 492997 | 39475079 | 188980154 |
| 粮油市场 | 99 | 32610 | 28531 | 3447274 | 16248748 |
| 肉禽蛋市场 | 108 | 46052 | 41729 | 2829124 | 14732650 |
| 水产品市场 | 136 | 77319 | 68710 | 4469998 | 36478508 |
| 蔬菜市场 | 252 | 207250 | 174545 | 14563133 | 39126106 |
| 干鲜果品市场 | 115 | 71902 | 61574 | 6773048 | 45195263 |
| 棉麻土畜、烟叶市场 | 13 | 20935 | 16993 | 1366191 | 4592094 |
| 其他农产品市场 | 176 | 113353 | 100915 | 6026311 | 32606785 |
| 食品、饮料及烟酒市场 | 114 | 69157 | 60312 | 3777385 | 11410442 |
| 食品饮料市场 | 33 | 25354 | 21585 | 1093523 | 3050377 |
| 茶叶市场 | 27 | 12560 | 11992 | 995075 | 1933377 |
| 烟酒市场 | 10 | 3283 | 2872 | 279688 | 1046112 |
| 其他食品饮料及烟酒市场 | 44 | 27960 | 23863 | 1409099 | 5380576 |
| 纺织、服装、鞋帽市场 | 509 | 737548 | 658580 | 34403664 | 151417834 |
| 布料及纺织品市场 | 67 | 123511 | 107392 | 9905598 | 65874385 |
| 服装市场 | 325 | 450965 | 403453 | 19374508 | 57986615 |
| 鞋帽市场 | 38 | 28847 | 25170 | 1325945 | 6333363 |
| 其他纺织服装鞋帽市场 | 79 | 134225 | 122565 | 3797613 | 21223471 |
| 日用品及文化用品市场 | 79 | 62512 | 51774 | 2926604 | 12027522 |
| 小商品市场 | 32 | 29641 | 26994 | 1022027 | 4545242 |
| 箱包市场 | 5 | 6470 | 4986 | 591400 | 1855460 |

1-4 续表 1

(常年营业)

| 项　　目 | 市场数量(个) | 总摊位数(个) | 年末出租摊位数(个) | 营业面积(平方米) | 成交额(万元) |
|---|---|---|---|---|---|
| 玩具市场 | 4 | 5133 | 1699 | 369874 | 251107 |
| 文具市场 | 4 | 1050 | 987 | 117446 | 174686 |
| 图书、报刊杂志市场 | 6 | 1217 | 1174 | 69274 | 357339 |
| 音像制品及电子出版物市场 | 3 | 691 | 609 | 20500 | 158490 |
| 体育用品市场 | 1 | 324 | 260 | 12800 | 18000 |
| 其他日用品及文化用品市场 | 24 | 17986 | 15065 | 723283 | 4667198 |
| 黄金、珠宝、玉器等首饰市场 | 25 | 18710 | 15038 | 2556322 | 6944937 |
| 电器、通讯器材、电子设备市场 | 121 | 59869 | 51019 | 3190272 | 7890850 |
| 家电市场 | 32 | 12646 | 10781 | 1478308 | 3040354 |
| 通讯器材市场 | 20 | 11654 | 10026 | 406971 | 1106072 |
| 照相、摄像器材市场 | 3 | 1039 | 972 | 56320 | 90725 |
| 计算机及辅助设备市场 | 56 | 28716 | 24275 | 1076893 | 3073904 |
| 其他电器、通讯器材、电子设备市场 | 10 | 5814 | 4965 | 171780 | 579795 |
| 医药、医疗用品及器材市场 | 21 | 75236 | 42385 | 2629357 | 13123875 |
| 中药材市场 | 21 | 75236 | 42385 | 2629357 | 13123875 |
| 其他医药、医疗用品及器材市场 | | | | | |
| 家具、五金及装饰材料市场 | 553 | 325055 | 293532 | 43144975 | 54266605 |
| 家具市场 | 174 | 93569 | 85677 | 16805644 | 17776577 |
| 装饰材料市场 | 220 | 119238 | 108052 | 15673993 | 18436823 |
| 灯具市场 | 16 | 7579 | 6899 | 1202935 | 2312978 |
| 厨具、盥洗设备市场 | 6 | 3717 | 2997 | 346048 | 274113 |
| 五金材料市场 | 76 | 56530 | 49060 | 4159937 | 10444224 |
| 其他装修市场 | 61 | 44422 | 40847 | 4956418 | 5021890 |
| 汽车、摩托车及零配件市场 | 250 | 91431 | 77339 | 14528325 | 66212034 |
| 汽车市场 | 178 | 53510 | 45263 | 11302105 | 56369697 |
| 摩托车市场 | 10 | 3836 | 3489 | 276930 | 525805 |
| 机动车零配件市场 | 62 | 34085 | 28587 | 2949290 | 9316532 |
| 花、鸟、鱼、虫市场 | 28 | 23115 | 22236 | 1468675 | 4755482 |
| 花卉市场 | 23 | 21587 | 20716 | 1407088 | 4532793 |
| 鸟市场 | | | | | |
| 观赏鱼市场 | | | | | |
| 其他花鸟鱼虫市场 | 5 | 1528 | 1520 | 61587 | 222689 |
| 旧货市场 | 12 | 7137 | 6461 | 235185 | 318320 |
| 古玩、古董、字画市场 | 2 | 875 | 690 | 27840 | 20339 |
| 邮票、硬币市场 | | | | | |
| 其他旧货市场 | 10 | 6262 | 5771 | 207345 | 297981 |
| 其他专业市场 | 43 | 38665 | 32951 | 3059430 | 7842932 |

1-4 续表 2

(季节性营业)

| 项　　目 | 市场数量(个) | 总摊位数(个) | 年末出租摊位数(个) | 营业面积(平方米) | 成交额(万元) |
|---|---|---|---|---|---|
| **总　计** | **50** | **35464** | **21214** | **3036744** | **5704982** |
| **1.综合市场** | **4** | **4061** | **3952** | **74293** | **100625** |
| 生产资料综合市场 | | | | | |
| 工业消费品综合市场 | | | | | |
| 农产品综合市场 | 4 | 4061 | 3952 | 74293 | 100625 |
| 其他综合市场 | | | | | |
| **2.专业市场** | **46** | **31403** | **17262** | **2962451** | **5604357** |
| 生产资料市场 | 1 | 40 | 40 | 80000 | 29500 |
| 农业生产用具市场 | | | | | |
| 农用生产资料市场 | 1 | 40 | 40 | 80000 | 29500 |
| 煤炭市场 | | | | | |
| 木材市场 | | | | | |
| 建材市场 | | | | | |
| 化工材料及制品市场 | | | | | |
| 金属材料市场 | | | | | |
| 机械设备市场 | | | | | |
| 其他生产资料市场 | | | | | |
| 农产品市场 | 37 | 18227 | 14010 | 2582750 | 4467987 |
| 粮油市场 | 1 | 13 | 13 | 133400 | 31000 |
| 肉禽蛋市场 | | | | | |
| 水产品市场 | 3 | 465 | 367 | 49340 | 134500 |
| 蔬菜市场 | 22 | 9318 | 7519 | 1746758 | 3496338 |
| 干鲜果品市场 | 9 | 8134 | 5874 | 571332 | 692099 |
| 棉麻土畜、烟叶市场 | 1 | 77 | 77 | 6720 | 42850 |
| 其他农产品市场 | 1 | 220 | 160 | 75200 | 71200 |
| 食品、饮料及烟酒市场 | 2 | 10122 | 426 | 75000 | 615592 |
| 食品饮料市场 | | | | | |
| 茶叶市场 | 2 | 10122 | 426 | 75000 | 615592 |
| 烟酒市场 | | | | | |
| 其他食品饮料及烟酒市场 | | | | | |
| 纺织、服装、鞋帽市场 | 2 | 988 | 988 | 175851 | 275177 |
| 布料及纺织品市场 | | | | | |
| 服装市场 | 2 | 988 | 988 | 175851 | 275177 |
| 鞋帽市场 | | | | | |
| 其他纺织服装鞋帽市场 | | | | | |
| 日用品及文化用品市场 | | | | | |
| 小商品市场 | | | | | |
| 箱包市场 | | | | | |

1-4　续表 3

(季节性营业)

| 项　　目 | 市场数量(个) | 总摊位数(个) | 年末出租摊位数(个) | 营业面积(平方米) | 成交额(万元) |
|---|---|---|---|---|---|
| 玩具市场 | | | | | |
| 文具市场 | | | | | |
| 图书、报刊杂志市场 | | | | | |
| 音像制品及电子出版物市场 | | | | | |
| 体育用品市场 | | | | | |
| 其他日用品及文化用品市场 | | | | | |
| 黄金、珠宝、玉器等首饰市场 | | | | | |
| 电器、通讯器材、电子设备市场 | | | | | |
| 家电市场 | | | | | |
| 通讯器材市场 | | | | | |
| 照相、摄像器材市场 | | | | | |
| 计算机及辅助设备市场 | | | | | |
| 其他电器、通讯器材、电子设备市场 | | | | | |
| 医药、医疗用品及器材市场 | 1 | 31 | 31 | 1500 | 23600 |
| 中药材市场 | 1 | 31 | 31 | 1500 | 23600 |
| 其他医药、医疗用品及器材市场 | | | | | |
| 家具、五金及装饰材料市场 | 2 | 995 | 867 | 14000 | 159718 |
| 家具市场 | | | | | |
| 装饰材料市场 | 1 | 345 | 345 | 4000 | 117565 |
| 灯具市场 | | | | | |
| 厨具、盥洗设备市场 | | | | | |
| 五金材料市场 | 1 | 650 | 522 | 10000 | 42153 |
| 其他装修市场 | | | | | |
| 汽车、摩托车及零配件市场 | | | | | |
| 汽车市场 | | | | | |
| 摩托车市场 | | | | | |
| 机动车零配件市场 | | | | | |
| 花、鸟、鱼、虫市场 | | | | | |
| 花卉市场 | | | | | |
| 鸟市场 | | | | | |
| 观赏鱼市场 | | | | | |
| 其他花鸟鱼虫市场 | | | | | |
| 旧货市场 | | | | | |
| 古玩、古董、字画市场 | | | | | |
| 邮票、硬币市场 | | | | | |
| 其他旧货市场 | | | | | |
| 其他专业市场 | 1 | 1000 | 900 | 33350 | 32783 |

1-4 续表 4

(其他)

| 项　目 | 市场数量（个） | 总摊位数（个） | 年末出租摊位数（个） | 营业面积（平方米） | 成交额（万元） |
|---|---|---|---|---|---|
| **总　计** | **4** | **1716** | **1466** | **85566** | **212026** |
| **1.综合市场** | **1** | **1074** | **824** | **19000** | **52729** |
| 生产资料综合市场 | | | | | |
| 工业消费品综合市场 | | | | | |
| 农产品综合市场 | | | | | |
| 其他综合市场 | 1 | 1074 | 824 | 19000 | 52729 |
| **2.专业市场** | **3** | **642** | **642** | **66566** | **159297** |
| 生产资料市场 | 1 | 91 | 91 | 36066 | 98614 |
| 农业生产用具市场 | | | | | |
| 农用生产资料市场 | | | | | |
| 煤炭市场 | | | | | |
| 木材市场 | 1 | 91 | 91 | 36066 | 98614 |
| 建材市场 | | | | | |
| 化工材料及制品市场 | | | | | |
| 金属材料市场 | | | | | |
| 机械设备市场 | | | | | |
| 其他生产资料市场 | | | | | |
| 农产品市场 | 1 | 200 | 200 | 20000 | 18680 |
| 粮油市场 | | | | | |
| 肉禽蛋市场 | | | | | |
| 水产品市场 | | | | | |
| 蔬菜市场 | | | | | |
| 干鲜果品市场 | | | | | |
| 棉麻土畜、烟叶市场 | 1 | 200 | 200 | 20000 | 18680 |
| 其他农产品市场 | | | | | |
| 食品、饮料及烟酒市场 | 1 | 351 | 351 | 10500 | 42003 |
| 食品饮料市场 | 1 | 351 | 351 | 10500 | 42003 |
| 茶叶市场 | | | | | |
| 烟酒市场 | | | | | |
| 其他食品饮料及烟酒市场 | | | | | |
| 纺织、服装、鞋帽市场 | | | | | |
| 布料及纺织品市场 | | | | | |
| 服装市场 | | | | | |
| 鞋帽市场 | | | | | |
| 其他纺织服装鞋帽市场 | | | | | |
| 日用品及文化用品市场 | | | | | |
| 小商品市场 | | | | | |
| 箱包市场 | | | | | |

1-4 续表 5

(其他)

| 项 目 | 市场数量（个） | 总摊位数（个） | 年末出租摊位数（个） | 营业面积（平方米） | 成交额（万元） |
|---|---|---|---|---|---|
| 玩具市场 | | | | | |
| 文具市场 | | | | | |
| 图书、报刊杂志市场 | | | | | |
| 音像制品及电子出版物市场 | | | | | |
| 体育用品市场 | | | | | |
| 其他日用品及文化用品市场 | | | | | |
| 黄金、珠宝、玉器等首饰市场 | | | | | |
| 电器、通讯器材、电子设备市场 | | | | | |
| 家电市场 | | | | | |
| 通讯器材市场 | | | | | |
| 照相、摄像器材市场 | | | | | |
| 计算机及辅助设备市场 | | | | | |
| 其他电器、通讯器材、电子设备市场 | | | | | |
| 医药、医疗用品及器材市场 | | | | | |
| 中药材市场 | | | | | |
| 其他医药、医疗用品及器材市场 | | | | | |
| 家具、五金及装饰材料市场 | | | | | |
| 家具市场 | | | | | |
| 装饰材料市场 | | | | | |
| 灯具市场 | | | | | |
| 厨具、盥洗设备市场 | | | | | |
| 五金材料市场 | | | | | |
| 其他装修市场 | | | | | |
| 汽车、摩托车及零配件市场 | | | | | |
| 汽车市场 | | | | | |
| 摩托车市场 | | | | | |
| 机动车零配件市场 | | | | | |
| 花、鸟、鱼、虫市场 | | | | | |
| 花卉市场 | | | | | |
| 鸟市场 | | | | | |
| 观赏鱼市场 | | | | | |
| 其他花鸟鱼虫市场 | | | | | |
| 旧货市场 | | | | | |
| 古玩、古董、字画市场 | | | | | |
| 邮票、硬币市场 | | | | | |
| 其他旧货市场 | | | | | |
| 其他专业市场 | | | | | |

# 1-5 商品交易市场情况(按经营方式分)

(批发为主)

| 项目 | 市场数量(个) | 总摊位数(个) | 年末出租摊位数(个) | 营业面积(平方米) | 成交额(万元) |
|---|---|---|---|---|---|
| **总计** | **2678** | **2763661** | **2339816** | **232212743** | **939968519** |
| **1.综合市场** | **527** | **928212** | **798454** | **65057969** | **216119733** |
| 生产资料综合市场 | 45 | 60259 | 51023 | 7775014 | 12931011 |
| 工业消费品综合市场 | 131 | 372312 | 320086 | 20362018 | 73762601 |
| 农产品综合市场 | 221 | 241832 | 211883 | 20189132 | 88025708 |
| 其他综合市场 | 130 | 253809 | 215462 | 16731805 | 41400413 |
| **2.专业市场** | **2151** | **1835449** | **1541362** | **167154774** | **723848786** |
| 生产资料市场 | 571 | 328363 | 258368 | 58411504 | 290547603 |
| 农业生产用具市场 | 17 | 5791 | 5038 | 1748938 | 2558870 |
| 农用生产资料市场 | 25 | 6186 | 5107 | 992256 | 1319961 |
| 煤炭市场 | 4 | 3346 | 3346 | 1983400 | 2640355 |
| 木材市场 | 40 | 16653 | 13414 | 5012998 | 6904882 |
| 建材市场 | 178 | 137827 | 98376 | 20780671 | 16858063 |
| 化工材料及制品市场 | 31 | 24895 | 17507 | 2090035 | 38461676 |
| 金属材料市场 | 195 | 88097 | 75558 | 20680741 | 197710185 |
| 机械设备市场 | 45 | 26991 | 24317 | 2701721 | 6793679 |
| 其他生产资料市场 | 36 | 18577 | 15705 | 2420744 | 17299932 |
| 农产品市场 | 696 | 477625 | 408637 | 39343657 | 183656801 |
| 粮油市场 | 89 | 25099 | 21203 | 3460914 | 15784946 |
| 肉禽蛋市场 | 58 | 22132 | 21295 | 2372792 | 12662714 |
| 水产品市场 | 107 | 62600 | 55002 | 4201687 | 34876334 |
| 蔬菜市场 | 241 | 204958 | 170611 | 15802251 | 41370402 |
| 干鲜果品市场 | 122 | 79816 | 67238 | 7341080 | 45829362 |
| 棉麻土畜、烟叶市场 | 13 | 20212 | 16270 | 1306311 | 4574944 |
| 其他农产品市场 | 66 | 62808 | 57018 | 4858622 | 28558099 |
| 食品、饮料及烟酒市场 | 80 | 61027 | 45546 | 3215213 | 10754666 |
| 食品饮料市场 | 19 | 16149 | 14502 | 739373 | 2381379 |
| 茶叶市场 | 24 | 21415 | 11153 | 973993 | 2403766 |
| 烟酒市场 | 9 | 3083 | 2682 | 276488 | 1013553 |
| 其他食品饮料及烟酒市场 | 28 | 20380 | 17209 | 1225359 | 4955968 |
| 纺织、服装、鞋帽市场 | 292 | 536763 | 477117 | 27948446 | 140529464 |
| 布料及纺织品市场 | 61 | 119454 | 103645 | 9852462 | 65683765 |
| 服装市场 | 168 | 309015 | 272913 | 14173563 | 49747121 |
| 鞋帽市场 | 36 | 25947 | 23070 | 1319445 | 6277505 |
| 其他纺织服装鞋帽市场 | 27 | 82347 | 77489 | 2602976 | 18821073 |
| 日用品及文化用品市场 | 63 | 55843 | 46072 | 2571334 | 11052311 |
| 小商品市场 | 27 | 27925 | 25555 | 835027 | 4406624 |
| 箱包市场 | 5 | 6470 | 4986 | 591400 | 1855460 |

1-5　续表 1

(批发为主)

| 项　　目 | 市场数量(个) | 总摊位数(个) | 年末出租摊位数(个) | 营业面积(平方米) | 成交额(万元) |
|---|---|---|---|---|---|
| 玩具市场 | 4 | 5133 | 1699 | 369874 | 251107 |
| 文具市场 | 4 | 1050 | 987 | 117446 | 174686 |
| 图书、报刊杂志市场 | 5 | 797 | 754 | 56089 | 195308 |
| 音像制品及电子出版物市场 | | | | | |
| 体育用品市场 | 1 | 324 | 260 | 12800 | 18000 |
| 其他日用品及文化用品市场 | 17 | 14144 | 11831 | 588698 | 4151126 |
| 黄金、珠宝、玉器等首饰市场 | 13 | 9876 | 7045 | 1233961 | 6410227 |
| 电器、通讯器材、电子设备市场 | 47 | 27915 | 23905 | 1870468 | 4064218 |
| 家电市场 | 23 | 10446 | 8967 | 1365660 | 2574445 |
| 通讯器材市场 | 8 | 6252 | 5254 | 166400 | 752571 |
| 照相、摄像器材市场 | 1 | 232 | 230 | 8520 | 31558 |
| 计算机及辅助设备市场 | 9 | 6465 | 5641 | 193888 | 284608 |
| 其他电器、通讯器材、电子设备市场 | 6 | 4520 | 3813 | 136000 | 421036 |
| 医药、医疗用品及器材市场 | 20 | 74752 | 41905 | 2591175 | 12949624 |
| 中药材市场 | 20 | 74752 | 41905 | 2591175 | 12949624 |
| 其他医药、医疗用品及器材市场 | | | | | |
| 家具、五金及装饰材料市场 | 229 | 173201 | 156275 | 20901742 | 35471113 |
| 家具市场 | 38 | 43194 | 39532 | 7398853 | 10649704 |
| 装饰材料市场 | 89 | 54730 | 51342 | 6782572 | 10614137 |
| 灯具市场 | 10 | 6339 | 6170 | 967545 | 2031792 |
| 厨具、盥洗设备市场 | 5 | 3337 | 2617 | 264848 | 247313 |
| 五金材料市场 | 66 | 48564 | 41486 | 3727615 | 9782781 |
| 其他装修市场 | 21 | 17037 | 15128 | 1760309 | 2145386 |
| 汽车、摩托车及零配件市场 | 84 | 43758 | 36892 | 5418245 | 18830605 |
| 汽车市场 | 31 | 13983 | 12492 | 2813680 | 10004277 |
| 摩托车市场 | 7 | 2269 | 1972 | 158904 | 402459 |
| 机动车零配件市场 | 46 | 27506 | 22428 | 2445661 | 8423869 |
| 花、鸟、鱼、虫市场 | 18 | 18662 | 17803 | 1204169 | 4214696 |
| 花卉市场 | 17 | 18362 | 17503 | 1198789 | 4177796 |
| 鸟市场 | | | | | |
| 观赏鱼市场 | | | | | |
| 其他花鸟鱼虫市场 | 1 | 300 | 300 | 5380 | 36900 |
| 旧货市场 | 3 | 411 | 328 | 76840 | 72576 |
| 古玩、古董、字画市场 | | | | | |
| 邮票、硬币市场 | | | | | |
| 其他旧货市场 | 3 | 411 | 328 | 76840 | 72576 |
| 其他专业市场 | 35 | 27253 | 21469 | 2368020 | 5294882 |

1-5 续表 2

(零售为主)

| 项　　目 | 市场数量(个) | 总摊位数(个) | 年末出租摊位数(个) | 营业面积(平方米) | 成交额(万元) |
|---|---|---|---|---|---|
| **总　计** | **1939** | **1134461** | **1008120** | **64704995** | **142507363** |
| **1.综合市场** | **782** | **518113** | **455875** | **16609850** | **42223577** |
| 生产资料综合市场 | 2 | 3838 | 3838 | 101140 | 60099 |
| 工业消费品综合市场 | 136 | 159768 | 142170 | 6640788 | 13294815 |
| 农产品综合市场 | 440 | 207106 | 182040 | 4302251 | 18791419 |
| 其他综合市场 | 204 | 147401 | 127827 | 5565671 | 10077244 |
| **2.专业市场** | **1157** | **616348** | **552245** | **48095145** | **100283786** |
| 生产资料市场 | 36 | 13664 | 12842 | 2530191 | 2758442 |
| 农业生产用具市场 | | | | | |
| 农用生产资料市场 | | | | | |
| 煤炭市场 | | | | | |
| 木材市场 | | | | | |
| 建材市场 | 36 | 13664 | 12842 | 2530191 | 2758442 |
| 化工材料及制品市场 | | | | | |
| 金属材料市场 | | | | | |
| 机械设备市场 | | | | | |
| 其他生产资料市场 | | | | | |
| 农产品市场 | 241 | 110223 | 98570 | 2734172 | 9810020 |
| 粮油市场 | 11 | 7524 | 7341 | 119760 | 494802 |
| 肉禽蛋市场 | 50 | 23920 | 20434 | 456332 | 2069936 |
| 水产品市场 | 32 | 15184 | 14075 | 317651 | 1736674 |
| 蔬菜市场 | 33 | 11610 | 11453 | 507640 | 1252042 |
| 干鲜果品市场 | 2 | 220 | 210 | 3300 | 58000 |
| 棉麻土畜、烟叶市场 | 2 | 1000 | 1000 | 86600 | 78680 |
| 其他农产品市场 | 111 | 50765 | 44057 | 1242889 | 4119886 |
| 食品、饮料及烟酒市场 | 37 | 18603 | 15543 | 647672 | 1313371 |
| 食品饮料市场 | 15 | 9556 | 7434 | 364650 | 711001 |
| 茶叶市场 | 5 | 1267 | 1265 | 96082 | 145203 |
| 烟酒市场 | 1 | 200 | 190 | 3200 | 32559 |
| 其他食品饮料及烟酒市场 | 16 | 7580 | 6654 | 183740 | 424608 |
| 纺织、服装、鞋帽市场 | 219 | 201773 | 182451 | 6631069 | 11163547 |
| 布料及纺织品市场 | 6 | 4057 | 3747 | 53136 | 190620 |
| 服装市场 | 159 | 142938 | 131528 | 5376796 | 8514671 |
| 鞋帽市场 | 2 | 2900 | 2100 | 6500 | 55858 |
| 其他纺织服装鞋帽市场 | 52 | 51878 | 45076 | 1194637 | 2402398 |
| 日用品及文化用品市场 | 16 | 6669 | 5702 | 355270 | 975211 |
| 小商品市场 | 5 | 1716 | 1439 | 187000 | 138618 |
| 箱包市场 | | | | | |

1-5 续表 3

(零售为主)

| 项 目 | 市场数量(个) | 总摊位数(个) | 年末出租摊位数(个) | 营业面积(平方米) | 成交额(万元) |
|---|---|---|---|---|---|
| 玩具市场 | | | | | |
| 文具市场 | | | | | |
| 图书、报刊杂志市场 | 1 | 420 | 420 | 13185 | 162031 |
| 音像制品及电子出版物市场 | 3 | 691 | 609 | 20500 | 158490 |
| 体育用品市场 | | | | | |
| 其他日用品及文化用品市场 | 7 | 3842 | 3234 | 134585 | 516072 |
| 黄金、珠宝、玉器等首饰市场 | 12 | 8834 | 7993 | 1322361 | 534710 |
| 电器、通讯器材、电子设备市场 | 74 | 31954 | 27114 | 1319804 | 3826632 |
| 家电市场 | 9 | 2200 | 1814 | 112648 | 465909 |
| 通讯器材市场 | 12 | 5402 | 4772 | 240571 | 353501 |
| 照相、摄像器材市场 | 2 | 807 | 742 | 47800 | 59167 |
| 计算机及辅助设备市场 | 47 | 22251 | 18634 | 883005 | 2789296 |
| 其他电器、通讯器材、电子设备市场 | 4 | 1294 | 1152 | 35780 | 158759 |
| 医药、医疗用品及器材市场 | 2 | 515 | 511 | 39682 | 197851 |
| 中药材市场 | 2 | 515 | 511 | 39682 | 197851 |
| 其他医药、医疗用品及器材市场 | | | | | |
| 家具、五金及装饰材料市场 | 326 | 152849 | 138124 | 22257233 | 18955210 |
| 家具市场 | 136 | 50375 | 46145 | 9406791 | 7126873 |
| 装饰材料市场 | 132 | 64853 | 57055 | 8895421 | 7940251 |
| 灯具市场 | 6 | 1240 | 729 | 235390 | 281186 |
| 厨具、盥洗设备市场 | 1 | 380 | 380 | 81200 | 26800 |
| 五金材料市场 | 11 | 8616 | 8096 | 442322 | 703596 |
| 其他装修市场 | 40 | 27385 | 25719 | 3196109 | 2876504 |
| 汽车、摩托车及零配件市场 | 166 | 47673 | 40447 | 9110080 | 47381429 |
| 汽车市场 | 147 | 39527 | 32771 | 8488425 | 46365420 |
| 摩托车市场 | 3 | 1567 | 1517 | 118026 | 123346 |
| 机动车零配件市场 | 16 | 6579 | 6159 | 503629 | 892663 |
| 花、鸟、鱼、虫市场 | 10 | 4453 | 4433 | 264506 | 540786 |
| 花卉市场 | 6 | 3225 | 3213 | 208299 | 354997 |
| 鸟市场 | | | | | |
| 观赏鱼市场 | | | | | |
| 其他花鸟鱼虫市场 | 4 | 1228 | 1220 | 56207 | 185789 |
| 旧货市场 | 9 | 6726 | 6133 | 158345 | 245744 |
| 古玩、古董、字画市场 | 2 | 875 | 690 | 27840 | 20339 |
| 邮票、硬币市场 | | | | | |
| 其他旧货市场 | 7 | 5851 | 5443 | 130505 | 225405 |
| 其他专业市场 | 9 | 12412 | 12382 | 724760 | 2580833 |

# 1-6 商品交易市场情况(按经营环境分)

(露天式)

| 项 目 | 市场数量(个) | 总摊位数(个) | 年末出租摊位数(个) | 营业面积(平方米) | 成交额(万元) |
|---|---|---|---|---|---|
| **总 计** | **647** | **403880** | **361685** | **50949587** | **130855067** |
| **1.综合市场** | **110** | **95008** | **85005** | **6783447** | **15167311** |
| 生产资料综合市场 | 2 | 4760 | 4760 | 130000 | 194899 |
| 工业消费品综合市场 | 15 | 10958 | 10516 | 379552 | 621133 |
| 农产品综合市场 | 61 | 52925 | 47830 | 4610805 | 12600123 |
| 其他综合市场 | 32 | 26365 | 21899 | 1663090 | 1751156 |
| **2.专业市场** | **537** | **308872** | **276680** | **44166140** | **115687756** |
| 生产资料市场 | 159 | 66546 | 59002 | 22233482 | 44164605 |
| 农业生产用具市场 | 7 | 2313 | 2271 | 849474 | 1335105 |
| 农用生产资料市场 | 3 | 2033 | 1683 | 324956 | 78151 |
| 煤炭市场 | 2 | 630 | 630 | 1982000 | 673561 |
| 木材市场 | 18 | 4714 | 3774 | 3498722 | 3638524 |
| 建材市场 | 24 | 15732 | 15343 | 3120900 | 4303273 |
| 化工材料及制品市场 | 5 | 3438 | 3193 | 387856 | 1286388 |
| 金属材料市场 | 89 | 32395 | 27625 | 11097742 | 31345426 |
| 机械设备市场 | 6 | 3894 | 3122 | 296000 | 432173 |
| 其他生产资料市场 | 5 | 1397 | 1361 | 675832 | 1072004 |
| 农产品市场 | 221 | 151936 | 138553 | 13009269 | 41048563 |
| 粮油市场 | 15 | 6380 | 5785 | 780311 | 1283612 |
| 肉禽蛋市场 | 16 | 4958 | 4833 | 315432 | 1568924 |
| 水产品市场 | 27 | 15767 | 13584 | 1114716 | 6712417 |
| 蔬菜市场 | 91 | 75194 | 69326 | 5797847 | 10254257 |
| 干鲜果品市场 | 36 | 24600 | 21198 | 2651053 | 15972200 |
| 棉麻土畜、烟叶市场 | 8 | 6318 | 6315 | 534427 | 333030 |
| 其他农产品市场 | 28 | 18719 | 17512 | 1815483 | 4924123 |
| 食品、饮料及烟酒市场 | 9 | 8185 | 6814 | 520831 | 867072 |
| 食品饮料市场 | 3 | 2055 | 1438 | 47553 | 83171 |
| 茶叶市场 | 2 | 1666 | 1577 | 138160 | 230125 |
| 烟酒市场 | 2 | 516 | 516 | 28668 | 55612 |
| 其他食品饮料及烟酒市场 | 2 | 3948 | 3283 | 306450 | 498164 |
| 纺织、服装、鞋帽市场 | 19 | 18749 | 15955 | 875215 | 5533803 |
| 布料及纺织品市场 | 2 | 3526 | 2604 | 295700 | 3364360 |
| 服装市场 | 9 | 11231 | 9522 | 175515 | 244548 |
| 鞋帽市场 | 5 | 1986 | 1917 | 146900 | 1717235 |
| 其他纺织服装鞋帽市场 | 3 | 2006 | 1912 | 257100 | 207660 |
| 日用品及文化用品市场 | 2 | 1105 | 1100 | 61850 | 226905 |
| 小商品市场 | | | | | |
| 箱包市场 | | | | | |

1-6 续表 1

(露天式)

| 项 目 | 市场数量(个) | 总摊位数(个) | 年末出租摊位数(个) | 营业面积(平方米) | 成交额(万元) |
|---|---|---|---|---|---|
| 玩具市场 | | | | | |
| 文具市场 | | | | | |
| 图书、报刊杂志市场 | | | | | |
| 音像制品及电子出版物市场 | | | | | |
| 体育用品市场 | | | | | |
| 其他日用品及文化用品市场 | 2 | 1105 | 1100 | 61850 | 226905 |
| 黄金、珠宝、玉器等首饰市场 | 1 | 685 | 685 | 56481 | 10134 |
| 电器、通讯器材、电子设备市场 | 1 | 477 | 476 | 25800 | 137616 |
| 家电市场 | | | | | |
| 通讯器材市场 | 1 | 477 | 476 | 25800 | 137616 |
| 照相、摄像器材市场 | | | | | |
| 计算机及辅助设备市场 | | | | | |
| 其他电器、通讯器材、电子设备市场 | | | | | |
| 医药、医疗用品及器材市场 | 2 | 1946 | 1873 | 27250 | 80539 |
| 中药材市场 | 2 | 1946 | 1873 | 27250 | 80539 |
| 其他医药、医疗用品及器材市场 | | | | | |
| 家具、五金及装饰材料市场 | 27 | 8459 | 8062 | 1099595 | 2305609 |
| 家具市场 | 3 | 1048 | 883 | 113000 | 197254 |
| 装饰材料市场 | 14 | 3988 | 3882 | 477500 | 1656524 |
| 灯具市场 | 1 | 295 | 295 | 20000 | 42858 |
| 厨具、盥洗设备市场 | | | | | |
| 五金材料市场 | 6 | 2374 | 2248 | 327477 | 322292 |
| 其他装修市场 | 3 | 754 | 754 | 161618 | 86681 |
| 汽车、摩托车及零配件市场 | 68 | 18789 | 17781 | 3663176 | 15025560 |
| 汽车市场 | 57 | 14410 | 13963 | 3222596 | 14005205 |
| 摩托车市场 | | | | | |
| 机动车零配件市场 | 11 | 4379 | 3818 | 440580 | 1020355 |
| 花、鸟、鱼、虫市场 | 3 | 3860 | 3810 | 580390 | 2206161 |
| 花卉市场 | 2 | 3700 | 3650 | 568390 | 2163805 |
| 鸟市场 | | | | | |
| 观赏鱼市场 | | | | | |
| 其他花鸟鱼虫市场 | 1 | 160 | 160 | 12000 | 42356 |
| 旧货市场 | | | | | |
| 古玩、古董、字画市场 | | | | | |
| 邮票、硬币市场 | | | | | |
| 其他旧货市场 | | | | | |
| 其他专业市场 | 25 | 28135 | 22569 | 2012801 | 4081189 |

1-6 续表 2

(封闭式)

| 项　　目 | 市场数量（个） | 总摊位数（个） | 年末出租摊位数（个） | 营业面积（平方米） | 成交额（万元） |
|---|---|---|---|---|---|
| **总　计** | **3400** | **3019449** | **2587223** | **203671680** | **784210896** |
| **1.综合市场** | **998** | **1139914** | **980656** | **61135253** | **202198813** |
| 生产资料综合市场 | 37 | 39827 | 33329 | 4624216 | 4882303 |
| 工业消费品综合市场 | 226 | 475490 | 408908 | 23884794 | 81556257 |
| 农产品综合市场 | 504 | 312653 | 271699 | 14469988 | 72811589 |
| 其他综合市场 | 231 | 311944 | 266720 | 18156255 | 42948664 |
| **2.专业市场** | **2402** | **1879535** | **1606567** | **142536427** | **582012083** |
| 生产资料市场 | 371 | 221894 | 168994 | 27614601 | 179891955 |
| 农业生产用具市场 | 9 | 3018 | 2307 | 846764 | 1170682 |
| 农用生产资料市场 | 21 | 3930 | 3216 | 648257 | 1212030 |
| 煤炭市场 | 2 | 2716 | 2716 | 1400 | 1966794 |
| 木材市场 | 11 | 4666 | 2644 | 652850 | 959218 |
| 建材市场 | 164 | 113576 | 77582 | 12641663 | 12677323 |
| 化工材料及制品市场 | 21 | 13415 | 11022 | 1259066 | 26196844 |
| 金属材料市场 | 81 | 43284 | 36759 | 7535360 | 121651338 |
| 机械设备市场 | 37 | 22278 | 20376 | 2373721 | 6089521 |
| 其他生产资料市场 | 25 | 15011 | 12372 | 1655520 | 7968205 |
| 农产品市场 | 565 | 319612 | 283935 | 21507637 | 118963020 |
| 粮油市场 | 72 | 23778 | 20637 | 2209437 | 12364629 |
| 肉禽蛋市场 | 77 | 35608 | 32635 | 2138083 | 11330728 |
| 水产品市场 | 89 | 46577 | 42483 | 2828621 | 25180424 |
| 蔬菜市场 | 132 | 85012 | 77331 | 7525506 | 25229141 |
| 干鲜果品市场 | 64 | 41158 | 35541 | 3027217 | 19969323 |
| 棉麻土畜、烟叶市场 | 6 | 14859 | 10920 | 829684 | 4293173 |
| 其他农产品市场 | 125 | 72620 | 64388 | 2949089 | 20595602 |
| 食品、饮料及烟酒市场 | 94 | 64121 | 48600 | 2794377 | 9870984 |
| 食品饮料市场 | 26 | 20841 | 18611 | 922222 | 2870397 |
| 茶叶市场 | 25 | 19494 | 9369 | 680857 | 1763262 |
| 烟酒市场 | 8 | 2767 | 2356 | 251020 | 990500 |
| 其他食品饮料及烟酒市场 | 35 | 21019 | 18264 | 940278 | 4246825 |
| 纺织、服装、鞋帽市场 | 472 | 691763 | 617398 | 32242037 | 141542751 |
| 布料及纺织品市场 | 60 | 110692 | 95595 | 8998598 | 59777505 |
| 服装市场 | 306 | 425209 | 380929 | 18558641 | 56470416 |
| 鞋帽市场 | 32 | 24806 | 21230 | 1166545 | 4345465 |
| 其他纺织服装鞋帽市场 | 74 | 131056 | 119644 | 3518253 | 20949365 |
| 日用品及文化用品市场 | 73 | 54821 | 47477 | 2534754 | 11122439 |
| 小商品市场 | 30 | 27315 | 24668 | 962027 | 3933492 |
| 箱包市场 | 5 | 6470 | 4986 | 591400 | 1855460 |

1-6 续表 3

(封闭式)

| 项 目 | 市场数量(个) | 总摊位数(个) | 年末出租摊位数(个) | 营业面积(平方米) | 成交额(万元) |
|---|---|---|---|---|---|
| 玩具市场 | 3 | 1133 | 1067 | 119874 | 240307 |
| 文具市场 | 4 | 1050 | 987 | 117446 | 174686 |
| 图书、报刊杂志市场 | 6 | 1217 | 1174 | 69274 | 357339 |
| 音像制品及电子出版物市场 | 3 | 691 | 609 | 20500 | 158490 |
| 体育用品市场 | 1 | 324 | 260 | 12800 | 18000 |
| 其他日用品及文化用品市场 | 21 | 16621 | 13726 | 641433 | 4384665 |
| 黄金、珠宝、玉器等首饰市场 | 18 | 12451 | 9195 | 1221162 | 6732405 |
| 电器、通讯器材、电子设备市场 | 117 | 54330 | 46140 | 2115219 | 6154064 |
| 家电市场 | 30 | 7844 | 6638 | 447055 | 1469642 |
| 通讯器材市场 | 18 | 10917 | 9290 | 363171 | 939998 |
| 照相、摄像器材市场 | 3 | 1039 | 972 | 56320 | 90725 |
| 计算机及辅助设备市场 | 56 | 28716 | 24275 | 1076893 | 3073904 |
| 其他电器、通讯器材、电子设备市场 | 10 | 5814 | 4965 | 171780 | 579795 |
| 医药、医疗用品及器材市场 | 18 | 72176 | 39724 | 2564925 | 11939085 |
| 中药材市场 | 18 | 72176 | 39724 | 2564925 | 11939085 |
| 其他医药、医疗用品及器材市场 | | | | | |
| 家具、五金及装饰材料市场 | 488 | 296216 | 267118 | 39194524 | 48965628 |
| 家具市场 | 168 | 90592 | 82876 | 16468004 | 17342875 |
| 装饰材料市场 | 190 | 107975 | 97482 | 14200088 | 15698789 |
| 灯具市场 | 11 | 5659 | 5369 | 956645 | 1555834 |
| 厨具、盥洗设备市场 | 6 | 3717 | 2997 | 346048 | 274113 |
| 五金材料市场 | 60 | 48591 | 41793 | 2995843 | 9325144 |
| 其他装修市场 | 53 | 39682 | 36601 | 4227896 | 4768873 |
| 汽车、摩托车及零配件市场 | 148 | 67466 | 54766 | 9397074 | 41526190 |
| 汽车市场 | 95 | 36794 | 29207 | 6845784 | 33262650 |
| 摩托车市场 | 9 | 3022 | 2675 | 226930 | 477555 |
| 机动车零配件市场 | 44 | 27650 | 22884 | 2324360 | 7785985 |
| 花、鸟、鱼、虫市场 | 16 | 11239 | 10584 | 492906 | 1452277 |
| 花卉市场 | 13 | 10269 | 9622 | 471851 | 1285060 |
| 鸟市场 | | | | | |
| 观赏鱼市场 | | | | | |
| 其他花鸟鱼虫市场 | 3 | 970 | 962 | 21055 | 167217 |
| 旧货市场 | 8 | 3095 | 2502 | 132450 | 190614 |
| 古玩、古董、字画市场 | 2 | 875 | 690 | 27840 | 20339 |
| 邮票、硬币市场 | | | | | |
| 其他旧货市场 | 6 | 2220 | 1812 | 104610 | 170275 |
| 其他专业市场 | 14 | 10351 | 10134 | 724761 | 3660671 |

1-6 续表 4

(其他)

| 项　　目 | 市场数量(个) | 总摊位数(个) | 年末出租摊位数(个) | 营业面积(平方米) | 成交额(万元) |
|---|---|---|---|---|---|
| **总　计** | **570** | **474793** | **399028** | **42296471** | **167409919** |
| **1.综合市场** | **201** | **211403** | **188668** | **13749119** | **40977186** |
| 生产资料综合市场 | 8 | 19510 | 16772 | 3121938 | 7913908 |
| 工业消费品综合市场 | 26 | 45632 | 42832 | 2738460 | 4880026 |
| 农产品综合市场 | 96 | 83360 | 74394 | 5410590 | 21405415 |
| 其他综合市场 | 71 | 62901 | 54670 | 2478131 | 6777837 |
| **2.专业市场** | **369** | **263390** | **210360** | **28547352** | **126432733** |
| 生产资料市场 | 77 | 53587 | 43214 | 11093612 | 69249485 |
| 农业生产用具市场 | 1 | 460 | 460 | 52700 | 53083 |
| 农用生产资料市场 | 1 | 223 | 208 | 19043 | 29780 |
| 煤炭市场 | | | | | |
| 木材市场 | 11 | 7273 | 6996 | 861426 | 2307140 |
| 建材市场 | 26 | 22183 | 18293 | 7548299 | 2635909 |
| 化工材料及制品市场 | 5 | 8042 | 3292 | 443113 | 10978444 |
| 金属材料市场 | 25 | 12418 | 11174 | 2047639 | 44713421 |
| 机械设备市场 | 2 | 819 | 819 | 32000 | 271985 |
| 其他生产资料市场 | 6 | 2169 | 1972 | 89392 | 8259723 |
| 农产品市场 | 151 | 116300 | 84719 | 7560923 | 33455238 |
| 粮油市场 | 13 | 2465 | 2122 | 590926 | 2631507 |
| 肉禽蛋市场 | 15 | 5486 | 4261 | 375609 | 1832998 |
| 水产品市场 | 23 | 15440 | 13010 | 576001 | 4720167 |
| 蔬菜市场 | 51 | 56362 | 35407 | 2986538 | 7139046 |
| 干鲜果品市场 | 24 | 14278 | 10709 | 1666110 | 9945839 |
| 棉麻土畜、烟叶市场 | 1 | 35 | 35 | 28800 | 27421 |
| 其他农产品市场 | 24 | 22234 | 19175 | 1336939 | 7158260 |
| 食品、饮料及烟酒市场 | 14 | 7324 | 5675 | 547677 | 1329981 |
| 食品饮料市场 | 5 | 2809 | 1887 | 134248 | 138812 |
| 茶叶市场 | 2 | 1522 | 1472 | 251058 | 555582 |
| 烟酒市场 | | | | | |
| 其他食品饮料及烟酒市场 | 7 | 2993 | 2316 | 162371 | 635587 |
| 纺织、服装、鞋帽市场 | 20 | 28024 | 26215 | 1462263 | 4616457 |
| 布料及纺织品市场 | 5 | 9293 | 9193 | 611300 | 2732520 |
| 服装市场 | 12 | 15513 | 13990 | 816203 | 1546828 |
| 鞋帽市场 | 1 | 2055 | 2023 | 12500 | 270663 |
| 其他纺织服装鞋帽市场 | 2 | 1163 | 1009 | 22260 | 66446 |
| 日用品及文化用品市场 | 4 | 6586 | 3197 | 330000 | 678178 |
| 小商品市场 | 2 | 2326 | 2326 | 60000 | 611750 |
| 箱包市场 | | | | | |

1-6 续表 5

(其他)

| 项　　目 | 市场数量(个) | 总摊位数(个) | 年末出租摊位数(个) | 营业面积(平方米) | 成交额(万元) |
|---|---|---|---|---|---|
| 玩具市场 | 1 | 4000 | 632 | 250000 | 10800 |
| 文具市场 | | | | | |
| 图书、报刊杂志市场 | | | | | |
| 音像制品及电子出版物市场 | | | | | |
| 体育用品市场 | | | | | |
| 其他日用品及文化用品市场 | 1 | 260 | 239 | 20000 | 55628 |
| 黄金、珠宝、玉器等首饰市场 | 6 | 5574 | 5158 | 1278679 | 202398 |
| 电器、通讯器材、电子设备市场 | 3 | 5062 | 4403 | 1049253 | 1599170 |
| 家电市场 | 2 | 4802 | 4143 | 1031253 | 1570712 |
| 通讯器材市场 | 1 | 260 | 260 | 18000 | 28458 |
| 照相、摄像器材市场 | | | | | |
| 计算机及辅助设备市场 | | | | | |
| 其他电器、通讯器材、电子设备市场 | | | | | |
| 医药、医疗用品及器材市场 | 2 | 1145 | 819 | 38682 | 1127851 |
| 中药材市场 | 2 | 1145 | 819 | 38682 | 1127851 |
| 其他医药、医疗用品及器材市场 | | | | | |
| 家具、五金及装饰材料市场 | 40 | 21375 | 19219 | 2864856 | 3155086 |
| 家具市场 | 3 | 1929 | 1918 | 224640 | 236448 |
| 装饰材料市场 | 17 | 7620 | 7033 | 1000405 | 1199075 |
| 灯具市场 | 4 | 1625 | 1235 | 226290 | 714286 |
| 厨具、盥洗设备市场 | | | | | |
| 五金材料市场 | 11 | 6215 | 5541 | 846617 | 838941 |
| 其他装修市场 | 5 | 3986 | 3492 | 566904 | 166336 |
| 汽车、摩托车及零配件市场 | 34 | 5176 | 4792 | 1468075 | 9660284 |
| 汽车市场 | 26 | 2306 | 2093 | 1233725 | 9101842 |
| 摩托车市场 | 1 | 814 | 814 | 50000 | 48250 |
| 机动车零配件市场 | 7 | 2056 | 1885 | 184350 | 510192 |
| 花、鸟、鱼、虫市场 | 9 | 8016 | 7842 | 395379 | 1097044 |
| 花卉市场 | 8 | 7618 | 7444 | 366847 | 1083928 |
| 鸟市场 | | | | | |
| 观赏鱼市场 | | | | | |
| 其他花鸟鱼虫市场 | 1 | 398 | 398 | 28532 | 13116 |
| 旧货市场 | 4 | 4042 | 3959 | 102735 | 127706 |
| 古玩、古董、字画市场 | | | | | |
| 邮票、硬币市场 | | | | | |
| 其他旧货市场 | 4 | 4042 | 3959 | 102735 | 127706 |
| 其他专业市场 | 5 | 1179 | 1148 | 355218 | 133855 |

# 1-7 商品交易市场成交情况(按摊位分)

| 摊　位 | 摊位数<br>(个) | 成交额<br>(万元) |
|---|---|---|
| **总　计** | **3347936** | **1082475882** |
| 1.粮油、食品类 | 942363 | 309524655 |
| 其中：粮油类 | 85077 | 38931458 |
| 肉禽蛋类 | 127461 | 39695527 |
| 水产品类 | 133079 | 61216859 |
| 蔬菜类 | 341709 | 77200060 |
| 干鲜果品类 | 159471 | 73644322 |
| 2.饮料类 | 45631 | 9815449 |
| 3.烟酒类 | 40215 | 10888567 |
| 4.服装、鞋帽、针纺织品类 | 913180 | 178943591 |
| (1)服装类 | 556944 | 76374227 |
| (2)鞋帽类 | 133530 | 18642868 |
| (3)针纺织品类 | 222706 | 83926496 |
| 5.化妆品类 | 23805 | 3259243 |
| 6.金银珠宝类 | 26383 | 9544158 |
| 7.日用品类 | 175612 | 31383542 |
| 其中：儿童玩具类 | 23960 | 3277626 |
| 8.五金、电料类 | 119282 | 25207458 |
| 9.体育、娱乐用品类 | 12809 | 2238109 |
| 其中：照相器材类 | 1022 | 97585 |
| 10.书报杂志类 | 4299 | 785817 |
| 11.电子出版物及音像制品类 | 7794 | 2098112 |
| 12.家用电器和音像器材类 | 31669 | 7227131 |
| 13.中西药品类 | 27589 | 13141229 |
| 其中：西药类 | 1018 | 408414 |
| 中草药及中成药类 | 25236 | 12491169 |
| 14.文化办公用品类 | 58894 | 10414868 |
| 其中：计算机及其配套产品 | 26447 | 3738193 |
| 15.家具类 | 119056 | 24103972 |
| 16.通讯器材类 | 19712 | 2988504 |
| 17.煤炭及制品类 | 3379 | 3749480 |
| 18.木材及制品类 | 24955 | 9007901 |
| 19.石油及制品类 | 2004 | 15771191 |
| 20.化工材料及制品类 | 41521 | 42050721 |
| 其中：化肥类 | 1762 | 778727 |
| 21.金属材料类 | 86638 | 200063790 |
| 22.建筑及装潢材料类 | 276870 | 48911192 |
| 23.机电产品及设备类 | 51085 | 15333681 |
| 其中：农机类 | 6098 | 2886661 |
| 24.汽车类 | 76488 | 68305739 |
| 25.种子饲料类 | 7681 | 926590 |
| 26.棉麻类 | 3435 | 3351799 |
| 27.其他类 | 205587 | 33439393 |

# 1-8　商品交易市场成交情况(按摊位与营业状态分)

(常年营业)

| 摊　　位 | 年末出租摊位数(个) | 成交额(万元) |
|---|---|---|
| **总　计** | **3325256** | **1076558874** |
| 1.粮油、食品类 | 924339 | 304989242 |
| 其中：粮油类 | 84967 | 38881006 |
| 肉禽蛋类 | 127236 | 39676767 |
| 水产品类 | 132706 | 61082335 |
| 蔬菜类 | 333568 | 73727686 |
| 干鲜果品类 | 153033 | 72934835 |
| 2.饮料类 | 45084 | 9191019 |
| 3.烟酒类 | 40136 | 10886426 |
| 4.服装、鞋帽、针纺织品类 | 911685 | 178663199 |
| (1)服装类 | 555643 | 76095526 |
| (2)鞋帽类 | 133430 | 18641814 |
| (3)针纺织品类 | 222612 | 83925859 |
| 5.化妆品类 | 23781 | 3258146 |
| 6.金银珠宝类 | 26383 | 9544158 |
| 7.日用品类 | 175561 | 31380461 |
| 其中：儿童玩具类 | 23938 | 3276600 |
| 8.五金、电料类 | 118630 | 25159138 |
| 9.体育、娱乐用品类 | 12809 | 2238109 |
| 其中：照相器材类 | 1022 | 97585 |
| 10.书报杂志类 | 4299 | 785817 |
| 11.电子出版物及音像制品类 | 7758 | 2097952 |
| 12.家用电器和音像器材类 | 31669 | 7227131 |
| 13.中西药品类 | 27557 | 13117601 |
| 其中：西药类 | 1018 | 408414 |
| 中草药及中成药类 | 25205 | 12467569 |
| 14.文化办公用品类 | 58869 | 10413386 |
| 其中：计算机及其配套产品 | 26447 | 3738193 |
| 15.家具类 | 119054 | 24103946 |
| 16.通讯器材类 | 19692 | 2988366 |
| 17.煤炭及制品类 | 3363 | 3749286 |
| 18.木材及制品类 | 24849 | 8907313 |
| 19.石油及制品类 | 2004 | 15771191 |
| 20.化工材料及制品类 | 41473 | 42018876 |
| 其中：化肥类 | 1722 | 749227 |
| 21.金属材料类 | 86638 | 200063790 |
| 22.建筑及装潢材料类 | 276525 | 48793627 |
| 23.机电产品及设备类 | 51085 | 15333681 |
| 其中：农机类 | 6098 | 2886661 |
| 24.汽车类 | 76488 | 68305739 |
| 25.种子饲料类 | 7638 | 921686 |
| 26.棉麻类 | 3371 | 3314455 |
| 27.其他类 | 204516 | 33335133 |

1-8 续表 1

(季节性营业)

| 摊 位 | 年末出租摊位数<br>(个) | 成交额<br>(万元) |
|---|---|---|
| **总 计** | **21214** | **5704982** |
| 1.粮油、食品类 | 17201 | 4455167 |
| 其中：粮油类 | 110 | 50452 |
| 肉禽蛋类 | 25 | 80 |
| 水产品类 | 373 | 134524 |
| 蔬菜类 | 8141 | 3472374 |
| 干鲜果品类 | 6438 | 709487 |
| 2.饮料类 | 512 | 616878 |
| 3.烟酒类 | 68 | 821 |
| 4.服装、鞋帽、针纺织品类 | 1231 | 276956 |
| (1)服装类 | 1124 | 276264 |
| (2)鞋帽类 | 43 | 420 |
| (3)针纺织品类 | 64 | 272 |
| 5.化妆品类 | 21 | 201 |
| 6.金银珠宝类 | | |
| 7.日用品类 | 15 | 172 |
| 其中：儿童玩具类 | | |
| 8.五金、电料类 | 587 | 42784 |
| 9.体育、娱乐用品类 | | |
| 其中：照相器材类 | | |
| 10.书报杂志类 | | |
| 11.电子出版物及音像制品类 | | |
| 12.家用电器和音像器材类 | | |
| 13.中西药品类 | 31 | 23600 |
| 其中：西药类 | | |
| 中草药及中成药类 | 31 | 23600 |
| 14.文化办公用品类 | | |
| 其中：计算机及其配套产品 | | |
| 15.家具类 | 2 | 26 |
| 16.通讯器材类 | 20 | 138 |
| 17.煤炭及制品类 | | |
| 18.木材及制品类 | | |
| 19.石油及制品类 | | |
| 20.化工材料及制品类 | 40 | 29500 |
| 其中：化肥类 | 40 | 29500 |
| 21.金属材料类 | | |
| 22.建筑及装潢材料类 | 345 | 117565 |
| 23.机电产品及设备类 | | |
| 其中：农机类 | | |
| 24.汽车类 | | |
| 25.种子饲料类 | 7 | 20 |
| 26.棉麻类 | 63 | 36894 |
| 27.其他类 | 1071 | 104260 |

1-8　续表 2

(其他)

| 摊　　位 | 年末出租摊位数(个) | 成交额(万元) |
|---|---|---|
| **总　计** | **1466** | **212026** |
| 1.粮油、食品类 | 823 | 80246 |
| 　其中：粮油类 | | |
| 　　　　肉禽蛋类 | 200 | 18680 |
| 　　　　水产品类 | | |
| 　　　　蔬菜类 | | |
| 　　　　干鲜果品类 | | |
| 2.饮料类 | 35 | 7552 |
| 3.烟酒类 | 11 | 1320 |
| 4.服装、鞋帽、针纺织品类 | 264 | 3436 |
| (1)服装类 | 177 | 2437 |
| (2)鞋帽类 | 57 | 634 |
| (3)针纺织品类 | 30 | 365 |
| 5.化妆品类 | 3 | 896 |
| 6.金银珠宝类 | | |
| 7.日用品类 | 36 | 2909 |
| 　其中：儿童玩具类 | 22 | 1026 |
| 8.五金、电料类 | 65 | 5536 |
| 9.体育、娱乐用品类 | | |
| 　其中：照相器材类 | | |
| 10.书报杂志类 | | |
| 11.电子出版物及音像制品类 | 36 | 160 |
| 12.家用电器和音像器材类 | | |
| 13.中西药品类 | 1 | 28 |
| 　其中：西药类 | | |
| 　　　　中草药及中成药类 | | |
| 14.文化办公用品类 | 25 | 1482 |
| 　其中：计算机及其配套产品 | | |
| 15.家具类 | | |
| 16.通讯器材类 | | |
| 17.煤炭及制品类 | 16 | 194 |
| 18.木材及制品类 | 106 | 100588 |
| 19.石油及制品类 | | |
| 20.化工材料及制品类 | 8 | 2345 |
| 　其中：化肥类 | | |
| 21.金属材料类 | | |
| 22.建筑及装潢材料类 | | |
| 23.机电产品及设备类 | | |
| 　其中：农机类 | | |
| 24.汽车类 | | |
| 25.种子饲料类 | 36 | 4884 |
| 26.棉麻类 | 1 | 450 |
| 27.其他类 | | |

# 1-9 商品交易市场成交情况(按摊位与经营方式分)

(批发为主)

| 摊　位 | 年末出租摊位数(个) | 成交额(万元) |
|---|---|---|
| **总　计** | **2339816** | **939968519** |
| 1.粮油、食品类 | 638460 | 276793685 |
| 其中：粮油类 | 55177 | 35344085 |
| 肉禽蛋类 | 64586 | 30823001 |
| 水产品类 | 81452 | 53548929 |
| 蔬菜类 | 245451 | 70646914 |
| 干鲜果品类 | 133076 | 70757740 |
| 2.饮料类 | 33449 | 8650566 |
| 3.烟酒类 | 25911 | 9260006 |
| 4.服装、鞋帽、针纺织品类 | 625556 | 161773266 |
| (1)服装类 | 358274 | 64250877 |
| (2)鞋帽类 | 84479 | 15874661 |
| (3)针纺织品类 | 182803 | 81647728 |
| 5.化妆品类 | 14630 | 2587858 |
| 6.金银珠宝类 | 17421 | 8616651 |
| 7.日用品类 | 126755 | 26959963 |
| 其中：儿童玩具类 | 17751 | 2639175 |
| 8.五金、电料类 | 96389 | 22911562 |
| 9.体育、娱乐用品类 | 9488 | 2014312 |
| 其中：照相器材类 | 261 | 35363 |
| 10.书报杂志类 | 2914 | 585861 |
| 11.电子出版物及音像制品类 | 5560 | 1799609 |
| 12.家用电器和音像器材类 | 23351 | 5863380 |
| 13.中西药品类 | 25778 | 12803826 |
| 其中：西药类 | 564 | 345432 |
| 中草药及中成药类 | 24365 | 12266751 |
| 14.文化办公用品类 | 32924 | 6998128 |
| 其中：计算机及其配套产品 | 9168 | 1247840 |
| 15.家具类 | 59892 | 15258198 |
| 16.通讯器材类 | 11346 | 2068610 |
| 17.煤炭及制品类 | 3177 | 3731613 |
| 18.木材及制品类 | 22016 | 8669299 |
| 19.石油及制品类 | 1941 | 15756796 |
| 20.化工材料及制品类 | 39947 | 41959293 |
| 其中：化肥类 | 1557 | 753410 |
| 21.金属材料类 | 83829 | 199658522 |
| 22.建筑及装潢材料类 | 188255 | 36583045 |
| 23.机电产品及设备类 | 47753 | 14992639 |
| 其中：农机类 | 5778 | 2832976 |
| 24.汽车类 | 38823 | 21118736 |
| 25.种子饲料类 | 6501 | 865788 |
| 26.棉麻类 | 2501 | 3269306 |
| 27.其他类 | 155249 | 28418001 |

1-9 续表

(零售为主)

| 摊 位 | 年末出租摊位数(个) | 成交额(万元) |
|---|---|---|
| **总 计** | **1008120** | **142507363** |
| 1.粮油、食品类 | 303903 | 32730970 |
| 其中：粮油类 | 29900 | 3587373 |
| 肉禽蛋类 | 62875 | 8872526 |
| 水产品类 | 51627 | 7667930 |
| 蔬菜类 | 96258 | 6553146 |
| 干鲜果品类 | 26395 | 2886582 |
| 2.饮料类 | 12182 | 1164883 |
| 3.烟酒类 | 14304 | 1628561 |
| 4.服装、鞋帽、针纺织品类 | 287624 | 17170325 |
| (1)服装类 | 198670 | 12123350 |
| (2)鞋帽类 | 49051 | 2768207 |
| (3)针纺织品类 | 39903 | 2278768 |
| 5.化妆品类 | 9175 | 671385 |
| 6.金银珠宝类 | 8962 | 927507 |
| 7.日用品类 | 48857 | 4423579 |
| 其中：儿童玩具类 | 6209 | 638451 |
| 8.五金、电料类 | 22893 | 2295896 |
| 9.体育、娱乐用品类 | 3321 | 223797 |
| 其中：照相器材类 | 761 | 62222 |
| 10.书报杂志类 | 1385 | 199956 |
| 11.电子出版物及音像制品类 | 2234 | 298503 |
| 12.家用电器和音像器材类 | 8318 | 1363751 |
| 13.中西药品类 | 1811 | 337403 |
| 其中：西药类 | 454 | 62982 |
| 中草药及中成药类 | 871 | 224418 |
| 14.文化办公用品类 | 25970 | 3416740 |
| 其中：计算机及其配套产品 | 17279 | 2490353 |
| 15.家具类 | 59164 | 8845774 |
| 16.通讯器材类 | 8366 | 919894 |
| 17.煤炭及制品类 | 202 | 17867 |
| 18.木材及制品类 | 2939 | 338602 |
| 19.石油及制品类 | 63 | 14395 |
| 20.化工材料及制品类 | 1574 | 91428 |
| 其中：化肥类 | 205 | 25317 |
| 21.金属材料类 | 2809 | 405268 |
| 22.建筑及装潢材料类 | 88615 | 12328147 |
| 23.机电产品及设备类 | 3332 | 341042 |
| 其中：农机类 | 320 | 53685 |
| 24.汽车类 | 37665 | 47187003 |
| 25.种子饲料类 | 1180 | 60802 |
| 26.棉麻类 | 934 | 82493 |
| 27.其他类 | 50338 | 5021392 |

# 1-10 商品交易市场成交情况(按摊位与经营环境分)

(露天式)

| 摊　　位 | 年末出租摊位数 (个) | 成交额 (万元) |
|---|---|---|
| **总　计** | **361685** | **130855067** |
| 1.粮油、食品类 | 177871 | 53501374 |
| 其中：粮油类 | 11812 | 3055665 |
| 肉禽蛋类 | 13157 | 4675691 |
| 水产品类 | 16808 | 8279429 |
| 蔬菜类 | 94225 | 18404955 |
| 干鲜果品类 | 29771 | 17412718 |
| 2.饮料类 | 4934 | 608896 |
| 3.烟酒类 | 5583 | 502168 |
| 4.服装、鞋帽、针纺织品类 | 27012 | 5942465 |
| (1)服装类 | 14638 | 595581 |
| (2)鞋帽类 | 6374 | 1824756 |
| (3)针纺织品类 | 6000 | 3522128 |
| 5.化妆品类 | 1249 | 64836 |
| 6.金银珠宝类 | 164 | 11031 |
| 7.日用品类 | 7192 | 595145 |
| 其中：儿童玩具类 | 814 | 43336 |
| 8.五金、电料类 | 4837 | 535134 |
| 9.体育、娱乐用品类 | 649 | 20067 |
| 其中：照相器材类 | 46 | 1695 |
| 10.书报杂志类 | 374 | 8917 |
| 11.电子出版物及音像制品类 | 452 | 21017 |
| 12.家用电器和音像器材类 | 777 | 153129 |
| 13.中西药品类 | 1263 | 75446 |
| 其中：西药类 | 132 | 6199 |
| 中草药及中成药类 | 998 | 54238 |
| 14.文化办公用品类 | 867 | 81513 |
| 其中：计算机及其配套产品 | 26 | 2157 |
| 15.家具类 | 1416 | 250878 |
| 16.通讯器材类 | 690 | 199743 |
| 17.煤炭及制品类 | 460 | 675448 |
| 18.木材及制品类 | 5067 | 3881687 |
| 19.石油及制品类 | 24 | 2504 |
| 20.化工材料及制品类 | 4338 | 1503194 |
| 其中：化肥类 | 225 | 38745 |
| 21.金属材料类 | 27384 | 30783991 |
| 22.建筑及装潢材料类 | 21755 | 6595405 |
| 23.机电产品及设备类 | 4081 | 1469647 |
| 其中：农机类 | 1608 | 1001688 |
| 24.汽车类 | 18778 | 15731102 |
| 25.种子饲料类 | 2583 | 99468 |
| 26.棉麻类 | 208 | 45229 |
| 27.其他类 | 41677 | 7495633 |

1-10　续表 1

(封闭式)

| 摊　　位 | 年末出租摊位数<br>(个) | 成交额<br>(万元) |
|---|---|---|
| **总　计** | **2587223** | **784210896** |
| 1.粮油、食品类 | 594626 | 199569512 |
| 其中：粮油类 | 59172 | 28831354 |
| 肉禽蛋类 | 91697 | 27199822 |
| 水产品类 | 90426 | 43899990 |
| 蔬菜类 | 182528 | 44942222 |
| 干鲜果品类 | 101582 | 39765756 |
| 2.饮料类 | 33493 | 7651254 |
| 3.烟酒类 | 28457 | 9213365 |
| 4.服装、鞋帽、针纺织品类 | 830825 | 165929567 |
| (1)服装类 | 511643 | 73211144 |
| (2)鞋帽类 | 118240 | 15922777 |
| (3)针纺织品类 | 200942 | 76795646 |
| 5.化妆品类 | 20629 | 2928498 |
| 6.金银珠宝类 | 19317 | 8880061 |
| 7.日用品类 | 152212 | 27998501 |
| 其中：儿童玩具类 | 21201 | 3136672 |
| 8.五金、电料类 | 97871 | 21440008 |
| 9.体育、娱乐用品类 | 11260 | 2125409 |
| 其中：照相器材类 | 963 | 91626 |
| 10.书报杂志类 | 3441 | 709051 |
| 11.电子出版物及音像制品类 | 6847 | 2051553 |
| 12.家用电器和音像器材类 | 26213 | 5445760 |
| 13.中西药品类 | 24846 | 11734709 |
| 其中：西药类 | 586 | 224252 |
| 中草药及中成药类 | 23231 | 11302153 |
| 14.文化办公用品类 | 56526 | 10067116 |
| 其中：计算机及其配套产品 | 26379 | 3726216 |
| 15.家具类 | 109985 | 21700518 |
| 16.通讯器材类 | 18026 | 2695786 |
| 17.煤炭及制品类 | 2856 | 3059986 |
| 18.木材及制品类 | 13296 | 2953162 |
| 19.石油及制品类 | 1467 | 7956451 |
| 20.化工材料及制品类 | 32622 | 28846437 |
| 其中：化肥类 | 1361 | 671145 |
| 21.金属材料类 | 46211 | 122913788 |
| 22.建筑及装潢材料类 | 225365 | 37458312 |
| 23.机电产品及设备类 | 40138 | 11621371 |
| 其中：农机类 | 3783 | 1679144 |
| 24.汽车类 | 52992 | 42641142 |
| 25.种子饲料类 | 4136 | 731611 |
| 26.棉麻类 | 2945 | 3249637 |
| 27.其他类 | 130621 | 22638331 |

1-10 续表 2

(其他)

| 摊 位 | 年末出租摊位数(个) | 成交额(万元) |
|---|---|---|
| **总 计** | **399028** | **167409919** |
| 1.粮油、食品类 | 169866 | 56453769 |
| 其中：粮油类 | 14093 | 7044439 |
| 肉禽蛋类 | 22607 | 7820014 |
| 水产品类 | 25845 | 9037440 |
| 蔬菜类 | 64956 | 13852883 |
| 干鲜果品类 | 28118 | 16465848 |
| 2.饮料类 | 7204 | 1555299 |
| 3.烟酒类 | 6175 | 1173034 |
| 4.服装、鞋帽、针纺织品类 | 55343 | 7071559 |
| (1)服装类 | 30663 | 2567502 |
| (2)鞋帽类 | 8916 | 895335 |
| (3)针纺织品类 | 15764 | 3608722 |
| 5.化妆品类 | 1927 | 265909 |
| 6.金银珠宝类 | 6902 | 653066 |
| 7.日用品类 | 16208 | 2789896 |
| 其中：儿童玩具类 | 1945 | 97618 |
| 8.五金、电料类 | 16574 | 3232316 |
| 9.体育、娱乐用品类 | 900 | 92633 |
| 其中：照相器材类 | 13 | 4264 |
| 10.书报杂志类 | 484 | 67849 |
| 11.电子出版物及音像制品类 | 495 | 25542 |
| 12.家用电器和音像器材类 | 4679 | 1628242 |
| 13.中西药品类 | 1480 | 1331074 |
| 其中：西药类 | 300 | 177963 |
| 中草药及中成药类 | 1007 | 1134778 |
| 14.文化办公用品类 | 1501 | 266239 |
| 其中：计算机及其配套产品 | 42 | 9820 |
| 15.家具类 | 7655 | 2152576 |
| 16.通讯器材类 | 996 | 92975 |
| 17.煤炭及制品类 | 63 | 14046 |
| 18.木材及制品类 | 6592 | 2173052 |
| 19.石油及制品类 | 513 | 7812236 |
| 20.化工材料及制品类 | 4561 | 11701090 |
| 其中：化肥类 | 176 | 68837 |
| 21.金属材料类 | 13043 | 46366011 |
| 22.建筑及装潢材料类 | 29750 | 4857475 |
| 23.机电产品及设备类 | 6866 | 2242663 |
| 其中：农机类 | 707 | 205829 |
| 24.汽车类 | 4718 | 9933495 |
| 25.种子饲料类 | 962 | 95511 |
| 26.棉麻类 | 282 | 56933 |
| 27.其他类 | 33289 | 3305429 |

# 第二部分　地区篇

简要说明：

本篇资料的主要内容为亿元以上商品交易市场分地区的情况，包括按照省（区、市）、东中西部及东北地区、36城市、三大地带等，以及按照市场类别、摊位类别、经营方式、经营状态和经营环境的分组数据。

## （一）省、自治区、直辖市

# 2-1 商品交易市场总体情况

| 地 区 | 市场数量（个） | 总摊位数（个） | 年末出租摊位数（个） | 营业面积（平方米） | 成交额（万元） |
|---|---|---|---|---|---|
| **全 国** | **4617** | **3898122** | **3347936** | **296917738** | **1082475882** |
| 北 京 | 114 | 95789 | 83672 | 6601844 | 39220612 |
| 天 津 | 44 | 35600 | 30655 | 3163445 | 13154060 |
| 河 北 | 217 | 327322 | 282964 | 26446547 | 59180279 |
| 山 西 | 32 | 27924 | 25059 | 2504128 | 6395752 |
| 内蒙古 | 69 | 41693 | 39726 | 5596607 | 6934970 |
| 辽 宁 | 200 | 194730 | 172439 | 8747898 | 40439726 |
| 吉 林 | 53 | 51709 | 45168 | 3011066 | 5505269 |
| 黑龙江 | 78 | 54504 | 48146 | 3611489 | 10612626 |
| 上 海 | 134 | 61669 | 54616 | 4215698 | 89478618 |
| 江 苏 | 487 | 395683 | 341024 | 35100749 | 197965989 |
| 浙 江 | 725 | 499381 | 442959 | 31857015 | 172798140 |
| 安 徽 | 129 | 137495 | 123276 | 12462836 | 30377156 |
| 福 建 | 118 | 51678 | 45531 | 3309450 | 14983371 |
| 江 西 | 97 | 96707 | 89465 | 6581872 | 19794625 |
| 山 东 | 498 | 390103 | 355642 | 36457552 | 93627852 |
| 河 南 | 154 | 175321 | 122514 | 13364956 | 36238783 |
| 湖 北 | 143 | 91735 | 78164 | 6639929 | 22522978 |
| 湖 南 | 326 | 198160 | 180645 | 11302687 | 39399574 |
| 广 东 | 317 | 251722 | 193707 | 17593540 | 54629435 |
| 广 西 | 86 | 85158 | 77230 | 3995467 | 10526937 |
| 海 南 | 5 | 2920 | 2680 | 703300 | 424736 |
| 重 庆 | 146 | 107438 | 96939 | 7743562 | 35324837 |
| 四 川 | 127 | 189072 | 133589 | 13149385 | 28250201 |
| 贵 州 | 54 | 63709 | 48918 | 5964350 | 10974515 |
| 云 南 | 37 | 63617 | 46976 | 2396697 | 5753461 |
| 西 藏 | 3 | 3177 | 2781 | 35000 | 238757 |
| 陕 西 | 51 | 36225 | 33945 | 3303294 | 8780334 |
| 甘 肃 | 27 | 24767 | 23092 | 1766160 | 2783609 |
| 青 海 | 9 | 7593 | 7443 | 555368 | 636638 |
| 宁 夏 | 37 | 28912 | 25672 | 4422975 | 3471685 |
| 新 疆 | 100 | 106609 | 93299 | 14312872 | 22050357 |

# 2-2 按市场类别分各地区商品交易市场情况

(综合市场)

| 地　区 | 市场数量(个) | 总摊位数(个) | 年末出租摊位数(个) | 营业面积(平方米) | 成交额(万元) |
|---|---|---|---|---|---|
| **全　国** | **1309** | **1446325** | **1254329** | **81667819** | **258343310** |
| 北　京 | 32 | 36923 | 32858 | 1684186 | 13760144 |
| 天　津 | 11 | 11808 | 10537 | 1100931 | 4193046 |
| 河　北 | 57 | 126227 | 113334 | 7131705 | 23365529 |
| 山　西 | 11 | 16613 | 15848 | 1679779 | 5153710 |
| 内蒙古 | 11 | 11549 | 10279 | 996894 | 2029536 |
| 辽　宁 | 62 | 62975 | 54111 | 2013257 | 6894006 |
| 吉　林 | 15 | 18519 | 17380 | 850695 | 673457 |
| 黑龙江 | 21 | 14839 | 12969 | 853975 | 3718974 |
| 上　海 | 45 | 23448 | 20369 | 1144078 | 4477089 |
| 江　苏 | 92 | 93515 | 81278 | 7467208 | 25721600 |
| 浙　江 | 242 | 178366 | 161089 | 9527495 | 40001648 |
| 安　徽 | 48 | 73990 | 66059 | 6918447 | 13403506 |
| 福　建 | 46 | 23961 | 20114 | 782968 | 4347302 |
| 江　西 | 36 | 52387 | 48357 | 1946126 | 10509998 |
| 山　东 | 94 | 128700 | 117685 | 6675192 | 14617448 |
| 河　南 | 33 | 64352 | 44479 | 3230906 | 8520155 |
| 湖　北 | 43 | 29075 | 25048 | 1902878 | 6501407 |
| 湖　南 | 127 | 94301 | 90317 | 3661535 | 16719697 |
| 广　东 | 75 | 84411 | 57900 | 3462831 | 12640783 |
| 广　西 | 24 | 40523 | 34870 | 1017859 | 1957709 |
| 海　南 | 2 | 1218 | 1209 | 8800 | 62662 |
| 重　庆 | 44 | 59722 | 53402 | 2969248 | 14239067 |
| 四　川 | 48 | 59999 | 51280 | 3567617 | 10932565 |
| 贵　州 | 14 | 43675 | 29816 | 3224322 | 3919562 |
| 云　南 | 10 | 8874 | 8328 | 191388 | 374354 |
| 西　藏 | 3 | 3177 | 2781 | 35000 | 238757 |
| 陕　西 | 8 | 6967 | 6659 | 334726 | 631136 |
| 甘　肃 | 8 | 8200 | 7986 | 744205 | 935781 |
| 青　海 | | | | | |
| 宁　夏 | 9 | 6450 | 5552 | 328747 | 433444 |
| 新　疆 | 38 | 61561 | 52435 | 6214821 | 7369238 |

2-2　续表 1

(生产资料综合市场)

| 地　区 | 市场数量<br>(个) | 总摊位数<br>(个) | 年末出租摊位数<br>(个) | 营业面积<br>(平方米) | 成交额<br>(万元) |
|---|---|---|---|---|---|
| **全　国** | **47** | **64097** | **54861** | **7876154** | **12991110** |
| 北　京 | | | | | |
| 天　津 | | | | | |
| 河　北 | 2 | 1930 | 1760 | 520000 | 627825 |
| 山　西 | 1 | 120 | 100 | 23000 | 10685 |
| 内蒙古 | 1 | 40 | 40 | 20000 | 39417 |
| 辽　宁 | 3 | 2400 | 1980 | 46000 | 126701 |
| 吉　林 | 1 | 3800 | 3800 | 100000 | 44899 |
| 黑龙江 | | | | | |
| 上　海 | | | | | |
| 江　苏 | 4 | 10915 | 8992 | 1332130 | 860808 |
| 浙　江 | 11 | 7725 | 6536 | 853721 | 5402263 |
| 安　徽 | 3 | 12054 | 10905 | 2387145 | 2330047 |
| 福　建 | | | | | |
| 江　西 | 1 | 3295 | 3295 | 126906 | 101132 |
| 山　东 | 5 | 2159 | 2031 | 221433 | 429246 |
| 河　南 | | | | | |
| 湖　北 | 3 | 6875 | 4986 | 817350 | 1375631 |
| 湖　南 | 1 | 162 | 162 | 6200 | 20257 |
| 广　东 | 1 | 1352 | 1352 | 31860 | 47906 |
| 广　西 | | | | | |
| 海　南 | | | | | |
| 重　庆 | 2 | 1752 | 1752 | 254123 | 629201 |
| 四　川 | 3 | 2597 | 2515 | 168282 | 306868 |
| 贵　州 | 1 | 2846 | 1012 | 375250 | 263908 |
| 云　南 | 1 | 173 | 157 | 10920 | 10383 |
| 西　藏 | | | | | |
| 陕　西 | | | | | |
| 甘　肃 | | | | | |
| 青　海 | | | | | |
| 宁　夏 | | | | | |
| 新　疆 | 3 | 3902 | 3486 | 581834 | 363933 |

2-2 续表 2

(工业消费品综合市场)

| 地　区 | 市场数量（个） | 总摊位数（个） | 年末出租摊位数（个） | 营业面积（平方米） | 成交额（万元） |
|---|---|---|---|---|---|
| **全　国** | **267** | **532080** | **462256** | **27002806** | **87057416** |
| 北　京 | 8 | 7556 | 6934 | 163548 | 605044 |
| 天　津 | 1 | 432 | 432 | 9300 | 63149 |
| 河　北 | 12 | 70789 | 62077 | 4128642 | 16735440 |
| 山　西 | 2 | 1560 | 920 | 111220 | 16218 |
| 内蒙古 | 2 | 3402 | 3362 | 171000 | 99509 |
| 辽　宁 | 23 | 30921 | 28106 | 630733 | 1850989 |
| 吉　林 | 4 | 6607 | 6476 | 222700 | 266611 |
| 黑龙江 | 9 | 6912 | 5723 | 129515 | 356867 |
| 上　海 | 1 | 1033 | 847 | 38000 | 55652 |
| 江　苏 | 16 | 27598 | 25834 | 1958774 | 6420255 |
| 浙　江 | 28 | 86894 | 81531 | 5529319 | 17615477 |
| 安　徽 | 10 | 29038 | 27359 | 2488501 | 2665887 |
| 福　建 | 3 | 5691 | 3581 | 71358 | 786150 |
| 江　西 | 6 | 14394 | 11818 | 286880 | 3678107 |
| 山　东 | 29 | 52172 | 45703 | 2787604 | 7580924 |
| 河　南 | 10 | 15727 | 13850 | 522783 | 2735747 |
| 湖　北 | 7 | 6357 | 6124 | 460344 | 895185 |
| 湖　南 | 30 | 34039 | 32967 | 1321694 | 9264490 |
| 广　东 | 19 | 44503 | 24338 | 1451261 | 3113158 |
| 广　西 | 2 | 6626 | 6159 | 207800 | 175203 |
| 海　南 | | | | | |
| 重　庆 | 13 | 33437 | 30636 | 1723551 | 8522083 |
| 四　川 | 10 | 18904 | 14148 | 1074765 | 1573608 |
| 贵　州 | | | | | |
| 云　南 | | | | | |
| 西　藏 | | | | | |
| 陕　西 | 2 | 2780 | 2548 | 123000 | 56459 |
| 甘　肃 | 6 | 6964 | 6750 | 382205 | 688601 |
| 青　海 | | | | | |
| 宁　夏 | 2 | 2086 | 1966 | 66800 | 72103 |
| 新　疆 | 12 | 15658 | 12067 | 941509 | 1164500 |

2-2 续表 3

(农产品综合市场)

| 地区 | 市场数量(个) | 总摊位数(个) | 年末出租摊位数(个) | 营业面积(平方米) | 成交额(万元) |
|---|---|---|---|---|---|
| **全国** | **661** | **448938** | **393923** | **24491383** | **106817127** |
| 北京 | 21 | 27040 | 24150 | 1459773 | 13101542 |
| 天津 | 5 | 4090 | 3413 | 450000 | 2467421 |
| 河北 | 27 | 38211 | 35413 | 1718315 | 4186089 |
| 山西 | 4 | 2595 | 2591 | 325934 | 565374 |
| 内蒙古 | 5 | 4062 | 3129 | 501759 | 1474235 |
| 辽宁 | 18 | 9646 | 7041 | 485040 | 1232551 |
| 吉林 | 5 | 2734 | 2040 | 317995 | 178309 |
| 黑龙江 | 9 | 6416 | 5735 | 501000 | 3242014 |
| 上海 | 37 | 15331 | 14270 | 861469 | 3973104 |
| 江苏 | 48 | 30615 | 26617 | 2111646 | 13644814 |
| 浙江 | 180 | 69716 | 60040 | 2080594 | 11159927 |
| 安徽 | 22 | 18557 | 14632 | 630191 | 5451485 |
| 福建 | 34 | 13748 | 12436 | 311489 | 2276176 |
| 江西 | 10 | 8393 | 8336 | 294298 | 3521983 |
| 山东 | 25 | 22863 | 20803 | 1191379 | 2180568 |
| 河南 | 14 | 16170 | 14807 | 1956883 | 5285384 |
| 湖北 | 18 | 7948 | 6618 | 272282 | 1580773 |
| 湖南 | 41 | 26386 | 25155 | 1308308 | 5213009 |
| 广东 | 44 | 33457 | 28234 | 1764207 | 9100033 |
| 广西 | 14 | 23278 | 19426 | 594543 | 1354389 |
| 海南 | 1 | 540 | 531 | 1200 | 14165 |
| 重庆 | 19 | 16840 | 14102 | 493164 | 4151421 |
| 四川 | 24 | 22981 | 20521 | 1509239 | 8348720 |
| 贵州 | 7 | 4419 | 3802 | 119474 | 300174 |
| 云南 | 4 | 3824 | 3647 | 47546 | 184882 |
| 西藏 | 3 | 3177 | 2781 | 35000 | 238757 |
| 陕西 | 5 | 3969 | 3893 | 187726 | 533612 |
| 甘肃 | 2 | 1236 | 1236 | 362000 | 247180 |
| 青海 | | | | | |
| 宁夏 | 5 | 2549 | 2124 | 202447 | 208428 |
| 新疆 | 10 | 8147 | 6400 | 2396482 | 1400608 |

2-2 续表 4

(其他综合市场)

| 地　区 | 市场数量(个) | 总摊位数(个) | 年末出租摊位数(个) | 营业面积(平方米) | 成交额(万元) |
|---|---|---|---|---|---|
| **全　国** | **334** | **401210** | **343289** | **22297476** | **51477657** |
| 北　京 | 3 | 2327 | 1774 | 60865 | 53558 |
| 天　津 | 5 | 7286 | 6692 | 641631 | 1662476 |
| 河　北 | 16 | 15297 | 14084 | 764748 | 1816175 |
| 山　西 | 4 | 12338 | 12237 | 1219625 | 4561433 |
| 内蒙古 | 3 | 4045 | 3748 | 304135 | 416375 |
| 辽　宁 | 18 | 20008 | 16984 | 851484 | 3683765 |
| 吉　林 | 5 | 5378 | 5064 | 210000 | 183638 |
| 黑龙江 | 3 | 1511 | 1511 | 223460 | 120093 |
| 上　海 | 7 | 7084 | 5252 | 244609 | 448333 |
| 江　苏 | 24 | 24387 | 19835 | 2064658 | 4795723 |
| 浙　江 | 23 | 14031 | 12982 | 1063861 | 5823981 |
| 安　徽 | 13 | 14341 | 13163 | 1412610 | 2956087 |
| 福　建 | 9 | 4522 | 4097 | 400121 | 1284976 |
| 江　西 | 19 | 26305 | 24908 | 1238042 | 3208776 |
| 山　东 | 35 | 51506 | 49148 | 2474776 | 4426710 |
| 河　南 | 9 | 32455 | 15822 | 751240 | 499024 |
| 湖　北 | 15 | 7895 | 7320 | 352902 | 2649818 |
| 湖　南 | 55 | 33714 | 32033 | 1025333 | 2221941 |
| 广　东 | 11 | 5099 | 3976 | 215503 | 379686 |
| 广　西 | 8 | 10619 | 9285 | 215516 | 428117 |
| 海　南 | 1 | 678 | 678 | 7600 | 48497 |
| 重　庆 | 10 | 7693 | 6912 | 498410 | 936362 |
| 四　川 | 11 | 15517 | 14096 | 815331 | 703369 |
| 贵　州 | 6 | 36410 | 25002 | 2729598 | 3355480 |
| 云　南 | 5 | 4877 | 4524 | 132922 | 179089 |
| 西　藏 | | | | | |
| 陕　西 | 1 | 218 | 218 | 24000 | 41065 |
| 甘　肃 | | | | | |
| 青　海 | | | | | |
| 宁　夏 | 2 | 1815 | 1462 | 59500 | 152913 |
| 新　疆 | 13 | 33854 | 30482 | 2294996 | 4440197 |

2-2 续表 5

(专业市场)

| 地区 | 市场数量 (个) | 总摊位数 (个) | 年末出租摊位数 (个) | 营业面积 (平方米) | 成交额 (万元) |
|---|---|---|---|---|---|
| **全国** | **3308** | **2451797** | **2093607** | **215249919** | **824132572** |
| 北京 | 82 | 58866 | 50814 | 4917658 | 25460468 |
| 天津 | 33 | 23792 | 20118 | 2062514 | 8961014 |
| 河北 | 160 | 201095 | 169630 | 19314842 | 35814750 |
| 山西 | 21 | 11311 | 9211 | 824349 | 1242042 |
| 内蒙古 | 58 | 30144 | 29447 | 4599713 | 4905434 |
| 辽宁 | 138 | 131755 | 118328 | 6734641 | 33545720 |
| 吉林 | 38 | 33190 | 27788 | 2160371 | 4831812 |
| 黑龙江 | 57 | 39665 | 35177 | 2757514 | 6893652 |
| 上海 | 89 | 38221 | 34247 | 3071620 | 85001529 |
| 江苏 | 395 | 302168 | 259746 | 27633541 | 172244389 |
| 浙江 | 483 | 321015 | 281870 | 22329520 | 132796492 |
| 安徽 | 81 | 63505 | 57217 | 5544389 | 16973650 |
| 福建 | 72 | 27717 | 25417 | 2526482 | 10636069 |
| 江西 | 61 | 44320 | 41108 | 4635746 | 9284627 |
| 山东 | 404 | 261403 | 237957 | 29782360 | 79010404 |
| 河南 | 121 | 110969 | 78035 | 10134050 | 27718628 |
| 湖北 | 100 | 62660 | 53116 | 4737051 | 16021571 |
| 湖南 | 199 | 103859 | 90328 | 7641152 | 22679877 |
| 广东 | 242 | 167311 | 135807 | 14130709 | 41988652 |
| 广西 | 62 | 44635 | 42360 | 2977608 | 8569228 |
| 海南 | 3 | 1702 | 1471 | 694500 | 362074 |
| 重庆 | 102 | 47716 | 43537 | 4774314 | 21085770 |
| 四川 | 79 | 129073 | 82309 | 9581768 | 17317636 |
| 贵州 | 40 | 20034 | 19102 | 2740028 | 7054953 |
| 云南 | 27 | 54743 | 38648 | 2205309 | 5379107 |
| 西藏 | | | | | |
| 陕西 | 43 | 29258 | 27286 | 2968568 | 8149198 |
| 甘肃 | 19 | 16567 | 15106 | 1021955 | 1847828 |
| 青海 | 9 | 7593 | 7443 | 555368 | 636638 |
| 宁夏 | 28 | 22462 | 20120 | 4094228 | 3038241 |
| 新疆 | 62 | 45048 | 40864 | 8098051 | 14681119 |

2-2 续表 6

(生产资料市场)

| 地　区 | 市场数量(个) | 总摊位数(个) | 年末出租摊位数(个) | 营业面积(平方米) | 成交额(万元) |
|---|---|---|---|---|---|
| **全　国** | **607** | **342027** | **271210** | **60941695** | **293306045** |
| 北　京 | 13 | 3214 | 2971 | 434194 | 1101716 |
| 天　津 | 8 | 4278 | 3977 | 271697 | 3265418 |
| 河　北 | 31 | 21753 | 20885 | 4490777 | 5324825 |
| 山　西 | 1 | 372 | 372 | 15000 | 39281 |
| 内蒙古 | 12 | 3373 | 3356 | 1805962 | 1357175 |
| 辽　宁 | 17 | 5525 | 4538 | 1547257 | 7456282 |
| 吉　林 | 9 | 3117 | 3078 | 474400 | 292701 |
| 黑龙江 | 9 | 5656 | 5496 | 987000 | 1883624 |
| 上　海 | 21 | 4497 | 3833 | 911248 | 73142382 |
| 江　苏 | 87 | 61047 | 44501 | 7053747 | 78315823 |
| 浙　江 | 76 | 33295 | 28890 | 4167946 | 31951865 |
| 安　徽 | 15 | 7507 | 6853 | 1622933 | 5690745 |
| 福　建 | 9 | 2566 | 2348 | 437179 | 1747467 |
| 江　西 | 6 | 3646 | 3606 | 511529 | 419520 |
| 山　东 | 78 | 33497 | 29373 | 10278198 | 28862537 |
| 河　南 | 21 | 16455 | 8766 | 3316716 | 6653001 |
| 湖　北 | 17 | 5373 | 4893 | 538950 | 2815849 |
| 湖　南 | 42 | 22333 | 18827 | 2507209 | 7350790 |
| 广　东 | 24 | 14509 | 10588 | 2738533 | 8014470 |
| 广　西 | 17 | 6066 | 5304 | 917054 | 2731605 |
| 海　南 | 1 | 730 | 730 | 680000 | 315210 |
| 重　庆 | 25 | 11055 | 10273 | 1459429 | 8056129 |
| 四　川 | 23 | 42433 | 20861 | 4497191 | 6160290 |
| 贵　州 | 8 | 3056 | 2548 | 855149 | 376866 |
| 云　南 | 5 | 1221 | 1081 | 163138 | 62178 |
| 西　藏 | | | | | |
| 陕　西 | 11 | 8318 | 7801 | 1321154 | 1201430 |
| 甘　肃 | 2 | 175 | 165 | 77066 | 26204 |
| 青　海 | 1 | 22 | 22 | 1000 | 12111 |
| 宁　夏 | 6 | 2904 | 2857 | 1968170 | 813891 |
| 新　疆 | 12 | 14034 | 12417 | 4891869 | 7864660 |

2-2 续表 7

(农业生产用具市场)

| 地 区 | 市场数量(个) | 总摊位数(个) | 年末出租摊位数(个) | 营业面积(平方米) | 成交额(万元) |
|---|---|---|---|---|---|
| **全 国** | **17** | **5791** | **5038** | **1748938** | **2558870** |
| 北 京 | | | | | |
| 天 津 | | | | | |
| 河 北 | 3 | 2300 | 2298 | 676200 | 1278560 |
| 山 西 | | | | | |
| 内 蒙 古 | 2 | 84 | 84 | 180006 | 30735 |
| 辽 宁 | | | | | |
| 吉 林 | | | | | |
| 黑 龙 江 | | | | | |
| 上 海 | | | | | |
| 江 苏 | 1 | 460 | 460 | 52700 | 53083 |
| 浙 江 | 1 | 46 | 44 | 2700 | 14072 |
| 安 徽 | 1 | 649 | 649 | 129056 | 656704 |
| 福 建 | | | | | |
| 江 西 | 1 | 160 | 120 | 274753 | 123000 |
| 山 东 | 3 | 434 | 395 | 102000 | 107684 |
| 河 南 | 1 | 360 | 255 | 56000 | 85000 |
| 湖 北 | | | | | |
| 湖 南 | 2 | 570 | 142 | 108000 | 139401 |
| 广 东 | 1 | 180 | 180 | 115015 | 49288 |
| 广 西 | | | | | |
| 海 南 | | | | | |
| 重 庆 | | | | | |
| 四 川 | | | | | |
| 贵 州 | | | | | |
| 云 南 | | | | | |
| 西 藏 | | | | | |
| 陕 西 | | | | | |
| 甘 肃 | | | | | |
| 青 海 | | | | | |
| 宁 夏 | | | | | |
| 新 疆 | 1 | 548 | 411 | 52508 | 21343 |

2-2 续表 8

(农用生产资料市场)

| 地区 | 市场数量(个) | 总摊位数(个) | 年末出租摊位数(个) | 营业面积(平方米) | 成交额(万元) |
|---|---|---|---|---|---|
| **全国** | **25** | **6186** | **5107** | **992256** | **1319961** |
| 北京 | | | | | |
| 天津 | | | | | |
| 河北 | 2 | 2032 | 1677 | 301800 | 99496 |
| 山西 | | | | | |
| 内蒙古 | 2 | 242 | 242 | 226674 | 50850 |
| 辽宁 | | | | | |
| 吉林 | 1 | 60 | 60 | 8500 | 22975 |
| 黑龙江 | 1 | 32 | 32 | 1000 | 12259 |
| 上海 | | | | | |
| 江苏 | 2 | 290 | 237 | 110500 | 291456 |
| 浙江 | | | | | |
| 安徽 | 1 | 116 | 116 | 2340 | 13121 |
| 福建 | 1 | 286 | 179 | 8250 | 58513 |
| 江西 | | | | | |
| 山东 | 2 | 385 | 367 | 18250 | 59953 |
| 河南 | 1 | 98 | 98 | 17999 | 13000 |
| 湖北 | | | | | |
| 湖南 | 2 | 62 | 51 | 37000 | 82202 |
| 广东 | 1 | 1 | 1 | 43956 | 10372 |
| 广西 | 3 | 933 | 918 | 71043 | 271105 |
| 海南 | | | | | |
| 重庆 | 1 | 380 | 297 | 28554 | 173000 |
| 四川 | | | | | |
| 贵州 | | | | | |
| 云南 | 1 | 317 | 317 | 7298 | 12065 |
| 西藏 | | | | | |
| 陕西 | | | | | |
| 甘肃 | | | | | |
| 青海 | | | | | |
| 宁夏 | 1 | 186 | 186 | 16144 | 91900 |
| 新疆 | 3 | 766 | 329 | 92948 | 57694 |

2-2 续表 9

(煤炭市场)

| 地 区 | 市场数量 (个) | 总摊位数 (个) | 年末出租摊位数 (个) | 营业面积 (平方米) | 成交额 (万元) |
|---|---|---|---|---|---|
| **全 国** | **4** | **3346** | **3346** | **1983400** | **2640355** |
| 北 京 | | | | | |
| 天 津 | 2 | 2716 | 2716 | 1400 | 1966794 |
| 河 北 | | | | | |
| 山 西 | | | | | |
| 内蒙古 | | | | | |
| 辽 宁 | | | | | |
| 吉 林 | | | | | |
| 黑龙江 | | | | | |
| 上 海 | | | | | |
| 江 苏 | | | | | |
| 浙 江 | 1 | 49 | 49 | 405000 | 596217 |
| 安 徽 | | | | | |
| 福 建 | | | | | |
| 江 西 | | | | | |
| 山 东 | | | | | |
| 河 南 | | | | | |
| 湖 北 | | | | | |
| 湖 南 | | | | | |
| 广 东 | | | | | |
| 广 西 | | | | | |
| 海 南 | | | | | |
| 重 庆 | | | | | |
| 四 川 | | | | | |
| 贵 州 | | | | | |
| 云 南 | | | | | |
| 西 藏 | | | | | |
| 陕 西 | | | | | |
| 甘 肃 | | | | | |
| 青 海 | | | | | |
| 宁 夏 | 1 | 581 | 581 | 1577000 | 77344 |
| 新 疆 | | | | | |

2-2 续表 10

(木材市场)

| 地　区 | 市场数量(个) | 总摊位数(个) | 年末出租摊位数(个) | 营业面积(平方米) | 成交额(万元) |
|---|---|---|---|---|---|
| **全　国** | **40** | **16653** | **13414** | **5012998** | **6904882** |
| 北　京 | | | | | |
| 天　津 | | | | | |
| 河　北 | | | | | |
| 山　西 | | | | | |
| 内蒙古 | 1 | 134 | 128 | 666700 | 118950 |
| 辽　宁 | 1 | 200 | 200 | 2800 | 29145 |
| 吉　林 | 1 | 168 | 160 | 225000 | 14213 |
| 黑龙江 | | | | | |
| 上　海 | 5 | 542 | 511 | 284396 | 566556 |
| 江　苏 | 7 | 3268 | 2734 | 594300 | 1027419 |
| 浙　江 | 9 | 5382 | 5214 | 498816 | 1370678 |
| 安　徽 | | | | | |
| 福　建 | | | | | |
| 江　西 | | | | | |
| 山　东 | 9 | 3063 | 2688 | 2113616 | 3125538 |
| 河　南 | | | | | |
| 湖　北 | | | | | |
| 湖　南 | 1 | 550 | 515 | 65000 | 19533 |
| 广　东 | 2 | 2511 | 556 | 328510 | 520000 |
| 广　西 | 2 | 280 | 280 | 135000 | 41870 |
| 海　南 | | | | | |
| 重　庆 | 1 | 235 | 108 | 40260 | 10980 |
| 四　川 | 1 | 320 | 320 | 58600 | 60000 |
| 贵　州 | | | | | |
| 云　南 | | | | | |
| 西　藏 | | | | | |
| 陕　西 | | | | | |
| 甘　肃 | | | | | |
| 青　海 | | | | | |
| 宁　夏 | | | | | |
| 新　疆 | | | | | |

2-2 续表 11

(建材市场)

| 地区 | 市场数量(个) | 总摊位数(个) | 年末出租摊位数(个) | 营业面积(平方米) | 成交额(万元) |
|---|---|---|---|---|---|
| **全国** | **214** | **151491** | **111218** | **23310862** | **19616505** |
| 北京 | 8 | 2130 | 2072 | 229940 | 478940 |
| 天津 | 1 | 780 | 528 | 186000 | 104469 |
| 河北 | 6 | 1658 | 1584 | 384420 | 216523 |
| 山西 | 1 | 372 | 372 | 15000 | 39281 |
| 内蒙古 | 4 | 1355 | 1355 | 202255 | 258648 |
| 辽宁 | 4 | 1422 | 1239 | 607497 | 271531 |
| 吉林 | 3 | 883 | 852 | 70200 | 119000 |
| 黑龙江 | 3 | 4377 | 4377 | 526000 | 620665 |
| 上海 | 5 | 899 | 840 | 302843 | 399251 |
| 江苏 | 31 | 25740 | 20209 | 2759486 | 3044948 |
| 浙江 | 13 | 4000 | 3664 | 736480 | 1623727 |
| 安徽 | 8 | 4678 | 4294 | 1135779 | 591193 |
| 福建 | 5 | 1690 | 1662 | 362921 | 1196128 |
| 江西 | 4 | 2807 | 2807 | 190755 | 259660 |
| 山东 | 23 | 13134 | 11490 | 1528855 | 2563549 |
| 河南 | 10 | 12754 | 5690 | 1646222 | 1491454 |
| 湖北 | 9 | 2739 | 2647 | 260150 | 791255 |
| 湖南 | 23 | 11942 | 10221 | 1273909 | 1008324 |
| 广东 | 2 | 1084 | 787 | 171086 | 261581 |
| 广西 | 7 | 1974 | 1821 | 245380 | 289662 |
| 海南 | 1 | 730 | 730 | 680000 | 315210 |
| 重庆 | 7 | 2320 | 2283 | 396399 | 716555 |
| 四川 | 16 | 35750 | 14793 | 3508212 | 1341488 |
| 贵州 | 4 | 1274 | 1193 | 579449 | 95261 |
| 云南 | 3 | 439 | 372 | 92333 | 36118 |
| 西藏 | | | | | |
| 陕西 | 9 | 7012 | 6625 | 1248600 | 731430 |
| 甘肃 | 1 | 35 | 27 | 11066 | 16200 |
| 青海 | | | | | |
| 宁夏 | | | | | |
| 新疆 | 3 | 7513 | 6684 | 3959625 | 734454 |

2-2 续表 12

(化工材料及制品市场)

| 地　区 | 市场数量(个) | 总摊位数(个) | 年末出租摊位数(个) | 营业面积(平方米) | 成交额(万元) |
|---|---|---|---|---|---|
| **全　国** | **31** | **24895** | **17507** | **2090035** | **38461676** |
| 北　京 | | | | | |
| 天　津 | 1 | 209 | 209 | 3561 | 79132 |
| 河　北 | 2 | 797 | 693 | 65600 | 506050 |
| 山　西 | | | | | |
| 内蒙古 | | | | | |
| 辽　宁 | 1 | 98 | 98 | 4300 | 8900 |
| 吉　林 | | | | | |
| 黑龙江 | | | | | |
| 上　海 | 1 | 495 | 1 | 13000 | 905 |
| 江　苏 | 7 | 8060 | 3442 | 386997 | 16580438 |
| 浙　江 | 8 | 4779 | 3961 | 607841 | 9416578 |
| 安　徽 | 1 | 650 | 559 | 3800 | 38114 |
| 福　建 | | | | | |
| 江　西 | | | | | |
| 山　东 | 4 | 2926 | 2745 | 194316 | 7866391 |
| 河　南 | | | | | |
| 湖　北 | | | | | |
| 湖　南 | 3 | 1429 | 969 | 72600 | 218275 |
| 广　东 | 3 | 5452 | 4830 | 738020 | 3746893 |
| 广　西 | | | | | |
| 海　南 | | | | | |
| 重　庆 | | | | | |
| 四　川 | | | | | |
| 贵　州 | | | | | |
| 云　南 | | | | | |
| 西　藏 | | | | | |
| 陕　西 | | | | | |
| 甘　肃 | | | | | |
| 青　海 | | | | | |
| 宁　夏 | | | | | |
| 新　疆 | | | | | |

2-2 续表 13

(金属材料市场)

| 地区 | 市场数量（个） | 总摊位数（个） | 年末出租摊位数（个） | 营业面积（平方米） | 成交额（万元） |
|---|---|---|---|---|---|
| **全国** | **195** | **88097** | **75558** | **20680741** | **197710185** |
| 北京 | 3 | 420 | 349 | 150184 | 385806 |
| 天津 | 4 | 573 | 524 | 80736 | 1115023 |
| 河北 | 14 | 13588 | 13255 | 2652682 | 2984477 |
| 山西 | | | | | |
| 内蒙古 | 2 | 330 | 330 | 390000 | 380181 |
| 辽宁 | 9 | 3490 | 2711 | 902660 | 2321475 |
| 吉林 | 1 | 874 | 874 | 61000 | 18600 |
| 黑龙江 | 4 | 1097 | 972 | 340000 | 1145700 |
| 上海 | 6 | 1695 | 1684 | 259613 | 63681353 |
| 江苏 | 32 | 18572 | 13980 | 2833713 | 55940925 |
| 浙江 | 28 | 12944 | 11567 | 1687536 | 17203143 |
| 安徽 | 4 | 1414 | 1235 | 351958 | 4391613 |
| 福建 | 1 | 101 | 79 | 30300 | 357401 |
| 江西 | 1 | 679 | 679 | 46021 | 36860 |
| 山东 | 28 | 8311 | 6782 | 5268502 | 13495236 |
| 河南 | 9 | 3243 | 2723 | 1596495 | 5063547 |
| 湖北 | 7 | 2294 | 1969 | 272800 | 1998297 |
| 湖南 | 4 | 2615 | 2431 | 742553 | 5490533 |
| 广东 | 12 | 3271 | 2233 | 668946 | 2432548 |
| 广西 | 3 | 1529 | 1529 | 325631 | 1850600 |
| 海南 | | | | | |
| 重庆 | 9 | 4600 | 4108 | 665774 | 6246330 |
| 四川 | 3 | 2281 | 1950 | 650379 | 4200502 |
| 贵州 | 4 | 1782 | 1355 | 275700 | 281605 |
| 云南 | | | | | |
| 西藏 | | | | | |
| 陕西 | 1 | 160 | 131 | 7300 | 320000 |
| 甘肃 | 1 | 140 | 138 | 66000 | 10004 |
| 青海 | 1 | 22 | 22 | 1000 | 12111 |
| 宁夏 | 2 | 1702 | 1655 | 242470 | 541142 |
| 新疆 | 2 | 370 | 293 | 110788 | 5805173 |

2-2 续表 14

(机械设备市场)

| 地区 | 市场数量(个) | 总摊位数(个) | 年末出租摊位数(个) | 营业面积(平方米) | 成交额(万元) |
|---|---|---|---|---|---|
| **全国** | **45** | **26991** | **24317** | **2701721** | **6793679** |
| 北京 | 1 | 370 | 256 | 33000 | 116000 |
| 天津 | | | | | |
| 河北 | 4 | 1378 | 1378 | 410075 | 239719 |
| 山西 | | | | | |
| 内蒙古 | | | | | |
| 辽宁 | | | | | |
| 吉林 | | | | | |
| 黑龙江 | | | | | |
| 上海 | 1 | 187 | 148 | 4500 | 71911 |
| 江苏 | 5 | 3458 | 2307 | 288251 | 1164399 |
| 浙江 | 6 | 1412 | 1408 | 64247 | 573054 |
| 安徽 | | | | | |
| 福建 | | | | | |
| 江西 | | | | | |
| 山东 | 6 | 3780 | 3653 | 374859 | 1404548 |
| 河南 | | | | | |
| 湖北 | 1 | 340 | 277 | 6000 | 26297 |
| 湖南 | 5 | 4495 | 3833 | 174030 | 357310 |
| 广东 | 2 | 1057 | 1048 | 493000 | 639317 |
| 广西 | 1 | 500 | 496 | 30000 | 78400 |
| 海南 | | | | | |
| 重庆 | 5 | 2686 | 2643 | 210442 | 696924 |
| 四川 | 3 | 4082 | 3798 | 280000 | 558300 |
| 贵州 | | | | | |
| 云南 | 1 | 465 | 392 | 63507 | 13995 |
| 西藏 | | | | | |
| 陕西 | 1 | 1146 | 1045 | 65254 | 150000 |
| 甘肃 | | | | | |
| 青海 | | | | | |
| 宁夏 | 2 | 435 | 435 | 132556 | 103505 |
| 新疆 | 1 | 1200 | 1200 | 72000 | 600000 |

2-2　续表 15

(其他生产资料市场)

| 地　　区 | 市场数量（个） | 总摊位数（个） | 年末出租摊位数（个） | 营业面积（平方米） | 成交额（万元） |
|---|---|---|---|---|---|
| **全　　国** | **36** | **18577** | **15705** | **2420744** | **17299932** |
| 北　　京 | 1 | 294 | 294 | 21070 | 120970 |
| 天　　津 | | | | | |
| 河　　北 | | | | | |
| 山　　西 | | | | | |
| 内 蒙 古 | 1 | 1228 | 1217 | 140327 | 517811 |
| 辽　　宁 | 2 | 315 | 290 | 30000 | 4825231 |
| 吉　　林 | 3 | 1132 | 1132 | 109700 | 117913 |
| 黑 龙 江 | 1 | 150 | 115 | 120000 | 105000 |
| 上　　海 | 3 | 679 | 649 | 46896 | 8422406 |
| 江　　苏 | 2 | 1199 | 1132 | 27800 | 213155 |
| 浙　　江 | 10 | 4683 | 2983 | 165326 | 1154396 |
| 安　　徽 | | | | | |
| 福　　建 | 2 | 489 | 428 | 35708 | 135425 |
| 江　　西 | | | | | |
| 山　　东 | 3 | 1464 | 1253 | 677800 | 239638 |
| 河　　南 | | | | | |
| 湖　　北 | | | | | |
| 湖　　南 | 2 | 670 | 665 | 34117 | 35212 |
| 广　　东 | 1 | 953 | 953 | 180000 | 354471 |
| 广　　西 | 1 | 850 | 260 | 110000 | 199968 |
| 海　　南 | | | | | |
| 重　　庆 | 2 | 834 | 834 | 118000 | 212340 |
| 四　　川 | | | | | |
| 贵　　州 | | | | | |
| 云　　南 | | | | | |
| 西　　藏 | | | | | |
| 陕　　西 | | | | | |
| 甘　　肃 | | | | | |
| 青　　海 | | | | | |
| 宁　　夏 | | | | | |
| 新　　疆 | 2 | 3637 | 3500 | 604000 | 645996 |

2-2 续表 16

(农产品市场)

| 地区 | 市场数量(个) | 总摊位数(个) | 年末出租摊位数(个) | 营业面积(平方米) | 成交额(万元) |
|---|---|---|---|---|---|
| **全国** | **937** | **587848** | **507207** | **42077829** | **193466821** |
| 北京 | 14 | 14147 | 11602 | 1651019 | 11902169 |
| 天津 | 12 | 9967 | 8262 | 994647 | 3119701 |
| 河北 | 64 | 84863 | 71414 | 4528852 | 11929273 |
| 山西 | 7 | 3280 | 3096 | 280980 | 749348 |
| 内蒙古 | 21 | 9822 | 9421 | 1506990 | 1238783 |
| 辽宁 | 38 | 14022 | 12127 | 1374624 | 7932239 |
| 吉林 | 10 | 5648 | 5392 | 367637 | 1271260 |
| 黑龙江 | 15 | 4537 | 4087 | 543563 | 2555412 |
| 上海 | 25 | 12733 | 10826 | 730945 | 4532174 |
| 江苏 | 128 | 67122 | 57496 | 3883967 | 24359288 |
| 浙江 | 127 | 57829 | 50567 | 3086545 | 24467473 |
| 安徽 | 26 | 13816 | 11347 | 942722 | 2646834 |
| 福建 | 33 | 9409 | 8833 | 775290 | 5065835 |
| 江西 | 17 | 10348 | 9908 | 477600 | 3243288 |
| 山东 | 119 | 98625 | 91085 | 8451163 | 25773093 |
| 河南 | 26 | 32447 | 17378 | 1895461 | 12853348 |
| 湖北 | 17 | 10939 | 9866 | 698929 | 4161661 |
| 湖南 | 43 | 18154 | 15866 | 951544 | 6387981 |
| 广东 | 68 | 25618 | 22200 | 1989150 | 12004751 |
| 广西 | 18 | 16448 | 15882 | 825785 | 3347992 |
| 海南 | 1 | 677 | 446 | 4000 | 20314 |
| 重庆 | 19 | 9065 | 7982 | 442812 | 4225703 |
| 四川 | 16 | 10426 | 9385 | 704033 | 4650010 |
| 贵州 | 12 | 5767 | 5605 | 370402 | 3367371 |
| 云南 | 7 | 3723 | 3618 | 365223 | 1940738 |
| 西藏 | | | | | |
| 陕西 | 12 | 5945 | 4959 | 459249 | 2227431 |
| 甘肃 | 9 | 8633 | 7573 | 373449 | 1135307 |
| 青海 | 3 | 2285 | 2235 | 393203 | 372642 |
| 宁夏 | 12 | 11002 | 8968 | 1438511 | 1895836 |
| 新疆 | 18 | 10551 | 9781 | 1569534 | 4089566 |

2-2 续表 17

(粮油市场)

| 地区 | 市场数量（个） | 总摊位数（个） | 年末出租摊位数（个） | 营业面积（平方米） | 成交额（万元） |
|---|---|---|---|---|---|
| **全国** | **100** | **32623** | **28544** | **3580674** | **16279748** |
| 北京 | | | | | |
| 天津 | 3 | 1605 | 1605 | 174410 | 770297 |
| 河北 | 4 | 397 | 233 | 262766 | 72201 |
| 山西 | 1 | 119 | 119 | 15000 | 71190 |
| 内蒙古 | 3 | 156 | 156 | 210290 | 123379 |
| 辽宁 | 3 | 498 | 478 | 173000 | 357978 |
| 吉林 | 1 | 35 | 35 | 6899 | 98300 |
| 黑龙江 | 1 | 180 | 180 | 14000 | 347914 |
| 上海 | 9 | 1025 | 940 | 47385 | 213504 |
| 江苏 | 13 | 7339 | 5777 | 892350 | 4400369 |
| 浙江 | 20 | 4996 | 3858 | 468043 | 3201554 |
| 安徽 | 1 | 270 | 202 | 40000 | 105706 |
| 福建 | 3 | 405 | 387 | 72100 | 254008 |
| 江西 | 1 | 100 | 100 | 42000 | 85102 |
| 山东 | 14 | 9583 | 9006 | 573607 | 2667697 |
| 河南 | 1 | 256 | 212 | 9395 | 72010 |
| 湖北 | 1 | 397 | 397 | 31500 | 24906 |
| 湖南 | 3 | 676 | 533 | 46321 | 489929 |
| 广东 | 7 | 1873 | 1732 | 273080 | 756830 |
| 广西 | 1 | 94 | 86 | 10000 | 10123 |
| 海南 | | | | | |
| 重庆 | | | | | |
| 四川 | 2 | 637 | 603 | 32000 | 190679 |
| 贵州 | 2 | 381 | 364 | 40900 | 1156158 |
| 云南 | 2 | 928 | 928 | 65431 | 396062 |
| 西藏 | | | | | |
| 陕西 | 1 | 270 | 270 | 9333 | 298421 |
| 甘肃 | 1 | 130 | 130 | 38000 | 64831 |
| 青海 | | | | | |
| 宁夏 | 1 | 65 | 58 | 7864 | 18600 |
| 新疆 | 1 | 208 | 155 | 25000 | 32000 |

2-2 续表 18

(肉禽蛋市场)

| 地　区 | 市场数量（个） | 总摊位数（个） | 年末出租摊位数（个） | 营业面积（平方米） | 成交额（万元） |
|---|---|---|---|---|---|
| **全　国** | **108** | **46052** | **41729** | **2829124** | **14732650** |
| 北　京 | 1 | 97 | 97 | 1100 | 25116 |
| 天　津 | | | | | |
| 河　北 | 4 | 1318 | 1273 | 240002 | 772686 |
| 山　西 | | | | | |
| 内 蒙 古 | 3 | 684 | 589 | 30000 | 37217 |
| 辽　宁 | 4 | 534 | 405 | 11200 | 127578 |
| 吉　林 | | | | | |
| 黑 龙 江 | 2 | 582 | 530 | 12155 | 122269 |
| 上　海 | 1 | 218 | 218 | 4000 | 129450 |
| 江　苏 | 25 | 8819 | 7345 | 317224 | 3270008 |
| 浙　江 | 11 | 2846 | 2730 | 129380 | 1754985 |
| 安　徽 | 3 | 1266 | 923 | 125827 | 348671 |
| 福　建 | 3 | 612 | 504 | 12500 | 161755 |
| 江　西 | 5 | 2064 | 2064 | 67960 | 707323 |
| 山　东 | 5 | 3084 | 2728 | 87660 | 139667 |
| 河　南 | 1 | 643 | 643 | 35200 | 50123 |
| 湖　北 | | | | | |
| 湖　南 | 6 | 2042 | 1162 | 66394 | 149306 |
| 广　东 | 13 | 3456 | 3167 | 370938 | 1906704 |
| 广　西 | 7 | 8876 | 8655 | 104624 | 547823 |
| 海　南 | | | | | |
| 重　庆 | 4 | 1885 | 1842 | 102406 | 1877629 |
| 四　川 | 2 | 2066 | 1951 | 87977 | 1714190 |
| 贵　州 | 1 | 370 | 370 | 5700 | 17615 |
| 云　南 | 1 | 650 | 593 | 16812 | 54656 |
| 西　藏 | | | | | |
| 陕　西 | | | | | |
| 甘　肃 | | | | | |
| 青　海 | | | | | |
| 宁　夏 | 2 | 618 | 618 | 85000 | 121317 |
| 新　疆 | 4 | 3322 | 3322 | 915065 | 696562 |

2-2 续表 19

(水产品市场)

| 地　区 | 市场数量（个） | 总摊位数（个） | 年末出租摊位数（个） | 营业面积（平方米） | 成交额（万元） |
|---|---|---|---|---|---|
| **全　国** | **139** | **77784** | **69077** | **4519338** | **36613008** |
| 北　京 | 3 | 2442 | 2362 | 73919 | 1263573 |
| 天　津 | 1 | 200 | 200 | 8000 | 350000 |
| 河　北 | 4 | 2637 | 2607 | 68000 | 116094 |
| 山　西 | | | | | |
| 内蒙古 | | | | | |
| 辽　宁 | 7 | 4695 | 4645 | 259200 | 4472422 |
| 吉　林 | 1 | 1291 | 1291 | 120601 | 659266 |
| 黑龙江 | 1 | 30 | 30 | 7779 | 20000 |
| 上　海 | 3 | 4144 | 3926 | 289500 | 2232679 |
| 江　苏 | 22 | 8620 | 7635 | 748160 | 2917939 |
| 浙　江 | 31 | 17038 | 14969 | 565365 | 6174440 |
| 安　徽 | 1 | 386 | 376 | 52000 | 124364 |
| 福　建 | 9 | 3223 | 3070 | 295220 | 3086512 |
| 江　西 | 1 | 780 | 778 | 43000 | 439411 |
| 山　东 | 21 | 17415 | 14742 | 924939 | 5811561 |
| 河　南 | 2 | 1095 | 998 | 87424 | 1142873 |
| 湖　北 | 4 | 4623 | 3591 | 284064 | 2591545 |
| 湖　南 | 5 | 1025 | 1010 | 92570 | 1374406 |
| 广　东 | 17 | 4691 | 3972 | 309650 | 2744723 |
| 广　西 | 1 | 371 | 345 | 13000 | 48610 |
| 海　南 | | | | | |
| 重　庆 | 2 | 910 | 626 | 114000 | 754000 |
| 四　川 | | | | | |
| 贵　州 | | | | | |
| 云　南 | | | | | |
| 西　藏 | | | | | |
| 陕　西 | 1 | 720 | 720 | 23000 | 23000 |
| 甘　肃 | | | | | |
| 青　海 | | | | | |
| 宁　夏 | 1 | 493 | 339 | 39947 | 212990 |
| 新　疆 | 1 | 955 | 845 | 100000 | 52600 |

2-2 续表 20

(蔬菜市场)

| 地　区 | 市场数量 (个) | 总摊位数 (个) | 年末出租摊位数 (个) | 营业面积 (平方米) | 成交额 (万元) |
|---|---|---|---|---|---|
| **全　国** | **274** | **216568** | **182064** | **16309891** | **42622444** |
| 北　京 | 5 | 2164 | 2041 | 381000 | 2192496 |
| 天　津 | 6 | 6668 | 4983 | 513011 | 558877 |
| 河　北 | 37 | 45051 | 37686 | 2599940 | 3389833 |
| 山　西 | 4 | 2799 | 2615 | 224800 | 631258 |
| 内蒙古 | 6 | 6074 | 5836 | 344500 | 558020 |
| 辽　宁 | 10 | 2748 | 2508 | 450320 | 762608 |
| 吉　林 | 2 | 505 | 505 | 39000 | 180546 |
| 黑龙江 | 5 | 1664 | 1642 | 234641 | 1228718 |
| 上　海 | 3 | 743 | 699 | 64110 | 822507 |
| 江　苏 | 14 | 8060 | 7278 | 453650 | 2247619 |
| 浙　江 | 24 | 12506 | 10217 | 752956 | 2781284 |
| 安　徽 | 12 | 5685 | 5259 | 401732 | 840873 |
| 福　建 | 6 | 1755 | 1601 | 242644 | 678669 |
| 江　西 | 3 | 1190 | 1190 | 86500 | 223099 |
| 山　东 | 47 | 49386 | 46483 | 5019034 | 10340381 |
| 河　南 | 17 | 23111 | 8428 | 729642 | 1969042 |
| 湖　北 | 4 | 546 | 546 | 53700 | 95819 |
| 湖　南 | 9 | 6797 | 6739 | 450668 | 3740165 |
| 广　东 | 10 | 4904 | 4345 | 432417 | 1078574 |
| 广　西 | 4 | 2343 | 2343 | 351620 | 799502 |
| 海　南 | | | | | |
| 重　庆 | 7 | 2831 | 2822 | 82879 | 467601 |
| 四　川 | 7 | 6041 | 5185 | 465131 | 2174790 |
| 贵　州 | 3 | 970 | 970 | 25758 | 310584 |
| 云　南 | 3 | 1545 | 1497 | 182980 | 670840 |
| 西　藏 | | | | | |
| 陕　西 | 6 | 2177 | 2092 | 195616 | 971754 |
| 甘　肃 | 7 | 7849 | 6789 | 294249 | 420476 |
| 青　海 | 2 | 1885 | 1885 | 277000 | 344142 |
| 宁　夏 | 4 | 4782 | 4517 | 665000 | 568725 |
| 新　疆 | 7 | 3789 | 3363 | 295393 | 1573642 |

2-2 续表 21

(干鲜果品市场)

| 地区 | 市场数量(个) | 总摊位数(个) | 年末出租摊位数(个) | 营业面积(平方米) | 成交额(万元) |
|---|---|---|---|---|---|
| **全国** | **124** | **80036** | **67448** | **7344380** | **45887362** |
| 北京 | 2 | 6586 | 4416 | 1135000 | 8265884 |
| 天津 | | | | | |
| 河北 | 8 | 18523 | 16501 | 832654 | 6539161 |
| 山西 | 2 | 362 | 362 | 41180 | 46900 |
| 内蒙古 | | | | | |
| 辽宁 | 5 | 2362 | 914 | 280937 | 1940782 |
| 吉林 | 2 | 340 | 304 | 47700 | 132324 |
| 黑龙江 | 4 | 1171 | 829 | 214988 | 679918 |
| 上海 | 3 | 801 | 710 | 152760 | 96507 |
| 江苏 | 9 | 5675 | 4455 | 262661 | 3433427 |
| 浙江 | 16 | 6700 | 6387 | 539090 | 5569283 |
| 安徽 | 1 | 451 | 451 | 33350 | 92590 |
| 福建 | 5 | 1025 | 1005 | 84526 | 562567 |
| 江西 | 3 | 1118 | 1115 | 64700 | 1079154 |
| 山东 | 20 | 11150 | 10504 | 1272707 | 4899423 |
| 河南 | 2 | 685 | 502 | 90000 | 52050 |
| 湖北 | 4 | 4087 | 4052 | 245775 | 1313426 |
| 湖南 | 8 | 2373 | 1558 | 186970 | 286244 |
| 广东 | 8 | 3625 | 3013 | 504971 | 4731202 |
| 广西 | 3 | 1450 | 1165 | 122165 | 878785 |
| 海南 | | | | | |
| 重庆 | 2 | 1168 | 1168 | 60787 | 455320 |
| 四川 | 3 | 710 | 674 | 39300 | 196087 |
| 贵州 | 4 | 991 | 939 | 53283 | 648667 |
| 云南 | 1 | 600 | 600 | 100000 | 819180 |
| 西藏 | | | | | |
| 陕西 | 3 | 1728 | 827 | 191300 | 534256 |
| 甘肃 | | | | | |
| 青海 | | | | | |
| 宁夏 | 3 | 4387 | 3210 | 620900 | 963698 |
| 新疆 | 3 | 1968 | 1787 | 166676 | 1670527 |

2-2 续表 22

(棉麻土畜、烟叶市场)

| 地　区 | 市场数量<br>(个) | 总摊位数<br>(个) | 年末出租摊位数<br>(个) | 营业面积<br>(平方米) | 成交额<br>(万元) |
|---|---|---|---|---|---|
| **全　国** | **15** | **21212** | **17270** | **1392911** | **4653624** |
| 北　京 | | | | | |
| 天　津 | | | | | |
| 河　北 | 3 | 15496 | 11760 | 380090 | 973740 |
| 山　西 | | | | | |
| 内蒙古 | 2 | 700 | 700 | 360000 | 81000 |
| 辽　宁 | 2 | 1299 | 1299 | 83267 | 71500 |
| 吉　林 | | | | | |
| 黑龙江 | | | | | |
| 上　海 | | | | | |
| 江　苏 | 2 | 2440 | 2409 | 430484 | 2588176 |
| 浙　江 | 3 | 789 | 722 | 86700 | 835769 |
| 安　徽 | 1 | 376 | 268 | 16850 | 33168 |
| 福　建 | | | | | |
| 江　西 | | | | | |
| 山　东 | 2 | 112 | 112 | 35520 | 70271 |
| 河　南 | | | | | |
| 湖　北 | | | | | |
| 湖　南 | | | | | |
| 广　东 | | | | | |
| 广　西 | | | | | |
| 海　南 | | | | | |
| 重　庆 | | | | | |
| 四　川 | | | | | |
| 贵　州 | | | | | |
| 云　南 | | | | | |
| 西　藏 | | | | | |
| 陕　西 | | | | | |
| 甘　肃 | | | | | |
| 青　海 | | | | | |
| 宁　夏 | | | | | |
| 新　疆 | | | | | |

2-2 续表 23

(其他农产品市场)

| 地 区 | 市场数量(个) | 总摊位数(个) | 年末出租摊位数(个) | 营业面积(平方米) | 成交额(万元) |
|---|---|---|---|---|---|
| **全 国** | **177** | **113573** | **101075** | **6101511** | **32677985** |
| 北 京 | 3 | 2858 | 2686 | 60000 | 155100 |
| 天 津 | 2 | 1494 | 1474 | 299226 | 1440527 |
| 河 北 | 4 | 1441 | 1354 | 145400 | 65558 |
| 山 西 | | | | | |
| 内蒙古 | 7 | 2208 | 2140 | 562200 | 439167 |
| 辽 宁 | 7 | 1886 | 1878 | 116700 | 199371 |
| 吉 林 | 4 | 3477 | 3257 | 153437 | 200824 |
| 黑龙江 | 2 | 910 | 876 | 60000 | 156593 |
| 上 海 | 6 | 5802 | 4333 | 173190 | 1037527 |
| 江 苏 | 43 | 26169 | 22597 | 779438 | 5501750 |
| 浙 江 | 22 | 12954 | 11684 | 545011 | 4150158 |
| 安 徽 | 7 | 5382 | 3868 | 272963 | 1101462 |
| 福 建 | 7 | 2389 | 2266 | 68300 | 322324 |
| 江 西 | 4 | 5096 | 4661 | 173440 | 709199 |
| 山 东 | 10 | 7895 | 7510 | 537696 | 1844093 |
| 河 南 | 3 | 6657 | 6595 | 943800 | 9567250 |
| 湖 北 | 4 | 1286 | 1280 | 83890 | 135965 |
| 湖 南 | 12 | 5241 | 4864 | 108621 | 347931 |
| 广 东 | 13 | 7069 | 5971 | 98094 | 786718 |
| 广 西 | 2 | 3314 | 3288 | 224376 | 1063149 |
| 海 南 | 1 | 677 | 446 | 4000 | 20314 |
| 重 庆 | 4 | 2271 | 1524 | 82740 | 671153 |
| 四 川 | 2 | 972 | 972 | 79625 | 374264 |
| 贵 州 | 2 | 3055 | 2962 | 244761 | 1234347 |
| 云 南 | | | | | |
| 西 藏 | | | | | |
| 陕 西 | 1 | 1050 | 1050 | 40000 | 400000 |
| 甘 肃 | 1 | 654 | 654 | 41200 | 650000 |
| 青 海 | 1 | 400 | 350 | 116203 | 28500 |
| 宁 夏 | 1 | 657 | 226 | 19800 | 10506 |
| 新 疆 | 2 | 309 | 309 | 67400 | 64235 |

2-2 续表 24

(食品、饮料及烟酒市场)

| 地　区 | 市场数量（个） | 总摊位数（个） | 年末出租摊位数（个） | 营业面积（平方米） | 成交额（万元） |
|---|---|---|---|---|---|
| **全　国** | **117** | **79630** | **61089** | **3862885** | **12068037** |
| 北　京 | 2 | 394 | 394 | 25500 | 55322 |
| 天　津 | 1 | 2055 | 1390 | 266800 | 428732 |
| 河　北 | 2 | 1434 | 1262 | 10000 | 25897 |
| 山　西 | 1 | 120 | 96 | 3000 | 11200 |
| 内蒙古 | | | | | |
| 辽　宁 | 3 | 2588 | 1597 | 55631 | 228296 |
| 吉　林 | 1 | 115 | 96 | 1300 | 10375 |
| 黑龙江 | 4 | 2800 | 2666 | 44400 | 1088244 |
| 上　海 | 2 | 691 | 689 | 38000 | 31005 |
| 江　苏 | 15 | 5440 | 4209 | 364721 | 1095673 |
| 浙　江 | 14 | 19904 | 9280 | 730407 | 3429875 |
| 安　徽 | 4 | 2756 | 2416 | 192159 | 583237 |
| 福　建 | 5 | 3742 | 3058 | 204208 | 259632 |
| 江　西 | 1 | 400 | 400 | 14000 | 20221 |
| 山　东 | 19 | 16974 | 15681 | 977500 | 2263385 |
| 河　南 | 2 | 533 | 532 | 35473 | 152913 |
| 湖　北 | 7 | 3830 | 3774 | 226345 | 656216 |
| 湖　南 | 8 | 3966 | 2955 | 93539 | 430111 |
| 广　东 | 8 | 3783 | 3269 | 169133 | 198449 |
| 广　西 | 6 | 1852 | 1783 | 41883 | 189076 |
| 海　南 | | | | | |
| 重　庆 | 4 | 2196 | 1579 | 68553 | 145344 |
| 四　川 | 3 | 2026 | 2026 | 198116 | 91795 |
| 贵　州 | 2 | 1065 | 1015 | 25756 | 570390 |
| 云　南 | 2 | 766 | 766 | 69448 | 79465 |
| 西　藏 | | | | | |
| 陕　西 | | | | | |
| 甘　肃 | | | | | |
| 青　海 | | | | | |
| 宁　夏 | | | | | |
| 新　疆 | 1 | 200 | 156 | 7013 | 23184 |

2-2 续表 25

(食品饮料市场)

| 地区 | 市场数量（个） | 总摊位数（个） | 年末出租摊位数（个） | 营业面积（平方米） | 成交额（万元） |
|---|---|---|---|---|---|
| **全国** | **34** | **25705** | **21936** | **1104023** | **3092380** |
| 北京 | | | | | |
| 天津 | | | | | |
| 河北 | 1 | 634 | 634 | 5000 | 13508 |
| 山西 | | | | | |
| 内蒙古 | | | | | |
| 辽宁 | 1 | 1978 | 1149 | 30128 | 190473 |
| 吉林 | | | | | |
| 黑龙江 | 2 | 670 | 630 | 22000 | 126116 |
| 上海 | | | | | |
| 江苏 | 2 | 640 | 625 | 44987 | 177693 |
| 浙江 | 3 | 1610 | 1014 | 67693 | 634613 |
| 安徽 | | | | | |
| 福建 | 1 | 681 | 536 | 15000 | 33045 |
| 江西 | | | | | |
| 山东 | 7 | 9240 | 8866 | 365120 | 1224567 |
| 河南 | 2 | 533 | 532 | 35473 | 152913 |
| 湖北 | 3 | 1022 | 1022 | 145500 | 187349 |
| 湖南 | 3 | 2226 | 1415 | 42383 | 121442 |
| 广东 | 4 | 2589 | 2292 | 113173 | 72054 |
| 广西 | | | | | |
| 海南 | | | | | |
| 重庆 | 3 | 1982 | 1365 | 40553 | 105428 |
| 四川 | 1 | 1700 | 1700 | 170000 | 29995 |
| 贵州 | | | | | |
| 云南 | | | | | |
| 西藏 | | | | | |
| 陕西 | | | | | |
| 甘肃 | | | | | |
| 青海 | | | | | |
| 宁夏 | | | | | |
| 新疆 | 1 | 200 | 156 | 7013 | 23184 |

2-2 续表 26

(茶叶市场)

| 地区 | 市场数量(个) | 总摊位数(个) | 年末出租摊位数(个) | 营业面积(平方米) | 成交额(万元) |
|---|---|---|---|---|---|
| **全国** | **29** | **22682** | **12418** | **1070075** | **2548969** |
| 北京 | 2 | 394 | 394 | 25500 | 55322 |
| 天津 | | | | | |
| 河北 | 1 | 800 | 628 | 5000 | 12389 |
| 山西 | | | | | |
| 内蒙古 | | | | | |
| 辽宁 | 1 | 230 | 230 | 17633 | 30000 |
| 吉林 | | | | | |
| 黑龙江 | | | | | |
| 上海 | 2 | 691 | 689 | 38000 | 31005 |
| 江苏 | | | | | |
| 浙江 | 5 | 12708 | 2931 | 375218 | 1275067 |
| 安徽 | 1 | 835 | 827 | 135000 | 192125 |
| 福建 | 1 | 2192 | 2192 | 55000 | 115245 |
| 江西 | | | | | |
| 山东 | 3 | 1160 | 975 | 220000 | 213560 |
| 河南 | | | | | |
| 湖北 | 2 | 1335 | 1291 | 7600 | 190402 |
| 湖南 | | | | | |
| 广东 | 3 | 666 | 640 | 48560 | 110147 |
| 广西 | 2 | 240 | 240 | 12500 | 96906 |
| 海南 | | | | | |
| 重庆 | 1 | 214 | 214 | 28000 | 39916 |
| 四川 | 2 | 326 | 326 | 28116 | 61800 |
| 贵州 | 1 | 125 | 75 | 4500 | 45620 |
| 云南 | 2 | 766 | 766 | 69448 | 79465 |
| 西藏 | | | | | |
| 陕西 | | | | | |
| 甘肃 | | | | | |
| 青海 | | | | | |
| 宁夏 | | | | | |
| 新疆 | | | | | |

2-2 续表 27

(烟酒市场)

| 地区 | 市场数量(个) | 总摊位数(个) | 年末出租摊位数(个) | 营业面积(平方米) | 成交额(万元) |
|---|---|---|---|---|---|
| **全国** | **10** | **3283** | **2872** | **279688** | **1046112** |
| 北京 | | | | | |
| 天津 | | | | | |
| 河北 | | | | | |
| 山西 | | | | | |
| 内蒙古 | | | | | |
| 辽宁 | | | | | |
| 吉林 | | | | | |
| 黑龙江 | | | | | |
| 上海 | | | | | |
| 江苏 | 1 | 200 | 190 | 3200 | 32559 |
| 浙江 | 1 | 400 | 389 | 120000 | 440071 |
| 安徽 | 1 | 565 | 369 | 45000 | 189141 |
| 福建 | | | | | |
| 江西 | 1 | 400 | 400 | 14000 | 20221 |
| 山东 | 4 | 1026 | 900 | 77720 | 312646 |
| 河南 | | | | | |
| 湖北 | | | | | |
| 湖南 | 2 | 692 | 624 | 19768 | 51474 |
| 广东 | | | | | |
| 广西 | | | | | |
| 海南 | | | | | |
| 重庆 | | | | | |
| 四川 | | | | | |
| 贵州 | | | | | |
| 云南 | | | | | |
| 西藏 | | | | | |
| 陕西 | | | | | |
| 甘肃 | | | | | |
| 青海 | | | | | |
| 宁夏 | | | | | |
| 新疆 | | | | | |

2-2 续表 28

(其他食品饮料及烟酒市场)

| 地　区 | 市场数量<br>(个) | 总摊位数<br>(个) | 年末出租摊位数<br>(个) | 营业面积<br>(平方米) | 成交额<br>(万元) |
|---|---|---|---|---|---|
| **全　国** | **44** | **27960** | **23863** | **1409099** | **5380576** |
| 北　京 | | | | | |
| 天　津 | 1 | 2055 | 1390 | 266800 | 428732 |
| 河　北 | | | | | |
| 山　西 | 1 | 120 | 96 | 3000 | 11200 |
| 内蒙古 | | | | | |
| 辽　宁 | 1 | 380 | 218 | 7870 | 7823 |
| 吉　林 | 1 | 115 | 96 | 1300 | 10375 |
| 黑龙江 | 2 | 2130 | 2036 | 22400 | 962128 |
| 上　海 | | | | | |
| 江　苏 | 12 | 4600 | 3394 | 316534 | 885421 |
| 浙　江 | 5 | 5186 | 4946 | 167496 | 1080124 |
| 安　徽 | 2 | 1356 | 1220 | 12159 | 201971 |
| 福　建 | 3 | 869 | 330 | 134208 | 111342 |
| 江　西 | | | | | |
| 山　东 | 5 | 5548 | 4940 | 314660 | 512612 |
| 河　南 | | | | | |
| 湖　北 | 2 | 1473 | 1461 | 73245 | 278465 |
| 湖　南 | 3 | 1048 | 916 | 31388 | 257195 |
| 广　东 | 1 | 528 | 337 | 7400 | 16248 |
| 广　西 | 4 | 1612 | 1543 | 29383 | 92170 |
| 海　南 | | | | | |
| 重　庆 | | | | | |
| 四　川 | | | | | |
| 贵　州 | 1 | 940 | 940 | 21256 | 524770 |
| 云　南 | | | | | |
| 西　藏 | | | | | |
| 陕　西 | | | | | |
| 甘　肃 | | | | | |
| 青　海 | | | | | |
| 宁　夏 | | | | | |
| 新　疆 | | | | | |

2-2 续表 29

(纺织、服装、鞋帽市场)

| 地 区 | 市场数量（个） | 总摊位数（个） | 年末出租摊位数（个） | 营业面积（平方米） | 成交额（万元） |
|---|---|---|---|---|---|
| **全 国** | **511** | **738536** | **659568** | **34579515** | **151693011** |
| 北 京 | 10 | 15423 | 13788 | 472760 | 390916 |
| 天 津 | 2 | 2809 | 2809 | 39800 | 165635 |
| 河 北 | 21 | 44267 | 37137 | 3271648 | 8200920 |
| 山 西 | 10 | 6726 | 4911 | 373000 | 390039 |
| 内蒙古 | 11 | 8072 | 7928 | 245167 | 388906 |
| 辽 宁 | 26 | 64627 | 59381 | 1209826 | 11924722 |
| 吉 林 | 9 | 14617 | 13072 | 264680 | 480471 |
| 黑龙江 | 18 | 21441 | 17954 | 702117 | 900069 |
| 上 海 | 10 | 7644 | 6918 | 145384 | 595491 |
| 江 苏 | 33 | 85365 | 79550 | 6762496 | 48134397 |
| 浙 江 | 76 | 117821 | 112201 | 6230378 | 41870913 |
| 安 徽 | 9 | 12814 | 12549 | 394029 | 994051 |
| 福 建 | 5 | 6191 | 5678 | 283596 | 1118113 |
| 江 西 | 7 | 3793 | 3274 | 157066 | 740365 |
| 山 东 | 51 | 43480 | 40142 | 1785973 | 6295006 |
| 河 南 | 25 | 30380 | 26916 | 1506973 | 2722186 |
| 湖 北 | 20 | 25919 | 22380 | 1226689 | 2144402 |
| 湖 南 | 43 | 36343 | 32141 | 991314 | 1836977 |
| 广 东 | 58 | 77980 | 61120 | 4477291 | 11264584 |
| 广 西 | 10 | 12176 | 12165 | 430128 | 562232 |
| 海 南 | | | | | |
| 重 庆 | 7 | 3878 | 3801 | 265292 | 2033517 |
| 四 川 | 16 | 18981 | 18501 | 833507 | 1069350 |
| 贵 州 | 4 | 3995 | 3995 | 182000 | 723933 |
| 云 南 | 3 | 39103 | 28256 | 674098 | 1914979 |
| 西 藏 | | | | | |
| 陕 西 | 6 | 7899 | 7899 | 468382 | 3665223 |
| 甘 肃 | 2 | 5545 | 5355 | 425000 | 361800 |
| 青 海 | 3 | 3927 | 3827 | 129000 | 104125 |
| 宁 夏 | 3 | 5388 | 5309 | 120000 | 155678 |
| 新 疆 | 13 | 11932 | 10611 | 511921 | 544011 |

2-2 续表 30

(布料及纺织品市场)

| 地 区 | 市场数量(个) | 总摊位数(个) | 年末出租摊位数(个) | 营业面积(平方米) | 成交额(万元) |
|---|---|---|---|---|---|
| **全 国** | **67** | **123511** | **107392** | **9905598** | **65874385** |
| 北 京 | 1 | 581 | 198 | 51034 | 10524 |
| 天 津 | | | | | |
| 河 北 | 3 | 5543 | 5105 | 656000 | 1472614 |
| 山 西 | | | | | |
| 内蒙古 | | | | | |
| 辽 宁 | | | | | |
| 吉 林 | | | | | |
| 黑龙江 | 4 | 3818 | 3492 | 71137 | 106882 |
| 上 海 | 2 | 2587 | 2453 | 20000 | 69475 |
| 江 苏 | 8 | 22734 | 22039 | 2653472 | 28509717 |
| 浙 江 | 20 | 46405 | 44304 | 2962968 | 27445369 |
| 安 徽 | 2 | 2810 | 2705 | 65000 | 82013 |
| 福 建 | | | | | |
| 江 西 | 1 | 270 | 270 | 27000 | 210000 |
| 山 东 | 8 | 3553 | 2822 | 250680 | 1003215 |
| 河 南 | 3 | 2556 | 1307 | 81300 | 69765 |
| 湖 北 | 2 | 237 | 237 | 10674 | 26385 |
| 湖 南 | 2 | 632 | 594 | 17400 | 68337 |
| 广 东 | 9 | 30888 | 21164 | 2978933 | 6735867 |
| 广 西 | | | | | |
| 海 南 | | | | | |
| 重 庆 | | | | | |
| 四 川 | 1 | 567 | 372 | 40000 | 46098 |
| 贵 州 | | | | | |
| 云 南 | | | | | |
| 西 藏 | | | | | |
| 陕 西 | 1 | 330 | 330 | 20000 | 18124 |
| 甘 肃 | | | | | |
| 青 海 | | | | | |
| 宁 夏 | | | | | |
| 新 疆 | | | | | |

2-2 续表 31

(服装市场)

| 地区 | 市场数量(个) | 总摊位数(个) | 年末出租摊位数(个) | 营业面积(平方米) | 成交额(万元) |
|---|---|---|---|---|---|
| **全国** | **327** | **451953** | **404441** | **19550359** | **58261792** |
| 北京 | 8 | 14392 | 13155 | 401726 | 353101 |
| 天津 | 2 | 2809 | 2809 | 39800 | 165635 |
| 河北 | 15 | 37202 | 30555 | 2578020 | 6115687 |
| 山西 | 9 | 6266 | 4451 | 335000 | 378139 |
| 内蒙古 | 6 | 5129 | 5126 | 116400 | 221318 |
| 辽宁 | 16 | 22785 | 21819 | 697391 | 2213379 |
| 吉林 | 6 | 11640 | 10365 | 202400 | 416666 |
| 黑龙江 | 11 | 10133 | 8412 | 556980 | 477802 |
| 上海 | 7 | 4968 | 4376 | 123224 | 511986 |
| 江苏 | 11 | 38725 | 34904 | 3421036 | 15792240 |
| 浙江 | 43 | 56704 | 53633 | 2614625 | 10350467 |
| 安徽 | 6 | 9304 | 9269 | 304901 | 901313 |
| 福建 | 4 | 5391 | 5378 | 183596 | 1088113 |
| 江西 | 4 | 2655 | 2156 | 94066 | 195471 |
| 山东 | 28 | 29441 | 27684 | 990103 | 4016043 |
| 河南 | 18 | 24930 | 22869 | 1150173 | 1960780 |
| 湖北 | 14 | 12688 | 10522 | 642971 | 1312393 |
| 湖南 | 34 | 25661 | 24851 | 709475 | 1260121 |
| 广东 | 42 | 40642 | 34255 | 1268222 | 3739741 |
| 广西 | 6 | 8866 | 8856 | 346068 | 429317 |
| 海南 | | | | | |
| 重庆 | 3 | 1374 | 1374 | 123656 | 217460 |
| 四川 | 12 | 17153 | 16868 | 744907 | 889217 |
| 贵州 | 3 | 2892 | 2892 | 152000 | 579556 |
| 云南 | 3 | 39103 | 28256 | 674098 | 1914979 |
| 西藏 | | | | | |
| 陕西 | 3 | 4768 | 4768 | 213200 | 1942509 |
| 甘肃 | 2 | 5545 | 5355 | 425000 | 361800 |
| 青海 | 1 | 320 | 320 | 19000 | 11500 |
| 宁夏 | | | | | |
| 新疆 | 10 | 10467 | 9163 | 422321 | 445059 |

2-2 续表 32

(鞋帽市场)

| 地　区 | 市场数量(个) | 总摊位数(个) | 年末出租摊位数(个) | 营业面积(平方米) | 成交额(万元) |
|---|---|---|---|---|---|
| **全　国** | **38** | **28847** | **25170** | **1325945** | **6333363** |
| 北　京 | | | | | |
| 天　津 | | | | | |
| 河　北 | 1 | 535 | 527 | 8025 | 320710 |
| 山　西 | 1 | 460 | 460 | 38000 | 11900 |
| 内蒙古 | | | | | |
| 辽　宁 | 2 | 2750 | 1900 | 16500 | 56294 |
| 吉　林 | | | | | |
| 黑龙江 | 2 | 3300 | 2300 | 24000 | 66749 |
| 上　海 | | | | | |
| 江　苏 | 3 | 2936 | 2768 | 163650 | 488623 |
| 浙　江 | 4 | 2034 | 1875 | 106615 | 531500 |
| 安　徽 | | | | | |
| 福　建 | 1 | 800 | 300 | 100000 | 30000 |
| 江　西 | 1 | 500 | 486 | 22500 | 20190 |
| 山　东 | 7 | 3554 | 3381 | 156237 | 698983 |
| 河　南 | 1 | 600 | 600 | 16000 | 330000 |
| 湖　北 | 2 | 720 | 645 | 50000 | 45500 |
| 湖　南 | 3 | 1280 | 1235 | 62000 | 59170 |
| 广　东 | 6 | 5650 | 4965 | 218136 | 770656 |
| 广　西 | | | | | |
| 海　南 | | | | | |
| 重　庆 | 1 | 536 | 536 | 80100 | 1182600 |
| 四　川 | 1 | 391 | 391 | 29000 | 15898 |
| 贵　州 | | | | | |
| 云　南 | | | | | |
| 西　藏 | | | | | |
| 陕　西 | 2 | 2801 | 2801 | 235182 | 1704590 |
| 甘　肃 | | | | | |
| 青　海 | | | | | |
| 宁　夏 | | | | | |
| 新　疆 | | | | | |

2-2 续表 33

(其他纺织服装鞋帽市场)

| 地区 | 市场数量(个) | 总摊位数(个) | 年末出租摊位数(个) | 营业面积(平方米) | 成交额(万元) |
|---|---|---|---|---|---|
| **全国** | **79** | **134225** | **122565** | **3797613** | **21223471** |
| 北京 | 1 | 450 | 435 | 20000 | 27291 |
| 天津 | | | | | |
| 河北 | 2 | 987 | 950 | 29603 | 291909 |
| 山西 | | | | | |
| 内蒙古 | 5 | 2943 | 2802 | 128767 | 167588 |
| 辽宁 | 8 | 39092 | 35662 | 495935 | 9655049 |
| 吉林 | 3 | 2977 | 2707 | 62280 | 63805 |
| 黑龙江 | 1 | 4190 | 3750 | 50000 | 248636 |
| 上海 | 1 | 89 | 89 | 2160 | 14030 |
| 江苏 | 11 | 20970 | 19839 | 524338 | 3343817 |
| 浙江 | 9 | 12678 | 12389 | 546170 | 3543577 |
| 安徽 | 1 | 700 | 575 | 24128 | 10725 |
| 福建 | | | | | |
| 江西 | 1 | 368 | 362 | 13500 | 314704 |
| 山东 | 8 | 6932 | 6255 | 388953 | 576765 |
| 河南 | 3 | 2294 | 2140 | 259500 | 361641 |
| 湖北 | 2 | 12274 | 10976 | 523044 | 760124 |
| 湖南 | 4 | 8770 | 5461 | 202439 | 449349 |
| 广东 | 1 | 800 | 736 | 12000 | 18320 |
| 广西 | 4 | 3310 | 3309 | 84060 | 132915 |
| 海南 | | | | | |
| 重庆 | 3 | 1968 | 1891 | 61536 | 633457 |
| 四川 | 2 | 870 | 870 | 19600 | 118137 |
| 贵州 | 1 | 1103 | 1103 | 30000 | 144377 |
| 云南 | | | | | |
| 西藏 | | | | | |
| 陕西 | | | | | |
| 甘肃 | | | | | |
| 青海 | 2 | 3607 | 3507 | 110000 | 92625 |
| 宁夏 | 3 | 5388 | 5309 | 120000 | 155678 |
| 新疆 | 3 | 1465 | 1448 | 89600 | 98952 |

2-2 续表 34

(日用品及文化用品市场)

| 地　区 | 市场数量(个) | 总摊位数(个) | 年末出租摊位数(个) | 营业面积(平方米) | 成交额(万元) |
|---|---|---|---|---|---|
| **全　国** | **79** | **62512** | **51774** | **2926604** | **12027522** |
| 北　京 | 1 | 474 | 397 | 18000 | 78957 |
| 天　津 | | | | | |
| 河　北 | 1 | 7200 | 6750 | 40000 | 377420 |
| 山　西 | | | | | |
| 内蒙古 | | | | | |
| 辽　宁 | 4 | 5052 | 4206 | 227000 | 1006640 |
| 吉　林 | | | | | |
| 黑龙江 | | | | | |
| 上　海 | 1 | 70 | 70 | 5000 | 2444600 |
| 江　苏 | 9 | 6349 | 6158 | 205648 | 1074365 |
| 浙　江 | 8 | 7560 | 5599 | 240900 | 673367 |
| 安　徽 | | | | | |
| 福　建 | | | | | |
| 江　西 | | | | | |
| 山　东 | 16 | 9995 | 9369 | 641003 | 2969498 |
| 河　南 | 5 | 5022 | 1432 | 371000 | 77524 |
| 湖　北 | 6 | 1966 | 1880 | 167776 | 687987 |
| 湖　南 | 4 | 733 | 653 | 34535 | 226999 |
| 广　东 | 20 | 16633 | 13802 | 941881 | 2171117 |
| 广　西 | | | | | |
| 海　南 | | | | | |
| 重　庆 | 3 | 1079 | 1079 | 27861 | 224532 |
| 四　川 | | | | | |
| 贵　州 | | | | | |
| 云　南 | | | | | |
| 西　藏 | | | | | |
| 陕　西 | | | | | |
| 甘　肃 | | | | | |
| 青　海 | | | | | |
| 宁　夏 | | | | | |
| 新　疆 | 1 | 379 | 379 | 6000 | 14516 |

2-2 续表 35

(小商品市场)

| 地 区 | 市场数量（个） | 总摊位数（个） | 年末出租摊位数（个） | 营业面积（平方米） | 成交额（万元） |
|---|---|---|---|---|---|
| **全 国** | **32** | **29641** | **26994** | **1022027** | **4545242** |
| 北 京 | 1 | 474 | 397 | 18000 | 78957 |
| 天 津 | | | | | |
| 河 北 | 1 | 7200 | 6750 | 40000 | 377420 |
| 山 西 | | | | | |
| 内蒙古 | | | | | |
| 辽 宁 | 1 | 1777 | 1007 | 150000 | 120000 |
| 吉 林 | | | | | |
| 黑龙江 | | | | | |
| 上 海 | | | | | |
| 江 苏 | 5 | 4975 | 4863 | 138148 | 995577 |
| 浙 江 | 1 | 632 | 632 | 21600 | 141681 |
| 安 徽 | | | | | |
| 福 建 | | | | | |
| 江 西 | | | | | |
| 山 东 | 7 | 6074 | 5549 | 316479 | 2342723 |
| 河 南 | 2 | 692 | 520 | 108000 | 26524 |
| 湖 北 | 1 | 326 | 326 | 4000 | 27550 |
| 湖 南 | | | | | |
| 广 东 | 12 | 7112 | 6571 | 219800 | 420294 |
| 广 西 | | | | | |
| 海 南 | | | | | |
| 重 庆 | | | | | |
| 四 川 | | | | | |
| 贵 州 | | | | | |
| 云 南 | | | | | |
| 西 藏 | | | | | |
| 陕 西 | | | | | |
| 甘 肃 | | | | | |
| 青 海 | | | | | |
| 宁 夏 | | | | | |
| 新 疆 | 1 | 379 | 379 | 6000 | 14516 |

2-2 续表 36

(箱包市场)

| 地　区 | 市场数量（个） | 总摊位数（个） | 年末出租摊位数（个） | 营业面积（平方米） | 成交额（万元） |
|---|---|---|---|---|---|
| **全　国** | **5** | **6470** | **4986** | **591400** | **1855460** |
| 北　京 | | | | | |
| 天　津 | | | | | |
| 河　北 | | | | | |
| 山　西 | | | | | |
| 内蒙古 | | | | | |
| 辽　宁 | 1 | 1580 | 1506 | 29000 | 770000 |
| 吉　林 | | | | | |
| 黑龙江 | | | | | |
| 上　海 | | | | | |
| 江　苏 | | | | | |
| 浙　江 | | | | | |
| 安　徽 | | | | | |
| 福　建 | | | | | |
| 江　西 | | | | | |
| 山　东 | 1 | 150 | 150 | 8400 | 15260 |
| 河　南 | 1 | 150 | 130 | 7000 | 10200 |
| 湖　北 | 1 | 360 | 300 | 47000 | 10000 |
| 湖　南 | | | | | |
| 广　东 | 1 | 4230 | 2900 | 500000 | 1050000 |
| 广　西 | | | | | |
| 海　南 | | | | | |
| 重　庆 | | | | | |
| 四　川 | | | | | |
| 贵　州 | | | | | |
| 云　南 | | | | | |
| 西　藏 | | | | | |
| 陕　西 | | | | | |
| 甘　肃 | | | | | |
| 青　海 | | | | | |
| 宁　夏 | | | | | |
| 新　疆 | | | | | |

2-2　续表 37

(玩具市场)

| 地　区 | 市场数量（个） | 总摊位数（个） | 年末出租摊位数（个） | 营业面积（平方米） | 成交额（万元） |
|---|---|---|---|---|---|
| **全　国** | **4** | **5133** | **1699** | **369874** | **251107** |
| 北　京 | | | | | |
| 天　津 | | | | | |
| 河　北 | | | | | |
| 山　西 | | | | | |
| 内蒙古 | | | | | |
| 辽　宁 | | | | | |
| 吉　林 | | | | | |
| 黑龙江 | | | | | |
| 上　海 | | | | | |
| 江　苏 | | | | | |
| 浙　江 | | | | | |
| 安　徽 | | | | | |
| 福　建 | | | | | |
| 江　西 | | | | | |
| 山　东 | 2 | 1023 | 957 | 107124 | 157057 |
| 河　南 | 1 | 4000 | 632 | 250000 | 10800 |
| 湖　北 | | | | | |
| 湖　南 | | | | | |
| 广　东 | 1 | 110 | 110 | 12750 | 83250 |
| 广　西 | | | | | |
| 海　南 | | | | | |
| 重　庆 | | | | | |
| 四　川 | | | | | |
| 贵　州 | | | | | |
| 云　南 | | | | | |
| 西　藏 | | | | | |
| 陕　西 | | | | | |
| 甘　肃 | | | | | |
| 青　海 | | | | | |
| 宁　夏 | | | | | |
| 新　疆 | | | | | |

2-2 续表 38

(文具市场)

| 地 区 | 市场数量(个) | 总摊位数(个) | 年末出租摊位数(个) | 营业面积(平方米) | 成交额(万元) |
|---|---|---|---|---|---|
| **全 国** | **4** | **1050** | **987** | **117446** | **174686** |
| 北 京 | | | | | |
| 天 津 | | | | | |
| 河 北 | | | | | |
| 山 西 | | | | | |
| 内 蒙 古 | | | | | |
| 辽 宁 | | | | | |
| 吉 林 | | | | | |
| 黑 龙 江 | | | | | |
| 上 海 | | | | | |
| 江 苏 | 1 | 300 | 240 | 40000 | 19100 |
| 浙 江 | | | | | |
| 安 徽 | | | | | |
| 福 建 | | | | | |
| 江 西 | | | | | |
| 山 东 | 1 | 578 | 578 | 60000 | 36112 |
| 河 南 | | | | | |
| 湖 北 | | | | | |
| 湖 南 | 1 | 65 | 62 | 13000 | 20350 |
| 广 东 | 1 | 107 | 107 | 4446 | 99124 |
| 广 西 | | | | | |
| 海 南 | | | | | |
| 重 庆 | | | | | |
| 四 川 | | | | | |
| 贵 州 | | | | | |
| 云 南 | | | | | |
| 西 藏 | | | | | |
| 陕 西 | | | | | |
| 甘 肃 | | | | | |
| 青 海 | | | | | |
| 宁 夏 | | | | | |
| 新 疆 | | | | | |

2-2 续表 39

(图书、报刊杂志市场)

| 地　区 | 市场数量(个) | 总摊位数(个) | 年末出租摊位数(个) | 营业面积(平方米) | 成交额(万元) |
|---|---|---|---|---|---|
| **全　国** | **6** | **1217** | **1174** | **69274** | **357339** |
| 北　京 | | | | | |
| 天　津 | | | | | |
| 河　北 | | | | | |
| 山　西 | | | | | |
| 内蒙古 | | | | | |
| 辽　宁 | | | | | |
| 吉　林 | | | | | |
| 黑龙江 | | | | | |
| 上　海 | | | | | |
| 江　苏 | | | | | |
| 浙　江 | 1 | 91 | 70 | 10000 | 22500 |
| 安　徽 | | | | | |
| 福　建 | | | | | |
| 江　西 | | | | | |
| 山　东 | 2 | 190 | 176 | 29000 | 91064 |
| 河　南 | | | | | |
| 湖　北 | 1 | 427 | 419 | 4100 | 61889 |
| 湖　南 | 1 | 420 | 420 | 13185 | 162031 |
| 广　东 | 1 | 89 | 89 | 12989 | 19855 |
| 广　西 | | | | | |
| 海　南 | | | | | |
| 重　庆 | | | | | |
| 四　川 | | | | | |
| 贵　州 | | | | | |
| 云　南 | | | | | |
| 西　藏 | | | | | |
| 陕　西 | | | | | |
| 甘　肃 | | | | | |
| 青　海 | | | | | |
| 宁　夏 | | | | | |
| 新　疆 | | | | | |

2-2 续表 40

(音像制品及电子出版物市场)

| 地　区 | 市场数量(个) | 总摊位数(个) | 年末出租摊位数(个) | 营业面积(平方米) | 成交额(万元) |
|---|---|---|---|---|---|
| **全　国** | **3** | **691** | **609** | **20500** | **158490** |
| 北　京 | | | | | |
| 天　津 | | | | | |
| 河　北 | | | | | |
| 山　西 | | | | | |
| 内蒙古 | | | | | |
| 辽　宁 | 1 | 200 | 198 | 3000 | 99833 |
| 吉　林 | | | | | |
| 黑龙江 | | | | | |
| 上　海 | | | | | |
| 江　苏 | 1 | 328 | 320 | 11000 | 28040 |
| 浙　江 | | | | | |
| 安　徽 | | | | | |
| 福　建 | | | | | |
| 江　西 | | | | | |
| 山　东 | | | | | |
| 河　南 | | | | | |
| 湖　北 | | | | | |
| 湖　南 | 1 | 163 | 91 | 6500 | 30617 |
| 广　东 | | | | | |
| 广　西 | | | | | |
| 海　南 | | | | | |
| 重　庆 | | | | | |
| 四　川 | | | | | |
| 贵　州 | | | | | |
| 云　南 | | | | | |
| 西　藏 | | | | | |
| 陕　西 | | | | | |
| 甘　肃 | | | | | |
| 青　海 | | | | | |
| 宁　夏 | | | | | |
| 新　疆 | | | | | |

2-2　续表 41

(体育用品市场)

| 地　区 | 市场数量(个) | 总摊位数(个) | 年末出租摊位数(个) | 营业面积(平方米) | 成交额(万元) |
|---|---|---|---|---|---|
| **全　国** | **1** | **324** | **260** | **12800** | **18000** |
| 北　京 | | | | | |
| 天　津 | | | | | |
| 河　北 | | | | | |
| 山　西 | | | | | |
| 内蒙古 | | | | | |
| 辽　宁 | | | | | |
| 吉　林 | | | | | |
| 黑龙江 | | | | | |
| 上　海 | | | | | |
| 江　苏 | | | | | |
| 浙　江 | | | | | |
| 安　徽 | | | | | |
| 福　建 | | | | | |
| 江　西 | | | | | |
| 山　东 | | | | | |
| 河　南 | | | | | |
| 湖　北 | | | | | |
| 湖　南 | | | | | |
| 广　东 | 1 | 324 | 260 | 12800 | 18000 |
| 广　西 | | | | | |
| 海　南 | | | | | |
| 重　庆 | | | | | |
| 四　川 | | | | | |
| 贵　州 | | | | | |
| 云　南 | | | | | |
| 西　藏 | | | | | |
| 陕　西 | | | | | |
| 甘　肃 | | | | | |
| 青　海 | | | | | |
| 宁　夏 | | | | | |
| 新　疆 | | | | | |

2-2 续表 42

(其他日用品及文化用品市场)

| 地区 | 市场数量(个) | 总摊位数(个) | 年末出租摊位数(个) | 营业面积(平方米) | 成交额(万元) |
|---|---|---|---|---|---|
| **全国** | **24** | **17986** | **15065** | **723283** | **4667198** |
| 北京 | | | | | |
| 天津 | | | | | |
| 河北 | | | | | |
| 山西 | | | | | |
| 内蒙古 | | | | | |
| 辽宁 | 1 | 1495 | 1495 | 45000 | 16807 |
| 吉林 | | | | | |
| 黑龙江 | | | | | |
| 上海 | 1 | 70 | 70 | 5000 | 2444600 |
| 江苏 | 2 | 746 | 735 | 16500 | 31648 |
| 浙江 | 6 | 6837 | 4897 | 209300 | 509186 |
| 安徽 | | | | | |
| 福建 | | | | | |
| 江西 | | | | | |
| 山东 | 3 | 1980 | 1959 | 120000 | 327282 |
| 河南 | 1 | 180 | 150 | 6000 | 30000 |
| 湖北 | 3 | 853 | 835 | 112676 | 588548 |
| 湖南 | 1 | 85 | 80 | 1850 | 14001 |
| 广东 | 3 | 4661 | 3765 | 179096 | 480594 |
| 广西 | | | | | |
| 海南 | | | | | |
| 重庆 | 3 | 1079 | 1079 | 27861 | 224532 |
| 四川 | | | | | |
| 贵州 | | | | | |
| 云南 | | | | | |
| 西藏 | | | | | |
| 陕西 | | | | | |
| 甘肃 | | | | | |
| 青海 | | | | | |
| 宁夏 | | | | | |
| 新疆 | | | | | |

2-2 续表 43

(黄金、珠宝、玉器等首饰市场)

| 地 区 | 市场数量(个) | 总摊位数(个) | 年末出租摊位数(个) | 营业面积(平方米) | 成交额(万元) |
|---|---|---|---|---|---|
| **全 国** | **25** | **18710** | **15038** | **2556322** | **6944937** |
| 北 京 | 2 | 830 | 539 | 18829 | 163193 |
| 天 津 | | | | | |
| 河 北 | | | | | |
| 山 西 | | | | | |
| 内蒙古 | 2 | 2335 | 2335 | 521600 | 140643 |
| 辽 宁 | 3 | 2180 | 1764 | 38180 | 62620 |
| 吉 林 | | | | | |
| 黑龙江 | | | | | |
| 上 海 | | | | | |
| 江 苏 | 2 | 2725 | 2029 | 188350 | 1232294 |
| 浙 江 | 2 | 2740 | 1750 | 126973 | 2620748 |
| 安 徽 | | | | | |
| 福 建 | 5 | 2088 | 2084 | 246030 | 1028575 |
| 江 西 | 1 | 50 | 50 | 50000 | 38126 |
| 山 东 | 2 | 2013 | 1375 | 598579 | 1119582 |
| 河 南 | 1 | 100 | 99 | 8000 | 32215 |
| 湖 北 | | | | | |
| 湖 南 | 1 | 50 | 46 | 20000 | 360815 |
| 广 东 | 3 | 2914 | 2282 | 683300 | 135992 |
| 广 西 | | | | | |
| 海 南 | | | | | |
| 重 庆 | | | | | |
| 四 川 | | | | | |
| 贵 州 | | | | | |
| 云 南 | | | | | |
| 西 藏 | | | | | |
| 陕 西 | | | | | |
| 甘 肃 | | | | | |
| 青 海 | | | | | |
| 宁 夏 | | | | | |
| 新 疆 | 1 | 685 | 685 | 56481 | 10134 |

2-2 续表 44

(电器、通讯器材、电子设备市场)

| 地　区 | 市场数量(个) | 总摊位数(个) | 年末出租摊位数(个) | 营业面积(平方米) | 成交额(万元) |
|---|---|---|---|---|---|
| **全　国** | **121** | **59869** | **51019** | **3190272** | **7890850** |
| 北　京 | 5 | 3802 | 3266 | 58220 | 299126 |
| 天　津 | | | | | |
| 河　北 | 1 | 300 | 300 | 36000 | 43874 |
| 山　西 | | | | | |
| 内蒙古 | 2 | 835 | 735 | 24645 | 107729 |
| 辽　宁 | 4 | 2106 | 1237 | 118800 | 90539 |
| 吉　林 | 1 | 320 | 207 | 2200 | 70910 |
| 黑龙江 | 3 | 2220 | 2090 | 102559 | 283000 |
| 上　海 | 2 | 426 | 361 | 10864 | 59016 |
| 江　苏 | 6 | 3315 | 2872 | 80249 | 264257 |
| 浙　江 | 21 | 7876 | 6028 | 292787 | 771496 |
| 安　徽 | 1 | 3902 | 3243 | 875253 | 1084342 |
| 福　建 | 1 | 719 | 659 | 38000 | 101889 |
| 江　西 | 2 | 1239 | 918 | 53994 | 53500 |
| 山　东 | 8 | 3256 | 3038 | 288800 | 841957 |
| 河　南 | 6 | 4163 | 4063 | 316505 | 832152 |
| 湖　北 | 6 | 1978 | 1819 | 79000 | 271789 |
| 湖　南 | 14 | 4095 | 3690 | 195268 | 784081 |
| 广　东 | 14 | 10164 | 8143 | 173608 | 330487 |
| 广　西 | 1 | 700 | 650 | 20678 | 79000 |
| 海　南 | 1 | 295 | 295 | 10500 | 26550 |
| 重　庆 | 9 | 2945 | 2446 | 181744 | 559458 |
| 四　川 | 1 | 78 | 70 | 4000 | 15000 |
| 贵　州 | 2 | 533 | 522 | 39800 | 127530 |
| 云　南 | | | | | |
| 西　藏 | | | | | |
| 陕　西 | 5 | 2437 | 2436 | 131000 | 553426 |
| 甘　肃 | | | | | |
| 青　海 | | | | | |
| 宁　夏 | 1 | 327 | 314 | 9000 | 34200 |
| 新　疆 | 4 | 1838 | 1617 | 46798 | 205542 |

2-2 续表 45

(家电市场)

| 地区 | 市场数量(个) | 总摊位数(个) | 年末出租摊位数(个) | 营业面积(平方米) | 成交额(万元) |
|---|---|---|---|---|---|
| **全国** | **32** | **12646** | **10781** | **1478308** | **3040354** |
| 北京 | | | | | |
| 天津 | | | | | |
| 河北 | | | | | |
| 山西 | | | | | |
| 内蒙古 | | | | | |
| 辽宁 | 1 | 728 | 500 | 24000 | 16684 |
| 吉林 | | | | | |
| 黑龙江 | | | | | |
| 上海 | | | | | |
| 江苏 | 1 | 400 | 388 | 11000 | 51490 |
| 浙江 | 5 | 547 | 498 | 59101 | 190493 |
| 安徽 | 1 | 3902 | 3243 | 875253 | 1084342 |
| 福建 | | | | | |
| 江西 | 2 | 1239 | 918 | 53994 | 53500 |
| 山东 | 4 | 1284 | 1223 | 188800 | 572800 |
| 河南 | 4 | 1114 | 1014 | 94428 | 462301 |
| 湖北 | 1 | 280 | 200 | 8400 | 8000 |
| 湖南 | 7 | 1327 | 1321 | 96232 | 404484 |
| 广东 | 5 | 1797 | 1448 | 52100 | 108911 |
| 广西 | | | | | |
| 海南 | | | | | |
| 重庆 | 1 | 28 | 28 | 15000 | 87349 |
| 四川 | | | | | |
| 贵州 | | | | | |
| 云南 | | | | | |
| 西藏 | | | | | |
| 陕西 | | | | | |
| 甘肃 | | | | | |
| 青海 | | | | | |
| 宁夏 | | | | | |
| 新疆 | | | | | |

2-2 续表 46

(通讯器材市场)

| 地区 | 市场数量(个) | 总摊位数(个) | 年末出租摊位数(个) | 营业面积(平方米) | 成交额(万元) |
|---|---|---|---|---|---|
| **全国** | **20** | **11654** | **10026** | **406971** | **1106072** |
| 北京 | | | | | |
| 天津 | | | | | |
| 河北 | 1 | 300 | 300 | 36000 | 43874 |
| 山西 | | | | | |
| 内蒙古 | 1 | 400 | 300 | 8800 | 63828 |
| 辽宁 | 2 | 856 | 452 | 77000 | 62731 |
| 吉林 | | | | | |
| 黑龙江 | | | | | |
| 上海 | | | | | |
| 江苏 | 1 | 1604 | 1600 | 44232 | 53200 |
| 浙江 | 2 | 874 | 861 | 40503 | 34493 |
| 安徽 | | | | | |
| 福建 | | | | | |
| 江西 | | | | | |
| 山东 | | | | | |
| 河南 | | | | | |
| 湖北 | 3 | 961 | 882 | 51000 | 220695 |
| 湖南 | 2 | 282 | 242 | 3036 | 44866 |
| 广东 | 3 | 3592 | 2810 | 25600 | 103100 |
| 广西 | | | | | |
| 海南 | | | | | |
| 重庆 | 2 | 968 | 808 | 72000 | 220385 |
| 四川 | | | | | |
| 贵州 | | | | | |
| 云南 | | | | | |
| 西藏 | | | | | |
| 陕西 | 2 | 1037 | 1036 | 30800 | 148450 |
| 甘肃 | | | | | |
| 青海 | | | | | |
| 宁夏 | | | | | |
| 新疆 | 1 | 780 | 735 | 18000 | 110450 |

2-2 续表 47

(照相、摄像器材市场)

| 地　　区 | 市场数量(个) | 总摊位数(个) | 年末出租摊位数(个) | 营业面积(平方米) | 成交额(万元) |
|---|---|---|---|---|---|
| **全　　国** | **3** | **1039** | **972** | **56320** | **90725** |
| 北　　京 | 1 | 232 | 230 | 8520 | 31558 |
| 天　　津 | | | | | |
| 河　　北 | | | | | |
| 山　　西 | | | | | |
| 内 蒙 古 | | | | | |
| 辽　　宁 | | | | | |
| 吉　　林 | | | | | |
| 黑 龙 江 | | | | | |
| 上　　海 | 1 | 247 | 182 | 7800 | 37247 |
| 江　　苏 | | | | | |
| 浙　　江 | | | | | |
| 安　　徽 | | | | | |
| 福　　建 | | | | | |
| 江　　西 | | | | | |
| 山　　东 | | | | | |
| 河　　南 | | | | | |
| 湖　　北 | | | | | |
| 湖　　南 | | | | | |
| 广　　东 | | | | | |
| 广　　西 | | | | | |
| 海　　南 | | | | | |
| 重　　庆 | | | | | |
| 四　　川 | | | | | |
| 贵　　州 | | | | | |
| 云　　南 | | | | | |
| 西　　藏 | | | | | |
| 陕　　西 | 1 | 560 | 560 | 40000 | 21920 |
| 甘　　肃 | | | | | |
| 青　　海 | | | | | |
| 宁　　夏 | | | | | |
| 新　　疆 | | | | | |

2-2 续表 48

(计算机及辅助设备市场)

| 地 区 | 市场数量(个) | 总摊位数(个) | 年末出租摊位数(个) | 营业面积(平方米) | 成交额(万元) |
|---|---|---|---|---|---|
| **全 国** | **56** | **28716** | **24275** | **1076893** | **3073904** |
| 北 京 | 2 | 1690 | 1586 | 35800 | 179708 |
| 天 津 | | | | | |
| 河 北 | | | | | |
| 山 西 | | | | | |
| 内 蒙 古 | 1 | 435 | 435 | 15845 | 43901 |
| 辽 宁 | 1 | 522 | 285 | 17800 | 11124 |
| 吉 林 | 1 | 320 | 207 | 2200 | 70910 |
| 黑 龙 江 | 3 | 2220 | 2090 | 102559 | 283000 |
| 上 海 | 1 | 179 | 179 | 3064 | 21769 |
| 江 苏 | 4 | 1311 | 884 | 25017 | 159567 |
| 浙 江 | 12 | 4566 | 3089 | 141903 | 387425 |
| 安 徽 | | | | | |
| 福 建 | 1 | 719 | 659 | 38000 | 101889 |
| 江 西 | | | | | |
| 山 东 | 4 | 1972 | 1815 | 100000 | 269157 |
| 河 南 | 1 | 2769 | 2769 | 206077 | 350000 |
| 湖 北 | 2 | 737 | 737 | 19600 | 43094 |
| 湖 南 | 4 | 1806 | 1524 | 84000 | 285453 |
| 广 东 | 6 | 4775 | 3885 | 95908 | 118476 |
| 广 西 | 1 | 700 | 650 | 20678 | 79000 |
| 海 南 | | | | | |
| 重 庆 | 4 | 1540 | 1223 | 63444 | 122963 |
| 四 川 | 1 | 78 | 70 | 4000 | 15000 |
| 贵 州 | 1 | 152 | 152 | 3000 | 19120 |
| 云 南 | | | | | |
| 西 藏 | | | | | |
| 陕 西 | 2 | 840 | 840 | 60200 | 383056 |
| 甘 肃 | | | | | |
| 青 海 | | | | | |
| 宁 夏 | 1 | 327 | 314 | 9000 | 34200 |
| 新 疆 | 3 | 1058 | 882 | 28798 | 95092 |

2-2 续表 49

(其他电器、通讯器材、电子设备市场)

| 地　区 | 市场数量 (个) | 总摊位数 (个) | 年末出租摊位数 (个) | 营业面积 (平方米) | 成交额 (万元) |
|---|---|---|---|---|---|
| **全　国** | **10** | **5814** | **4965** | **171780** | **579795** |
| 北　京 | 2 | 1880 | 1450 | 13900 | 87860 |
| 天　津 | | | | | |
| 河　北 | | | | | |
| 山　西 | | | | | |
| 内蒙古 | | | | | |
| 辽　宁 | | | | | |
| 吉　林 | | | | | |
| 黑龙江 | | | | | |
| 上　海 | | | | | |
| 江　苏 | | | | | |
| 浙　江 | 2 | 1889 | 1580 | 51280 | 159085 |
| 安　徽 | | | | | |
| 福　建 | | | | | |
| 江　西 | | | | | |
| 山　东 | | | | | |
| 河　南 | 1 | 280 | 280 | 16000 | 19851 |
| 湖　北 | | | | | |
| 湖　南 | 1 | 680 | 603 | 12000 | 49278 |
| 广　东 | | | | | |
| 广　西 | | | | | |
| 海　南 | 1 | 295 | 295 | 10500 | 26550 |
| 重　庆 | 2 | 409 | 387 | 31300 | 128761 |
| 四　川 | | | | | |
| 贵　州 | 1 | 381 | 370 | 36800 | 108410 |
| 云　南 | | | | | |
| 西　藏 | | | | | |
| 陕　西 | | | | | |
| 甘　肃 | | | | | |
| 青　海 | | | | | |
| 宁　夏 | | | | | |
| 新　疆 | | | | | |

2-2 续表 50

(医药、医疗用品及器材市场)

| 地　区 | 市场数量(个) | 总摊位数(个) | 年末出租摊位数(个) | 营业面积(平方米) | 成交额(万元) |
|---|---|---|---|---|---|
| **全　国** | **22** | **75267** | **42416** | **2630857** | **13147475** |
| 北　京 | | | | | |
| 天　津 | | | | | |
| 河　北 | 1 | 14000 | 7030 | 360000 | 2340000 |
| 山　西 | | | | | |
| 内蒙古 | 1 | 174 | 174 | 17040 | 28749 |
| 辽　宁 | 1 | 724 | 353 | 93900 | 180000 |
| 吉　林 | 1 | 780 | 780 | 14000 | 270000 |
| 黑龙江 | | | | | |
| 上　海 | 1 | 190 | 160 | 8000 | 20000 |
| 江　苏 | | | | | |
| 浙　江 | 2 | 1828 | 1303 | 86540 | 134238 |
| 安　徽 | 2 | 7070 | 7007 | 44500 | 2988916 |
| 福　建 | 1 | 31 | 31 | 1500 | 23600 |
| 江　西 | 1 | 700 | 378 | 19000 | 950000 |
| 山　东 | 1 | 968 | 872 | 60000 | 36953 |
| 河　南 | 2 | 3046 | 1336 | 114950 | 417518 |
| 湖　北 | | | | | |
| 湖　南 | 2 | 1786 | 1702 | 477652 | 715408 |
| 广　东 | 2 | 727 | 709 | 16093 | 137638 |
| 广　西 | 1 | 1116 | 1000 | 23000 | 946000 |
| 海　南 | | | | | |
| 重　庆 | | | | | |
| 四　川 | 1 | 41612 | 19070 | 1255000 | 3760604 |
| 贵　州 | | | | | |
| 云　南 | 1 | 445 | 441 | 19682 | 177851 |
| 西　藏 | | | | | |
| 陕　西 | | | | | |
| 甘　肃 | | | | | |
| 青　海 | 1 | 70 | 70 | 20000 | 20000 |
| 宁　夏 | | | | | |
| 新　疆 | | | | | |

2-2　续表 51

(中药材市场)

| 地　区 | 市场数量(个) | 总摊位数(个) | 年末出租摊位数(个) | 营业面积(平方米) | 成交额(万元) |
|---|---|---|---|---|---|
| **全　国** | **22** | **75267** | **42416** | **2630857** | **13147475** |
| 北　京 | | | | | |
| 天　津 | | | | | |
| 河　北 | 1 | 14000 | 7030 | 360000 | 2340000 |
| 山　西 | | | | | |
| 内蒙古 | 1 | 174 | 174 | 17040 | 28749 |
| 辽　宁 | 1 | 724 | 353 | 93900 | 180000 |
| 吉　林 | 1 | 780 | 780 | 14000 | 270000 |
| 黑龙江 | | | | | |
| 上　海 | 1 | 190 | 160 | 8000 | 20000 |
| 江　苏 | | | | | |
| 浙　江 | 2 | 1828 | 1303 | 86540 | 134238 |
| 安　徽 | 2 | 7070 | 7007 | 44500 | 2988916 |
| 福　建 | 1 | 31 | 31 | 1500 | 23600 |
| 江　西 | 1 | 700 | 378 | 19000 | 950000 |
| 山　东 | 1 | 968 | 872 | 60000 | 36953 |
| 河　南 | 2 | 3046 | 1336 | 114950 | 417518 |
| 湖　北 | | | | | |
| 湖　南 | 2 | 1786 | 1702 | 477652 | 715408 |
| 广　东 | 2 | 727 | 709 | 16093 | 137638 |
| 广　西 | 1 | 1116 | 1000 | 23000 | 946000 |
| 海　南 | | | | | |
| 重　庆 | | | | | |
| 四　川 | 1 | 41612 | 19070 | 1255000 | 3760604 |
| 贵　州 | | | | | |
| 云　南 | 1 | 445 | 441 | 19682 | 177851 |
| 西　藏 | | | | | |
| 陕　西 | | | | | |
| 甘　肃 | | | | | |
| 青　海 | 1 | 70 | 70 | 20000 | 20000 |
| 宁　夏 | | | | | |
| 新　疆 | | | | | |

2-2 续表 52

(家具、五金及装饰材料市场)

| 地 区 | 市场数量(个) | 总摊位数(个) | 年末出租摊位数(个) | 营业面积(平方米) | 成交额(万元) |
|---|---|---|---|---|---|
| **全 国** | **555** | **326050** | **294399** | **43158975** | **54426323** |
| 北 京 | 20 | 10936 | 9735 | 1333049 | 1446937 |
| 天 津 | 6 | 2671 | 2671 | 223922 | 185384 |
| 河 北 | 24 | 15679 | 13482 | 4924315 | 4619944 |
| 山 西 | 2 | 813 | 736 | 152369 | 52174 |
| 内蒙古 | 4 | 1123 | 1118 | 115600 | 152482 |
| 辽 宁 | 25 | 13958 | 13157 | 1065033 | 1331171 |
| 吉 林 | 4 | 3095 | 2909 | 383205 | 90680 |
| 黑龙江 | 6 | 1549 | 1434 | 326000 | 141203 |
| 上 海 | 14 | 9591 | 9321 | 937936 | 790209 |
| 江 苏 | 89 | 57432 | 51431 | 6634698 | 8795304 |
| 浙 江 | 85 | 53197 | 49420 | 5556201 | 10753678 |
| 安 徽 | 14 | 9721 | 8388 | 934385 | 1144214 |
| 福 建 | 7 | 2129 | 1899 | 451504 | 702761 |
| 江 西 | 18 | 20100 | 18736 | 2861742 | 2967948 |
| 山 东 | 66 | 37929 | 33278 | 4551324 | 6890947 |
| 河 南 | 18 | 8709 | 7763 | 1741468 | 1038272 |
| 湖 北 | 22 | 9987 | 7386 | 1292430 | 2593226 |
| 湖 南 | 32 | 12767 | 11245 | 1392999 | 2240883 |
| 广 东 | 20 | 9395 | 8298 | 1920865 | 1984109 |
| 广 西 | 6 | 4936 | 4262 | 630080 | 603545 |
| 海 南 | | | | | |
| 重 庆 | 25 | 11578 | 10960 | 1522160 | 2960527 |
| 四 川 | 12 | 11273 | 10453 | 1683812 | 1080320 |
| 贵 州 | 7 | 4208 | 4109 | 499681 | 332332 |
| 云 南 | 5 | 1593 | 1422 | 433165 | 337710 |
| 西 藏 | | | | | |
| 陕 西 | 7 | 2995 | 2529 | 547807 | 243046 |
| 甘 肃 | 5 | 2118 | 1953 | 136000 | 295767 |
| 青 海 | 1 | 1289 | 1289 | 12165 | 127760 |
| 宁 夏 | 6 | 2841 | 2672 | 558547 | 138636 |
| 新 疆 | 5 | 2438 | 2343 | 336513 | 385154 |

2-2　续表 53

(家具市场)

| 地　区 | 市场数量（个） | 总摊位数（个） | 年末出租摊位数（个） | 营业面积（平方米） | 成交额（万元） |
|---|---|---|---|---|---|
| **全　国** | **174** | **93569** | **85677** | **16805644** | **17776577** |
| 北　京 | 11 | 5590 | 5398 | 879763 | 764942 |
| 天　津 | 1 | 418 | 418 | 48381 | 27911 |
| 河　北 | 8 | 8945 | 7300 | 3484827 | 3249122 |
| 山　西 | 1 | 571 | 571 | 123563 | 40171 |
| 内蒙古 | 3 | 928 | 928 | 103600 | 138587 |
| 辽　宁 | 12 | 4629 | 4401 | 502852 | 643354 |
| 吉　林 | 2 | 1402 | 1402 | 167000 | 26000 |
| 黑龙江 | 3 | 623 | 508 | 175000 | 60173 |
| 上　海 | 2 | 359 | 359 | 160859 | 49907 |
| 江　苏 | 24 | 14780 | 12406 | 1782745 | 1982967 |
| 浙　江 | 32 | 16981 | 16118 | 2248571 | 4095731 |
| 安　徽 | 3 | 426 | 420 | 143865 | 62792 |
| 福　建 | 2 | 710 | 633 | 213000 | 219403 |
| 江　西 | 11 | 12028 | 11517 | 1946624 | 1606539 |
| 山　东 | 16 | 7099 | 6302 | 1043115 | 1609116 |
| 河　南 | 5 | 2982 | 2828 | 957998 | 429524 |
| 湖　北 | 7 | 1223 | 1081 | 202788 | 133949 |
| 湖　南 | 7 | 1158 | 1121 | 162000 | 125973 |
| 广　东 | 3 | 838 | 800 | 130892 | 39437 |
| 广　西 | 1 | 976 | 976 | 59640 | 196448 |
| 海　南 | | | | | |
| 重　庆 | 3 | 2411 | 2411 | 545721 | 1302694 |
| 四　川 | 6 | 5612 | 5283 | 977832 | 429962 |
| 贵　州 | 2 | 197 | 172 | 53000 | 23583 |
| 云　南 | 3 | 833 | 716 | 293860 | 252676 |
| 西　藏 | | | | | |
| 陕　西 | 2 | 408 | 405 | 170929 | 40330 |
| 甘　肃 | 1 | 120 | 120 | 40000 | 164363 |
| 青　海 | | | | | |
| 宁　夏 | 2 | 812 | 643 | 143163 | 42923 |
| 新　疆 | 1 | 510 | 440 | 44056 | 18000 |

2-2 续表 54

(装饰材料市场)

| 地　区 | 市场数量(个) | 总摊位数(个) | 年末出租摊位数(个) | 营业面积(平方米) | 成交额(万元) |
|---|---|---|---|---|---|
| **全　国** | **221** | **119583** | **108397** | **15677993** | **18554388** |
| 北　京 | 7 | 3616 | 3096 | 368286 | 655600 |
| 天　津 | 2 | 489 | 489 | 50280 | 39632 |
| 河　北 | 11 | 3622 | 3432 | 746788 | 488675 |
| 山　西 | 1 | 242 | 165 | 28806 | 12003 |
| 内蒙古 | 1 | 195 | 190 | 12000 | 13895 |
| 辽　宁 | 8 | 4954 | 4559 | 296081 | 510515 |
| 吉　林 | | | | | |
| 黑龙江 | 2 | 430 | 430 | 130000 | 31030 |
| 上　海 | 5 | 3859 | 3634 | 368904 | 420370 |
| 江　苏 | 37 | 21524 | 19517 | 2936064 | 2983814 |
| 浙　江 | 26 | 16491 | 15097 | 1712323 | 2417102 |
| 安　徽 | 8 | 4287 | 3470 | 583407 | 888702 |
| 福　建 | 4 | 1011 | 858 | 62000 | 381920 |
| 江　西 | 5 | 7156 | 6641 | 888432 | 1151888 |
| 山　东 | 27 | 11526 | 10255 | 1611558 | 2033160 |
| 河　南 | 5 | 3710 | 3170 | 626700 | 360018 |
| 湖　北 | 13 | 5215 | 5060 | 942820 | 1613077 |
| 湖　南 | 16 | 7185 | 6185 | 535917 | 1280930 |
| 广　东 | 10 | 4992 | 4422 | 1530111 | 1340783 |
| 广　西 | 2 | 899 | 899 | 205500 | 59722 |
| 海　南 | | | | | |
| 重　庆 | 16 | 6979 | 6496 | 720894 | 1141723 |
| 四　川 | 3 | 3331 | 2918 | 259800 | 181463 |
| 贵　州 | 3 | 3390 | 3384 | 265480 | 260299 |
| 云　南 | 1 | 457 | 403 | 75410 | 40249 |
| 西　藏 | | | | | |
| 陕　西 | 3 | 1492 | 1219 | 345878 | 141828 |
| 甘　肃 | 2 | 639 | 541 | 51000 | 38552 |
| 青　海 | | | | | |
| 宁　夏 | 2 | 1372 | 1372 | 216028 | 51549 |
| 新　疆 | 1 | 520 | 495 | 107526 | 15889 |

2-2 续表 55

(灯具市场)

| 地区 | 市场数量（个） | 总摊位数（个） | 年末出租摊位数（个） | 营业面积（平方米） | 成交额（万元） |
|---|---|---|---|---|---|
| **全国** | **16** | **7579** | **6899** | **1202935** | **2312978** |
| 北京 | | | | | |
| 天津 | | | | | |
| 河北 | | | | | |
| 山西 | | | | | |
| 内蒙古 | | | | | |
| 辽宁 | 2 | 455 | 357 | 110100 | 71000 |
| 吉林 | | | | | |
| 黑龙江 | | | | | |
| 上海 | 1 | 130 | 130 | 44000 | 35398 |
| 江苏 | 1 | 3000 | 2958 | 411000 | 1023000 |
| 浙江 | 3 | 655 | 265 | 76290 | 259686 |
| 安徽 | | | | | |
| 福建 | | | | | |
| 江西 | | | | | |
| 山东 | 3 | 1352 | 1352 | 268000 | 486562 |
| 河南 | | | | | |
| 湖北 | | | | | |
| 湖南 | | | | | |
| 广东 | | | | | |
| 广西 | | | | | |
| 海南 | | | | | |
| 重庆 | 4 | 1432 | 1342 | 193545 | 334474 |
| 四川 | 1 | 260 | 200 | 80000 | 60000 |
| 贵州 | | | | | |
| 云南 | | | | | |
| 西藏 | | | | | |
| 陕西 | 1 | 295 | 295 | 20000 | 42858 |
| 甘肃 | | | | | |
| 青海 | | | | | |
| 宁夏 | | | | | |
| 新疆 | | | | | |

2-2 续表 56

(厨具、盥洗设备市场)

| 地　区 | 市场数量(个) | 总摊位数(个) | 年末出租摊位数(个) | 营业面积(平方米) | 成交额(万元) |
| --- | --- | --- | --- | --- | --- |
| **全　国** | **6** | **3717** | **2997** | **346048** | **274113** |
| 北　京 | | | | | |
| 天　津 | | | | | |
| 河　北 | | | | | |
| 山　西 | | | | | |
| 内蒙古 | | | | | |
| 辽　宁 | | | | | |
| 吉　林 | | | | | |
| 黑龙江 | | | | | |
| 上　海 | | | | | |
| 江　苏 | | | | | |
| 浙　江 | 1 | 500 | 500 | 13000 | 110800 |
| 安　徽 | | | | | |
| 福　建 | | | | | |
| 江　西 | | | | | |
| 山　东 | 1 | 366 | 364 | 21608 | 22138 |
| 河　南 | 1 | 380 | 380 | 81200 | 26800 |
| 湖　北 | | | | | |
| 湖　南 | | | | | |
| 广　东 | | | | | |
| 广　西 | 1 | 2111 | 1438 | 164940 | 49875 |
| 海　南 | | | | | |
| 重　庆 | 1 | 160 | 115 | 12000 | 52680 |
| 四　川 | | | | | |
| 贵　州 | | | | | |
| 云　南 | | | | | |
| 西　藏 | | | | | |
| 陕　西 | | | | | |
| 甘　肃 | | | | | |
| 青　海 | | | | | |
| 宁　夏 | | | | | |
| 新　疆 | 1 | 200 | 200 | 53300 | 11820 |

2-2　续表 57

(五金材料市场)

| 地　区 | 市场数量(个) | 总摊位数(个) | 年末出租摊位数(个) | 营业面积(平方米) | 成交额(万元) |
|---|---|---|---|---|---|
| **全　国** | **77** | **57180** | **49582** | **4169937** | **10486377** |
| 北　京 | 1 | 550 | 449 | 35000 | 10050 |
| 天　津 | 2 | 726 | 726 | 73742 | 112197 |
| 河　北 | 1 | 1650 | 1486 | 258000 | 559334 |
| 山　西 | | | | | |
| 内蒙古 | | | | | |
| 辽　宁 | 1 | 800 | 800 | 100000 | 10235 |
| 吉　林 | 1 | 1300 | 1114 | 199301 | 56260 |
| 黑龙江 | | | | | |
| 上　海 | 2 | 2780 | 2780 | 154784 | 214576 |
| 江　苏 | 17 | 13452 | 12089 | 724890 | 1765521 |
| 浙　江 | 11 | 8860 | 8391 | 333901 | 2608846 |
| 安　徽 | | | | | |
| 福　建 | | | | | |
| 江　西 | 1 | 738 | 400 | 11686 | 190000 |
| 山　东 | 12 | 9104 | 7860 | 744985 | 1637888 |
| 河　南 | 7 | 1637 | 1385 | 75570 | 221930 |
| 湖　北 | 2 | 3549 | 1245 | 146822 | 846200 |
| 湖　南 | 6 | 3863 | 3383 | 550214 | 767170 |
| 广　东 | 7 | 3565 | 3076 | 259862 | 603889 |
| 广　西 | 1 | 400 | 400 | 50000 | 60000 |
| 海　南 | | | | | |
| 重　庆 | 1 | 596 | 596 | 50000 | 128956 |
| 四　川 | 2 | 2070 | 2052 | 366180 | 408895 |
| 贵　州 | | | | | |
| 云　南 | | | | | |
| 西　藏 | | | | | |
| 陕　西 | 1 | 800 | 610 | 11000 | 18030 |
| 甘　肃 | | | | | |
| 青　海 | | | | | |
| 宁　夏 | | | | | |
| 新　疆 | 1 | 740 | 740 | 24000 | 266400 |

2-2 续表 58

(其他装修市场)

| 地 区 | 市场数量(个) | 总摊位数(个) | 年末出租摊位数(个) | 营业面积(平方米) | 成交额(万元) |
|---|---|---|---|---|---|
| **全 国** | **61** | **44422** | **40847** | **4956418** | **5021890** |
| 北 京 | 1 | 1180 | 792 | 50000 | 16345 |
| 天 津 | 1 | 1038 | 1038 | 51519 | 5644 |
| 河 北 | 4 | 1462 | 1264 | 434700 | 322813 |
| 山 西 | | | | | |
| 内蒙古 | | | | | |
| 辽 宁 | 2 | 3120 | 3040 | 56000 | 96067 |
| 吉 林 | 1 | 393 | 393 | 16904 | 8420 |
| 黑龙江 | 1 | 496 | 496 | 21000 | 50000 |
| 上 海 | 4 | 2463 | 2418 | 209389 | 69958 |
| 江 苏 | 10 | 4676 | 4461 | 779999 | 1040002 |
| 浙 江 | 12 | 9710 | 9049 | 1172116 | 1261513 |
| 安 徽 | 3 | 5008 | 4498 | 207113 | 192720 |
| 福 建 | 1 | 408 | 408 | 176504 | 101438 |
| 江 西 | 1 | 178 | 178 | 15000 | 19521 |
| 山 东 | 7 | 8482 | 7145 | 862058 | 1102083 |
| 河 南 | | | | | |
| 湖 北 | | | | | |
| 湖 南 | 3 | 561 | 556 | 144868 | 66810 |
| 广 东 | | | | | |
| 广 西 | 1 | 550 | 549 | 150000 | 237500 |
| 海 南 | | | | | |
| 重 庆 | | | | | |
| 四 川 | | | | | |
| 贵 州 | 2 | 621 | 553 | 181201 | 48450 |
| 云 南 | 1 | 303 | 303 | 63895 | 44785 |
| 西 藏 | | | | | |
| 陕 西 | | | | | |
| 甘 肃 | 2 | 1359 | 1292 | 45000 | 92852 |
| 青 海 | 1 | 1289 | 1289 | 12165 | 127760 |
| 宁 夏 | 2 | 657 | 657 | 199356 | 44164 |
| 新 疆 | 1 | 468 | 468 | 107631 | 73045 |

2-2 续表 59

(汽车、摩托车及零配件市场)

| 地 区 | 市场数量(个) | 总摊位数(个) | 年末出租摊位数(个) | 营业面积(平方米) | 成交额(万元) |
|---|---|---|---|---|---|
| **全 国** | **250** | **91431** | **77339** | **14528325** | **66212034** |
| 北 京 | 12 | 5386 | 3929 | 813250 | 9950517 |
| 天 津 | 3 | 1432 | 429 | 244648 | 1782164 |
| 河 北 | 9 | 3767 | 3676 | 587240 | 1203870 |
| 山 西 | | | | | |
| 内蒙古 | | | | | |
| 辽 宁 | 9 | 10303 | 9809 | 832790 | 2879164 |
| 吉 林 | 3 | 5498 | 2254 | 652949 | 2345415 |
| 黑龙江 | 1 | 1200 | 1200 | 31875 | 28600 |
| 上 海 | 11 | 1804 | 1494 | 240642 | 3359756 |
| 江 苏 | 15 | 6354 | 4710 | 1621771 | 4418711 |
| 浙 江 | 59 | 14444 | 12895 | 1520834 | 15015041 |
| 安 徽 | 6 | 2160 | 1885 | 264518 | 1297564 |
| 福 建 | 3 | 269 | 264 | 42600 | 446514 |
| 江 西 | 6 | 2318 | 2112 | 252000 | 770517 |
| 山 东 | 32 | 7339 | 6914 | 1516910 | 3375435 |
| 河 南 | 8 | 3509 | 3378 | 382736 | 1473323 |
| 湖 北 | 5 | 2668 | 1118 | 506932 | 2690441 |
| 湖 南 | 8 | 2934 | 2505 | 858292 | 2291460 |
| 广 东 | 24 | 4188 | 3996 | 1002855 | 5640384 |
| 广 西 | 3 | 1341 | 1314 | 89000 | 109778 |
| 海 南 | | | | | |
| 重 庆 | 10 | 5920 | 5417 | 806463 | 2880560 |
| 四 川 | 7 | 2244 | 1943 | 406109 | 490267 |
| 贵 州 | 5 | 1410 | 1308 | 767240 | 1556531 |
| 云 南 | 2 | 592 | 592 | 393333 | 397278 |
| 西 藏 | | | | | |
| 陕 西 | 2 | 1664 | 1662 | 40976 | 258642 |
| 甘 肃 | 1 | 96 | 60 | 10440 | 28750 |
| 青 海 | | | | | |
| 宁 夏 | | | | | |
| 新 疆 | 6 | 2591 | 2475 | 641922 | 1521352 |

2-2 续表 60

(汽车市场)

| 地 区 | 市场数量（个） | 总摊位数（个） | 年末出租摊位数（个） | 营业面积（平方米） | 成交额（万元） |
|---|---|---|---|---|---|
| **全 国** | **178** | **53510** | **45263** | **11302105** | **56369697** |
| 北 京 | 9 | 1702 | 1490 | 612782 | 9356258 |
| 天 津 | 3 | 1432 | 429 | 244648 | 1782164 |
| 河 北 | 4 | 1592 | 1510 | 263340 | 499552 |
| 山 西 | | | | | |
| 内蒙古 | | | | | |
| 辽 宁 | 6 | 8735 | 8720 | 666790 | 2693802 |
| 吉 林 | 3 | 5498 | 2254 | 652949 | 2345415 |
| 黑龙江 | 1 | 1200 | 1200 | 31875 | 28600 |
| 上 海 | 7 | 371 | 358 | 158103 | 3067268 |
| 江 苏 | 10 | 2574 | 2033 | 1285271 | 3786235 |
| 浙 江 | 52 | 9887 | 8438 | 1139776 | 13165781 |
| 安 徽 | 3 | 1114 | 945 | 202355 | 1106616 |
| 福 建 | 2 | 119 | 119 | 34000 | 414564 |
| 江 西 | 3 | 681 | 656 | 82000 | 307981 |
| 山 东 | 21 | 3421 | 3328 | 1209671 | 2272644 |
| 河 南 | 3 | 281 | 279 | 147178 | 1141229 |
| 湖 北 | 4 | 668 | 338 | 246932 | 1229941 |
| 湖 南 | 3 | 1242 | 875 | 746832 | 2200464 |
| 广 东 | 16 | 1731 | 1658 | 853054 | 5232312 |
| 广 西 | 2 | 1006 | 999 | 79200 | 94028 |
| 海 南 | | | | | |
| 重 庆 | 8 | 4036 | 3928 | 644463 | 1893543 |
| 四 川 | 6 | 1744 | 1443 | 316109 | 390267 |
| 贵 州 | 4 | 1148 | 1053 | 724240 | 1530773 |
| 云 南 | 2 | 592 | 592 | 393333 | 397278 |
| 西 藏 | | | | | |
| 陕 西 | 1 | 1166 | 1164 | 39576 | 128642 |
| 甘 肃 | | | | | |
| 青 海 | | | | | |
| 宁 夏 | | | | | |
| 新 疆 | 5 | 1570 | 1454 | 527628 | 1304340 |

2-2　续表 61

（摩托车市场）

| 地　区 | 市场数量（个） | 总摊位数（个） | 年末出租摊位数（个） | 营业面积（平方米） | 成交额（万元） |
|---|---|---|---|---|---|
| **全　国** | **10** | **3836** | **3489** | **276930** | **525805** |
| 北　京 | | | | | |
| 天　津 | | | | | |
| 河　北 | 1 | 814 | 814 | 50000 | 48250 |
| 山　西 | | | | | |
| 内蒙古 | | | | | |
| 辽　宁 | | | | | |
| 吉　林 | | | | | |
| 黑龙江 | | | | | |
| 上　海 | | | | | |
| 江　苏 | | | | | |
| 浙　江 | 1 | 220 | 215 | 15226 | 31370 |
| 安　徽 | 1 | 97 | 97 | 10000 | 49853 |
| 福　建 | | | | | |
| 江　西 | | | | | |
| 山　东 | | | | | |
| 河　南 | 2 | 1280 | 1246 | 126664 | 106660 |
| 湖　北 | | | | | |
| 湖　南 | 2 | 314 | 282 | 14800 | 40172 |
| 广　东 | | | | | |
| 广　西 | 1 | 335 | 315 | 9800 | 15750 |
| 海　南 | | | | | |
| 重　庆 | 1 | 680 | 460 | 40000 | 205000 |
| 四　川 | | | | | |
| 贵　州 | | | | | |
| 云　南 | | | | | |
| 西　藏 | | | | | |
| 陕　西 | | | | | |
| 甘　肃 | 1 | 96 | 60 | 10440 | 28750 |
| 青　海 | | | | | |
| 宁　夏 | | | | | |
| 新　疆 | | | | | |

2-2 续表 62

(机动车零配件市场)

| 地区 | 市场数量(个) | 总摊位数(个) | 年末出租摊位数(个) | 营业面积(平方米) | 成交额(万元) |
|---|---|---|---|---|---|
| **全国** | **62** | **34085** | **28587** | **2949290** | **9316532** |
| 北京 | 3 | 3684 | 2439 | 200468 | 594259 |
| 天津 | | | | | |
| 河北 | 4 | 1361 | 1352 | 273900 | 656068 |
| 山西 | | | | | |
| 内蒙古 | | | | | |
| 辽宁 | 3 | 1568 | 1089 | 166000 | 185362 |
| 吉林 | | | | | |
| 黑龙江 | | | | | |
| 上海 | 4 | 1433 | 1136 | 82539 | 292488 |
| 江苏 | 5 | 3780 | 2677 | 336500 | 632476 |
| 浙江 | 6 | 4337 | 4242 | 365832 | 1817890 |
| 安徽 | 2 | 949 | 843 | 52163 | 141095 |
| 福建 | 1 | 150 | 145 | 8600 | 31950 |
| 江西 | 3 | 1637 | 1456 | 170000 | 462536 |
| 山东 | 11 | 3918 | 3586 | 307239 | 1102791 |
| 河南 | 3 | 1948 | 1853 | 108894 | 225434 |
| 湖北 | 1 | 2000 | 780 | 260000 | 1460500 |
| 湖南 | 3 | 1378 | 1348 | 96660 | 50824 |
| 广东 | 8 | 2457 | 2338 | 149801 | 408072 |
| 广西 | | | | | |
| 海南 | | | | | |
| 重庆 | 1 | 1204 | 1029 | 122000 | 782017 |
| 四川 | 1 | 500 | 500 | 90000 | 100000 |
| 贵州 | 1 | 262 | 255 | 43000 | 25758 |
| 云南 | | | | | |
| 西藏 | | | | | |
| 陕西 | 1 | 498 | 498 | 1400 | 130000 |
| 甘肃 | | | | | |
| 青海 | | | | | |
| 宁夏 | | | | | |
| 新疆 | 1 | 1021 | 1021 | 114294 | 217012 |

2-2　续表 63

(花鸟鱼虫市场)

| 地　　区 | 市场数量（个） | 总摊位数（个） | 年末出租摊位数（个） | 营业面积（平方米） | 成交额（万元） |
|---|---|---|---|---|---|
| **全　　国** | **28** | **23115** | **22236** | **1468675** | **4755482** |
| 北　　京 | 1 | 392 | 325 | 12190 | 15366 |
| 天　　津 | 1 | 580 | 580 | 21000 | 13980 |
| 河　　北 | 1 | 161 | 161 | 19260 | 35174 |
| 山　　西 | | | | | |
| 内 蒙 古 | | | | | |
| 辽　　宁 | 3 | 4200 | 4200 | 27600 | 172559 |
| 吉　　林 | | | | | |
| 黑 龙 江 | 1 | 262 | 250 | 20000 | 13500 |
| 上　　海 | 2 | 575 | 575 | 43601 | 26896 |
| 江　　苏 | 3 | 4144 | 4067 | 633000 | 2366536 |
| 浙　　江 | 4 | 1942 | 1792 | 65287 | 618264 |
| 安　　徽 | 2 | 2071 | 2071 | 148390 | 278737 |
| 福　　建 | 2 | 205 | 197 | 31855 | 131344 |
| 江　　西 | | | | | |
| 山　　东 | 2 | 1950 | 1640 | 189960 | 137540 |
| 河　　南 | 2 | 2180 | 2180 | 54000 | 340215 |
| 湖　　北 | | | | | |
| 湖　　南 | 1 | 353 | 353 | 110000 | 23500 |
| 广　　东 | 1 | 1400 | 1400 | 18000 | 106671 |
| 广　　西 | | | | | |
| 海　　南 | | | | | |
| 重　　庆 | | | | | |
| 四　　川 | | | | | |
| 贵　　州 | | | | | |
| 云　　南 | 1 | 2300 | 2045 | 44532 | 452200 |
| 西　　藏 | | | | | |
| 陕　　西 | | | | | |
| 甘　　肃 | | | | | |
| 青　　海 | | | | | |
| 宁　　夏 | | | | | |
| 新　　疆 | 1 | 400 | 400 | 30000 | 23000 |

2-2 续表 64

(花卉市场)

| 地 区 | 市场数量(个) | 总摊位数(个) | 年末出租摊位数(个) | 营业面积(平方米) | 成交额(万元) |
|---|---|---|---|---|---|
| **全 国** | **23** | **21587** | **20716** | **1407088** | **4532793** |
| 北 京 | 1 | 392 | 325 | 12190 | 15366 |
| 天 津 | 1 | 580 | 580 | 21000 | 13980 |
| 河 北 | 1 | 161 | 161 | 19260 | 35174 |
| 山 西 | | | | | |
| 内蒙古 | | | | | |
| 辽 宁 | 1 | 3500 | 3500 | 6300 | 120000 |
| 吉 林 | | | | | |
| 黑龙江 | 1 | 262 | 250 | 20000 | 13500 |
| 上 海 | 1 | 177 | 177 | 15069 | 13780 |
| 江 苏 | 3 | 4144 | 4067 | 633000 | 2366536 |
| 浙 江 | 3 | 1642 | 1492 | 59907 | 581364 |
| 安 徽 | 2 | 2071 | 2071 | 148390 | 278737 |
| 福 建 | 1 | 75 | 75 | 25480 | 11230 |
| 江 西 | | | | | |
| 山 东 | 2 | 1950 | 1640 | 189960 | 137540 |
| 河 南 | 2 | 2180 | 2180 | 54000 | 340215 |
| 湖 北 | | | | | |
| 湖 南 | 1 | 353 | 353 | 110000 | 23500 |
| 广 东 | 1 | 1400 | 1400 | 18000 | 106671 |
| 广 西 | | | | | |
| 海 南 | | | | | |
| 重 庆 | | | | | |
| 四 川 | | | | | |
| 贵 州 | | | | | |
| 云 南 | 1 | 2300 | 2045 | 44532 | 452200 |
| 西 藏 | | | | | |
| 陕 西 | | | | | |
| 甘 肃 | | | | | |
| 青 海 | | | | | |
| 宁 夏 | | | | | |
| 新 疆 | 1 | 400 | 400 | 30000 | 23000 |

2-2　续表 65

(其他花鸟鱼虫市场)

| 地　区 | 市场数量（个） | 总摊位数（个） | 年末出租摊位数（个） | 营业面积（平方米） | 成交额（万元） |
|---|---|---|---|---|---|
| **全　国** | **5** | **1528** | **1520** | **61587** | **222689** |
| 北　京 | | | | | |
| 天　津 | | | | | |
| 河　北 | | | | | |
| 山　西 | | | | | |
| 内蒙古 | | | | | |
| 辽　宁 | 2 | 700 | 700 | 21300 | 52559 |
| 吉　林 | | | | | |
| 黑龙江 | | | | | |
| 上　海 | 1 | 398 | 398 | 28532 | 13116 |
| 江　苏 | | | | | |
| 浙　江 | 1 | 300 | 300 | 5380 | 36900 |
| 安　徽 | | | | | |
| 福　建 | 1 | 130 | 122 | 6375 | 120114 |
| 江　西 | | | | | |
| 山　东 | | | | | |
| 河　南 | | | | | |
| 湖　北 | | | | | |
| 湖　南 | | | | | |
| 广　东 | | | | | |
| 广　西 | | | | | |
| 海　南 | | | | | |
| 重　庆 | | | | | |
| 四　川 | | | | | |
| 贵　州 | | | | | |
| 云　南 | | | | | |
| 西　藏 | | | | | |
| 陕　西 | | | | | |
| 甘　肃 | | | | | |
| 青　海 | | | | | |
| 宁　夏 | | | | | |
| 新　疆 | | | | | |

2-2 续表 66

(旧货市场)

| 地　区 | 市场数量(个) | 总摊位数(个) | 年末出租摊位数(个) | 营业面积(平方米) | 成交额(万元) |
|---|---|---|---|---|---|
| **全　国** | **12** | **7137** | **6461** | **235185** | **318320** |
| 北　京 | 1 | 3732 | 3732 | 39635 | 39814 |
| 天　津 | | | | | |
| 河　北 | | | | | |
| 山　西 | | | | | |
| 内蒙古 | | | | | |
| 辽　宁 | | | | | |
| 吉　林 | | | | | |
| 黑龙江 | | | | | |
| 上　海 | | | | | |
| 江　苏 | 1 | 73 | 71 | 25000 | 20156 |
| 浙　江 | 6 | 1491 | 1083 | 102710 | 199198 |
| 安　徽 | | | | | |
| 福　建 | 1 | 368 | 366 | 14720 | 10339 |
| 江　西 | 1 | 750 | 750 | 15000 | 21150 |
| 山　东 | 1 | 216 | 135 | 25000 | 17663 |
| 河　南 | 1 | 507 | 324 | 13120 | 10000 |
| 湖　北 | | | | | |
| 湖　南 | | | | | |
| 广　东 | | | | | |
| 广　西 | | | | | |
| 海　南 | | | | | |
| 重　庆 | | | | | |
| 四　川 | | | | | |
| 贵　州 | | | | | |
| 云　南 | | | | | |
| 西　藏 | | | | | |
| 陕　西 | | | | | |
| 甘　肃 | | | | | |
| 青　海 | | | | | |
| 宁　夏 | | | | | |
| 新　疆 | | | | | |

2-2 续表 67

(古玩、古董、字画市场)

| 地 区 | 市场数量 (个) | 总摊位数 (个) | 年末出租摊位数 (个) | 营业面积 (平方米) | 成交额 (万元) |
|---|---|---|---|---|---|
| **全 国** | **2** | **875** | **690** | **27840** | **20339** |
| 北 京 | | | | | |
| 天 津 | | | | | |
| 河 北 | | | | | |
| 山 西 | | | | | |
| 内蒙古 | | | | | |
| 辽 宁 | | | | | |
| 吉 林 | | | | | |
| 黑龙江 | | | | | |
| 上 海 | | | | | |
| 江 苏 | | | | | |
| 浙 江 | | | | | |
| 安 徽 | | | | | |
| 福 建 | 1 | 368 | 366 | 14720 | 10339 |
| 江 西 | | | | | |
| 山 东 | | | | | |
| 河 南 | 1 | 507 | 324 | 13120 | 10000 |
| 湖 北 | | | | | |
| 湖 南 | | | | | |
| 广 东 | | | | | |
| 广 西 | | | | | |
| 海 南 | | | | | |
| 重 庆 | | | | | |
| 四 川 | | | | | |
| 贵 州 | | | | | |
| 云 南 | | | | | |
| 西 藏 | | | | | |
| 陕 西 | | | | | |
| 甘 肃 | | | | | |
| 青 海 | | | | | |
| 宁 夏 | | | | | |
| 新 疆 | | | | | |

2-2 续表 68

(其他旧货市场)

| 地　区 | 市场数量(个) | 总摊位数(个) | 年末出租摊位数(个) | 营业面积(平方米) | 成交额(万元) |
|---|---|---|---|---|---|
| **全　国** | **10** | **6262** | **5771** | **207345** | **297981** |
| 北　京 | 1 | 3732 | 3732 | 39635 | 39814 |
| 天　津 | | | | | |
| 河　北 | | | | | |
| 山　西 | | | | | |
| 内 蒙 古 | | | | | |
| 辽　宁 | | | | | |
| 吉　林 | | | | | |
| 黑 龙 江 | | | | | |
| 上　海 | | | | | |
| 江　苏 | 1 | 73 | 71 | 25000 | 20156 |
| 浙　江 | 6 | 1491 | 1083 | 102710 | 199198 |
| 安　徽 | | | | | |
| 福　建 | | | | | |
| 江　西 | 1 | 750 | 750 | 15000 | 21150 |
| 山　东 | 1 | 216 | 135 | 25000 | 17663 |
| 河　南 | | | | | |
| 湖　北 | | | | | |
| 湖　南 | | | | | |
| 广　东 | | | | | |
| 广　西 | | | | | |
| 海　南 | | | | | |
| 重　庆 | | | | | |
| 四　川 | | | | | |
| 贵　州 | | | | | |
| 云　南 | | | | | |
| 西　藏 | | | | | |
| 陕　西 | | | | | |
| 甘　肃 | | | | | |
| 青　海 | | | | | |
| 宁　夏 | | | | | |
| 新　疆 | | | | | |

2-2 续表 69

(其他专业市场)

| 地　区 | 市场数量（个） | 总摊位数（个） | 年末出租摊位数（个） | 营业面积（平方米） | 成交额（万元） |
|---|---|---|---|---|---|
| **全　国** | **44** | **39665** | **33851** | **3092780** | **7875715** |
| 北　京 | 1 | 136 | 136 | 41012 | 16435 |
| 天　津 | | | | | |
| 河　北 | 5 | 7671 | 7533 | 1046750 | 1713553 |
| 山　西 | | | | | |
| 内蒙古 | 5 | 4410 | 4380 | 362709 | 1490967 |
| 辽　宁 | 5 | 6470 | 5959 | 144000 | 281488 |
| 吉　林 | | | | | |
| 黑龙江 | | | | | |
| 上　海 | | | | | |
| 江　苏 | 7 | 2802 | 2652 | 179894 | 2167585 |
| 浙　江 | 3 | 1088 | 1062 | 122012 | 290336 |
| 安　徽 | 2 | 1688 | 1458 | 125500 | 265010 |
| 福　建 | | | | | |
| 江　西 | 1 | 976 | 976 | 223815 | 59992 |
| 山　东 | 9 | 5161 | 5055 | 417950 | 426808 |
| 河　南 | 4 | 3918 | 3868 | 377648 | 1115961 |
| 湖　北 | | | | | |
| 湖　南 | 1 | 345 | 345 | 8800 | 30872 |
| 广　东 | | | | | |
| 广　西 | | | | | |
| 海　南 | | | | | |
| 重　庆 | | | | | |
| 四　川 | | | | | |
| 贵　州 | | | | | |
| 云　南 | 1 | 5000 | 427 | 42690 | 16708 |
| 西　藏 | | | | | |
| 陕　西 | | | | | |
| 甘　肃 | | | | | |
| 青　海 | | | | | |
| 宁　夏 | | | | | |
| 新　疆 | | | | | |

# 2-3 商品交易市场情况(按营业状态分)

(常年营业)

| 地　区 | 市场数量(个) | 总摊位数(个) | 年末出租摊位数(个) | 营业面积(平方米) | 成交额(万元) |
|---|---|---|---|---|---|
| **全　国** | **4563** | **3860942** | **3325256** | **293795428** | **1076558874** |
| 北　京 | 111 | 91633 | 81788 | 6322844 | 39072300 |
| 天　津 | 44 | 35600 | 30655 | 3163445 | 13154060 |
| 河　北 | 209 | 323440 | 280362 | 25859441 | 58760427 |
| 山　西 | 32 | 27924 | 25059 | 2504128 | 6395752 |
| 内蒙古 | 65 | 41300 | 39393 | 5293007 | 6790970 |
| 辽　宁 | 197 | 194055 | 171764 | 8677838 | 40299301 |
| 吉　林 | 53 | 51709 | 45168 | 3011066 | 5505269 |
| 黑龙江 | 76 | 54285 | 47927 | 3465489 | 10500674 |
| 上　海 | 132 | 61413 | 54360 | 4177382 | 89369497 |
| 江　苏 | 484 | 394689 | 340165 | 35066409 | 197849336 |
| 浙　江 | 722 | 488426 | 441700 | 31630929 | 171931622 |
| 安　徽 | 128 | 137044 | 122825 | 12429486 | 30284566 |
| 福　建 | 117 | 51647 | 45500 | 3307950 | 14959771 |
| 江　西 | 96 | 96397 | 89155 | 6521872 | 19761409 |
| 山　东 | 485 | 379972 | 346118 | 35435658 | 90611157 |
| 河　南 | 152 | 173069 | 120292 | 13311628 | 36202182 |
| 湖　北 | 142 | 91384 | 77813 | 6629429 | 22480975 |
| 湖　南 | 324 | 196777 | 179591 | 11276722 | 39296845 |
| 广　东 | 316 | 251601 | 193677 | 17568540 | 54569435 |
| 广　西 | 84 | 84713 | 76785 | 3881467 | 10371539 |
| 海　南 | 5 | 2920 | 2680 | 703300 | 424736 |
| 重　庆 | 145 | 107292 | 96793 | 7721297 | 35314807 |
| 四　川 | 127 | 189072 | 133589 | 13149385 | 28250201 |
| 贵　州 | 54 | 63709 | 48918 | 5964350 | 10974515 |
| 云　南 | 36 | 63588 | 46947 | 2326697 | 5466148 |
| 西　藏 | 3 | 3177 | 2781 | 35000 | 238757 |
| 陕　西 | 51 | 36225 | 33945 | 3303294 | 8780334 |
| 甘　肃 | 27 | 24767 | 23092 | 1766160 | 2783609 |
| 青　海 | 9 | 7593 | 7443 | 555368 | 636638 |
| 宁　夏 | 37 | 28912 | 25672 | 4422975 | 3471685 |
| 新　疆 | 100 | 106609 | 93299 | 14312872 | 22050357 |

2-3　续表 1

(季节性营业)

| 地　区 | 市场数量(个) | 总摊位数(个) | 年末出租摊位数(个) | 营业面积(平方米) | 成交额(万元) |
|---|---|---|---|---|---|
| **全　国** | **50** | **35464** | **21214** | **3036744** | **5704982** |
| 北　京 | 3 | 4156 | 1884 | 279000 | 148312 |
| 天　津 | | | | | |
| 河　北 | 7 | 3682 | 2402 | 567106 | 401172 |
| 山　西 | | | | | |
| 内蒙古 | 4 | 393 | 333 | 303600 | 144000 |
| 辽　宁 | 3 | 675 | 675 | 70060 | 140425 |
| 吉　林 | | | | | |
| 黑龙江 | 2 | 219 | 219 | 146000 | 111952 |
| 上　海 | 1 | 165 | 165 | 2250 | 10507 |
| 江　苏 | 3 | 994 | 859 | 34340 | 116653 |
| 浙　江 | 3 | 10955 | 1259 | 226086 | 866518 |
| 安　徽 | 1 | 451 | 451 | 33350 | 92590 |
| 福　建 | 1 | 31 | 31 | 1500 | 23600 |
| 江　西 | 1 | 310 | 310 | 60000 | 33216 |
| 山　东 | 13 | 10131 | 9524 | 1021894 | 3016695 |
| 河　南 | 2 | 2252 | 2222 | 53328 | 36601 |
| 湖　北 | | | | | |
| 湖　南 | 1 | 309 | 230 | 6965 | 50000 |
| 广　东 | 1 | 121 | 30 | 25000 | 60000 |
| 广　西 | 2 | 445 | 445 | 114000 | 155398 |
| 海　南 | | | | | |
| 重　庆 | 1 | 146 | 146 | 22265 | 10030 |
| 四　川 | | | | | |
| 贵　州 | | | | | |
| 云　南 | 1 | 29 | 29 | 70000 | 287313 |
| 西　藏 | | | | | |
| 陕　西 | | | | | |
| 甘　肃 | | | | | |
| 青　海 | | | | | |
| 宁　夏 | | | | | |
| 新　疆 | | | | | |

2-3 续表 2

(其他)

| 地　区 | 市场数量（个） | 总摊位数（个） | 年末出租摊位数（个） | 营业面积（平方米） | 成交额（万元） |
|---|---|---|---|---|---|
| **全　国** | **4** | **1716** | **1466** | **85566** | **212026** |
| 北　京 | | | | | |
| 天　津 | | | | | |
| 河　北 | 1 | 200 | 200 | 20000 | 18680 |
| 山　西 | | | | | |
| 内蒙古 | | | | | |
| 辽　宁 | | | | | |
| 吉　林 | | | | | |
| 黑龙江 | | | | | |
| 上　海 | 1 | 91 | 91 | 36066 | 98614 |
| 江　苏 | | | | | |
| 浙　江 | | | | | |
| 安　徽 | | | | | |
| 福　建 | | | | | |
| 江　西 | | | | | |
| 山　东 | | | | | |
| 河　南 | | | | | |
| 湖　北 | 1 | 351 | 351 | 10500 | 42003 |
| 湖　南 | 1 | 1074 | 824 | 19000 | 52729 |
| 广　东 | | | | | |
| 广　西 | | | | | |
| 海　南 | | | | | |
| 重　庆 | | | | | |
| 四　川 | | | | | |
| 贵　州 | | | | | |
| 云　南 | | | | | |
| 西　藏 | | | | | |
| 陕　西 | | | | | |
| 甘　肃 | | | | | |
| 青　海 | | | | | |
| 宁　夏 | | | | | |
| 新　疆 | | | | | |

# 2-4 商品交易市场情况(按经营方式分)

(批发为主)

| 地 区 | 市场数量(个) | 总摊位数(个) | 年末出租摊位数(个) | 营业面积(平方米) | 成交额(万元) |
|---|---|---|---|---|---|
| **全 国** | **2678** | **2763661** | **2339816** | **232212743** | **939968519** |
| 北 京 | 43 | 51953 | 43729 | 3623704 | 26294904 |
| 天 津 | 33 | 28217 | 25132 | 2617617 | 12569049 |
| 河 北 | 159 | 284091 | 244104 | 23894449 | 56283636 |
| 山 西 | 27 | 25659 | 23086 | 2150759 | 6138430 |
| 内蒙古 | 44 | 22122 | 20737 | 4230905 | 4906591 |
| 辽 宁 | 95 | 93625 | 84401 | 5402030 | 33433704 |
| 吉 林 | 29 | 22039 | 19908 | 1918508 | 3373236 |
| 黑龙江 | 36 | 32564 | 28728 | 2185729 | 7400503 |
| 上 海 | 56 | 35259 | 30814 | 2755930 | 83883291 |
| 江 苏 | 269 | 266547 | 226614 | 26385609 | 180340397 |
| 浙 江 | 358 | 355306 | 315913 | 24097400 | 145729356 |
| 安 徽 | 83 | 110195 | 99133 | 10762824 | 26848774 |
| 福 建 | 52 | 27328 | 23566 | 2398511 | 12041948 |
| 江 西 | 62 | 72827 | 68945 | 5590062 | 17879973 |
| 山 东 | 365 | 294872 | 267038 | 30677650 | 84959058 |
| 河 南 | 102 | 135544 | 86689 | 10172772 | 31612223 |
| 湖 北 | 73 | 63512 | 52615 | 4166223 | 15774648 |
| 湖 南 | 170 | 106645 | 99440 | 7980830 | 30945527 |
| 广 东 | 211 | 201637 | 152461 | 14872459 | 47464460 |
| 广 西 | 48 | 38817 | 34850 | 3117206 | 8647810 |
| 海 南 | 1 | 730 | 730 | 680000 | 315210 |
| 重 庆 | 80 | 75890 | 68043 | 5644437 | 30745265 |
| 四 川 | 83 | 160222 | 108605 | 10496486 | 26081816 |
| 贵 州 | 33 | 55168 | 41937 | 4678299 | 8791262 |
| 云 南 | 18 | 52033 | 36122 | 1654298 | 4701374 |
| 西 藏 | 1 | 2172 | 2093 | 10000 | 182625 |
| 陕 西 | 32 | 20750 | 19111 | 1700992 | 6877502 |
| 甘 肃 | 22 | 21954 | 20473 | 1647795 | 2436658 |
| 青 海 | 5 | 5334 | 5284 | 494203 | 462978 |
| 宁 夏 | 22 | 18041 | 15757 | 3734608 | 3038023 |
| 新 疆 | 66 | 82608 | 73758 | 12470448 | 19808288 |

2-4 续表

(零售为主)

| 地　　区 | 市场数量(个) | 总摊位数(个) | 年末出租摊位数(个) | 营业面积(平方米) | 成交额(万元) |
|---|---|---|---|---|---|
| **全　国** | **1939** | **1134461** | **1008120** | **64704995** | **142507363** |
| 北　京 | 71 | 43836 | 39943 | 2978140 | 12925708 |
| 天　津 | 11 | 7383 | 5523 | 545828 | 585011 |
| 河　北 | 58 | 43231 | 38860 | 2552098 | 2896643 |
| 山　西 | 5 | 2265 | 1973 | 353369 | 257322 |
| 内蒙古 | 25 | 19571 | 18989 | 1365702 | 2028379 |
| 辽　宁 | 105 | 101105 | 88038 | 3345868 | 7006022 |
| 吉　林 | 24 | 29670 | 25260 | 1092558 | 2132033 |
| 黑龙江 | 42 | 21940 | 19418 | 1425760 | 3212123 |
| 上　海 | 78 | 26410 | 23802 | 1459768 | 5595327 |
| 江　苏 | 218 | 129136 | 114410 | 8715140 | 17625592 |
| 浙　江 | 367 | 144075 | 127046 | 7759615 | 27068784 |
| 安　徽 | 46 | 27300 | 24143 | 1700012 | 3528382 |
| 福　建 | 66 | 24350 | 21965 | 910939 | 2941423 |
| 江　西 | 35 | 23880 | 20520 | 991810 | 1914652 |
| 山　东 | 133 | 95231 | 88604 | 5779902 | 8668794 |
| 河　南 | 52 | 39777 | 35825 | 3192184 | 4626560 |
| 湖　北 | 70 | 28223 | 25549 | 2473706 | 6748330 |
| 湖　南 | 156 | 91515 | 81205 | 3321857 | 8454047 |
| 广　东 | 106 | 50085 | 41246 | 2721081 | 7164975 |
| 广　西 | 38 | 46341 | 42380 | 878261 | 1879127 |
| 海　南 | 4 | 2190 | 1950 | 23300 | 109526 |
| 重　庆 | 66 | 31548 | 28896 | 2099125 | 4579572 |
| 四　川 | 44 | 28850 | 24984 | 2652899 | 2168385 |
| 贵　州 | 21 | 8541 | 6981 | 1286051 | 2183253 |
| 云　南 | 19 | 11584 | 10854 | 742399 | 1052087 |
| 西　藏 | 2 | 1005 | 688 | 25000 | 56132 |
| 陕　西 | 19 | 15475 | 14834 | 1602302 | 1902832 |
| 甘　肃 | 5 | 2813 | 2619 | 118365 | 346951 |
| 青　海 | 4 | 2259 | 2159 | 61165 | 173660 |
| 宁　夏 | 15 | 10871 | 9915 | 688367 | 433662 |
| 新　疆 | 34 | 24001 | 19541 | 1842424 | 2242069 |

# 2-5 商品交易市场情况(按经营环境分)

(露天式)

| 地区 | 市场数量(个) | 总摊位数(个) | 年末出租摊位数(个) | 营业面积(平方米) | 成交额(万元) |
|---|---|---|---|---|---|
| **全国** | **647** | **403880** | **361685** | **50949587** | **130855067** |
| 北京 | 19 | 15054 | 12430 | 2264701 | 20185680 |
| 天津 | 13 | 13096 | 10208 | 1315857 | 3048775 |
| 河北 | 68 | 77885 | 71291 | 6553572 | 7784542 |
| 山西 | 4 | 2261 | 2001 | 245400 | 234801 |
| 内蒙古 | 26 | 13202 | 13060 | 2772505 | 2874454 |
| 辽宁 | 35 | 20223 | 18113 | 2092644 | 5322446 |
| 吉林 | 4 | 4805 | 4797 | 400900 | 172601 |
| 黑龙江 | 8 | 6268 | 6178 | 879175 | 1731238 |
| 上海 | 8 | 3152 | 2741 | 347181 | 1617299 |
| 江苏 | 50 | 19416 | 16352 | 2115850 | 12812757 |
| 浙江 | 50 | 18108 | 16209 | 1775105 | 9400984 |
| 安徽 | 19 | 13185 | 12343 | 921229 | 3153770 |
| 福建 | 6 | 1143 | 1134 | 58997 | 831400 |
| 江西 | 9 | 8498 | 8401 | 860243 | 1473780 |
| 山东 | 128 | 75297 | 69249 | 12687692 | 22744338 |
| 河南 | 31 | 19672 | 17163 | 2172798 | 5750645 |
| 湖北 | 14 | 8780 | 7698 | 562272 | 4695514 |
| 湖南 | 25 | 15872 | 14623 | 1203146 | 6303964 |
| 广东 | 35 | 10722 | 9782 | 1606110 | 4417031 |
| 广西 | 5 | 2788 | 2788 | 382451 | 1566795 |
| 海南 | 1 | 730 | 730 | 680000 | 315210 |
| 重庆 | 11 | 8233 | 6141 | 657604 | 2382457 |
| 四川 | 20 | 8302 | 7880 | 1108808 | 5358798 |
| 贵州 | 9 | 2673 | 2552 | 782604 | 1746170 |
| 云南 | 3 | 6768 | 2090 | 166482 | 431425 |
| 西藏 | | | | | |
| 陕西 | 13 | 7699 | 7508 | 938059 | 1415942 |
| 甘肃 | 5 | 4475 | 4473 | 493000 | 501564 |
| 青海 | 2 | 422 | 372 | 117203 | 40611 |
| 宁夏 | 10 | 7063 | 6207 | 2222697 | 714794 |
| 新疆 | 16 | 8088 | 7171 | 2565302 | 1825282 |

2-5 续表 1

(封闭式)

| 地　　区 | 市场数量(个) | 总摊位数(个) | 年末出租摊位数(个) | 营业面积(平方米) | 成交额(万元) |
|---|---|---|---|---|---|
| **全　　国** | **3400** | **3019449** | **2587223** | **203671680** | **784210896** |
| 北　　京 | 89 | 71685 | 62959 | 4049233 | 17167236 |
| 天　　津 | 29 | 21613 | 19556 | 1725182 | 9766085 |
| 河　　北 | 118 | 215183 | 183805 | 17559835 | 47532563 |
| 山　　西 | 21 | 21215 | 19218 | 1994603 | 5934564 |
| 内 蒙 古 | 39 | 24714 | 22899 | 2025567 | 3035566 |
| 辽　　宁 | 155 | 162617 | 142989 | 5533028 | 30945775 |
| 吉　　林 | 44 | 43500 | 37153 | 2176062 | 5132088 |
| 黑 龙 江 | 69 | 48206 | 41938 | 2724535 | 8861388 |
| 上　　海 | 100 | 45037 | 39895 | 2595733 | 74251010 |
| 江　　苏 | 368 | 324644 | 283706 | 27375984 | 135145205 |
| 浙　　江 | 607 | 443862 | 393191 | 27344803 | 142815076 |
| 安　　徽 | 84 | 80655 | 69363 | 6713633 | 17418540 |
| 福　　建 | 97 | 44651 | 38738 | 3050143 | 13318735 |
| 江　　西 | 77 | 79260 | 73633 | 5361633 | 16161478 |
| 山　　东 | 320 | 270396 | 247655 | 20263992 | 63683254 |
| 河　　南 | 95 | 114144 | 84890 | 9202891 | 26251411 |
| 湖　　北 | 112 | 73436 | 62297 | 5458988 | 17027359 |
| 湖　　南 | 252 | 150335 | 138423 | 7705056 | 27639521 |
| 广　　东 | 231 | 204812 | 151133 | 12412380 | 36673070 |
| 广　　西 | 54 | 63920 | 58180 | 2400372 | 5942192 |
| 海　　南 | 4 | 2190 | 1950 | 23300 | 109526 |
| 重　　庆 | 123 | 87499 | 79790 | 6236156 | 26687637 |
| 四　　川 | 96 | 168872 | 113935 | 11087017 | 19791589 |
| 贵　　州 | 35 | 51098 | 40001 | 4036635 | 6836027 |
| 云　　南 | 27 | 53231 | 41423 | 1899711 | 3928081 |
| 西　　藏 | 3 | 3177 | 2781 | 35000 | 238757 |
| 陕　　西 | 30 | 22830 | 21780 | 1995954 | 6563529 |
| 甘　　肃 | 14 | 14170 | 13759 | 979480 | 1928010 |
| 青　　海 | 7 | 7171 | 7071 | 438165 | 596027 |
| 宁　　夏 | 26 | 19549 | 18342 | 1729378 | 2347868 |
| 新　　疆 | 74 | 85777 | 74770 | 7537231 | 10481729 |

2-5　续表 2

(其他)

| 地　区 | 市场数量 (个) | 总摊位数 (个) | 年末出租摊位数 (个) | 营业面积 (平方米) | 成交额 (万元) |
|---|---|---|---|---|---|
| **全　国** | **570** | **474793** | **399028** | **42296471** | **167409919** |
| 北　京 | 6 | 9050 | 8283 | 287910 | 1867696 |
| 天　津 | 2 | 891 | 891 | 122406 | 339200 |
| 河　北 | 31 | 34254 | 27868 | 2333140 | 3863174 |
| 山　西 | 7 | 4448 | 3840 | 264125 | 226387 |
| 内蒙古 | 4 | 3777 | 3767 | 798535 | 1024950 |
| 辽　宁 | 10 | 11890 | 11337 | 1122226 | 4171505 |
| 吉　林 | 5 | 3404 | 3218 | 434104 | 200580 |
| 黑龙江 | 1 | 30 | 30 | 7779 | 20000 |
| 上　海 | 26 | 13480 | 11980 | 1272784 | 13610309 |
| 江　苏 | 69 | 51623 | 40966 | 5608915 | 50008027 |
| 浙　江 | 68 | 37411 | 33559 | 2737107 | 20582080 |
| 安　徽 | 26 | 43655 | 41570 | 4827974 | 9804846 |
| 福　建 | 15 | 5884 | 5659 | 200310 | 833236 |
| 江　西 | 11 | 8949 | 7431 | 359996 | 2159367 |
| 山　东 | 50 | 44410 | 38738 | 3505868 | 7200260 |
| 河　南 | 28 | 41505 | 20461 | 1989267 | 4236727 |
| 湖　北 | 17 | 9519 | 8169 | 618669 | 800105 |
| 湖　南 | 49 | 31953 | 27599 | 2394485 | 5456089 |
| 广　东 | 51 | 36188 | 32792 | 3575050 | 13539334 |
| 广　西 | 27 | 18450 | 16262 | 1212644 | 3017950 |
| 海　南 | | | | | |
| 重　庆 | 12 | 11706 | 11008 | 849802 | 6254743 |
| 四　川 | 11 | 11898 | 11774 | 953560 | 3099814 |
| 贵　州 | 10 | 9938 | 6365 | 1145111 | 2392318 |
| 云　南 | 7 | 3618 | 3463 | 330504 | 1393955 |
| 西　藏 | | | | | |
| 陕　西 | 8 | 5696 | 4657 | 369281 | 800863 |
| 甘　肃 | 8 | 6122 | 4860 | 293680 | 354035 |
| 青　海 | | | | | |
| 宁　夏 | 1 | 2300 | 1123 | 470900 | 409023 |
| 新　疆 | 10 | 12744 | 11358 | 4210339 | 9743346 |

# 2-6 商品交易市场成交情况(按摊位分)

| 地区 | 粮油、食品类 | | #粮油类 | | #肉禽蛋类 | |
|---|---|---|---|---|---|---|
| | 摊位数(个) | 成交额(万元) | 摊位数(个) | 成交额(万元) | 摊位数(个) | 成交额(万元) |
| **全国** | **942363** | **309524655** | **85077** | **38931458** | **127461** | **39695527** |
| 北京 | 30024 | 23031084 | 1572 | 1717696 | 4302 | 2451220 |
| 天津 | 14121 | 6091321 | 2338 | 1268448 | 1043 | 543439 |
| 河北 | 93068 | 15038639 | 4146 | 848512 | 5705 | 1294189 |
| 山西 | 6382 | 1967363 | 820 | 276160 | 325 | 87258 |
| 内蒙古 | 10573 | 2202484 | 682 | 411916 | 1105 | 357072 |
| 辽宁 | 28288 | 10681272 | 2923 | 724399 | 5353 | 757464 |
| 吉林 | 7835 | 1321058 | 648 | 134135 | 1049 | 79218 |
| 黑龙江 | 12194 | 5827687 | 657 | 531869 | 644 | 312298 |
| 上海 | 23315 | 8196686 | 3268 | 858839 | 4082 | 1347067 |
| 江苏 | 80412 | 35128963 | 10132 | 8671973 | 15755 | 6119780 |
| 浙江 | 110086 | 36586254 | 9058 | 5058544 | 16707 | 4549401 |
| 安徽 | 30536 | 9180764 | 2541 | 1003665 | 4662 | 1474347 |
| 福建 | 20845 | 7698566 | 1640 | 533800 | 3677 | 943253 |
| 江西 | 23728 | 8298167 | 1750 | 803384 | 2946 | 1459795 |
| 山东 | 136895 | 31580250 | 10610 | 3481844 | 10610 | 1660880 |
| 河南 | 33335 | 18107526 | 3503 | 2889920 | 2436 | 1290434 |
| 湖北 | 20160 | 7542309 | 1214 | 580900 | 2853 | 896375 |
| 湖南 | 50340 | 13146190 | 6288 | 2645329 | 7215 | 1169098 |
| 广东 | 49453 | 20544829 | 5234 | 1797483 | 11861 | 5170582 |
| 广西 | 29714 | 4578722 | 4098 | 658820 | 5173 | 778648 |
| 海南 | 1148 | 61405 | 103 | 2707 | 311 | 25142 |
| 重庆 | 24938 | 9052369 | 1581 | 512112 | 3033 | 1777514 |
| 四川 | 32709 | 13047308 | 4720 | 920545 | 5841 | 2572698 |
| 贵州 | 10495 | 3824173 | 1176 | 1357995 | 976 | 186999 |
| 云南 | 7527 | 2198226 | 1175 | 354016 | 1680 | 255093 |
| 西藏 | 2686 | 220742 | 98 | 20749 | 349 | 39708 |
| 陕西 | 8323 | 2756568 | 865 | 389160 | 913 | 271332 |
| 甘肃 | 8854 | 1368055 | 359 | 112948 | 595 | 302216 |
| 青海 | 2017 | 343905 | 135 | 10001 | 137 | 22378 |
| 宁夏 | 10391 | 2085858 | 486 | 64605 | 1186 | 231465 |
| 新疆 | 21971 | 7815912 | 1257 | 288984 | 4937 | 1269164 |

2-6 续表 1

| 地 区 | #水产品类 | | #蔬菜类 | | #干鲜果品类 | |
|---|---|---|---|---|---|---|
| | 摊位数（个） | 成交额（万元） | 摊位数（个） | 成交额（万元） | 摊位数（个） | 成交额（万元） |
| **全 国** | **133079** | **61216859** | **341709** | **77200060** | **159471** | **73644322** |
| 北 京 | 3856 | 3213692 | 10096 | 7575713 | 5403 | 7499214 |
| 天 津 | 1304 | 1591891 | 6986 | 1472495 | 2305 | 1141990 |
| 河 北 | 4037 | 443847 | 50883 | 4588374 | 26080 | 7752795 |
| 山 西 | 271 | 47752 | 2912 | 625620 | 1348 | 277022 |
| 内蒙古 | 274 | 39806 | 4728 | 702837 | 1204 | 416108 |
| 辽 宁 | 6861 | 4846252 | 7902 | 1434560 | 3749 | 2506790 |
| 吉 林 | 987 | 471890 | 1879 | 276713 | 1025 | 229285 |
| 黑龙江 | 586 | 361722 | 4134 | 2514490 | 2196 | 1670771 |
| 上 海 | 6196 | 2721032 | 6291 | 1664035 | 3389 | 1599771 |
| 江 苏 | 15134 | 7143255 | 27171 | 6386067 | 10682 | 5967653 |
| 浙 江 | 26418 | 10428715 | 35175 | 6509891 | 15377 | 8396042 |
| 安 徽 | 2579 | 1248274 | 11007 | 2268718 | 6249 | 2111950 |
| 福 建 | 6392 | 4141634 | 5115 | 913206 | 2444 | 858472 |
| 江 西 | 1805 | 802893 | 6926 | 1748634 | 3463 | 2308515 |
| 山 东 | 24463 | 8310552 | 57599 | 10681190 | 21066 | 6080052 |
| 河 南 | 3502 | 3483103 | 13568 | 5486395 | 3537 | 3431615 |
| 湖 北 | 3159 | 2186469 | 5851 | 1245857 | 2595 | 1073625 |
| 湖 南 | 4285 | 2436952 | 13784 | 2572173 | 7596 | 2891600 |
| 广 东 | 8977 | 3533198 | 15356 | 4259782 | 7299 | 5645469 |
| 广 西 | 3715 | 228228 | 6714 | 974342 | 4251 | 1093726 |
| 海 南 | 204 | 15387 | 315 | 11064 | 195 | 7098 |
| 重 庆 | 1547 | 1543271 | 6074 | 1112513 | 2428 | 815154 |
| 四 川 | 2154 | 749169 | 9838 | 4948954 | 8568 | 3303306 |
| 贵 州 | 343 | 49056 | 4786 | 1037756 | 2570 | 1141916 |
| 云 南 | 521 | 39826 | 2635 | 656358 | 1143 | 886734 |
| 西 藏 | 85 | 15474 | 1848 | 86083 | 306 | 58728 |
| 陕 西 | 709 | 62370 | 3864 | 1423464 | 1842 | 604883 |
| 甘 肃 | 497 | 256562 | 6038 | 454994 | 902 | 216815 |
| 青 海 | 130 | 5768 | 846 | 223641 | 769 | 82117 |
| 宁 夏 | 562 | 253520 | 4194 | 523165 | 3903 | 992856 |
| 新 疆 | 1526 | 545299 | 7194 | 2820976 | 5587 | 2582250 |

2-6 续表 2

| 地　区 | 饮料类 | | 烟酒类 | | 服装、鞋帽、针纺织品类 | |
|---|---|---|---|---|---|---|
| | 摊位数(个) | 成交额(万元) | 摊位数(个) | 成交额(万元) | 摊位数(个) | 成交额(万元) |
| **全　国** | **45631** | **9815449** | **40215** | **10888567** | **913180** | **178943591** |
| 北　京 | 1180 | 416181 | 1181 | 855300 | 17390 | 531816 |
| 天　津 | 327 | 111879 | 299 | 172009 | 4176 | 250289 |
| 河　北 | 2405 | 255331 | 2851 | 362384 | 51421 | 10053636 |
| 山　西 | 121 | 14705 | 335 | 352134 | 10458 | 1046264 |
| 内蒙古 | 397 | 197412 | 412 | 208045 | 10458 | 416439 |
| 辽　宁 | 1123 | 157669 | 677 | 57421 | 73024 | 12184368 |
| 吉　林 | 245 | 11378 | 507 | 10292 | 15213 | 487751 |
| 黑龙江 | 402 | 371873 | 596 | 713490 | 20236 | 1071170 |
| 上　海 | 965 | 55457 | 145 | 21859 | 8131 | 631662 |
| 江　苏 | 3650 | 1207982 | 3266 | 1336174 | 91658 | 48363161 |
| 浙　江 | 5195 | 2055375 | 2497 | 1371351 | 139288 | 47903427 |
| 安　徽 | 2316 | 508134 | 1898 | 448979 | 25857 | 2755668 |
| 福　建 | 2683 | 334137 | 393 | 275343 | 9724 | 1838880 |
| 江　西 | 1211 | 236076 | 1421 | 478093 | 18768 | 3299911 |
| 山　东 | 5951 | 1057278 | 8610 | 1040789 | 70749 | 9268411 |
| 河　南 | 1719 | 402234 | 1917 | 253340 | 32521 | 2637658 |
| 湖　北 | 2064 | 401214 | 1201 | 352679 | 23877 | 2727782 |
| 湖　南 | 3932 | 516751 | 5169 | 1410604 | 52921 | 3443124 |
| 广　东 | 1660 | 356937 | 838 | 365374 | 73149 | 11982948 |
| 广　西 | 1035 | 145474 | 786 | 66870 | 24483 | 758150 |
| 海　南 | 25 | 985 | 23 | 734 | 408 | 19151 |
| 重　庆 | 1549 | 280916 | 1434 | 116565 | 19278 | 6563837 |
| 四　川 | 1996 | 257666 | 1349 | 251864 | 39388 | 2275556 |
| 贵　州 | 819 | 208901 | 555 | 203771 | 15591 | 2026460 |
| 云　南 | 1081 | 79239 | 341 | 8193 | 22969 | 1282372 |
| 西　藏 | 4 | 96 | 58 | 16470 | | |
| 陕　西 | 572 | 19406 | 262 | 12391 | 8929 | 3660007 |
| 甘　肃 | 131 | 21282 | 110 | 14561 | 7251 | 455542 |
| 青　海 | 17 | 494 | 10 | 270 | 2304 | 74153 |
| 宁　夏 | 256 | 55146 | 120 | 20982 | 7255 | 187555 |
| 新　疆 | 600 | 77841 | 954 | 90236 | 16305 | 746443 |

2-6 续表 3

| 地区 | 服装类 | | 鞋帽类 | | 针纺织品类 | |
|---|---|---|---|---|---|---|
| | 摊位数（个） | 成交额（万元） | 摊位数（个） | 成交额（万元） | 摊位数（个） | 成交额（万元） |
| **全国** | **556944** | **76374227** | **133530** | **18642868** | **222706** | **83926496** |
| 北京 | 12935 | 371436 | 2073 | 51817 | 2382 | 108563 |
| 天津 | 3018 | 199681 | 607 | 17828 | 551 | 32780 |
| 河北 | 36752 | 6768258 | 5997 | 834864 | 8672 | 2450514 |
| 山西 | 7162 | 780006 | 1934 | 173303 | 1362 | 92955 |
| 内蒙古 | 6598 | 267990 | 2264 | 94782 | 1596 | 53667 |
| 辽宁 | 42977 | 7652233 | 10872 | 1183872 | 19175 | 3348263 |
| 吉林 | 11243 | 415605 | 1799 | 38666 | 2171 | 33480 |
| 黑龙江 | 11421 | 711153 | 3376 | 130055 | 5439 | 229962 |
| 上海 | 6349 | 562207 | 288 | 14484 | 1494 | 54971 |
| 江苏 | 42845 | 13697448 | 13036 | 2842375 | 35777 | 31823338 |
| 浙江 | 70346 | 14097354 | 12909 | 2593662 | 56033 | 31212411 |
| 安徽 | 14870 | 1595932 | 4527 | 569816 | 6460 | 589920 |
| 福建 | 8070 | 1569337 | 1107 | 176095 | 547 | 93448 |
| 江西 | 10270 | 2087650 | 4311 | 453017 | 4187 | 759244 |
| 山东 | 43854 | 4931319 | 13676 | 1957453 | 13219 | 2379639 |
| 河南 | 21759 | 1766613 | 5439 | 565371 | 5323 | 305674 |
| 湖北 | 15893 | 1953140 | 4185 | 394590 | 3799 | 380052 |
| 湖南 | 37451 | 2319057 | 8757 | 640201 | 6713 | 483866 |
| 广东 | 42142 | 4111563 | 8319 | 978460 | 22688 | 6892925 |
| 广西 | 16777 | 558650 | 4022 | 78581 | 3684 | 120919 |
| 海南 | 368 | 18423 | 31 | 665 | 9 | 63 |
| 重庆 | 11896 | 3153018 | 4040 | 2096018 | 3342 | 1314801 |
| 四川 | 29671 | 1625189 | 5753 | 359876 | 3964 | 290491 |
| 贵州 | 10825 | 1380031 | 3108 | 376999 | 1658 | 269430 |
| 云南 | 14235 | 748238 | 3385 | 208617 | 5349 | 325517 |
| 西藏 | | | | | | |
| 陕西 | 5520 | 1947248 | 2117 | 1634921 | 1292 | 77838 |
| 甘肃 | 5899 | 410103 | 757 | 21620 | 595 | 23819 |
| 青海 | 1306 | 56375 | 455 | 12577 | 543 | 5201 |
| 宁夏 | 4417 | 97526 | 1435 | 29620 | 1403 | 60409 |
| 新疆 | 10075 | 521444 | 2951 | 112663 | 3279 | 112336 |

2-6 续表 4

| 地　区 | 化妆品类 | | 金银珠宝类 | | 日用品类 | |
|---|---|---|---|---|---|---|
| | 摊位数（个） | 成交额（万元） | 摊位数（个） | 成交额（万元） | 摊位数（个） | 成交额（万元） |
| **全　国** | **23805** | **3259243** | **26383** | **9544158** | **175612** | **31383542** |
| 北　京 | 263 | 34114 | 607 | 179585 | 5196 | 698966 |
| 天　津 | 149 | 14687 | 21 | 308 | 1315 | 108555 |
| 河　北 | 995 | 120646 | 613 | 46636 | 15826 | 3957993 |
| 山　西 | 213 | 3537 | 4 | 133 | 1678 | 549953 |
| 内蒙古 | 619 | 17686 | 1731 | 117743 | 809 | 55042 |
| 辽　宁 | 1945 | 407858 | 1836 | 87303 | 11419 | 2446113 |
| 吉　林 | 320 | 9581 | 74 | 20898 | 1288 | 61810 |
| 黑龙江 | 269 | 14439 | 364 | 30109 | 611 | 26863 |
| 上　海 | 63 | 3824 | 14 | 1363 | 862 | 2599125 |
| 江　苏 | 1900 | 282084 | 2299 | 1566874 | 21334 | 4212473 |
| 浙　江 | 2191 | 486139 | 4702 | 3936604 | 21655 | 3944904 |
| 安　徽 | 656 | 75107 | 1472 | 339480 | 5860 | 426818 |
| 福　建 | 90 | 15150 | 1641 | 913708 | 1237 | 245533 |
| 江　西 | 615 | 122707 | 118 | 50208 | 5271 | 408120 |
| 山　东 | 2729 | 385666 | 1682 | 1280259 | 22545 | 4659362 |
| 河　南 | 1339 | 97995 | 238 | 91223 | 5978 | 249245 |
| 湖　北 | 536 | 136398 | 58 | 50337 | 4603 | 430265 |
| 湖　南 | 1454 | 197195 | 434 | 421957 | 8126 | 1326541 |
| 广　东 | 2367 | 171763 | 3202 | 195473 | 15473 | 1909331 |
| 广　西 | 620 | 8852 | 227 | 14750 | 4398 | 213352 |
| 海　南 | 5 | 27 | | | 36 | 432 |
| 重　庆 | 844 | 210482 | 38 | 13222 | 5462 | 1267591 |
| 四　川 | 1001 | 126169 | 142 | 9767 | 3267 | 353040 |
| 贵　州 | 101 | 19190 | 9 | 807 | 2340 | 630511 |
| 云　南 | 892 | 159463 | 430 | 23198 | 3132 | 214142 |
| 西　藏 | | | | | 30 | 1389 |
| 陕　西 | 73 | 3946 | | | 655 | 32702 |
| 甘　肃 | 273 | 39513 | 51 | 10535 | 1316 | 166236 |
| 青　海 | 196 | 5935 | 3 | 182 | 175 | 1754 |
| 宁　夏 | 242 | 27250 | 108 | 4778 | 900 | 38661 |
| 新　疆 | 845 | 61840 | 4265 | 136718 | 2815 | 146720 |

2-6 续表 5

| 地区 | #儿童玩具类 | | 五金、电料类 | | 体育、娱乐用品类 | |
|---|---|---|---|---|---|---|
| | 摊位数（个） | 成交额（万元） | 摊位数（个） | 成交额（万元） | 摊位数（个） | 成交额（万元） |
| **全　国** | **23960** | **3277626** | **119282** | **25207458** | **12809** | **2238109** |
| 北　京 | 786 | 24607 | 1124 | 100901 | 328 | 30820 |
| 天　津 | 40 | 5877 | 2974 | 773454 | 35 | 3702 |
| 河　北 | 7540 | 871488 | 4738 | 1548854 | 1694 | 706568 |
| 山　西 | 374 | 2184 | 608 | 247359 | 39 | 1680 |
| 内蒙古 | 24 | 1336 | 700 | 133045 | 170 | 6694 |
| 辽　宁 | 1095 | 48880 | 3506 | 368640 | 472 | 43692 |
| 吉　林 | 90 | 2348 | 2616 | 100926 | 14 | 722 |
| 黑龙江 | 72 | 1346 | 341 | 15729 | 39 | 5862 |
| 上　海 | 217 | 31138 | 3924 | 283974 | 220 | 39532 |
| 江　苏 | 2813 | 722610 | 16335 | 3437191 | 892 | 225605 |
| 浙　江 | 763 | 91403 | 16103 | 6243463 | 987 | 169904 |
| 安　徽 | 463 | 104878 | 4751 | 464805 | 234 | 21769 |
| 福　建 | 71 | 7255 | 533 | 37856 | 104 | 62206 |
| 江　西 | 675 | 244011 | 1503 | 435425 | 158 | 15207 |
| 山　东 | 1614 | 169192 | 13679 | 2293650 | 1616 | 155520 |
| 河　南 | 1232 | 37167 | 5268 | 882325 | 788 | 54946 |
| 湖　北 | 285 | 52032 | 3702 | 1291613 | 503 | 59914 |
| 湖　南 | 748 | 234944 | 7205 | 1863546 | 1015 | 127751 |
| 广　东 | 1254 | 181834 | 6905 | 1693036 | 930 | 139683 |
| 广　西 | 674 | 23916 | 1496 | 126886 | 221 | 11951 |
| 海　南 | 5 | 6 | 156 | 30224 | 1 | 2 |
| 重　庆 | 211 | 78469 | 6343 | 1311169 | 315 | 116871 |
| 四　川 | 937 | 60269 | 4520 | 593981 | 339 | 21711 |
| 贵　州 | 506 | 102887 | 1839 | 191571 | 113 | 56447 |
| 云　南 | 944 | 124051 | 358 | 17319 | 489 | 105217 |
| 西　藏 | | | | | | |
| 陕　西 | | | 1093 | 45195 | 435 | 19888 |
| 甘　肃 | 133 | 40991 | 727 | 32374 | 141 | 21070 |
| 青　海 | 14 | 387 | 241 | 7283 | 93 | 638 |
| 宁　夏 | 75 | 3714 | 171 | 10194 | 102 | 2260 |
| 新　疆 | 305 | 8406 | 5823 | 625470 | 322 | 10277 |

2-6 续表 6

| 地区 | #照相器材类 | | 书报杂志类 | | 电子出版物及音像制品类 | |
|---|---|---|---|---|---|---|
| | 摊位数(个) | 成交额(万元) | 摊位数(个) | 成交额(万元) | 摊位数(个) | 成交额(万元) |
| **全国** | **1022** | **97585** | **4299** | **785817** | **7794** | **2098112** |
| 北京 | 147 | 19408 | 11 | 9235 | 7 | 369 |
| 天津 | | | 4 | 163 | 10 | 1540 |
| 河北 | 10 | 6925 | 145 | 16881 | 2317 | 1249213 |
| 山西 | | | | | 73 | 476 |
| 内蒙古 | | | 26 | 218 | 65 | 1051 |
| 辽宁 | 12 | 151 | 129 | 89254 | 492 | 194819 |
| 吉林 | | | 28 | 151 | 171 | 5838 |
| 黑龙江 | 1 | 675 | 14 | 819 | 45 | 1182 |
| 上海 | 183 | 37519 | 11 | 2631 | 22 | 1337 |
| 江苏 | 98 | 4221 | 292 | 23853 | 560 | 57783 |
| 浙江 | 4 | 3936 | 141 | 43666 | 116 | 34301 |
| 安徽 | 5 | 300 | 231 | 142348 | 153 | 9513 |
| 福建 | 1 | 22 | 7 | 55 | 9 | 354 |
| 江西 | 6 | 918 | 118 | 8762 | 174 | 27460 |
| 山东 | 21 | 479 | 856 | 174502 | 438 | 149609 |
| 河南 | 4 | 92 | 528 | 21437 | 547 | 25035 |
| 湖北 | | | 416 | 84936 | 169 | 27493 |
| 湖南 | 8 | 262 | 541 | 127815 | 1037 | 190124 |
| 广东 | 113 | 4350 | 105 | 20052 | 111 | 63967 |
| 广西 | | | 25 | 236 | 54 | 3109 |
| 海南 | | | | | | |
| 重庆 | 5 | 27 | 46 | 2649 | 89 | 21897 |
| 四川 | 3 | 240 | 54 | 4981 | 56 | 5226 |
| 贵州 | 6 | 1486 | 13 | 601 | 8 | 792 |
| 云南 | 2 | 3 | 10 | 352 | 762 | 13364 |
| 西藏 | | | | | | |
| 陕西 | 370 | 16125 | 2 | 19 | 1 | 8 |
| 甘肃 | | | 271 | 1073 | 193 | 10241 |
| 青海 | | | 1 | 65 | 37 | 156 |
| 宁夏 | | | 32 | 6677 | 19 | 153 |
| 新疆 | 23 | 446 | 242 | 2386 | 59 | 1702 |

2-6 续表 7

| 地区 | 家用电器和音像器材类 | | 中西药品类 | | | |
|---|---|---|---|---|---|---|
| | | | | | #西药类 | |
| | 摊位数（个） | 成交额（万元） | 摊位数（个） | 成交额（万元） | 摊位数（个） | 成交额（万元） |
| **全　国** | **31669** | **7227131** | **27589** | **13141229** | **1018** | **408414** |
| 北　京 | 310 | 29265 | 22 | 3084 | 16 | 1892 |
| 天　津 | 9 | 739 | 10 | 452 | 6 | 302 |
| 河　北 | 793 | 198538 | 7106 | 2349262 | 55 | 8871 |
| 山　西 | 95 | 3664 | 1 | 3 | | |
| 内蒙古 | 343 | 53603 | 234 | 30730 | 11 | 563 |
| 辽　宁 | 1198 | 196171 | 315 | 116000 | 78 | 9219 |
| 吉　林 | 376 | 39787 | 823 | 275134 | 1 | 49 |
| 黑龙江 | 141 | 109218 | 2 | 401 | | |
| 上　海 | 105 | 8192 | 167 | 21187 | 4 | 1115 |
| 江　苏 | 2196 | 317635 | 213 | 284791 | 154 | 235132 |
| 浙　江 | 2732 | 861015 | 1432 | 353562 | 4 | 205 |
| 安　徽 | 2293 | 1039907 | 6627 | 3009864 | 27 | 39849 |
| 福　建 | 389 | 62172 | 96 | 26859 | 7 | 354 |
| 江　西 | 1701 | 407377 | 501 | 988339 | 30 | 13482 |
| 山　东 | 3458 | 866377 | 1131 | 54756 | 67 | 2947 |
| 河　南 | 2428 | 573536 | 1108 | 423208 | 141 | 6317 |
| 湖　北 | 506 | 58649 | 30 | 14932 | 2 | 85 |
| 湖　南 | 3473 | 966374 | 2157 | 955577 | 114 | 43323 |
| 广　东 | 2066 | 214109 | 851 | 185870 | 29 | 10709 |
| 广　西 | 369 | 17688 | 1179 | 957644 | 31 | 4348 |
| 海　南 | 3 | 135 | | | | |
| 重　庆 | 958 | 442347 | 72 | 22915 | 28 | 14087 |
| 四　川 | 1514 | 214008 | 2729 | 2845442 | 117 | 1060 |
| 贵　州 | 562 | 144427 | 42 | 2404 | 6 | 144 |
| 云　南 | 1258 | 51190 | 530 | 182024 | 28 | 2442 |
| 西　藏 | | | 3 | 60 | 3 | 60 |
| 陕　西 | 257 | 20958 | 1 | 4 | | |
| 甘　肃 | 543 | 162401 | 23 | 3293 | 6 | 754 |
| 青　海 | 113 | 2114 | 72 | 20128 | 1 | 73 |
| 宁　夏 | 77 | 3055 | 11 | 104 | 6 | 56 |
| 新　疆 | 1403 | 162480 | 101 | 13200 | 46 | 10976 |

2-6 续表 8

| 地区 | #中草药及中成药类 | | 文化办公用品类 | | #计算机及其配套产品 | |
|---|---|---|---|---|---|---|
| | 摊位数(个) | 成交额(万元) | 摊位数(个) | 成交额(万元) | 摊位数(个) | 成交额(万元) |
| **全国** | **25236** | **12491169** | **58894** | **10414868** | **26447** | **3738193** |
| 北京 | 5 | 1192 | 4336 | 595133 | 1524 | 173412 |
| 天津 | 1 | 59 | 87 | 4378 | | |
| 河北 | 7050 | 2340356 | 4459 | 1566012 | 831 | 715623 |
| 山西 | | | 44 | 4589 | | |
| 内蒙古 | 175 | 28763 | 722 | 80362 | 295 | 33740 |
| 辽宁 | 228 | 106239 | 3108 | 709708 | 155 | 10857 |
| 吉林 | 782 | 271360 | 571 | 51638 | 134 | 42622 |
| 黑龙江 | | | 2144 | 285855 | 2090 | 283000 |
| 上海 | 163 | 20072 | 323 | 35798 | 180 | 22080 |
| 江苏 | 57 | 16652 | 4105 | 753303 | 1428 | 243160 |
| 浙江 | 1340 | 251530 | 8060 | 1493559 | 3202 | 354032 |
| 安徽 | 6536 | 2964660 | 706 | 193579 | 174 | 3106 |
| 福建 | 45 | 23744 | 653 | 89292 | 392 | 62941 |
| 江西 | 400 | 958574 | 784 | 191266 | 25 | 2392 |
| 山东 | 898 | 38048 | 4927 | 627114 | 1904 | 271770 |
| 河南 | 956 | 416360 | 3840 | 414349 | 2780 | 350130 |
| 湖北 | 1 | 46 | 1721 | 635508 | 738 | 43150 |
| 湖南 | 1957 | 906505 | 3427 | 914721 | 1321 | 260624 |
| 广东 | 789 | 147848 | 5779 | 360930 | 5177 | 235027 |
| 广西 | 1070 | 949237 | 919 | 111592 | 651 | 79005 |
| 海南 | | | 295 | 26550 | | |
| 重庆 | 32 | 6285 | 1907 | 264477 | 1220 | 119992 |
| 四川 | 2156 | 2842720 | 872 | 94909 | 72 | 17400 |
| 贵州 | 29 | 1181 | 552 | 167429 | 232 | 42130 |
| 云南 | 477 | 178849 | 812 | 162445 | 114 | 4299 |
| 西藏 | | | | | | |
| 陕西 | 1 | 4 | 849 | 297486 | 590 | 238407 |
| 甘肃 | 6 | 339 | 345 | 58053 | 6 | 689 |
| 青海 | 71 | 20055 | 347 | 10624 | | |
| 宁夏 | 3 | 28 | 441 | 43228 | 314 | 34200 |
| 新疆 | 8 | 463 | 1759 | 170981 | 898 | 94405 |

2-6 续表 9

| 地区 | 家具类 | | 通讯器材类 | | 煤炭及制品类 | |
|---|---|---|---|---|---|---|
| | 摊位数（个） | 成交额（万元） | 摊位数（个） | 成交额（万元） | 摊位数（个） | 成交额（万元） |
| **全国** | **119056** | **24103972** | **19712** | **2988504** | **3379** | **3749480** |
| 北京 | 4973 | 716179 | 73 | 6040 | | |
| 天津 | 325 | 22396 | 7 | 139 | 2716 | 1966794 |
| 河北 | 8865 | 3718048 | 1108 | 218523 | 17 | 4516 |
| 山西 | 1175 | 54995 | 5 | 10 | | |
| 内蒙古 | 1488 | 231866 | 278 | 53898 | 1 | 547 |
| 辽宁 | 6156 | 661071 | 770 | 90261 | 3 | 150 |
| 吉林 | 2192 | 110833 | 123 | 30161 | | |
| 黑龙江 | 676 | 82354 | 45 | 19260 | | |
| 上海 | 1702 | 156557 | 67 | 11825 | | |
| 江苏 | 15616 | 2670787 | 1447 | 120229 | 79 | 892655 |
| 浙江 | 19555 | 4820392 | 2520 | 302532 | 58 | 792608 |
| 安徽 | 2781 | 1176463 | 136 | 13124 | 2 | 36 |
| 福建 | 741 | 282824 | 98 | 6007 | | |
| 江西 | 12011 | 1700800 | 85 | 16436 | | |
| 山东 | 9949 | 2232891 | 1469 | 247346 | 60 | 12399 |
| 河南 | 2909 | 714829 | 472 | 316806 | 11 | 263 |
| 湖北 | 1297 | 170841 | 918 | 271608 | | |
| 湖南 | 3153 | 627011 | 857 | 104680 | 56 | 2701 |
| 广东 | 665 | 87049 | 4547 | 401797 | 1 | 114 |
| 广西 | 895 | 358243 | 38 | 2784 | | |
| 海南 | | | | | | |
| 重庆 | 3772 | 1772029 | 1051 | 333657 | 3 | 485 |
| 四川 | 8973 | 624312 | 269 | 2946 | | |
| 贵州 | 1930 | 108219 | 13 | 919 | | |
| 云南 | 778 | 230532 | 338 | 7026 | 2 | 30 |
| 西藏 | | | | | | |
| 陕西 | 720 | 68784 | 1264 | 229175 | 1 | 4 |
| 甘肃 | 670 | 199946 | 24 | 9024 | 13 | 1300 |
| 青海 | 225 | 26830 | 4 | 99 | | |
| 宁夏 | 621 | 45135 | 120 | 6630 | 295 | 73684 |
| 新疆 | 4243 | 431756 | 1566 | 165562 | 61 | 1194 |

2-6 续表 10

| 地区 | 木材及制品类 | | 石油及制品类 | | 化工材料及制品类 | |
|---|---|---|---|---|---|---|
| | 摊位数（个） | 成交额（万元） | 摊位数（个） | 成交额（万元） | 摊位数（个） | 成交额（万元） |
| **全国** | **24955** | **9007901** | **2004** | **15771191** | **41521** | **42050721** |
| 北京 | 122 | 14772 | | | 51 | 19548 |
| 天津 | 57 | 19040 | | | 216 | 82086 |
| 河北 | 226 | 250131 | 13 | 5983 | 17896 | 3647336 |
| 山西 | | | | | 4 | 210 |
| 内蒙古 | 397 | 213916 | | | 47 | 31568 |
| 辽宁 | 1159 | 88276 | 165 | 4800000 | 104 | 9146 |
| 吉林 | 494 | 22829 | | | 1086 | 28103 |
| 黑龙江 | 70 | 8000 | | | 47 | 30259 |
| 上海 | 904 | 589790 | 470 | 7800000 | 153 | 329234 |
| 江苏 | 4878 | 1371589 | 11 | 1931 | 4127 | 17055432 |
| 浙江 | 3817 | 1170687 | 87 | 1283504 | 4515 | 9362716 |
| 安徽 | 1092 | 243051 | 1 | 242 | 597 | 199393 |
| 福建 | 421 | 79608 | 3 | 58 | 92 | 24870 |
| 江西 | 455 | 43143 | | | 374 | 48105 |
| 山东 | 4287 | 3414304 | 263 | 1685532 | 3155 | 6331882 |
| 河南 | 203 | 186535 | 920 | 156742 | 822 | 50799 |
| 湖北 | 405 | 198774 | | | 92 | 6734 |
| 湖南 | 1255 | 109595 | 20 | 8268 | 1256 | 268675 |
| 广东 | 875 | 549516 | 8 | 284 | 5218 | 3941033 |
| 广西 | 273 | 38900 | 1 | 817 | 136 | 90363 |
| 海南 | | | | | | |
| 重庆 | 319 | 71507 | | | 208 | 77029 |
| 四川 | 1712 | 156635 | | | 162 | 30740 |
| 贵州 | 114 | 1911 | | | | |
| 云南 | 153 | 11069 | | | 295 | 17424 |
| 西藏 | | | | | | |
| 陕西 | 19 | 2649 | | | 36 | 150000 |
| 甘肃 | 12 | 800 | | | 42 | 4550 |
| 青海 | | | | | | |
| 宁夏 | 3 | 132 | 7 | 930 | 70 | 31930 |
| 新疆 | 1233 | 150742 | 35 | 26900 | 720 | 181556 |

2-6 续表 11

| 地区 | #化肥类 | | 金属材料类 | | 建筑及装潢材料类 | |
|---|---|---|---|---|---|---|
| | 摊位数（个） | 成交额（万元） | 摊位数（个） | 成交额（万元） | 摊位数（个） | 成交额（万元） |
| **全国** | **1762** | **778727** | **86638** | **200063790** | **276870** | **48911192** |
| 北京 | | | 478 | 388503 | 5904 | 1239676 |
| 天津 | 3 | 2530 | 971 | 1229180 | 1169 | 152144 |
| 河北 | 235 | 139708 | 13374 | 3007028 | 7158 | 1232345 |
| 山西 | | | 120 | 611025 | 1861 | 747799 |
| 内蒙古 | 45 | 30500 | 619 | 477875 | 1621 | 434098 |
| 辽宁 | 8 | 730 | 3066 | 2423733 | 6441 | 791737 |
| 吉林 | 11 | 12670 | 889 | 47442 | 2140 | 214016 |
| 黑龙江 | 36 | 26066 | 766 | 1033200 | 5120 | 679848 |
| 上海 | | | 2010 | 63673428 | 6310 | 1177933 |
| 江苏 | 279 | 194126 | 15130 | 55229759 | 43280 | 7646216 |
| 浙江 | 2 | 940 | 11032 | 18105831 | 29917 | 6650305 |
| 安徽 | 21 | 9157 | 2201 | 4667524 | 14406 | 2022463 |
| 福建 | | | 95 | 370162 | 3116 | 1755611 |
| 江西 | 26 | 9510 | 991 | 69337 | 12582 | 1521076 |
| 山东 | 84 | 6007 | 7629 | 13251503 | 26497 | 6101962 |
| 河南 | 194 | 33699 | 3066 | 5064198 | 10563 | 2242966 |
| 湖北 | 26 | 320 | 2433 | 2691919 | 9966 | 2322859 |
| 湖南 | 53 | 7302 | 2902 | 5538901 | 17613 | 2942697 |
| 广东 | 3 | 155 | 2646 | 2564898 | 5558 | 1737077 |
| 广西 | 43 | 61500 | 1554 | 1850745 | 2758 | 489334 |
| 海南 | | | | | 480 | 262935 |
| 重庆 | 44 | 8304 | 4385 | 6372250 | 11060 | 2297557 |
| 四川 | 127 | 29937 | 3583 | 4354219 | 20637 | 1571658 |
| 贵州 | | | 1574 | 286299 | 5874 | 326327 |
| 云南 | 114 | 8012 | 171 | 7829 | 1130 | 168248 |
| 西藏 | | | | | | |
| 陕西 | | | 134 | 174922 | 7392 | 858213 |
| 甘肃 | 6 | 2000 | 169 | 10964 | 1150 | 107712 |
| 青海 | | | 22 | 12111 | 1023 | 96800 |
| 宁夏 | 65 | 31714 | 1653 | 540524 | 1795 | 82564 |
| 新疆 | 337 | 163840 | 2975 | 6008481 | 12349 | 1037016 |

2-6 续表 12

| 地 区 | 机电产品及设备类 | | #农机类 | | 汽车类 | |
|---|---|---|---|---|---|---|
| | 摊位数(个) | 成交额(万元) | 摊位数(个) | 成交额(万元) | 摊位数(个) | 成交额(万元) |
| **全 国** | **51085** | **15333681** | **6098** | **2886661** | **76488** | **68305739** |
| 北 京 | 361 | 128912 | | | 3947 | 9950847 |
| 天 津 | 562 | 254765 | | | 441 | 1813320 |
| 河 北 | 3745 | 1300189 | 1391 | 970284 | 4658 | 1918195 |
| 山 西 | 200 | 206954 | | | 35 | 506652 |
| 内蒙古 | 182 | 55273 | 115 | 44156 | | |
| 辽 宁 | 1 | 50 | | | 9804 | 2878864 |
| 吉 林 | 333 | 15983 | | | 2347 | 2349808 |
| 黑龙江 | | | | | 1255 | 33460 |
| 上 海 | 650 | 120896 | | | 1495 | 3360756 |
| 江 苏 | 7318 | 2044769 | 1372 | 318994 | 4319 | 4362442 |
| 浙 江 | 4297 | 2213108 | 55 | 15382 | 13016 | 15074367 |
| 安 徽 | 2286 | 1065797 | 1016 | 663325 | 1046 | 1299928 |
| 福 建 | 137 | 8808 | | | 264 | 446514 |
| 江 西 | 566 | 387067 | 165 | 148730 | 2134 | 811903 |
| 山 东 | 5661 | 1658687 | 619 | 256557 | 6756 | 3505970 |
| 河 南 | 1471 | 189116 | 285 | 88129 | 2234 | 1395943 |
| 湖 北 | 312 | 54342 | 12 | 411 | 1162 | 2754866 |
| 湖 南 | 3686 | 779567 | 173 | 142859 | 2712 | 2672339 |
| 广 东 | 1288 | 620414 | 180 | 49288 | 3948 | 5577314 |
| 广 西 | 1064 | 129501 | | | 1430 | 109054 |
| 海 南 | 100 | 22156 | | | | |
| 重 庆 | 4402 | 1511086 | 62 | 9370 | 5143 | 2698369 |
| 四 川 | 4767 | 663808 | 215 | 46801 | 1796 | 562179 |
| 贵 州 | 521 | 412184 | 39 | 3157 | 1308 | 1556531 |
| 云 南 | 453 | 15927 | 10 | 630 | 139 | 310702 |
| 西 藏 | | | | | | |
| 陕 西 | 1060 | 150261 | | | 1662 | 258642 |
| 甘 肃 | 77 | 30570 | | | | |
| 青 海 | | | | | 1 | 40 |
| 宁 夏 | 499 | 140725 | 204 | 87699 | | |
| 新 疆 | 5086 | 1152766 | 185 | 40889 | 3436 | 2096734 |

2-6 续表 13

| 地区 | 种子饲料类 | | 棉麻类 | | 其他类 | |
|---|---|---|---|---|---|---|
| | 摊位数(个) | 成交额(万元) | 摊位数(个) | 成交额(万元) | 摊位数(个) | 成交额(万元) |
| **全国** | **7681** | **926590** | **3435** | **3351799** | **205587** | **33439393** |
| 北京 | 5 | 172 | 65 | 960 | 5714 | 239150 |
| 天津 | 5 | 1332 | | | 649 | 79388 |
| 河北 | 2272 | 76739 | 769 | 48521 | 34432 | 6282132 |
| 山西 | | | | | 1608 | 76247 |
| 内蒙古 | 219 | 23087 | 6 | 378 | 7609 | 1891910 |
| 辽宁 | 231 | 10673 | 98 | 1131 | 16909 | 944346 |
| 吉林 | 274 | 8055 | 203 | 2603 | 5006 | 278472 |
| 黑龙江 | 70 | 50000 | 8 | 280 | 2691 | 201268 |
| 上海 | 7 | 1410 | | | 2581 | 354162 |
| 江苏 | 233 | 74752 | 943 | 2363612 | 14531 | 6933944 |
| 浙江 | 53 | 12368 | 600 | 814167 | 38307 | 6712031 |
| 安徽 | 639 | 69819 | 31 | 22805 | 14468 | 979776 |
| 福建 | 144 | 44512 | | | 2016 | 364286 |
| 江西 | 152 | 23005 | 86 | 4795 | 3958 | 201840 |
| 山东 | 691 | 74850 | 195 | 69892 | 13764 | 1447091 |
| 河南 | 243 | 11353 | 11 | 80 | 8035 | 1675096 |
| 湖北 | 92 | 3649 | | | 1941 | 233357 |
| 湖南 | 327 | 94897 | 92 | 9886 | 5485 | 632087 |
| 广东 | 38 | 963 | 20 | 3320 | 6006 | 941354 |
| 广西 | 556 | 128944 | 97 | 1487 | 2902 | 311489 |
| 海南 | | | | | | |
| 重庆 | 78 | 3088 | 45 | 2280 | 3200 | 498193 |
| 四川 | 244 | 36258 | 67 | 3168 | 1443 | 142650 |
| 贵州 | 144 | 30226 | 32 | 282 | 4369 | 774133 |
| 云南 | 211 | 9166 | 8 | 41 | 2707 | 478723 |
| 西藏 | | | | | | |
| 陕西 | 9 | 119 | 3 | 14 | 193 | 18973 |
| 甘肃 | 9 | 2610 | 6 | 86 | 691 | 51818 |
| 青海 | | | | | 542 | 33057 |
| 宁夏 | 58 | 19801 | 30 | 1246 | 396 | 42483 |
| 新疆 | 677 | 114742 | 20 | 765 | 3434 | 619937 |

## （二）东中西部及东北地区

# 2-7 商品交易市场总体情况

| 地区 | 市场数量（个） | 总摊位数（个） | 年末出租摊位数（个） | 营业面积（平方米） | 成交额（万元） |
|---|---|---|---|---|---|
| **全国** | **4617** | **3898122** | **3347936** | **296917738** | **1082475882** |
| **东部地区** | **2659** | **2111867** | **1833450** | **165449140** | **735463092** |
| 北京 | 114 | 95789 | 83672 | 6601844 | 39220612 |
| 天津 | 44 | 35600 | 30655 | 3163445 | 13154060 |
| 河北 | 217 | 327322 | 282964 | 26446547 | 59180279 |
| 上海 | 134 | 61669 | 54616 | 4215698 | 89478618 |
| 江苏 | 487 | 395683 | 341024 | 35100749 | 197965989 |
| 浙江 | 725 | 499381 | 442959 | 31857015 | 172798140 |
| 福建 | 118 | 51678 | 45531 | 3309450 | 14983371 |
| 山东 | 498 | 390103 | 355642 | 36457552 | 93627852 |
| 广东 | 317 | 251722 | 193707 | 17593540 | 54629435 |
| 海南 | 5 | 2920 | 2680 | 703300 | 424736 |
| **东北地区** | **331** | **300943** | **265753** | **15370453** | **56557621** |
| 辽宁 | 200 | 194730 | 172439 | 8747898 | 40439726 |
| 吉林 | 53 | 51709 | 45168 | 3011066 | 5505269 |
| 黑龙江 | 78 | 54504 | 48146 | 3611489 | 10612626 |
| **中部地区** | **881** | **727342** | **619123** | **52856408** | **154728868** |
| 山西 | 32 | 27924 | 25059 | 2504128 | 6395752 |
| 安徽 | 129 | 137495 | 123276 | 12462836 | 30377156 |
| 江西 | 97 | 96707 | 89465 | 6581872 | 19794625 |
| 河南 | 154 | 175321 | 122514 | 13364956 | 36238783 |
| 湖北 | 143 | 91735 | 78164 | 6639929 | 22522978 |
| 湖南 | 326 | 198160 | 180645 | 11302687 | 39399574 |
| **西部地区** | **746** | **757970** | **629610** | **63241737** | **135726301** |
| 内蒙古 | 69 | 41693 | 39726 | 5596607 | 6934970 |
| 广西 | 86 | 85158 | 77230 | 3995467 | 10526937 |
| 重庆 | 146 | 107438 | 96939 | 7743562 | 35324837 |
| 四川 | 127 | 189072 | 133589 | 13149385 | 28250201 |
| 贵州 | 54 | 63709 | 48918 | 5964350 | 10974515 |
| 云南 | 37 | 63617 | 46976 | 2396697 | 5753461 |
| 西藏 | 3 | 3177 | 2781 | 35000 | 238757 |
| 陕西 | 51 | 36225 | 33945 | 3303294 | 8780334 |
| 甘肃 | 27 | 24767 | 23092 | 1766160 | 2783609 |
| 青海 | 9 | 7593 | 7443 | 555368 | 636638 |
| 宁夏 | 37 | 28912 | 25672 | 4422975 | 3471685 |
| 新疆 | 100 | 106609 | 93299 | 14312872 | 22050357 |

# 2-8　商品交易市场情况(按市场类别分)

(综合市场)

| 地　区 | 市场数量(个) | 总摊位数(个) | 年末出租摊位数(个) | 营业面积(平方米) | 成交额(万元) |
|---|---|---|---|---|---|
| **全　国** | **1309** | **1446325** | **1254329** | **81667819** | **258343310** |
| **东部地区** | **696** | **708577** | **616373** | **38985394** | **143187251** |
| 北　京 | 32 | 36923 | 32858 | 1684186 | 13760144 |
| 天　津 | 11 | 11808 | 10537 | 1100931 | 4193046 |
| 河　北 | 57 | 126227 | 113334 | 7131705 | 23365529 |
| 上　海 | 45 | 23448 | 20369 | 1144078 | 4477089 |
| 江　苏 | 92 | 93515 | 81278 | 7467208 | 25721600 |
| 浙　江 | 242 | 178366 | 161089 | 9527495 | 40001648 |
| 福　建 | 46 | 23961 | 20114 | 782968 | 4347302 |
| 山　东 | 94 | 128700 | 117685 | 6675192 | 14617448 |
| 广　东 | 75 | 84411 | 57900 | 3462831 | 12640783 |
| 海　南 | 2 | 1218 | 1209 | 8800 | 62662 |
| **东北地区** | **98** | **96333** | **84460** | **3717927** | **11286437** |
| 辽　宁 | 62 | 62975 | 54111 | 2013257 | 6894006 |
| 吉　林 | 15 | 18519 | 17380 | 850695 | 673457 |
| 黑龙江 | 21 | 14839 | 12969 | 853975 | 3718974 |
| **中部地区** | **298** | **330718** | **290108** | **19339671** | **60808473** |
| 山　西 | 11 | 16613 | 15848 | 1679779 | 5153710 |
| 安　徽 | 48 | 73990 | 66059 | 6918447 | 13403506 |
| 江　西 | 36 | 52387 | 48357 | 1946126 | 10509998 |
| 河　南 | 33 | 64352 | 44479 | 3230906 | 8520155 |
| 湖　北 | 43 | 29075 | 25048 | 1902878 | 6501407 |
| 湖　南 | 127 | 94301 | 90317 | 3661535 | 16719697 |
| **西部地区** | **217** | **310697** | **263388** | **19624827** | **43061149** |
| 内蒙古 | 11 | 11549 | 10279 | 996894 | 2029536 |
| 广　西 | 24 | 40523 | 34870 | 1017859 | 1957709 |
| 重　庆 | 44 | 59722 | 53402 | 2969248 | 14239067 |
| 四　川 | 48 | 59999 | 51280 | 3567617 | 10932565 |
| 贵　州 | 14 | 43675 | 29816 | 3224322 | 3919562 |
| 云　南 | 10 | 8874 | 8328 | 191388 | 374354 |
| 西　藏 | 3 | 3177 | 2781 | 35000 | 238757 |
| 陕　西 | 8 | 6967 | 6659 | 334726 | 631136 |
| 甘　肃 | 8 | 8200 | 7986 | 744205 | 935781 |
| 青　海 | | | | | |
| 宁　夏 | 9 | 6450 | 5552 | 328747 | 433444 |
| 新　疆 | 38 | 61561 | 52435 | 6214821 | 7369238 |

2-8 续表 1

(生产资料综合市场)

| 地　区 | 市场数量(个) | 总摊位数(个) | 年末出租摊位数(个) | 营业面积(平方米) | 成交额(万元) |
|---|---|---|---|---|---|
| **全　国** | **47** | **64097** | **54861** | **7876154** | **12991110** |
| **东部地区** | **23** | **24081** | **20671** | **2959144** | **7368048** |
| 北　京 | | | | | |
| 天　津 | | | | | |
| 河　北 | 2 | 1930 | 1760 | 520000 | 627825 |
| 上　海 | | | | | |
| 江　苏 | 4 | 10915 | 8992 | 1332130 | 860808 |
| 浙　江 | 11 | 7725 | 6536 | 853721 | 5402263 |
| 福　建 | | | | | |
| 山　东 | 5 | 2159 | 2031 | 221433 | 429246 |
| 广　东 | 1 | 1352 | 1352 | 31860 | 47906 |
| 海　南 | | | | | |
| **东北地区** | **4** | **6200** | **5780** | **146000** | **171600** |
| 辽　宁 | 3 | 2400 | 1980 | 46000 | 126701 |
| 吉　林 | 1 | 3800 | 3800 | 100000 | 44899 |
| 黑龙江 | | | | | |
| **中部地区** | **9** | **22506** | **19448** | **3360601** | **3837752** |
| 山　西 | 1 | 120 | 100 | 23000 | 10685 |
| 安　徽 | 3 | 12054 | 10905 | 2387145 | 2330047 |
| 江　西 | 1 | 3295 | 3295 | 126906 | 101132 |
| 河　南 | | | | | |
| 湖　北 | 3 | 6875 | 4986 | 817350 | 1375631 |
| 湖　南 | 1 | 162 | 162 | 6200 | 20257 |
| **西部地区** | **11** | **11310** | **8962** | **1410409** | **1613710** |
| 内蒙古 | 1 | 40 | 40 | 20000 | 39417 |
| 广　西 | | | | | |
| 重　庆 | 2 | 1752 | 1752 | 254123 | 629201 |
| 四　川 | 3 | 2597 | 2515 | 168282 | 306868 |
| 贵　州 | 1 | 2846 | 1012 | 375250 | 263908 |
| 云　南 | 1 | 173 | 157 | 10920 | 10383 |
| 西　藏 | | | | | |
| 陕　西 | | | | | |
| 甘　肃 | | | | | |
| 青　海 | | | | | |
| 宁　夏 | | | | | |
| 新　疆 | 3 | 3902 | 3486 | 581834 | 363933 |

2-8 续表 2

(工业消费品综合市场)

| 地 区 | 市场数量(个) | 总摊位数(个) | 年末出租摊位数(个) | 营业面积(平方米) | 成交额(万元) |
|---|---|---|---|---|---|
| **全 国** | **267** | **532080** | **462256** | **27002806** | **87057416** |
| **东部地区** | **117** | **296668** | **251277** | **16137806** | **52975249** |
| 北 京 | 8 | 7556 | 6934 | 163548 | 605044 |
| 天 津 | 1 | 432 | 432 | 9300 | 63149 |
| 河 北 | 12 | 70789 | 62077 | 4128642 | 16735440 |
| 上 海 | 1 | 1033 | 847 | 38000 | 55652 |
| 江 苏 | 16 | 27598 | 25834 | 1958774 | 6420255 |
| 浙 江 | 28 | 86894 | 81531 | 5529319 | 17615477 |
| 福 建 | 3 | 5691 | 3581 | 71358 | 786150 |
| 山 东 | 29 | 52172 | 45703 | 2787604 | 7580924 |
| 广 东 | 19 | 44503 | 24338 | 1451261 | 3113158 |
| 海 南 | | | | | |
| **东北地区** | **36** | **44440** | **40305** | **982948** | **2474467** |
| 辽 宁 | 23 | 30921 | 28106 | 630733 | 1850989 |
| 吉 林 | 4 | 6607 | 6476 | 222700 | 266611 |
| 黑龙江 | 9 | 6912 | 5723 | 129515 | 356867 |
| **中部地区** | **65** | **101115** | **93038** | **5191422** | **19255634** |
| 山 西 | 2 | 1560 | 920 | 111220 | 16218 |
| 安 徽 | 10 | 29038 | 27359 | 2488501 | 2665887 |
| 江 西 | 6 | 14394 | 11818 | 286880 | 3678107 |
| 河 南 | 10 | 15727 | 13850 | 522783 | 2735747 |
| 湖 北 | 7 | 6357 | 6124 | 460344 | 895185 |
| 湖 南 | 30 | 34039 | 32967 | 1321694 | 9264490 |
| **西部地区** | **49** | **89857** | **77636** | **4690630** | **12352066** |
| 内蒙古 | 2 | 3402 | 3362 | 171000 | 99509 |
| 广 西 | 2 | 6626 | 6159 | 207800 | 175203 |
| 重 庆 | 13 | 33437 | 30636 | 1723551 | 8522083 |
| 四 川 | 10 | 18904 | 14148 | 1074765 | 1573608 |
| 贵 州 | | | | | |
| 云 南 | | | | | |
| 西 藏 | | | | | |
| 陕 西 | 2 | 2780 | 2548 | 123000 | 56459 |
| 甘 肃 | 6 | 6964 | 6750 | 382205 | 688601 |
| 青 海 | | | | | |
| 宁 夏 | 2 | 2086 | 1966 | 66800 | 72103 |
| 新 疆 | 12 | 15658 | 12067 | 941509 | 1164500 |

2-8 续表 3

(农产品综合市场)

| 地　区 | 市场数量(个) | 总摊位数(个) | 年末出租摊位数(个) | 营业面积(平方米) | 成交额(万元) |
|---|---|---|---|---|---|
| **全　国** | **661** | **448938** | **393923** | **24491383** | **106817127** |
| **东部地区** | **422** | **255611** | **225907** | **11950072** | **62103839** |
| 北　京 | 21 | 27040 | 24150 | 1459773 | 13101542 |
| 天　津 | 5 | 4090 | 3413 | 450000 | 2467421 |
| 河　北 | 27 | 38211 | 35413 | 1718315 | 4186089 |
| 上　海 | 37 | 15331 | 14270 | 861469 | 3973104 |
| 江　苏 | 48 | 30615 | 26617 | 2111646 | 13644814 |
| 浙　江 | 180 | 69716 | 60040 | 2080594 | 11159927 |
| 福　建 | 34 | 13748 | 12436 | 311489 | 2276176 |
| 山　东 | 25 | 22863 | 20803 | 1191379 | 2180568 |
| 广　东 | 44 | 33457 | 28234 | 1764207 | 9100033 |
| 海　南 | 1 | 540 | 531 | 1200 | 14165 |
| **东北地区** | **32** | **18796** | **14816** | **1304035** | **4652874** |
| 辽　宁 | 18 | 9646 | 7041 | 485040 | 1232551 |
| 吉　林 | 5 | 2734 | 2040 | 317995 | 178309 |
| 黑龙江 | 9 | 6416 | 5735 | 501000 | 3242014 |
| **中部地区** | **109** | **80049** | **72139** | **4787896** | **21618008** |
| 山　西 | 4 | 2595 | 2591 | 325934 | 565374 |
| 安　徽 | 22 | 18557 | 14632 | 630191 | 5451485 |
| 江　西 | 10 | 8393 | 8336 | 294298 | 3521983 |
| 河　南 | 14 | 16170 | 14807 | 1956883 | 5285384 |
| 湖　北 | 18 | 7948 | 6618 | 272282 | 1580773 |
| 湖　南 | 41 | 26386 | 25155 | 1308308 | 5213009 |
| **西部地区** | **98** | **94482** | **81061** | **6449380** | **18442406** |
| 内蒙古 | 5 | 4062 | 3129 | 501759 | 1474235 |
| 广　西 | 14 | 23278 | 19426 | 594543 | 1354389 |
| 重　庆 | 19 | 16840 | 14102 | 493164 | 4151421 |
| 四　川 | 24 | 22981 | 20521 | 1509239 | 8348720 |
| 贵　州 | 7 | 4419 | 3802 | 119474 | 300174 |
| 云　南 | 4 | 3824 | 3647 | 47546 | 184882 |
| 西　藏 | 3 | 3177 | 2781 | 35000 | 238757 |
| 陕　西 | 5 | 3969 | 3893 | 187726 | 533612 |
| 甘　肃 | 2 | 1236 | 1236 | 362000 | 247180 |
| 青　海 | | | | | |
| 宁　夏 | 5 | 2549 | 2124 | 202447 | 208428 |
| 新　疆 | 10 | 8147 | 6400 | 2396482 | 1400608 |

2-8　续表 4

(其他综合市场)

| 地　区 | 市场数量(个) | 总摊位数(个) | 年末出租摊位数(个) | 营业面积(平方米) | 成交额(万元) |
|---|---|---|---|---|---|
| **全　国** | **334** | **401210** | **343289** | **22297476** | **51477657** |
| **东部地区** | **134** | **132217** | **118518** | **7938372** | **20740115** |
| 北　京 | 3 | 2327 | 1774 | 60865 | 53558 |
| 天　津 | 5 | 7286 | 6692 | 641631 | 1662476 |
| 河　北 | 16 | 15297 | 14084 | 764748 | 1816175 |
| 上　海 | 7 | 7084 | 5252 | 244609 | 448333 |
| 江　苏 | 24 | 24387 | 19835 | 2064658 | 4795723 |
| 浙　江 | 23 | 14031 | 12982 | 1063861 | 5823981 |
| 福　建 | 9 | 4522 | 4097 | 400121 | 1284976 |
| 山　东 | 35 | 51506 | 49148 | 2474776 | 4426710 |
| 广　东 | 11 | 5099 | 3976 | 215503 | 379686 |
| 海　南 | 1 | 678 | 678 | 7600 | 48497 |
| **东北地区** | **26** | **26897** | **23559** | **1284944** | **3987496** |
| 辽　宁 | 18 | 20008 | 16984 | 851484 | 3683765 |
| 吉　林 | 5 | 5378 | 5064 | 210000 | 183638 |
| 黑龙江 | 3 | 1511 | 1511 | 223460 | 120093 |
| **中部地区** | **115** | **127048** | **105483** | **5999752** | **16097079** |
| 山　西 | 4 | 12338 | 12237 | 1219625 | 4561433 |
| 安　徽 | 13 | 14341 | 13163 | 1412610 | 2956087 |
| 江　西 | 19 | 26305 | 24908 | 1238042 | 3208776 |
| 河　南 | 9 | 32455 | 15822 | 751240 | 499024 |
| 湖　北 | 15 | 7895 | 7320 | 352902 | 2649818 |
| 湖　南 | 55 | 33714 | 32033 | 1025333 | 2221941 |
| **西部地区** | **59** | **115048** | **95729** | **7074408** | **10652967** |
| 内蒙古 | 3 | 4045 | 3748 | 304135 | 416375 |
| 广　西 | 8 | 10619 | 9285 | 215516 | 428117 |
| 重　庆 | 10 | 7693 | 6912 | 498410 | 936362 |
| 四　川 | 11 | 15517 | 14096 | 815331 | 703369 |
| 贵　州 | 6 | 36410 | 25002 | 2729598 | 3355480 |
| 云　南 | 5 | 4877 | 4524 | 132922 | 179089 |
| 西　藏 | | | | | |
| 陕　西 | 1 | 218 | 218 | 24000 | 41065 |
| 甘　肃 | | | | | |
| 青　海 | | | | | |
| 宁　夏 | 2 | 1815 | 1462 | 59500 | 152913 |
| 新　疆 | 13 | 33854 | 30482 | 2294996 | 4440197 |

2-8 续表 5

(专业市场)

| 地 区 | 市场数量(个) | 总摊位数(个) | 年末出租摊位数(个) | 营业面积(平方米) | 成交额(万元) |
|---|---|---|---|---|---|
| **全 国** | **3308** | **2451797** | **2093607** | **215249919** | **824132572** |
| **东部地区** | **1963** | **1403290** | **1217077** | **126463746** | **592275841** |
| 北 京 | 82 | 58866 | 50814 | 4917658 | 25460468 |
| 天 津 | 33 | 23792 | 20118 | 2062514 | 8961014 |
| 河 北 | 160 | 201095 | 169630 | 19314842 | 35814750 |
| 上 海 | 89 | 38221 | 34247 | 3071620 | 85001529 |
| 江 苏 | 395 | 302168 | 259746 | 27633541 | 172244389 |
| 浙 江 | 483 | 321015 | 281870 | 22329520 | 132796492 |
| 福 建 | 72 | 27717 | 25417 | 2526482 | 10636069 |
| 山 东 | 404 | 261403 | 237957 | 29782360 | 79010404 |
| 广 东 | 242 | 167311 | 135807 | 14130709 | 41988652 |
| 海 南 | 3 | 1702 | 1471 | 694500 | 362074 |
| **东北地区** | **233** | **204610** | **181293** | **11652526** | **45271184** |
| 辽 宁 | 138 | 131755 | 118328 | 6734641 | 33545720 |
| 吉 林 | 38 | 33190 | 27788 | 2160371 | 4831812 |
| 黑龙江 | 57 | 39665 | 35177 | 2757514 | 6893652 |
| **中部地区** | **583** | **396624** | **329015** | **33516737** | **93920395** |
| 山 西 | 21 | 11311 | 9211 | 824349 | 1242042 |
| 安 徽 | 81 | 63505 | 57217 | 5544389 | 16973650 |
| 江 西 | 61 | 44320 | 41108 | 4635746 | 9284627 |
| 河 南 | 121 | 110969 | 78035 | 10134050 | 27718628 |
| 湖 北 | 100 | 62660 | 53116 | 4737051 | 16021571 |
| 湖 南 | 199 | 103859 | 90328 | 7641152 | 22679877 |
| **西部地区** | **529** | **447273** | **366222** | **43616910** | **92665152** |
| 内蒙古 | 58 | 30144 | 29447 | 4599713 | 4905434 |
| 广 西 | 62 | 44635 | 42360 | 2977608 | 8569228 |
| 重 庆 | 102 | 47716 | 43537 | 4774314 | 21085770 |
| 四 川 | 79 | 129073 | 82309 | 9581768 | 17317636 |
| 贵 州 | 40 | 20034 | 19102 | 2740028 | 7054953 |
| 云 南 | 27 | 54743 | 38648 | 2205309 | 5379107 |
| 西 藏 | | | | | |
| 陕 西 | 43 | 29258 | 27286 | 2968568 | 8149198 |
| 甘 肃 | 19 | 16567 | 15106 | 1021955 | 1847828 |
| 青 海 | 9 | 7593 | 7443 | 555368 | 636638 |
| 宁 夏 | 28 | 22462 | 20120 | 4094228 | 3038241 |
| 新 疆 | 62 | 45048 | 40864 | 8098051 | 14681119 |

## 2-8 续表 6

(生产资料市场)

| 地 区 | 市场数量(个) | 总摊位数(个) | 年末出租摊位数(个) | 营业面积(平方米) | 成交额(万元) |
|---|---|---|---|---|---|
| **全 国** | **607** | **342027** | **271210** | **60941695** | **293306045** |
| **东部地区** | **348** | **179386** | **148096** | **31463519** | **232041713** |
| 北 京 | 13 | 3214 | 2971 | 434194 | 1101716 |
| 天 津 | 8 | 4278 | 3977 | 271697 | 3265418 |
| 河 北 | 31 | 21753 | 20885 | 4490777 | 5324825 |
| 上 海 | 21 | 4497 | 3833 | 911248 | 73142382 |
| 江 苏 | 87 | 61047 | 44501 | 7053747 | 78315823 |
| 浙 江 | 76 | 33295 | 28890 | 4167946 | 31951865 |
| 福 建 | 9 | 2566 | 2348 | 437179 | 1747467 |
| 山 东 | 78 | 33497 | 29373 | 10278198 | 28862537 |
| 广 东 | 24 | 14509 | 10588 | 2738533 | 8014470 |
| 海 南 | 1 | 730 | 730 | 680000 | 315210 |
| **东北地区** | **35** | **14298** | **13112** | **3008657** | **9632607** |
| 辽 宁 | 17 | 5525 | 4538 | 1547257 | 7456282 |
| 吉 林 | 9 | 3117 | 3078 | 474400 | 292701 |
| 黑龙江 | 9 | 5656 | 5496 | 987000 | 1883624 |
| **中部地区** | **102** | **55686** | **43317** | **8512337** | **22969186** |
| 山 西 | 1 | 372 | 372 | 15000 | 39281 |
| 安 徽 | 15 | 7507 | 6853 | 1622933 | 5690745 |
| 江 西 | 6 | 3646 | 3606 | 511529 | 419520 |
| 河 南 | 21 | 16455 | 8766 | 3316716 | 6653001 |
| 湖 北 | 17 | 5373 | 4893 | 538950 | 2815849 |
| 湖 南 | 42 | 22333 | 18827 | 2507209 | 7350790 |
| **西部地区** | **122** | **92657** | **66685** | **17957182** | **28662539** |
| 内蒙古 | 12 | 3373 | 3356 | 1805962 | 1357175 |
| 广 西 | 17 | 6066 | 5304 | 917054 | 2731605 |
| 重 庆 | 25 | 11055 | 10273 | 1459429 | 8056129 |
| 四 川 | 23 | 42433 | 20861 | 4497191 | 6160290 |
| 贵 州 | 8 | 3056 | 2548 | 855149 | 376866 |
| 云 南 | 5 | 1221 | 1081 | 163138 | 62178 |
| 西 藏 | | | | | |
| 陕 西 | 11 | 8318 | 7801 | 1321154 | 1201430 |
| 甘 肃 | 2 | 175 | 165 | 77066 | 26204 |
| 青 海 | 1 | 22 | 22 | 1000 | 12111 |
| 宁 夏 | 6 | 2904 | 2857 | 1968170 | 813891 |
| 新 疆 | 12 | 14034 | 12417 | 4891869 | 7864660 |

2-8 续表 7

(农业生产用具市场)

| 地　　区 | 市场数量(个) | 总摊位数(个) | 年末出租摊位数(个) | 营业面积(平方米) | 成交额(万元) |
|---|---|---|---|---|---|
| **全　　国** | **17** | **5791** | **5038** | **1748938** | **2558870** |
| **东部地区** | **9** | **3420** | **3377** | **948615** | **1502687** |
| 北　　京 | | | | | |
| 天　　津 | | | | | |
| 河　　北 | 3 | 2300 | 2298 | 676200 | 1278560 |
| 上　　海 | | | | | |
| 江　　苏 | 1 | 460 | 460 | 52700 | 53083 |
| 浙　　江 | 1 | 46 | 44 | 2700 | 14072 |
| 福　　建 | | | | | |
| 山　　东 | 3 | 434 | 395 | 102000 | 107684 |
| 广　　东 | 1 | 180 | 180 | 115015 | 49288 |
| 海　　南 | | | | | |
| **东北地区** | | | | | |
| 辽　　宁 | | | | | |
| 吉　　林 | | | | | |
| 黑 龙 江 | | | | | |
| **中部地区** | **5** | **1739** | **1166** | **567809** | **1004105** |
| 山　　西 | | | | | |
| 安　　徽 | 1 | 649 | 649 | 129056 | 656704 |
| 江　　西 | 1 | 160 | 120 | 274753 | 123000 |
| 河　　南 | 1 | 360 | 255 | 56000 | 85000 |
| 湖　　北 | | | | | |
| 湖　　南 | 2 | 570 | 142 | 108000 | 139401 |
| **西部地区** | **3** | **632** | **495** | **232514** | **52078** |
| 内 蒙 古 | 2 | 84 | 84 | 180006 | 30735 |
| 广　　西 | | | | | |
| 重　　庆 | | | | | |
| 四　　川 | | | | | |
| 贵　　州 | | | | | |
| 云　　南 | | | | | |
| 西　　藏 | | | | | |
| 陕　　西 | | | | | |
| 甘　　肃 | | | | | |
| 青　　海 | | | | | |
| 宁　　夏 | | | | | |
| 新　　疆 | 1 | 548 | 411 | 52508 | 21343 |

2-8　续表 8

(农用生产资料市场)

| 地　区 | 市场数量（个） | 总摊位数（个） | 年末出租摊位数（个） | 营业面积（平方米） | 成交额（万元） |
|---|---|---|---|---|---|
| **全　国** | **25** | **6186** | **5107** | **992256** | **1319961** |
| **东部地区** | **8** | **2994** | **2461** | **482756** | **519790** |
| 北　京 | | | | | |
| 天　津 | | | | | |
| 河　北 | 2 | 2032 | 1677 | 301800 | 99496 |
| 上　海 | | | | | |
| 江　苏 | 2 | 290 | 237 | 110500 | 291456 |
| 浙　江 | | | | | |
| 福　建 | 1 | 286 | 179 | 8250 | 58513 |
| 山　东 | 2 | 385 | 367 | 18250 | 59953 |
| 广　东 | 1 | 1 | 1 | 43956 | 10372 |
| 海　南 | | | | | |
| **东北地区** | **2** | **92** | **92** | **9500** | **35234** |
| 辽　宁 | | | | | |
| 吉　林 | 1 | 60 | 60 | 8500 | 22975 |
| 黑龙江 | 1 | 32 | 32 | 1000 | 12259 |
| **中部地区** | **4** | **276** | **265** | **57339** | **108323** |
| 山　西 | | | | | |
| 安　徽 | 1 | 116 | 116 | 2340 | 13121 |
| 江　西 | | | | | |
| 河　南 | 1 | 98 | 98 | 17999 | 13000 |
| 湖　北 | | | | | |
| 湖　南 | 2 | 62 | 51 | 37000 | 82202 |
| **西部地区** | **11** | **2824** | **2289** | **442661** | **656614** |
| 内蒙古 | 2 | 242 | 242 | 226674 | 50850 |
| 广　西 | 3 | 933 | 918 | 71043 | 271105 |
| 重　庆 | 1 | 380 | 297 | 28554 | 173000 |
| 四　川 | | | | | |
| 贵　州 | | | | | |
| 云　南 | 1 | 317 | 317 | 7298 | 12065 |
| 西　藏 | | | | | |
| 陕　西 | | | | | |
| 甘　肃 | | | | | |
| 青　海 | | | | | |
| 宁　夏 | 1 | 186 | 186 | 16144 | 91900 |
| 新　疆 | 3 | 766 | 329 | 92948 | 57694 |

2-8 续表 9

(煤炭市场)

| 地　区 | 市场数量(个) | 总摊位数(个) | 年末出租摊位数(个) | 营业面积(平方米) | 成交额(万元) |
|---|---|---|---|---|---|
| **全　国** | **4** | **3346** | **3346** | **1983400** | **2640355** |
| **东部地区** | **3** | **2765** | **2765** | **406400** | **2563011** |
| 北　京 | | | | | |
| 天　津 | 2 | 2716 | 2716 | 1400 | 1966794 |
| 河　北 | | | | | |
| 上　海 | | | | | |
| 江　苏 | | | | | |
| 浙　江 | 1 | 49 | 49 | 405000 | 596217 |
| 福　建 | | | | | |
| 山　东 | | | | | |
| 广　东 | | | | | |
| 海　南 | | | | | |
| **东北地区** | | | | | |
| 辽　宁 | | | | | |
| 吉　林 | | | | | |
| 黑龙江 | | | | | |
| **中部地区** | | | | | |
| 山　西 | | | | | |
| 安　徽 | | | | | |
| 江　西 | | | | | |
| 河　南 | | | | | |
| 湖　北 | | | | | |
| 湖　南 | | | | | |
| **西部地区** | **1** | **581** | **581** | **1577000** | **77344** |
| 内蒙古 | | | | | |
| 广　西 | | | | | |
| 重　庆 | | | | | |
| 四　川 | | | | | |
| 贵　州 | | | | | |
| 云　南 | | | | | |
| 西　藏 | | | | | |
| 陕　西 | | | | | |
| 甘　肃 | | | | | |
| 青　海 | | | | | |
| 宁　夏 | 1 | 581 | 581 | 1577000 | 77344 |
| 新　疆 | | | | | |

2-8　续表 10

(木材市场)

| 地　区 | 市场数量（个） | 总摊位数（个） | 年末出租摊位数（个） | 营业面积（平方米） | 成交额（万元） |
|---|---|---|---|---|---|
| **全　国** | **40** | **16653** | **13414** | **5012998** | **6904882** |
| **东部地区** | **32** | **14766** | **11703** | **3819638** | **6610191** |
| 北　京 | | | | | |
| 天　津 | | | | | |
| 河　北 | | | | | |
| 上　海 | 5 | 542 | 511 | 284396 | 566556 |
| 江　苏 | 7 | 3268 | 2734 | 594300 | 1027419 |
| 浙　江 | 9 | 5382 | 5214 | 498816 | 1370678 |
| 福　建 | | | | | |
| 山　东 | 9 | 3063 | 2688 | 2113616 | 3125538 |
| 广　东 | 2 | 2511 | 556 | 328510 | 520000 |
| 海　南 | | | | | |
| **东北地区** | **2** | **368** | **360** | **227800** | **43358** |
| 辽　宁 | 1 | 200 | 200 | 2800 | 29145 |
| 吉　林 | 1 | 168 | 160 | 225000 | 14213 |
| 黑龙江 | | | | | |
| **中部地区** | **1** | **550** | **515** | **65000** | **19533** |
| 山　西 | | | | | |
| 安　徽 | | | | | |
| 江　西 | | | | | |
| 河　南 | | | | | |
| 湖　北 | | | | | |
| 湖　南 | 1 | 550 | 515 | 65000 | 19533 |
| **西部地区** | **5** | **969** | **836** | **900560** | **231800** |
| 内蒙古 | 1 | 134 | 128 | 666700 | 118950 |
| 广　西 | 2 | 280 | 280 | 135000 | 41870 |
| 重　庆 | 1 | 235 | 108 | 40260 | 10980 |
| 四　川 | 1 | 320 | 320 | 58600 | 60000 |
| 贵　州 | | | | | |
| 云　南 | | | | | |
| 西　藏 | | | | | |
| 陕　西 | | | | | |
| 甘　肃 | | | | | |
| 青　海 | | | | | |
| 宁　夏 | | | | | |
| 新　疆 | | | | | |

2-8 续表 11

(建材市场)

| 地　　区 | 市场数量(个) | 总摊位数(个) | 年末出租摊位数(个) | 营业面积(平方米) | 成交额(万元) |
|---|---|---|---|---|---|
| **全　　国** | **214** | **151491** | **111218** | **23310862** | **19616505** |
| **东部地区** | **95** | **51845** | **43566** | **7342031** | **10204326** |
| 北　　京 | 8 | 2130 | 2072 | 229940 | 478940 |
| 天　　津 | 1 | 780 | 528 | 186000 | 104469 |
| 河　　北 | 6 | 1658 | 1584 | 384420 | 216523 |
| 上　　海 | 5 | 899 | 840 | 302843 | 399251 |
| 江　　苏 | 31 | 25740 | 20209 | 2759486 | 3044948 |
| 浙　　江 | 13 | 4000 | 3664 | 736480 | 1623727 |
| 福　　建 | 5 | 1690 | 1662 | 362921 | 1196128 |
| 山　　东 | 23 | 13134 | 11490 | 1528855 | 2563549 |
| 广　　东 | 2 | 1084 | 787 | 171086 | 261581 |
| 海　　南 | 1 | 730 | 730 | 680000 | 315210 |
| **东北地区** | **10** | **6682** | **6468** | **1203697** | **1011196** |
| 辽　　宁 | 4 | 1422 | 1239 | 607497 | 271531 |
| 吉　　林 | 3 | 883 | 852 | 70200 | 119000 |
| 黑 龙 江 | 3 | 4377 | 4377 | 526000 | 620665 |
| **中部地区** | **55** | **35292** | **26031** | **4521815** | **4181167** |
| 山　　西 | 1 | 372 | 372 | 15000 | 39281 |
| 安　　徽 | 8 | 4678 | 4294 | 1135779 | 591193 |
| 江　　西 | 4 | 2807 | 2807 | 190755 | 259660 |
| 河　　南 | 10 | 12754 | 5690 | 1646222 | 1491454 |
| 湖　　北 | 9 | 2739 | 2647 | 260150 | 791255 |
| 湖　　南 | 23 | 11942 | 10221 | 1273909 | 1008324 |
| **西部地区** | **54** | **57672** | **35153** | **10243319** | **4219816** |
| 内 蒙 古 | 4 | 1355 | 1355 | 202255 | 258648 |
| 广　　西 | 7 | 1974 | 1821 | 245380 | 289662 |
| 重　　庆 | 7 | 2320 | 2283 | 396399 | 716555 |
| 四　　川 | 16 | 35750 | 14793 | 3508212 | 1341488 |
| 贵　　州 | 4 | 1274 | 1193 | 579449 | 95261 |
| 云　　南 | 3 | 439 | 372 | 92333 | 36118 |
| 西　　藏 | | | | | |
| 陕　　西 | 9 | 7012 | 6625 | 1248600 | 731430 |
| 甘　　肃 | 1 | 35 | 27 | 11066 | 16200 |
| 青　　海 | | | | | |
| 宁　　夏 | | | | | |
| 新　　疆 | 3 | 7513 | 6684 | 3959625 | 734454 |

2-8 续表 12

(化工材料及制品市场)

| 地 区 | 市场数量（个） | 总摊位数（个） | 年末出租摊位数（个） | 营业面积（平方米） | 成交额（万元） |
|---|---|---|---|---|---|
| **全 国** | **31** | **24895** | **17507** | **2090035** | **38461676** |
| **东部地区** | **26** | **22718** | **15881** | **2009335** | **38196387** |
| 北 京 | | | | | |
| 天 津 | 1 | 209 | 209 | 3561 | 79132 |
| 河 北 | 2 | 797 | 693 | 65600 | 506050 |
| 上 海 | 1 | 495 | 1 | 13000 | 905 |
| 江 苏 | 7 | 8060 | 3442 | 386997 | 16580438 |
| 浙 江 | 8 | 4779 | 3961 | 607841 | 9416578 |
| 福 建 | | | | | |
| 山 东 | 4 | 2926 | 2745 | 194316 | 7866391 |
| 广 东 | 3 | 5452 | 4830 | 738020 | 3746893 |
| 海 南 | | | | | |
| **东北地区** | **1** | **98** | **98** | **4300** | **8900** |
| 辽 宁 | 1 | 98 | 98 | 4300 | 8900 |
| 吉 林 | | | | | |
| 黑 龙 江 | | | | | |
| **中部地区** | **4** | **2079** | **1528** | **76400** | **256389** |
| 山 西 | | | | | |
| 安 徽 | 1 | 650 | 559 | 3800 | 38114 |
| 江 西 | | | | | |
| 河 南 | | | | | |
| 湖 北 | | | | | |
| 湖 南 | 3 | 1429 | 969 | 72600 | 218275 |
| **西部地区** | | | | | |
| 内 蒙 古 | | | | | |
| 广 西 | | | | | |
| 重 庆 | | | | | |
| 四 川 | | | | | |
| 贵 州 | | | | | |
| 云 南 | | | | | |
| 西 藏 | | | | | |
| 陕 西 | | | | | |
| 甘 肃 | | | | | |
| 青 海 | | | | | |
| 宁 夏 | | | | | |
| 新 疆 | | | | | |

2-8 续表 13

(金属材料市场)

| 地　　区 | 市场数量(个) | 总摊位数(个) | 年末出租摊位数(个) | 营业面积(平方米) | 成交额(万元) |
|---|---|---|---|---|---|
| **全　　国** | **195** | **88097** | **75558** | **20680741** | **197710185** |
| **东部地区** | **128** | **59475** | **50453** | **13632212** | **157595912** |
| 北　　京 | 3 | 420 | 349 | 150184 | 385806 |
| 天　　津 | 4 | 573 | 524 | 80736 | 1115023 |
| 河　　北 | 14 | 13588 | 13255 | 2652682 | 2984477 |
| 上　　海 | 6 | 1695 | 1684 | 259613 | 63681353 |
| 江　　苏 | 32 | 18572 | 13980 | 2833713 | 55940925 |
| 浙　　江 | 28 | 12944 | 11567 | 1687536 | 17203143 |
| 福　　建 | 1 | 101 | 79 | 30300 | 357401 |
| 山　　东 | 28 | 8311 | 6782 | 5268502 | 13495236 |
| 广　　东 | 12 | 3271 | 2233 | 668946 | 2432548 |
| 海　　南 | | | | | |
| **东北地区** | **14** | **5461** | **4557** | **1303660** | **3485775** |
| 辽　　宁 | 9 | 3490 | 2711 | 902660 | 2321475 |
| 吉　　林 | 1 | 874 | 874 | 61000 | 18600 |
| 黑 龙 江 | 4 | 1097 | 972 | 340000 | 1145700 |
| **中部地区** | **25** | **10245** | **9037** | **3009827** | **16980850** |
| 山　　西 | | | | | |
| 安　　徽 | 4 | 1414 | 1235 | 351958 | 4391613 |
| 江　　西 | 1 | 679 | 679 | 46021 | 36860 |
| 河　　南 | 9 | 3243 | 2723 | 1596495 | 5063547 |
| 湖　　北 | 7 | 2294 | 1969 | 272800 | 1998297 |
| 湖　　南 | 4 | 2615 | 2431 | 742553 | 5490533 |
| **西部地区** | **28** | **12916** | **11511** | **2735042** | **19647648** |
| 内 蒙 古 | 2 | 330 | 330 | 390000 | 380181 |
| 广　　西 | 3 | 1529 | 1529 | 325631 | 1850600 |
| 重　　庆 | 9 | 4600 | 4108 | 665774 | 6246330 |
| 四　　川 | 3 | 2281 | 1950 | 650379 | 4200502 |
| 贵　　州 | 4 | 1782 | 1355 | 275700 | 281605 |
| 云　　南 | | | | | |
| 西　　藏 | | | | | |
| 陕　　西 | 1 | 160 | 131 | 7300 | 320000 |
| 甘　　肃 | 1 | 140 | 138 | 66000 | 10004 |
| 青　　海 | 1 | 22 | 22 | 1000 | 12111 |
| 宁　　夏 | 2 | 1702 | 1655 | 242470 | 541142 |
| 新　　疆 | 2 | 370 | 293 | 110788 | 5805173 |

2-8 续表 14

(机械设备市场)

| 地区 | 市场数量(个) | 总摊位数(个) | 年末出租摊位数(个) | 营业面积(平方米) | 成交额(万元) |
|---|---|---|---|---|---|
| **全国** | **45** | **26991** | **24317** | **2701721** | **6793679** |
| **东部地区** | **25** | **11642** | **10198** | **1667932** | **4208948** |
| 北京 | 1 | 370 | 256 | 33000 | 116000 |
| 天津 | | | | | |
| 河北 | 4 | 1378 | 1378 | 410075 | 239719 |
| 上海 | 1 | 187 | 148 | 4500 | 71911 |
| 江苏 | 5 | 3458 | 2307 | 288251 | 1164399 |
| 浙江 | 6 | 1412 | 1408 | 64247 | 573054 |
| 福建 | | | | | |
| 山东 | 6 | 3780 | 3653 | 374859 | 1404548 |
| 广东 | 2 | 1057 | 1048 | 493000 | 639317 |
| 海南 | | | | | |
| **东北地区** | | | | | |
| 辽宁 | | | | | |
| 吉林 | | | | | |
| 黑龙江 | | | | | |
| **中部地区** | **6** | **4835** | **4110** | **180030** | **383607** |
| 山西 | | | | | |
| 安徽 | | | | | |
| 江西 | | | | | |
| 河南 | | | | | |
| 湖北 | 1 | 340 | 277 | 6000 | 26297 |
| 湖南 | 5 | 4495 | 3833 | 174030 | 357310 |
| **西部地区** | **14** | **10514** | **10009** | **853759** | **2201124** |
| 内蒙古 | | | | | |
| 广西 | 1 | 500 | 496 | 30000 | 78400 |
| 重庆 | 5 | 2686 | 2643 | 210442 | 696924 |
| 四川 | 3 | 4082 | 3798 | 280000 | 558300 |
| 贵州 | | | | | |
| 云南 | 1 | 465 | 392 | 63507 | 13995 |
| 西藏 | | | | | |
| 陕西 | 1 | 1146 | 1045 | 65254 | 150000 |
| 甘肃 | | | | | |
| 青海 | | | | | |
| 宁夏 | 2 | 435 | 435 | 132556 | 103505 |
| 新疆 | 1 | 1200 | 1200 | 72000 | 600000 |

2-8 续表 15

(其他生产资料市场)

| 地　区 | 市场数量(个) | 总摊位数(个) | 年末出租摊位数(个) | 营业面积(平方米) | 成交额(万元) |
|---|---|---|---|---|---|
| **全　国** | **36** | **18577** | **15705** | **2420744** | **17299932** |
| **东部地区** | **22** | **9761** | **7692** | **1154600** | **10640461** |
| 北　京 | 1 | 294 | 294 | 21070 | 120970 |
| 天　津 | | | | | |
| 河　北 | | | | | |
| 上　海 | 3 | 679 | 649 | 46896 | 8422406 |
| 江　苏 | 2 | 1199 | 1132 | 27800 | 213155 |
| 浙　江 | 10 | 4683 | 2983 | 165326 | 1154396 |
| 福　建 | 2 | 489 | 428 | 35708 | 135425 |
| 山　东 | 3 | 1464 | 1253 | 677800 | 239638 |
| 广　东 | 1 | 953 | 953 | 180000 | 354471 |
| 海　南 | | | | | |
| **东北地区** | **6** | **1597** | **1537** | **259700** | **5048144** |
| 辽　宁 | 2 | 315 | 290 | 30000 | 4825231 |
| 吉　林 | 3 | 1132 | 1132 | 109700 | 117913 |
| 黑龙江 | 1 | 150 | 115 | 120000 | 105000 |
| **中部地区** | **2** | **670** | **665** | **34117** | **35212** |
| 山　西 | | | | | |
| 安　徽 | | | | | |
| 江　西 | | | | | |
| 河　南 | | | | | |
| 湖　北 | | | | | |
| 湖　南 | 2 | 670 | 665 | 34117 | 35212 |
| **西部地区** | **6** | **6549** | **5811** | **972327** | **1576115** |
| 内蒙古 | 1 | 1228 | 1217 | 140327 | 517811 |
| 广　西 | 1 | 850 | 260 | 110000 | 199968 |
| 重　庆 | 2 | 834 | 834 | 118000 | 212340 |
| 四　川 | | | | | |
| 贵　州 | | | | | |
| 云　南 | | | | | |
| 西　藏 | | | | | |
| 陕　西 | | | | | |
| 甘　肃 | | | | | |
| 青　海 | | | | | |
| 宁　夏 | | | | | |
| 新　疆 | 2 | 3637 | 3500 | 604000 | 645996 |

2-8 续表 16

(农产品市场)

| 地区 | 市场数量 (个) | 总摊位数 (个) | 年末出租摊位数 (个) | 营业面积 (平方米) | 成交额 (万元) |
|---|---|---|---|---|---|
| **全国** | **937** | **587848** | **507207** | **42077829** | **193466821** |
| **东部地区** | **591** | **380990** | **332731** | **26095578** | **123174071** |
| 北京 | 14 | 14147 | 11602 | 1651019 | 11902169 |
| 天津 | 12 | 9967 | 8262 | 994647 | 3119701 |
| 河北 | 64 | 84863 | 71414 | 4528852 | 11929273 |
| 上海 | 25 | 12733 | 10826 | 730945 | 4532174 |
| 江苏 | 128 | 67122 | 57496 | 3883967 | 24359288 |
| 浙江 | 127 | 57829 | 50567 | 3086545 | 24467473 |
| 福建 | 33 | 9409 | 8833 | 775290 | 5065835 |
| 山东 | 119 | 98625 | 91085 | 8451163 | 25773093 |
| 广东 | 68 | 25618 | 22200 | 1989150 | 12004751 |
| 海南 | 1 | 677 | 446 | 4000 | 20314 |
| **东北地区** | **63** | **24207** | **21606** | **2285824** | **11758911** |
| 辽宁 | 38 | 14022 | 12127 | 1374624 | 7932239 |
| 吉林 | 10 | 5648 | 5392 | 367637 | 1271260 |
| 黑龙江 | 15 | 4537 | 4087 | 543563 | 2555412 |
| **中部地区** | **136** | **88984** | **67461** | **5247236** | **30042460** |
| 山西 | 7 | 3280 | 3096 | 280980 | 749348 |
| 安徽 | 26 | 13816 | 11347 | 942722 | 2646834 |
| 江西 | 17 | 10348 | 9908 | 477600 | 3243288 |
| 河南 | 26 | 32447 | 17378 | 1895461 | 12853348 |
| 湖北 | 17 | 10939 | 9866 | 698929 | 4161661 |
| 湖南 | 43 | 18154 | 15866 | 951544 | 6387981 |
| **西部地区** | **147** | **93667** | **85409** | **8449191** | **28491379** |
| 内蒙古 | 21 | 9822 | 9421 | 1506990 | 1238783 |
| 广西 | 18 | 16448 | 15882 | 825785 | 3347992 |
| 重庆 | 19 | 9065 | 7982 | 442812 | 4225703 |
| 四川 | 16 | 10426 | 9385 | 704033 | 4650010 |
| 贵州 | 12 | 5767 | 5605 | 370402 | 3367371 |
| 云南 | 7 | 3723 | 3618 | 365223 | 1940738 |
| 西藏 | | | | | |
| 陕西 | 12 | 5945 | 4959 | 459249 | 2227431 |
| 甘肃 | 9 | 8633 | 7573 | 373449 | 1135307 |
| 青海 | 3 | 2285 | 2235 | 393203 | 372642 |
| 宁夏 | 12 | 11002 | 8968 | 1438511 | 1895836 |
| 新疆 | 18 | 10551 | 9781 | 1569534 | 4089566 |

2-8 续表 17

(粮油市场)

| 地区 | 市场数量(个) | 总摊位数(个) | 年末出租摊位数(个) | 营业面积(平方米) | 成交额(万元) |
|---|---|---|---|---|---|
| **全国** | **100** | **32623** | **28544** | **3580674** | **16279748** |
| **东部地区** | **73** | **27223** | **23538** | **2763741** | **12336460** |
| 北京 | | | | | |
| 天津 | 3 | 1605 | 1605 | 174410 | 770297 |
| 河北 | 4 | 397 | 233 | 262766 | 72201 |
| 上海 | 9 | 1025 | 940 | 47385 | 213504 |
| 江苏 | 13 | 7339 | 5777 | 892350 | 4400369 |
| 浙江 | 20 | 4996 | 3858 | 468043 | 3201554 |
| 福建 | 3 | 405 | 387 | 72100 | 254008 |
| 山东 | 14 | 9583 | 9006 | 573607 | 2667697 |
| 广东 | 7 | 1873 | 1732 | 273080 | 756830 |
| 海南 | | | | | |
| **东北地区** | **5** | **713** | **693** | **193899** | **804192** |
| 辽宁 | 3 | 498 | 478 | 173000 | 357978 |
| 吉林 | 1 | 35 | 35 | 6899 | 98300 |
| 黑龙江 | 1 | 180 | 180 | 14000 | 347914 |
| **中部地区** | **8** | **1818** | **1563** | **184216** | **848843** |
| 山西 | 1 | 119 | 119 | 15000 | 71190 |
| 安徽 | 1 | 270 | 202 | 40000 | 105706 |
| 江西 | 1 | 100 | 100 | 42000 | 85102 |
| 河南 | 1 | 256 | 212 | 9395 | 72010 |
| 湖北 | 1 | 397 | 397 | 31500 | 24906 |
| 湖南 | 3 | 676 | 533 | 46321 | 489929 |
| **西部地区** | **14** | **2869** | **2750** | **438818** | **2290253** |
| 内蒙古 | 3 | 156 | 156 | 210290 | 123379 |
| 广西 | 1 | 94 | 86 | 10000 | 10123 |
| 重庆 | | | | | |
| 四川 | 2 | 637 | 603 | 32000 | 190679 |
| 贵州 | 2 | 381 | 364 | 40900 | 1156158 |
| 云南 | 2 | 928 | 928 | 65431 | 396062 |
| 西藏 | | | | | |
| 陕西 | 1 | 270 | 270 | 9333 | 298421 |
| 甘肃 | 1 | 130 | 130 | 38000 | 64831 |
| 青海 | | | | | |
| 宁夏 | 1 | 65 | 58 | 7864 | 18600 |
| 新疆 | 1 | 208 | 155 | 25000 | 32000 |

2-8 续表 18

(肉禽蛋市场)

| 地 区 | 市场数量(个) | 总摊位数(个) | 年末出租摊位数(个) | 营业面积(平方米) | 成交额(万元) |
|---|---|---|---|---|---|
| **全 国** | **108** | **46052** | **41729** | **2829124** | **14732650** |
| **东部地区** | **63** | **20450** | **18062** | **1162804** | **8160371** |
| 北 京 | 1 | 97 | 97 | 1100 | 25116 |
| 天 津 | | | | | |
| 河 北 | 4 | 1318 | 1273 | 240002 | 772686 |
| 上 海 | 1 | 218 | 218 | 4000 | 129450 |
| 江 苏 | 25 | 8819 | 7345 | 317224 | 3270008 |
| 浙 江 | 11 | 2846 | 2730 | 129380 | 1754985 |
| 福 建 | 3 | 612 | 504 | 12500 | 161755 |
| 山 东 | 5 | 3084 | 2728 | 87660 | 139667 |
| 广 东 | 13 | 3456 | 3167 | 370938 | 1906704 |
| 海 南 | | | | | |
| **东北地区** | **6** | **1116** | **935** | **23355** | **249847** |
| 辽 宁 | 4 | 534 | 405 | 11200 | 127578 |
| 吉 林 | | | | | |
| 黑 龙 江 | 2 | 582 | 530 | 12155 | 122269 |
| **中部地区** | **15** | **6015** | **4792** | **295381** | **1255423** |
| 山 西 | | | | | |
| 安 徽 | 3 | 1266 | 923 | 125827 | 348671 |
| 江 西 | 5 | 2064 | 2064 | 67960 | 707323 |
| 河 南 | 1 | 643 | 643 | 35200 | 50123 |
| 湖 北 | | | | | |
| 湖 南 | 6 | 2042 | 1162 | 66394 | 149306 |
| **西部地区** | **24** | **18471** | **17940** | **1347584** | **5067009** |
| 内 蒙 古 | 3 | 684 | 589 | 30000 | 37217 |
| 广 西 | 7 | 8876 | 8655 | 104624 | 547823 |
| 重 庆 | 4 | 1885 | 1842 | 102406 | 1877629 |
| 四 川 | 2 | 2066 | 1951 | 87977 | 1714190 |
| 贵 州 | 1 | 370 | 370 | 5700 | 17615 |
| 云 南 | 1 | 650 | 593 | 16812 | 54656 |
| 西 藏 | | | | | |
| 陕 西 | | | | | |
| 甘 肃 | | | | | |
| 青 海 | | | | | |
| 宁 夏 | 2 | 618 | 618 | 85000 | 121317 |
| 新 疆 | 4 | 3322 | 3322 | 915065 | 696562 |

2-8 续表 19

(水产品市场)

| 地 区 | 市场数量(个) | 总摊位数(个) | 年末出租摊位数(个) | 营业面积(平方米) | 成交额(万元) |
|---|---|---|---|---|---|
| **全 国** | **139** | **77784** | **69077** | **4519338** | **36613008** |
| **东部地区** | **111** | **60410** | **53483** | **3282753** | **24697521** |
| 北 京 | 3 | 2442 | 2362 | 73919 | 1263573 |
| 天 津 | 1 | 200 | 200 | 8000 | 350000 |
| 河 北 | 4 | 2637 | 2607 | 68000 | 116094 |
| 上 海 | 3 | 4144 | 3926 | 289500 | 2232679 |
| 江 苏 | 22 | 8620 | 7635 | 748160 | 2917939 |
| 浙 江 | 31 | 17038 | 14969 | 565365 | 6174440 |
| 福 建 | 9 | 3223 | 3070 | 295220 | 3086512 |
| 山 东 | 21 | 17415 | 14742 | 924939 | 5811561 |
| 广 东 | 17 | 4691 | 3972 | 309650 | 2744723 |
| 海 南 | | | | | |
| **东北地区** | **9** | **6016** | **5966** | **387580** | **5151688** |
| 辽 宁 | 7 | 4695 | 4645 | 259200 | 4472422 |
| 吉 林 | 1 | 1291 | 1291 | 120601 | 659266 |
| 黑龙江 | 1 | 30 | 30 | 7779 | 20000 |
| **中部地区** | **13** | **7909** | **6753** | **559058** | **5672599** |
| 山 西 | | | | | |
| 安 徽 | 1 | 386 | 376 | 52000 | 124364 |
| 江 西 | 1 | 780 | 778 | 43000 | 439411 |
| 河 南 | 2 | 1095 | 998 | 87424 | 1142873 |
| 湖 北 | 4 | 4623 | 3591 | 284064 | 2591545 |
| 湖 南 | 5 | 1025 | 1010 | 92570 | 1374406 |
| **西部地区** | **6** | **3449** | **2875** | **289947** | **1091200** |
| 内蒙古 | | | | | |
| 广 西 | 1 | 371 | 345 | 13000 | 48610 |
| 重 庆 | 2 | 910 | 626 | 114000 | 754000 |
| 四 川 | | | | | |
| 贵 州 | | | | | |
| 云 南 | | | | | |
| 西 藏 | | | | | |
| 陕 西 | 1 | 720 | 720 | 23000 | 23000 |
| 甘 肃 | | | | | |
| 青 海 | | | | | |
| 宁 夏 | 1 | 493 | 339 | 39947 | 212990 |
| 新 疆 | 1 | 955 | 845 | 100000 | 52600 |

2-8 续表 20

(蔬菜市场)

| 地　区 | 市场数量（个） | 总摊位数（个） | 年末出租摊位数（个） | 营业面积（平方米） | 成交额（万元） |
|---|---|---|---|---|---|
| **全　国** | **274** | **216568** | **182064** | **16309891** | **42622444** |
| **东部地区** | **152** | **131237** | **115333** | **10458762** | **24090240** |
| 北　京 | 5 | 2164 | 2041 | 381000 | 2192496 |
| 天　津 | 6 | 6668 | 4983 | 513011 | 558877 |
| 河　北 | 37 | 45051 | 37686 | 2599940 | 3389833 |
| 上　海 | 3 | 743 | 699 | 64110 | 822507 |
| 江　苏 | 14 | 8060 | 7278 | 453650 | 2247619 |
| 浙　江 | 24 | 12506 | 10217 | 752956 | 2781284 |
| 福　建 | 6 | 1755 | 1601 | 242644 | 678669 |
| 山　东 | 47 | 49386 | 46483 | 5019034 | 10340381 |
| 广　东 | 10 | 4904 | 4345 | 432417 | 1078574 |
| 海　南 | | | | | |
| **东北地区** | **17** | **4917** | **4655** | **723961** | **2171872** |
| 辽　宁 | 10 | 2748 | 2508 | 450320 | 762608 |
| 吉　林 | 2 | 505 | 505 | 39000 | 180546 |
| 黑龙江 | 5 | 1664 | 1642 | 234641 | 1228718 |
| **中部地区** | **49** | **40128** | **24777** | **1947042** | **7500256** |
| 山　西 | 4 | 2799 | 2615 | 224800 | 631258 |
| 安　徽 | 12 | 5685 | 5259 | 401732 | 840873 |
| 江　西 | 3 | 1190 | 1190 | 86500 | 223099 |
| 河　南 | 17 | 23111 | 8428 | 729642 | 1969042 |
| 湖　北 | 4 | 546 | 546 | 53700 | 95819 |
| 湖　南 | 9 | 6797 | 6739 | 450668 | 3740165 |
| **西部地区** | **56** | **40286** | **37299** | **3180126** | **8860076** |
| 内蒙古 | 6 | 6074 | 5836 | 344500 | 558020 |
| 广　西 | 4 | 2343 | 2343 | 351620 | 799502 |
| 重　庆 | 7 | 2831 | 2822 | 82879 | 467601 |
| 四　川 | 7 | 6041 | 5185 | 465131 | 2174790 |
| 贵　州 | 3 | 970 | 970 | 25758 | 310584 |
| 云　南 | 3 | 1545 | 1497 | 182980 | 670840 |
| 西　藏 | | | | | |
| 陕　西 | 6 | 2177 | 2092 | 195616 | 971754 |
| 甘　肃 | 7 | 7849 | 6789 | 294249 | 420476 |
| 青　海 | 2 | 1885 | 1885 | 277000 | 344142 |
| 宁　夏 | 4 | 4782 | 4517 | 665000 | 568725 |
| 新　疆 | 7 | 3789 | 3363 | 295393 | 1573642 |

2-8 续表 21

(干鲜果品市场)

| 地　　区 | 市场数量(个) | 总摊位数(个) | 年末出租摊位数(个) | 营业面积(平方米) | 成交额(万元) |
|---|---|---|---|---|---|
| **全　　国** | **124** | **80036** | **67448** | **7344380** | **45887362** |
| **东部地区** | **71** | **54085** | **46991** | **4784369** | **34097454** |
| 北　　京 | 2 | 6586 | 4416 | 1135000 | 8265884 |
| 天　　津 | | | | | |
| 河　　北 | 8 | 18523 | 16501 | 832654 | 6539161 |
| 上　　海 | 3 | 801 | 710 | 152760 | 96507 |
| 江　　苏 | 9 | 5675 | 4455 | 262661 | 3433427 |
| 浙　　江 | 16 | 6700 | 6387 | 539090 | 5569283 |
| 福　　建 | 5 | 1025 | 1005 | 84526 | 562567 |
| 山　　东 | 20 | 11150 | 10504 | 1272707 | 4899423 |
| 广　　东 | 8 | 3625 | 3013 | 504971 | 4731202 |
| 海　　南 | | | | | |
| **东北地区** | **11** | **3873** | **2047** | **543625** | **2753024** |
| 辽　　宁 | 5 | 2362 | 914 | 280937 | 1940782 |
| 吉　　林 | 2 | 340 | 304 | 47700 | 132324 |
| 黑 龙 江 | 4 | 1171 | 829 | 214988 | 679918 |
| **中部地区** | **20** | **9076** | **8040** | **661975** | **2870364** |
| 山　　西 | 2 | 362 | 362 | 41180 | 46900 |
| 安　　徽 | 1 | 451 | 451 | 33350 | 92590 |
| 江　　西 | 3 | 1118 | 1115 | 64700 | 1079154 |
| 河　　南 | 2 | 685 | 502 | 90000 | 52050 |
| 湖　　北 | 4 | 4087 | 4052 | 245775 | 1313426 |
| 湖　　南 | 8 | 2373 | 1558 | 186970 | 286244 |
| **西部地区** | **22** | **13002** | **10370** | **1354411** | **6166520** |
| 内 蒙 古 | | | | | |
| 广　　西 | 3 | 1450 | 1165 | 122165 | 878785 |
| 重　　庆 | 2 | 1168 | 1168 | 60787 | 455320 |
| 四　　川 | 3 | 710 | 674 | 39300 | 196087 |
| 贵　　州 | 4 | 991 | 939 | 53283 | 648667 |
| 云　　南 | 1 | 600 | 600 | 100000 | 819180 |
| 西　　藏 | | | | | |
| 陕　　西 | 3 | 1728 | 827 | 191300 | 534256 |
| 甘　　肃 | | | | | |
| 青　　海 | | | | | |
| 宁　　夏 | 3 | 4387 | 3210 | 620900 | 963698 |
| 新　　疆 | 3 | 1968 | 1787 | 166676 | 1670527 |

2-8 续表 22

(棉麻土畜、烟叶市场)

| 地 区 | 市场数量(个) | 总摊位数(个) | 年末出租摊位数(个) | 营业面积(平方米) | 成交额(万元) |
|---|---|---|---|---|---|
| **全 国** | **15** | **21212** | **17270** | **1392911** | **4653624** |
| **东部地区** | **10** | **18837** | **15003** | **932794** | **4467956** |
| 北 京 | | | | | |
| 天 津 | | | | | |
| 河 北 | 3 | 15496 | 11760 | 380090 | 973740 |
| 上 海 | | | | | |
| 江 苏 | 2 | 2440 | 2409 | 430484 | 2588176 |
| 浙 江 | 3 | 789 | 722 | 86700 | 835769 |
| 福 建 | | | | | |
| 山 东 | 2 | 112 | 112 | 35520 | 70271 |
| 广 东 | | | | | |
| 海 南 | | | | | |
| **东北地区** | **2** | **1299** | **1299** | **83267** | **71500** |
| 辽 宁 | 2 | 1299 | 1299 | 83267 | 71500 |
| 吉 林 | | | | | |
| 黑 龙 江 | | | | | |
| **中部地区** | **1** | **376** | **268** | **16850** | **33168** |
| 山 西 | | | | | |
| 安 徽 | 1 | 376 | 268 | 16850 | 33168 |
| 江 西 | | | | | |
| 河 南 | | | | | |
| 湖 北 | | | | | |
| 湖 南 | | | | | |
| **西部地区** | **2** | **700** | **700** | **360000** | **81000** |
| 内 蒙 古 | 2 | 700 | 700 | 360000 | 81000 |
| 广 西 | | | | | |
| 重 庆 | | | | | |
| 四 川 | | | | | |
| 贵 州 | | | | | |
| 云 南 | | | | | |
| 西 藏 | | | | | |
| 陕 西 | | | | | |
| 甘 肃 | | | | | |
| 青 海 | | | | | |
| 宁 夏 | | | | | |
| 新 疆 | | | | | |

2-8 续表 23

(其他农产品市场)

| 地　区 | 市场数量(个) | 总摊位数(个) | 年末出租摊位数(个) | 营业面积(平方米) | 成交额(万元) |
|---|---|---|---|---|---|
| **全　国** | **177** | **113573** | **101075** | **6101511** | **32677985** |
| **东部地区** | **111** | **68748** | **60321** | **2710355** | **15324069** |
| 北　京 | 3 | 2858 | 2686 | 60000 | 155100 |
| 天　津 | 2 | 1494 | 1474 | 299226 | 1440527 |
| 河　北 | 4 | 1441 | 1354 | 145400 | 65558 |
| 上　海 | 6 | 5802 | 4333 | 173190 | 1037527 |
| 江　苏 | 43 | 26169 | 22597 | 779438 | 5501750 |
| 浙　江 | 22 | 12954 | 11684 | 545011 | 4150158 |
| 福　建 | 7 | 2389 | 2266 | 68300 | 322324 |
| 山　东 | 10 | 7895 | 7510 | 537696 | 1844093 |
| 广　东 | 13 | 7069 | 5971 | 98094 | 786718 |
| 海　南 | 1 | 677 | 446 | 4000 | 20314 |
| **东北地区** | **13** | **6273** | **6011** | **330137** | **556788** |
| 辽　宁 | 7 | 1886 | 1878 | 116700 | 199371 |
| 吉　林 | 4 | 3477 | 3257 | 153437 | 200824 |
| 黑龙江 | 2 | 910 | 876 | 60000 | 156593 |
| **中部地区** | **30** | **23662** | **21268** | **1582714** | **11861807** |
| 山　西 | | | | | |
| 安　徽 | 7 | 5382 | 3868 | 272963 | 1101462 |
| 江　西 | 4 | 5096 | 4661 | 173440 | 709199 |
| 河　南 | 3 | 6657 | 6595 | 943800 | 9567250 |
| 湖　北 | 4 | 1286 | 1280 | 83890 | 135965 |
| 湖　南 | 12 | 5241 | 4864 | 108621 | 347931 |
| **西部地区** | **23** | **14890** | **13475** | **1478305** | **4935321** |
| 内蒙古 | 7 | 2208 | 2140 | 562200 | 439167 |
| 广　西 | 2 | 3314 | 3288 | 224376 | 1063149 |
| 重　庆 | 4 | 2271 | 1524 | 82740 | 671153 |
| 四　川 | 2 | 972 | 972 | 79625 | 374264 |
| 贵　州 | 2 | 3055 | 2962 | 244761 | 1234347 |
| 云　南 | | | | | |
| 西　藏 | | | | | |
| 陕　西 | 1 | 1050 | 1050 | 40000 | 400000 |
| 甘　肃 | 1 | 654 | 654 | 41200 | 650000 |
| 青　海 | 1 | 400 | 350 | 116203 | 28500 |
| 宁　夏 | 1 | 657 | 226 | 19800 | 10506 |
| 新　疆 | 2 | 309 | 309 | 67400 | 64235 |

2-8 续表 24

（食品、饮料及烟酒市场）

| 地区 | 市场数量（个） | 总摊位数（个） | 年末出租摊位数（个） | 营业面积（平方米） | 成交额（万元） |
|---|---|---|---|---|---|
| **全国** | **117** | **79630** | **61089** | **3862885** | **12068037** |
| **东部地区** | **68** | **54417** | **39232** | **2786269** | **7787970** |
| 北京 | 2 | 394 | 394 | 25500 | 55322 |
| 天津 | 1 | 2055 | 1390 | 266800 | 428732 |
| 河北 | 2 | 1434 | 1262 | 10000 | 25897 |
| 上海 | 2 | 691 | 689 | 38000 | 31005 |
| 江苏 | 15 | 5440 | 4209 | 364721 | 1095673 |
| 浙江 | 14 | 19904 | 9280 | 730407 | 3429875 |
| 福建 | 5 | 3742 | 3058 | 204208 | 259632 |
| 山东 | 19 | 16974 | 15681 | 977500 | 2263385 |
| 广东 | 8 | 3783 | 3269 | 169133 | 198449 |
| 海南 | | | | | |
| **东北地区** | **8** | **5503** | **4359** | **101331** | **1326915** |
| 辽宁 | 3 | 2588 | 1597 | 55631 | 228296 |
| 吉林 | 1 | 115 | 96 | 1300 | 10375 |
| 黑龙江 | 4 | 2800 | 2666 | 44400 | 1088244 |
| **中部地区** | **23** | **11605** | **10173** | **564516** | **1853898** |
| 山西 | 1 | 120 | 96 | 3000 | 11200 |
| 安徽 | 4 | 2756 | 2416 | 192159 | 583237 |
| 江西 | 1 | 400 | 400 | 14000 | 20221 |
| 河南 | 2 | 533 | 532 | 35473 | 152913 |
| 湖北 | 7 | 3830 | 3774 | 226345 | 656216 |
| 湖南 | 8 | 3966 | 2955 | 93539 | 430111 |
| **西部地区** | **18** | **8105** | **7325** | **410769** | **1099254** |
| 内蒙古 | | | | | |
| 广西 | 6 | 1852 | 1783 | 41883 | 189076 |
| 重庆 | 4 | 2196 | 1579 | 68553 | 145344 |
| 四川 | 3 | 2026 | 2026 | 198116 | 91795 |
| 贵州 | 2 | 1065 | 1015 | 25756 | 570390 |
| 云南 | 2 | 766 | 766 | 69448 | 79465 |
| 西藏 | | | | | |
| 陕西 | | | | | |
| 甘肃 | | | | | |
| 青海 | | | | | |
| 宁夏 | | | | | |
| 新疆 | 1 | 200 | 156 | 7013 | 23184 |

2-8 续表 25

(食品饮料市场)

| 地　区 | 市场数量(个) | 总摊位数(个) | 年末出租摊位数(个) | 营业面积(平方米) | 成交额(万元) |
|---|---|---|---|---|---|
| **全　国** | **34** | **25705** | **21936** | **1104023** | **3092380** |
| **东部地区** | **18** | **15394** | **13967** | **610973** | **2155480** |
| 北　京 | | | | | |
| 天　津 | | | | | |
| 河　北 | 1 | 634 | 634 | 5000 | 13508 |
| 上　海 | | | | | |
| 江　苏 | 2 | 640 | 625 | 44987 | 177693 |
| 浙　江 | 3 | 1610 | 1014 | 67693 | 634613 |
| 福　建 | 1 | 681 | 536 | 15000 | 33045 |
| 山　东 | 7 | 9240 | 8866 | 365120 | 1224567 |
| 广　东 | 4 | 2589 | 2292 | 113173 | 72054 |
| 海　南 | | | | | |
| **东北地区** | **3** | **2648** | **1779** | **52128** | **316589** |
| 辽　宁 | 1 | 1978 | 1149 | 30128 | 190473 |
| 吉　林 | | | | | |
| 黑龙江 | 2 | 670 | 630 | 22000 | 126116 |
| **中部地区** | **8** | **3781** | **2969** | **223356** | **461704** |
| 山　西 | | | | | |
| 安　徽 | | | | | |
| 江　西 | | | | | |
| 河　南 | 2 | 533 | 532 | 35473 | 152913 |
| 湖　北 | 3 | 1022 | 1022 | 145500 | 187349 |
| 湖　南 | 3 | 2226 | 1415 | 42383 | 121442 |
| **西部地区** | **5** | **3882** | **3221** | **217566** | **158607** |
| 内蒙古 | | | | | |
| 广　西 | | | | | |
| 重　庆 | 3 | 1982 | 1365 | 40553 | 105428 |
| 四　川 | 1 | 1700 | 1700 | 170000 | 29995 |
| 贵　州 | | | | | |
| 云　南 | | | | | |
| 西　藏 | | | | | |
| 陕　西 | | | | | |
| 甘　肃 | | | | | |
| 青　海 | | | | | |
| 宁　夏 | | | | | |
| 新　疆 | 1 | 200 | 156 | 7013 | 23184 |

2-8 续表 26

(茶叶市场)

| 地　　区 | 市场数量(个) | 总摊位数(个) | 年末出租摊位数(个) | 营业面积(平方米) | 成交额(万元) |
|---|---|---|---|---|---|
| **全　　国** | **29** | **22682** | **12418** | **1070075** | **2548969** |
| **东部地区** | **17** | **18611** | **8449** | **767278** | **1812735** |
| 北　　京 | 2 | 394 | 394 | 25500 | 55322 |
| 天　　津 | | | | | |
| 河　　北 | 1 | 800 | 628 | 5000 | 12389 |
| 上　　海 | 2 | 691 | 689 | 38000 | 31005 |
| 江　　苏 | | | | | |
| 浙　　江 | 5 | 12708 | 2931 | 375218 | 1275067 |
| 福　　建 | 1 | 2192 | 2192 | 55000 | 115245 |
| 山　　东 | 3 | 1160 | 975 | 220000 | 213560 |
| 广　　东 | 3 | 666 | 640 | 48560 | 110147 |
| 海　　南 | | | | | |
| **东北地区** | **1** | **230** | **230** | **17633** | **30000** |
| 辽　　宁 | 1 | 230 | 230 | 17633 | 30000 |
| 吉　　林 | | | | | |
| 黑 龙 江 | | | | | |
| **中部地区** | **3** | **2170** | **2118** | **142600** | **382527** |
| 山　　西 | | | | | |
| 安　　徽 | 1 | 835 | 827 | 135000 | 192125 |
| 江　　西 | | | | | |
| 河　　南 | | | | | |
| 湖　　北 | 2 | 1335 | 1291 | 7600 | 190402 |
| 湖　　南 | | | | | |
| **西部地区** | **8** | **1671** | **1621** | **142564** | **323707** |
| 内 蒙 古 | | | | | |
| 广　　西 | 2 | 240 | 240 | 12500 | 96906 |
| 重　　庆 | 1 | 214 | 214 | 28000 | 39916 |
| 四　　川 | 2 | 326 | 326 | 28116 | 61800 |
| 贵　　州 | 1 | 125 | 75 | 4500 | 45620 |
| 云　　南 | 2 | 766 | 766 | 69448 | 79465 |
| 西　　藏 | | | | | |
| 陕　　西 | | | | | |
| 甘　　肃 | | | | | |
| 青　　海 | | | | | |
| 宁　　夏 | | | | | |
| 新　　疆 | | | | | |

2-8 续表 27

(烟酒市场)

| 地　区 | 市场数量<br>(个) | 总摊位数<br>(个) | 年末出租摊位数<br>(个) | 营业面积<br>(平方米) | 成交额<br>(万元) |
|---|---|---|---|---|---|
| **全　国** | **10** | **3283** | **2872** | **279688** | **1046112** |
| **东部地区** | **6** | **1626** | **1479** | **200920** | **785276** |
| 北　京 | | | | | |
| 天　津 | | | | | |
| 河　北 | | | | | |
| 上　海 | | | | | |
| 江　苏 | 1 | 200 | 190 | 3200 | 32559 |
| 浙　江 | 1 | 400 | 389 | 120000 | 440071 |
| 福　建 | | | | | |
| 山　东 | 4 | 1026 | 900 | 77720 | 312646 |
| 广　东 | | | | | |
| 海　南 | | | | | |
| **东北地区** | | | | | |
| 辽　宁 | | | | | |
| 吉　林 | | | | | |
| 黑龙江 | | | | | |
| **中部地区** | **4** | **1657** | **1393** | **78768** | **260836** |
| 山　西 | | | | | |
| 安　徽 | 1 | 565 | 369 | 45000 | 189141 |
| 江　西 | 1 | 400 | 400 | 14000 | 20221 |
| 河　南 | | | | | |
| 湖　北 | | | | | |
| 湖　南 | 2 | 692 | 624 | 19768 | 51474 |
| **西部地区** | | | | | |
| 内蒙古 | | | | | |
| 广　西 | | | | | |
| 重　庆 | | | | | |
| 四　川 | | | | | |
| 贵　州 | | | | | |
| 云　南 | | | | | |
| 西　藏 | | | | | |
| 陕　西 | | | | | |
| 甘　肃 | | | | | |
| 青　海 | | | | | |
| 宁　夏 | | | | | |
| 新　疆 | | | | | |

2-8 续表 28

(其他食品饮料及烟酒市场)

| 地区 | 市场数量(个) | 总摊位数(个) | 年末出租摊位数(个) | 营业面积(平方米) | 成交额(万元) |
|---|---|---|---|---|---|
| **全国** | **44** | **27960** | **23863** | **1409099** | **5380576** |
| **东部地区** | **27** | **18786** | **15337** | **1207098** | **3034479** |
| 北京 | | | | | |
| 天津 | 1 | 2055 | 1390 | 266800 | 428732 |
| 河北 | | | | | |
| 上海 | | | | | |
| 江苏 | 12 | 4600 | 3394 | 316534 | 885421 |
| 浙江 | 5 | 5186 | 4946 | 167496 | 1080124 |
| 福建 | 3 | 869 | 330 | 134208 | 111342 |
| 山东 | 5 | 5548 | 4940 | 314660 | 512612 |
| 广东 | 1 | 528 | 337 | 7400 | 16248 |
| 海南 | | | | | |
| **东北地区** | **4** | **2625** | **2350** | **31570** | **980326** |
| 辽宁 | 1 | 380 | 218 | 7870 | 7823 |
| 吉林 | 1 | 115 | 96 | 1300 | 10375 |
| 黑龙江 | 2 | 2130 | 2036 | 22400 | 962128 |
| **中部地区** | **8** | **3997** | **3693** | **119792** | **748831** |
| 山西 | 1 | 120 | 96 | 3000 | 11200 |
| 安徽 | 2 | 1356 | 1220 | 12159 | 201971 |
| 江西 | | | | | |
| 河南 | | | | | |
| 湖北 | 2 | 1473 | 1461 | 73245 | 278465 |
| 湖南 | 3 | 1048 | 916 | 31388 | 257195 |
| **西部地区** | **5** | **2552** | **2483** | **50639** | **616940** |
| 内蒙古 | | | | | |
| 广西 | 4 | 1612 | 1543 | 29383 | 92170 |
| 重庆 | | | | | |
| 四川 | | | | | |
| 贵州 | 1 | 940 | 940 | 21256 | 524770 |
| 云南 | | | | | |
| 西藏 | | | | | |
| 陕西 | | | | | |
| 甘肃 | | | | | |
| 青海 | | | | | |
| 宁夏 | | | | | |
| 新疆 | | | | | |

2-8 续表 29

(纺织、服装、鞋帽市场)

| 地　区 | 市场数量(个) | 总摊位数(个) | 年末出租摊位数(个) | 营业面积(平方米) | 成交额(万元) |
|---|---|---|---|---|---|
| **全　国** | **511** | **738536** | **659568** | **34579515** | **151693011** |
| **东部地区** | **266** | **400980** | **359343** | **23469326** | **118035975** |
| 北　京 | 10 | 15423 | 13788 | 472760 | 390916 |
| 天　津 | 2 | 2809 | 2809 | 39800 | 165635 |
| 河　北 | 21 | 44267 | 37137 | 3271648 | 8200920 |
| 上　海 | 10 | 7644 | 6918 | 145384 | 595491 |
| 江　苏 | 33 | 85365 | 79550 | 6762496 | 48134397 |
| 浙　江 | 76 | 117821 | 112201 | 6230378 | 41870913 |
| 福　建 | 5 | 6191 | 5678 | 283596 | 1118113 |
| 山　东 | 51 | 43480 | 40142 | 1785973 | 6295006 |
| 广　东 | 58 | 77980 | 61120 | 4477291 | 11264584 |
| 海　南 | | | | | |
| **东北地区** | **53** | **100685** | **90407** | **2176623** | **13305262** |
| 辽　宁 | 26 | 64627 | 59381 | 1209826 | 11924722 |
| 吉　林 | 9 | 14617 | 13072 | 264680 | 480471 |
| 黑龙江 | 18 | 21441 | 17954 | 702117 | 900069 |
| **中部地区** | **114** | **115975** | **102171** | **4649071** | **8828020** |
| 山　西 | 10 | 6726 | 4911 | 373000 | 390039 |
| 安　徽 | 9 | 12814 | 12549 | 394029 | 994051 |
| 江　西 | 7 | 3793 | 3274 | 157066 | 740365 |
| 河　南 | 25 | 30380 | 26916 | 1506973 | 2722186 |
| 湖　北 | 20 | 25919 | 22380 | 1226689 | 2144402 |
| 湖　南 | 43 | 36343 | 32141 | 991314 | 1836977 |
| **西部地区** | **78** | **120896** | **107647** | **4284495** | **11523754** |
| 内蒙古 | 11 | 8072 | 7928 | 245167 | 388906 |
| 广　西 | 10 | 12176 | 12165 | 430128 | 562232 |
| 重　庆 | 7 | 3878 | 3801 | 265292 | 2033517 |
| 四　川 | 16 | 18981 | 18501 | 833507 | 1069350 |
| 贵　州 | 4 | 3995 | 3995 | 182000 | 723933 |
| 云　南 | 3 | 39103 | 28256 | 674098 | 1914979 |
| 西　藏 | | | | | |
| 陕　西 | 6 | 7899 | 7899 | 468382 | 3665223 |
| 甘　肃 | 2 | 5545 | 5355 | 425000 | 361800 |
| 青　海 | 3 | 3927 | 3827 | 129000 | 104125 |
| 宁　夏 | 3 | 5388 | 5309 | 120000 | 155678 |
| 新　疆 | 13 | 11932 | 10611 | 511921 | 544011 |

2-8 续表 30

(布料及纺织品市场)

| 地区 | 市场数量（个） | 总摊位数（个） | 年末出租摊位数（个） | 营业面积（平方米） | 成交额（万元） |
|---|---|---|---|---|---|
| **全国** | **67** | **123511** | **107392** | **9905598** | **65874385** |
| **东部地区** | **51** | **112291** | **98085** | **9573087** | **65246781** |
| 北京 | 1 | 581 | 198 | 51034 | 10524 |
| 天津 | | | | | |
| 河北 | 3 | 5543 | 5105 | 656000 | 1472614 |
| 上海 | 2 | 2587 | 2453 | 20000 | 69475 |
| 江苏 | 8 | 22734 | 22039 | 2653472 | 28509717 |
| 浙江 | 20 | 46405 | 44304 | 2962968 | 27445369 |
| 福建 | | | | | |
| 山东 | 8 | 3553 | 2822 | 250680 | 1003215 |
| 广东 | 9 | 30888 | 21164 | 2978933 | 6735867 |
| 海南 | | | | | |
| **东北地区** | **4** | **3818** | **3492** | **71137** | **106882** |
| 辽宁 | | | | | |
| 吉林 | | | | | |
| 黑龙江 | 4 | 3818 | 3492 | 71137 | 106882 |
| **中部地区** | **10** | **6505** | **5113** | **201374** | **456500** |
| 山西 | | | | | |
| 安徽 | 2 | 2810 | 2705 | 65000 | 82013 |
| 江西 | 1 | 270 | 270 | 27000 | 210000 |
| 河南 | 3 | 2556 | 1307 | 81300 | 69765 |
| 湖北 | 2 | 237 | 237 | 10674 | 26385 |
| 湖南 | 2 | 632 | 594 | 17400 | 68337 |
| **西部地区** | **2** | **897** | **702** | **60000** | **64222** |
| 内蒙古 | | | | | |
| 广西 | | | | | |
| 重庆 | | | | | |
| 四川 | 1 | 567 | 372 | 40000 | 46098 |
| 贵州 | | | | | |
| 云南 | | | | | |
| 西藏 | | | | | |
| 陕西 | 1 | 330 | 330 | 20000 | 18124 |
| 甘肃 | | | | | |
| 青海 | | | | | |
| 宁夏 | | | | | |
| 新疆 | | | | | |

2-8 续表 31

(服装市场)

| 地　区 | 市场数量(个) | 总摊位数(个) | 年末出租摊位数(个) | 营业面积(平方米) | 成交额(万元) |
|---|---|---|---|---|---|
| **全　国** | **327** | **451953** | **404441** | **19550359** | **58261792** |
| **东部地区** | **160** | **230274** | **206749** | **11620352** | **42133013** |
| 北　京 | 8 | 14392 | 13155 | 401726 | 353101 |
| 天　津 | 2 | 2809 | 2809 | 39800 | 165635 |
| 河　北 | 15 | 37202 | 30555 | 2578020 | 6115687 |
| 上　海 | 7 | 4968 | 4376 | 123224 | 511986 |
| 江　苏 | 11 | 38725 | 34904 | 3421036 | 15792240 |
| 浙　江 | 43 | 56704 | 53633 | 2614625 | 10350467 |
| 福　建 | 4 | 5391 | 5378 | 183596 | 1088113 |
| 山　东 | 28 | 29441 | 27684 | 990103 | 4016043 |
| 广　东 | 42 | 40642 | 34255 | 1268222 | 3739741 |
| 海　南 | | | | | |
| **东北地区** | **33** | **44558** | **40596** | **1456771** | **3107847** |
| 辽　宁 | 16 | 22785 | 21819 | 697391 | 2213379 |
| 吉　林 | 6 | 11640 | 10365 | 202400 | 416666 |
| 黑龙江 | 11 | 10133 | 8412 | 556980 | 477802 |
| **中部地区** | **85** | **81504** | **74118** | **3236586** | **6008217** |
| 山　西 | 9 | 6266 | 4451 | 335000 | 378139 |
| 安　徽 | 6 | 9304 | 9269 | 304901 | 901313 |
| 江　西 | 4 | 2655 | 2156 | 94066 | 195471 |
| 河　南 | 18 | 24930 | 22869 | 1150173 | 1960780 |
| 湖　北 | 14 | 12688 | 10522 | 642971 | 1312393 |
| 湖　南 | 34 | 25661 | 24851 | 709475 | 1260121 |
| **西部地区** | **49** | **95617** | **82978** | **3236650** | **7012715** |
| 内蒙古 | 6 | 5129 | 5126 | 116400 | 221318 |
| 广　西 | 6 | 8866 | 8856 | 346068 | 429317 |
| 重　庆 | 3 | 1374 | 1374 | 123656 | 217460 |
| 四　川 | 12 | 17153 | 16868 | 744907 | 889217 |
| 贵　州 | 3 | 2892 | 2892 | 152000 | 579556 |
| 云　南 | 3 | 39103 | 28256 | 674098 | 1914979 |
| 西　藏 | | | | | |
| 陕　西 | 3 | 4768 | 4768 | 213200 | 1942509 |
| 甘　肃 | 2 | 5545 | 5355 | 425000 | 361800 |
| 青　海 | 1 | 320 | 320 | 19000 | 11500 |
| 宁　夏 | | | | | |
| 新　疆 | 10 | 10467 | 9163 | 422321 | 445059 |

2-8 续表 32

(鞋帽市场)

| 地区 | 市场数量(个) | 总摊位数(个) | 年末出租摊位数(个) | 营业面积(平方米) | 成交额(万元) |
|---|---|---|---|---|---|
| **全国** | **38** | **28847** | **25170** | **1325945** | **6333363** |
| **东部地区** | **22** | **15509** | **13816** | **752663** | **2840472** |
| 北京 | | | | | |
| 天津 | | | | | |
| 河北 | 1 | 535 | 527 | 8025 | 320710 |
| 上海 | | | | | |
| 江苏 | 3 | 2936 | 2768 | 163650 | 488623 |
| 浙江 | 4 | 2034 | 1875 | 106615 | 531500 |
| 福建 | 1 | 800 | 300 | 100000 | 30000 |
| 山东 | 7 | 3554 | 3381 | 156237 | 698983 |
| 广东 | 6 | 5650 | 4965 | 218136 | 770656 |
| 海南 | | | | | |
| **东北地区** | **4** | **6050** | **4200** | **40500** | **123043** |
| 辽宁 | 2 | 2750 | 1900 | 16500 | 56294 |
| 吉林 | | | | | |
| 黑龙江 | 2 | 3300 | 2300 | 24000 | 66749 |
| **中部地区** | **8** | **3560** | **3426** | **188500** | **466760** |
| 山西 | 1 | 460 | 460 | 38000 | 11900 |
| 安徽 | | | | | |
| 江西 | 1 | 500 | 486 | 22500 | 20190 |
| 河南 | 1 | 600 | 600 | 16000 | 330000 |
| 湖北 | 2 | 720 | 645 | 50000 | 45500 |
| 湖南 | 3 | 1280 | 1235 | 62000 | 59170 |
| **西部地区** | **4** | **3728** | **3728** | **344282** | **2903088** |
| 内蒙古 | | | | | |
| 广西 | | | | | |
| 重庆 | 1 | 536 | 536 | 80100 | 1182600 |
| 四川 | 1 | 391 | 391 | 29000 | 15898 |
| 贵州 | | | | | |
| 云南 | | | | | |
| 西藏 | | | | | |
| 陕西 | 2 | 2801 | 2801 | 235182 | 1704590 |
| 甘肃 | | | | | |
| 青海 | | | | | |
| 宁夏 | | | | | |
| 新疆 | | | | | |

2-8 续表 33

(其他纺织服装鞋帽市场)

| 地　区 | 市场数量(个) | 总摊位数(个) | 年末出租摊位数(个) | 营业面积(平方米) | 成交额(万元) |
|---|---|---|---|---|---|
| **全　国** | **79** | **134225** | **122565** | **3797613** | **21223471** |
| **东部地区** | **33** | **42906** | **40693** | **1523224** | **7815709** |
| 北　京 | 1 | 450 | 435 | 20000 | 27291 |
| 天　津 | | | | | |
| 河　北 | 2 | 987 | 950 | 29603 | 291909 |
| 上　海 | 1 | 89 | 89 | 2160 | 14030 |
| 江　苏 | 11 | 20970 | 19839 | 524338 | 3343817 |
| 浙　江 | 9 | 12678 | 12389 | 546170 | 3543577 |
| 福　建 | | | | | |
| 山　东 | 8 | 6932 | 6255 | 388953 | 576765 |
| 广　东 | 1 | 800 | 736 | 12000 | 18320 |
| 海　南 | | | | | |
| **东北地区** | **12** | **46259** | **42119** | **608215** | **9967490** |
| 辽　宁 | 8 | 39092 | 35662 | 495935 | 9655049 |
| 吉　林 | 3 | 2977 | 2707 | 62280 | 63805 |
| 黑龙江 | 1 | 4190 | 3750 | 50000 | 248636 |
| **中部地区** | **11** | **24406** | **19514** | **1022611** | **1896543** |
| 山　西 | | | | | |
| 安　徽 | 1 | 700 | 575 | 24128 | 10725 |
| 江　西 | 1 | 368 | 362 | 13500 | 314704 |
| 河　南 | 3 | 2294 | 2140 | 259500 | 361641 |
| 湖　北 | 2 | 12274 | 10976 | 523044 | 760124 |
| 湖　南 | 4 | 8770 | 5461 | 202439 | 449349 |
| **西部地区** | **23** | **20654** | **20239** | **643563** | **1543729** |
| 内蒙古 | 5 | 2943 | 2802 | 128767 | 167588 |
| 广　西 | 4 | 3310 | 3309 | 84060 | 132915 |
| 重　庆 | 3 | 1968 | 1891 | 61536 | 633457 |
| 四　川 | 2 | 870 | 870 | 19600 | 118137 |
| 贵　州 | 1 | 1103 | 1103 | 30000 | 144377 |
| 云　南 | | | | | |
| 西　藏 | | | | | |
| 陕　西 | | | | | |
| 甘　肃 | | | | | |
| 青　海 | 2 | 3607 | 3507 | 110000 | 92625 |
| 宁　夏 | 3 | 5388 | 5309 | 120000 | 155678 |
| 新　疆 | 3 | 1465 | 1448 | 89600 | 98952 |

2-8 续表 34

(日用品及文化用品市场)

| 地区 | 市场数量（个） | 总摊位数（个） | 年末出租摊位数（个） | 营业面积（平方米） | 成交额（万元） |
|---|---|---|---|---|---|
| **全国** | **79** | **62512** | **51774** | **2926604** | **12027522** |
| **东部地区** | **56** | **48281** | **42145** | **2092432** | **9789324** |
| 北京 | 1 | 474 | 397 | 18000 | 78957 |
| 天津 | | | | | |
| 河北 | 1 | 7200 | 6750 | 40000 | 377420 |
| 上海 | 1 | 70 | 70 | 5000 | 2444600 |
| 江苏 | 9 | 6349 | 6158 | 205648 | 1074365 |
| 浙江 | 8 | 7560 | 5599 | 240900 | 673367 |
| 福建 | | | | | |
| 山东 | 16 | 9995 | 9369 | 641003 | 2969498 |
| 广东 | 20 | 16633 | 13802 | 941881 | 2171117 |
| 海南 | | | | | |
| **东北地区** | **4** | **5052** | **4206** | **227000** | **1006640** |
| 辽宁 | 4 | 5052 | 4206 | 227000 | 1006640 |
| 吉林 | | | | | |
| 黑龙江 | | | | | |
| **中部地区** | **15** | **7721** | **3965** | **573311** | **992510** |
| 山西 | | | | | |
| 安徽 | | | | | |
| 江西 | | | | | |
| 河南 | 5 | 5022 | 1432 | 371000 | 77524 |
| 湖北 | 6 | 1966 | 1880 | 167776 | 687987 |
| 湖南 | 4 | 733 | 653 | 34535 | 226999 |
| **西部地区** | **4** | **1458** | **1458** | **33861** | **239048** |
| 内蒙古 | | | | | |
| 广西 | | | | | |
| 重庆 | 3 | 1079 | 1079 | 27861 | 224532 |
| 四川 | | | | | |
| 贵州 | | | | | |
| 云南 | | | | | |
| 西藏 | | | | | |
| 陕西 | | | | | |
| 甘肃 | | | | | |
| 青海 | | | | | |
| 宁夏 | | | | | |
| 新疆 | 1 | 379 | 379 | 6000 | 14516 |

2-8 续表 35

(小商品市场)

| 地　区 | 市场数量（个） | 总摊位数（个） | 年末出租摊位数（个） | 营业面积（平方米） | 成交额（万元） |
|---|---|---|---|---|---|
| **全　国** | **32** | **29641** | **26994** | **1022027** | **4545242** |
| **东部地区** | **27** | **26467** | **24762** | **754027** | **4356652** |
| 北　京 | 1 | 474 | 397 | 18000 | 78957 |
| 天　津 | | | | | |
| 河　北 | 1 | 7200 | 6750 | 40000 | 377420 |
| 上　海 | | | | | |
| 江　苏 | 5 | 4975 | 4863 | 138148 | 995577 |
| 浙　江 | 1 | 632 | 632 | 21600 | 141681 |
| 福　建 | | | | | |
| 山　东 | 7 | 6074 | 5549 | 316479 | 2342723 |
| 广　东 | 12 | 7112 | 6571 | 219800 | 420294 |
| 海　南 | | | | | |
| **东北地区** | **1** | **1777** | **1007** | **150000** | **120000** |
| 辽　宁 | 1 | 1777 | 1007 | 150000 | 120000 |
| 吉　林 | | | | | |
| 黑龙江 | | | | | |
| **中部地区** | **3** | **1018** | **846** | **112000** | **54074** |
| 山　西 | | | | | |
| 安　徽 | | | | | |
| 江　西 | | | | | |
| 河　南 | 2 | 692 | 520 | 108000 | 26524 |
| 湖　北 | 1 | 326 | 326 | 4000 | 27550 |
| 湖　南 | | | | | |
| **西部地区** | **1** | **379** | **379** | **6000** | **14516** |
| 内蒙古 | | | | | |
| 广　西 | | | | | |
| 重　庆 | | | | | |
| 四　川 | | | | | |
| 贵　州 | | | | | |
| 云　南 | | | | | |
| 西　藏 | | | | | |
| 陕　西 | | | | | |
| 甘　肃 | | | | | |
| 青　海 | | | | | |
| 宁　夏 | | | | | |
| 新　疆 | 1 | 379 | 379 | 6000 | 14516 |

2-8 续表 36

(箱包市场)

| 地 区 | 市场数量（个） | 总摊位数（个） | 年末出租摊位数（个） | 营业面积（平方米） | 成交额（万元） |
|---|---|---|---|---|---|
| **全 国** | **5** | **6470** | **4986** | **591400** | **1855460** |
| **东部地区** | **2** | **4380** | **3050** | **508400** | **1065260** |
| 北 京 | | | | | |
| 天 津 | | | | | |
| 河 北 | | | | | |
| 上 海 | | | | | |
| 江 苏 | | | | | |
| 浙 江 | | | | | |
| 福 建 | | | | | |
| 山 东 | 1 | 150 | 150 | 8400 | 15260 |
| 广 东 | 1 | 4230 | 2900 | 500000 | 1050000 |
| 海 南 | | | | | |
| **东北地区** | **1** | **1580** | **1506** | **29000** | **770000** |
| 辽 宁 | 1 | 1580 | 1506 | 29000 | 770000 |
| 吉 林 | | | | | |
| 黑龙江 | | | | | |
| **中部地区** | **2** | **510** | **430** | **54000** | **20200** |
| 山 西 | | | | | |
| 安 徽 | | | | | |
| 江 西 | | | | | |
| 河 南 | 1 | 150 | 130 | 7000 | 10200 |
| 湖 北 | 1 | 360 | 300 | 47000 | 10000 |
| 湖 南 | | | | | |
| **西部地区** | | | | | |
| 内蒙古 | | | | | |
| 广 西 | | | | | |
| 重 庆 | | | | | |
| 四 川 | | | | | |
| 贵 州 | | | | | |
| 云 南 | | | | | |
| 西 藏 | | | | | |
| 陕 西 | | | | | |
| 甘 肃 | | | | | |
| 青 海 | | | | | |
| 宁 夏 | | | | | |
| 新 疆 | | | | | |

2-8 续表 37

(玩具市场)

| 地 区 | 市场数量(个) | 总摊位数(个) | 年末出租摊位数(个) | 营业面积(平方米) | 成交额(万元) |
|---|---|---|---|---|---|
| **全 国** | **4** | **5133** | **1699** | **369874** | **251107** |
| **东部地区** | **3** | **1133** | **1067** | **119874** | **240307** |
| 北 京 | | | | | |
| 天 津 | | | | | |
| 河 北 | | | | | |
| 上 海 | | | | | |
| 江 苏 | | | | | |
| 浙 江 | | | | | |
| 福 建 | | | | | |
| 山 东 | 2 | 1023 | 957 | 107124 | 157057 |
| 广 东 | 1 | 110 | 110 | 12750 | 83250 |
| 海 南 | | | | | |
| **东北地区** | | | | | |
| 辽 宁 | | | | | |
| 吉 林 | | | | | |
| 黑 龙 江 | | | | | |
| **中部地区** | **1** | **4000** | **632** | **250000** | **10800** |
| 山 西 | | | | | |
| 安 徽 | | | | | |
| 江 西 | | | | | |
| 河 南 | 1 | 4000 | 632 | 250000 | 10800 |
| 湖 北 | | | | | |
| 湖 南 | | | | | |
| **西部地区** | | | | | |
| 内 蒙 古 | | | | | |
| 广 西 | | | | | |
| 重 庆 | | | | | |
| 四 川 | | | | | |
| 贵 州 | | | | | |
| 云 南 | | | | | |
| 西 藏 | | | | | |
| 陕 西 | | | | | |
| 甘 肃 | | | | | |
| 青 海 | | | | | |
| 宁 夏 | | | | | |
| 新 疆 | | | | | |

2-8 续表 38

(文具市场)

| 地 区 | 市场数量(个) | 总摊位数(个) | 年末出租摊位数(个) | 营业面积(平方米) | 成交额(万元) |
|---|---|---|---|---|---|
| **全 国** | **4** | **1050** | **987** | **117446** | **174686** |
| **东部地区** | **3** | **985** | **925** | **104446** | **154336** |
| 北 京 | | | | | |
| 天 津 | | | | | |
| 河 北 | | | | | |
| 上 海 | | | | | |
| 江 苏 | 1 | 300 | 240 | 40000 | 19100 |
| 浙 江 | | | | | |
| 福 建 | | | | | |
| 山 东 | 1 | 578 | 578 | 60000 | 36112 |
| 广 东 | 1 | 107 | 107 | 4446 | 99124 |
| 海 南 | | | | | |
| **东北地区** | | | | | |
| 辽 宁 | | | | | |
| 吉 林 | | | | | |
| 黑龙江 | | | | | |
| **中部地区** | **1** | **65** | **62** | **13000** | **20350** |
| 山 西 | | | | | |
| 安 徽 | | | | | |
| 江 西 | | | | | |
| 河 南 | | | | | |
| 湖 北 | | | | | |
| 湖 南 | 1 | 65 | 62 | 13000 | 20350 |
| **西部地区** | | | | | |
| 内蒙古 | | | | | |
| 广 西 | | | | | |
| 重 庆 | | | | | |
| 四 川 | | | | | |
| 贵 州 | | | | | |
| 云 南 | | | | | |
| 西 藏 | | | | | |
| 陕 西 | | | | | |
| 甘 肃 | | | | | |
| 青 海 | | | | | |
| 宁 夏 | | | | | |
| 新 疆 | | | | | |

2-8 续表 39

(图书、报刊杂志市场)

| 地区 | 市场数量(个) | 总摊位数(个) | 年末出租摊位数(个) | 营业面积(平方米) | 成交额(万元) |
|---|---|---|---|---|---|
| **全国** | **6** | **1217** | **1174** | **69274** | **357339** |
| **东部地区** | **4** | **370** | **335** | **51989** | **133419** |
| 北京 | | | | | |
| 天津 | | | | | |
| 河北 | | | | | |
| 上海 | | | | | |
| 江苏 | | | | | |
| 浙江 | 1 | 91 | 70 | 10000 | 22500 |
| 福建 | | | | | |
| 山东 | 2 | 190 | 176 | 29000 | 91064 |
| 广东 | 1 | 89 | 89 | 12989 | 19855 |
| 海南 | | | | | |
| **东北地区** | | | | | |
| 辽宁 | | | | | |
| 吉林 | | | | | |
| 黑龙江 | | | | | |
| **中部地区** | **2** | **847** | **839** | **17285** | **223920** |
| 山西 | | | | | |
| 安徽 | | | | | |
| 江西 | | | | | |
| 河南 | | | | | |
| 湖北 | 1 | 427 | 419 | 4100 | 61889 |
| 湖南 | 1 | 420 | 420 | 13185 | 162031 |
| **西部地区** | | | | | |
| 内蒙古 | | | | | |
| 广西 | | | | | |
| 重庆 | | | | | |
| 四川 | | | | | |
| 贵州 | | | | | |
| 云南 | | | | | |
| 西藏 | | | | | |
| 陕西 | | | | | |
| 甘肃 | | | | | |
| 青海 | | | | | |
| 宁夏 | | | | | |
| 新疆 | | | | | |

2-8 续表 40

(音像制品及电子出版物市场)

| 地 区 | 市场数量(个) | 总摊位数(个) | 年末出租摊位数(个) | 营业面积(平方米) | 成交额(万元) |
|---|---|---|---|---|---|
| **全 国** | **3** | **691** | **609** | **20500** | **158490** |
| **东部地区** | **1** | **328** | **320** | **11000** | **28040** |
| 北 京 | | | | | |
| 天 津 | | | | | |
| 河 北 | | | | | |
| 上 海 | | | | | |
| 江 苏 | 1 | 328 | 320 | 11000 | 28040 |
| 浙 江 | | | | | |
| 福 建 | | | | | |
| 山 东 | | | | | |
| 广 东 | | | | | |
| 海 南 | | | | | |
| **东北地区** | **1** | **200** | **198** | **3000** | **99833** |
| 辽 宁 | 1 | 200 | 198 | 3000 | 99833 |
| 吉 林 | | | | | |
| 黑 龙 江 | | | | | |
| **中部地区** | **1** | **163** | **91** | **6500** | **30617** |
| 山 西 | | | | | |
| 安 徽 | | | | | |
| 江 西 | | | | | |
| 河 南 | | | | | |
| 湖 北 | | | | | |
| 湖 南 | 1 | 163 | 91 | 6500 | 30617 |
| **西部地区** | | | | | |
| 内 蒙 古 | | | | | |
| 广 西 | | | | | |
| 重 庆 | | | | | |
| 四 川 | | | | | |
| 贵 州 | | | | | |
| 云 南 | | | | | |
| 西 藏 | | | | | |
| 陕 西 | | | | | |
| 甘 肃 | | | | | |
| 青 海 | | | | | |
| 宁 夏 | | | | | |
| 新 疆 | | | | | |

2-8 续表 41

(体育用品市场)

| 地　区 | 市场数量(个) | 总摊位数(个) | 年末出租摊位数(个) | 营业面积(平方米) | 成交额(万元) |
|---|---|---|---|---|---|
| **全　国** | **1** | **324** | **260** | **12800** | **18000** |
| **东部地区** | **1** | **324** | **260** | **12800** | **18000** |
| 北　京 | | | | | |
| 天　津 | | | | | |
| 河　北 | | | | | |
| 上　海 | | | | | |
| 江　苏 | | | | | |
| 浙　江 | | | | | |
| 福　建 | | | | | |
| 山　东 | | | | | |
| 广　东 | 1 | 324 | 260 | 12800 | 18000 |
| 海　南 | | | | | |
| **东北地区** | | | | | |
| 辽　宁 | | | | | |
| 吉　林 | | | | | |
| 黑龙江 | | | | | |
| **中部地区** | | | | | |
| 山　西 | | | | | |
| 安　徽 | | | | | |
| 江　西 | | | | | |
| 河　南 | | | | | |
| 湖　北 | | | | | |
| 湖　南 | | | | | |
| **西部地区** | | | | | |
| 内蒙古 | | | | | |
| 广　西 | | | | | |
| 重　庆 | | | | | |
| 四　川 | | | | | |
| 贵　州 | | | | | |
| 云　南 | | | | | |
| 西　藏 | | | | | |
| 陕　西 | | | | | |
| 甘　肃 | | | | | |
| 青　海 | | | | | |
| 宁　夏 | | | | | |
| 新　疆 | | | | | |

2-8 续表 42

(其他日用品及文化用品市场)

| 地区 | 市场数量（个） | 总摊位数（个） | 年末出租摊位数（个） | 营业面积（平方米） | 成交额（万元） |
|---|---|---|---|---|---|
| **全国** | **24** | **17986** | **15065** | **723283** | **4667198** |
| **东部地区** | **15** | **14294** | **11426** | **529896** | **3793310** |
| 北京 | | | | | |
| 天津 | | | | | |
| 河北 | | | | | |
| 上海 | 1 | 70 | 70 | 5000 | 2444600 |
| 江苏 | 2 | 746 | 735 | 16500 | 31648 |
| 浙江 | 6 | 6837 | 4897 | 209300 | 509186 |
| 福建 | | | | | |
| 山东 | 3 | 1980 | 1959 | 120000 | 327282 |
| 广东 | 3 | 4661 | 3765 | 179096 | 480594 |
| 海南 | | | | | |
| **东北地区** | **1** | **1495** | **1495** | **45000** | **16807** |
| 辽宁 | 1 | 1495 | 1495 | 45000 | 16807 |
| 吉林 | | | | | |
| 黑龙江 | | | | | |
| **中部地区** | **5** | **1118** | **1065** | **120526** | **632549** |
| 山西 | | | | | |
| 安徽 | | | | | |
| 江西 | | | | | |
| 河南 | 1 | 180 | 150 | 6000 | 30000 |
| 湖北 | 3 | 853 | 835 | 112676 | 588548 |
| 湖南 | 1 | 85 | 80 | 1850 | 14001 |
| **西部地区** | **3** | **1079** | **1079** | **27861** | **224532** |
| 内蒙古 | | | | | |
| 广西 | | | | | |
| 重庆 | 3 | 1079 | 1079 | 27861 | 224532 |
| 四川 | | | | | |
| 贵州 | | | | | |
| 云南 | | | | | |
| 西藏 | | | | | |
| 陕西 | | | | | |
| 甘肃 | | | | | |
| 青海 | | | | | |
| 宁夏 | | | | | |
| 新疆 | | | | | |

2-8 续表 43

(黄金、珠宝、玉器等首饰市场)

| 地 区 | 市场数量(个) | 总摊位数(个) | 年末出租摊位数(个) | 营业面积(平方米) | 成交额(万元) |
|---|---|---|---|---|---|
| **全 国** | **25** | **18710** | **15038** | **2556322** | **6944937** |
| **东部地区** | **16** | **13310** | **10059** | **1862061** | **6300384** |
| 北 京 | 2 | 830 | 539 | 18829 | 163193 |
| 天 津 | | | | | |
| 河 北 | | | | | |
| 上 海 | | | | | |
| 江 苏 | 2 | 2725 | 2029 | 188350 | 1232294 |
| 浙 江 | 2 | 2740 | 1750 | 126973 | 2620748 |
| 福 建 | 5 | 2088 | 2084 | 246030 | 1028575 |
| 山 东 | 2 | 2013 | 1375 | 598579 | 1119582 |
| 广 东 | 3 | 2914 | 2282 | 683300 | 135992 |
| 海 南 | | | | | |
| **东北地区** | **3** | **2180** | **1764** | **38180** | **62620** |
| 辽 宁 | 3 | 2180 | 1764 | 38180 | 62620 |
| 吉 林 | | | | | |
| 黑 龙 江 | | | | | |
| **中部地区** | **3** | **200** | **195** | **78000** | **431156** |
| 山 西 | | | | | |
| 安 徽 | | | | | |
| 江 西 | 1 | 50 | 50 | 50000 | 38126 |
| 河 南 | 1 | 100 | 99 | 8000 | 32215 |
| 湖 北 | | | | | |
| 湖 南 | 1 | 50 | 46 | 20000 | 360815 |
| **西部地区** | **3** | **3020** | **3020** | **578081** | **150777** |
| 内 蒙 古 | 2 | 2335 | 2335 | 521600 | 140643 |
| 广 西 | | | | | |
| 重 庆 | | | | | |
| 四 川 | | | | | |
| 贵 州 | | | | | |
| 云 南 | | | | | |
| 西 藏 | | | | | |
| 陕 西 | | | | | |
| 甘 肃 | | | | | |
| 青 海 | | | | | |
| 宁 夏 | | | | | |
| 新 疆 | 1 | 685 | 685 | 56481 | 10134 |

2-8 续表 44

(电器、通讯器材、电子设备市场)

| 地　区 | 市场数量（个） | 总摊位数（个） | 年末出租摊位数（个） | 营业面积（平方米） | 成交额（万元） |
|---|---|---|---|---|---|
| **全　国** | **121** | **59869** | **51019** | **3190272** | **7890850** |
| **东部地区** | **59** | **30153** | **24962** | **989028** | **2738652** |
| 北　京 | 5 | 3802 | 3266 | 58220 | 299126 |
| 天　津 | | | | | |
| 河　北 | 1 | 300 | 300 | 36000 | 43874 |
| 上　海 | 2 | 426 | 361 | 10864 | 59016 |
| 江　苏 | 6 | 3315 | 2872 | 80249 | 264257 |
| 浙　江 | 21 | 7876 | 6028 | 292787 | 771496 |
| 福　建 | 1 | 719 | 659 | 38000 | 101889 |
| 山　东 | 8 | 3256 | 3038 | 288800 | 841957 |
| 广　东 | 14 | 10164 | 8143 | 173608 | 330487 |
| 海　南 | 1 | 295 | 295 | 10500 | 26550 |
| **东北地区** | **8** | **4646** | **3534** | **223559** | **444449** |
| 辽　宁 | 4 | 2106 | 1237 | 118800 | 90539 |
| 吉　林 | 1 | 320 | 207 | 2200 | 70910 |
| 黑龙江 | 3 | 2220 | 2090 | 102559 | 283000 |
| **中部地区** | **29** | **15377** | **13733** | **1520020** | **3025864** |
| 山　西 | | | | | |
| 安　徽 | 1 | 3902 | 3243 | 875253 | 1084342 |
| 江　西 | 2 | 1239 | 918 | 53994 | 53500 |
| 河　南 | 6 | 4163 | 4063 | 316505 | 832152 |
| 湖　北 | 6 | 1978 | 1819 | 79000 | 271789 |
| 湖　南 | 14 | 4095 | 3690 | 195268 | 784081 |
| **西部地区** | **25** | **9693** | **8790** | **457665** | **1681885** |
| 内蒙古 | 2 | 835 | 735 | 24645 | 107729 |
| 广　西 | 1 | 700 | 650 | 20678 | 79000 |
| 重　庆 | 9 | 2945 | 2446 | 181744 | 559458 |
| 四　川 | 1 | 78 | 70 | 4000 | 15000 |
| 贵　州 | 2 | 533 | 522 | 39800 | 127530 |
| 云　南 | | | | | |
| 西　藏 | | | | | |
| 陕　西 | 5 | 2437 | 2436 | 131000 | 553426 |
| 甘　肃 | | | | | |
| 青　海 | | | | | |
| 宁　夏 | 1 | 327 | 314 | 9000 | 34200 |
| 新　疆 | 4 | 1838 | 1617 | 46798 | 205542 |

2-8 续表 45

(家电市场)

| 地　区 | 市场数量(个) | 总摊位数(个) | 年末出租摊位数(个) | 营业面积(平方米) | 成交额(万元) |
|---|---|---|---|---|---|
| **全　国** | **32** | **12646** | **10781** | **1478308** | **3040354** |
| **东部地区** | **15** | **4028** | **3557** | **311001** | **923694** |
| 北　京 | | | | | |
| 天　津 | | | | | |
| 河　北 | | | | | |
| 上　海 | | | | | |
| 江　苏 | 1 | 400 | 388 | 11000 | 51490 |
| 浙　江 | 5 | 547 | 498 | 59101 | 190493 |
| 福　建 | | | | | |
| 山　东 | 4 | 1284 | 1223 | 188800 | 572800 |
| 广　东 | 5 | 1797 | 1448 | 52100 | 108911 |
| 海　南 | | | | | |
| **东北地区** | **1** | **728** | **500** | **24000** | **16684** |
| 辽　宁 | 1 | 728 | 500 | 24000 | 16684 |
| 吉　林 | | | | | |
| 黑龙江 | | | | | |
| **中部地区** | **15** | **7862** | **6696** | **1128307** | **2012627** |
| 山　西 | | | | | |
| 安　徽 | 1 | 3902 | 3243 | 875253 | 1084342 |
| 江　西 | 2 | 1239 | 918 | 53994 | 53500 |
| 河　南 | 4 | 1114 | 1014 | 94428 | 462301 |
| 湖　北 | 1 | 280 | 200 | 8400 | 8000 |
| 湖　南 | 7 | 1327 | 1321 | 96232 | 404484 |
| **西部地区** | **1** | **28** | **28** | **15000** | **87349** |
| 内蒙古 | | | | | |
| 广　西 | | | | | |
| 重　庆 | 1 | 28 | 28 | 15000 | 87349 |
| 四　川 | | | | | |
| 贵　州 | | | | | |
| 云　南 | | | | | |
| 西　藏 | | | | | |
| 陕　西 | | | | | |
| 甘　肃 | | | | | |
| 青　海 | | | | | |
| 宁　夏 | | | | | |
| 新　疆 | | | | | |

2-8 续表 46

(通讯器材市场)

| 地区 | 市场数量(个) | 总摊位数(个) | 年末出租摊位数(个) | 营业面积(平方米) | 成交额(万元) |
|---|---|---|---|---|---|
| **全　国** | **20** | **11654** | **10026** | **406971** | **1106072** |
| **东部地区** | **7** | **6370** | **5571** | **146335** | **234667** |
| 北　京 | | | | | |
| 天　津 | | | | | |
| 河　北 | 1 | 300 | 300 | 36000 | 43874 |
| 上　海 | | | | | |
| 江　苏 | 1 | 1604 | 1600 | 44232 | 53200 |
| 浙　江 | 2 | 874 | 861 | 40503 | 34493 |
| 福　建 | | | | | |
| 山　东 | | | | | |
| 广　东 | 3 | 3592 | 2810 | 25600 | 103100 |
| 海　南 | | | | | |
| **东北地区** | **2** | **856** | **452** | **77000** | **62731** |
| 辽　宁 | 2 | 856 | 452 | 77000 | 62731 |
| 吉　林 | | | | | |
| 黑龙江 | | | | | |
| **中部地区** | **5** | **1243** | **1124** | **54036** | **265561** |
| 山　西 | | | | | |
| 安　徽 | | | | | |
| 江　西 | | | | | |
| 河　南 | | | | | |
| 湖　北 | 3 | 961 | 882 | 51000 | 220695 |
| 湖　南 | 2 | 282 | 242 | 3036 | 44866 |
| **西部地区** | **6** | **3185** | **2879** | **129600** | **543113** |
| 内蒙古 | 1 | 400 | 300 | 8800 | 63828 |
| 广　西 | | | | | |
| 重　庆 | 2 | 968 | 808 | 72000 | 220385 |
| 四　川 | | | | | |
| 贵　州 | | | | | |
| 云　南 | | | | | |
| 西　藏 | | | | | |
| 陕　西 | 2 | 1037 | 1036 | 30800 | 148450 |
| 甘　肃 | | | | | |
| 青　海 | | | | | |
| 宁　夏 | | | | | |
| 新　疆 | 1 | 780 | 735 | 18000 | 110450 |

2-8 续表 47

(照相、摄像器材市场)

| 地　区 | 市场数量(个) | 总摊位数(个) | 年末出租摊位数(个) | 营业面积(平方米) | 成交额(万元) |
|---|---|---|---|---|---|
| **全　国** | **3** | **1039** | **972** | **56320** | **90725** |
| **东部地区** | **2** | **479** | **412** | **16320** | **68805** |
| 北　京 | 1 | 232 | 230 | 8520 | 31558 |
| 天　津 | | | | | |
| 河　北 | | | | | |
| 上　海 | 1 | 247 | 182 | 7800 | 37247 |
| 江　苏 | | | | | |
| 浙　江 | | | | | |
| 福　建 | | | | | |
| 山　东 | | | | | |
| 广　东 | | | | | |
| 海　南 | | | | | |
| **东北地区** | | | | | |
| 辽　宁 | | | | | |
| 吉　林 | | | | | |
| 黑 龙 江 | | | | | |
| **中部地区** | | | | | |
| 山　西 | | | | | |
| 安　徽 | | | | | |
| 江　西 | | | | | |
| 河　南 | | | | | |
| 湖　北 | | | | | |
| 湖　南 | | | | | |
| **西部地区** | **1** | **560** | **560** | **40000** | **21920** |
| 内 蒙 古 | | | | | |
| 广　西 | | | | | |
| 重　庆 | | | | | |
| 四　川 | | | | | |
| 贵　州 | | | | | |
| 云　南 | | | | | |
| 西　藏 | | | | | |
| 陕　西 | 1 | 560 | 560 | 40000 | 21920 |
| 甘　肃 | | | | | |
| 青　海 | | | | | |
| 宁　夏 | | | | | |
| 新　疆 | | | | | |

2-8　续表 48

(计算机及辅助设备市场)

| 地　区 | 市场数量（个） | 总摊位数（个） | 年末出租摊位数（个） | 营业面积（平方米） | 成交额（万元） |
|---|---|---|---|---|---|
| **全　国** | **56** | **28716** | **24275** | **1076893** | **3073904** |
| **东部地区** | **30** | **15212** | **12097** | **439692** | **1237991** |
| 北　京 | 2 | 1690 | 1586 | 35800 | 179708 |
| 天　津 | | | | | |
| 河　北 | | | | | |
| 上　海 | 1 | 179 | 179 | 3064 | 21769 |
| 江　苏 | 4 | 1311 | 884 | 25017 | 159567 |
| 浙　江 | 12 | 4566 | 3089 | 141903 | 387425 |
| 福　建 | 1 | 719 | 659 | 38000 | 101889 |
| 山　东 | 4 | 1972 | 1815 | 100000 | 269157 |
| 广　东 | 6 | 4775 | 3885 | 95908 | 118476 |
| 海　南 | | | | | |
| **东北地区** | **5** | **3062** | **2582** | **122559** | **365034** |
| 辽　宁 | 1 | 522 | 285 | 17800 | 11124 |
| 吉　林 | 1 | 320 | 207 | 2200 | 70910 |
| 黑龙江 | 3 | 2220 | 2090 | 102559 | 283000 |
| **中部地区** | **7** | **5312** | **5030** | **309677** | **678547** |
| 山　西 | | | | | |
| 安　徽 | | | | | |
| 江　西 | | | | | |
| 河　南 | 1 | 2769 | 2769 | 206077 | 350000 |
| 湖　北 | 2 | 737 | 737 | 19600 | 43094 |
| 湖　南 | 4 | 1806 | 1524 | 84000 | 285453 |
| **西部地区** | **14** | **5130** | **4566** | **204965** | **792332** |
| 内蒙古 | 1 | 435 | 435 | 15845 | 43901 |
| 广　西 | 1 | 700 | 650 | 20678 | 79000 |
| 重　庆 | 4 | 1540 | 1223 | 63444 | 122963 |
| 四　川 | 1 | 78 | 70 | 4000 | 15000 |
| 贵　州 | 1 | 152 | 152 | 3000 | 19120 |
| 云　南 | | | | | |
| 西　藏 | | | | | |
| 陕　西 | 2 | 840 | 840 | 60200 | 383056 |
| 甘　肃 | | | | | |
| 青　海 | | | | | |
| 宁　夏 | 1 | 327 | 314 | 9000 | 34200 |
| 新　疆 | 3 | 1058 | 882 | 28798 | 95092 |

2-8 续表 49

(其他电器、通讯器材、电子设备市场)

| 地　区 | 市场数量<br>(个) | 总摊位数<br>(个) | 年末出租摊位数<br>(个) | 营业面积<br>(平方米) | 成交额<br>(万元) |
|---|---|---|---|---|---|
| **全　国** | **10** | **5814** | **4965** | **171780** | **579795** |
| **东部地区** | **5** | **4064** | **3325** | **75680** | **273495** |
| 北　京 | 2 | 1880 | 1450 | 13900 | 87860 |
| 天　津 | | | | | |
| 河　北 | | | | | |
| 上　海 | | | | | |
| 江　苏 | | | | | |
| 浙　江 | 2 | 1889 | 1580 | 51280 | 159085 |
| 福　建 | | | | | |
| 山　东 | | | | | |
| 广　东 | | | | | |
| 海　南 | 1 | 295 | 295 | 10500 | 26550 |
| **东北地区** | | | | | |
| 辽　宁 | | | | | |
| 吉　林 | | | | | |
| 黑龙江 | | | | | |
| **中部地区** | **2** | **960** | **883** | **28000** | **69129** |
| 山　西 | | | | | |
| 安　徽 | | | | | |
| 江　西 | | | | | |
| 河　南 | 1 | 280 | 280 | 16000 | 19851 |
| 湖　北 | | | | | |
| 湖　南 | 1 | 680 | 603 | 12000 | 49278 |
| **西部地区** | **3** | **790** | **757** | **68100** | **237171** |
| 内蒙古 | | | | | |
| 广　西 | | | | | |
| 重　庆 | 2 | 409 | 387 | 31300 | 128761 |
| 四　川 | | | | | |
| 贵　州 | 1 | 381 | 370 | 36800 | 108410 |
| 云　南 | | | | | |
| 西　藏 | | | | | |
| 陕　西 | | | | | |
| 甘　肃 | | | | | |
| 青　海 | | | | | |
| 宁　夏 | | | | | |
| 新　疆 | | | | | |

2-8　续表 50

(医药、医疗用品及器材市场)

| 地　区 | 市场数量(个) | 总摊位数(个) | 年末出租摊位数(个) | 营业面积(平方米) | 成交额(万元) |
|---|---|---|---|---|---|
| **全　国** | **22** | **75267** | **42416** | **2630857** | **13147475** |
| **东部地区** | **8** | **17744** | **10105** | **532133** | **2692429** |
| 北　京 | | | | | |
| 天　津 | | | | | |
| 河　北 | 1 | 14000 | 7030 | 360000 | 2340000 |
| 上　海 | 1 | 190 | 160 | 8000 | 20000 |
| 江　苏 | | | | | |
| 浙　江 | 2 | 1828 | 1303 | 86540 | 134238 |
| 福　建 | 1 | 31 | 31 | 1500 | 23600 |
| 山　东 | 1 | 968 | 872 | 60000 | 36953 |
| 广　东 | 2 | 727 | 709 | 16093 | 137638 |
| 海　南 | | | | | |
| **东北地区** | **2** | **1504** | **1133** | **107900** | **450000** |
| 辽　宁 | 1 | 724 | 353 | 93900 | 180000 |
| 吉　林 | 1 | 780 | 780 | 14000 | 270000 |
| 黑龙江 | | | | | |
| **中部地区** | **7** | **12602** | **10423** | **656102** | **5071842** |
| 山　西 | | | | | |
| 安　徽 | 2 | 7070 | 7007 | 44500 | 2988916 |
| 江　西 | 1 | 700 | 378 | 19000 | 950000 |
| 河　南 | 2 | 3046 | 1336 | 114950 | 417518 |
| 湖　北 | | | | | |
| 湖　南 | 2 | 1786 | 1702 | 477652 | 715408 |
| **西部地区** | **5** | **43417** | **20755** | **1334722** | **4933204** |
| 内蒙古 | 1 | 174 | 174 | 17040 | 28749 |
| 广　西 | 1 | 1116 | 1000 | 23000 | 946000 |
| 重　庆 | | | | | |
| 四　川 | 1 | 41612 | 19070 | 1255000 | 3760604 |
| 贵　州 | | | | | |
| 云　南 | 1 | 445 | 441 | 19682 | 177851 |
| 西　藏 | | | | | |
| 陕　西 | | | | | |
| 甘　肃 | | | | | |
| 青　海 | 1 | 70 | 70 | 20000 | 20000 |
| 宁　夏 | | | | | |
| 新　疆 | | | | | |

2-8 续表 51

(中药材市场)

| 地 区 | 市场数量(个) | 总摊位数(个) | 年末出租摊位数(个) | 营业面积(平方米) | 成交额(万元) |
|---|---|---|---|---|---|
| **全 国** | **22** | **75267** | **42416** | **2630857** | **13147475** |
| **东部地区** | **8** | **17744** | **10105** | **532133** | **2692429** |
| 北 京 | | | | | |
| 天 津 | | | | | |
| 河 北 | 1 | 14000 | 7030 | 360000 | 2340000 |
| 上 海 | 1 | 190 | 160 | 8000 | 20000 |
| 江 苏 | | | | | |
| 浙 江 | 2 | 1828 | 1303 | 86540 | 134238 |
| 福 建 | 1 | 31 | 31 | 1500 | 23600 |
| 山 东 | 1 | 968 | 872 | 60000 | 36953 |
| 广 东 | 2 | 727 | 709 | 16093 | 137638 |
| 海 南 | | | | | |
| **东北地区** | **2** | **1504** | **1133** | **107900** | **450000** |
| 辽 宁 | 1 | 724 | 353 | 93900 | 180000 |
| 吉 林 | 1 | 780 | 780 | 14000 | 270000 |
| 黑龙江 | | | | | |
| **中部地区** | **7** | **12602** | **10423** | **656102** | **5071842** |
| 山 西 | | | | | |
| 安 徽 | 2 | 7070 | 7007 | 44500 | 2988916 |
| 江 西 | 1 | 700 | 378 | 19000 | 950000 |
| 河 南 | 2 | 3046 | 1336 | 114950 | 417518 |
| 湖 北 | | | | | |
| 湖 南 | 2 | 1786 | 1702 | 477652 | 715408 |
| **西部地区** | **5** | **43417** | **20755** | **1334722** | **4933204** |
| 内蒙古 | 1 | 174 | 174 | 17040 | 28749 |
| 广 西 | 1 | 1116 | 1000 | 23000 | 946000 |
| 重 庆 | | | | | |
| 四 川 | 1 | 41612 | 19070 | 1255000 | 3760604 |
| 贵 州 | | | | | |
| 云 南 | 1 | 445 | 441 | 19682 | 177851 |
| 西 藏 | | | | | |
| 陕 西 | | | | | |
| 甘 肃 | | | | | |
| 青 海 | 1 | 70 | 70 | 20000 | 20000 |
| 宁 夏 | | | | | |
| 新 疆 | | | | | |

2-8 续表 52

(家具、五金及装饰材料市场)

| 地区 | 市场数量（个） | 总摊位数（个） | 年末出租摊位数（个） | 营业面积（平方米） | 成交额（万元） |
|---|---|---|---|---|---|
| **全国** | **555** | **326050** | **294399** | **43158975** | **54426323** |
| **东部地区** | **331** | **198959** | **179535** | **26533814** | **36169273** |
| 北京 | 20 | 10936 | 9735 | 1333049 | 1446937 |
| 天津 | 6 | 2671 | 2671 | 223922 | 185384 |
| 河北 | 24 | 15679 | 13482 | 4924315 | 4619944 |
| 上海 | 14 | 9591 | 9321 | 937936 | 790209 |
| 江苏 | 89 | 57432 | 51431 | 6634698 | 8795304 |
| 浙江 | 85 | 53197 | 49420 | 5556201 | 10753678 |
| 福建 | 7 | 2129 | 1899 | 451504 | 702761 |
| 山东 | 66 | 37929 | 33278 | 4551324 | 6890947 |
| 广东 | 20 | 9395 | 8298 | 1920865 | 1984109 |
| 海南 | | | | | |
| **东北地区** | **35** | **18602** | **17500** | **1774238** | **1563054** |
| 辽宁 | 25 | 13958 | 13157 | 1065033 | 1331171 |
| 吉林 | 4 | 3095 | 2909 | 383205 | 90680 |
| 黑龙江 | 6 | 1549 | 1434 | 326000 | 141203 |
| **中部地区** | **106** | **62097** | **54254** | **8375393** | **10036717** |
| 山西 | 2 | 813 | 736 | 152369 | 52174 |
| 安徽 | 14 | 9721 | 8388 | 934385 | 1144214 |
| 江西 | 18 | 20100 | 18736 | 2861742 | 2967948 |
| 河南 | 18 | 8709 | 7763 | 1741468 | 1038272 |
| 湖北 | 22 | 9987 | 7386 | 1292430 | 2593226 |
| 湖南 | 32 | 12767 | 11245 | 1392999 | 2240883 |
| **西部地区** | **83** | **46392** | **43110** | **6475530** | **6657279** |
| 内蒙古 | 4 | 1123 | 1118 | 115600 | 152482 |
| 广西 | 6 | 4936 | 4262 | 630080 | 603545 |
| 重庆 | 25 | 11578 | 10960 | 1522160 | 2960527 |
| 四川 | 12 | 11273 | 10453 | 1683812 | 1080320 |
| 贵州 | 7 | 4208 | 4109 | 499681 | 332332 |
| 云南 | 5 | 1593 | 1422 | 433165 | 337710 |
| 西藏 | | | | | |
| 陕西 | 7 | 2995 | 2529 | 547807 | 243046 |
| 甘肃 | 5 | 2118 | 1953 | 136000 | 295767 |
| 青海 | 1 | 1289 | 1289 | 12165 | 127760 |
| 宁夏 | 6 | 2841 | 2672 | 558547 | 138636 |
| 新疆 | 5 | 2438 | 2343 | 336513 | 385154 |

2-8 续表 53

(家具市场)

| 地　区 | 市场数量（个） | 总摊位数（个） | 年末出租摊位数（个） | 营业面积（平方米） | 成交额（万元） |
|---|---|---|---|---|---|
| **全　国** | **174** | **93569** | **85677** | **16805644** | **17776577** |
| **东部地区** | **99** | **55720** | **49734** | **9992153** | **12038536** |
| 北　京 | 11 | 5590 | 5398 | 879763 | 764942 |
| 天　津 | 1 | 418 | 418 | 48381 | 27911 |
| 河　北 | 8 | 8945 | 7300 | 3484827 | 3249122 |
| 上　海 | 2 | 359 | 359 | 160859 | 49907 |
| 江　苏 | 24 | 14780 | 12406 | 1782745 | 1982967 |
| 浙　江 | 32 | 16981 | 16118 | 2248571 | 4095731 |
| 福　建 | 2 | 710 | 633 | 213000 | 219403 |
| 山　东 | 16 | 7099 | 6302 | 1043115 | 1609116 |
| 广　东 | 3 | 838 | 800 | 130892 | 39437 |
| 海　南 | | | | | |
| **东北地区** | **17** | **6654** | **6311** | **844852** | **729527** |
| 辽　宁 | 12 | 4629 | 4401 | 502852 | 643354 |
| 吉　林 | 2 | 1402 | 1402 | 167000 | 26000 |
| 黑龙江 | 3 | 623 | 508 | 175000 | 60173 |
| **中部地区** | **34** | **18388** | **17538** | **3536838** | **2398948** |
| 山　西 | 1 | 571 | 571 | 123563 | 40171 |
| 安　徽 | 3 | 426 | 420 | 143865 | 62792 |
| 江　西 | 11 | 12028 | 11517 | 1946624 | 1606539 |
| 河　南 | 5 | 2982 | 2828 | 957998 | 429524 |
| 湖　北 | 7 | 1223 | 1081 | 202788 | 133949 |
| 湖　南 | 7 | 1158 | 1121 | 162000 | 125973 |
| **西部地区** | **24** | **12807** | **12094** | **2431801** | **2609566** |
| 内蒙古 | 3 | 928 | 928 | 103600 | 138587 |
| 广　西 | 1 | 976 | 976 | 59640 | 196448 |
| 重　庆 | 3 | 2411 | 2411 | 545721 | 1302694 |
| 四　川 | 6 | 5612 | 5283 | 977832 | 429962 |
| 贵　州 | 2 | 197 | 172 | 53000 | 23583 |
| 云　南 | 3 | 833 | 716 | 293860 | 252676 |
| 西　藏 | | | | | |
| 陕　西 | 2 | 408 | 405 | 170929 | 40330 |
| 甘　肃 | 1 | 120 | 120 | 40000 | 164363 |
| 青　海 | | | | | |
| 宁　夏 | 2 | 812 | 643 | 143163 | 42923 |
| 新　疆 | 1 | 510 | 440 | 44056 | 18000 |

2-8 续表 54

(装饰材料市场)

| 地 区 | 市场数量 (个) | 总摊位数 (个) | 年末出租摊位数 (个) | 营业面积 (平方米) | 成交额 (万元) |
|---|---|---|---|---|---|
| **全 国** | **221** | **119583** | **108397** | **15677993** | **18554388** |
| **东部地区** | **129** | **67130** | **60800** | **9386314** | **10761056** |
| 北 京 | 7 | 3616 | 3096 | 368286 | 655600 |
| 天 津 | 2 | 489 | 489 | 50280 | 39632 |
| 河 北 | 11 | 3622 | 3432 | 746788 | 488675 |
| 上 海 | 5 | 3859 | 3634 | 368904 | 420370 |
| 江 苏 | 37 | 21524 | 19517 | 2936064 | 2983814 |
| 浙 江 | 26 | 16491 | 15097 | 1712323 | 2417102 |
| 福 建 | 4 | 1011 | 858 | 62000 | 381920 |
| 山 东 | 27 | 11526 | 10255 | 1611558 | 2033160 |
| 广 东 | 10 | 4992 | 4422 | 1530111 | 1340783 |
| 海 南 | | | | | |
| **东北地区** | **10** | **5384** | **4989** | **426081** | **541545** |
| 辽 宁 | 8 | 4954 | 4559 | 296081 | 510515 |
| 吉 林 | | | | | |
| 黑龙江 | 2 | 430 | 430 | 130000 | 31030 |
| **中部地区** | **48** | **27795** | **24691** | **3606082** | **5306618** |
| 山 西 | 1 | 242 | 165 | 28806 | 12003 |
| 安 徽 | 8 | 4287 | 3470 | 583407 | 888702 |
| 江 西 | 5 | 7156 | 6641 | 888432 | 1151888 |
| 河 南 | 5 | 3710 | 3170 | 626700 | 360018 |
| 湖 北 | 13 | 5215 | 5060 | 942820 | 1613077 |
| 湖 南 | 16 | 7185 | 6185 | 535917 | 1280930 |
| **西部地区** | **34** | **19274** | **17917** | **2259516** | **1945169** |
| 内蒙古 | 1 | 195 | 190 | 12000 | 13895 |
| 广 西 | 2 | 899 | 899 | 205500 | 59722 |
| 重 庆 | 16 | 6979 | 6496 | 720894 | 1141723 |
| 四 川 | 3 | 3331 | 2918 | 259800 | 181463 |
| 贵 州 | 3 | 3390 | 3384 | 265480 | 260299 |
| 云 南 | 1 | 457 | 403 | 75410 | 40249 |
| 西 藏 | | | | | |
| 陕 西 | 3 | 1492 | 1219 | 345878 | 141828 |
| 甘 肃 | 2 | 639 | 541 | 51000 | 38552 |
| 青 海 | | | | | |
| 宁 夏 | 2 | 1372 | 1372 | 216028 | 51549 |
| 新 疆 | 1 | 520 | 495 | 107526 | 15889 |

2-8 续表 55

(灯具市场)

| 地　区 | 市场数量<br>(个) | 总摊位数<br>(个) | 年末出租摊位数<br>(个) | 营业面积<br>(平方米) | 成交额<br>(万元) |
|---|---|---|---|---|---|
| **全　国** | **16** | **7579** | **6899** | **1202935** | **2312978** |
| **东部地区** | **8** | **5137** | **4705** | **799290** | **1804646** |
| 北　京 | | | | | |
| 天　津 | | | | | |
| 河　北 | | | | | |
| 上　海 | 1 | 130 | 130 | 44000 | 35398 |
| 江　苏 | 1 | 3000 | 2958 | 411000 | 1023000 |
| 浙　江 | 3 | 655 | 265 | 76290 | 259686 |
| 福　建 | | | | | |
| 山　东 | 3 | 1352 | 1352 | 268000 | 486562 |
| 广　东 | | | | | |
| 海　南 | | | | | |
| **东北地区** | **2** | **455** | **357** | **110100** | **71000** |
| 辽　宁 | 2 | 455 | 357 | 110100 | 71000 |
| 吉　林 | | | | | |
| 黑龙江 | | | | | |
| **中部地区** | | | | | |
| 山　西 | | | | | |
| 安　徽 | | | | | |
| 江　西 | | | | | |
| 河　南 | | | | | |
| 湖　北 | | | | | |
| 湖　南 | | | | | |
| **西部地区** | **6** | **1987** | **1837** | **293545** | **437332** |
| 内蒙古 | | | | | |
| 广　西 | | | | | |
| 重　庆 | 4 | 1432 | 1342 | 193545 | 334474 |
| 四　川 | 1 | 260 | 200 | 80000 | 60000 |
| 贵　州 | | | | | |
| 云　南 | | | | | |
| 西　藏 | | | | | |
| 陕　西 | 1 | 295 | 295 | 20000 | 42858 |
| 甘　肃 | | | | | |
| 青　海 | | | | | |
| 宁　夏 | | | | | |
| 新　疆 | | | | | |

2-8 续表 56

(厨具、盥洗设备市场)

| 地　区 | 市场数量（个） | 总摊位数（个） | 年末出租摊位数（个） | 营业面积（平方米） | 成交额（万元） |
|---|---|---|---|---|---|
| **全　国** | **6** | **3717** | **2997** | **346048** | **274113** |
| **东部地区** | **2** | **866** | **864** | **34608** | **132938** |
| 北　京 | | | | | |
| 天　津 | | | | | |
| 河　北 | | | | | |
| 上　海 | | | | | |
| 江　苏 | | | | | |
| 浙　江 | 1 | 500 | 500 | 13000 | 110800 |
| 福　建 | | | | | |
| 山　东 | 1 | 366 | 364 | 21608 | 22138 |
| 广　东 | | | | | |
| 海　南 | | | | | |
| **东北地区** | | | | | |
| 辽　宁 | | | | | |
| 吉　林 | | | | | |
| 黑龙江 | | | | | |
| **中部地区** | **1** | **380** | **380** | **81200** | **26800** |
| 山　西 | | | | | |
| 安　徽 | | | | | |
| 江　西 | | | | | |
| 河　南 | 1 | 380 | 380 | 81200 | 26800 |
| 湖　北 | | | | | |
| 湖　南 | | | | | |
| **西部地区** | **3** | **2471** | **1753** | **230240** | **114375** |
| 内蒙古 | | | | | |
| 广　西 | 1 | 2111 | 1438 | 164940 | 49875 |
| 重　庆 | 1 | 160 | 115 | 12000 | 52680 |
| 四　川 | | | | | |
| 贵　州 | | | | | |
| 云　南 | | | | | |
| 西　藏 | | | | | |
| 陕　西 | | | | | |
| 甘　肃 | | | | | |
| 青　海 | | | | | |
| 宁　夏 | | | | | |
| 新　疆 | 1 | 200 | 200 | 53300 | 11820 |

2-8 续表 57

(五金材料市场)

| 地　区 | 市场数量(个) | 总摊位数(个) | 年末出租摊位数(个) | 营业面积(平方米) | 成交额(万元) |
|---|---|---|---|---|---|
| **全　国** | **77** | **57180** | **49582** | **4169937** | **10486377** |
| **东部地区** | **53** | **40687** | **36857** | **2585164** | **7512301** |
| 北　京 | 1 | 550 | 449 | 35000 | 10050 |
| 天　津 | 2 | 726 | 726 | 73742 | 112197 |
| 河　北 | 1 | 1650 | 1486 | 258000 | 559334 |
| 上　海 | 2 | 2780 | 2780 | 154784 | 214576 |
| 江　苏 | 17 | 13452 | 12089 | 724890 | 1765521 |
| 浙　江 | 11 | 8860 | 8391 | 333901 | 2608846 |
| 福　建 | | | | | |
| 山　东 | 12 | 9104 | 7860 | 744985 | 1637888 |
| 广　东 | 7 | 3565 | 3076 | 259862 | 603889 |
| 海　南 | | | | | |
| **东北地区** | **2** | **2100** | **1914** | **299301** | **66495** |
| 辽　宁 | 1 | 800 | 800 | 100000 | 10235 |
| 吉　林 | 1 | 1300 | 1114 | 199301 | 56260 |
| 黑 龙 江 | | | | | |
| **中部地区** | **16** | **9787** | **6413** | **784292** | **2025300** |
| 山　西 | | | | | |
| 安　徽 | | | | | |
| 江　西 | 1 | 738 | 400 | 11686 | 190000 |
| 河　南 | 7 | 1637 | 1385 | 75570 | 221930 |
| 湖　北 | 2 | 3549 | 1245 | 146822 | 846200 |
| 湖　南 | 6 | 3863 | 3383 | 550214 | 767170 |
| **西部地区** | **6** | **4606** | **4398** | **501180** | **882281** |
| 内 蒙 古 | | | | | |
| 广　西 | 1 | 400 | 400 | 50000 | 60000 |
| 重　庆 | 1 | 596 | 596 | 50000 | 128956 |
| 四　川 | 2 | 2070 | 2052 | 366180 | 408895 |
| 贵　州 | | | | | |
| 云　南 | | | | | |
| 西　藏 | | | | | |
| 陕　西 | 1 | 800 | 610 | 11000 | 18030 |
| 甘　肃 | | | | | |
| 青　海 | | | | | |
| 宁　夏 | | | | | |
| 新　疆 | 1 | 740 | 740 | 24000 | 266400 |

2-8 续表 58

(其他装修市场)

| 地 区 | 市场数量（个） | 总摊位数（个） | 年末出租摊位数（个） | 营业面积（平方米） | 成交额（万元） |
|---|---|---|---|---|---|
| **全 国** | **61** | **44422** | **40847** | **4956418** | **5021890** |
| **东部地区** | **40** | **29419** | **26575** | **3736285** | **3919796** |
| 北 京 | 1 | 1180 | 792 | 50000 | 16345 |
| 天 津 | 1 | 1038 | 1038 | 51519 | 5644 |
| 河 北 | 4 | 1462 | 1264 | 434700 | 322813 |
| 上 海 | 4 | 2463 | 2418 | 209389 | 69958 |
| 江 苏 | 10 | 4676 | 4461 | 779999 | 1040002 |
| 浙 江 | 12 | 9710 | 9049 | 1172116 | 1261513 |
| 福 建 | 1 | 408 | 408 | 176504 | 101438 |
| 山 东 | 7 | 8482 | 7145 | 862058 | 1102083 |
| 广 东 | | | | | |
| 海 南 | | | | | |
| **东北地区** | **4** | **4009** | **3929** | **93904** | **154487** |
| 辽 宁 | 2 | 3120 | 3040 | 56000 | 96067 |
| 吉 林 | 1 | 393 | 393 | 16904 | 8420 |
| 黑龙江 | 1 | 496 | 496 | 21000 | 50000 |
| **中部地区** | **7** | **5747** | **5232** | **366981** | **279051** |
| 山 西 | | | | | |
| 安 徽 | 3 | 5008 | 4498 | 207113 | 192720 |
| 江 西 | 1 | 178 | 178 | 15000 | 19521 |
| 河 南 | | | | | |
| 湖 北 | | | | | |
| 湖 南 | 3 | 561 | 556 | 144868 | 66810 |
| **西部地区** | **10** | **5247** | **5111** | **759248** | **668556** |
| 内蒙古 | | | | | |
| 广 西 | 1 | 550 | 549 | 150000 | 237500 |
| 重 庆 | | | | | |
| 四 川 | | | | | |
| 贵 州 | 2 | 621 | 553 | 181201 | 48450 |
| 云 南 | 1 | 303 | 303 | 63895 | 44785 |
| 西 藏 | | | | | |
| 陕 西 | | | | | |
| 甘 肃 | 2 | 1359 | 1292 | 45000 | 92852 |
| 青 海 | 1 | 1289 | 1289 | 12165 | 127760 |
| 宁 夏 | 2 | 657 | 657 | 199356 | 44164 |
| 新 疆 | 1 | 468 | 468 | 107631 | 73045 |

2-8 续表 59

(汽车、摩托车及零配件市场)

| 地 区 | 市场数量(个) | 总摊位数(个) | 年末出租摊位数(个) | 营业面积(平方米) | 成交额(万元) |
|---|---|---|---|---|---|
| **全 国** | **250** | **91431** | **77339** | **14528325** | **66212034** |
| **东部地区** | **168** | **44983** | **38307** | **7590750** | **45192392** |
| 北 京 | 12 | 5386 | 3929 | 813250 | 9950517 |
| 天 津 | 3 | 1432 | 429 | 244648 | 1782164 |
| 河 北 | 9 | 3767 | 3676 | 587240 | 1203870 |
| 上 海 | 11 | 1804 | 1494 | 240642 | 3359756 |
| 江 苏 | 15 | 6354 | 4710 | 1621771 | 4418711 |
| 浙 江 | 59 | 14444 | 12895 | 1520834 | 15015041 |
| 福 建 | 3 | 269 | 264 | 42600 | 446514 |
| 山 东 | 32 | 7339 | 6914 | 1516910 | 3375435 |
| 广 东 | 24 | 4188 | 3996 | 1002855 | 5640384 |
| 海 南 | | | | | |
| **东北地区** | **13** | **17001** | **13263** | **1517614** | **5253179** |
| 辽 宁 | 9 | 10303 | 9809 | 832790 | 2879164 |
| 吉 林 | 3 | 5498 | 2254 | 652949 | 2345415 |
| 黑 龙 江 | 1 | 1200 | 1200 | 31875 | 28600 |
| **中部地区** | **33** | **13589** | **10998** | **2264478** | **8523305** |
| 山 西 | | | | | |
| 安 徽 | 6 | 2160 | 1885 | 264518 | 1297564 |
| 江 西 | 6 | 2318 | 2112 | 252000 | 770517 |
| 河 南 | 8 | 3509 | 3378 | 382736 | 1473323 |
| 湖 北 | 5 | 2668 | 1118 | 506932 | 2690441 |
| 湖 南 | 8 | 2934 | 2505 | 858292 | 2291460 |
| **西部地区** | **36** | **15858** | **14771** | **3155483** | **7243158** |
| 内 蒙 古 | | | | | |
| 广 西 | 3 | 1341 | 1314 | 89000 | 109778 |
| 重 庆 | 10 | 5920 | 5417 | 806463 | 2880560 |
| 四 川 | 7 | 2244 | 1943 | 406109 | 490267 |
| 贵 州 | 5 | 1410 | 1308 | 767240 | 1556531 |
| 云 南 | 2 | 592 | 592 | 393333 | 397278 |
| 西 藏 | | | | | |
| 陕 西 | 2 | 1664 | 1662 | 40976 | 258642 |
| 甘 肃 | 1 | 96 | 60 | 10440 | 28750 |
| 青 海 | | | | | |
| 宁 夏 | | | | | |
| 新 疆 | 6 | 2591 | 2475 | 641922 | 1521352 |

2-8 续表 60

(汽车市场)

| 地 区 | 市场数量(个) | 总摊位数(个) | 年末出租摊位数(个) | 营业面积(平方米) | 成交额(万元) |
|---|---|---|---|---|---|
| **全 国** | **178** | **53510** | **45263** | **11302105** | **56369697** |
| **东部地区** | **124** | **22829** | **19363** | **5800645** | **39576778** |
| 北 京 | 9 | 1702 | 1490 | 612782 | 9356258 |
| 天 津 | 3 | 1432 | 429 | 244648 | 1782164 |
| 河 北 | 4 | 1592 | 1510 | 263340 | 499552 |
| 上 海 | 7 | 371 | 358 | 158103 | 3067268 |
| 江 苏 | 10 | 2574 | 2033 | 1285271 | 3786235 |
| 浙 江 | 52 | 9887 | 8438 | 1139776 | 13165781 |
| 福 建 | 2 | 119 | 119 | 34000 | 414564 |
| 山 东 | 21 | 3421 | 3328 | 1209671 | 2272644 |
| 广 东 | 16 | 1731 | 1658 | 853054 | 5232312 |
| 海 南 | | | | | |
| **东北地区** | **10** | **15433** | **12174** | **1351614** | **5067817** |
| 辽 宁 | 6 | 8735 | 8720 | 666790 | 2693802 |
| 吉 林 | 3 | 5498 | 2254 | 652949 | 2345415 |
| 黑龙江 | 1 | 1200 | 1200 | 31875 | 28600 |
| **中部地区** | **16** | **3986** | **3093** | **1425297** | **5986231** |
| 山 西 | | | | | |
| 安 徽 | 3 | 1114 | 945 | 202355 | 1106616 |
| 江 西 | 3 | 681 | 656 | 82000 | 307981 |
| 河 南 | 3 | 281 | 279 | 147178 | 1141229 |
| 湖 北 | 4 | 668 | 338 | 246932 | 1229941 |
| 湖 南 | 3 | 1242 | 875 | 746832 | 2200464 |
| **西部地区** | **28** | **11262** | **10633** | **2724549** | **5738871** |
| 内蒙古 | | | | | |
| 广 西 | 2 | 1006 | 999 | 79200 | 94028 |
| 重 庆 | 8 | 4036 | 3928 | 644463 | 1893543 |
| 四 川 | 6 | 1744 | 1443 | 316109 | 390267 |
| 贵 州 | 4 | 1148 | 1053 | 724240 | 1530773 |
| 云 南 | 2 | 592 | 592 | 393333 | 397278 |
| 西 藏 | | | | | |
| 陕 西 | 1 | 1166 | 1164 | 39576 | 128642 |
| 甘 肃 | | | | | |
| 青 海 | | | | | |
| 宁 夏 | | | | | |
| 新 疆 | 5 | 1570 | 1454 | 527628 | 1304340 |

2-8 续表 61

(摩托车市场)

| 地　区 | 市场数量(个) | 总摊位数(个) | 年末出租摊位数(个) | 营业面积(平方米) | 成交额(万元) |
|---|---|---|---|---|---|
| **全　国** | **10** | **3836** | **3489** | **276930** | **525805** |
| **东部地区** | **2** | **1034** | **1029** | **65226** | **79620** |
| 北　京 | | | | | |
| 天　津 | | | | | |
| 河　北 | 1 | 814 | 814 | 50000 | 48250 |
| 上　海 | | | | | |
| 江　苏 | | | | | |
| 浙　江 | 1 | 220 | 215 | 15226 | 31370 |
| 福　建 | | | | | |
| 山　东 | | | | | |
| 广　东 | | | | | |
| 海　南 | | | | | |
| **东北地区** | | | | | |
| 辽　宁 | | | | | |
| 吉　林 | | | | | |
| 黑龙江 | | | | | |
| **中部地区** | **5** | **1691** | **1625** | **151464** | **196685** |
| 山　西 | | | | | |
| 安　徽 | 1 | 97 | 97 | 10000 | 49853 |
| 江　西 | | | | | |
| 河　南 | 2 | 1280 | 1246 | 126664 | 106660 |
| 湖　北 | | | | | |
| 湖　南 | 2 | 314 | 282 | 14800 | 40172 |
| **西部地区** | **3** | **1111** | **835** | **60240** | **249500** |
| 内蒙古 | | | | | |
| 广　西 | 1 | 335 | 315 | 9800 | 15750 |
| 重　庆 | 1 | 680 | 460 | 40000 | 205000 |
| 四　川 | | | | | |
| 贵　州 | | | | | |
| 云　南 | | | | | |
| 西　藏 | | | | | |
| 陕　西 | | | | | |
| 甘　肃 | 1 | 96 | 60 | 10440 | 28750 |
| 青　海 | | | | | |
| 宁　夏 | | | | | |
| 新　疆 | | | | | |

2-8　续表 62

(机动车零配件市场)

| 地　区 | 市场数量(个) | 总摊位数(个) | 年末出租摊位数(个) | 营业面积(平方米) | 成交额(万元) |
|---|---|---|---|---|---|
| **全　国** | **62** | **34085** | **28587** | **2949290** | **9316532** |
| **东部地区** | **42** | **21120** | **17915** | **1724879** | **5535994** |
| 北　京 | 3 | 3684 | 2439 | 200468 | 594259 |
| 天　津 | | | | | |
| 河　北 | 4 | 1361 | 1352 | 273900 | 656068 |
| 上　海 | 4 | 1433 | 1136 | 82539 | 292488 |
| 江　苏 | 5 | 3780 | 2677 | 336500 | 632476 |
| 浙　江 | 6 | 4337 | 4242 | 365832 | 1817890 |
| 福　建 | 1 | 150 | 145 | 8600 | 31950 |
| 山　东 | 11 | 3918 | 3586 | 307239 | 1102791 |
| 广　东 | 8 | 2457 | 2338 | 149801 | 408072 |
| 海　南 | | | | | |
| **东北地区** | **3** | **1568** | **1089** | **166000** | **185362** |
| 辽　宁 | 3 | 1568 | 1089 | 166000 | 185362 |
| 吉　林 | | | | | |
| 黑龙江 | | | | | |
| **中部地区** | **12** | **7912** | **6280** | **687717** | **2340389** |
| 山　西 | | | | | |
| 安　徽 | 2 | 949 | 843 | 52163 | 141095 |
| 江　西 | 3 | 1637 | 1456 | 170000 | 462536 |
| 河　南 | 3 | 1948 | 1853 | 108894 | 225434 |
| 湖　北 | 1 | 2000 | 780 | 260000 | 1460500 |
| 湖　南 | 3 | 1378 | 1348 | 96660 | 50824 |
| **西部地区** | **5** | **3485** | **3303** | **370694** | **1254787** |
| 内蒙古 | | | | | |
| 广　西 | | | | | |
| 重　庆 | 1 | 1204 | 1029 | 122000 | 782017 |
| 四　川 | 1 | 500 | 500 | 90000 | 100000 |
| 贵　州 | 1 | 262 | 255 | 43000 | 25758 |
| 云　南 | | | | | |
| 西　藏 | | | | | |
| 陕　西 | 1 | 498 | 498 | 1400 | 130000 |
| 甘　肃 | | | | | |
| 青　海 | | | | | |
| 宁　夏 | | | | | |
| 新　疆 | 1 | 1021 | 1021 | 114294 | 217012 |

2-8 续表 63

(花鸟鱼虫市场)

| 地　区 | 市场数量 (个) | 总摊位数 (个) | 年末出租摊位数 (个) | 营业面积 (平方米) | 成交额 (万元) |
|---|---|---|---|---|---|
| **全　国** | **28** | **23115** | **22236** | **1468675** | **4755482** |
| **东部地区** | **17** | **11349** | **10737** | **1034153** | **3451771** |
| 北　京 | 1 | 392 | 325 | 12190 | 15366 |
| 天　津 | 1 | 580 | 580 | 21000 | 13980 |
| 河　北 | 1 | 161 | 161 | 19260 | 35174 |
| 上　海 | 2 | 575 | 575 | 43601 | 26896 |
| 江　苏 | 3 | 4144 | 4067 | 633000 | 2366536 |
| 浙　江 | 4 | 1942 | 1792 | 65287 | 618264 |
| 福　建 | 2 | 205 | 197 | 31855 | 131344 |
| 山　东 | 2 | 1950 | 1640 | 189960 | 137540 |
| 广　东 | 1 | 1400 | 1400 | 18000 | 106671 |
| 海　南 | | | | | |
| **东北地区** | **4** | **4462** | **4450** | **47600** | **186059** |
| 辽　宁 | 3 | 4200 | 4200 | 27600 | 172559 |
| 吉　林 | | | | | |
| 黑龙江 | 1 | 262 | 250 | 20000 | 13500 |
| **中部地区** | **5** | **4604** | **4604** | **312390** | **642452** |
| 山　西 | | | | | |
| 安　徽 | 2 | 2071 | 2071 | 148390 | 278737 |
| 江　西 | | | | | |
| 河　南 | 2 | 2180 | 2180 | 54000 | 340215 |
| 湖　北 | | | | | |
| 湖　南 | 1 | 353 | 353 | 110000 | 23500 |
| **西部地区** | **2** | **2700** | **2445** | **74532** | **475200** |
| 内蒙古 | | | | | |
| 广　西 | | | | | |
| 重　庆 | | | | | |
| 四　川 | | | | | |
| 贵　州 | | | | | |
| 云　南 | 1 | 2300 | 2045 | 44532 | 452200 |
| 西　藏 | | | | | |
| 陕　西 | | | | | |
| 甘　肃 | | | | | |
| 青　海 | | | | | |
| 宁　夏 | | | | | |
| 新　疆 | 1 | 400 | 400 | 30000 | 23000 |

2-8　续表 64

(花卉市场)

| 地　区 | 市场数量（个） | 总摊位数（个） | 年末出租摊位数（个） | 营业面积（平方米） | 成交额（万元） |
|---|---|---|---|---|---|
| **全　国** | **23** | **21587** | **20716** | **1407088** | **4532793** |
| **东部地区** | **14** | **10521** | **9917** | **993866** | **3281641** |
| 北　京 | 1 | 392 | 325 | 12190 | 15366 |
| 天　津 | 1 | 580 | 580 | 21000 | 13980 |
| 河　北 | 1 | 161 | 161 | 19260 | 35174 |
| 上　海 | 1 | 177 | 177 | 15069 | 13780 |
| 江　苏 | 3 | 4144 | 4067 | 633000 | 2366536 |
| 浙　江 | 3 | 1642 | 1492 | 59907 | 581364 |
| 福　建 | 1 | 75 | 75 | 25480 | 11230 |
| 山　东 | 2 | 1950 | 1640 | 189960 | 137540 |
| 广　东 | 1 | 1400 | 1400 | 18000 | 106671 |
| 海　南 | | | | | |
| **东北地区** | **2** | **3762** | **3750** | **26300** | **133500** |
| 辽　宁 | 1 | 3500 | 3500 | 6300 | 120000 |
| 吉　林 | | | | | |
| 黑龙江 | 1 | 262 | 250 | 20000 | 13500 |
| **中部地区** | **5** | **4604** | **4604** | **312390** | **642452** |
| 山　西 | | | | | |
| 安　徽 | 2 | 2071 | 2071 | 148390 | 278737 |
| 江　西 | | | | | |
| 河　南 | 2 | 2180 | 2180 | 54000 | 340215 |
| 湖　北 | | | | | |
| 湖　南 | 1 | 353 | 353 | 110000 | 23500 |
| **西部地区** | **2** | **2700** | **2445** | **74532** | **475200** |
| 内蒙古 | | | | | |
| 广　西 | | | | | |
| 重　庆 | | | | | |
| 四　川 | | | | | |
| 贵　州 | | | | | |
| 云　南 | 1 | 2300 | 2045 | 44532 | 452200 |
| 西　藏 | | | | | |
| 陕　西 | | | | | |
| 甘　肃 | | | | | |
| 青　海 | | | | | |
| 宁　夏 | | | | | |
| 新　疆 | 1 | 400 | 400 | 30000 | 23000 |

2-8 续表 65

(其他花鸟鱼虫市场)

| 地 区 | 市场数量(个) | 总摊位数(个) | 年末出租摊位数(个) | 营业面积(平方米) | 成交额(万元) |
|---|---|---|---|---|---|
| **全 国** | **5** | **1528** | **1520** | **61587** | **222689** |
| **东部地区** | **3** | **828** | **820** | **40287** | **170130** |
| 北 京 | | | | | |
| 天 津 | | | | | |
| 河 北 | | | | | |
| 上 海 | 1 | 398 | 398 | 28532 | 13116 |
| 江 苏 | | | | | |
| 浙 江 | 1 | 300 | 300 | 5380 | 36900 |
| 福 建 | 1 | 130 | 122 | 6375 | 120114 |
| 山 东 | | | | | |
| 广 东 | | | | | |
| 海 南 | | | | | |
| **东北地区** | **2** | **700** | **700** | **21300** | **52559** |
| 辽 宁 | 2 | 700 | 700 | 21300 | 52559 |
| 吉 林 | | | | | |
| 黑龙江 | | | | | |
| **中部地区** | | | | | |
| 山 西 | | | | | |
| 安 徽 | | | | | |
| 江 西 | | | | | |
| 河 南 | | | | | |
| 湖 北 | | | | | |
| 湖 南 | | | | | |
| **西部地区** | | | | | |
| 内蒙古 | | | | | |
| 广 西 | | | | | |
| 重 庆 | | | | | |
| 四 川 | | | | | |
| 贵 州 | | | | | |
| 云 南 | | | | | |
| 西 藏 | | | | | |
| 陕 西 | | | | | |
| 甘 肃 | | | | | |
| 青 海 | | | | | |
| 宁 夏 | | | | | |
| 新 疆 | | | | | |

2-8 续表 66

(旧货市场)

| 地 区 | 市场数量(个) | 总摊位数(个) | 年末出租摊位数(个) | 营业面积(平方米) | 成交额(万元) |
|---|---|---|---|---|---|
| **全 国** | **12** | **7137** | **6461** | **235185** | **318320** |
| **东部地区** | **10** | **5880** | **5387** | **207065** | **287170** |
| 北 京 | 1 | 3732 | 3732 | 39635 | 39814 |
| 天 津 | | | | | |
| 河 北 | | | | | |
| 上 海 | | | | | |
| 江 苏 | 1 | 73 | 71 | 25000 | 20156 |
| 浙 江 | 6 | 1491 | 1083 | 102710 | 199198 |
| 福 建 | 1 | 368 | 366 | 14720 | 10339 |
| 山 东 | 1 | 216 | 135 | 25000 | 17663 |
| 广 东 | | | | | |
| 海 南 | | | | | |
| **东北地区** | | | | | |
| 辽 宁 | | | | | |
| 吉 林 | | | | | |
| 黑龙江 | | | | | |
| **中部地区** | **2** | **1257** | **1074** | **28120** | **31150** |
| 山 西 | | | | | |
| 安 徽 | | | | | |
| 江 西 | 1 | 750 | 750 | 15000 | 21150 |
| 河 南 | 1 | 507 | 324 | 13120 | 10000 |
| 湖 北 | | | | | |
| 湖 南 | | | | | |
| **西部地区** | | | | | |
| 内蒙古 | | | | | |
| 广 西 | | | | | |
| 重 庆 | | | | | |
| 四 川 | | | | | |
| 贵 州 | | | | | |
| 云 南 | | | | | |
| 西 藏 | | | | | |
| 陕 西 | | | | | |
| 甘 肃 | | | | | |
| 青 海 | | | | | |
| 宁 夏 | | | | | |
| 新 疆 | | | | | |

2-8 续表 67

（古玩、古董、字画市场）

| 地　区 | 市场数量（个） | 总摊位数（个） | 年末出租摊位数（个） | 营业面积（平方米） | 成交额（万元） |
|---|---|---|---|---|---|
| **全　国** | **2** | **875** | **690** | **27840** | **20339** |
| **东部地区** | **1** | **368** | **366** | **14720** | **10339** |
| 北　京 | | | | | |
| 天　津 | | | | | |
| 河　北 | | | | | |
| 上　海 | | | | | |
| 江　苏 | | | | | |
| 浙　江 | | | | | |
| 福　建 | 1 | 368 | 366 | 14720 | 10339 |
| 山　东 | | | | | |
| 广　东 | | | | | |
| 海　南 | | | | | |
| **东北地区** | | | | | |
| 辽　宁 | | | | | |
| 吉　林 | | | | | |
| 黑龙江 | | | | | |
| **中部地区** | **1** | **507** | **324** | **13120** | **10000** |
| 山　西 | | | | | |
| 安　徽 | | | | | |
| 江　西 | | | | | |
| 河　南 | 1 | 507 | 324 | 13120 | 10000 |
| 湖　北 | | | | | |
| 湖　南 | | | | | |
| **西部地区** | | | | | |
| 内蒙古 | | | | | |
| 广　西 | | | | | |
| 重　庆 | | | | | |
| 四　川 | | | | | |
| 贵　州 | | | | | |
| 云　南 | | | | | |
| 西　藏 | | | | | |
| 陕　西 | | | | | |
| 甘　肃 | | | | | |
| 青　海 | | | | | |
| 宁　夏 | | | | | |
| 新　疆 | | | | | |

2-8 续表 68

(其他旧货市场)

| 地区 | 市场数量(个) | 总摊位数(个) | 年末出租摊位数(个) | 营业面积(平方米) | 成交额(万元) |
|---|---|---|---|---|---|
| **全 国** | **10** | **6262** | **5771** | **207345** | **297981** |
| **东部地区** | **9** | **5512** | **5021** | **192345** | **276831** |
| 北 京 | 1 | 3732 | 3732 | 39635 | 39814 |
| 天 津 | | | | | |
| 河 北 | | | | | |
| 上 海 | | | | | |
| 江 苏 | 1 | 73 | 71 | 25000 | 20156 |
| 浙 江 | 6 | 1491 | 1083 | 102710 | 199198 |
| 福 建 | | | | | |
| 山 东 | 1 | 216 | 135 | 25000 | 17663 |
| 广 东 | | | | | |
| 海 南 | | | | | |
| **东北地区** | | | | | |
| 辽 宁 | | | | | |
| 吉 林 | | | | | |
| 黑龙江 | | | | | |
| **中部地区** | **1** | **750** | **750** | **15000** | **21150** |
| 山 西 | | | | | |
| 安 徽 | | | | | |
| 江 西 | 1 | 750 | 750 | 15000 | 21150 |
| 河 南 | | | | | |
| 湖 北 | | | | | |
| 湖 南 | | | | | |
| **西部地区** | | | | | |
| 内蒙古 | | | | | |
| 广 西 | | | | | |
| 重 庆 | | | | | |
| 四 川 | | | | | |
| 贵 州 | | | | | |
| 云 南 | | | | | |
| 西 藏 | | | | | |
| 陕 西 | | | | | |
| 甘 肃 | | | | | |
| 青 海 | | | | | |
| 宁 夏 | | | | | |
| 新 疆 | | | | | |

2-8 续表 69

(其他专业市场)

| 地　区 | 市场数量(个) | 总摊位数(个) | 年末出租摊位数(个) | 营业面积(平方米) | 成交额(万元) |
|---|---|---|---|---|---|
| **全　国** | **44** | **39665** | **33851** | **3092780** | **7875715** |
| **东部地区** | **25** | **16858** | **16438** | **1807618** | **4614717** |
| 北　京 | 1 | 136 | 136 | 41012 | 16435 |
| 天　津 | | | | | |
| 河　北 | 5 | 7671 | 7533 | 1046750 | 1713553 |
| 上　海 | | | | | |
| 江　苏 | 7 | 2802 | 2652 | 179894 | 2167585 |
| 浙　江 | 3 | 1088 | 1062 | 122012 | 290336 |
| 福　建 | | | | | |
| 山　东 | 9 | 5161 | 5055 | 417950 | 426808 |
| 广　东 | | | | | |
| 海　南 | | | | | |
| **东北地区** | **5** | **6470** | **5959** | **144000** | **281488** |
| 辽　宁 | 5 | 6470 | 5959 | 144000 | 281488 |
| 吉　林 | | | | | |
| 黑龙江 | | | | | |
| **中部地区** | **8** | **6927** | **6647** | **735763** | **1471835** |
| 山　西 | | | | | |
| 安　徽 | 2 | 1688 | 1458 | 125500 | 265010 |
| 江　西 | 1 | 976 | 976 | 223815 | 59992 |
| 河　南 | 4 | 3918 | 3868 | 377648 | 1115961 |
| 湖　北 | | | | | |
| 湖　南 | 1 | 345 | 345 | 8800 | 30872 |
| **西部地区** | **6** | **9410** | **4807** | **405399** | **1507675** |
| 内蒙古 | 5 | 4410 | 4380 | 362709 | 1490967 |
| 广　西 | | | | | |
| 重　庆 | | | | | |
| 四　川 | | | | | |
| 贵　州 | | | | | |
| 云　南 | 1 | 5000 | 427 | 42690 | 16708 |
| 西　藏 | | | | | |
| 陕　西 | | | | | |
| 甘　肃 | | | | | |
| 青　海 | | | | | |
| 宁　夏 | | | | | |
| 新　疆 | | | | | |

# 2-9　商品交易市场情况(按营业状态分)

(常年营业)

| 地　区 | 市场数量(个) | 总摊位数(个) | 年末出租摊位数(个) | 营业面积(平方米) | 成交额(万元) |
|---|---|---|---|---|---|
| **全　国** | **4563** | **3860942** | **3325256** | **293795428** | **1076558874** |
| **东部地区** | **2625** | **2081341** | **1817005** | **163235898** | **730702341** |
| 北　京 | 111 | 91633 | 81788 | 6322844 | 39072300 |
| 天　津 | 44 | 35600 | 30655 | 3163445 | 13154060 |
| 河　北 | 209 | 323440 | 280362 | 25859441 | 58760427 |
| 上　海 | 132 | 61413 | 54360 | 4177382 | 89369497 |
| 江　苏 | 484 | 394689 | 340165 | 35066409 | 197849336 |
| 浙　江 | 722 | 488426 | 441700 | 31630929 | 171931622 |
| 福　建 | 117 | 51647 | 45500 | 3307950 | 14959771 |
| 山　东 | 485 | 379972 | 346118 | 35435658 | 90611157 |
| 广　东 | 316 | 251601 | 193677 | 17568540 | 54569435 |
| 海　南 | 5 | 2920 | 2680 | 703300 | 424736 |
| **东北地区** | **326** | **300049** | **264859** | **15154393** | **56305244** |
| 辽　宁 | 197 | 194055 | 171764 | 8677838 | 40299301 |
| 吉　林 | 53 | 51709 | 45168 | 3011066 | 5505269 |
| 黑龙江 | 76 | 54285 | 47927 | 3465489 | 10500674 |
| **中部地区** | **874** | **722595** | **614735** | **52673265** | **154421729** |
| 山　西 | 32 | 27924 | 25059 | 2504128 | 6395752 |
| 安　徽 | 128 | 137044 | 122825 | 12429486 | 30284566 |
| 江　西 | 96 | 96397 | 89155 | 6521872 | 19761409 |
| 河　南 | 152 | 173069 | 120292 | 13311628 | 36202182 |
| 湖　北 | 142 | 91384 | 77813 | 6629429 | 22480975 |
| 湖　南 | 324 | 196777 | 179591 | 11276722 | 39296845 |
| **西部地区** | **738** | **756957** | **628657** | **62731872** | **135129560** |
| 内蒙古 | 65 | 41300 | 39393 | 5293007 | 6790970 |
| 广　西 | 84 | 84713 | 76785 | 3881467 | 10371539 |
| 重　庆 | 145 | 107292 | 96793 | 7721297 | 35314807 |
| 四　川 | 127 | 189072 | 133589 | 13149385 | 28250201 |
| 贵　州 | 54 | 63709 | 48918 | 5964350 | 10974515 |
| 云　南 | 36 | 63588 | 46947 | 2326697 | 5466148 |
| 西　藏 | 3 | 3177 | 2781 | 35000 | 238757 |
| 陕　西 | 51 | 36225 | 33945 | 3303294 | 8780334 |
| 甘　肃 | 27 | 24767 | 23092 | 1766160 | 2783609 |
| 青　海 | 9 | 7593 | 7443 | 555368 | 636638 |
| 宁　夏 | 37 | 28912 | 25672 | 4422975 | 3471685 |
| 新　疆 | 100 | 106609 | 93299 | 14312872 | 22050357 |

2-9 续表 1

(季节性营业)

| 地　区 | 市场数量(个) | 总摊位数(个) | 年末出租摊位数(个) | 营业面积(平方米) | 成交额(万元) |
|---|---|---|---|---|---|
| **全　国** | **50** | **35464** | **21214** | **3036744** | **5704982** |
| **东部地区** | **32** | **30235** | **16154** | **2157176** | **4643457** |
| 北　京 | 3 | 4156 | 1884 | 279000 | 148312 |
| 天　津 | | | | | |
| 河　北 | 7 | 3682 | 2402 | 567106 | 401172 |
| 上　海 | 1 | 165 | 165 | 2250 | 10507 |
| 江　苏 | 3 | 994 | 859 | 34340 | 116653 |
| 浙　江 | 3 | 10955 | 1259 | 226086 | 866518 |
| 福　建 | 1 | 31 | 31 | 1500 | 23600 |
| 山　东 | 13 | 10131 | 9524 | 1021894 | 3016695 |
| 广　东 | 1 | 121 | 30 | 25000 | 60000 |
| 海　南 | | | | | |
| **东北地区** | **5** | **894** | **894** | **216060** | **252377** |
| 辽　宁 | 3 | 675 | 675 | 70060 | 140425 |
| 吉　林 | | | | | |
| 黑龙江 | 2 | 219 | 219 | 146000 | 111952 |
| **中部地区** | **5** | **3322** | **3213** | **153643** | **212407** |
| 山　西 | | | | | |
| 安　徽 | 1 | 451 | 451 | 33350 | 92590 |
| 江　西 | 1 | 310 | 310 | 60000 | 33216 |
| 河　南 | 2 | 2252 | 2222 | 53328 | 36601 |
| 湖　北 | | | | | |
| 湖　南 | 1 | 309 | 230 | 6965 | 50000 |
| **西部地区** | **8** | **1013** | **953** | **509865** | **596741** |
| 内蒙古 | 4 | 393 | 333 | 303600 | 144000 |
| 广　西 | 2 | 445 | 445 | 114000 | 155398 |
| 重　庆 | 1 | 146 | 146 | 22265 | 10030 |
| 四　川 | | | | | |
| 贵　州 | | | | | |
| 云　南 | 1 | 29 | 29 | 70000 | 287313 |
| 西　藏 | | | | | |
| 陕　西 | | | | | |
| 甘　肃 | | | | | |
| 青　海 | | | | | |
| 宁　夏 | | | | | |
| 新　疆 | | | | | |

2-9 续表 2

(其他)

| 地 区 | 市场数量(个) | 总摊位数(个) | 年末出租摊位数(个) | 营业面积(平方米) | 成交额(万元) |
|---|---|---|---|---|---|
| **全 国** | **4** | **1716** | **1466** | **85566** | **212026** |
| **东部地区** | **2** | **291** | **291** | **56066** | **117294** |
| 北 京 | | | | | |
| 天 津 | | | | | |
| 河 北 | 1 | 200 | 200 | 20000 | 18680 |
| 上 海 | 1 | 91 | 91 | 36066 | 98614 |
| 江 苏 | | | | | |
| 浙 江 | | | | | |
| 福 建 | | | | | |
| 山 东 | | | | | |
| 广 东 | | | | | |
| 海 南 | | | | | |
| **东北地区** | | | | | |
| 辽 宁 | | | | | |
| 吉 林 | | | | | |
| 黑龙江 | | | | | |
| **中部地区** | **2** | **1425** | **1175** | **29500** | **94732** |
| 山 西 | | | | | |
| 安 徽 | | | | | |
| 江 西 | | | | | |
| 河 南 | | | | | |
| 湖 北 | 1 | 351 | 351 | 10500 | 42003 |
| 湖 南 | 1 | 1074 | 824 | 19000 | 52729 |
| **西部地区** | | | | | |
| 内蒙古 | | | | | |
| 广 西 | | | | | |
| 重 庆 | | | | | |
| 四 川 | | | | | |
| 贵 州 | | | | | |
| 云 南 | | | | | |
| 西 藏 | | | | | |
| 陕 西 | | | | | |
| 甘 肃 | | | | | |
| 青 海 | | | | | |
| 宁 夏 | | | | | |
| 新 疆 | | | | | |

# 2-10 商品交易市场情况(按经营方式分)

(批发为主)

| 地 区 | 市场数量(个) | 总摊位数(个) | 年末出租摊位数(个) | 营业面积(平方米) | 成交额(万元) |
|---|---|---|---|---|---|
| **全 国** | **2678** | **2763661** | **2339816** | **232212743** | **939968519** |
| **东部地区** | **1547** | **1545940** | **1330101** | **132003329** | **649881309** |
| 北 京 | 43 | 51953 | 43729 | 3623704 | 26294904 |
| 天 津 | 33 | 28217 | 25132 | 2617617 | 12569049 |
| 河 北 | 159 | 284091 | 244104 | 23894449 | 56283636 |
| 上 海 | 56 | 35259 | 30814 | 2755930 | 83883291 |
| 江 苏 | 269 | 266547 | 226614 | 26385609 | 180340397 |
| 浙 江 | 358 | 355306 | 315913 | 24097400 | 145729356 |
| 福 建 | 52 | 27328 | 23566 | 2398511 | 12041948 |
| 山 东 | 365 | 294872 | 267038 | 30677650 | 84959058 |
| 广 东 | 211 | 201637 | 152461 | 14872459 | 47464460 |
| 海 南 | 1 | 730 | 730 | 680000 | 315210 |
| **东北地区** | **160** | **148228** | **133037** | **9506267** | **44207443** |
| 辽 宁 | 95 | 93625 | 84401 | 5402030 | 33433704 |
| 吉 林 | 29 | 22039 | 19908 | 1918508 | 3373236 |
| 黑 龙 江 | 36 | 32564 | 28728 | 2185729 | 7400503 |
| **中部地区** | **517** | **514382** | **429908** | **40823470** | **129199575** |
| 山 西 | 27 | 25659 | 23086 | 2150759 | 6138430 |
| 安 徽 | 83 | 110195 | 99133 | 10762824 | 26848774 |
| 江 西 | 62 | 72827 | 68945 | 5590062 | 17879973 |
| 河 南 | 102 | 135544 | 86689 | 10172772 | 31612223 |
| 湖 北 | 73 | 63512 | 52615 | 4166223 | 15774648 |
| 湖 南 | 170 | 106645 | 99440 | 7980830 | 30945527 |
| **西部地区** | **454** | **555111** | **446770** | **49879677** | **116680192** |
| 内 蒙 古 | 44 | 22122 | 20737 | 4230905 | 4906591 |
| 广 西 | 48 | 38817 | 34850 | 3117206 | 8647810 |
| 重 庆 | 80 | 75890 | 68043 | 5644437 | 30745265 |
| 四 川 | 83 | 160222 | 108605 | 10496486 | 26081816 |
| 贵 州 | 33 | 55168 | 41937 | 4678299 | 8791262 |
| 云 南 | 18 | 52033 | 36122 | 1654298 | 4701374 |
| 西 藏 | 1 | 2172 | 2093 | 10000 | 182625 |
| 陕 西 | 32 | 20750 | 19111 | 1700992 | 6877502 |
| 甘 肃 | 22 | 21954 | 20473 | 1647795 | 2436658 |
| 青 海 | 5 | 5334 | 5284 | 494203 | 462978 |
| 宁 夏 | 22 | 18041 | 15757 | 3734608 | 3038023 |
| 新 疆 | 66 | 82608 | 73758 | 12470448 | 19808288 |

2-10　续表

(零售为主)

| 地　区 | 市场数量(个) | 总摊位数(个) | 年末出租摊位数(个) | 营业面积(平方米) | 成交额(万元) |
|---|---|---|---|---|---|
| **全　国** | **1939** | **1134461** | **1008120** | **64704995** | **142507363** |
| **东部地区** | **1112** | **565927** | **503349** | **33445811** | **85581783** |
| 北　京 | 71 | 43836 | 39943 | 2978140 | 12925708 |
| 天　津 | 11 | 7383 | 5523 | 545828 | 585011 |
| 河　北 | 58 | 43231 | 38860 | 2552098 | 2896643 |
| 上　海 | 78 | 26410 | 23802 | 1459768 | 5595327 |
| 江　苏 | 218 | 129136 | 114410 | 8715140 | 17625592 |
| 浙　江 | 367 | 144075 | 127046 | 7759615 | 27068784 |
| 福　建 | 66 | 24350 | 21965 | 910939 | 2941423 |
| 山　东 | 133 | 95231 | 88604 | 5779902 | 8668794 |
| 广　东 | 106 | 50085 | 41246 | 2721081 | 7164975 |
| 海　南 | 4 | 2190 | 1950 | 23300 | 109526 |
| **东北地区** | **171** | **152715** | **132716** | **5864186** | **12350178** |
| 辽　宁 | 105 | 101105 | 88038 | 3345868 | 7006022 |
| 吉　林 | 24 | 29670 | 25260 | 1092558 | 2132033 |
| 黑龙江 | 42 | 21940 | 19418 | 1425760 | 3212123 |
| **中部地区** | **364** | **212960** | **189215** | **12032938** | **25529293** |
| 山　西 | 5 | 2265 | 1973 | 353369 | 257322 |
| 安　徽 | 46 | 27300 | 24143 | 1700012 | 3528382 |
| 江　西 | 35 | 23880 | 20520 | 991810 | 1914652 |
| 河　南 | 52 | 39777 | 35825 | 3192184 | 4626560 |
| 湖　北 | 70 | 28223 | 25549 | 2473706 | 6748330 |
| 湖　南 | 156 | 91515 | 81205 | 3321857 | 8454047 |
| **西部地区** | **292** | **202859** | **182840** | **13362060** | **19046109** |
| 内蒙古 | 25 | 19571 | 18989 | 1365702 | 2028379 |
| 广　西 | 38 | 46341 | 42380 | 878261 | 1879127 |
| 重　庆 | 66 | 31548 | 28896 | 2099125 | 4579572 |
| 四　川 | 44 | 28850 | 24984 | 2652899 | 2168385 |
| 贵　州 | 21 | 8541 | 6981 | 1286051 | 2183253 |
| 云　南 | 19 | 11584 | 10854 | 742399 | 1052087 |
| 西　藏 | 2 | 1005 | 688 | 25000 | 56132 |
| 陕　西 | 19 | 15475 | 14834 | 1602302 | 1902832 |
| 甘　肃 | 5 | 2813 | 2619 | 118365 | 346951 |
| 青　海 | 4 | 2259 | 2159 | 61165 | 173660 |
| 宁　夏 | 15 | 10871 | 9915 | 688367 | 433662 |
| 新　疆 | 34 | 24001 | 19541 | 1842424 | 2242069 |

# 2-11 商品交易市场情况(按经营环境分)

(露天式)

| 地　区 | 市场数量(个) | 总摊位数(个) | 年末出租摊位数(个) | 营业面积(平方米) | 成交额(万元) |
|---|---|---|---|---|---|
| **全　国** | **647** | **367577** | **329170** | **48086963** | **115903325** |
| **东部地区** | **378** | **233454** | **209255** | **27579633** | **75973630** |
| 北　京 | 19 | 15054 | 12430 | 2264701 | 20185680 |
| 天　津 | 13 | 13096 | 10208 | 1315857 | 3048775 |
| 河　北 | 68 | 77885 | 71291 | 6553572 | 7784542 |
| 上　海 | 8 | 18108 | 16209 | 1775105 | 9400984 |
| 江　苏 | 50 | 13185 | 12343 | 921229 | 3153770 |
| 浙　江 | 50 | 1143 | 1134 | 58997 | 831400 |
| 福　建 | 6 | 75297 | 69249 | 12687692 | 22744338 |
| 山　东 | 128 | 8780 | 7698 | 562272 | 4695514 |
| 广　东 | 35 | 8233 | 6141 | 657604 | 2382457 |
| 海　南 | 1 | 2673 | 2552 | 782604 | 1746170 |
| **东北地区** | **47** | **14225** | **13716** | **1627256** | **3521138** |
| 辽　宁 | 35 | 4805 | 4797 | 400900 | 172601 |
| 吉　林 | 4 | 6268 | 6178 | 879175 | 1731238 |
| 黑龙江 | 8 | 3152 | 2741 | 347181 | 1617299 |
| **中部地区** | **102** | **44671** | **40865** | **5947002** | **13758262** |
| 山　西 | 4 | 2261 | 2001 | 245400 | 234801 |
| 安　徽 | 19 | 8498 | 8401 | 860243 | 1473780 |
| 江　西 | 9 | 19672 | 17163 | 2172798 | 5750645 |
| 河　南 | 31 | 10722 | 9782 | 1606110 | 4417031 |
| 湖　北 | 14 | 2788 | 2788 | 382451 | 1566795 |
| 湖　南 | 25 | 730 | 730 | 680000 | 315210 |
| **西部地区** | **120** | **75227** | **65334** | **12933072** | **22650295** |
| 内蒙古 | 26 | 13202 | 13060 | 2772505 | 2874454 |
| 广　西 | 5 | 8302 | 7880 | 1108808 | 5358798 |
| 重　庆 | 11 | 8233 | 6141 | 657604 | 2382457 |
| 四　川 | 20 | 8302 | 7880 | 1108808 | 5358798 |
| 贵　州 | 9 | 2673 | 2552 | 782604 | 1746170 |
| 云　南 | 3 | 6768 | 2090 | 166482 | 431425 |
| 西　藏 | | | | | |
| 陕　西 | 13 | 7699 | 7508 | 938059 | 1415942 |
| 甘　肃 | 5 | 4475 | 4473 | 493000 | 501564 |
| 青　海 | 2 | 422 | 372 | 117203 | 40611 |
| 宁　夏 | 10 | 7063 | 6207 | 2222697 | 714794 |
| 新　疆 | 16 | 8088 | 7171 | 2565302 | 1825282 |

2-11　续表 1

(封闭式)

| 地　区 | 市场数量（个） | 总摊位数（个） | 年末出租摊位数（个） | 营业面积（平方米） | 成交额（万元） |
|---|---|---|---|---|---|
| **全　国** | **3400** | **2689322** | **2255831** | **184417420** | **643795648** |
| **东部地区** | **1963** | **1360078** | **1197355** | **96438600** | **362252512** |
| 北　京 | 89 | 71685 | 62959 | 4049233 | 17167236 |
| 天　津 | 29 | 21613 | 19556 | 1725182 | 9766085 |
| 河　北 | 118 | 215183 | 183805 | 17559835 | 47532563 |
| 上　海 | 100 | 443862 | 393191 | 27344803 | 142815076 |
| 江　苏 | 368 | 80655 | 69363 | 6713633 | 17418540 |
| 浙　江 | 607 | 44651 | 38738 | 3050143 | 13318735 |
| 福　建 | 97 | 270396 | 247655 | 20263992 | 63683254 |
| 山　东 | 320 | 73436 | 62297 | 5458988 | 17027359 |
| 广　东 | 231 | 87499 | 79790 | 6236156 | 26687637 |
| 海　南 | 4 | 51098 | 40001 | 4036635 | 6836027 |
| **东北地区** | **268** | **136743** | **118986** | **7496330** | **88244486** |
| 辽　宁 | 155 | 43500 | 37153 | 2176062 | 5132088 |
| 吉　林 | 44 | 48206 | 41938 | 2724535 | 8861388 |
| 黑龙江 | 69 | 45037 | 39895 | 2595733 | 74251010 |
| **中部地区** | **641** | **485541** | **389004** | **31395179** | **91072241** |
| 山　西 | 21 | 21215 | 19218 | 1994603 | 5934564 |
| 安　徽 | 84 | 79260 | 73633 | 5361633 | 16161478 |
| 江　西 | 77 | 114144 | 84890 | 9202891 | 26251411 |
| 河　南 | 95 | 204812 | 151133 | 12412380 | 36673070 |
| 湖　北 | 112 | 63920 | 58180 | 2400372 | 5942192 |
| 湖　南 | 252 | 2190 | 1950 | 23300 | 109526 |
| **西部地区** | **528** | **706960** | **550486** | **49087311** | **102226409** |
| 内蒙古 | 39 | 24714 | 22899 | 2025567 | 3035566 |
| 广　西 | 54 | 168872 | 113935 | 11087017 | 19791589 |
| 重　庆 | 123 | 87499 | 79790 | 6236156 | 26687637 |
| 四　川 | 96 | 168872 | 113935 | 11087017 | 19791589 |
| 贵　州 | 35 | 51098 | 40001 | 4036635 | 6836027 |
| 云　南 | 27 | 53231 | 41423 | 1899711 | 3928081 |
| 西　藏 | 3 | 3177 | 2781 | 35000 | 238757 |
| 陕　西 | 30 | 22830 | 21780 | 1995954 | 6563529 |
| 甘　肃 | 14 | 14170 | 13759 | 979480 | 1928010 |
| 青　海 | 7 | 7171 | 7071 | 438165 | 596027 |
| 宁　夏 | 26 | 19549 | 18342 | 1729378 | 2347868 |
| 新　疆 | 74 | 85777 | 74770 | 7537231 | 10481729 |

2-11 续表 2

(其他)

| 地　区 | 市场数量（个） | 总摊位数（个） | 年末出租摊位数（个） | 营业面积（平方米） | 成交额（万元） |
|---|---|---|---|---|---|
| **全　国** | **570** | **412869** | **348273** | **36119318** | **119521173** |
| **东部地区** | **318** | **206718** | **182110** | **16628297** | **53937658** |
| 北　京 | 6 | 9050 | 8283 | 287910 | 1867696 |
| 天　津 | 2 | 891 | 891 | 122406 | 339200 |
| 河　北 | 31 | 34254 | 27868 | 2333140 | 3863174 |
| 上　海 | 26 | 37411 | 33559 | 2737107 | 20582080 |
| 江　苏 | 69 | 43655 | 41570 | 4827974 | 9804846 |
| 浙　江 | 68 | 5884 | 5659 | 200310 | 833236 |
| 福　建 | 15 | 44410 | 38738 | 3505868 | 7200260 |
| 山　东 | 50 | 9519 | 8169 | 618669 | 800105 |
| 广　东 | 51 | 11706 | 11008 | 849802 | 6254743 |
| 海　南 |  | 9938 | 6365 | 1145111 | 2392318 |
| **东北地区** | **16** | **16914** | **15228** | **1714667** | **13830889** |
| 辽　宁 | 10 | 3404 | 3218 | 434104 | 200580 |
| 吉　林 | 5 | 30 | 30 | 7779 | 20000 |
| 黑龙江 | 1 | 13480 | 11980 | 1272784 | 13610309 |
| **中部地区** | **138** | **109540** | **80786** | **7401082** | **23179765** |
| 山　西 | 7 | 4448 | 3840 | 264125 | 226387 |
| 安　徽 | 26 | 8949 | 7431 | 359996 | 2159367 |
| 江　西 | 11 | 41505 | 20461 | 1989267 | 4236727 |
| 河　南 | 28 | 36188 | 32792 | 3575050 | 13539334 |
| 湖　北 | 17 | 18450 | 16262 | 1212644 | 3017950 |
| 湖　南 | 49 |  |  |  |  |
| **西部地区** | **98** | **79697** | **70149** | **10375272** | **28572861** |
| 内蒙古 | 4 | 3777 | 3767 | 798535 | 1024950 |
| 广　西 | 27 | 11898 | 11774 | 953560 | 3099814 |
| 重　庆 | 12 | 11706 | 11008 | 849802 | 6254743 |
| 四　川 | 11 | 11898 | 11774 | 953560 | 3099814 |
| 贵　州 | 10 | 9938 | 6365 | 1145111 | 2392318 |
| 云　南 | 7 | 3618 | 3463 | 330504 | 1393955 |
| 西　藏 |  |  |  |  |  |
| 陕　西 | 8 | 5696 | 4657 | 369281 | 800863 |
| 甘　肃 | 8 | 6122 | 4860 | 293680 | 354035 |
| 青　海 |  |  |  |  |  |
| 宁　夏 | 1 | 2300 | 1123 | 470900 | 409023 |
| 新　疆 | 10 | 12744 | 11358 | 4210339 | 9743346 |

# 2-12　商品交易市场成交情况(按摊位分)

| 地　区 | 粮油、食品类 | | #粮油类 | | #肉禽蛋类 | |
|---|---|---|---|---|---|---|
| | 摊位数(个) | 成交额(万元) | 摊位数(个) | 成交额(万元) | 摊位数(个) | 成交额(万元) |
| **全　国** | **942363** | **309524655** | **85077** | **38931458** | **127461** | **39695527** |
| **东部地区** | **559367** | **183957997** | **48101** | **24239846** | **74053** | **24104953** |
| 北　京 | 30024 | 23031084 | 1572 | 1717696 | 4302 | 2451220 |
| 天　津 | 14121 | 6091321 | 2338 | 1268448 | 1043 | 543439 |
| 河　北 | 93068 | 15038639 | 4146 | 848512 | 5705 | 1294189 |
| 上　海 | 23315 | 8196686 | 3268 | 858839 | 4082 | 1347067 |
| 江　苏 | 80412 | 35128963 | 10132 | 8671973 | 15755 | 6119780 |
| 浙　江 | 110086 | 36586254 | 9058 | 5058544 | 16707 | 4549401 |
| 福　建 | 20845 | 7698566 | 1640 | 533800 | 3677 | 943253 |
| 山　东 | 136895 | 31580250 | 10610 | 3481844 | 10610 | 1660880 |
| 广　东 | 49453 | 20544829 | 5234 | 1797483 | 11861 | 5170582 |
| 海　南 | 1148 | 61405 | 103 | 2707 | 311 | 25142 |
| **东北地区** | **48317** | **17830017** | **4228** | **1390403** | **7046** | **1148980** |
| 辽　宁 | 28288 | 10681272 | 2923 | 724399 | 5353 | 757464 |
| 吉　林 | 7835 | 1321058 | 648 | 134135 | 1049 | 79218 |
| 黑龙江 | 12194 | 5827687 | 657 | 531869 | 644 | 312298 |
| **中部地区** | **164481** | **58242319** | **16116** | **8199358** | **20437** | **6377307** |
| 山　西 | 6382 | 1967363 | 820 | 276160 | 325 | 87258 |
| 安　徽 | 30536 | 9180764 | 2541 | 1003665 | 4662 | 1474347 |
| 江　西 | 23728 | 8298167 | 1750 | 803384 | 2946 | 1459795 |
| 河　南 | 33335 | 18107526 | 3503 | 2889920 | 2436 | 1290434 |
| 湖　北 | 20160 | 7542309 | 1214 | 580900 | 2853 | 896375 |
| 湖　南 | 50340 | 13146190 | 6288 | 2645329 | 7215 | 1169098 |
| **西部地区** | **170198** | **49494322** | **16632** | **5101851** | **25925** | **8064287** |
| 内蒙古 | 10573 | 2202484 | 682 | 411916 | 1105 | 357072 |
| 广　西 | 29714 | 4578722 | 4098 | 658820 | 5173 | 778648 |
| 重　庆 | 24938 | 9052369 | 1581 | 512112 | 3033 | 1777514 |
| 四　川 | 32709 | 13047308 | 4720 | 920545 | 5841 | 2572698 |
| 贵　州 | 10495 | 3824173 | 1176 | 1357995 | 976 | 186999 |
| 云　南 | 7527 | 2198226 | 1175 | 354016 | 1680 | 255093 |
| 西　藏 | 2686 | 220742 | 98 | 20749 | 349 | 39708 |
| 陕　西 | 8323 | 2756568 | 865 | 389160 | 913 | 271332 |
| 甘　肃 | 8854 | 1368055 | 359 | 112948 | 595 | 302216 |
| 青　海 | 2017 | 343905 | 135 | 10001 | 137 | 22378 |
| 宁　夏 | 10391 | 2085858 | 486 | 64605 | 1186 | 231465 |
| 新　疆 | 21971 | 7815912 | 1257 | 288984 | 4937 | 1269164 |

2-12 续表 1

| 地区 | #水产品类 | | #蔬菜类 | | #干鲜果品类 | |
|---|---|---|---|---|---|---|
| | 摊位数(个) | 成交额(万元) | 摊位数(个) | 成交额(万元) | 摊位数(个) | 成交额(万元) |
| **全　国** | **133079** | **61216859** | **341709** | **77200060** | **159471** | **73644322** |
| **东部地区** | **96981** | **41543203** | **214987** | **44061817** | **94240** | **44948556** |
| 北　京 | 3856 | 3213692 | 10096 | 7575713 | 5403 | 7499214 |
| 天　津 | 1304 | 1591891 | 6986 | 1472495 | 2305 | 1141990 |
| 河　北 | 4037 | 443847 | 50883 | 4588374 | 26080 | 7752795 |
| 上　海 | 6196 | 2721032 | 6291 | 1664035 | 3389 | 1599771 |
| 江　苏 | 15134 | 7143255 | 27171 | 6386067 | 10682 | 5967653 |
| 浙　江 | 26418 | 10428715 | 35175 | 6509891 | 15377 | 8396042 |
| 福　建 | 6392 | 4141634 | 5115 | 913206 | 2444 | 858472 |
| 山　东 | 24463 | 8310552 | 57599 | 10681190 | 21066 | 6080052 |
| 广　东 | 8977 | 3533198 | 15356 | 4259782 | 7299 | 5645469 |
| 海　南 | 204 | 15387 | 315 | 11064 | 195 | 7098 |
| **东北地区** | **8434** | **5679864** | **13915** | **4225763** | **6970** | **4406846** |
| 辽　宁 | 6861 | 4846252 | 7902 | 1434560 | 3749 | 2506790 |
| 吉　林 | 987 | 471890 | 1879 | 276713 | 1025 | 229285 |
| 黑龙江 | 586 | 361722 | 4134 | 2514490 | 2196 | 1670771 |
| **中部地区** | **15601** | **10205443** | **54048** | **13947397** | **24788** | **12094327** |
| 山　西 | 271 | 47752 | 2912 | 625620 | 1348 | 277022 |
| 安　徽 | 2579 | 1248274 | 11007 | 2268718 | 6249 | 2111950 |
| 江　西 | 1805 | 802893 | 6926 | 1748634 | 3463 | 2308515 |
| 河　南 | 3502 | 3483103 | 13568 | 5486395 | 3537 | 3431615 |
| 湖　北 | 3159 | 2186469 | 5851 | 1245857 | 2595 | 1073625 |
| 湖　南 | 4285 | 2436952 | 13784 | 2572173 | 7596 | 2891600 |
| **西部地区** | **12063** | **3788349** | **58759** | **14965083** | **33473** | **12194593** |
| 内蒙古 | 274 | 39806 | 4728 | 702837 | 1204 | 416108 |
| 广　西 | 3715 | 228228 | 6714 | 974342 | 4251 | 1093726 |
| 重　庆 | 1547 | 1543271 | 6074 | 1112513 | 2428 | 815154 |
| 四　川 | 2154 | 749169 | 9838 | 4948954 | 8568 | 3303306 |
| 贵　州 | 343 | 49056 | 4786 | 1037756 | 2570 | 1141916 |
| 云　南 | 521 | 39826 | 2635 | 656358 | 1143 | 886734 |
| 西　藏 | 85 | 15474 | 1848 | 86083 | 306 | 58728 |
| 陕　西 | 709 | 62370 | 3864 | 1423464 | 1842 | 604883 |
| 甘　肃 | 497 | 256562 | 6038 | 454994 | 902 | 216815 |
| 青　海 | 130 | 5768 | 846 | 223641 | 769 | 82117 |
| 宁　夏 | 562 | 253520 | 4194 | 523165 | 3903 | 992856 |
| 新　疆 | 1526 | 545299 | 7194 | 2820976 | 5587 | 2582250 |

2-12 续表 2

| 地 区 | 饮料类 | | 烟酒类 | | 服装、鞋帽、针纺织品类 | |
|---|---|---|---|---|---|---|
| | 摊位数（个） | 成交额（万元） | 摊位数（个） | 成交额（万元） | 摊位数（个） | 成交额（万元） |
| **全 国** | **45631** | **9815449** | **40215** | **10888567** | **913180** | **178943591** |
| **东部地区** | **24041** | **5851542** | **20103** | **5801317** | **466094** | **130843381** |
| 北 京 | 1180 | 416181 | 1181 | 855300 | 17390 | 531816 |
| 天 津 | 327 | 111879 | 299 | 172009 | 4176 | 250289 |
| 河 北 | 2405 | 255331 | 2851 | 362384 | 51421 | 10053636 |
| 上 海 | 965 | 55457 | 145 | 21859 | 8131 | 631662 |
| 江 苏 | 3650 | 1207982 | 3266 | 1336174 | 91658 | 48363161 |
| 浙 江 | 5195 | 2055375 | 2497 | 1371351 | 139288 | 47903427 |
| 福 建 | 2683 | 334137 | 393 | 275343 | 9724 | 1838880 |
| 山 东 | 5951 | 1057278 | 8610 | 1040789 | 70749 | 9268411 |
| 广 东 | 1660 | 356937 | 838 | 365374 | 73149 | 11982948 |
| 海 南 | 25 | 985 | 23 | 734 | 408 | 19151 |
| **东北地区** | **1770** | **540920** | **1780** | **781203** | **108473** | **13743289** |
| 辽 宁 | 1123 | 157669 | 677 | 57421 | 73024 | 12184368 |
| 吉 林 | 245 | 11378 | 507 | 10292 | 15213 | 487751 |
| 黑 龙 江 | 402 | 371873 | 596 | 713490 | 20236 | 1071170 |
| **中部地区** | **11363** | **2079114** | **11941** | **3295829** | **164402** | **15910407** |
| 山 西 | 121 | 14705 | 335 | 352134 | 10458 | 1046264 |
| 安 徽 | 2316 | 508134 | 1898 | 448979 | 25857 | 2755668 |
| 江 西 | 1211 | 236076 | 1421 | 478093 | 18768 | 3299911 |
| 河 南 | 1719 | 402234 | 1917 | 253340 | 32521 | 2637658 |
| 湖 北 | 2064 | 401214 | 1201 | 352679 | 23877 | 2727782 |
| 湖 南 | 3932 | 516751 | 5169 | 1410604 | 52921 | 3443124 |
| **西部地区** | **8457** | **1343873** | **6391** | **1010218** | **174211** | **18446514** |
| 内 蒙 古 | 397 | 197412 | 412 | 208045 | 10458 | 416439 |
| 广 西 | 1035 | 145474 | 786 | 66870 | 24483 | 758150 |
| 重 庆 | 1549 | 280916 | 1434 | 116565 | 19278 | 6563837 |
| 四 川 | 1996 | 257666 | 1349 | 251864 | 39388 | 2275556 |
| 贵 州 | 819 | 208901 | 555 | 203771 | 15591 | 2026460 |
| 云 南 | 1081 | 79239 | 341 | 8193 | 22969 | 1282372 |
| 西 藏 | 4 | 96 | 58 | 16470 | | |
| 陕 西 | 572 | 19406 | 262 | 12391 | 8929 | 3660007 |
| 甘 肃 | 131 | 21282 | 110 | 14561 | 7251 | 455542 |
| 青 海 | 17 | 494 | 10 | 270 | 2304 | 74153 |
| 宁 夏 | 256 | 55146 | 120 | 20982 | 7255 | 187555 |
| 新 疆 | 600 | 77841 | 954 | 90236 | 16305 | 746443 |

2-12 续表 3

| 地区 | 服装类 | | 鞋帽类 | | 针纺织品类 | |
|---|---|---|---|---|---|---|
| | 摊位数(个) | 成交额(万元) | 摊位数(个) | 成交额(万元) | 摊位数(个) | 成交额(万元) |
| **全国** | **556944** | **76374227** | **133530** | **18642868** | **222706** | **83926496** |
| **东部地区** | **266679** | **46327026** | **58043** | **9467703** | **141372** | **75048652** |
| 北京 | 12935 | 371436 | 2073 | 51817 | 2382 | 108563 |
| 天津 | 3018 | 199681 | 607 | 17828 | 551 | 32780 |
| 河北 | 36752 | 6768258 | 5997 | 834864 | 8672 | 2450514 |
| 上海 | 6349 | 562207 | 288 | 14484 | 1494 | 54971 |
| 江苏 | 42845 | 13697448 | 13036 | 2842375 | 35777 | 31823338 |
| 浙江 | 70346 | 14097354 | 12909 | 2593662 | 56033 | 31212411 |
| 福建 | 8070 | 1569337 | 1107 | 176095 | 547 | 93448 |
| 山东 | 43854 | 4931319 | 13676 | 1957453 | 13219 | 2379639 |
| 广东 | 42142 | 4111563 | 8319 | 978460 | 22688 | 6892925 |
| 海南 | 368 | 18423 | 31 | 665 | 9 | 63 |
| **东北地区** | **65641** | **8778991** | **16047** | **1352593** | **26785** | **3611705** |
| 辽宁 | 42977 | 7652233 | 10872 | 1183872 | 19175 | 3348263 |
| 吉林 | 11243 | 415605 | 1799 | 38666 | 2171 | 33480 |
| 黑龙江 | 11421 | 711153 | 3376 | 130055 | 5439 | 229962 |
| **中部地区** | **107405** | **10502398** | **29153** | **2796298** | **27844** | **2611711** |
| 山西 | 7162 | 780006 | 1934 | 173303 | 1362 | 92955 |
| 安徽 | 14870 | 1595932 | 4527 | 569816 | 6460 | 589920 |
| 江西 | 10270 | 2087650 | 4311 | 453017 | 4187 | 759244 |
| 河南 | 21759 | 1766613 | 5439 | 565371 | 5323 | 305674 |
| 湖北 | 15893 | 1953140 | 4185 | 394590 | 3799 | 380052 |
| 湖南 | 37451 | 2319057 | 8757 | 640201 | 6713 | 483866 |
| **西部地区** | **117219** | **10765812** | **30287** | **5026274** | **26705** | **2654428** |
| 内蒙古 | 6598 | 267990 | 2264 | 94782 | 1596 | 53667 |
| 广西 | 16777 | 558650 | 4022 | 78581 | 3684 | 120919 |
| 重庆 | 11896 | 3153018 | 4040 | 2096018 | 3342 | 1314801 |
| 四川 | 29671 | 1625189 | 5753 | 359876 | 3964 | 290491 |
| 贵州 | 10825 | 1380031 | 3108 | 376999 | 1658 | 269430 |
| 云南 | 14235 | 748238 | 3385 | 208617 | 5349 | 325517 |
| 西藏 | | | | | | |
| 陕西 | 5520 | 1947248 | 2117 | 1634921 | 1292 | 77838 |
| 甘肃 | 5899 | 410103 | 757 | 21620 | 595 | 23819 |
| 青海 | 1306 | 56375 | 455 | 12577 | 543 | 5201 |
| 宁夏 | 4417 | 97526 | 1435 | 29620 | 1403 | 60409 |
| 新疆 | 10075 | 521444 | 2951 | 112663 | 3279 | 112336 |

2-12　续表 4

| 地　　区 | 化妆品类 | | 金银珠宝类 | | 日用品类 | |
|---|---|---|---|---|---|---|
| | 摊位数（个） | 成交额（万元） | 摊位数（个） | 成交额（万元） | 摊位数（个） | 成交额（万元） |
| **全　　国** | **23805** | **3259243** | **26383** | **9544158** | **175612** | **31383542** |
| **东部地区** | **10752** | **1514100** | **14781** | **8120810** | **105479** | **22336674** |
| 北　　京 | 263 | 34114 | 607 | 179585 | 5196 | 698966 |
| 天　　津 | 149 | 14687 | 21 | 308 | 1315 | 108555 |
| 河　　北 | 995 | 120646 | 613 | 46636 | 15826 | 3957993 |
| 上　　海 | 63 | 3824 | 14 | 1363 | 862 | 2599125 |
| 江　　苏 | 1900 | 282084 | 2299 | 1566874 | 21334 | 4212473 |
| 浙　　江 | 2191 | 486139 | 4702 | 3936604 | 21655 | 3944904 |
| 福　　建 | 90 | 15150 | 1641 | 913708 | 1237 | 245533 |
| 山　　东 | 2729 | 385666 | 1682 | 1280259 | 22545 | 4659362 |
| 广　　东 | 2367 | 171763 | 3202 | 195473 | 15473 | 1909331 |
| 海　　南 | 5 | 27 | | | 36 | 432 |
| **东北地区** | **2534** | **431878** | **2274** | **138310** | **13318** | **2534786** |
| 辽　　宁 | 1945 | 407858 | 1836 | 87303 | 11419 | 2446113 |
| 吉　　林 | 320 | 9581 | 74 | 20898 | 1288 | 61810 |
| 黑 龙 江 | 269 | 14439 | 364 | 30109 | 611 | 26863 |
| **中部地区** | **4813** | **632939** | **2324** | **953338** | **31516** | **3390942** |
| 山　　西 | 213 | 3537 | 4 | 133 | 1678 | 549953 |
| 安　　徽 | 656 | 75107 | 1472 | 339480 | 5860 | 426818 |
| 江　　西 | 615 | 122707 | 118 | 50208 | 5271 | 408120 |
| 河　　南 | 1339 | 97995 | 238 | 91223 | 5978 | 249245 |
| 湖　　北 | 536 | 136398 | 58 | 50337 | 4603 | 430265 |
| 湖　　南 | 1454 | 197195 | 434 | 421957 | 8126 | 1326541 |
| **西部地区** | **5706** | **680326** | **7004** | **331700** | **25299** | **3121140** |
| 内 蒙 古 | 619 | 17686 | 1731 | 117743 | 809 | 55042 |
| 广　　西 | 620 | 8852 | 227 | 14750 | 4398 | 213352 |
| 重　　庆 | 844 | 210482 | 38 | 13222 | 5462 | 1267591 |
| 四　　川 | 1001 | 126169 | 142 | 9767 | 3267 | 353040 |
| 贵　　州 | 101 | 19190 | 9 | 807 | 2340 | 630511 |
| 云　　南 | 892 | 159463 | 430 | 23198 | 3132 | 214142 |
| 西　　藏 | | | | | 30 | 1389 |
| 陕　　西 | 73 | 3946 | | | 655 | 32702 |
| 甘　　肃 | 273 | 39513 | 51 | 10535 | 1316 | 166236 |
| 青　　海 | 196 | 5935 | 3 | 182 | 175 | 1754 |
| 宁　　夏 | 242 | 27250 | 108 | 4778 | 900 | 38661 |
| 新　　疆 | 845 | 61840 | 4265 | 136718 | 2815 | 146720 |

2-12 续表 5

| 地　区 | #儿童玩具类 | | 五金、电料类 | | 体育、娱乐用品类 | |
|---|---|---|---|---|---|---|
| | 摊位数（个） | 成交额（万元） | 摊位数（个） | 成交额（万元） | 摊位数（个） | 成交额（万元） |
| **全　国** | **23960** | **3277626** | **119282** | **25207458** | **12809** | **2238109** |
| **东部地区** | **15103** | **2105410** | **66471** | **16442603** | **6807** | **1533542** |
| 北　京 | 786 | 24607 | 1124 | 100901 | 328 | 30820 |
| 天　津 | 40 | 5877 | 2974 | 773454 | 35 | 3702 |
| 河　北 | 7540 | 871488 | 4738 | 1548854 | 1694 | 706568 |
| 上　海 | 217 | 31138 | 3924 | 283974 | 220 | 39532 |
| 江　苏 | 2813 | 722610 | 16335 | 3437191 | 892 | 225605 |
| 浙　江 | 763 | 91403 | 16103 | 6243463 | 987 | 169904 |
| 福　建 | 71 | 7255 | 533 | 37856 | 104 | 62206 |
| 山　东 | 1614 | 169192 | 13679 | 2293650 | 1616 | 155520 |
| 广　东 | 1254 | 181834 | 6905 | 1693036 | 930 | 139683 |
| 海　南 | 5 | 6 | 156 | 30224 | 1 | 2 |
| **东北地区** | **1257** | **52574** | **6463** | **485295** | **525** | **50276** |
| 辽　宁 | 1095 | 48880 | 3506 | 368640 | 472 | 43692 |
| 吉　林 | 90 | 2348 | 2616 | 100926 | 14 | 722 |
| 黑龙江 | 72 | 1346 | 341 | 15729 | 39 | 5862 |
| **中部地区** | **3777** | **675216** | **23037** | **5185073** | **2737** | **281267** |
| 山　西 | 374 | 2184 | 608 | 247359 | 39 | 1680 |
| 安　徽 | 463 | 104878 | 4751 | 464805 | 234 | 21769 |
| 江　西 | 675 | 244011 | 1503 | 435425 | 158 | 15207 |
| 河　南 | 1232 | 37167 | 5268 | 882325 | 788 | 54946 |
| 湖　北 | 285 | 52032 | 3702 | 1291613 | 503 | 59914 |
| 湖　南 | 748 | 234944 | 7205 | 1863546 | 1015 | 127751 |
| **西部地区** | **3823** | **444426** | **23311** | **3094487** | **2740** | **373024** |
| 内蒙古 | 24 | 1336 | 700 | 133045 | 170 | 6694 |
| 广　西 | 674 | 23916 | 1496 | 126886 | 221 | 11951 |
| 重　庆 | 211 | 78469 | 6343 | 1311169 | 315 | 116871 |
| 四　川 | 937 | 60269 | 4520 | 593981 | 339 | 21711 |
| 贵　州 | 506 | 102887 | 1839 | 191571 | 113 | 56447 |
| 云　南 | 944 | 124051 | 358 | 17319 | 489 | 105217 |
| 西　藏 | | | | | | |
| 陕　西 | | | 1093 | 45195 | 435 | 19888 |
| 甘　肃 | 133 | 40991 | 727 | 32374 | 141 | 21070 |
| 青　海 | 14 | 387 | 241 | 7283 | 93 | 638 |
| 宁　夏 | 75 | 3714 | 171 | 10194 | 102 | 2260 |
| 新　疆 | 305 | 8406 | 5823 | 625470 | 322 | 10277 |

2-12 续表 6

| 地区 | #照相器材类 | | 书报杂志类 | | 电子出版物及音像制品类 | |
|---|---|---|---|---|---|---|
| | 摊位数（个） | 成交额（万元） | 摊位数（个） | 成交额（万元） | 摊位数（个） | 成交额（万元） |
| **全　国** | **1022** | **97585** | **4299** | **785817** | **7794** | **2098112** |
| **东部地区** | **577** | **76860** | **1572** | **291038** | **3590** | **1558473** |
| 北　京 | 147 | 19408 | 11 | 9235 | 7 | 369 |
| 天　津 | | | 4 | 163 | 10 | 1540 |
| 河　北 | 10 | 6925 | 145 | 16881 | 2317 | 1249213 |
| 上　海 | 183 | 37519 | 11 | 2631 | 22 | 1337 |
| 江　苏 | 98 | 4221 | 292 | 23853 | 560 | 57783 |
| 浙　江 | 4 | 3936 | 141 | 43666 | 116 | 34301 |
| 福　建 | 1 | 22 | 7 | 55 | 9 | 354 |
| 山　东 | 21 | 479 | 856 | 174502 | 438 | 149609 |
| 广　东 | 113 | 4350 | 105 | 20052 | 111 | 63967 |
| 海　南 | | | | | | |
| **东北地区** | **13** | **826** | **171** | **90224** | **708** | **201839** |
| 辽　宁 | 12 | 151 | 129 | 89254 | 492 | 194819 |
| 吉　林 | | | 28 | 151 | 171 | 5838 |
| 黑龙江 | 1 | 675 | 14 | 819 | 45 | 1182 |
| **中部地区** | **23** | **1572** | **1834** | **385298** | **2153** | **280101** |
| 山　西 | | | | | 73 | 476 |
| 安　徽 | 5 | 300 | 231 | 142348 | 153 | 9513 |
| 江　西 | 6 | 918 | 118 | 8762 | 174 | 27460 |
| 河　南 | 4 | 92 | 528 | 21437 | 547 | 25035 |
| 湖　北 | | | 416 | 84936 | 169 | 27493 |
| 湖　南 | 8 | 262 | 541 | 127815 | 1037 | 190124 |
| **西部地区** | **409** | **18327** | **722** | **19257** | **1343** | **57699** |
| 内蒙古 | | | 26 | 218 | 65 | 1051 |
| 广　西 | | | 25 | 236 | 54 | 3109 |
| 重　庆 | 5 | 27 | 46 | 2649 | 89 | 21897 |
| 四　川 | 3 | 240 | 54 | 4981 | 56 | 5226 |
| 贵　州 | 6 | 1486 | 13 | 601 | 8 | 792 |
| 云　南 | 2 | 3 | 10 | 352 | 762 | 13364 |
| 西　藏 | | | | | | |
| 陕　西 | 370 | 16125 | 2 | 19 | 1 | 8 |
| 甘　肃 | | | 271 | 1073 | 193 | 10241 |
| 青　海 | | | 1 | 65 | 37 | 156 |
| 宁　夏 | | | 32 | 6677 | 19 | 153 |
| 新　疆 | 23 | 446 | 242 | 2386 | 59 | 1702 |

2-12 续表 7

| 地　区 | 家用电器和音像器材类 | | 中西药品类 | | #西药类 | |
|---|---|---|---|---|---|---|
| | 摊位数(个) | 成交额(万元) | 摊位数(个) | 成交额(万元) | 摊位数(个) | 成交额(万元) |
| **全　国** | **31669** | **7227131** | **27589** | **13141229** | **1018** | **408414** |
| **东部地区** | **12061** | **2558177** | **11028** | **3279823** | **342** | **261527** |
| 北　京 | 310 | 29265 | 22 | 3084 | 16 | 1892 |
| 天　津 | 9 | 739 | 10 | 452 | 6 | 302 |
| 河　北 | 793 | 198538 | 7106 | 2349262 | 55 | 8871 |
| 上　海 | 105 | 8192 | 167 | 21187 | 4 | 1115 |
| 江　苏 | 2196 | 317635 | 213 | 284791 | 154 | 235132 |
| 浙　江 | 2732 | 861015 | 1432 | 353562 | 4 | 205 |
| 福　建 | 389 | 62172 | 96 | 26859 | 7 | 354 |
| 山　东 | 3458 | 866377 | 1131 | 54756 | 67 | 2947 |
| 广　东 | 2066 | 214109 | 851 | 185870 | 29 | 10709 |
| 海　南 | 3 | 135 | | | | |
| **东北地区** | **1715** | **345176** | **1140** | **391535** | **79** | **9268** |
| 辽　宁 | 1198 | 196171 | 315 | 116000 | 78 | 9219 |
| 吉　林 | 376 | 39787 | 823 | 275134 | 1 | 49 |
| 黑龙江 | 141 | 109218 | 2 | 401 | | |
| **中部地区** | **10496** | **3049507** | **10424** | **5391923** | **314** | **103056** |
| 山　西 | 95 | 3664 | 1 | 3 | | |
| 安　徽 | 2293 | 1039907 | 6627 | 3009864 | 27 | 39849 |
| 江　西 | 1701 | 407377 | 501 | 988339 | 30 | 13482 |
| 河　南 | 2428 | 573536 | 1108 | 423208 | 141 | 6317 |
| 湖　北 | 506 | 58649 | 30 | 14932 | 2 | 85 |
| 湖　南 | 3473 | 966374 | 2157 | 955577 | 114 | 43323 |
| **西部地区** | **7397** | **1274271** | **4997** | **4077948** | **283** | **34563** |
| 内蒙古 | 343 | 53603 | 234 | 30730 | 11 | 563 |
| 广　西 | 369 | 17688 | 1179 | 957644 | 31 | 4348 |
| 重　庆 | 958 | 442347 | 72 | 22915 | 28 | 14087 |
| 四　川 | 1514 | 214008 | 2729 | 2845442 | 117 | 1060 |
| 贵　州 | 562 | 144427 | 42 | 2404 | 6 | 144 |
| 云　南 | 1258 | 51190 | 530 | 182024 | 28 | 2442 |
| 西　藏 | | | 3 | 60 | 3 | 60 |
| 陕　西 | 257 | 20958 | 1 | 4 | | |
| 甘　肃 | 543 | 162401 | 23 | 3293 | 6 | 754 |
| 青　海 | 113 | 2114 | 72 | 20128 | 1 | 73 |
| 宁　夏 | 77 | 3055 | 11 | 104 | 6 | 56 |
| 新　疆 | 1403 | 162480 | 101 | 13200 | 46 | 10976 |

2-12 续表 8

| 地　区 | #中草药及中成药类 | | 文化办公用品类 | | #计算机及其配套产品 | |
|---|---|---|---|---|---|---|
| | 摊位数（个） | 成交额（万元） | 摊位数（个） | 成交额（万元） | 摊位数（个） | 成交额（万元） |
| **全　国** | **25236** | **12491169** | **58894** | **10414868** | **26447** | **3738193** |
| **东部地区** | **10348** | **2839501** | **33024** | **5552069** | **14638** | **2078045** |
| 北　京 | 5 | 1192 | 4336 | 595133 | 1524 | 173412 |
| 天　津 | 1 | 59 | 87 | 4378 | | |
| 河　北 | 7050 | 2340356 | 4459 | 1566012 | 831 | 715623 |
| 上　海 | 163 | 20072 | 323 | 35798 | 180 | 22080 |
| 江　苏 | 57 | 16652 | 4105 | 753303 | 1428 | 243160 |
| 浙　江 | 1340 | 251530 | 8060 | 1493559 | 3202 | 354032 |
| 福　建 | 45 | 23744 | 653 | 89292 | 392 | 62941 |
| 山　东 | 898 | 38048 | 4927 | 627114 | 1904 | 271770 |
| 广　东 | 789 | 147848 | 5779 | 360930 | 5177 | 235027 |
| 海　南 | | | 295 | 26550 | | |
| **东北地区** | **1010** | **377599** | **5823** | **1047201** | **2379** | **336479** |
| 辽　宁 | 228 | 106239 | 3108 | 709708 | 155 | 10857 |
| 吉　林 | 782 | 271360 | 571 | 51638 | 134 | 42622 |
| 黑龙江 | | | 2144 | 285855 | 2090 | 283000 |
| **中部地区** | **9850** | **5246145** | **10522** | **2354012** | **5038** | **659402** |
| 山　西 | | | 44 | 4589 | | |
| 安　徽 | 6536 | 2964660 | 706 | 193579 | 174 | 3106 |
| 江　西 | 400 | 958574 | 784 | 191266 | 25 | 2392 |
| 河　南 | 956 | 416360 | 3840 | 414349 | 2780 | 350130 |
| 湖　北 | 1 | 46 | 1721 | 635508 | 738 | 43150 |
| 湖　南 | 1957 | 906505 | 3427 | 914721 | 1321 | 260624 |
| **西部地区** | **4028** | **4027924** | **9525** | **1461586** | **4392** | **664267** |
| 内蒙古 | 175 | 28763 | 722 | 80362 | 295 | 33740 |
| 广　西 | 1070 | 949237 | 919 | 111592 | 651 | 79005 |
| 重　庆 | 32 | 6285 | 1907 | 264477 | 1220 | 119992 |
| 四　川 | 2156 | 2842720 | 872 | 94909 | 72 | 17400 |
| 贵　州 | 29 | 1181 | 552 | 167429 | 232 | 42130 |
| 云　南 | 477 | 178849 | 812 | 162445 | 114 | 4299 |
| 西　藏 | | | | | | |
| 陕　西 | 1 | 4 | 849 | 297486 | 590 | 238407 |
| 甘　肃 | 6 | 339 | 345 | 58053 | 6 | 689 |
| 青　海 | 71 | 20055 | 347 | 10624 | | |
| 宁　夏 | 3 | 28 | 441 | 43228 | 314 | 34200 |
| 新　疆 | 8 | 463 | 1759 | 170981 | 898 | 94405 |

2-12 续表 9

| 地区 | 家具类 | | 通讯器材类 | | 煤炭及制品类 | |
|---|---|---|---|---|---|---|
| | 摊位数（个） | 成交额（万元） | 摊位数（个） | 成交额（万元） | 摊位数（个） | 成交额（万元） |
| **全国** | **119056** | **24103972** | **19712** | **2988504** | **3379** | **3749480** |
| **东部地区** | **62391** | **14707123** | **11336** | **1314438** | **2931** | **3669086** |
| 北京 | 4973 | 716179 | 73 | 6040 | | |
| 天津 | 325 | 22396 | 7 | 139 | 2716 | 1966794 |
| 河北 | 8865 | 3718048 | 1108 | 218523 | 17 | 4516 |
| 上海 | 1702 | 156557 | 67 | 11825 | | |
| 江苏 | 15616 | 2670787 | 1447 | 120229 | 79 | 892655 |
| 浙江 | 19555 | 4820392 | 2520 | 302532 | 58 | 792608 |
| 福建 | 741 | 282824 | 98 | 6007 | | |
| 山东 | 9949 | 2232891 | 1469 | 247346 | 60 | 12399 |
| 广东 | 665 | 87049 | 4547 | 401797 | 1 | 114 |
| 海南 | | | | | | |
| **东北地区** | **9024** | **854258** | **938** | **139682** | **3** | **150** |
| 辽宁 | 6156 | 661071 | 770 | 90261 | 3 | 150 |
| 吉林 | 2192 | 110833 | 123 | 30161 | | |
| 黑龙江 | 676 | 82354 | 45 | 19260 | | |
| **中部地区** | **23326** | **4444939** | **2473** | **722664** | **69** | **3000** |
| 山西 | 1175 | 54995 | 5 | 10 | | |
| 安徽 | 2781 | 1176463 | 136 | 13124 | 2 | 36 |
| 江西 | 12011 | 1700800 | 85 | 16436 | | |
| 河南 | 2909 | 714829 | 472 | 316806 | 11 | 263 |
| 湖北 | 1297 | 170841 | 918 | 271608 | | |
| 湖南 | 3153 | 627011 | 857 | 104680 | 56 | 2701 |
| **西部地区** | **24315** | **4097652** | **4965** | **811720** | **376** | **77244** |
| 内蒙古 | 1488 | 231866 | 278 | 53898 | 1 | 547 |
| 广西 | 895 | 358243 | 38 | 2784 | | |
| 重庆 | 3772 | 1772029 | 1051 | 333657 | 3 | 485 |
| 四川 | 8973 | 624312 | 269 | 2946 | | |
| 贵州 | 1930 | 108219 | 13 | 919 | | |
| 云南 | 778 | 230532 | 338 | 7026 | 2 | 30 |
| 西藏 | | | | | | |
| 陕西 | 720 | 68784 | 1264 | 229175 | 1 | 4 |
| 甘肃 | 670 | 199946 | 24 | 9024 | 13 | 1300 |
| 青海 | 225 | 26830 | 4 | 99 | | |
| 宁夏 | 621 | 45135 | 120 | 6630 | 295 | 73684 |
| 新疆 | 4243 | 431756 | 1566 | 165562 | 61 | 1194 |

2-12 续表 10

| 地区 | 木材及制品类 | | 石油及制品类 | | 化工材料及制品类 | |
|---|---|---|---|---|---|---|
| | 摊位数（个） | 成交额（万元） | 摊位数（个） | 成交额（万元） | 摊位数（个） | 成交额（万元） |
| **全国** | **24955** | **9007901** | **2004** | **15771191** | **41521** | **42050721** |
| **东部地区** | **15587** | **7459437** | **855** | **10777292** | **35423** | **40794137** |
| 北京 | 122 | 14772 | | | 51 | 19548 |
| 天津 | 57 | 19040 | | | 216 | 82086 |
| 河北 | 226 | 250131 | 13 | 5983 | 17896 | 3647336 |
| 上海 | 904 | 589790 | 470 | 7800000 | 153 | 329234 |
| 江苏 | 4878 | 1371589 | 11 | 1931 | 4127 | 17055432 |
| 浙江 | 3817 | 1170687 | 87 | 1283504 | 4515 | 9362716 |
| 福建 | 421 | 79608 | 3 | 58 | 92 | 24870 |
| 山东 | 4287 | 3414304 | 263 | 1685532 | 3155 | 6331882 |
| 广东 | 875 | 549516 | 8 | 284 | 5218 | 3941033 |
| 海南 | | | | | | |
| **东北地区** | **1723** | **119105** | **165** | **4800000** | **1237** | **67508** |
| 辽宁 | 1159 | 88276 | 165 | 4800000 | 104 | 9146 |
| 吉林 | 494 | 22829 | | | 1086 | 28103 |
| 黑龙江 | 70 | 8000 | | | 47 | 30259 |
| **中部地区** | **3410** | **781098** | **941** | **165252** | **3145** | **573916** |
| 山西 | | | | | 4 | 210 |
| 安徽 | 1092 | 243051 | 1 | 242 | 597 | 199393 |
| 江西 | 455 | 43143 | | | 374 | 48105 |
| 河南 | 203 | 186535 | 920 | 156742 | 822 | 50799 |
| 湖北 | 405 | 198774 | | | 92 | 6734 |
| 湖南 | 1255 | 109595 | 20 | 8268 | 1256 | 268675 |
| **西部地区** | **4235** | **648261** | **43** | **28647** | **1716** | **615160** |
| 内蒙古 | 397 | 213916 | | | 47 | 31568 |
| 广西 | 273 | 38900 | 1 | 817 | 136 | 90363 |
| 重庆 | 319 | 71507 | | | 208 | 77029 |
| 四川 | 1712 | 156635 | | | 162 | 30740 |
| 贵州 | 114 | 1911 | | | | |
| 云南 | 153 | 11069 | | | 295 | 17424 |
| 西藏 | | | | | | |
| 陕西 | 19 | 2649 | | | 36 | 150000 |
| 甘肃 | 12 | 800 | | | 42 | 4550 |
| 青海 | | | | | | |
| 宁夏 | 3 | 132 | 7 | 930 | 70 | 31930 |
| 新疆 | 1233 | 150742 | 35 | 26900 | 720 | 181556 |

2-12 续表 11

| 地区 | #化肥类 | | 金属材料类 | | 建筑及装潢材料类 | |
|---|---|---|---|---|---|---|
| | 摊位数（个） | 成交额（万元） | 摊位数（个） | 成交额（万元） | 摊位数（个） | 成交额（万元） |
| **全　国** | **1762** | **778727** | **86638** | **200063790** | **276870** | **48911192** |
| **东部地区** | **606** | **343466** | **53365** | **157820292** | **129389** | **27956204** |
| 北　京 | | | 478 | 388503 | 5904 | 1239676 |
| 天　津 | 3 | 2530 | 971 | 1229180 | 1169 | 152144 |
| 河　北 | 235 | 139708 | 13374 | 3007028 | 7158 | 1232345 |
| 上　海 | | | 2010 | 63673428 | 6310 | 1177933 |
| 江　苏 | 279 | 194126 | 15130 | 55229759 | 43280 | 7646216 |
| 浙　江 | 2 | 940 | 11032 | 18105831 | 29917 | 6650305 |
| 福　建 | | | 95 | 370162 | 3116 | 1755611 |
| 山　东 | 84 | 6007 | 7629 | 13251503 | 26497 | 6101962 |
| 广　东 | 3 | 155 | 2646 | 2564898 | 5558 | 1737077 |
| 海　南 | | | | | 480 | 262935 |
| **东北地区** | **55** | **39466** | **4721** | **3504375** | **13701** | **1685601** |
| 辽　宁 | 8 | 730 | 3066 | 2423733 | 6441 | 791737 |
| 吉　林 | 11 | 12670 | 889 | 47442 | 2140 | 214016 |
| 黑龙江 | 36 | 26066 | 766 | 1033200 | 5120 | 679848 |
| **中部地区** | **320** | **59988** | **11713** | **18642904** | **66991** | **11799860** |
| 山　西 | | | 120 | 611025 | 1861 | 747799 |
| 安　徽 | 21 | 9157 | 2201 | 4667524 | 14406 | 2022463 |
| 江　西 | 26 | 9510 | 991 | 69337 | 12582 | 1521076 |
| 河　南 | 194 | 33699 | 3066 | 5064198 | 10563 | 2242966 |
| 湖　北 | 26 | 320 | 2433 | 2691919 | 9966 | 2322859 |
| 湖　南 | 53 | 7302 | 2902 | 5538901 | 17613 | 2942697 |
| **西部地区** | **781** | **335807** | **16839** | **20096219** | **66789** | **7469527** |
| 内蒙古 | 45 | 30500 | 619 | 477875 | 1621 | 434098 |
| 广　西 | 43 | 61500 | 1554 | 1850745 | 2758 | 489334 |
| 重　庆 | 44 | 8304 | 4385 | 6372250 | 11060 | 2297557 |
| 四　川 | 127 | 29937 | 3583 | 4354219 | 20637 | 1571658 |
| 贵　州 | | | 1574 | 286299 | 5874 | 326327 |
| 云　南 | 114 | 8012 | 171 | 7829 | 1130 | 168248 |
| 西　藏 | | | | | | |
| 陕　西 | | | 134 | 174922 | 7392 | 858213 |
| 甘　肃 | 6 | 2000 | 169 | 10964 | 1150 | 107712 |
| 青　海 | | | 22 | 12111 | 1023 | 96800 |
| 宁　夏 | 65 | 31714 | 1653 | 540524 | 1795 | 82564 |
| 新　疆 | 337 | 163840 | 2975 | 6008481 | 12349 | 1037016 |

2-12 续表 12

| 地 区 | 机电产品及设备类 | | #农机类 | | 汽车类 | |
|---|---|---|---|---|---|---|
| | 摊位数（个） | 成交额（万元） | 摊位数（个） | 成交额（万元） | 摊位数（个） | 成交额（万元） |
| **全 国** | **51085** | **15333681** | **6098** | **2886661** | **76488** | **68305739** |
| **东部地区** | **24119** | **8372704** | **3617** | **1610505** | **38844** | **46009725** |
| 北 京 | 361 | 128912 | | | 3947 | 9950847 |
| 天 津 | 562 | 254765 | | | 441 | 1813320 |
| 河 北 | 3745 | 1300189 | 1391 | 970284 | 4658 | 1918195 |
| 上 海 | 650 | 120896 | | | 1495 | 3360756 |
| 江 苏 | 7318 | 2044769 | 1372 | 318994 | 4319 | 4362442 |
| 浙 江 | 4297 | 2213108 | 55 | 15382 | 13016 | 15074367 |
| 福 建 | 137 | 8808 | | | 264 | 446514 |
| 山 东 | 5661 | 1658687 | 619 | 256557 | 6756 | 3505970 |
| 广 东 | 1288 | 620414 | 180 | 49288 | 3948 | 5577314 |
| 海 南 | 100 | 22156 | | | | |
| **东北地区** | **334** | **16033** | | | **13406** | **5262132** |
| 辽 宁 | 1 | 50 | | | 9804 | 2878864 |
| 吉 林 | 333 | 15983 | | | 2347 | 2349808 |
| 黑龙江 | | | | | 1255 | 33460 |
| **中部地区** | **8521** | **2682843** | **1651** | **1043454** | **9323** | **9441631** |
| 山 西 | 200 | 206954 | | | 35 | 506652 |
| 安 徽 | 2286 | 1065797 | 1016 | 663325 | 1046 | 1299928 |
| 江 西 | 566 | 387067 | 165 | 148730 | 2134 | 811903 |
| 河 南 | 1471 | 189116 | 285 | 88129 | 2234 | 1395943 |
| 湖 北 | 312 | 54342 | 12 | 411 | 1162 | 2754866 |
| 湖 南 | 3686 | 779567 | 173 | 142859 | 2712 | 2672339 |
| **西部地区** | **18111** | **4262101** | **830** | **232702** | **14915** | **7592251** |
| 内蒙古 | 182 | 55273 | 115 | 44156 | | |
| 广 西 | 1064 | 129501 | | | 1430 | 109054 |
| 重 庆 | 4402 | 1511086 | 62 | 9370 | 5143 | 2698369 |
| 四 川 | 4767 | 663808 | 215 | 46801 | 1796 | 562179 |
| 贵 州 | 521 | 412184 | 39 | 3157 | 1308 | 1556531 |
| 云 南 | 453 | 15927 | 10 | 630 | 139 | 310702 |
| 西 藏 | | | | | | |
| 陕 西 | 1060 | 150261 | | | 1662 | 258642 |
| 甘 肃 | 77 | 30570 | | | | |
| 青 海 | | | | | 1 | 40 |
| 宁 夏 | 499 | 140725 | 204 | 87699 | | |
| 新 疆 | 5086 | 1152766 | 185 | 40889 | 3436 | 2096734 |

2-12 续表 13

| 地 区 | 种子饲料类 | | 棉麻类 | | 其他类 | |
|---|---|---|---|---|---|---|
| | 摊位数（个） | 成交额（万元） | 摊位数（个） | 成交额（万元） | 摊位数（个） | 成交额（万元） |
| **全 国** | **7681** | **926590** | **3435** | **3351799** | **205587** | **33439393** |
| **东部地区** | **3448** | **287098** | **2592** | **3300472** | **118000** | **23353538** |
| 北 京 | 5 | 172 | 65 | 960 | 5714 | 239150 |
| 天 津 | 5 | 1332 | | | 649 | 79388 |
| 河 北 | 2272 | 76739 | 769 | 48521 | 34432 | 6282132 |
| 上 海 | 7 | 1410 | | | 2581 | 354162 |
| 江 苏 | 233 | 74752 | 943 | 2363612 | 14531 | 6933944 |
| 浙 江 | 53 | 12368 | 600 | 814167 | 38307 | 6712031 |
| 福 建 | 144 | 44512 | | | 2016 | 364286 |
| 山 东 | 691 | 74850 | 195 | 69892 | 13764 | 1447091 |
| 广 东 | 38 | 963 | 20 | 3320 | 6006 | 941354 |
| 海 南 | | | | | | |
| **东北地区** | **575** | **68728** | **309** | **4014** | **24606** | **1424086** |
| 辽 宁 | 231 | 10673 | 98 | 1131 | 16909 | 944346 |
| 吉 林 | 274 | 8055 | 203 | 2603 | 5006 | 278472 |
| 黑龙江 | 70 | 50000 | 8 | 280 | 2691 | 201268 |
| **中部地区** | **1453** | **202723** | **220** | **37566** | **35495** | **3798403** |
| 山 西 | | | | | 1608 | 76247 |
| 安 徽 | 639 | 69819 | 31 | 22805 | 14468 | 979776 |
| 江 西 | 152 | 23005 | 86 | 4795 | 3958 | 201840 |
| 河 南 | 243 | 11353 | 11 | 80 | 8035 | 1675096 |
| 湖 北 | 92 | 3649 | | | 1941 | 233357 |
| 湖 南 | 327 | 94897 | 92 | 9886 | 5485 | 632087 |
| **西部地区** | **2205** | **368041** | **314** | **9747** | **27486** | **4863366** |
| 内蒙古 | 219 | 23087 | 6 | 378 | 7609 | 1891910 |
| 广 西 | 556 | 128944 | 97 | 1487 | 2902 | 311489 |
| 重 庆 | 78 | 3088 | 45 | 2280 | 3200 | 498193 |
| 四 川 | 244 | 36258 | 67 | 3168 | 1443 | 142650 |
| 贵 州 | 144 | 30226 | 32 | 282 | 4369 | 774133 |
| 云 南 | 211 | 9166 | 8 | 41 | 2707 | 478723 |
| 西 藏 | | | | | | |
| 陕 西 | 9 | 119 | 3 | 14 | 193 | 18973 |
| 甘 肃 | 9 | 2610 | 6 | 86 | 691 | 51818 |
| 青 海 | | | | | 542 | 33057 |
| 宁 夏 | 58 | 19801 | 30 | 1246 | 396 | 42483 |
| 新 疆 | 677 | 114742 | 20 | 765 | 3434 | 619937 |

## （三）36城市

# 2-13 商品交易市场总体情况

| 地区 | 市场数量（个） | 总摊位数（个） | 年末出租摊位数（个） | 营业面积（平方米） | 成交额（万元） |
|---|---|---|---|---|---|
| **36城市合计** | **1693** | **1534050** | **1287288** | **111463304** | **492508765** |
| 北京 | 114 | 95789 | 83672 | 6601844 | 39220612 |
| 天津 | 44 | 35600 | 30655 | 3163445 | 13154060 |
| 石家庄 | 49 | 62780 | 55002 | 5376036 | 13716303 |
| 太原 | 9 | 4763 | 4346 | 520363 | 507260 |
| 呼和浩特 | 13 | 9019 | 8879 | 465500 | 1461309 |
| 沈阳 | 58 | 60385 | 50286 | 2481422 | 14524592 |
| 大连 | 39 | 40058 | 37974 | 1883577 | 13405009 |
| 长春 | 22 | 27432 | 23276 | 2158467 | 3802464 |
| 哈尔滨 | 43 | 35227 | 31468 | 2407516 | 7298227 |
| 上海 | 134 | 61669 | 54616 | 4215698 | 89478618 |
| 南京 | 36 | 35789 | 34534 | 2515763 | 10594493 |
| 杭州 | 148 | 85920 | 79679 | 4204727 | 31214263 |
| 宁波 | 121 | 56888 | 51988 | 4165466 | 33418563 |
| 合肥 | 34 | 27117 | 23903 | 2891556 | 10304863 |
| 福州 | 34 | 12115 | 11616 | 832425 | 6607245 |
| 厦门 | 19 | 7309 | 6937 | 715252 | 2058291 |
| 南昌 | 30 | 34895 | 32504 | 2308061 | 8305179 |
| 济南 | 32 | 20070 | 19473 | 1840320 | 4797045 |
| 青岛 | 60 | 60249 | 58392 | 5008882 | 13054535 |
| 郑州 | 29 | 75262 | 37984 | 3509697 | 15067336 |
| 武汉 | 46 | 29641 | 24411 | 2368276 | 7978296 |
| 长沙 | 61 | 47465 | 44544 | 5733772 | 24020197 |
| 广州 | 127 | 101986 | 82440 | 6090645 | 19912922 |
| 深圳 | 27 | 52174 | 29742 | 1670367 | 6380508 |
| 南宁 | 28 | 24253 | 21438 | 1622254 | 4803602 |
| 海口 | 2 | 1025 | 1025 | 690500 | 341760 |
| 重庆 | 146 | 107438 | 96939 | 7743562 | 35324837 |
| 成都 | 42 | 120507 | 73929 | 8837792 | 20893536 |
| 贵阳 | 18 | 28435 | 25328 | 4137857 | 7734280 |
| 昆明 | 19 | 52463 | 36550 | 1605052 | 4478455 |
| 拉萨 | 3 | 3177 | 2781 | 35000 | 238757 |
| 西安 | 32 | 26047 | 24278 | 2144996 | 6805611 |
| 兰州 | 11 | 10128 | 9794 | 927706 | 1714469 |
| 西宁 | 6 | 7034 | 6884 | 518368 | 576085 |
| 银川 | 21 | 17540 | 15499 | 1793420 | 2198151 |
| 乌鲁木齐 | 36 | 56401 | 54522 | 8277720 | 17117032 |

# 2-14 商品交易市场情况(按市场类别分)

(综合市场)

| 地 区 | 市场数量（个） | 总摊位数（个） | 年末出租摊位数（个） | 营业面积（平方米） | 成交额（万元） |
|---|---|---|---|---|---|
| **36城市总计** | **422** | **527610** | **454452** | **29818444** | **122780591** |
| 北 京 | 32 | 36923 | 32858 | 1684186 | 13760144 |
| 天 津 | 11 | 11808 | 10537 | 1100931 | 4193046 |
| 石家庄 | 12 | 25365 | 23469 | 2149924 | 6364931 |
| 太 原 | 2 | 2450 | 2070 | 271500 | 323008 |
| 呼和浩特 | 2 | 2364 | 2364 | 236000 | 1061211 |
| 沈 阳 | 10 | 7265 | 5431 | 158853 | 368192 |
| 大 连 | 17 | 23072 | 21528 | 896153 | 5085885 |
| 长 春 | 7 | 8901 | 8472 | 473795 | 331411 |
| 哈尔滨 | 11 | 6833 | 6165 | 497800 | 3241868 |
| 上 海 | 45 | 23448 | 20369 | 1144078 | 4477089 |
| 南 京 | 15 | 15991 | 15835 | 1309121 | 7445070 |
| 杭 州 | 43 | 23731 | 22561 | 1017373 | 6519314 |
| 宁 波 | 45 | 25209 | 22970 | 1075519 | 4859855 |
| 合 肥 | 4 | 4330 | 4303 | 419800 | 2500513 |
| 福 州 | 13 | 4409 | 4187 | 111245 | 1432309 |
| 厦 门 | 8 | 3494 | 3212 | 267226 | 397606 |
| 南 昌 | 7 | 22878 | 21420 | 976131 | 5813086 |
| 济 南 | 5 | 5610 | 5478 | 301000 | 429472 |
| 青 岛 | 12 | 31208 | 30632 | 1163100 | 4906147 |
| 郑 州 | 2 | 24400 | 8893 | 642124 | 277281 |
| 武 汉 | 7 | 6057 | 4654 | 649623 | 1114873 |
| 长 沙 | 11 | 18874 | 18601 | 1913432 | 10627337 |
| 广 州 | 14 | 11353 | 10134 | 344163 | 905896 |
| 深 圳 | 11 | 39722 | 19495 | 1356839 | 5245631 |
| 南 宁 | 5 | 5213 | 3394 | 449405 | 790559 |
| 海 口 | | | | | |
| 重 庆 | 44 | 59722 | 53402 | 2969248 | 14239067 |
| 成 都 | 8 | 15715 | 13807 | 1364116 | 7163853 |
| 贵 阳 | 1 | 20000 | 17500 | 2200000 | 3265700 |
| 昆 明 | 1 | 618 | 618 | 19980 | 15971 |
| 拉 萨 | 3 | 3177 | 2781 | 35000 | 238757 |
| 西 安 | 3 | 2501 | 2473 | 64726 | 59570 |
| 兰 州 | 1 | 2123 | 2123 | 252000 | 478852 |
| 西 宁 | | | | | |
| 银 川 | 4 | 3044 | 2914 | 107020 | 196380 |
| 乌鲁木齐 | 6 | 29802 | 29802 | 2197033 | 4650707 |

## 2-14　续表 1

(生产资料综合市场)

| 地　　区 | 市场数量(个) | 总摊位数(个) | 年末出租摊位数(个) | 营业面积(平方米) | 成交额(万元) |
|---|---|---|---|---|---|
| **36城市总计** | **14** | **16010** | **14408** | **2015909** | **2558829** |
| 北　京 | | | | | |
| 天　津 | | | | | |
| 石家庄 | 2 | 1930 | 1760 | 520000 | 627825 |
| 太　原 | | | | | |
| 呼和浩特 | | | | | |
| 沈　阳 | 1 | 500 | 430 | 6000 | 10000 |
| 大　连 | 1 | 700 | 700 | 30000 | 80000 |
| 长　春 | | | | | |
| 哈尔滨 | | | | | |
| 上　海 | | | | | |
| 南　京 | | | | | |
| 杭　州 | 1 | 1293 | 1293 | 98388 | 435939 |
| 宁　波 | 2 | 350 | 350 | 58322 | 125246 |
| 合　肥 | | | | | |
| 福　州 | | | | | |
| 厦　门 | | | | | |
| 南　昌 | | | | | |
| 济　南 | | | | | |
| 青　岛 | | | | | |
| 郑　州 | | | | | |
| 武　汉 | 1 | 3533 | 2171 | 519100 | 305716 |
| 长　沙 | | | | | |
| 广　州 | | | | | |
| 深　圳 | 1 | 1352 | 1352 | 31860 | 47906 |
| 南　宁 | | | | | |
| 海　口 | | | | | |
| 重　庆 | 2 | 1752 | 1752 | 254123 | 629201 |
| 成　都 | 2 | 2208 | 2208 | 126282 | 206168 |
| 贵　阳 | | | | | |
| 昆　明 | | | | | |
| 拉　萨 | | | | | |
| 西　安 | | | | | |
| 兰　州 | | | | | |
| 西　宁 | | | | | |
| 银　川 | | | | | |
| 乌鲁木齐 | 1 | 2392 | 2392 | 371834 | 90828 |

2-14 续表 2

(工业消费品综合市场)

| 地 区 | 市场数量(个) | 总摊位数(个) | 年末出租摊位数(个) | 营业面积(平方米) | 成交额(万元) |
|---|---|---|---|---|---|
| **36城市总计** | **92** | **169717** | **140250** | **7765564** | **33146321** |
| 北 京 | 8 | 7556 | 6934 | 163548 | 605044 |
| 天 津 | 1 | 432 | 432 | 9300 | 63149 |
| 石家庄 | 6 | 15853 | 14136 | 1251424 | 4279223 |
| 太 原 | 1 | 1100 | 720 | 51500 | 5918 |
| 呼和浩特 | | | | | |
| 沈 阳 | 1 | 1457 | 1293 | 14193 | 48909 |
| 大 连 | 10 | 10945 | 10173 | 297423 | 1231168 |
| 长 春 | 2 | 5257 | 5236 | 151000 | 175111 |
| 哈尔滨 | 3 | 2027 | 2026 | 43800 | 102568 |
| 上 海 | 1 | 1033 | 847 | 38000 | 55652 |
| 南 京 | 2 | 1207 | 1207 | 56453 | 110846 |
| 杭 州 | 8 | 7019 | 6692 | 185173 | 1042600 |
| 宁 波 | 6 | 7474 | 7028 | 427973 | 1581386 |
| 合 肥 | 1 | 2000 | 1973 | 200000 | 87545 |
| 福 州 | | | | | |
| 厦 门 | | | | | |
| 南 昌 | 3 | 10931 | 9475 | 226380 | 3538122 |
| 济 南 | 3 | 3160 | 3076 | 113000 | 67672 |
| 青 岛 | 4 | 5600 | 5594 | 405500 | 1898695 |
| 郑 州 | 1 | 1400 | 970 | 36000 | 69000 |
| 武 汉 | 1 | 94 | 90 | 1456 | 1225 |
| 长 沙 | 4 | 11190 | 11037 | 861323 | 7247534 |
| 广 州 | 7 | 5513 | 5290 | 208003 | 528054 |
| 深 圳 | 3 | 31453 | 11954 | 978564 | 1353761 |
| 南 宁 | | | | | |
| 海 口 | | | | | |
| 重 庆 | 13 | 33437 | 30636 | 1723551 | 8522083 |
| 成 都 | | | | | |
| 贵 阳 | | | | | |
| 昆 明 | | | | | |
| 拉 萨 | | | | | |
| 西 安 | 1 | 980 | 952 | 30000 | 25101 |
| 兰 州 | 1 | 2123 | 2123 | 252000 | 478852 |
| 西 宁 | | | | | |
| 银 川 | 1 | 476 | 356 | 40000 | 27103 |
| 乌鲁木齐 | | | | | |

2-14 续表 3

(农产品综合市场)

| 地 区 | 市场数量(个) | 总摊位数(个) | 年末出租摊位数(个) | 营业面积(平方米) | 成交额(万元) |
|---|---|---|---|---|---|
| **36城市总计** | **238** | **176272** | **157993** | **10244604** | **63181153** |
| 北 京 | 21 | 27040 | 24150 | 1459773 | 13101542 |
| 天 津 | 5 | 4090 | 3413 | 450000 | 2467421 |
| 石家庄 | 4 | 7582 | 7573 | 378500 | 1457883 |
| 太 原 | 1 | 1350 | 1350 | 220000 | 317090 |
| 呼和浩特 | 2 | 2364 | 2364 | 236000 | 1061211 |
| 沈 阳 | 6 | 4179 | 2579 | 113360 | 288708 |
| 大 连 | 3 | 2075 | 2075 | 82980 | 467570 |
| 长 春 | 2 | 1050 | 669 | 217195 | 51673 |
| 哈尔滨 | 7 | 4600 | 3933 | 439000 | 3128360 |
| 上 海 | 37 | 15331 | 14270 | 861469 | 3973104 |
| 南 京 | 8 | 6548 | 6393 | 551685 | 5287719 |
| 杭 州 | 26 | 9077 | 8335 | 192205 | 1243314 |
| 宁 波 | 34 | 15490 | 13760 | 438207 | 2761567 |
| 合 肥 | 2 | 2228 | 2228 | 202000 | 2393524 |
| 福 州 | 12 | 4249 | 4069 | 107745 | 1421920 |
| 厦 门 | 4 | 1528 | 1484 | 45516 | 170429 |
| 南 昌 | 2 | 1558 | 1556 | 156590 | 1969044 |
| 济 南 | 2 | 2450 | 2402 | 188000 | 361800 |
| 青 岛 | 5 | 2941 | 2470 | 173000 | 782684 |
| 郑 州 | | | | | |
| 武 汉 | 5 | 2430 | 2393 | 129067 | 807932 |
| 长 沙 | 2 | 5141 | 5141 | 874000 | 3182999 |
| 广 州 | 6 | 5330 | 4583 | 132180 | 364429 |
| 深 圳 | 5 | 5749 | 5069 | 325615 | 3794430 |
| 南 宁 | 4 | 4336 | 2517 | 431405 | 766445 |
| 海 口 | | | | | |
| 重 庆 | 19 | 16840 | 14102 | 493164 | 4151421 |
| 成 都 | 4 | 11854 | 10649 | 1128258 | 6634805 |
| 贵 阳 | | | | | |
| 昆 明 | 1 | 618 | 618 | 19980 | 15971 |
| 拉 萨 | 3 | 3177 | 2781 | 35000 | 238757 |
| 西 安 | 2 | 1521 | 1521 | 34726 | 34469 |
| 兰 州 | | | | | |
| 西 宁 | | | | | |
| 银 川 | 2 | 1495 | 1495 | 31020 | 36107 |
| 乌鲁木齐 | 2 | 2051 | 2051 | 96964 | 446825 |

2-14 续表 4

(其他综合市场)

| 地　区 | 市场数量(个) | 总摊位数(个) | 年末出租摊位数(个) | 营业面积(平方米) | 成交额(万元) |
|---|---|---|---|---|---|
| **36城市总计** | **78** | **165611** | **141801** | **9792367** | **23894288** |
| 北　京 | 3 | 2327 | 1774 | 60865 | 53558 |
| 天　津 | 5 | 7286 | 6692 | 641631 | 1662476 |
| 石家庄 | | | | | |
| 太　原 | | | | | |
| 呼和浩特 | | | | | |
| 沈　阳 | 2 | 1129 | 1129 | 25300 | 20575 |
| 大　连 | 3 | 9352 | 8580 | 485750 | 3307147 |
| 长　春 | 3 | 2594 | 2567 | 105600 | 104627 |
| 哈尔滨 | 1 | 206 | 206 | 15000 | 10940 |
| 上　海 | 7 | 7084 | 5252 | 244609 | 448333 |
| 南　京 | 5 | 8236 | 8235 | 700983 | 2046505 |
| 杭　州 | 8 | 6342 | 6241 | 541607 | 3797461 |
| 宁　波 | 3 | 1895 | 1832 | 151017 | 391656 |
| 合　肥 | 1 | 102 | 102 | 17800 | 19444 |
| 福　州 | 1 | 160 | 118 | 3500 | 10389 |
| 厦　门 | 4 | 1966 | 1728 | 221710 | 227177 |
| 南　昌 | 2 | 10389 | 10389 | 593161 | 305920 |
| 济　南 | | | | | |
| 青　岛 | 3 | 22667 | 22568 | 584600 | 2224768 |
| 郑　州 | 1 | 23000 | 7923 | 606124 | 208281 |
| 武　汉 | | | | | |
| 长　沙 | 5 | 2543 | 2423 | 178109 | 196804 |
| 广　州 | 1 | 510 | 261 | 3980 | 13413 |
| 深　圳 | 2 | 1168 | 1120 | 20800 | 49534 |
| 南　宁 | 1 | 877 | 877 | 18000 | 24114 |
| 海　口 | | | | | |
| 重　庆 | 10 | 7693 | 6912 | 498410 | 936362 |
| 成　都 | 2 | 1653 | 950 | 109576 | 322880 |
| 贵　阳 | 1 | 20000 | 17500 | 2200000 | 3265700 |
| 昆　明 | | | | | |
| 拉　萨 | | | | | |
| 西　安 | | | | | |
| 兰　州 | | | | | |
| 西　宁 | | | | | |
| 银　川 | 1 | 1073 | 1063 | 36000 | 133170 |
| 乌鲁木齐 | 3 | 25359 | 25359 | 1728235 | 4113054 |

2-14　续表 5

（专业市场）

| 地　区 | 市场数量（个） | 总摊位数（个） | 年末出租摊位数（个） | 营业面积（平方米） | 成交额（万元） |
|---|---|---|---|---|---|
| **36城市总计** | **1271** | **1006440** | **832836** | **81644860** | **369728174** |
| 北　京 | 82 | 58866 | 50814 | 4917658 | 25460468 |
| 天　津 | 33 | 23792 | 20118 | 2062514 | 8961014 |
| 石家庄 | 37 | 37415 | 31533 | 3226112 | 7351372 |
| 太　原 | 7 | 2313 | 2276 | 248863 | 184252 |
| 呼和浩特 | 11 | 6655 | 6515 | 229500 | 400098 |
| 沈　阳 | 48 | 53120 | 44855 | 2322569 | 14156400 |
| 大　连 | 22 | 16986 | 16446 | 987424 | 8319124 |
| 长　春 | 15 | 18531 | 14804 | 1684672 | 3471053 |
| 哈尔滨 | 32 | 28394 | 25303 | 1909716 | 4056359 |
| 上　海 | 89 | 38221 | 34247 | 3071620 | 85001529 |
| 南　京 | 21 | 19798 | 18699 | 1206642 | 3149423 |
| 杭　州 | 105 | 62189 | 57118 | 3187354 | 24694949 |
| 宁　波 | 76 | 31679 | 29018 | 3089947 | 28558708 |
| 合　肥 | 30 | 22787 | 19600 | 2471756 | 7804350 |
| 福　州 | 21 | 7706 | 7429 | 721180 | 5174936 |
| 厦　门 | 11 | 3815 | 3725 | 448026 | 1660685 |
| 南　昌 | 23 | 12017 | 11084 | 1331930 | 2492093 |
| 济　南 | 27 | 14460 | 13995 | 1539320 | 4367573 |
| 青　岛 | 48 | 29041 | 27760 | 3845782 | 8148388 |
| 郑　州 | 27 | 50862 | 29091 | 2867573 | 14790055 |
| 武　汉 | 39 | 23584 | 19757 | 1718653 | 6863423 |
| 长　沙 | 50 | 28591 | 25943 | 3820340 | 13392860 |
| 广　州 | 113 | 90633 | 72306 | 5746482 | 19007026 |
| 深　圳 | 16 | 12452 | 10247 | 313528 | 1134877 |
| 南　宁 | 23 | 19040 | 18044 | 1172849 | 4013043 |
| 海　口 | 2 | 1025 | 1025 | 690500 | 341760 |
| 重　庆 | 102 | 47716 | 43537 | 4774314 | 21085770 |
| 成　都 | 34 | 104792 | 60122 | 7473676 | 13729683 |
| 贵　阳 | 17 | 8435 | 7828 | 1937857 | 4468580 |
| 昆　明 | 18 | 51845 | 35932 | 1585072 | 4462484 |
| 拉　萨 | | | | | |
| 西　安 | 29 | 23546 | 21805 | 2080270 | 6746041 |
| 兰　州 | 10 | 8005 | 7671 | 675706 | 1235617 |
| 西　宁 | 6 | 7034 | 6884 | 518368 | 576085 |
| 银　川 | 17 | 14496 | 12585 | 1686400 | 2001771 |
| 乌鲁木齐 | 30 | 26599 | 24720 | 6080687 | 12466325 |

2-14 续表 6

(生产资料市场)

| 地　区 | 市场数量(个) | 总摊位数(个) | 年末出租摊位数(个) | 营业面积(平方米) | 成交额(万元) |
|---|---|---|---|---|---|
| **36城市总计** | **216** | **146792** | **111724** | **23781702** | **152215400** |
| 北　京 | 13 | 3214 | 2971 | 434194 | 1101716 |
| 天　津 | 8 | 4278 | 3977 | 271697 | 3265418 |
| 石家庄 | 3 | 917 | 915 | 395716 | 141793 |
| 太　原 | | | | | |
| 呼和浩特 | 1 | 587 | 587 | 69255 | 35980 |
| 沈　阳 | 5 | 2423 | 1899 | 352971 | 1597017 |
| 大　连 | 4 | 588 | 512 | 114300 | 5081631 |
| 长　春 | 3 | 1837 | 1829 | 386000 | 90978 |
| 哈尔滨 | 6 | 5022 | 4862 | 898000 | 1846459 |
| 上　海 | 21 | 4497 | 3833 | 911248 | 73142382 |
| 南　京 | 3 | 9157 | 9122 | 206266 | 493997 |
| 杭　州 | 6 | 1016 | 722 | 123796 | 776558 |
| 宁　波 | 22 | 10780 | 9783 | 1594161 | 22772256 |
| 合　肥 | 6 | 2903 | 2709 | 455194 | 4478213 |
| 福　州 | 2 | 408 | 403 | 94875 | 979915 |
| 厦　门 | | | | | |
| 南　昌 | 3 | 1894 | 1854 | 385674 | 216894 |
| 济　南 | 5 | 1081 | 1023 | 184500 | 294668 |
| 青　岛 | 7 | 1556 | 1374 | 1438960 | 969122 |
| 郑　州 | 2 | 7903 | 2355 | 603335 | 136024 |
| 武　汉 | 6 | 2364 | 2039 | 255300 | 1842120 |
| 长　沙 | 13 | 8281 | 6600 | 1635940 | 5732601 |
| 广　州 | 6 | 2149 | 1709 | 299198 | 1347140 |
| 深　圳 | | | | | |
| 南　宁 | 7 | 2585 | 2431 | 295631 | 2017792 |
| 海　口 | 1 | 730 | 730 | 680000 | 315210 |
| 重　庆 | 25 | 11055 | 10273 | 1459429 | 8056129 |
| 成　都 | 12 | 37728 | 17279 | 3997379 | 5835935 |
| 贵　阳 | 6 | 2702 | 2213 | 795700 | 339559 |
| 昆　明 | 2 | 782 | 709 | 70805 | 26060 |
| 拉　萨 | | | | | |
| 西　安 | 6 | 6124 | 5739 | 862354 | 935205 |
| 兰　州 | 2 | 175 | 165 | 77066 | 26204 |
| 西　宁 | | | | | |
| 银　川 | 4 | 2184 | 2137 | 291170 | 656547 |
| 乌鲁木齐 | 6 | 9872 | 8970 | 4141588 | 7663877 |

2-14 续表 7

(农业生产用具市场)

| 地区 | 市场数量<br>(个) | 总摊位数<br>(个) | 年末出租摊位数<br>(个) | 营业面积<br>(平方米) | 成交额<br>(万元) |
|---|---|---|---|---|---|
| **36城市总计** | **5** | **1070** | **1007** | **504809** | **856143** |
| 北京 | | | | | |
| 天津 | | | | | |
| 石家庄 | 1 | 7 | 5 | 4000 | 10929 |
| 太原 | | | | | |
| 呼和浩特 | | | | | |
| 沈阳 | | | | | |
| 大连 | | | | | |
| 长春 | | | | | |
| 哈尔滨 | | | | | |
| 上海 | | | | | |
| 南京 | | | | | |
| 杭州 | | | | | |
| 宁波 | | | | | |
| 合肥 | 1 | 649 | 649 | 129056 | 656704 |
| 福州 | | | | | |
| 厦门 | | | | | |
| 南昌 | 1 | 160 | 120 | 274753 | 123000 |
| 济南 | | | | | |
| 青岛 | 2 | 254 | 233 | 97000 | 65510 |
| 郑州 | | | | | |
| 武汉 | | | | | |
| 长沙 | | | | | |
| 广州 | | | | | |
| 深圳 | | | | | |
| 南宁 | | | | | |
| 海口 | | | | | |
| 重庆 | | | | | |
| 成都 | | | | | |
| 贵阳 | | | | | |
| 昆明 | | | | | |
| 拉萨 | | | | | |
| 西安 | | | | | |
| 兰州 | | | | | |
| 西宁 | | | | | |
| 银川 | | | | | |
| 乌鲁木齐 | | | | | |

2-14 续表 8

(农用生产资料市场)

| 地　区 | 市场数量<br>(个) | 总摊位数<br>(个) | 年末出租摊位数<br>(个) | 营业面积<br>(平方米) | 成交额<br>(万元) |
|---|---|---|---|---|---|
| **36城市总计** | **6** | **1625** | **1542** | **104996** | **530549** |
| 北　京 | | | | | |
| 天　津 | | | | | |
| 石家庄 | | | | | |
| 太　原 | | | | | |
| 呼和浩特 | | | | | |
| 沈　阳 | | | | | |
| 大　连 | | | | | |
| 长　春 | | | | | |
| 哈尔滨 | 1 | 32 | 32 | 1000 | 12259 |
| 上　海 | | | | | |
| 南　京 | | | | | |
| 杭　州 | | | | | |
| 宁　波 | | | | | |
| 合　肥 | | | | | |
| 福　州 | | | | | |
| 厦　门 | | | | | |
| 南　昌 | | | | | |
| 济　南 | | | | | |
| 青　岛 | | | | | |
| 郑　州 | | | | | |
| 武　汉 | | | | | |
| 长　沙 | | | | | |
| 广　州 | | | | | |
| 深　圳 | | | | | |
| 南　宁 | 2 | 710 | 710 | 52000 | 241325 |
| 海　口 | | | | | |
| 重　庆 | 1 | 380 | 297 | 28554 | 173000 |
| 成　都 | | | | | |
| 贵　阳 | | | | | |
| 昆　明 | 1 | 317 | 317 | 7298 | 12065 |
| 拉　萨 | | | | | |
| 西　安 | | | | | |
| 兰　州 | | | | | |
| 西　宁 | | | | | |
| 银　川 | 1 | 186 | 186 | 16144 | 91900 |
| 乌鲁木齐 | | | | | |

2-14　续表 9

(煤炭市场)

| 地　　区 | 市场数量<br>(个) | 总摊位数<br>(个) | 年末出租摊位数<br>(个) | 营业面积<br>(平方米) | 成交额<br>(万元) |
|---|---|---|---|---|---|
| **36城市总计** | **3** | **2765** | **2765** | **406400** | **2563011** |
| 北　　京 | | | | | |
| 天　　津 | 2 | 2716 | 2716 | 1400 | 1966794 |
| 石 家 庄 | | | | | |
| 太　　原 | | | | | |
| 呼和浩特 | | | | | |
| 沈　　阳 | | | | | |
| 大　　连 | | | | | |
| 长　　春 | | | | | |
| 哈 尔 滨 | | | | | |
| 上　　海 | | | | | |
| 南　　京 | | | | | |
| 杭　　州 | | | | | |
| 宁　　波 | 1 | 49 | 49 | 405000 | 596217 |
| 合　　肥 | | | | | |
| 福　　州 | | | | | |
| 厦　　门 | | | | | |
| 南　　昌 | | | | | |
| 济　　南 | | | | | |
| 青　　岛 | | | | | |
| 郑　　州 | | | | | |
| 武　　汉 | | | | | |
| 长　　沙 | | | | | |
| 广　　州 | | | | | |
| 深　　圳 | | | | | |
| 南　　宁 | | | | | |
| 海　　口 | | | | | |
| 重　　庆 | | | | | |
| 成　　都 | | | | | |
| 贵　　阳 | | | | | |
| 昆　　明 | | | | | |
| 拉　　萨 | | | | | |
| 西　　安 | | | | | |
| 兰　　州 | | | | | |
| 西　　宁 | | | | | |
| 银　　川 | | | | | |
| 乌鲁木齐 | | | | | |

2-14 续表 10

(木材市场)

| 地　　区 | 市场数量(个) | 总摊位数(个) | 年末出租摊位数(个) | 营业面积(平方米) | 成交额(万元) |
|---|---|---|---|---|---|
| **36城市总计** | **11** | **1780** | **1612** | **1026016** | **797646** |
| 北　　京 | | | | | |
| 天　　津 | | | | | |
| 石 家 庄 | | | | | |
| 太　　原 | | | | | |
| 呼和浩特 | | | | | |
| 沈　　阳 | 1 | 200 | 200 | 2800 | 29145 |
| 大　　连 | | | | | |
| 长　　春 | 1 | 168 | 160 | 225000 | 14213 |
| 哈 尔 滨 | | | | | |
| 上　　海 | 5 | 542 | 511 | 284396 | 566556 |
| 南　　京 | | | | | |
| 杭　　州 | 1 | 115 | 115 | 15000 | 29100 |
| 宁　　波 | | | | | |
| 合　　肥 | | | | | |
| 福　　州 | | | | | |
| 厦　　门 | | | | | |
| 南　　昌 | | | | | |
| 济　　南 | | | | | |
| 青　　岛 | 1 | 200 | 198 | 399960 | 87652 |
| 郑　　州 | | | | | |
| 武　　汉 | | | | | |
| 长　　沙 | | | | | |
| 广　　州 | | | | | |
| 深　　圳 | | | | | |
| 南　　宁 | | | | | |
| 海　　口 | | | | | |
| 重　　庆 | 1 | 235 | 108 | 40260 | 10980 |
| 成　　都 | 1 | 320 | 320 | 58600 | 60000 |
| 贵　　阳 | | | | | |
| 昆　　明 | | | | | |
| 拉　　萨 | | | | | |
| 西　　安 | | | | | |
| 兰　　州 | | | | | |
| 西　　宁 | | | | | |
| 银　　川 | | | | | |
| 乌鲁木齐 | | | | | |

2-14 续表 11

(建材市场)

| 地 区 | 市场数量 (个) | 总摊位数 (个) | 年末出租摊位数 (个) | 营业面积 (平方米) | 成交额 (万元) |
|---|---|---|---|---|---|
| **36城市总计** | **73** | **84856** | **55394** | **13318132** | **8898421** |
| 北 京 | 8 | 2130 | 2072 | 229940 | 478940 |
| 天 津 | 1 | 780 | 528 | 186000 | 104469 |
| 石家庄 | | | | | |
| 太 原 | | | | | |
| 呼和浩特 | 1 | 587 | 587 | 69255 | 35980 |
| 沈 阳 | 1 | 273 | 92 | 39171 | 149727 |
| 大 连 | | | | | |
| 长 春 | | | | | |
| 哈尔滨 | 1 | 3900 | 3900 | 450000 | 600000 |
| 上 海 | 5 | 899 | 840 | 302843 | 399251 |
| 南 京 | 3 | 9157 | 9122 | 206266 | 493997 |
| 杭 州 | 1 | 83 | 83 | 25000 | 44312 |
| 宁 波 | 5 | 1859 | 1726 | 221246 | 1041172 |
| 合 肥 | 3 | 1170 | 1073 | 104800 | 48765 |
| 福 州 | 2 | 408 | 403 | 94875 | 979915 |
| 厦 门 | | | | | |
| 南 昌 | 1 | 1055 | 1055 | 64900 | 57034 |
| 济 南 | 1 | 420 | 390 | 32000 | 110000 |
| 青 岛 | 1 | 432 | 432 | 32000 | 36470 |
| 郑 州 | 2 | 7903 | 2355 | 603335 | 136024 |
| 武 汉 | 1 | 180 | 180 | 1500 | 9000 |
| 长 沙 | 8 | 3752 | 2511 | 912950 | 509257 |
| 广 州 | 1 | 1029 | 742 | 163786 | 188581 |
| 深 圳 | | | | | |
| 南 宁 | 2 | 646 | 496 | 100000 | 47467 |
| 海 口 | 1 | 730 | 730 | 680000 | 315210 |
| 重 庆 | 7 | 2320 | 2283 | 396399 | 716555 |
| 成 都 | 8 | 31958 | 11759 | 3136200 | 1132635 |
| 贵 阳 | 2 | 920 | 858 | 520000 | 57954 |
| 昆 明 | | | | | |
| 拉 萨 | | | | | |
| 西 安 | 4 | 4818 | 4563 | 789800 | 465205 |
| 兰 州 | 1 | 35 | 27 | 11066 | 16200 |
| 西 宁 | | | | | |
| 银 川 | | | | | |
| 乌鲁木齐 | 2 | 7412 | 6587 | 3944800 | 724301 |

2-14 续表 12

(化工材料及制品市场)

| 地　　区 | 市场数量(个) | 总摊位数(个) | 年末出租摊位数(个) | 营业面积(平方米) | 成交额(万元) |
|---|---|---|---|---|---|
| **36城市总计** | **9** | **5316** | **4232** | **495261** | **8226606** |
| 北　　京 | | | | | |
| 天　　津 | 1 | 209 | 209 | 3561 | 79132 |
| 石 家 庄 | | | | | |
| 太　　原 | | | | | |
| 呼和浩特 | | | | | |
| 沈　　阳 | | | | | |
| 大　　连 | 1 | 98 | 98 | 4300 | 8900 |
| 长　　春 | | | | | |
| 哈 尔 滨 | | | | | |
| 上　　海 | 1 | 495 | 1 | 13000 | 905 |
| 南　　京 | | | | | |
| 杭　　州 | 1 | 90 | 90 | 2000 | 205303 |
| 宁　　波 | 3 | 3255 | 3105 | 411800 | 7743662 |
| 合　　肥 | | | | | |
| 福　　州 | | | | | |
| 厦　　门 | | | | | |
| 南　　昌 | | | | | |
| 济　　南 | | | | | |
| 青　　岛 | | | | | |
| 郑　　州 | | | | | |
| 武　　汉 | | | | | |
| 长　　沙 | 2 | 1169 | 729 | 60600 | 188704 |
| 广　　州 | | | | | |
| 深　　圳 | | | | | |
| 南　　宁 | | | | | |
| 海　　口 | | | | | |
| 重　　庆 | | | | | |
| 成　　都 | | | | | |
| 贵　　阳 | | | | | |
| 昆　　明 | | | | | |
| 拉　　萨 | | | | | |
| 西　　安 | | | | | |
| 兰　　州 | | | | | |
| 西　　宁 | | | | | |
| 银　　川 | | | | | |
| 乌鲁木齐 | | | | | |

2-14 续表 13

(金属材料市场)

| 地 区 | 市场数量（个） | 总摊位数（个） | 年末出租摊位数（个） | 营业面积（平方米） | 成交额（万元） |
|---|---|---|---|---|---|
| **36城市总计** | **76** | **31797** | **28562** | **6450721** | **112607516** |
| 北 京 | 3 | 420 | 349 | 150184 | 385806 |
| 天 津 | 4 | 573 | 524 | 80736 | 1115023 |
| 石家庄 | 1 | 110 | 110 | 201716 | 42776 |
| 太 原 | | | | | |
| 呼和浩特 | | | | | |
| 沈 阳 | 3 | 1950 | 1607 | 311000 | 1418145 |
| 大 连 | 1 | 175 | 124 | 80000 | 247500 |
| 长 春 | 1 | 874 | 874 | 61000 | 18600 |
| 哈尔滨 | 3 | 940 | 815 | 327000 | 1129200 |
| 上 海 | 6 | 1695 | 1684 | 259613 | 63681353 |
| 南 京 | | | | | |
| 杭 州 | 2 | 686 | 394 | 65871 | 422567 |
| 宁 波 | 10 | 4980 | 4523 | 529015 | 12533251 |
| 合 肥 | 2 | 1084 | 987 | 221338 | 3772744 |
| 福 州 | | | | | |
| 厦 门 | | | | | |
| 南 昌 | 1 | 679 | 679 | 46021 | 36860 |
| 济 南 | 4 | 661 | 633 | 152500 | 184668 |
| 青 岛 | 3 | 670 | 511 | 910000 | 779490 |
| 郑 州 | | | | | |
| 武 汉 | 5 | 2184 | 1859 | 253800 | 1833120 |
| 长 沙 | 1 | 2050 | 2050 | 634273 | 5000000 |
| 广 州 | 4 | 783 | 630 | 122412 | 1051559 |
| 深 圳 | | | | | |
| 南 宁 | 2 | 729 | 729 | 113631 | 1650600 |
| 海 口 | | | | | |
| 重 庆 | 9 | 4600 | 4108 | 665774 | 6246330 |
| 成 都 | 1 | 1800 | 1800 | 562579 | 4100000 |
| 贵 阳 | 4 | 1782 | 1355 | 275700 | 281605 |
| 昆 明 | | | | | |
| 拉 萨 | | | | | |
| 西 安 | 1 | 160 | 131 | 7300 | 320000 |
| 兰 州 | 1 | 140 | 138 | 66000 | 10004 |
| 西 宁 | | | | | |
| 银 川 | 2 | 1702 | 1655 | 242470 | 541142 |
| 乌鲁木齐 | 2 | 370 | 293 | 110788 | 5805173 |

2-14 续表 14

(机械设备市场)

| 地　区 | 市场数量(个) | 总摊位数(个) | 年末出租摊位数(个) | 营业面积(平方米) | 成交额(万元) |
|---|---|---|---|---|---|
| **36城市总计** | **18** | **12329** | **11703** | **974184** | **2576139** |
| 北　京 | 1 | 370 | 256 | 33000 | 116000 |
| 天　津 | | | | | |
| 石家庄 | 1 | 800 | 800 | 190000 | 88088 |
| 太　原 | | | | | |
| 呼和浩特 | | | | | |
| 沈　阳 | | | | | |
| 大　连 | | | | | |
| 长　春 | | | | | |
| 哈尔滨 | | | | | |
| 上　海 | 1 | 187 | 148 | 4500 | 71911 |
| 南　京 | | | | | |
| 杭　州 | 1 | 42 | 40 | 15925 | 75276 |
| 宁　波 | | | | | |
| 合　肥 | | | | | |
| 福　州 | | | | | |
| 厦　门 | | | | | |
| 南　昌 | | | | | |
| 济　南 | | | | | |
| 青　岛 | | | | | |
| 郑　州 | | | | | |
| 武　汉 | | | | | |
| 长　沙 | 1 | 650 | 650 | 4000 | 11740 |
| 广　州 | 1 | 337 | 337 | 13000 | 107000 |
| 深　圳 | | | | | |
| 南　宁 | 1 | 500 | 496 | 30000 | 78400 |
| 海　口 | | | | | |
| 重　庆 | 5 | 2686 | 2643 | 210442 | 696924 |
| 成　都 | 2 | 3650 | 3400 | 240000 | 543300 |
| 贵　阳 | | | | | |
| 昆　明 | 1 | 465 | 392 | 63507 | 13995 |
| 拉　萨 | | | | | |
| 西　安 | 1 | 1146 | 1045 | 65254 | 150000 |
| 兰　州 | | | | | |
| 西　宁 | | | | | |
| 银　川 | 1 | 296 | 296 | 32556 | 23505 |
| 乌鲁木齐 | 1 | 1200 | 1200 | 72000 | 600000 |

2-14 续表 15

(其他生产资料市场)

| 地　　区 | 市场数量(个) | 总摊位数(个) | 年末出租摊位数(个) | 营业面积(平方米) | 成交额(万元) |
|---|---|---|---|---|---|
| **36城市总计** | **15** | **5254** | **4907** | **501183** | **15159369** |
| 北　京 | 1 | 294 | 294 | 21070 | 120970 |
| 天　津 | | | | | |
| 石家庄 | | | | | |
| 太　原 | | | | | |
| 呼和浩特 | | | | | |
| 沈　阳 | | | | | |
| 大　连 | 2 | 315 | 290 | 30000 | 4825231 |
| 长　春 | 1 | 795 | 795 | 100000 | 58165 |
| 哈尔滨 | 1 | 150 | 115 | 120000 | 105000 |
| 上　海 | 3 | 679 | 649 | 46896 | 8422406 |
| 南　京 | | | | | |
| 杭　州 | | | | | |
| 宁　波 | 3 | 637 | 380 | 27100 | 857954 |
| 合　肥 | | | | | |
| 福　州 | | | | | |
| 厦　门 | | | | | |
| 南　昌 | | | | | |
| 济　南 | | | | | |
| 青　岛 | | | | | |
| 郑　州 | | | | | |
| 武　汉 | | | | | |
| 长　沙 | 1 | 660 | 660 | 24117 | 22900 |
| 广　州 | | | | | |
| 深　圳 | | | | | |
| 南　宁 | | | | | |
| 海　口 | | | | | |
| 重　庆 | 2 | 834 | 834 | 118000 | 212340 |
| 成　都 | | | | | |
| 贵　阳 | | | | | |
| 昆　明 | | | | | |
| 拉　萨 | | | | | |
| 西　安 | | | | | |
| 兰　州 | | | | | |
| 西　宁 | | | | | |
| 银　川 | | | | | |
| 乌鲁木齐 | 1 | 890 | 890 | 14000 | 534403 |

2-14 续表 16

(农产品市场)

| 地 区 | 市场数量(个) | 总摊位数(个) | 年末出租摊位数(个) | 营业面积(平方米) | 成交额(万元) |
|---|---|---|---|---|---|
| **36城市总计** | **284** | **186040** | **152051** | **14888548** | **89834888** |
| 北 京 | 14 | 14147 | 11602 | 1651019 | 11902169 |
| 天 津 | 12 | 9967 | 8262 | 994647 | 3119701 |
| 石家庄 | 9 | 3444 | 2936 | 196218 | 195561 |
| 太 原 | 2 | 149 | 149 | 23300 | 91190 |
| 呼和浩特 | 1 | 120 | 120 | 10000 | 11650 |
| 沈 阳 | 8 | 4375 | 3875 | 394000 | 6060955 |
| 大 连 | 4 | 1426 | 1426 | 94700 | 674887 |
| 长 春 | 2 | 2018 | 2018 | 185501 | 685209 |
| 哈尔滨 | 4 | 1247 | 1203 | 68340 | 248018 |
| 上 海 | 25 | 12733 | 10826 | 730945 | 4532174 |
| 南 京 | 8 | 3308 | 2677 | 437939 | 1584029 |
| 杭 州 | 28 | 17838 | 16044 | 831084 | 7317439 |
| 宁 波 | 18 | 9364 | 8333 | 368366 | 2452329 |
| 合 肥 | 8 | 3820 | 2379 | 344414 | 627588 |
| 福 州 | 6 | 1602 | 1590 | 138677 | 2681956 |
| 厦 门 | 9 | 3696 | 3606 | 414026 | 1246121 |
| 南 昌 | 4 | 1428 | 1426 | 95400 | 1071692 |
| 济 南 | 8 | 5297 | 5271 | 270600 | 2225746 |
| 青 岛 | 20 | 13528 | 13166 | 1363255 | 3627570 |
| 郑 州 | 4 | 19795 | 5736 | 936118 | 10650954 |
| 武 汉 | 4 | 4274 | 3288 | 222722 | 2220154 |
| 长 沙 | 4 | 3504 | 3499 | 382576 | 3677075 |
| 广 州 | 19 | 6673 | 5824 | 553627 | 4664243 |
| 深 圳 | 6 | 2739 | 2217 | 65433 | 829106 |
| 南 宁 | 4 | 5752 | 5644 | 210203 | 1358658 |
| 海 口 | | | | | |
| 重 庆 | 19 | 9065 | 7982 | 442812 | 4225703 |
| 成 都 | 4 | 3609 | 2845 | 232808 | 2063492 |
| 贵 阳 | 2 | 2086 | 2076 | 118661 | 1885825 |
| 昆 明 | 4 | 2646 | 2598 | 272411 | 1575303 |
| 拉 萨 | | | | | |
| 西 安 | 7 | 4340 | 3419 | 268649 | 1282368 |
| 兰 州 | 2 | 784 | 784 | 79200 | 714831 |
| 西 宁 | 2 | 2068 | 2018 | 376203 | 335700 |
| 银 川 | 5 | 5128 | 3525 | 923711 | 1068259 |
| 乌鲁木齐 | 8 | 4070 | 3687 | 1190983 | 2927233 |

2-14 续表 17

(粮油市场)

| 地 区 | 市场数量 (个) | 总摊位数 (个) | 年末出租摊位数 (个) | 营业面积 (平方米) | 成交额 (万元) |
|---|---|---|---|---|---|
| **36城市总计** | **39** | **10474** | **9193** | **981883** | **5964187** |
| 北 京 | | | | | |
| 天 津 | 3 | 1605 | 1605 | 174410 | 770297 |
| 石家庄 | 1 | 200 | 90 | 10000 | 27191 |
| 太 原 | 1 | 119 | 119 | 15000 | 71190 |
| 呼和浩特 | | | | | |
| 沈 阳 | 1 | 288 | 288 | 37000 | 289776 |
| 大 连 | | | | | |
| 长 春 | | | | | |
| 哈尔滨 | | | | | |
| 上 海 | 9 | 1025 | 940 | 47385 | 213504 |
| 南 京 | 2 | 156 | 148 | 83000 | 246782 |
| 杭 州 | 3 | 2867 | 2067 | 133000 | 1615328 |
| 宁 波 | 2 | 286 | 279 | 24500 | 209096 |
| 合 肥 | 1 | 270 | 202 | 40000 | 105706 |
| 福 州 | 1 | 268 | 260 | 30900 | 64500 |
| 厦 门 | | | | | |
| 南 昌 | | | | | |
| 济 南 | | | | | |
| 青 岛 | 3 | 332 | 317 | 155207 | 248533 |
| 郑 州 | | | | | |
| 武 汉 | | | | | |
| 长 沙 | | | | | |
| 广 州 | 3 | 865 | 770 | 51953 | 84022 |
| 深 圳 | | | | | |
| 南 宁 | 1 | 94 | 86 | 10000 | 10123 |
| 海 口 | | | | | |
| 重 庆 | | | | | |
| 成 都 | 1 | 217 | 210 | 15000 | 175000 |
| 贵 阳 | 1 | 281 | 271 | 8900 | 1023225 |
| 昆 明 | 2 | 928 | 928 | 65431 | 396062 |
| 拉 萨 | | | | | |
| 西 安 | 1 | 270 | 270 | 9333 | 298421 |
| 兰 州 | 1 | 130 | 130 | 38000 | 64831 |
| 西 宁 | | | | | |
| 银 川 | 1 | 65 | 58 | 7864 | 18600 |
| 乌鲁木齐 | 1 | 208 | 155 | 25000 | 32000 |

2-14 续表 18

(肉禽蛋市场)

| 地　区 | 市场数量(个) | 总摊位数(个) | 年末出租摊位数(个) | 营业面积(平方米) | 成交额(万元) |
|---|---|---|---|---|---|
| **36城市总计** | **33** | **14599** | **14040** | **1559163** | **7823546** |
| 北　京 | 1 | 97 | 97 | 1100 | 25116 |
| 天　津 | | | | | |
| 石家庄 | 2 | 362 | 317 | 29016 | 43189 |
| 太　原 | | | | | |
| 呼和浩特 | 1 | 120 | 120 | 10000 | 11650 |
| 沈　阳 | 1 | 38 | 38 | 4000 | 30000 |
| 大　连 | | | | | |
| 长　春 | | | | | |
| 哈尔滨 | 1 | 27 | 27 | 7340 | 55000 |
| 上　海 | 1 | 218 | 218 | 4000 | 129450 |
| 南　京 | 2 | 561 | 498 | 21700 | 382180 |
| 杭　州 | 4 | 1267 | 1242 | 83577 | 1083034 |
| 宁　波 | 1 | 780 | 780 | 17900 | 320000 |
| 合　肥 | 1 | 546 | 531 | 109464 | 200837 |
| 福　州 | 1 | 125 | 121 | 2100 | 10430 |
| 厦　门 | 1 | 85 | 85 | 3200 | 102759 |
| 南　昌 | 3 | 648 | 648 | 52400 | 632281 |
| 济　南 | | | | | |
| 青　岛 | | | | | |
| 郑　州 | | | | | |
| 武　汉 | | | | | |
| 长　沙 | | | | | |
| 广　州 | 4 | 833 | 714 | 81119 | 595742 |
| 深　圳 | 1 | 440 | 310 | 7000 | 70199 |
| 南　宁 | 1 | 4639 | 4639 | 66000 | 418950 |
| 海　口 | | | | | |
| 重　庆 | 4 | 1885 | 1842 | 102406 | 1877629 |
| 成　都 | 1 | 1836 | 1721 | 86777 | 1629190 |
| 贵　阳 | | | | | |
| 昆　明 | | | | | |
| 拉　萨 | | | | | |
| 西　安 | | | | | |
| 兰　州 | | | | | |
| 西　宁 | | | | | |
| 银　川 | | | | | |
| 乌鲁木齐 | 2 | 92 | 92 | 870064 | 205910 |

2-14　续表 19

(水产品市场)

| 地　区 | 市场数量(个) | 总摊位数(个) | 年末出租摊位数(个) | 营业面积(平方米) | 成交额(万元) |
|---|---|---|---|---|---|
| **36城市总计** | **56** | **39093** | **34982** | **2253181** | **22989403** |
| 北　京 | 3 | 2442 | 2362 | 73919 | 1263573 |
| 天　津 | 1 | 200 | 200 | 8000 | 350000 |
| 石家庄 | 1 | 300 | 300 | 8000 | 34778 |
| 太　原 | | | | | |
| 呼和浩特 | | | | | |
| 沈　阳 | 4 | 2929 | 2879 | 109000 | 3617983 |
| 大　连 | 2 | 1034 | 1034 | 63200 | 624439 |
| 长　春 | 1 | 1291 | 1291 | 120601 | 659266 |
| 哈尔滨 | | | | | |
| 上　海 | 3 | 4144 | 3926 | 289500 | 2232679 |
| 南　京 | 2 | 2366 | 1823 | 285239 | 860933 |
| 杭　州 | 2 | 2170 | 1792 | 89135 | 1112205 |
| 宁　波 | 9 | 6241 | 5413 | 151733 | 1048806 |
| 合　肥 | | | | | |
| 福　州 | 2 | 783 | 783 | 82900 | 2282582 |
| 厦　门 | 2 | 1155 | 1120 | 178320 | 410856 |
| 南　昌 | 1 | 780 | 778 | 43000 | 439411 |
| 济　南 | 2 | 1960 | 1960 | 46000 | 1425000 |
| 青　岛 | 5 | 2099 | 2090 | 81935 | 299082 |
| 郑　州 | 1 | 595 | 498 | 44800 | 1100000 |
| 武　汉 | 2 | 3389 | 2439 | 197947 | 2113583 |
| 长　沙 | 1 | 313 | 308 | 13340 | 534419 |
| 广　州 | 5 | 1073 | 837 | 56665 | 891218 |
| 深　圳 | 2 | 751 | 619 | 33000 | 646000 |
| 南　宁 | | | | | |
| 海　口 | | | | | |
| 重　庆 | 2 | 910 | 626 | 114000 | 754000 |
| 成　都 | | | | | |
| 贵　阳 | | | | | |
| 昆　明 | | | | | |
| 拉　萨 | | | | | |
| 西　安 | 1 | 720 | 720 | 23000 | 23000 |
| 兰　州 | | | | | |
| 西　宁 | | | | | |
| 银　川 | 1 | 493 | 339 | 39947 | 212990 |
| 乌鲁木齐 | 1 | 955 | 845 | 100000 | 52600 |

2-14 续表 20

(蔬菜市场)

| 地 区 | 市场数量(个) | 总摊位数(个) | 年末出租摊位数(个) | 营业面积(平方米) | 成交额(万元) |
|---|---|---|---|---|---|
| **36城市总计** | **70** | **63023** | **45326** | **4324496** | **14867320** |
| 北 京 | 5 | 2164 | 2041 | 381000 | 2192496 |
| 天 津 | 6 | 6668 | 4983 | 513011 | 558877 |
| 石家庄 | 3 | 2327 | 2121 | 134202 | 67412 |
| 太 原 | | | | | |
| 呼和浩特 | | | | | |
| 沈 阳 | 1 | 320 | 320 | 94000 | 266900 |
| 大 连 | | | | | |
| 长 春 | | | | | |
| 哈尔滨 | 1 | 310 | 300 | 1000 | 36425 |
| 上 海 | 3 | 743 | 699 | 64110 | 822507 |
| 南 京 | 2 | 225 | 208 | 48000 | 94134 |
| 杭 州 | 5 | 4216 | 4210 | 164334 | 665212 |
| 宁 波 | 3 | 868 | 859 | 104933 | 485899 |
| 合 肥 | 2 | 710 | 640 | 62000 | 76813 |
| 福 州 | | | | | |
| 厦 门 | 3 | 1348 | 1331 | 191406 | 559785 |
| 南 昌 | | | | | |
| 济 南 | 4 | 2498 | 2475 | 111600 | 679579 |
| 青 岛 | 6 | 7962 | 7763 | 631722 | 1014918 |
| 郑 州 | 2 | 15200 | 1300 | 231318 | 937954 |
| 武 汉 | | | | | |
| 长 沙 | 2 | 2991 | 2991 | 299236 | 3115006 |
| 广 州 | 4 | 2508 | 2178 | 121879 | 287880 |
| 深 圳 | | | | | |
| 南 宁 | 1 | 220 | 220 | 46620 | 145525 |
| 海 口 | | | | | |
| 重 庆 | 7 | 2831 | 2822 | 82879 | 467601 |
| 成 都 | 2 | 1556 | 914 | 131031 | 259302 |
| 贵 阳 | | | | | |
| 昆 明 | 1 | 1118 | 1070 | 106980 | 360061 |
| 拉 萨 | | | | | |
| 西 安 | 2 | 722 | 689 | 38016 | 74943 |
| 兰 州 | | | | | |
| 西 宁 | 1 | 1668 | 1668 | 260000 | 307200 |
| 银 川 | 2 | 2270 | 2005 | 405000 | 427646 |
| 乌鲁木齐 | 2 | 1580 | 1519 | 100219 | 963245 |

2-14 续表 21

(干鲜果品市场)

| 地 区 | 市场数量 (个) | 总摊位数 (个) | 年末出租摊位数 (个) | 营业面积 (平方米) | 成交额 (万元) |
|---|---|---|---|---|---|
| **36城市总计** | **35** | **22790** | **17176** | **3337049** | **20906491** |
| 北 京 | 2 | 6586 | 4416 | 1135000 | 8265884 |
| 天 津 | | | | | |
| 石家庄 | 2 | 255 | 108 | 15000 | 22991 |
| 太 原 | 1 | 30 | 30 | 8300 | 20000 |
| 呼和浩特 | | | | | |
| 沈 阳 | 1 | 800 | 350 | 150000 | 1856296 |
| 大 连 | 1 | 302 | 302 | 27000 | 38451 |
| 长 春 | | | | | |
| 哈尔滨 | | | | | |
| 上 海 | 3 | 801 | 710 | 152760 | 96507 |
| 南 京 | | | | | |
| 杭 州 | 4 | 1694 | 1486 | 117206 | 1038322 |
| 宁 波 | 1 | 500 | 500 | 53000 | 218635 |
| 合 肥 | 1 | 451 | 451 | 33350 | 92590 |
| 福 州 | 1 | 302 | 302 | 18777 | 298500 |
| 厦 门 | 1 | 250 | 250 | 25000 | 80377 |
| 南 昌 | | | | | |
| 济 南 | 1 | 200 | 200 | 110000 | 86273 |
| 青 岛 | 3 | 1015 | 895 | 253600 | 1281518 |
| 郑 州 | | | | | |
| 武 汉 | 1 | 365 | 330 | 12775 | 80571 |
| 长 沙 | 1 | 200 | 200 | 70000 | 27650 |
| 广 州 | 3 | 1394 | 1325 | 242011 | 2805381 |
| 深 圳 | | | | | |
| 南 宁 | 1 | 799 | 699 | 87583 | 784060 |
| 海 口 | | | | | |
| 重 庆 | 2 | 1168 | 1168 | 60787 | 455320 |
| 成 都 | | | | | |
| 贵 阳 | | | | | |
| 昆 明 | 1 | 600 | 600 | 100000 | 819180 |
| 拉 萨 | | | | | |
| 西 安 | 2 | 1578 | 690 | 158300 | 486004 |
| 兰 州 | | | | | |
| 西 宁 | | | | | |
| 银 川 | 1 | 2300 | 1123 | 470900 | 409023 |
| 乌鲁木齐 | 1 | 1200 | 1041 | 35700 | 1642958 |

2-14 续表 22

(棉麻土畜、烟叶市场)

| 地　区 | 市场数量（个） | 总摊位数（个） | 年末出租摊位数（个） | 营业面积（平方米） | 成交额（万元） |
|---|---|---|---|---|---|
| **36城市总计** | **1** | **261** | **245** | **10000** | **153169** |
| 北　京 | | | | | |
| 天　津 | | | | | |
| 石家庄 | | | | | |
| 太　原 | | | | | |
| 呼和浩特 | | | | | |
| 沈　阳 | | | | | |
| 大　连 | | | | | |
| 长　春 | | | | | |
| 哈尔滨 | | | | | |
| 上　海 | | | | | |
| 南　京 | | | | | |
| 杭　州 | | | | | |
| 宁　波 | 1 | 261 | 245 | 10000 | 153169 |
| 合　肥 | | | | | |
| 福　州 | | | | | |
| 厦　门 | | | | | |
| 南　昌 | | | | | |
| 济　南 | | | | | |
| 青　岛 | | | | | |
| 郑　州 | | | | | |
| 武　汉 | | | | | |
| 长　沙 | | | | | |
| 广　州 | | | | | |
| 深　圳 | | | | | |
| 南　宁 | | | | | |
| 海　口 | | | | | |
| 重　庆 | | | | | |
| 成　都 | | | | | |
| 贵　阳 | | | | | |
| 昆　明 | | | | | |
| 拉　萨 | | | | | |
| 西　安 | | | | | |
| 兰　州 | | | | | |
| 西　宁 | | | | | |
| 银　川 | | | | | |
| 乌鲁木齐 | | | | | |

2-14 续表 23

(其他农产品市场)

| 地 区 | 市场数量（个） | 总摊位数（个） | 年末出租摊位数（个） | 营业面积（平方米） | 成交额（万元） |
|---|---|---|---|---|---|
| **36城市总计** | **50** | **35800** | **31089** | **2422776** | **17130772** |
| 北 京 | 3 | 2858 | 2686 | 60000 | 155100 |
| 天 津 | 2 | 1494 | 1474 | 299226 | 1440527 |
| 石家庄 | | | | | |
| 太 原 | | | | | |
| 呼和浩特 | | | | | |
| 沈 阳 | | | | | |
| 大 连 | 1 | 90 | 90 | 4500 | 11997 |
| 长 春 | 1 | 727 | 727 | 64900 | 25943 |
| 哈尔滨 | 2 | 910 | 876 | 60000 | 156593 |
| 上 海 | 6 | 5802 | 4333 | 173190 | 1037527 |
| 南 京 | | | | | |
| 杭 州 | 10 | 5624 | 5247 | 243832 | 1803338 |
| 宁 波 | 1 | 428 | 257 | 6300 | 16724 |
| 合 肥 | 3 | 1843 | 555 | 99600 | 151642 |
| 福 州 | 1 | 124 | 124 | 4000 | 25944 |
| 厦 门 | 2 | 858 | 820 | 16100 | 92344 |
| 南 昌 | | | | | |
| 济 南 | 1 | 639 | 636 | 3000 | 34894 |
| 青 岛 | 3 | 2120 | 2101 | 240791 | 783519 |
| 郑 州 | 1 | 4000 | 3938 | 660000 | 8613000 |
| 武 汉 | 1 | 520 | 519 | 12000 | 26000 |
| 长 沙 | | | | | |
| 广 州 | | | | | |
| 深 圳 | 3 | 1548 | 1288 | 25433 | 112907 |
| 南 宁 | | | | | |
| 海 口 | | | | | |
| 重 庆 | 4 | 2271 | 1524 | 82740 | 671153 |
| 成 都 | | | | | |
| 贵 阳 | 1 | 1805 | 1805 | 109761 | 862600 |
| 昆 明 | | | | | |
| 拉 萨 | | | | | |
| 西 安 | 1 | 1050 | 1050 | 40000 | 400000 |
| 兰 州 | 1 | 654 | 654 | 41200 | 650000 |
| 西 宁 | 1 | 400 | 350 | 116203 | 28500 |
| 银 川 | | | | | |
| 乌鲁木齐 | 1 | 35 | 35 | 60000 | 30520 |

2-14 续表 24

(食品、饮料及烟酒市场)

| 地　区 | 市场数量（个） | 总摊位数（个） | 年末出租摊位数（个） | 营业面积（平方米） | 成交额（万元） |
|---|---|---|---|---|---|
| **36城市总计** | **35** | **19728** | **16766** | **1116413** | **4709121** |
| 北　京 | 2 | 394 | 394 | 25500 | 55322 |
| 天　津 | 1 | 2055 | 1390 | 266800 | 428732 |
| 石家庄 | 1 | 800 | 628 | 5000 | 12389 |
| 太　原 | | | | | |
| 呼和浩特 | | | | | |
| 沈　阳 | 2 | 2208 | 1379 | 47761 | 220473 |
| 大　连 | | | | | |
| 长　春 | 1 | 115 | 96 | 1300 | 10375 |
| 哈尔滨 | 1 | 1845 | 1754 | 20000 | 943015 |
| 上　海 | 2 | 691 | 689 | 38000 | 31005 |
| 南　京 | | | | | |
| 杭　州 | 2 | 520 | 520 | 48500 | 331350 |
| 宁　波 | 3 | 2196 | 2185 | 190000 | 974776 |
| 合　肥 | 1 | 565 | 369 | 45000 | 189141 |
| 福　州 | | | | | |
| 厦　门 | | | | | |
| 南　昌 | | | | | |
| 济　南 | 2 | 800 | 800 | 90000 | 196000 |
| 青　岛 | 1 | 360 | 280 | 16000 | 248267 |
| 郑　州 | | | | | |
| 武　汉 | 1 | 135 | 135 | 1300 | 15194 |
| 长　沙 | 1 | 380 | 312 | 7600 | 21969 |
| 广　州 | 3 | 804 | 766 | 80000 | 102171 |
| 深　圳 | 1 | 1468 | 1294 | 36895 | 32457 |
| 南　宁 | 2 | 240 | 240 | 12500 | 96906 |
| 海　口 | | | | | |
| 重　庆 | 4 | 2196 | 1579 | 68553 | 145344 |
| 成　都 | 1 | 250 | 250 | 25000 | 50000 |
| 贵　阳 | 1 | 940 | 940 | 21256 | 524770 |
| 昆　明 | 2 | 766 | 766 | 69448 | 79465 |
| 拉　萨 | | | | | |
| 西　安 | | | | | |
| 兰　州 | | | | | |
| 西　宁 | | | | | |
| 银　川 | | | | | |
| 乌鲁木齐 | | | | | |

2-14　续表 25

（食品饮料市场）

| 地　　区 | 市场数量（个） | 总摊位数（个） | 年末出租摊位数（个） | 营业面积（平方米） | 成交额（万元） |
|---|---|---|---|---|---|
| **36城市总计** | **8** | **6663** | **5005** | **216576** | **956907** |
| 北　京 | | | | | |
| 天　津 | | | | | |
| 石家庄 | | | | | |
| 太　原 | | | | | |
| 呼和浩特 | | | | | |
| 沈　阳 | 1 | 1978 | 1149 | 30128 | 190473 |
| 大　连 | | | | | |
| 长　春 | | | | | |
| 哈尔滨 | | | | | |
| 上　海 | | | | | |
| 南　京 | | | | | |
| 杭　州 | 1 | 220 | 220 | 19000 | 212850 |
| 宁　波 | 1 | 665 | 665 | 40000 | 403085 |
| 合　肥 | | | | | |
| 福　州 | | | | | |
| 厦　门 | | | | | |
| 南　昌 | | | | | |
| 济　南 | | | | | |
| 青　岛 | | | | | |
| 郑　州 | | | | | |
| 武　汉 | | | | | |
| 长　沙 | | | | | |
| 广　州 | 1 | 350 | 312 | 50000 | 12614 |
| 深　圳 | 1 | 1468 | 1294 | 36895 | 32457 |
| 南　宁 | | | | | |
| 海　口 | | | | | |
| 重　庆 | 3 | 1982 | 1365 | 40553 | 105428 |
| 成　都 | | | | | |
| 贵　阳 | | | | | |
| 昆　明 | | | | | |
| 拉　萨 | | | | | |
| 西　安 | | | | | |
| 兰　州 | | | | | |
| 西　宁 | | | | | |
| 银　川 | | | | | |
| 乌鲁木齐 | | | | | |

2-14 续表 26

(茶叶市场)

| 地　区 | 市场数量(个) | 总摊位数(个) | 年末出租摊位数(个) | 营业面积(平方米) | 成交额(万元) |
|---|---|---|---|---|---|
| **36城市总计** | **18** | **5274** | **5100** | **371881** | **814254** |
| 北　京 | 2 | 394 | 394 | 25500 | 55322 |
| 天　津 | | | | | |
| 石家庄 | 1 | 800 | 628 | 5000 | 12389 |
| 太　原 | | | | | |
| 呼和浩特 | | | | | |
| 沈　阳 | 1 | 230 | 230 | 17633 | 30000 |
| 大　连 | | | | | |
| 长　春 | | | | | |
| 哈尔滨 | | | | | |
| 上　海 | 2 | 691 | 689 | 38000 | 31005 |
| 南　京 | | | | | |
| 杭　州 | 1 | 300 | 300 | 29500 | 118500 |
| 宁　波 | | | | | |
| 合　肥 | | | | | |
| 福　州 | | | | | |
| 厦　门 | | | | | |
| 南　昌 | | | | | |
| 济　南 | 2 | 800 | 800 | 90000 | 196000 |
| 青　岛 | | | | | |
| 郑　州 | | | | | |
| 武　汉 | 1 | 135 | 135 | 1300 | 15194 |
| 长　沙 | | | | | |
| 广　州 | 2 | 454 | 454 | 30000 | 89557 |
| 深　圳 | | | | | |
| 南　宁 | 2 | 240 | 240 | 12500 | 96906 |
| 海　口 | | | | | |
| 重　庆 | 1 | 214 | 214 | 28000 | 39916 |
| 成　都 | 1 | 250 | 250 | 25000 | 50000 |
| 贵　阳 | | | | | |
| 昆　明 | 2 | 766 | 766 | 69448 | 79465 |
| 拉　萨 | | | | | |
| 西　安 | | | | | |
| 兰　州 | | | | | |
| 西　宁 | | | | | |
| 银　川 | | | | | |
| 乌鲁木齐 | | | | | |

2-14　续表 27

(烟酒市场)

| 地　区 | 市场数量(个) | 总摊位数(个) | 年末出租摊位数(个) | 营业面积(平方米) | 成交额(万元) |
|---|---|---|---|---|---|
| **36城市总计** | **4** | **1705** | **1350** | **188600** | **899448** |
| 北　京 | | | | | |
| 天　津 | | | | | |
| 石家庄 | | | | | |
| 太　原 | | | | | |
| 呼和浩特 | | | | | |
| 沈　阳 | | | | | |
| 大　连 | | | | | |
| 长　春 | | | | | |
| 哈尔滨 | | | | | |
| 上　海 | | | | | |
| 南　京 | | | | | |
| 杭　州 | | | | | |
| 宁　波 | 1 | 400 | 389 | 120000 | 440071 |
| 合　肥 | 1 | 565 | 369 | 45000 | 189141 |
| 福　州 | | | | | |
| 厦　门 | | | | | |
| 南　昌 | | | | | |
| 济　南 | | | | | |
| 青　岛 | 1 | 360 | 280 | 16000 | 248267 |
| 郑　州 | | | | | |
| 武　汉 | | | | | |
| 长　沙 | 1 | 380 | 312 | 7600 | 21969 |
| 广　州 | | | | | |
| 深　圳 | | | | | |
| 南　宁 | | | | | |
| 海　口 | | | | | |
| 重　庆 | | | | | |
| 成　都 | | | | | |
| 贵　阳 | | | | | |
| 昆　明 | | | | | |
| 拉　萨 | | | | | |
| 西　安 | | | | | |
| 兰　州 | | | | | |
| 西　宁 | | | | | |
| 银　川 | | | | | |
| 乌鲁木齐 | | | | | |

2-14 续表 28

(其他食品饮料及烟酒市场)

| 地 区 | 市场数量<br>(个) | 总摊位数<br>(个) | 年末出租摊位数<br>(个) | 营业面积<br>(平方米) | 成交额<br>(万元) |
|---|---|---|---|---|---|
| **36城市总计** | **5** | **6086** | **5311** | **339356** | **2038512** |
| 北 京 | | | | | |
| 天 津 | 1 | 2055 | 1390 | 266800 | 428732 |
| 石家庄 | | | | | |
| 太 原 | | | | | |
| 呼和浩特 | | | | | |
| 沈 阳 | | | | | |
| 大 连 | | | | | |
| 长 春 | 1 | 115 | 96 | 1300 | 10375 |
| 哈尔滨 | 1 | 1845 | 1754 | 20000 | 943015 |
| 上 海 | | | | | |
| 南 京 | | | | | |
| 杭 州 | | | | | |
| 宁 波 | 1 | 1131 | 1131 | 30000 | 131620 |
| 合 肥 | | | | | |
| 福 州 | | | | | |
| 厦 门 | | | | | |
| 南 昌 | | | | | |
| 济 南 | | | | | |
| 青 岛 | | | | | |
| 郑 州 | | | | | |
| 武 汉 | | | | | |
| 长 沙 | | | | | |
| 广 州 | | | | | |
| 深 圳 | | | | | |
| 南 宁 | | | | | |
| 海 口 | | | | | |
| 重 庆 | | | | | |
| 成 都 | | | | | |
| 贵 阳 | 1 | 940 | 940 | 21256 | 524770 |
| 昆 明 | | | | | |
| 拉 萨 | | | | | |
| 西 安 | | | | | |
| 兰 州 | | | | | |
| 西 宁 | | | | | |
| 银 川 | | | | | |
| 乌鲁木齐 | | | | | |

2-14 续表 29

(纺织、服装、鞋帽市场)

| 地　区 | 市场数量（个） | 总摊位数（个） | 年末出租摊位数（个） | 营业面积（平方米） | 成交额（万元） |
|---|---|---|---|---|---|
| **36城市总计** | **212** | **334795** | **289997** | **12216758** | **42452717** |
| 北　京 | 10 | 15423 | 13788 | 472760 | 390916 |
| 天　津 | 2 | 2809 | 2809 | 39800 | 165635 |
| 石家庄 | 5 | 25723 | 20638 | 1179440 | 5448395 |
| 太　原 | 4 | 1593 | 1556 | 102000 | 52891 |
| 呼和浩特 | 4 | 4310 | 4275 | 68000 | 176272 |
| 沈　阳 | 9 | 26613 | 23004 | 491904 | 4470534 |
| 大　连 | 4 | 4686 | 4513 | 66234 | 367419 |
| 长　春 | 4 | 6433 | 6163 | 164000 | 309406 |
| 哈尔滨 | 13 | 16787 | 14221 | 604817 | 601987 |
| 上　海 | 10 | 7644 | 6918 | 145384 | 595491 |
| 南　京 | 2 | 3762 | 3701 | 84000 | 292953 |
| 杭　州 | 21 | 23133 | 21724 | 566873 | 5070569 |
| 宁　波 | 6 | 4334 | 4044 | 223086 | 801952 |
| 合　肥 | 2 | 5602 | 5507 | 205000 | 574014 |
| 福　州 | 3 | 2159 | 2146 | 126369 | 486260 |
| 厦　门 | | | | | |
| 南　昌 | 2 | 1008 | 994 | 39734 | 41190 |
| 济　南 | 3 | 3924 | 3693 | 247941 | 433086 |
| 青　岛 | 4 | 8545 | 8522 | 282500 | 2501617 |
| 郑　州 | 5 | 8949 | 7680 | 189285 | 493361 |
| 武　汉 | 13 | 11850 | 9609 | 647457 | 1139245 |
| 长　沙 | 8 | 6697 | 6527 | 178000 | 305866 |
| 广　州 | 39 | 53772 | 40863 | 3219763 | 8342620 |
| 深　圳 | | | | | |
| 南　宁 | 4 | 5048 | 5038 | 75697 | 62342 |
| 海　口 | | | | | |
| 重　庆 | 7 | 3878 | 3801 | 265292 | 2033517 |
| 成　都 | 8 | 11847 | 11470 | 552846 | 776444 |
| 贵　阳 | | | | | |
| 昆　明 | 3 | 39103 | 28256 | 674098 | 1914979 |
| 拉　萨 | | | | | |
| 西　安 | 5 | 6948 | 6948 | 458182 | 3609772 |
| 兰　州 | 2 | 5545 | 5355 | 425000 | 361800 |
| 西　宁 | 2 | 3607 | 3507 | 110000 | 92625 |
| 银　川 | 3 | 5388 | 5309 | 120000 | 155678 |
| 乌鲁木齐 | 5 | 7675 | 7418 | 191296 | 383881 |

2-14 续表 30

(布料及纺织品市场)

| 地　　区 | 市场数量(个) | 总摊位数(个) | 年末出租摊位数(个) | 营业面积(平方米) | 成交额(万元) |
|---|---|---|---|---|---|
| **36城市总计** | **24** | **42399** | **30829** | **2957135** | **8665303** |
| 北　　京 | 1 | 581 | 198 | 51034 | 10524 |
| 天　　津 | | | | | |
| 石 家 庄 | 1 | 1487 | 1065 | 8000 | 461000 |
| 太　　原 | | | | | |
| 呼和浩特 | | | | | |
| 沈　　阳 | | | | | |
| 大　　连 | | | | | |
| 长　　春 | | | | | |
| 哈 尔 滨 | 3 | 3215 | 2980 | 67137 | 71160 |
| 上　　海 | 2 | 2587 | 2453 | 20000 | 69475 |
| 南　　京 | | | | | |
| 杭　　州 | 5 | 4572 | 4390 | 207290 | 2652413 |
| 宁　　波 | 2 | 1698 | 1651 | 37700 | 336628 |
| 合　　肥 | 1 | 2600 | 2505 | 60000 | 72003 |
| 福　　州 | | | | | |
| 厦　　门 | | | | | |
| 南　　昌 | | | | | |
| 济　　南 | | | | | |
| 青　　岛 | 1 | 358 | 358 | 20000 | 274096 |
| 郑　　州 | 2 | 1806 | 766 | 69300 | 30000 |
| 武　　汉 | 2 | 237 | 237 | 10674 | 26385 |
| 长　　沙 | | | | | |
| 广　　州 | 2 | 22361 | 13524 | 2346000 | 4597397 |
| 深　　圳 | | | | | |
| 南　　宁 | | | | | |
| 海　　口 | | | | | |
| 重　　庆 | | | | | |
| 成　　都 | 1 | 567 | 372 | 40000 | 46098 |
| 贵　　阳 | | | | | |
| 昆　　明 | | | | | |
| 拉　　萨 | | | | | |
| 西　　安 | 1 | 330 | 330 | 20000 | 18124 |
| 兰　　州 | | | | | |
| 西　　宁 | | | | | |
| 银　　川 | | | | | |
| 乌鲁木齐 | | | | | |

2-14　续表 31

(服装市场)

| 地　区 | 市场数量（个） | 总摊位数（个） | 年末出租摊位数（个） | 营业面积（平方米） | 成交额（万元） |
|---|---|---|---|---|---|
| **36城市总计** | **148** | **236495** | **209321** | **7624234** | **24037897** |
| 北　京 | 8 | 14392 | 13155 | 401726 | 353101 |
| 天　津 | 2 | 2809 | 2809 | 39800 | 165635 |
| 石家庄 | 4 | 24236 | 19573 | 1171440 | 4987395 |
| 太　原 | 3 | 1133 | 1096 | 64000 | 40991 |
| 呼和浩特 | 2 | 3430 | 3430 | 50000 | 152570 |
| 沈　阳 | 6 | 8379 | 7556 | 128404 | 343564 |
| 大　连 | 3 | 3375 | 3302 | 46200 | 344064 |
| 长　春 | 3 | 5903 | 5903 | 145000 | 290841 |
| 哈尔滨 | 7 | 6082 | 5191 | 463680 | 215442 |
| 上　海 | 7 | 4968 | 4376 | 123224 | 511986 |
| 南　京 | 1 | 1861 | 1800 | 9000 | 74953 |
| 杭　州 | 15 | 17700 | 16624 | 345583 | 2402636 |
| 宁　波 | 3 | 2281 | 2146 | 181586 | 442758 |
| 合　肥 | 1 | 3002 | 3002 | 145000 | 502011 |
| 福　州 | 3 | 2159 | 2146 | 126369 | 486260 |
| 厦　门 | | | | | |
| 南　昌 | 1 | 508 | 508 | 17234 | 21000 |
| 济　南 | 1 | 2924 | 2803 | 190000 | 203616 |
| 青　岛 | 1 | 7017 | 7003 | 230000 | 2130054 |
| 郑　州 | 3 | 7143 | 6914 | 119985 | 463361 |
| 武　汉 | 9 | 10893 | 8727 | 586783 | 1067360 |
| 长　沙 | 8 | 6697 | 6527 | 178000 | 305866 |
| 广　州 | 31 | 25761 | 22374 | 655627 | 2974567 |
| 深　圳 | | | | | |
| 南　宁 | 4 | 5048 | 5038 | 75697 | 62342 |
| 海　口 | | | | | |
| 重　庆 | 3 | 1374 | 1374 | 123656 | 217460 |
| 成　都 | 7 | 11280 | 11098 | 512846 | 730346 |
| 贵　阳 | | | | | |
| 昆　明 | 3 | 39103 | 28256 | 674098 | 1914979 |
| 拉　萨 | | | | | |
| 西　安 | 2 | 3817 | 3817 | 203000 | 1887058 |
| 兰　州 | 2 | 5545 | 5355 | 425000 | 361800 |
| 西　宁 | | | | | |
| 银　川 | | | | | |
| 乌鲁木齐 | 5 | 7675 | 7418 | 191296 | 383881 |

2-14　续表 32

(鞋帽市场)

| 地　区 | 市场数量(个) | 总摊位数(个) | 年末出租摊位数(个) | 营业面积(平方米) | 成交额(万元) |
|---|---|---|---|---|---|
| **36城市总计** | **20** | **18027** | **15284** | **753359** | **4162163** |
| 北　京 | | | | | |
| 天　津 | | | | | |
| 石家庄 | | | | | |
| 太　原 | 1 | 460 | 460 | 38000 | 11900 |
| 呼和浩特 | | | | | |
| 沈　阳 | 2 | 2750 | 1900 | 16500 | 56294 |
| 大　连 | | | | | |
| 长　春 | | | | | |
| 哈尔滨 | 2 | 3300 | 2300 | 24000 | 66749 |
| 上　海 | | | | | |
| 南　京 | | | | | |
| 杭　州 | | | | | |
| 宁　波 | | | | | |
| 合　肥 | | | | | |
| 福　州 | | | | | |
| 厦　门 | | | | | |
| 南　昌 | 1 | 500 | 486 | 22500 | 20190 |
| 济　南 | 2 | 1000 | 890 | 57941 | 229470 |
| 青　岛 | 1 | 310 | 301 | 11000 | 74214 |
| 郑　州 | | | | | |
| 武　汉 | 2 | 720 | 645 | 50000 | 45500 |
| 长　沙 | | | | | |
| 广　州 | 6 | 5650 | 4965 | 218136 | 770656 |
| 深　圳 | | | | | |
| 南　宁 | | | | | |
| 海　口 | | | | | |
| 重　庆 | 1 | 536 | 536 | 80100 | 1182600 |
| 成　都 | | | | | |
| 贵　阳 | | | | | |
| 昆　明 | | | | | |
| 拉　萨 | | | | | |
| 西　安 | 2 | 2801 | 2801 | 235182 | 1704590 |
| 兰　州 | | | | | |
| 西　宁 | | | | | |
| 银　川 | | | | | |
| 乌鲁木齐 | | | | | |

2-14 续表 33

(其他纺织服装鞋帽市场)

| 地 区 | 市场数量(个) | 总摊位数(个) | 年末出租摊位数(个) | 营业面积(平方米) | 成交额(万元) |
|---|---|---|---|---|---|
| **36城市总计** | **20** | **37874** | **34563** | **882030** | **5587354** |
| 北 京 | 1 | 450 | 435 | 20000 | 27291 |
| 天 津 | | | | | |
| 石家庄 | | | | | |
| 太 原 | | | | | |
| 呼和浩特 | 2 | 880 | 845 | 18000 | 23702 |
| 沈 阳 | 1 | 15484 | 13548 | 347000 | 4070676 |
| 大 连 | 1 | 1311 | 1211 | 20034 | 23355 |
| 长 春 | 1 | 530 | 260 | 19000 | 18565 |
| 哈尔滨 | 1 | 4190 | 3750 | 50000 | 248636 |
| 上 海 | 1 | 89 | 89 | 2160 | 14030 |
| 南 京 | 1 | 1901 | 1901 | 75000 | 218000 |
| 杭 州 | 1 | 861 | 710 | 14000 | 15520 |
| 宁 波 | 1 | 355 | 247 | 3800 | 22566 |
| 合 肥 | | | | | |
| 福 州 | | | | | |
| 厦 门 | | | | | |
| 南 昌 | | | | | |
| 济 南 | | | | | |
| 青 岛 | 1 | 860 | 860 | 21500 | 23253 |
| 郑 州 | | | | | |
| 武 汉 | | | | | |
| 长 沙 | | | | | |
| 广 州 | | | | | |
| 深 圳 | | | | | |
| 南 宁 | | | | | |
| 海 口 | | | | | |
| 重 庆 | 3 | 1968 | 1891 | 61536 | 633457 |
| 成 都 | | | | | |
| 贵 阳 | | | | | |
| 昆 明 | | | | | |
| 拉 萨 | | | | | |
| 西 安 | | | | | |
| 兰 州 | | | | | |
| 西 宁 | 2 | 3607 | 3507 | 110000 | 92625 |
| 银 川 | 3 | 5388 | 5309 | 120000 | 155678 |
| 乌鲁木齐 | | | | | |

2-14 续表 34

(日用品及文化用品市场)

| 地　区 | 市场数量(个) | 总摊位数(个) | 年末出租摊位数(个) | 营业面积(平方米) | 成交额(万元) |
|---|---|---|---|---|---|
| **36城市总计** | **37** | **24343** | **20505** | **1393953** | **5892797** |
| 北　京 | 1 | 474 | 397 | 18000 | 78957 |
| 天　津 | | | | | |
| 石家庄 | | | | | |
| 太　原 | | | | | |
| 呼和浩特 | | | | | |
| 沈　阳 | 2 | 3272 | 2502 | 195000 | 136807 |
| 大　连 | | | | | |
| 长　春 | | | | | |
| 哈尔滨 | | | | | |
| 上　海 | 1 | 70 | 70 | 5000 | 2444600 |
| 南　京 | | | | | |
| 杭　州 | 1 | 91 | 70 | 10000 | 22500 |
| 宁　波 | | | | | |
| 合　肥 | | | | | |
| 福　州 | | | | | |
| 厦　门 | | | | | |
| 南　昌 | | | | | |
| 济　南 | | | | | |
| 青　岛 | | | | | |
| 郑　州 | 2 | 330 | 280 | 13000 | 40200 |
| 武　汉 | 5 | 1640 | 1554 | 163776 | 660437 |
| 长　沙 | 2 | 485 | 482 | 26185 | 182381 |
| 广　州 | 19 | 16523 | 13692 | 929131 | 2087867 |
| 深　圳 | | | | | |
| 南　宁 | | | | | |
| 海　口 | | | | | |
| 重　庆 | 3 | 1079 | 1079 | 27861 | 224532 |
| 成　都 | | | | | |
| 贵　阳 | | | | | |
| 昆　明 | | | | | |
| 拉　萨 | | | | | |
| 西　安 | | | | | |
| 兰　州 | | | | | |
| 西　宁 | | | | | |
| 银　川 | | | | | |
| 乌鲁木齐 | 1 | 379 | 379 | 6000 | 14516 |

2-14　续表 35

(小商品市场)

| 地　区 | 市场数量(个) | 总摊位数(个) | 年末出租摊位数(个) | 营业面积(平方米) | 成交额(万元) |
|---|---|---|---|---|---|
| **36城市总计** | **15** | **9742** | **8354** | **393800** | **633767** |
| 北　京 | 1 | 474 | 397 | 18000 | 78957 |
| 天　津 | | | | | |
| 石家庄 | | | | | |
| 太　原 | | | | | |
| 呼和浩特 | | | | | |
| 沈　阳 | 1 | 1777 | 1007 | 150000 | 120000 |
| 大　连 | | | | | |
| 长　春 | | | | | |
| 哈尔滨 | | | | | |
| 上　海 | | | | | |
| 南　京 | | | | | |
| 杭　州 | | | | | |
| 宁　波 | | | | | |
| 合　肥 | | | | | |
| 福　州 | | | | | |
| 厦　门 | | | | | |
| 南　昌 | | | | | |
| 济　南 | | | | | |
| 青　岛 | | | | | |
| 郑　州 | | | | | |
| 武　汉 | | | | | |
| 长　沙 | | | | | |
| 广　州 | 12 | 7112 | 6571 | 219800 | 420294 |
| 深　圳 | | | | | |
| 南　宁 | | | | | |
| 海　口 | | | | | |
| 重　庆 | | | | | |
| 成　都 | | | | | |
| 贵　阳 | | | | | |
| 昆　明 | | | | | |
| 拉　萨 | | | | | |
| 西　安 | | | | | |
| 兰　州 | | | | | |
| 西　宁 | | | | | |
| 银　川 | | | | | |
| 乌鲁木齐 | 1 | 379 | 379 | 6000 | 14516 |

2-14 续表 36

(箱包市场)

| 地　区 | 市场数量(个) | 总摊位数(个) | 年末出租摊位数(个) | 营业面积(平方米) | 成交额(万元) |
|---|---|---|---|---|---|
| **36城市总计** | **3** | **4740** | **3330** | **554000** | **1070200** |
| 北　京 | | | | | |
| 天　津 | | | | | |
| 石家庄 | | | | | |
| 太　原 | | | | | |
| 呼和浩特 | | | | | |
| 沈　阳 | | | | | |
| 大　连 | | | | | |
| 长　春 | | | | | |
| 哈尔滨 | | | | | |
| 上　海 | | | | | |
| 南　京 | | | | | |
| 杭　州 | | | | | |
| 宁　波 | | | | | |
| 合　肥 | | | | | |
| 福　州 | | | | | |
| 厦　门 | | | | | |
| 南　昌 | | | | | |
| 济　南 | | | | | |
| 青　岛 | | | | | |
| 郑　州 | 1 | 150 | 130 | 7000 | 10200 |
| 武　汉 | 1 | 360 | 300 | 47000 | 10000 |
| 长　沙 | | | | | |
| 广　州 | 1 | 4230 | 2900 | 500000 | 1050000 |
| 深　圳 | | | | | |
| 南　宁 | | | | | |
| 海　口 | | | | | |
| 重　庆 | | | | | |
| 成　都 | | | | | |
| 贵　阳 | | | | | |
| 昆　明 | | | | | |
| 拉　萨 | | | | | |
| 西　安 | | | | | |
| 兰　州 | | | | | |
| 西　宁 | | | | | |
| 银　川 | | | | | |
| 乌鲁木齐 | | | | | |

2-14 续表 37

(文具市场)

| 地 区 | 市场数量(个) | 总摊位数(个) | 年末出租摊位数(个) | 营业面积(平方米) | 成交额(万元) |
|---|---|---|---|---|---|
| **36城市总计** | **2** | **172** | **169** | **17446** | **119474** |
| 北 京 | | | | | |
| 天 津 | | | | | |
| 石家庄 | | | | | |
| 太 原 | | | | | |
| 呼和浩特 | | | | | |
| 沈 阳 | | | | | |
| 大 连 | | | | | |
| 长 春 | | | | | |
| 哈尔滨 | | | | | |
| 上 海 | | | | | |
| 南 京 | | | | | |
| 杭 州 | | | | | |
| 宁 波 | | | | | |
| 合 肥 | | | | | |
| 福 州 | | | | | |
| 厦 门 | | | | | |
| 南 昌 | | | | | |
| 济 南 | | | | | |
| 青 岛 | | | | | |
| 郑 州 | | | | | |
| 武 汉 | | | | | |
| 长 沙 | 1 | 65 | 62 | 13000 | 20350 |
| 广 州 | 1 | 107 | 107 | 4446 | 99124 |
| 深 圳 | | | | | |
| 南 宁 | | | | | |
| 海 口 | | | | | |
| 重 庆 | | | | | |
| 成 都 | | | | | |
| 贵 阳 | | | | | |
| 昆 明 | | | | | |
| 拉 萨 | | | | | |
| 西 安 | | | | | |
| 兰 州 | | | | | |
| 西 宁 | | | | | |
| 银 川 | | | | | |
| 乌鲁木齐 | | | | | |

2-14 续表 38

(图书、报刊杂志市场)

| 地　区 | 市场数量(个) | 总摊位数(个) | 年末出租摊位数(个) | 营业面积(平方米) | 成交额(万元) |
|---|---|---|---|---|---|
| **36城市总计** | **4** | **1027** | **998** | **40274** | **266275** |
| 北　京 | | | | | |
| 天　津 | | | | | |
| 石家庄 | | | | | |
| 太　原 | | | | | |
| 呼和浩特 | | | | | |
| 沈　阳 | | | | | |
| 大　连 | | | | | |
| 长　春 | | | | | |
| 哈尔滨 | | | | | |
| 上　海 | | | | | |
| 南　京 | | | | | |
| 杭　州 | 1 | 91 | 70 | 10000 | 22500 |
| 宁　波 | | | | | |
| 合　肥 | | | | | |
| 福　州 | | | | | |
| 厦　门 | | | | | |
| 南　昌 | | | | | |
| 济　南 | | | | | |
| 青　岛 | | | | | |
| 郑　州 | | | | | |
| 武　汉 | 1 | 427 | 419 | 4100 | 61889 |
| 长　沙 | 1 | 420 | 420 | 13185 | 162031 |
| 广　州 | 1 | 89 | 89 | 12989 | 19855 |
| 深　圳 | | | | | |
| 南　宁 | | | | | |
| 海　口 | | | | | |
| 重　庆 | | | | | |
| 成　都 | | | | | |
| 贵　阳 | | | | | |
| 昆　明 | | | | | |
| 拉　萨 | | | | | |
| 西　安 | | | | | |
| 兰　州 | | | | | |
| 西　宁 | | | | | |
| 银　川 | | | | | |
| 乌鲁木齐 | | | | | |

2-14　续表 39

(体育用品市场)

| 地　区 | 市场数量（个） | 总摊位数（个） | 年末出租摊位数（个） | 营业面积（平方米） | 成交额（万元） |
|---|---|---|---|---|---|
| **36城市总计** | **1** | **324** | **260** | **12800** | **18000** |
| 北　京 | | | | | |
| 天　津 | | | | | |
| 石家庄 | | | | | |
| 太　原 | | | | | |
| 呼和浩特 | | | | | |
| 沈　阳 | | | | | |
| 大　连 | | | | | |
| 长　春 | | | | | |
| 哈尔滨 | | | | | |
| 上　海 | | | | | |
| 南　京 | | | | | |
| 杭　州 | | | | | |
| 宁　波 | | | | | |
| 合　肥 | | | | | |
| 福　州 | | | | | |
| 厦　门 | | | | | |
| 南　昌 | | | | | |
| 济　南 | | | | | |
| 青　岛 | | | | | |
| 郑　州 | | | | | |
| 武　汉 | | | | | |
| 长　沙 | | | | | |
| 广　州 | 1 | 324 | 260 | 12800 | 18000 |
| 深　圳 | | | | | |
| 南　宁 | | | | | |
| 海　口 | | | | | |
| 重　庆 | | | | | |
| 成　都 | | | | | |
| 贵　阳 | | | | | |
| 昆　明 | | | | | |
| 拉　萨 | | | | | |
| 西　安 | | | | | |
| 兰　州 | | | | | |
| 西　宁 | | | | | |
| 银　川 | | | | | |
| 乌鲁木齐 | | | | | |

2-14 续表 40

(其他日用品及文化用品市场)

| 地　区 | 市场数量(个) | 总摊位数(个) | 年末出租摊位数(个) | 营业面积(平方米) | 成交额(万元) |
|---|---|---|---|---|---|
| **36城市总计** | **12** | **8338** | **7394** | **375633** | **3785081** |
| 北　京 | | | | | |
| 天　津 | | | | | |
| 石家庄 | | | | | |
| 太　原 | | | | | |
| 呼和浩特 | | | | | |
| 沈　阳 | 1 | 1495 | 1495 | 45000 | 16807 |
| 大　连 | | | | | |
| 长　春 | | | | | |
| 哈尔滨 | | | | | |
| 上　海 | 1 | 70 | 70 | 5000 | 2444600 |
| 南　京 | | | | | |
| 杭　州 | | | | | |
| 宁　波 | | | | | |
| 合　肥 | | | | | |
| 福　州 | | | | | |
| 厦　门 | | | | | |
| 南　昌 | | | | | |
| 济　南 | | | | | |
| 青　岛 | | | | | |
| 郑　州 | 1 | 180 | 150 | 6000 | 30000 |
| 武　汉 | 3 | 853 | 835 | 112676 | 588548 |
| 长　沙 | | | | | |
| 广　州 | 3 | 4661 | 3765 | 179096 | 480594 |
| 深　圳 | | | | | |
| 南　宁 | | | | | |
| 海　口 | | | | | |
| 重　庆 | 3 | 1079 | 1079 | 27861 | 224532 |
| 成　都 | | | | | |
| 贵　阳 | | | | | |
| 昆　明 | | | | | |
| 拉　萨 | | | | | |
| 西　安 | | | | | |
| 兰　州 | | | | | |
| 西　宁 | | | | | |
| 银　川 | | | | | |
| 乌鲁木齐 | | | | | |

2-14 续表 41

(黄金、珠宝、玉器等首饰市场)

| 地　区 | 市场数量(个) | 总摊位数(个) | 年末出租摊位数(个) | 营业面积(平方米) | 成交额(万元) |
|---|---|---|---|---|---|
| **36城市总计** | **10** | **4872** | **3772** | **239908** | **2466441** |
| 北　京 | 2 | 830 | 539 | 18829 | 163193 |
| 天　津 | | | | | |
| 石家庄 | | | | | |
| 太　原 | | | | | |
| 呼和浩特 | | | | | |
| 沈　阳 | | | | | |
| 大　连 | | | | | |
| 长　春 | | | | | |
| 哈尔滨 | | | | | |
| 上　海 | | | | | |
| 南　京 | | | | | |
| 杭　州 | 1 | 360 | 360 | 20000 | 1504300 |
| 宁　波 | | | | | |
| 合　肥 | | | | | |
| 福　州 | 2 | 1042 | 1038 | 14500 | 312114 |
| 厦　门 | | | | | |
| 南　昌 | 1 | 50 | 50 | 50000 | 38126 |
| 济　南 | | | | | |
| 青　岛 | 1 | 1240 | 950 | 98579 | 11582 |
| 郑　州 | 1 | 100 | 99 | 8000 | 32215 |
| 武　汉 | | | | | |
| 长　沙 | 1 | 50 | 46 | 20000 | 360815 |
| 广　州 | 1 | 1200 | 690 | 10000 | 44096 |
| 深　圳 | | | | | |
| 南　宁 | | | | | |
| 海　口 | | | | | |
| 重　庆 | | | | | |
| 成　都 | | | | | |
| 贵　阳 | | | | | |
| 昆　明 | | | | | |
| 拉　萨 | | | | | |
| 西　安 | | | | | |
| 兰　州 | | | | | |
| 西　宁 | | | | | |
| 银　川 | | | | | |
| 乌鲁木齐 | | | | | |

2-14 续表 42

(电器、通讯器材、电子设备市场)

| 地　区 | 市场数量(个) | 总摊位数(个) | 年末出租摊位数(个) | 营业面积(平方米) | 成交额(万元) |
|---|---|---|---|---|---|
| **36城市总计** | **78** | **43649** | **37540** | **2369889** | **5249354** |
| 北　京 | 5 | 3802 | 3266 | 58220 | 299126 |
| 天　津 | | | | | |
| 石家庄 | 1 | 300 | 300 | 36000 | 43874 |
| 太　原 | | | | | |
| 呼和浩特 | 2 | 835 | 735 | 24645 | 107729 |
| 沈　阳 | 3 | 1584 | 952 | 101000 | 79415 |
| 大　连 | | | | | |
| 长　春 | | | | | |
| 哈尔滨 | 3 | 2220 | 2090 | 102559 | 283000 |
| 上　海 | 2 | 426 | 361 | 10864 | 59016 |
| 南　京 | 1 | 210 | 210 | 4007 | 40250 |
| 杭　州 | 8 | 2289 | 2056 | 108094 | 223283 |
| 宁　波 | 2 | 638 | 555 | 32000 | 74085 |
| 合　肥 | 1 | 3902 | 3243 | 875253 | 1084342 |
| 福　州 | 1 | 719 | 659 | 38000 | 101889 |
| 厦　门 | | | | | |
| 南　昌 | 2 | 1239 | 918 | 53994 | 53500 |
| 济　南 | | | | | |
| 青　岛 | 2 | 693 | 510 | 45000 | 100285 |
| 郑　州 | 1 | 2769 | 2769 | 206077 | 350000 |
| 武　汉 | 4 | 1452 | 1362 | 53000 | 232114 |
| 长　沙 | 5 | 1943 | 1621 | 51036 | 316863 |
| 广　州 | 7 | 1951 | 1541 | 65220 | 175633 |
| 深　圳 | 6 | 7983 | 6482 | 102200 | 147654 |
| 南　宁 | 1 | 700 | 650 | 20678 | 79000 |
| 海　口 | 1 | 295 | 295 | 10500 | 26550 |
| 重　庆 | 9 | 2945 | 2446 | 181744 | 559458 |
| 成　都 | | | | | |
| 贵　阳 | 1 | 152 | 152 | 3000 | 19120 |
| 昆　明 | | | | | |
| 拉　萨 | | | | | |
| 西　安 | 5 | 2437 | 2436 | 131000 | 553426 |
| 兰　州 | | | | | |
| 西　宁 | | | | | |
| 银　川 | 1 | 327 | 314 | 9000 | 34200 |
| 乌鲁木齐 | 4 | 1838 | 1617 | 46798 | 205542 |

2-14 续表 43

(家电市场)

| 地 区 | 市场数量<br>(个) | 总摊位数<br>(个) | 年末出租摊位数<br>(个) | 营业面积<br>(平方米) | 成交额<br>(万元) |
|---|---|---|---|---|---|
| **36城市总计** | **15** | **8474** | **6762** | **1078375** | **1460922** |
| 北 京 | | | | | |
| 天 津 | | | | | |
| 石 家 庄 | | | | | |
| 太 原 | | | | | |
| 呼和浩特 | | | | | |
| 沈 阳 | 1 | 728 | 500 | 24000 | 16684 |
| 大 连 | | | | | |
| 长 春 | | | | | |
| 哈 尔 滨 | | | | | |
| 上 海 | | | | | |
| 南 京 | | | | | |
| 杭 州 | 3 | 354 | 305 | 40628 | 90071 |
| 宁 波 | | | | | |
| 合 肥 | 1 | 3902 | 3243 | 875253 | 1084342 |
| 福 州 | | | | | |
| 厦 门 | | | | | |
| 南 昌 | 2 | 1239 | 918 | 53994 | 53500 |
| 济 南 | | | | | |
| 青 岛 | 1 | 146 | 120 | 9000 | 12065 |
| 郑 州 | | | | | |
| 武 汉 | 1 | 280 | 200 | 8400 | 8000 |
| 长 沙 | | | | | |
| 广 州 | 3 | 906 | 676 | 35500 | 77557 |
| 深 圳 | 2 | 891 | 772 | 16600 | 31354 |
| 南 宁 | | | | | |
| 海 口 | | | | | |
| 重 庆 | 1 | 28 | 28 | 15000 | 87349 |
| 成 都 | | | | | |
| 贵 阳 | | | | | |
| 昆 明 | | | | | |
| 拉 萨 | | | | | |
| 西 安 | | | | | |
| 兰 州 | | | | | |
| 西 宁 | | | | | |
| 银 川 | | | | | |
| 乌鲁木齐 | | | | | |

2-14 续表 44

(通讯器材市场)

| 地 区 | 市场数量(个) | 总摊位数(个) | 年末出租摊位数(个) | 营业面积(平方米) | 成交额(万元) |
|---|---|---|---|---|---|
| **36城市总计** | **16** | **8950** | **7406** | **307239** | **990157** |
| 北 京 | | | | | |
| 天 津 | | | | | |
| 石 家 庄 | 1 | 300 | 300 | 36000 | 43874 |
| 太 原 | | | | | |
| 呼和浩特 | 1 | 400 | 300 | 8800 | 63828 |
| 沈 阳 | 2 | 856 | 452 | 77000 | 62731 |
| 大 连 | | | | | |
| 长 春 | | | | | |
| 哈 尔 滨 | | | | | |
| 上 海 | | | | | |
| 南 京 | | | | | |
| 杭 州 | 1 | 300 | 298 | 11003 | 11453 |
| 宁 波 | | | | | |
| 合 肥 | | | | | |
| 福 州 | | | | | |
| 厦 门 | | | | | |
| 南 昌 | | | | | |
| 济 南 | | | | | |
| 青 岛 | | | | | |
| 郑 州 | | | | | |
| 武 汉 | 1 | 435 | 425 | 25000 | 181020 |
| 长 沙 | 2 | 282 | 242 | 3036 | 44866 |
| 广 州 | | | | | |
| 深 圳 | 3 | 3592 | 2810 | 25600 | 103100 |
| 南 宁 | | | | | |
| 海 口 | | | | | |
| 重 庆 | 2 | 968 | 808 | 72000 | 220385 |
| 成 都 | | | | | |
| 贵 阳 | | | | | |
| 昆 明 | | | | | |
| 拉 萨 | | | | | |
| 西 安 | 2 | 1037 | 1036 | 30800 | 148450 |
| 兰 州 | | | | | |
| 西 宁 | | | | | |
| 银 川 | | | | | |
| 乌鲁木齐 | 1 | 780 | 735 | 18000 | 110450 |

2-14 续表 45

(照相、摄像器材市场)

| 地区 | 市场数量(个) | 总摊位数(个) | 年末出租摊位数(个) | 营业面积(平方米) | 成交额(万元) |
|---|---|---|---|---|---|
| **36城市总计** | **3** | **1039** | **972** | **56320** | **90725** |
| 北京 | 1 | 232 | 230 | 8520 | 31558 |
| 天津 | | | | | |
| 石家庄 | | | | | |
| 太原 | | | | | |
| 呼和浩特 | | | | | |
| 沈阳 | | | | | |
| 大连 | | | | | |
| 长春 | | | | | |
| 哈尔滨 | | | | | |
| 上海 | 1 | 247 | 182 | 7800 | 37247 |
| 南京 | | | | | |
| 杭州 | | | | | |
| 宁波 | | | | | |
| 合肥 | | | | | |
| 福州 | | | | | |
| 厦门 | | | | | |
| 南昌 | | | | | |
| 济南 | | | | | |
| 青岛 | | | | | |
| 郑州 | | | | | |
| 武汉 | | | | | |
| 长沙 | | | | | |
| 广州 | | | | | |
| 深圳 | | | | | |
| 南宁 | | | | | |
| 海口 | | | | | |
| 重庆 | | | | | |
| 成都 | | | | | |
| 贵阳 | | | | | |
| 昆明 | | | | | |
| 拉萨 | | | | | |
| 西安 | 1 | 560 | 560 | 40000 | 21920 |
| 兰州 | | | | | |
| 西宁 | | | | | |
| 银川 | | | | | |
| 乌鲁木齐 | | | | | |

2-14 续表 46

(计算机及辅助设备市场)

| 地 区 | 市场数量(个) | 总摊位数(个) | 年末出租摊位数(个) | 营业面积(平方米) | 成交额(万元) |
|---|---|---|---|---|---|
| **36城市总计** | **39** | **22602** | **20268** | **872255** | **2464379** |
| 北 京 | 2 | 1690 | 1586 | 35800 | 179708 |
| 天 津 | | | | | |
| 石家庄 | | | | | |
| 太 原 | | | | | |
| 呼和浩特 | 1 | 435 | 435 | 15845 | 43901 |
| 沈 阳 | | | | | |
| 大 连 | | | | | |
| 长 春 | | | | | |
| 哈尔滨 | 3 | 2220 | 2090 | 102559 | 283000 |
| 上 海 | 1 | 179 | 179 | 3064 | 21769 |
| 南 京 | 1 | 210 | 210 | 4007 | 40250 |
| 杭 州 | 4 | 1635 | 1453 | 56463 | 121759 |
| 宁 波 | 2 | 638 | 555 | 32000 | 74085 |
| 合 肥 | | | | | |
| 福 州 | 1 | 719 | 659 | 38000 | 101889 |
| 厦 门 | | | | | |
| 南 昌 | | | | | |
| 济 南 | | | | | |
| 青 岛 | 1 | 547 | 390 | 36000 | 88220 |
| 郑 州 | 1 | 2769 | 2769 | 206077 | 350000 |
| 武 汉 | 2 | 737 | 737 | 19600 | 43094 |
| 长 沙 | 3 | 1661 | 1379 | 48000 | 271997 |
| 广 州 | 4 | 1045 | 865 | 29720 | 98076 |
| 深 圳 | 1 | 3500 | 2900 | 60000 | 13200 |
| 南 宁 | 1 | 700 | 650 | 20678 | 79000 |
| 海 口 | | | | | |
| 重 庆 | 4 | 1540 | 1223 | 63444 | 122963 |
| 成 都 | | | | | |
| 贵 阳 | 1 | 152 | 152 | 3000 | 19120 |
| 昆 明 | | | | | |
| 拉 萨 | | | | | |
| 西 安 | 2 | 840 | 840 | 60200 | 383056 |
| 兰 州 | | | | | |
| 西 宁 | | | | | |
| 银 川 | 1 | 327 | 314 | 9000 | 34200 |
| 乌鲁木齐 | 3 | 1058 | 882 | 28798 | 95092 |

2-14 续表 47

(其他电器、通讯器材、电子设备市场)

| 地区 | 市场数量(个) | 总摊位数(个) | 年末出租摊位数(个) | 营业面积(平方米) | 成交额(万元) |
|---|---|---|---|---|---|
| **36城市总计** | **5** | **2584** | **2132** | **55700** | **243171** |
| 北京 | 2 | 1880 | 1450 | 13900 | 87860 |
| 天津 | | | | | |
| 石家庄 | | | | | |
| 太原 | | | | | |
| 呼和浩特 | | | | | |
| 沈阳 | | | | | |
| 大连 | | | | | |
| 长春 | | | | | |
| 哈尔滨 | | | | | |
| 上海 | | | | | |
| 南京 | | | | | |
| 杭州 | | | | | |
| 宁波 | | | | | |
| 合肥 | | | | | |
| 福州 | | | | | |
| 厦门 | | | | | |
| 南昌 | | | | | |
| 济南 | | | | | |
| 青岛 | | | | | |
| 郑州 | | | | | |
| 武汉 | | | | | |
| 长沙 | | | | | |
| 广州 | | | | | |
| 深圳 | | | | | |
| 南宁 | | | | | |
| 海口 | 1 | 295 | 295 | 10500 | 26550 |
| 重庆 | 2 | 409 | 387 | 31300 | 128761 |
| 成都 | | | | | |
| 贵阳 | | | | | |
| 昆明 | | | | | |
| 拉萨 | | | | | |
| 西安 | | | | | |
| 兰州 | | | | | |
| 西宁 | | | | | |
| 银川 | | | | | |
| 乌鲁木齐 | | | | | |

2-14 续表 48

(医药、医疗用品及器材市场)

| 地 区 | 市场数量(个) | 总摊位数(个) | 年末出租摊位数(个) | 营业面积(平方米) | 成交额(万元) |
|---|---|---|---|---|---|
| **36城市总计** | **4** | **42279** | **19689** | **1289093** | **3812742** |
| 北 京 | | | | | |
| 天 津 | | | | | |
| 石家庄 | | | | | |
| 太 原 | | | | | |
| 呼和浩特 | | | | | |
| 沈 阳 | | | | | |
| 大 连 | | | | | |
| 长 春 | | | | | |
| 哈尔滨 | | | | | |
| 上 海 | 1 | 190 | 160 | 8000 | 20000 |
| 南 京 | | | | | |
| 杭 州 | | | | | |
| 宁 波 | | | | | |
| 合 肥 | | | | | |
| 福 州 | | | | | |
| 厦 门 | | | | | |
| 南 昌 | | | | | |
| 济 南 | | | | | |
| 青 岛 | | | | | |
| 郑 州 | | | | | |
| 武 汉 | | | | | |
| 长 沙 | | | | | |
| 广 州 | 1 | 407 | 389 | 6093 | 12138 |
| 深 圳 | | | | | |
| 南 宁 | | | | | |
| 海 口 | | | | | |
| 重 庆 | | | | | |
| 成 都 | 1 | 41612 | 19070 | 1255000 | 3760604 |
| 贵 阳 | | | | | |
| 昆 明 | | | | | |
| 拉 萨 | | | | | |
| 西 安 | | | | | |
| 兰 州 | | | | | |
| 西 宁 | 1 | 70 | 70 | 20000 | 20000 |
| 银 川 | | | | | |
| 乌鲁木齐 | | | | | |

2-14 续表 49

(中药材市场)

| 地　　区 | 市场数量<br>(个) | 总摊位数<br>(个) | 年末出租摊位数<br>(个) | 营业面积<br>(平方米) | 成交额<br>(万元) |
|---|---|---|---|---|---|
| **36城市总计** | **4** | **42279** | **19689** | **1289093** | **3812742** |
| 北　　京 | | | | | |
| 天　　津 | | | | | |
| 石 家 庄 | | | | | |
| 太　　原 | | | | | |
| 呼和浩特 | | | | | |
| 沈　　阳 | | | | | |
| 大　　连 | | | | | |
| 长　　春 | | | | | |
| 哈 尔 滨 | | | | | |
| 上　　海 | 1 | 190 | 160 | 8000 | 20000 |
| 南　　京 | | | | | |
| 杭　　州 | | | | | |
| 宁　　波 | | | | | |
| 合　　肥 | | | | | |
| 福　　州 | | | | | |
| 厦　　门 | | | | | |
| 南　　昌 | | | | | |
| 济　　南 | | | | | |
| 青　　岛 | | | | | |
| 郑　　州 | | | | | |
| 武　　汉 | | | | | |
| 长　　沙 | | | | | |
| 广　　州 | 1 | 407 | 389 | 6093 | 12138 |
| 深　　圳 | | | | | |
| 南　　宁 | | | | | |
| 海　　口 | | | | | |
| 重　　庆 | | | | | |
| 成　　都 | 1 | 41612 | 19070 | 1255000 | 3760604 |
| 贵　　阳 | | | | | |
| 昆　　明 | | | | | |
| 拉　　萨 | | | | | |
| 西　　安 | | | | | |
| 兰　　州 | | | | | |
| 西　　宁 | 1 | 70 | 70 | 20000 | 20000 |
| 银　　川 | | | | | |
| 乌鲁木齐 | | | | | |

2-14 续表 50

(家具、五金及装饰材料市场)

| 地　区 | 市场数量(个) | 总摊位数(个) | 年末出租摊位数(个) | 营业面积(平方米) | 成交额(万元) |
|---|---|---|---|---|---|
| **36城市总计** | **227** | **116985** | **108354** | **15030197** | **15994601** |
| 北　京 | 20 | 10936 | 9735 | 1333049 | 1446937 |
| 天　津 | 6 | 2671 | 2671 | 223922 | 185384 |
| 石家庄 | 15 | 5664 | 5549 | 1172738 | 826859 |
| 太　原 | 1 | 571 | 571 | 123563 | 40171 |
| 呼和浩特 | 3 | 803 | 798 | 57600 | 68467 |
| 沈　阳 | 9 | 6217 | 5806 | 382843 | 567149 |
| 大　连 | 7 | 3871 | 3595 | 363190 | 231187 |
| 长　春 | 3 | 2702 | 2516 | 366301 | 82260 |
| 哈尔滨 | 4 | 1011 | 923 | 196000 | 120380 |
| 上　海 | 14 | 9591 | 9321 | 937936 | 790209 |
| 南　京 | 6 | 2991 | 2679 | 419430 | 333011 |
| 杭　州 | 19 | 9115 | 8187 | 1074249 | 2057591 |
| 宁　波 | 14 | 3670 | 3514 | 496773 | 552941 |
| 合　肥 | 6 | 2788 | 2292 | 286342 | 276557 |
| 福　州 | 4 | 1421 | 1251 | 268304 | 449508 |
| 厦　门 | | | | | |
| 南　昌 | 4 | 3330 | 2980 | 440128 | 279024 |
| 济　南 | 5 | 1702 | 1691 | 314341 | 255335 |
| 青　岛 | 7 | 2050 | 1953 | 427508 | 250124 |
| 郑　州 | 4 | 3681 | 3165 | 386670 | 527167 |
| 武　汉 | 4 | 1556 | 1532 | 197126 | 137159 |
| 长　沙 | 11 | 5269 | 4890 | 632701 | 1043046 |
| 广　州 | 5 | 3039 | 2851 | 294703 | 236677 |
| 深　圳 | 1 | 176 | 176 | 26000 | 10560 |
| 南　宁 | 4 | 3765 | 3091 | 504940 | 371025 |
| 海　口 | | | | | |
| 重　庆 | 25 | 11578 | 10960 | 1522160 | 2960527 |
| 成　都 | 6 | 8046 | 7708 | 1165832 | 947338 |
| 贵　阳 | 3 | 1239 | 1233 | 247000 | 213220 |
| 昆　明 | 4 | 1136 | 1019 | 357755 | 297461 |
| 拉　萨 | | | | | |
| 西　安 | 4 | 2033 | 1601 | 319109 | 106628 |
| 兰　州 | 3 | 1405 | 1307 | 84000 | 104032 |
| 西　宁 | 1 | 1289 | 1289 | 12165 | 127760 |
| 银　川 | 4 | 1469 | 1300 | 342519 | 87087 |
| 乌鲁木齐 | 1 | 200 | 200 | 53300 | 11820 |

2-14　续表 51

(家具市场)

| 地　区 | 市场数量(个) | 总摊位数(个) | 年末出租摊位数(个) | 营业面积(平方米) | 成交额(万元) |
|---|---|---|---|---|---|
| **36城市总计** | **71** | **31641** | **30259** | **5680181** | **4718639** |
| 北　京 | 11 | 5590 | 5398 | 879763 | 764942 |
| 天　津 | 1 | 418 | 418 | 48381 | 27911 |
| 石家庄 | 3 | 1658 | 1653 | 253624 | 252349 |
| 太　原 | 1 | 571 | 571 | 123563 | 40171 |
| 呼和浩特 | 2 | 608 | 608 | 45600 | 54572 |
| 沈　阳 | 2 | 945 | 945 | 150343 | 101412 |
| 大　连 | 4 | 1912 | 1718 | 187509 | 153187 |
| 长　春 | 2 | 1402 | 1402 | 167000 | 26000 |
| 哈尔滨 | 2 | 435 | 347 | 145000 | 49580 |
| 上　海 | 2 | 359 | 359 | 160859 | 49907 |
| 南　京 | 3 | 1270 | 1235 | 195088 | 193788 |
| 杭　州 | 6 | 1646 | 1540 | 341105 | 219564 |
| 宁　波 | 7 | 960 | 876 | 240904 | 121644 |
| 合　肥 | | | | | |
| 福　州 | 1 | 310 | 237 | 53000 | 10193 |
| 厦　门 | | | | | |
| 南　昌 | 2 | 618 | 606 | 150000 | 64434 |
| 济　南 | 3 | 1125 | 1114 | 181741 | 205757 |
| 青　岛 | 1 | 180 | 168 | 80000 | 11308 |
| 郑　州 | 1 | 1675 | 1675 | 300000 | 317789 |
| 武　汉 | 1 | 278 | 278 | 52304 | 27567 |
| 长　沙 | 2 | 263 | 244 | 48000 | 32359 |
| 广　州 | 1 | 512 | 510 | 64892 | 18814 |
| 深　圳 | 1 | 176 | 176 | 26000 | 10560 |
| 南　宁 | | | | | |
| 海　口 | | | | | |
| 重　庆 | 3 | 2411 | 2411 | 545721 | 1302694 |
| 成　都 | 3 | 4386 | 4126 | 665832 | 336338 |
| 贵　阳 | | | | | |
| 昆　明 | 3 | 833 | 716 | 293860 | 252676 |
| 拉　萨 | | | | | |
| 西　安 | 1 | 288 | 285 | 136929 | 30200 |
| 兰　州 | | | | | |
| 西　宁 | | | | | |
| 银　川 | 2 | 812 | 643 | 143163 | 42923 |
| 乌鲁木齐 | | | | | |

2-14 续表 52

(装饰材料市场)

| 地　区 | 市场数量<br>(个) | 总摊位数<br>(个) | 年末出租摊位数<br>(个) | 营业面积<br>(平方米) | 成交额<br>(万元) |
|---|---|---|---|---|---|
| **36城市总计** | **87** | **44264** | **40556** | **5041030** | **5816173** |
| 北　京 | 7 | 3616 | 3096 | 368286 | 655600 |
| 天　津 | 2 | 489 | 489 | 50280 | 39632 |
| 石家庄 | 9 | 2906 | 2796 | 581114 | 467260 |
| 太　原 | | | | | |
| 呼和浩特 | 1 | 195 | 190 | 12000 | 13895 |
| 沈　阳 | 5 | 2436 | 2081 | 141500 | 319915 |
| 大　连 | 2 | 1780 | 1740 | 119581 | 65000 |
| 长　春 | | | | | |
| 哈尔滨 | 1 | 80 | 80 | 30000 | 20800 |
| 上　海 | 5 | 3859 | 3634 | 368904 | 420370 |
| 南　京 | 3 | 1721 | 1444 | 224342 | 139223 |
| 杭　州 | 5 | 2070 | 1666 | 283853 | 220554 |
| 宁　波 | 3 | 1036 | 1034 | 170924 | 193023 |
| 合　肥 | 4 | 2148 | 1667 | 209342 | 218140 |
| 福　州 | 2 | 703 | 606 | 38800 | 337877 |
| 厦　门 | | | | | |
| 南　昌 | 1 | 1974 | 1974 | 278442 | 24590 |
| 济　南 | 1 | 350 | 350 | 64600 | 38916 |
| 青　岛 | 2 | 819 | 789 | 171600 | 47692 |
| 郑　州 | 1 | 1321 | 1015 | 42000 | 147168 |
| 武　汉 | 2 | 729 | 729 | 108000 | 63392 |
| 长　沙 | 5 | 2556 | 2556 | 227577 | 653728 |
| 广　州 | 3 | 1929 | 1899 | 216811 | 178263 |
| 深　圳 | | | | | |
| 南　宁 | 1 | 704 | 704 | 140000 | 23650 |
| 海　口 | | | | | |
| 重　庆 | 16 | 6979 | 6496 | 720894 | 1141723 |
| 成　都 | 1 | 1600 | 1600 | 90000 | 156000 |
| 贵　阳 | 2 | 975 | 969 | 180000 | 175670 |
| 昆　明 | | | | | |
| 拉　萨 | | | | | |
| 西　安 | 1 | 650 | 411 | 151180 | 15540 |
| 兰　州 | 2 | 639 | 541 | 51000 | 38552 |
| 西　宁 | | | | | |
| 银　川 | | | | | |
| 乌鲁木齐 | | | | | |

2-14　续表 53

(灯具市场)

| 地　　区 | 市场数量(个) | 总摊位数(个) | 年末出租摊位数(个) | 营业面积(平方米) | 成交额(万元) |
|---|---|---|---|---|---|
| **36城市总计** | **11** | **2954** | **2706** | **565645** | **575692** |
| 北　　京 | | | | | |
| 天　　津 | | | | | |
| 石 家 庄 | | | | | |
| 太　　原 | | | | | |
| 呼和浩特 | | | | | |
| 沈　　阳 | 1 | 276 | 220 | 54000 | 58000 |
| 大　　连 | 1 | 179 | 137 | 56100 | 13000 |
| 长　　春 | | | | | |
| 哈 尔 滨 | | | | | |
| 上　　海 | 1 | 130 | 130 | 44000 | 35398 |
| 南　　京 | | | | | |
| 杭　　州 | | | | | |
| 宁　　波 | | | | | |
| 合　　肥 | | | | | |
| 福　　州 | | | | | |
| 厦　　门 | | | | | |
| 南　　昌 | | | | | |
| 济　　南 | 1 | 227 | 227 | 68000 | 10662 |
| 青　　岛 | 1 | 155 | 155 | 50000 | 21300 |
| 郑　　州 | | | | | |
| 武　　汉 | | | | | |
| 长　　沙 | | | | | |
| 广　　州 | | | | | |
| 深　　圳 | | | | | |
| 南　　宁 | | | | | |
| 海　　口 | | | | | |
| 重　　庆 | 4 | 1432 | 1342 | 193545 | 334474 |
| 成　　都 | 1 | 260 | 200 | 80000 | 60000 |
| 贵　　阳 | | | | | |
| 昆　　明 | | | | | |
| 拉　　萨 | | | | | |
| 西　　安 | 1 | 295 | 295 | 20000 | 42858 |
| 兰　　州 | | | | | |
| 西　　宁 | | | | | |
| 银　　川 | | | | | |
| 乌鲁木齐 | | | | | |

2-14 续表 54

(厨具、盥洗设备市场)

| 地　区 | 市场数量(个) | 总摊位数(个) | 年末出租摊位数(个) | 营业面积(平方米) | 成交额(万元) |
|---|---|---|---|---|---|
| **36城市总计** | **5** | **3337** | **2617** | **264848** | **247313** |
| 北　京 | | | | | |
| 天　津 | | | | | |
| 石家庄 | | | | | |
| 太　原 | | | | | |
| 呼和浩特 | | | | | |
| 沈　阳 | | | | | |
| 大　连 | | | | | |
| 长　春 | | | | | |
| 哈尔滨 | | | | | |
| 上　海 | | | | | |
| 南　京 | | | | | |
| 杭　州 | | | | | |
| 宁　波 | 1 | 500 | 500 | 13000 | 110800 |
| 合　肥 | | | | | |
| 福　州 | | | | | |
| 厦　门 | | | | | |
| 南　昌 | | | | | |
| 济　南 | | | | | |
| 青　岛 | 1 | 366 | 364 | 21608 | 22138 |
| 郑　州 | | | | | |
| 武　汉 | | | | | |
| 长　沙 | | | | | |
| 广　州 | | | | | |
| 深　圳 | | | | | |
| 南　宁 | 1 | 2111 | 1438 | 164940 | 49875 |
| 海　口 | | | | | |
| 重　庆 | 1 | 160 | 115 | 12000 | 52680 |
| 成　都 | | | | | |
| 贵　阳 | | | | | |
| 昆　明 | | | | | |
| 拉　萨 | | | | | |
| 西　安 | | | | | |
| 兰　州 | | | | | |
| 西　宁 | | | | | |
| 银　川 | | | | | |
| 乌鲁木齐 | 1 | 200 | 200 | 53300 | 11820 |

2-14 续表 55

(五金材料市场)

| 地区 | 市场数量(个) | 总摊位数(个) | 年末出租摊位数(个) | 营业面积(平方米) | 成交额(万元) |
|---|---|---|---|---|---|
| **36城市总计** | **24** | **17650** | **15879** | **1526549** | **3092340** |
| 北京 | 1 | 550 | 449 | 35000 | 10050 |
| 天津 | 2 | 726 | 726 | 73742 | 112197 |
| 石家庄 | | | | | |
| 太原 | | | | | |
| 呼和浩特 | | | | | |
| 沈阳 | | | | | |
| 大连 | | | | | |
| 长春 | 1 | 1300 | 1114 | 199301 | 56260 |
| 哈尔滨 | | | | | |
| 上海 | 2 | 2780 | 2780 | 154784 | 214576 |
| 南京 | | | | | |
| 杭州 | 3 | 2421 | 2295 | 87120 | 1281427 |
| 宁波 | 2 | 1134 | 1072 | 68000 | 97253 |
| 合肥 | | | | | |
| 福州 | | | | | |
| 厦门 | | | | | |
| 南昌 | 1 | 738 | 400 | 11686 | 190000 |
| 济南 | | | | | |
| 青岛 | 1 | 180 | 180 | 24300 | 33841 |
| 郑州 | 2 | 685 | 475 | 44670 | 62210 |
| 武汉 | 1 | 549 | 525 | 36822 | 46200 |
| 长沙 | 3 | 2393 | 2033 | 337124 | 346740 |
| 广州 | 1 | 598 | 442 | 13000 | 39600 |
| 深圳 | | | | | |
| 南宁 | 1 | 400 | 400 | 50000 | 60000 |
| 海口 | | | | | |
| 重庆 | 1 | 596 | 596 | 50000 | 128956 |
| 成都 | 1 | 1800 | 1782 | 330000 | 395000 |
| 贵阳 | | | | | |
| 昆明 | | | | | |
| 拉萨 | | | | | |
| 西安 | 1 | 800 | 610 | 11000 | 18030 |
| 兰州 | | | | | |
| 西宁 | | | | | |
| 银川 | | | | | |
| 乌鲁木齐 | | | | | |

2-14 续表 56

(其他装修市场)

| 地　区 | 市场数量（个） | 总摊位数（个） | 年末出租摊位数（个） | 营业面积（平方米） | 成交额（万元） |
|---|---|---|---|---|---|
| **36城市总计** | **29** | **17139** | **16337** | **1951944** | **1544444** |
| 北　京 | 1 | 1180 | 792 | 50000 | 16345 |
| 天　津 | 1 | 1038 | 1038 | 51519 | 5644 |
| 石家庄 | 3 | 1100 | 1100 | 338000 | 107250 |
| 太　原 | | | | | |
| 呼和浩特 | | | | | |
| 沈　阳 | 1 | 2560 | 2560 | 37000 | 87822 |
| 大　连 | | | | | |
| 长　春 | | | | | |
| 哈尔滨 | 1 | 496 | 496 | 21000 | 50000 |
| 上　海 | 4 | 2463 | 2418 | 209389 | 69958 |
| 南　京 | | | | | |
| 杭　州 | 5 | 2978 | 2686 | 362171 | 336046 |
| 宁　波 | 1 | 40 | 32 | 3945 | 30221 |
| 合　肥 | 2 | 640 | 625 | 77000 | 58417 |
| 福　州 | 1 | 408 | 408 | 176504 | 101438 |
| 厦　门 | | | | | |
| 南　昌 | | | | | |
| 济　南 | | | | | |
| 青　岛 | 1 | 350 | 297 | 80000 | 113845 |
| 郑　州 | | | | | |
| 武　汉 | | | | | |
| 长　沙 | 1 | 57 | 57 | 20000 | 10219 |
| 广　州 | | | | | |
| 深　圳 | | | | | |
| 南　宁 | 1 | 550 | 549 | 150000 | 237500 |
| 海　口 | | | | | |
| 重　庆 | | | | | |
| 成　都 | | | | | |
| 贵　阳 | 1 | 264 | 264 | 67000 | 37550 |
| 昆　明 | 1 | 303 | 303 | 63895 | 44785 |
| 拉　萨 | | | | | |
| 西　安 | | | | | |
| 兰　州 | 1 | 766 | 766 | 33000 | 65480 |
| 西　宁 | 1 | 1289 | 1289 | 12165 | 127760 |
| 银　川 | 2 | 657 | 657 | 199356 | 44164 |
| 乌鲁木齐 | | | | | |

2-14　续表 57

(汽车、摩托车及零配件市场)

| 地　区 | 市场数量（个） | 总摊位数（个） | 年末出租摊位数（个） | 营业面积（平方米） | 成交额（万元） |
|---|---|---|---|---|---|
| **36城市总计** | **136** | **57212** | **48524** | **7910238** | **43634081** |
| 北　京 | 12 | 5386 | 3929 | 813250 | 9950517 |
| 天　津 | 3 | 1432 | 429 | 244648 | 1782164 |
| 石家庄 | 3 | 567 | 567 | 241000 | 682501 |
| 太　原 | | | | | |
| 呼和浩特 | | | | | |
| 沈　阳 | 5 | 3288 | 2809 | 283790 | 795164 |
| 大　连 | 3 | 6415 | 6400 | 349000 | 1964000 |
| 长　春 | 2 | 5426 | 2182 | 581570 | 2292825 |
| 哈尔滨 | | | | | |
| 上　海 | 11 | 1804 | 1494 | 240642 | 3359756 |
| 南　京 | 1 | 370 | 310 | 55000 | 405183 |
| 杭　州 | 17 | 6077 | 5835 | 345550 | 6820875 |
| 宁　波 | 9 | 511 | 420 | 153221 | 876738 |
| 合　肥 | 4 | 1136 | 1030 | 112163 | 295758 |
| 福　州 | 1 | 150 | 145 | 8600 | 31950 |
| 厦　门 | 2 | 119 | 119 | 34000 | 414564 |
| 南　昌 | 6 | 2318 | 2112 | 252000 | 770517 |
| 济　南 | 3 | 1006 | 887 | 226938 | 939708 |
| 青　岛 | 6 | 1069 | 1005 | 173980 | 439821 |
| 郑　州 | 3 | 1472 | 1377 | 104680 | 1149434 |
| 武　汉 | 2 | 313 | 238 | 177972 | 617000 |
| 长　沙 | 4 | 1629 | 1613 | 776302 | 1728744 |
| 广　州 | 12 | 2715 | 2581 | 270747 | 1887770 |
| 深　圳 | 2 | 86 | 78 | 83000 | 115100 |
| 南　宁 | 1 | 950 | 950 | 53200 | 27320 |
| 海　口 | | | | | |
| 重　庆 | 10 | 5920 | 5417 | 806463 | 2880560 |
| 成　都 | 2 | 1700 | 1500 | 244811 | 295870 |
| 贵　阳 | 4 | 1316 | 1214 | 752240 | 1486086 |
| 昆　明 | 1 | 112 | 112 | 53333 | 100308 |
| 拉　萨 | | | | | |
| 西　安 | 2 | 1664 | 1662 | 40976 | 258642 |
| 兰　州 | 1 | 96 | 60 | 10440 | 28750 |
| 西　宁 | | | | | |
| 银　川 | | | | | |
| 乌鲁木齐 | 4 | 2165 | 2049 | 420722 | 1236456 |

2-14 续表 58

(汽车市场)

| 地　区 | 市场数量(个) | 总摊位数(个) | 年末出租摊位数(个) | 营业面积(平方米) | 成交额(万元) |
|---|---|---|---|---|---|
| **36城市总计** | **90** | **33715** | **28214** | **6066946** | **37491433** |
| 北　京 | 9 | 1702 | 1490 | 612782 | 9356258 |
| 天　津 | 3 | 1432 | 429 | 244648 | 1782164 |
| 石家庄 | 2 | 67 | 67 | 141000 | 299528 |
| 太　原 | | | | | |
| 呼和浩特 | | | | | |
| 沈　阳 | 2 | 1720 | 1720 | 117790 | 609802 |
| 大　连 | 3 | 6415 | 6400 | 349000 | 1964000 |
| 长　春 | 2 | 5426 | 2182 | 581570 | 2292825 |
| 哈尔滨 | | | | | |
| 上　海 | 7 | 371 | 358 | 158103 | 3067268 |
| 南　京 | 1 | 370 | 310 | 55000 | 405183 |
| 杭　州 | 13 | 3555 | 3349 | 171025 | 5401665 |
| 宁　波 | 9 | 511 | 420 | 153221 | 876738 |
| 合　肥 | 1 | 90 | 90 | 50000 | 104810 |
| 福　州 | | | | | |
| 厦　门 | 2 | 119 | 119 | 34000 | 414564 |
| 南　昌 | 3 | 681 | 656 | 82000 | 307981 |
| 济　南 | 1 | 71 | 71 | 130000 | 513708 |
| 青　岛 | 4 | 609 | 597 | 124020 | 380266 |
| 郑　州 | 1 | 55 | 55 | 40786 | 1000000 |
| 武　汉 | 2 | 313 | 238 | 177972 | 617000 |
| 长　沙 | 1 | 202 | 201 | 679032 | 1677420 |
| 广　州 | 4 | 258 | 243 | 120946 | 1479698 |
| 深　圳 | 2 | 86 | 78 | 83000 | 115100 |
| 南　宁 | 1 | 950 | 950 | 53200 | 27320 |
| 海　口 | | | | | |
| 重　庆 | 8 | 4036 | 3928 | 644463 | 1893543 |
| 成　都 | 1 | 1200 | 1000 | 154811 | 195870 |
| 贵　阳 | 3 | 1054 | 959 | 709240 | 1460328 |
| 昆　明 | 1 | 112 | 112 | 53333 | 100308 |
| 拉　萨 | | | | | |
| 西　安 | 1 | 1166 | 1164 | 39576 | 128642 |
| 兰　州 | | | | | |
| 西　宁 | | | | | |
| 银　川 | | | | | |
| 乌鲁木齐 | 3 | 1144 | 1028 | 306428 | 1019444 |

2-14　续表 59

(摩托车市场)

| 地　　区 | 市场数量(个) | 总摊位数(个) | 年末出租摊位数(个) | 营业面积(平方米) | 成交额(万元) |
|---|---|---|---|---|---|
| **36城市总计** | **4** | **1000** | **729** | **63240** | **308559** |
| 北　京 | | | | | |
| 天　津 | | | | | |
| 石家庄 | | | | | |
| 太　原 | | | | | |
| 呼和浩特 | | | | | |
| 沈　阳 | | | | | |
| 大　连 | | | | | |
| 长　春 | | | | | |
| 哈尔滨 | | | | | |
| 上　海 | | | | | |
| 南　京 | | | | | |
| 杭　州 | | | | | |
| 宁　波 | | | | | |
| 合　肥 | 1 | 97 | 97 | 10000 | 49853 |
| 福　州 | | | | | |
| 厦　门 | | | | | |
| 南　昌 | | | | | |
| 济　南 | | | | | |
| 青　岛 | | | | | |
| 郑　州 | | | | | |
| 武　汉 | | | | | |
| 长　沙 | 1 | 127 | 112 | 2800 | 24956 |
| 广　州 | | | | | |
| 深　圳 | | | | | |
| 南　宁 | | | | | |
| 海　口 | | | | | |
| 重　庆 | 1 | 680 | 460 | 40000 | 205000 |
| 成　都 | | | | | |
| 贵　阳 | | | | | |
| 昆　明 | | | | | |
| 拉　萨 | | | | | |
| 西　安 | | | | | |
| 兰　州 | 1 | 96 | 60 | 10440 | 28750 |
| 西　宁 | | | | | |
| 银　川 | | | | | |
| 乌鲁木齐 | | | | | |

2-14 续表 60

(机动车零配件市场)

| 地 区 | 市场数量(个) | 总摊位数(个) | 年末出租摊位数(个) | 营业面积(平方米) | 成交额(万元) |
|---|---|---|---|---|---|
| **36城市总计** | **42** | **22497** | **19581** | **1780052** | **5834089** |
| 北 京 | 3 | 3684 | 2439 | 200468 | 594259 |
| 天 津 | | | | | |
| 石家庄 | 1 | 500 | 500 | 100000 | 382973 |
| 太 原 | | | | | |
| 呼和浩特 | | | | | |
| 沈 阳 | 3 | 1568 | 1089 | 166000 | 185362 |
| 大 连 | | | | | |
| 长 春 | | | | | |
| 哈尔滨 | | | | | |
| 上 海 | 4 | 1433 | 1136 | 82539 | 292488 |
| 南 京 | | | | | |
| 杭 州 | 4 | 2522 | 2486 | 174525 | 1419210 |
| 宁 波 | | | | | |
| 合 肥 | 2 | 949 | 843 | 52163 | 141095 |
| 福 州 | 1 | 150 | 145 | 8600 | 31950 |
| 厦 门 | | | | | |
| 南 昌 | 3 | 1637 | 1456 | 170000 | 462536 |
| 济 南 | 2 | 935 | 816 | 96938 | 426000 |
| 青 岛 | 2 | 460 | 408 | 49960 | 59555 |
| 郑 州 | 2 | 1417 | 1322 | 63894 | 149434 |
| 武 汉 | | | | | |
| 长 沙 | 2 | 1300 | 1300 | 94470 | 26368 |
| 广 州 | 8 | 2457 | 2338 | 149801 | 408072 |
| 深 圳 | | | | | |
| 南 宁 | | | | | |
| 海 口 | | | | | |
| 重 庆 | 1 | 1204 | 1029 | 122000 | 782017 |
| 成 都 | 1 | 500 | 500 | 90000 | 100000 |
| 贵 阳 | 1 | 262 | 255 | 43000 | 25758 |
| 昆 明 | | | | | |
| 拉 萨 | | | | | |
| 西 安 | 1 | 498 | 498 | 1400 | 130000 |
| 兰 州 | | | | | |
| 西 宁 | | | | | |
| 银 川 | | | | | |
| 乌鲁木齐 | 1 | 1021 | 1021 | 114294 | 217012 |

2-14 续表 61

(花鸟鱼虫市场)

| 地 区 | 市场数量 (个) | 总摊位数 (个) | 年末出租摊位数 (个) | 营业面积 (平方米) | 成交额 (万元) |
|---|---|---|---|---|---|
| **36城市总计** | **17** | **12828** | **12336** | **598076** | **1965881** |
| 北 京 | 1 | 392 | 325 | 12190 | 15366 |
| 天 津 | 1 | 580 | 580 | 21000 | 13980 |
| 石家庄 | | | | | |
| 太 原 | | | | | |
| 呼和浩特 | | | | | |
| 沈 阳 | 1 | 540 | 540 | 9300 | 10203 |
| 大 连 | | | | | |
| 长 春 | | | | | |
| 哈尔滨 | 1 | 262 | 250 | 20000 | 13500 |
| 上 海 | 2 | 575 | 575 | 43601 | 26896 |
| 南 京 | | | | | |
| 杭 州 | 2 | 1750 | 1600 | 59208 | 570484 |
| 宁 波 | | | | | |
| 合 肥 | 2 | 2071 | 2071 | 148390 | 278737 |
| 福 州 | 2 | 205 | 197 | 31855 | 131344 |
| 厦 门 | | | | | |
| 南 昌 | | | | | |
| 济 南 | | | | | |
| 青 岛 | | | | | |
| 郑 州 | 1 | 2000 | 2000 | 50000 | 300000 |
| 武 汉 | | | | | |
| 长 沙 | 1 | 353 | 353 | 110000 | 23500 |
| 广 州 | 1 | 1400 | 1400 | 18000 | 106671 |
| 深 圳 | | | | | |
| 南 宁 | | | | | |
| 海 口 | | | | | |
| 重 庆 | | | | | |
| 成 都 | | | | | |
| 贵 阳 | | | | | |
| 昆 明 | 1 | 2300 | 2045 | 44532 | 452200 |
| 拉 萨 | | | | | |
| 西 安 | | | | | |
| 兰 州 | | | | | |
| 西 宁 | | | | | |
| 银 川 | | | | | |
| 乌鲁木齐 | 1 | 400 | 400 | 30000 | 23000 |

2-14 续表 62

(花卉市场)

| 地　区 | 市场数量(个) | 总摊位数(个) | 年末出租摊位数(个) | 营业面积(平方米) | 成交额(万元) |
|---|---|---|---|---|---|
| **36城市总计** | **13** | **11460** | **10976** | **548489** | **1785548** |
| 北　京 | 1 | 392 | 325 | 12190 | 15366 |
| 天　津 | 1 | 580 | 580 | 21000 | 13980 |
| 石家庄 | | | | | |
| 太　原 | | | | | |
| 呼和浩特 | | | | | |
| 沈　阳 | | | | | |
| 大　连 | | | | | |
| 长　春 | | | | | |
| 哈尔滨 | 1 | 262 | 250 | 20000 | 13500 |
| 上　海 | 1 | 177 | 177 | 15069 | 13780 |
| 南　京 | | | | | |
| 杭　州 | 1 | 1450 | 1300 | 53828 | 533584 |
| 宁　波 | | | | | |
| 合　肥 | 2 | 2071 | 2071 | 148390 | 278737 |
| 福　州 | 1 | 75 | 75 | 25480 | 11230 |
| 厦　门 | | | | | |
| 南　昌 | | | | | |
| 济　南 | | | | | |
| 青　岛 | | | | | |
| 郑　州 | 1 | 2000 | 2000 | 50000 | 300000 |
| 武　汉 | | | | | |
| 长　沙 | 1 | 353 | 353 | 110000 | 23500 |
| 广　州 | 1 | 1400 | 1400 | 18000 | 106671 |
| 深　圳 | | | | | |
| 南　宁 | | | | | |
| 海　口 | | | | | |
| 重　庆 | | | | | |
| 成　都 | | | | | |
| 贵　阳 | | | | | |
| 昆　明 | 1 | 2300 | 2045 | 44532 | 452200 |
| 拉　萨 | | | | | |
| 西　安 | | | | | |
| 兰　州 | | | | | |
| 西　宁 | | | | | |
| 银　川 | | | | | |
| 乌鲁木齐 | 1 | 400 | 400 | 30000 | 23000 |

2-14 续表 63

(其他花鸟鱼虫市场)

| 地　　区 | 市场数量（个） | 总摊位数（个） | 年末出租摊位数（个） | 营业面积（平方米） | 成交额（万元） |
|---|---|---|---|---|---|
| **36城市总计** | **4** | **1368** | **1360** | **49587** | **180333** |
| 北　京 | | | | | |
| 天　津 | | | | | |
| 石家庄 | | | | | |
| 太　原 | | | | | |
| 呼和浩特 | | | | | |
| 沈　阳 | 1 | 540 | 540 | 9300 | 10203 |
| 大　连 | | | | | |
| 长　春 | | | | | |
| 哈尔滨 | | | | | |
| 上　海 | 1 | 398 | 398 | 28532 | 13116 |
| 南　京 | | | | | |
| 杭　州 | 1 | 300 | 300 | 5380 | 36900 |
| 宁　波 | | | | | |
| 合　肥 | | | | | |
| 福　州 | 1 | 130 | 122 | 6375 | 120114 |
| 厦　门 | | | | | |
| 南　昌 | | | | | |
| 济　南 | | | | | |
| 青　岛 | | | | | |
| 郑　州 | | | | | |
| 武　汉 | | | | | |
| 长　沙 | | | | | |
| 广　州 | | | | | |
| 深　圳 | | | | | |
| 南　宁 | | | | | |
| 海　口 | | | | | |
| 重　庆 | | | | | |
| 成　都 | | | | | |
| 贵　阳 | | | | | |
| 昆　明 | | | | | |
| 拉　萨 | | | | | |
| 西　安 | | | | | |
| 兰　州 | | | | | |
| 西　宁 | | | | | |
| 银　川 | | | | | |
| 乌鲁木齐 | | | | | |

2-14 续表 64

(旧货市场)

| 地 区 | 市场数量(个) | 总摊位数(个) | 年末出租摊位数(个) | 营业面积(平方米) | 成交额(万元) |
|---|---|---|---|---|---|
| **36城市总计** | **5** | **5175** | **4990** | **100095** | **124595** |
| 北 京 | 1 | 3732 | 3732 | 39635 | 39814 |
| 天 津 | | | | | |
| 石家庄 | | | | | |
| 太 原 | | | | | |
| 呼和浩特 | | | | | |
| 沈 阳 | | | | | |
| 大 连 | | | | | |
| 长 春 | | | | | |
| 哈尔滨 | | | | | |
| 上 海 | | | | | |
| 南 京 | | | | | |
| 杭 州 | | | | | |
| 宁 波 | 2 | 186 | 184 | 32340 | 53631 |
| 合 肥 | | | | | |
| 福 州 | | | | | |
| 厦 门 | | | | | |
| 南 昌 | 1 | 750 | 750 | 15000 | 21150 |
| 济 南 | | | | | |
| 青 岛 | | | | | |
| 郑 州 | 1 | 507 | 324 | 13120 | 10000 |
| 武 汉 | | | | | |
| 长 沙 | | | | | |
| 广 州 | | | | | |
| 深 圳 | | | | | |
| 南 宁 | | | | | |
| 海 口 | | | | | |
| 重 庆 | | | | | |
| 成 都 | | | | | |
| 贵 阳 | | | | | |
| 昆 明 | | | | | |
| 拉 萨 | | | | | |
| 西 安 | | | | | |
| 兰 州 | | | | | |
| 西 宁 | | | | | |
| 银 川 | | | | | |
| 乌鲁木齐 | | | | | |

2-14 续表 65

(古玩、古董、字画市场)

| 地 区 | 市场数量(个) | 总摊位数(个) | 年末出租摊位数(个) | 营业面积(平方米) | 成交额(万元) |
|---|---|---|---|---|---|
| **36城市总计** | **1** | **507** | **324** | **13120** | **10000** |
| 北 京 | | | | | |
| 天 津 | | | | | |
| 石 家 庄 | | | | | |
| 太 原 | | | | | |
| 呼和浩特 | | | | | |
| 沈 阳 | | | | | |
| 大 连 | | | | | |
| 长 春 | | | | | |
| 哈 尔 滨 | | | | | |
| 上 海 | | | | | |
| 南 京 | | | | | |
| 杭 州 | | | | | |
| 宁 波 | | | | | |
| 合 肥 | | | | | |
| 福 州 | | | | | |
| 厦 门 | | | | | |
| 南 昌 | | | | | |
| 济 南 | | | | | |
| 青 岛 | | | | | |
| 郑 州 | 1 | 507 | 324 | 13120 | 10000 |
| 武 汉 | | | | | |
| 长 沙 | | | | | |
| 广 州 | | | | | |
| 深 圳 | | | | | |
| 南 宁 | | | | | |
| 海 口 | | | | | |
| 重 庆 | | | | | |
| 成 都 | | | | | |
| 贵 阳 | | | | | |
| 昆 明 | | | | | |
| 拉 萨 | | | | | |
| 西 安 | | | | | |
| 兰 州 | | | | | |
| 西 宁 | | | | | |
| 银 川 | | | | | |
| 乌鲁木齐 | | | | | |

2-14 续表 66

(其他旧货市场)

| 地　区 | 市场数量 (个) | 总摊位数 (个) | 年末出租摊位数 (个) | 营业面积 (平方米) | 成交额 (万元) |
|---|---|---|---|---|---|
| **36城市总计** | **4** | **4668** | **4666** | **86975** | **114595** |
| 北　京 | 1 | 3732 | 3732 | 39635 | 39814 |
| 天　津 | | | | | |
| 石家庄 | | | | | |
| 太　原 | | | | | |
| 呼和浩特 | | | | | |
| 沈　阳 | | | | | |
| 大　连 | | | | | |
| 长　春 | | | | | |
| 哈尔滨 | | | | | |
| 上　海 | | | | | |
| 南　京 | | | | | |
| 杭　州 | | | | | |
| 宁　波 | 2 | 186 | 184 | 32340 | 53631 |
| 合　肥 | | | | | |
| 福　州 | | | | | |
| 厦　门 | | | | | |
| 南　昌 | 1 | 750 | 750 | 15000 | 21150 |
| 济　南 | | | | | |
| 青　岛 | | | | | |
| 郑　州 | | | | | |
| 武　汉 | | | | | |
| 长　沙 | | | | | |
| 广　州 | | | | | |
| 深　圳 | | | | | |
| 南　宁 | | | | | |
| 海　口 | | | | | |
| 重　庆 | | | | | |
| 成　都 | | | | | |
| 贵　阳 | | | | | |
| 昆　明 | | | | | |
| 拉　萨 | | | | | |
| 西　安 | | | | | |
| 兰　州 | | | | | |
| 西　宁 | | | | | |
| 银　川 | | | | | |
| 乌鲁木齐 | | | | | |

2-14 续表 67

(其他专业市场)

| 地区 | 市场数量(个) | 总摊位数(个) | 年末出租摊位数(个) | 营业面积(平方米) | 成交额(万元) |
|---|---|---|---|---|---|
| **36城市总计** | **10** | **11742** | **6588** | **709990** | **1375556** |
| 北京 | 1 | 136 | 136 | 41012 | 16435 |
| 天津 | | | | | |
| 石家庄 | | | | | |
| 太原 | | | | | |
| 呼和浩特 | | | | | |
| 沈阳 | 4 | 2600 | 2089 | 64000 | 218683 |
| 大连 | | | | | |
| 长春 | | | | | |
| 哈尔滨 | | | | | |
| 上海 | | | | | |
| 南京 | | | | | |
| 杭州 | | | | | |
| 宁波 | | | | | |
| 合肥 | | | | | |
| 福州 | | | | | |
| 厦门 | | | | | |
| 南昌 | | | | | |
| 济南 | 1 | 650 | 630 | 205000 | 23030 |
| 青岛 | | | | | |
| 郑州 | 3 | 3356 | 3306 | 357288 | 1100700 |
| 武汉 | | | | | |
| 长沙 | | | | | |
| 广州 | | | | | |
| 深圳 | | | | | |
| 南宁 | | | | | |
| 海口 | | | | | |
| 重庆 | | | | | |
| 成都 | | | | | |
| 贵阳 | | | | | |
| 昆明 | 1 | 5000 | 427 | 42690 | 16708 |
| 拉萨 | | | | | |
| 西安 | | | | | |
| 兰州 | | | | | |
| 西宁 | | | | | |
| 银川 | | | | | |
| 乌鲁木齐 | | | | | |

# 2-15 商品交易市场情况(按营业状态分)

(常年营业)

| 地 区 | 市场数量(个) | 总摊位数(个) | 年末出租摊位数(个) | 营业面积(平方米) | 成交额(万元) |
|---|---|---|---|---|---|
| **总 计** | **1679** | **1526289** | **1282002** | **110871287** | **491586087** |
| 北 京 | 111 | 91633 | 81788 | 6322844 | 39072300 |
| 天 津 | 44 | 35600 | 30655 | 3163445 | 13154060 |
| 石家庄 | 49 | 62780 | 55002 | 5376036 | 13716303 |
| 太 原 | 9 | 4763 | 4346 | 520363 | 507260 |
| 呼和浩特 | 13 | 9019 | 8879 | 465500 | 1461309 |
| 沈 阳 | 57 | 60040 | 49941 | 2477422 | 14407027 |
| 大 连 | 39 | 40058 | 37974 | 1883577 | 13405009 |
| 长 春 | 22 | 27432 | 23276 | 2158467 | 3802464 |
| 哈尔滨 | 43 | 35227 | 31468 | 2407516 | 7298227 |
| 上 海 | 132 | 61413 | 54360 | 4177382 | 89369497 |
| 南 京 | 36 | 35789 | 34534 | 2515763 | 10594493 |
| 杭 州 | 147 | 85807 | 79566 | 4201227 | 31182997 |
| 宁 波 | 120 | 56046 | 51146 | 4011880 | 33153416 |
| 合 肥 | 33 | 26666 | 23452 | 2858206 | 10212273 |
| 福 州 | 34 | 12115 | 11616 | 832425 | 6607245 |
| 厦 门 | 19 | 7309 | 6937 | 715252 | 2058291 |
| 南 昌 | 30 | 34895 | 32504 | 2308061 | 8305179 |
| 济 南 | 31 | 19760 | 19171 | 1821320 | 4767615 |
| 青 岛 | 58 | 59229 | 57567 | 4975882 | 12980805 |
| 郑 州 | 29 | 75262 | 37984 | 3509697 | 15067336 |
| 武 汉 | 46 | 29641 | 24411 | 2368276 | 7978296 |
| 长 沙 | 61 | 47465 | 44544 | 5733772 | 24020197 |
| 广 州 | 127 | 101986 | 82440 | 6090645 | 19912922 |
| 深 圳 | 27 | 52174 | 29742 | 1670367 | 6380508 |
| 南 宁 | 27 | 24131 | 21316 | 1616254 | 4758115 |
| 海 口 | 2 | 1025 | 1025 | 690500 | 341760 |
| 重 庆 | 145 | 107292 | 96793 | 7721297 | 35314807 |
| 成 都 | 42 | 120507 | 73929 | 8837792 | 20893536 |
| 贵 阳 | 18 | 28435 | 25328 | 4137857 | 7734280 |
| 昆 明 | 19 | 52463 | 36550 | 1605052 | 4478455 |
| 拉 萨 | 3 | 3177 | 2781 | 35000 | 238757 |
| 西 安 | 32 | 26047 | 24278 | 2144996 | 6805611 |
| 兰 州 | 11 | 10128 | 9794 | 927706 | 1714469 |
| 西 宁 | 6 | 7034 | 6884 | 518368 | 576085 |
| 银 川 | 21 | 17540 | 15499 | 1793420 | 2198151 |
| 乌鲁木齐 | 36 | 56401 | 54522 | 8277720 | 17117032 |

2-15 续表 1

(季节性营业)

| 地 区 | 市场数量(个) | 总摊位数(个) | 年末出租摊位数(个) | 营业面积(平方米) | 成交额(万元) |
|---|---|---|---|---|---|
| **总 计** | **13** | **7670** | **5195** | **555951** | **824064** |
| 北 京 | 3 | 4156 | 1884 | 279000 | 148312 |
| 天 津 | | | | | |
| 石家庄 | | | | | |
| 太 原 | | | | | |
| 呼和浩特 | | | | | |
| 沈 阳 | 1 | 345 | 345 | 4000 | 117565 |
| 大 连 | | | | | |
| 长 春 | | | | | |
| 哈尔滨 | | | | | |
| 上 海 | 1 | 165 | 165 | 2250 | 10507 |
| 南 京 | | | | | |
| 杭 州 | 1 | 113 | 113 | 3500 | 31266 |
| 宁 波 | 1 | 842 | 842 | 153586 | 265147 |
| 合 肥 | 1 | 451 | 451 | 33350 | 92590 |
| 福 州 | | | | | |
| 厦 门 | | | | | |
| 南 昌 | | | | | |
| 济 南 | 1 | 310 | 302 | 19000 | 29430 |
| 青 岛 | 2 | 1020 | 825 | 33000 | 73730 |
| 郑 州 | | | | | |
| 武 汉 | | | | | |
| 长 沙 | | | | | |
| 广 州 | | | | | |
| 深 圳 | | | | | |
| 南 宁 | 1 | 122 | 122 | 6000 | 45487 |
| 海 口 | | | | | |
| 重 庆 | 1 | 146 | 146 | 22265 | 10030 |
| 成 都 | | | | | |
| 贵 阳 | | | | | |
| 昆 明 | | | | | |
| 拉 萨 | | | | | |
| 西 安 | | | | | |
| 兰 州 | | | | | |
| 西 宁 | | | | | |
| 银 川 | | | | | |
| 乌鲁木齐 | | | | | |

2-15 续表 2

(其他)

| 地　区 | 市场数量 (个) | 总摊位数 (个) | 年末出租摊位数 (个) | 营业面积 (平方米) | 成交额 (万元) |
|---|---|---|---|---|---|
| **总　计** | **1** | **91** | **91** | **36066** | **98614** |
| 北　京 | | | | | |
| 天　津 | | | | | |
| 石家庄 | | | | | |
| 太　原 | | | | | |
| 呼和浩特 | | | | | |
| 沈　阳 | | | | | |
| 大　连 | | | | | |
| 长　春 | | | | | |
| 哈尔滨 | | | | | |
| 上　海 | 1 | 91 | 91 | 36066 | 98614 |
| 南　京 | | | | | |
| 杭　州 | | | | | |
| 宁　波 | | | | | |
| 合　肥 | | | | | |
| 福　州 | | | | | |
| 厦　门 | | | | | |
| 南　昌 | | | | | |
| 济　南 | | | | | |
| 青　岛 | | | | | |
| 郑　州 | | | | | |
| 武　汉 | | | | | |
| 长　沙 | | | | | |
| 广　州 | | | | | |
| 深　圳 | | | | | |
| 南　宁 | | | | | |
| 海　口 | | | | | |
| 重　庆 | | | | | |
| 成　都 | | | | | |
| 贵　阳 | | | | | |
| 昆　明 | | | | | |
| 拉　萨 | | | | | |
| 西　安 | | | | | |
| 兰　州 | | | | | |
| 西　宁 | | | | | |
| 银　川 | | | | | |
| 乌鲁木齐 | | | | | |

# 2-16 商品交易市场情况(按经营方式分)

(批发为主)

| 地 区 | 市场数量(个) | 总摊位数(个) | 年末出租摊位数(个) | 营业面积(平方米) | 成交额(万元) |
|---|---|---|---|---|---|
| **总 计** | **982** | **1138569** | **930698** | **85913734** | **426665761** |
| 北 京 | 43 | 51953 | 43729 | 3623704 | 26294904 |
| 天 津 | 33 | 28217 | 25132 | 2617617 | 12569049 |
| 石家庄 | 32 | 46648 | 41525 | 4491548 | 12636771 |
| 太 原 | 8 | 4192 | 3775 | 396800 | 467089 |
| 呼和浩特 | 5 | 3109 | 3069 | 273000 | 1099256 |
| 沈 阳 | 34 | 37588 | 32464 | 1805004 | 12919761 |
| 大 连 | 20 | 17442 | 16534 | 1165230 | 11463606 |
| 长 春 | 11 | 13884 | 12331 | 1497472 | 2117962 |
| 哈尔滨 | 16 | 22052 | 19723 | 1250477 | 4603513 |
| 上 海 | 56 | 35259 | 30814 | 2755930 | 83883291 |
| 南 京 | 16 | 21644 | 20776 | 1452514 | 8601067 |
| 杭 州 | 77 | 56908 | 52980 | 2769304 | 23510867 |
| 宁 波 | 61 | 36854 | 34764 | 3209515 | 30815974 |
| 合 肥 | 23 | 21975 | 19044 | 2424724 | 9602292 |
| 福 州 | 12 | 4565 | 4539 | 615905 | 5674770 |
| 厦 门 | 7 | 2925 | 2873 | 420852 | 1171244 |
| 南 昌 | 21 | 29589 | 28716 | 1974676 | 7863360 |
| 济 南 | 25 | 15485 | 14946 | 1352979 | 3977183 |
| 青 岛 | 43 | 51549 | 50092 | 4407782 | 12396576 |
| 郑 州 | 23 | 66483 | 29751 | 2956714 | 12441103 |
| 武 汉 | 35 | 26527 | 21453 | 1977189 | 7120541 |
| 长 沙 | 32 | 34656 | 32262 | 4270049 | 20942081 |
| 广 州 | 101 | 90642 | 73108 | 5521204 | 17646272 |
| 深 圳 | 16 | 45836 | 24207 | 1381305 | 5986047 |
| 南 宁 | 18 | 11257 | 8712 | 1151529 | 3926193 |
| 海 口 | 1 | 730 | 730 | 680000 | 315210 |
| 重 庆 | 80 | 75890 | 68043 | 5644437 | 30745265 |
| 成 都 | 35 | 114293 | 68104 | 7939114 | 20346027 |
| 贵 阳 | 12 | 26320 | 23311 | 3208617 | 6063497 |
| 昆 明 | 12 | 49001 | 33205 | 1092378 | 4015992 |
| 拉 萨 | 1 | 2172 | 2093 | 10000 | 182625 |
| 西 安 | 18 | 12739 | 11611 | 776711 | 5201388 |
| 兰 州 | 10 | 9362 | 9028 | 894706 | 1648989 |
| 西 宁 | 3 | 5095 | 5045 | 476203 | 413925 |
| 银 川 | 12 | 11762 | 9903 | 1370881 | 1987266 |
| 乌鲁木齐 | 30 | 53966 | 52306 | 8057664 | 16014805 |

2-16 续表

(零售为主)

| 地　区 | 市场数量（个） | 总摊位数（个） | 年末出租摊位数（个） | 营业面积（平方米） | 成交额（万元） |
|---|---|---|---|---|---|
| **总　计** | **711** | **395481** | **356590** | **25549570** | **65843004** |
| 北　京 | 71 | 43836 | 39943 | 2978140 | 12925708 |
| 天　津 | 11 | 7383 | 5523 | 545828 | 585011 |
| 石家庄 | 17 | 16132 | 13477 | 884488 | 1079532 |
| 太　原 | 1 | 571 | 571 | 123563 | 40171 |
| 呼和浩特 | 8 | 5910 | 5810 | 192500 | 362053 |
| 沈　阳 | 24 | 22797 | 17822 | 676418 | 1604831 |
| 大　连 | 19 | 22616 | 21440 | 718347 | 1941403 |
| 长　春 | 11 | 13548 | 10945 | 660995 | 1684502 |
| 哈尔滨 | 27 | 13175 | 11745 | 1157039 | 2694714 |
| 上　海 | 78 | 26410 | 23802 | 1459768 | 5595327 |
| 南　京 | 20 | 14145 | 13758 | 1063249 | 1993426 |
| 杭　州 | 71 | 29012 | 26699 | 1435423 | 7703396 |
| 宁　波 | 60 | 20034 | 17224 | 955951 | 2602589 |
| 合　肥 | 11 | 5142 | 4859 | 466832 | 702571 |
| 福　州 | 22 | 7550 | 7077 | 216520 | 932475 |
| 厦　门 | 12 | 4384 | 4064 | 294400 | 887047 |
| 南　昌 | 9 | 5306 | 3788 | 333385 | 441819 |
| 济　南 | 7 | 4585 | 4527 | 487341 | 819862 |
| 青　岛 | 17 | 8700 | 8300 | 601100 | 657959 |
| 郑　州 | 6 | 8779 | 8233 | 552983 | 2626233 |
| 武　汉 | 11 | 3114 | 2958 | 391087 | 857755 |
| 长　沙 | 29 | 12809 | 12282 | 1463723 | 3078116 |
| 广　州 | 26 | 11344 | 9332 | 569441 | 2266650 |
| 深　圳 | 11 | 6338 | 5535 | 289062 | 394461 |
| 南　宁 | 10 | 12996 | 12726 | 470725 | 877409 |
| 海　口 | 1 | 295 | 295 | 10500 | 26550 |
| 重　庆 | 66 | 31548 | 28896 | 2099125 | 4579572 |
| 成　都 | 7 | 6214 | 5825 | 898678 | 547509 |
| 贵　阳 | 6 | 2115 | 2017 | 929240 | 1670783 |
| 昆　明 | 7 | 3462 | 3345 | 512674 | 462463 |
| 拉　萨 | 2 | 1005 | 688 | 25000 | 56132 |
| 西　安 | 14 | 13308 | 12667 | 1368285 | 1604223 |
| 兰　州 | 1 | 766 | 766 | 33000 | 65480 |
| 西　宁 | 3 | 1939 | 1839 | 42165 | 162160 |
| 银　川 | 9 | 5778 | 5596 | 422539 | 210885 |
| 乌鲁木齐 | 6 | 2435 | 2216 | 220056 | 1102227 |

# 2-17 商品交易市场情况(按经营环境分)

(露天式)

| 地 区 | 市场数量(个) | 总摊位数(个) | 年末出租摊位数(个) | 营业面积(平方米) | 成交额(万元) |
|---|---|---|---|---|---|
| **总 计** | **194** | **124658** | **106582** | **15671684** | **61514752** |
| 北 京 | 19 | 15054 | 12430 | 2264701 | 20185680 |
| 天 津 | 13 | 13096 | 10208 | 1315857 | 3048775 |
| 石家庄 | 10 | 7454 | 6576 | 401373 | 223455 |
| 太 原 | | | | | |
| 呼和浩特 | 2 | 315 | 310 | 22000 | 25545 |
| 沈 阳 | 10 | 6691 | 5521 | 415800 | 3067066 |
| 大 连 | 4 | 2011 | 1935 | 330980 | 855190 |
| 长 春 | 2 | 895 | 887 | 289900 | 40156 |
| 哈尔滨 | 4 | 4772 | 4682 | 772000 | 1643459 |
| 上 海 | 8 | 3152 | 2741 | 347181 | 1617299 |
| 南 京 | 2 | 1052 | 992 | 58500 | 420635 |
| 杭 州 | 7 | 1003 | 703 | 97459 | 664791 |
| 宁 波 | 12 | 7301 | 7085 | 776522 | 3266898 |
| 合 肥 | 2 | 1140 | 1140 | 158390 | 366915 |
| 福 州 | 1 | 302 | 302 | 18777 | 298500 |
| 厦 门 | 4 | 812 | 812 | 37520 | 521900 |
| 南 昌 | 4 | 1740 | 1700 | 371653 | 652633 |
| 济 南 | 8 | 2586 | 2407 | 332438 | 745665 |
| 青 岛 | 16 | 6249 | 5880 | 1820302 | 1908261 |
| 郑 州 | 4 | 3975 | 3739 | 225197 | 537364 |
| 武 汉 | 7 | 4016 | 2934 | 251272 | 2405316 |
| 长 沙 | 4 | 3059 | 2980 | 722833 | 5602354 |
| 广 州 | 8 | 2750 | 2689 | 206374 | 673366 |
| 深 圳 | 1 | 322 | 292 | 1900 | 51840 |
| 南 宁 | 3 | 1878 | 1878 | 135451 | 1341045 |
| 海 口 | 1 | 730 | 730 | 680000 | 315210 |
| 重 庆 | 11 | 8233 | 6141 | 657604 | 2382457 |
| 成 都 | 2 | 3531 | 3310 | 703058 | 4270659 |
| 贵 阳 | 3 | 1102 | 1045 | 689240 | 1158060 |
| 昆 明 | 2 | 6118 | 1497 | 149670 | 376769 |
| 拉 萨 | | | | | |
| 西 安 | 10 | 7268 | 7081 | 911259 | 1345649 |
| 兰 州 | 1 | 140 | 138 | 66000 | 10004 |
| 西 宁 | 1 | 400 | 350 | 116203 | 28500 |
| 银 川 | 2 | 2025 | 2025 | 127470 | 274023 |
| 乌鲁木齐 | 6 | 3486 | 3442 | 196800 | 1189313 |

2–17 续表 1

(封闭式)

| 地　　区 | 市场数量(个) | 总摊位数(个) | 年末出租摊位数(个) | 营业面积(平方米) | 成交额(万元) |
|---|---|---|---|---|---|
| **总　　计** | **1324** | **1245892** | **1047006** | **78188120** | **363281422** |
| 北　　京 | 89 | 71685 | 62959 | 4049233 | 17167236 |
| 天　　津 | 29 | 21613 | 19556 | 1725182 | 9766085 |
| 石 家 庄 | 28 | 46154 | 41077 | 3943727 | 11829565 |
| 太　　原 | 8 | 3663 | 3626 | 468863 | 501342 |
| 呼和浩特 | 10 | 6930 | 6795 | 303500 | 534210 |
| 沈　　阳 | 46 | 53144 | 44215 | 1845622 | 10663587 |
| 大　　连 | 32 | 31647 | 30192 | 1254597 | 9440580 |
| 长　　春 | 17 | 23561 | 19599 | 1458266 | 3668448 |
| 哈 尔 滨 | 39 | 30455 | 26786 | 1635516 | 5654768 |
| 上　　海 | 100 | 45037 | 39895 | 2595733 | 74251010 |
| 南　　京 | 34 | 34737 | 33542 | 2457263 | 10173858 |
| 杭　　州 | 128 | 77304 | 71694 | 3709729 | 25838771 |
| 宁　　波 | 102 | 47652 | 43183 | 3198322 | 29234384 |
| 合　　肥 | 23 | 15588 | 13233 | 1209113 | 5908027 |
| 福　　州 | 29 | 10070 | 9580 | 770068 | 6219201 |
| 厦　　门 | 10 | 4058 | 3730 | 574422 | 1267497 |
| 南　　昌 | 25 | 32937 | 30586 | 1918408 | 7520545 |
| 济　　南 | 20 | 16012 | 15640 | 1117282 | 3347662 |
| 青　　岛 | 38 | 48847 | 47938 | 2510339 | 10013952 |
| 郑　　州 | 21 | 55546 | 32619 | 3026542 | 13857062 |
| 武　　汉 | 38 | 25076 | 20952 | 2080182 | 5526780 |
| 长　　沙 | 46 | 30658 | 29401 | 3214221 | 14560404 |
| 广　　州 | 110 | 93140 | 74063 | 5426608 | 15932777 |
| 深　　圳 | 22 | 48481 | 26473 | 1564034 | 4654111 |
| 南　　宁 | 17 | 16163 | 15275 | 919815 | 1865350 |
| 海　　口 | 1 | 295 | 295 | 10500 | 26550 |
| 重　　庆 | 123 | 87499 | 79790 | 6236156 | 26687637 |
| 成　　都 | 34 | 106811 | 60574 | 7321134 | 13640482 |
| 贵　　阳 | 11 | 23837 | 20994 | 2749956 | 4588575 |
| 昆　　明 | 16 | 45745 | 34453 | 1355382 | 3282506 |
| 拉　　萨 | 3 | 3177 | 2781 | 35000 | 238757 |
| 西　　安 | 18 | 15708 | 15042 | 1079137 | 4839498 |
| 兰　　州 | 8 | 9823 | 9499 | 812640 | 1623434 |
| 西　　宁 | 5 | 6634 | 6534 | 402165 | 547585 |
| 银　　川 | 18 | 13215 | 12351 | 1195050 | 1515105 |
| 乌鲁木齐 | 26 | 42990 | 42084 | 4014413 | 6894081 |

2-17　续表 2

(其他)

| 地　区 | 市场数量(个) | 总摊位数(个) | 年末出租摊位数(个) | 营业面积(平方米) | 成交额(万元) |
|---|---|---|---|---|---|
| **总　计** | **175** | **163500** | **133700** | **17603500** | **67712591** |
| 北　京 | 6 | 9050 | 8283 | 287910 | 1867696 |
| 天　津 | 2 | 891 | 891 | 122406 | 339200 |
| 石家庄 | 11 | 9172 | 7349 | 1030936 | 1663283 |
| 太　原 | 1 | 1100 | 720 | 51500 | 5918 |
| 呼和浩特 | 1 | 1774 | 1774 | 140000 | 901554 |
| 沈　阳 | 2 | 550 | 550 | 220000 | 793939 |
| 大　连 | 3 | 6400 | 5847 | 298000 | 3109239 |
| 长　春 | 3 | 2976 | 2790 | 410301 | 93860 |
| 哈尔滨 | | | | | |
| 上　海 | 26 | 13480 | 11980 | 1272784 | 13610309 |
| 南　京 | | | | | |
| 杭　州 | 13 | 7613 | 7282 | 397539 | 4710701 |
| 宁　波 | 7 | 1935 | 1720 | 190622 | 917281 |
| 合　肥 | 9 | 10389 | 9530 | 1524053 | 4029921 |
| 福　州 | 4 | 1743 | 1734 | 43580 | 89544 |
| 厦　门 | 5 | 2439 | 2395 | 103310 | 268894 |
| 南　昌 | 1 | 218 | 218 | 18000 | 132001 |
| 济　南 | 4 | 1472 | 1426 | 390600 | 703718 |
| 青　岛 | 6 | 5153 | 4574 | 678241 | 1132322 |
| 郑　州 | 4 | 15741 | 1626 | 257958 | 672910 |
| 武　汉 | 1 | 549 | 525 | 36822 | 46200 |
| 长　沙 | 11 | 13748 | 12163 | 1796718 | 3857439 |
| 广　州 | 9 | 6096 | 5688 | 457663 | 3306779 |
| 深　圳 | 4 | 3371 | 2977 | 104433 | 1674557 |
| 南　宁 | 8 | 6212 | 4285 | 566988 | 1597207 |
| 海　口 | | | | | |
| 重　庆 | 12 | 11706 | 11008 | 849802 | 6254743 |
| 成　都 | 6 | 10165 | 10045 | 813600 | 2982395 |
| 贵　阳 | 4 | 3496 | 3289 | 698661 | 1987645 |
| 昆　明 | 1 | 600 | 600 | 100000 | 819180 |
| 拉　萨 | | | | | |
| 西　安 | 4 | 3071 | 2155 | 154600 | 620464 |
| 兰　州 | 2 | 165 | 157 | 49066 | 81031 |
| 西　宁 | | | | | |
| 银　川 | 1 | 2300 | 1123 | 470900 | 409023 |
| 乌鲁木齐 | 4 | 9925 | 8996 | 4066507 | 9033638 |

# 2-18 商品交易市场成交情况(按摊位分)

| 地 区 | 粮油、食品类 | | #粮油类 | | #肉禽蛋类 | |
|---|---|---|---|---|---|---|
| | 摊位数(个) | 成交额(万元) | 摊位数(个) | 成交额(万元) | 摊位数(个) | 成交额(万元) |
| **总 计** | **330416** | **158381146** | **31312** | **19110247** | **47203** | **20167990** |
| 北 京 | 30024 | 23031084 | 1572 | 1717696 | 4302 | 2451220 |
| 天 津 | 14121 | 6091321 | 2338 | 1268448 | 1043 | 543439 |
| 石 家 庄 | 9901 | 1555032 | 1362 | 136471 | 1067 | 133825 |
| 太 原 | 1529 | 408630 | 524 | 141823 | | |
| 呼和浩特 | 2119 | 749546 | 228 | 175124 | 649 | 213066 |
| 沈 阳 | 8061 | 6572441 | 748 | 334768 | 1473 | 122318 |
| 大 连 | 6229 | 2328966 | 792 | 179989 | 935 | 316302 |
| 长 春 | 2424 | 598902 | 16 | 2518 | 22 | 754 |
| 哈 尔 滨 | 5804 | 3214289 | 193 | 114983 | 316 | 253842 |
| 上 海 | 23315 | 8196686 | 3268 | 858839 | 4082 | 1347067 |
| 南 京 | 9597 | 6357869 | 1670 | 2910958 | 1866 | 522103 |
| 杭 州 | 23453 | 9194853 | 1561 | 2168473 | 4828 | 1773671 |
| 宁 波 | 22774 | 5441240 | 1144 | 504857 | 2997 | 784124 |
| 合 肥 | 6024 | 3208677 | 661 | 508442 | 866 | 792921 |
| 福 州 | 5326 | 4109536 | 788 | 217820 | 940 | 480436 |
| 厦 门 | 5558 | 1441660 | 179 | 41838 | 798 | 229285 |
| 南 昌 | 5733 | 3601693 | 540 | 438887 | 923 | 901104 |
| 济 南 | 6868 | 2534244 | 243 | 69621 | 529 | 376956 |
| 青 岛 | 28605 | 6507032 | 1171 | 498348 | 3851 | 411473 |
| 郑 州 | 5750 | 10644421 | 882 | 1179453 | 466 | 604041 |
| 武 汉 | 5537 | 3024654 | 95 | 20031 | 643 | 246975 |
| 长 沙 | 10173 | 7805470 | 1966 | 1930543 | 620 | 375956 |
| 广 州 | 9882 | 4946978 | 1026 | 139886 | 2099 | 705521 |
| 深 圳 | 8005 | 4259521 | 870 | 316300 | 1517 | 769030 |
| 南 宁 | 5673 | 2127420 | 415 | 98169 | 667 | 442883 |
| 海 口 | | | | | | |
| 重 庆 | 24938 | 9052369 | 1581 | 512112 | 3033 | 1777514 |
| 成 都 | 14432 | 8665143 | 2398 | 630567 | 3735 | 2225549 |
| 贵 阳 | 2178 | 1948495 | 496 | 1093334 | 105 | 48261 |
| 昆 明 | 2813 | 1564459 | 917 | 330991 | 411 | 92223 |
| 拉 萨 | 2686 | 220742 | 98 | 20749 | 349 | 39708 |
| 西 安 | 4417 | 1307734 | 683 | 329188 | 608 | 178031 |
| 兰 州 | 756 | 688954 | 131 | 64847 | 305 | 270000 |
| 西 宁 | 1795 | 308588 | 102 | 8238 | 125 | 15126 |
| 银 川 | 4212 | 1086735 | 201 | 6605 | 281 | 68981 |
| 乌鲁木齐 | 9704 | 5585762 | 453 | 139331 | 752 | 654285 |

2-18　续表 1

| 地　区 | #水产品类 | | #蔬菜类 | | #干鲜果品类 | |
|---|---|---|---|---|---|---|
| | 摊位数（个） | 成交额（万元） | 摊位数（个） | 成交额（万元） | 摊位数（个） | 成交额（万元） |
| **总　计** | **55876** | **36840376** | **105966** | **36743404** | **56557** | **37940102** |
| 北　京 | 3856 | 3213692 | 10096 | 7575713 | 5403 | 7499214 |
| 天　津 | 1304 | 1591891 | 6986 | 1472495 | 2305 | 1141990 |
| 石家庄 | 547 | 41347 | 5019 | 685328 | 1886 | 557003 |
| 太　原 | | | 532 | 163947 | 473 | 102860 |
| 呼和浩特 | 30 | 1030 | 731 | 208905 | 475 | 150911 |
| 沈　阳 | 2688 | 3632879 | 1449 | 402645 | 1419 | 2005388 |
| 大　连 | 1577 | 812615 | 1878 | 488901 | 773 | 294821 |
| 长　春 | 638 | 435528 | 220 | 44179 | 15 | 2812 |
| 哈尔滨 | 398 | 327620 | 1180 | 929969 | 761 | 1190354 |
| 上　海 | 6196 | 2721032 | 6291 | 1664035 | 3389 | 1599771 |
| 南　京 | 2018 | 1380101 | 2996 | 882433 | 1015 | 656785 |
| 杭　州 | 3281 | 2171141 | 8749 | 978173 | 3571 | 1944576 |
| 宁　波 | 7761 | 2075796 | 7512 | 1328838 | 1703 | 534514 |
| 合　肥 | 548 | 490332 | 968 | 650749 | 1385 | 583294 |
| 福　州 | 1994 | 3013577 | 926 | 66445 | 678 | 331258 |
| 厦　门 | 1694 | 507151 | 1938 | 549467 | 473 | 96497 |
| 南　昌 | 792 | 440765 | 552 | 780239 | 1220 | 943769 |
| 济　南 | 1940 | 1145390 | 3297 | 808173 | 406 | 105756 |
| 青　岛 | 6463 | 2336578 | 10337 | 1452821 | 6504 | 1754843 |
| 郑　州 | 1473 | 2754182 | 1856 | 3336165 | 1041 | 2701495 |
| 武　汉 | 1531 | 1456648 | 1350 | 429582 | 343 | 81158 |
| 长　沙 | 861 | 1294441 | 3735 | 1626298 | 2287 | 2367957 |
| 广　州 | 1436 | 950132 | 3615 | 1163358 | 1164 | 1881675 |
| 深　圳 | 1370 | 841627 | 2628 | 1307305 | 1620 | 1025259 |
| 南　宁 | 225 | 20263 | 1875 | 324726 | 1241 | 713392 |
| 海　口 | | | | | | |
| 重　庆 | 1547 | 1543271 | 6074 | 1112513 | 2428 | 815154 |
| 成　都 | 1016 | 623062 | 3015 | 2900339 | 4108 | 2238114 |
| 贵　阳 | 15 | 300 | 937 | 412800 | 625 | 393800 |
| 昆　明 | 122 | 3559 | 674 | 316516 | 689 | 821170 |
| 拉　萨 | 85 | 15474 | 1848 | 86083 | 306 | 58728 |
| 西　安 | 531 | 32653 | 1224 | 214679 | 1348 | 552656 |
| 兰　州 | 234 | 245000 | 1 | 13 | 80 | 108774 |
| 西　宁 | 117 | 4373 | 703 | 200355 | 748 | 80496 |
| 银　川 | 443 | 231418 | 1855 | 360994 | 1387 | 398640 |
| 乌鲁木齐 | 1145 | 485508 | 2919 | 1818223 | 3288 | 2205218 |

2-18 续表 2

| 地区 | 饮料类 | | 烟酒类 | | 服装、鞋帽、针纺织品类 | |
|---|---|---|---|---|---|---|
| | 摊位数（个） | 成交额（万元） | 摊位数（个） | 成交额（万元） | 摊位数（个） | 成交额（万元） |
| **总计** | **14016** | **3643554** | **13086** | **5707870** | **378123** | **54748742** |
| 北京 | 1180 | 416181 | 1181 | 855300 | 17390 | 531816 |
| 天津 | 327 | 111879 | 299 | 172009 | 4176 | 250289 |
| 石家庄 | 746 | 55444 | 1484 | 56979 | 22326 | 5369181 |
| 太原 | | | 2 | 30 | 1633 | 53434 |
| 呼和浩特 | 229 | 174181 | 150 | 149678 | 2908 | 124343 |
| 沈阳 | 55 | 3346 | 49 | 2126 | 21827 | 3852549 |
| 大连 | 325 | 111036 | 107 | 21094 | 12463 | 1692326 |
| 长春 | 80 | 4242 | 129 | 4471 | 8887 | 335153 |
| 哈尔滨 | 307 | 341455 | 460 | 677469 | 14446 | 653340 |
| 上海 | 965 | 55457 | 145 | 21859 | 8131 | 631662 |
| 南京 | 345 | 455074 | 154 | 580400 | 5869 | 572168 |
| 杭州 | 801 | 294272 | 692 | 382298 | 24462 | 5572436 |
| 宁波 | 442 | 113263 | 515 | 504264 | 7876 | 1673483 |
| 合肥 | 153 | 55526 | 334 | 138877 | 7570 | 780361 |
| 福州 | 40 | 1791 | 36 | 3027 | 2143 | 440176 |
| 厦门 | 35 | 6534 | 69 | 10666 | 150 | 4288 |
| 南昌 | 104 | 30980 | 245 | 99487 | 10961 | 2383087 |
| 济南 | 813 | 196967 | 113 | 4354 | 4052 | 447507 |
| 青岛 | 668 | 58794 | 1688 | 232284 | 15631 | 3116059 |
| 郑州 | 25 | 1100 | 2 | 400 | 9319 | 529339 |
| 武汉 | 144 | 15524 | 21 | 2311 | 10137 | 1151900 |
| 长沙 | 597 | 152284 | 1720 | 1054887 | 7262 | 749620 |
| 广州 | 515 | 116133 | 180 | 33014 | 42938 | 8447915 |
| 深圳 | 378 | 54092 | 138 | 164899 | 5121 | 199370 |
| 南宁 | 311 | 98339 | 31 | 1095 | 7564 | 69258 |
| 海口 | | | | | | |
| 重庆 | 1549 | 280916 | 1434 | 116565 | 19278 | 6563837 |
| 成都 | 653 | 120523 | 432 | 148119 | 25120 | 1433631 |
| 贵阳 | 475 | 127040 | 336 | 162989 | 10620 | 1332506 |
| 昆明 | 773 | 72172 | 28 | 1178 | 21026 | 1213221 |
| 拉萨 | 4 | 96 | 58 | 16470 | | |
| 西安 | 507 | 9776 | 255 | 4807 | 6816 | 3588497 |
| 兰州 | 40 | 11674 | 15 | 9168 | 5612 | 382612 |
| 西宁 | 6 | 214 | | | 2068 | 64785 |
| 银川 | 219 | 54862 | 58 | 19897 | 5477 | 143347 |
| 乌鲁木齐 | 205 | 42387 | 526 | 55399 | 6864 | 395246 |

2-18　续表 3

| 地　区 | 服装类 | | 鞋帽类 | | 针纺织品类 | |
|---|---|---|---|---|---|---|
| | 摊位数（个） | 成交额（万元） | 摊位数（个） | 成交额（万元） | 摊位数（个） | 成交额（万元） |
| **总　计** | **253765** | **32289020** | **51955** | **8105453** | **72403** | **14354269** |
| 北　京 | 12935 | 371436 | 2073 | 51817 | 2382 | 108563 |
| 天　津 | 3018 | 199681 | 607 | 17828 | 551 | 32780 |
| 石家庄 | 19236 | 4299919 | 1224 | 158990 | 1866 | 910272 |
| 太　原 | 1131 | 41141 | 470 | 11935 | 32 | 358 |
| 呼和浩特 | 2111 | 88707 | 372 | 17958 | 425 | 17678 |
| 沈　阳 | 11816 | 2683336 | 3833 | 305226 | 6178 | 863987 |
| 大　连 | 7442 | 874682 | 2190 | 259711 | 2831 | 557933 |
| 长　春 | 6707 | 297127 | 939 | 22712 | 1241 | 15314 |
| 哈尔滨 | 7521 | 387233 | 2602 | 88533 | 4323 | 177574 |
| 上　海 | 6349 | 562207 | 288 | 14484 | 1494 | 54971 |
| 南　京 | 3418 | 352872 | 980 | 89623 | 1471 | 129673 |
| 杭　州 | 16728 | 2668985 | 1824 | 86975 | 5910 | 2816476 |
| 宁　波 | 5186 | 949298 | 934 | 355416 | 1756 | 368769 |
| 合　肥 | 4374 | 567475 | 351 | 89700 | 2845 | 123186 |
| 福　州 | 1972 | 389231 | 104 | 22816 | 67 | 28129 |
| 厦　门 | 100 | 2099 | 37 | 1939 | 13 | 250 |
| 南　昌 | 6208 | 1800230 | 2573 | 231506 | 2180 | 351351 |
| 济　南 | 2063 | 150758 | 1296 | 248162 | 693 | 48587 |
| 青　岛 | 11194 | 1979855 | 2066 | 493611 | 2371 | 642593 |
| 郑　州 | 7776 | 473897 | 334 | 3694 | 1209 | 51748 |
| 武　汉 | 8166 | 974827 | 1246 | 96272 | 725 | 80801 |
| 长　沙 | 6026 | 555597 | 628 | 114801 | 608 | 79222 |
| 广　州 | 23754 | 3016648 | 5522 | 806936 | 13662 | 4624331 |
| 深　圳 | 3104 | 106011 | 1060 | 37745 | 957 | 55614 |
| 南　宁 | 5205 | 53865 | 1615 | 9340 | 744 | 6053 |
| 海　口 | | | | | | |
| 重　庆 | 11896 | 3153018 | 4040 | 2096018 | 3342 | 1314801 |
| 成　都 | 20296 | 1121410 | 2648 | 170321 | 2176 | 141900 |
| 贵　阳 | 7000 | 820000 | 2400 | 290000 | 1220 | 222506 |
| 昆　明 | 13139 | 703652 | 2776 | 191702 | 5111 | 317867 |
| 拉　萨 | | | | | | |
| 西　安 | 3894 | 1886846 | 1827 | 1628651 | 1095 | 73000 |
| 兰　州 | 5137 | 365712 | 273 | 6065 | 202 | 10835 |
| 西　宁 | 1142 | 48562 | 410 | 11695 | 516 | 4528 |
| 银　川 | 3061 | 71285 | 1161 | 18242 | 1255 | 53820 |
| 乌鲁木齐 | 4660 | 271418 | 1252 | 55029 | 952 | 68799 |

2-18 续表 4

| 地区 | 化妆品类 | | 金银珠宝类 | | 日用品类 | |
|---|---|---|---|---|---|---|
| | 摊位数（个） | 成交额（万元） | 摊位数（个） | 成交额（万元） | 摊位数（个） | 成交额（万元） |
| **总计** | **9408** | **1172905** | **9502** | **2750064** | **68730** | **13769933** |
| 北京 | 263 | 34114 | 607 | 179585 | 5196 | 698966 |
| 天津 | 149 | 14687 | 21 | 308 | 1315 | 108555 |
| 石家庄 | 427 | 49245 | 212 | 7119 | 3570 | 1461697 |
| 太原 | 16 | 300 | | | 115 | 825 |
| 呼和浩特 | 423 | 12642 | 4 | 1620 | 395 | 17129 |
| 沈阳 | 302 | 20251 | | | 4371 | 743469 |
| 大连 | 407 | 106972 | 49 | 21973 | 1929 | 513517 |
| 长春 | 128 | 2493 | 31 | 14638 | 266 | 8515 |
| 哈尔滨 | 139 | 4342 | 56 | 3456 | 303 | 15601 |
| 上海 | 63 | 3824 | 14 | 1363 | 862 | 2599125 |
| 南京 | 19 | 2342 | 22 | 2589 | 2822 | 557678 |
| 杭州 | 180 | 7404 | 365 | 1505078 | 3940 | 672853 |
| 宁波 | 162 | 30442 | | | 2272 | 415638 |
| 合肥 | 32 | 280 | 109 | 3692 | 347 | 16066 |
| 福州 | 26 | 2050 | 1040 | 312310 | 81 | 9808 |
| 厦门 | 8 | 5000 | 24 | 2266 | 106 | 6355 |
| 南昌 | 224 | 86108 | 50 | 38126 | 3954 | 308959 |
| 济南 | 29 | 3140 | 80 | 1750 | 954 | 25923 |
| 青岛 | 420 | 28733 | 366 | 16005 | 3799 | 578973 |
| 郑州 | 260 | 9821 | 99 | 32215 | 2089 | 83395 |
| 武汉 | 22 | 360 | 22 | 319 | 99 | 13509 |
| 长沙 | 253 | 60032 | 272 | 385948 | 1354 | 847503 |
| 广州 | 2039 | 109784 | 600 | 37938 | 12258 | 1543712 |
| 深圳 | 123 | 1594 | 753 | 38136 | 1277 | 42510 |
| 南宁 | 111 | 957 | 15 | 853 | 1145 | 38389 |
| 海口 | | | | | | |
| 重庆 | 844 | 210482 | 38 | 13222 | 5462 | 1267591 |
| 成都 | 609 | 108246 | 128 | 9100 | 890 | 118875 |
| 贵阳 | 40 | 12804 | | | 1589 | 553767 |
| 昆明 | 865 | 158493 | 398 | 18019 | 2706 | 204909 |
| 拉萨 | | | | | 30 | 1389 |
| 西安 | 31 | 1031 | | | 589 | 32184 |
| 兰州 | 85 | 30145 | 13 | 2970 | 489 | 139450 |
| 西宁 | 190 | 5550 | | | 167 | 1612 |
| 银川 | 218 | 27097 | 108 | 4778 | 677 | 32807 |
| 乌鲁木齐 | 301 | 22140 | 4006 | 94688 | 1312 | 88679 |

2-18　续表 5

| 地　　区 | #儿童玩具类 | | 五金、电料类 | | 体育、娱乐用品类 | |
|---|---|---|---|---|---|---|
| | 摊位数（个） | 成交额（万元） | 摊位数（个） | 成交额（万元） | 摊位数（个） | 成交额（万元） |
| **总　　计** | **6138** | **1499413** | **46154** | **9790382** | **4320** | **744735** |
| 北　　京 | 786 | 24607 | 1124 | 100901 | 328 | 30820 |
| 天　　津 | 40 | 5877 | 2974 | 773454 | 35 | 3702 |
| 石 家 庄 | 623 | 521541 | 1219 | 191714 | 206 | 104100 |
| 太　　原 | 20 | 146 | 27 | 270 | 20 | 400 |
| 呼和浩特 | | | 166 | 7858 | 142 | 6179 |
| 沈　　阳 | 497 | 15704 | 581 | 10542 | | |
| 大　　连 | 136 | 5676 | 697 | 279651 | 90 | 34068 |
| 长　　春 | 52 | 778 | 1549 | 59421 | 9 | 545 |
| 哈 尔 滨 | 10 | 60 | 101 | 4917 | 26 | 773 |
| 上　　海 | 217 | 31138 | 3924 | 283974 | 220 | 39532 |
| 南　　京 | 79 | 17088 | 636 | 180779 | 13 | 1507 |
| 杭　　州 | 121 | 19671 | 4241 | 2117312 | 36 | 5538 |
| 宁　　波 | 158 | 3927 | 2342 | 487563 | 89 | 2651 |
| 合　　肥 | | | 105 | 26004 | 3 | 35 |
| 福　　州 | 23 | 3257 | 57 | 16850 | 2 | 15 |
| 厦　　门 | 6 | 67 | 33 | 7537 | 1 | 23 |
| 南　　昌 | 500 | 228300 | 416 | 168511 | 3 | 188 |
| 济　　南 | 62 | 2028 | 431 | 8802 | 58 | 5172 |
| 青　　岛 | 244 | 75661 | 1028 | 374382 | 229 | 4448 |
| 郑　　州 | | | 2147 | 98677 | 181 | 5598 |
| 武　　汉 | | | 907 | 130410 | | |
| 长　　沙 | 167 | 150380 | 3060 | 1202362 | 139 | 79403 |
| 广　　州 | 241 | 13872 | 3287 | 840113 | 393 | 60922 |
| 深　　圳 | 312 | 9388 | 265 | 8416 | 319 | 40339 |
| 南　　宁 | 118 | 714 | 439 | 61041 | 11 | 110 |
| 海　　口 | | | 150 | 30119 | | |
| 重　　庆 | 211 | 78469 | 6343 | 1311169 | 315 | 116871 |
| 成　　都 | 354 | 30560 | 2595 | 500380 | 67 | 871 |
| 贵　　阳 | 160 | 92816 | 500 | 160000 | 80 | 50000 |
| 昆　　明 | 801 | 120233 | 278 | 12688 | 484 | 105205 |
| 拉　　萨 | | | | | | |
| 西　　安 | | | 911 | 27037 | 400 | 16957 |
| 兰　　州 | 102 | 40873 | 142 | 14560 | 63 | 19069 |
| 西　　宁 | 10 | 300 | 221 | 5783 | 90 | 576 |
| 银　　川 | 35 | 2260 | 68 | 5215 | 97 | 2071 |
| 乌鲁木齐 | 53 | 4022 | 3190 | 281970 | 171 | 7047 |

2-18 续表 6

| 地区 | #照相器材类 摊位数(个) | #照相器材类 成交额(万元) | 书报杂志类 摊位数(个) | 书报杂志类 成交额(万元) | 电子出版物及音像制品类 摊位数(个) | 电子出版物及音像制品类 成交额(万元) |
|---|---|---|---|---|---|---|
| **总计** | **808** | **76391** | **1443** | **297693** | **3514** | **1363884** |
| 北京 | 147 | 19408 | 11 | 9235 | 7 | 369 |
| 天津 | | | 4 | 163 | 10 | 1540 |
| 石家庄 | | | 54 | 14856 | 2140 | 1239116 |
| 太原 | | | | | | |
| 呼和浩特 | | | 17 | 100 | 20 | 86 |
| 沈阳 | | | | | 5 | 98 |
| 大连 | | | 13 | 168 | 69 | 11591 |
| 长春 | | | 2 | 12 | 57 | 5238 |
| 哈尔滨 | | | 10 | 291 | 38 | 848 |
| 上海 | 183 | 37519 | 11 | 2631 | 22 | 1337 |
| 南京 | | | 3 | 22 | 1 | 5 |
| 杭州 | | | 70 | 22500 | 8 | 194 |
| 宁波 | | | 5 | 22 | | |
| 合肥 | | | 162 | 53011 | | |
| 福州 | | | 4 | 17 | 4 | 248 |
| 厦门 | 1 | 22 | | | | |
| 南昌 | | | 3 | 179 | 20 | 1200 |
| 济南 | | | 4 | 300 | | |
| 青岛 | | | 15 | 382 | 24 | 3463 |
| 郑州 | | | 2 | 45 | | |
| 武汉 | | | 330 | 47830 | 89 | 14059 |
| 长沙 | | | 334 | 115292 | 116 | 49644 |
| 广州 | 101 | 3278 | 95 | 19935 | | |
| 深圳 | 1 | 12 | | | | |
| 南宁 | | | 4 | 59 | | |
| 海口 | | | | | | |
| 重庆 | 5 | 27 | 46 | 2649 | 89 | 21897 |
| 成都 | | | | | 40 | 1600 |
| 贵阳 | | | | | | |
| 昆明 | | | 8 | 350 | 703 | 10953 |
| 拉萨 | | | | | | |
| 西安 | 370 | 16125 | | | | |
| 兰州 | | | 1 | 18 | 3 | 221 |
| 西宁 | | | | | 35 | 78 |
| 银川 | | | 30 | 6654 | 12 | 76 |
| 乌鲁木齐 | | | 205 | 972 | 2 | 23 |

2-18　续表 7

| 地　区 | 家用电器和音像器材类 | | 中西药品类 | | #西药类 | |
|---|---|---|---|---|---|---|
| | 摊位数（个） | 成交额（万元） | 摊位数（个） | 成交额（万元） | 摊位数（个） | 成交额（万元） |
| **总　计** | **13758** | **2923883** | **3652** | **3160647** | **137** | **61254** |
| 北　京 | 310 | 29265 | 22 | 3084 | 16 | 1892 |
| 天　津 | 9 | 739 | 10 | 452 | 6 | 302 |
| 石家庄 | 435 | 96419 | 12 | 1089 | 12 | 1089 |
| 太　原 | 50 | 525 | | | | |
| 呼和浩特 | 140 | 17633 | | | | |
| 沈　阳 | 500 | 16684 | | | | |
| 大　连 | 401 | 151491 | 9 | 580 | 5 | 462 |
| 长　春 | 343 | 33247 | 24 | 1814 | | |
| 哈尔滨 | 75 | 100385 | 1 | 25 | | |
| 上　海 | 105 | 8192 | 167 | 21187 | 4 | 1115 |
| 南　京 | 238 | 15016 | | | | |
| 杭　州 | 414 | 126043 | 3 | 461 | 1 | 132 |
| 宁　波 | 205 | 40361 | | | | |
| 合　肥 | 979 | 678720 | | | | |
| 福　州 | 75 | 30991 | 5 | 278 | 1 | 49 |
| 厦　门 | 5 | 146 | 5 | 250 | 3 | 180 |
| 南　昌 | 841 | 84828 | | | | |
| 济　南 | 462 | 3512 | | | | |
| 青　岛 | 345 | 27612 | 34 | 1114 | 5 | 91 |
| 郑　州 | 915 | 35351 | | | | |
| 武　汉 | 108 | 6802 | | | | |
| 长　沙 | 1142 | 421714 | 226 | 226688 | 30 | 38000 |
| 广　州 | 868 | 122854 | 418 | 13454 | 3 | 868 |
| 深　圳 | 956 | 53960 | 3 | 138 | 2 | 48 |
| 南　宁 | 14 | 407 | 11 | 2749 | 8 | 1740 |
| 海　口 | | | | | | |
| 重　庆 | 958 | 442347 | 72 | 22915 | 28 | 14087 |
| 成　都 | 120 | 48000 | 2537 | 2841750 | | |
| 贵　阳 | 350 | 90000 | | | | |
| 昆　明 | 1169 | 48405 | 9 | 750 | 7 | 450 |
| 拉　萨 | | | 3 | 60 | 3 | 60 |
| 西　安 | 20 | 741 | | | | |
| 兰　州 | 403 | 153500 | 5 | 773 | 3 | 689 |
| 西　宁 | 110 | 2016 | 70 | 20000 | | |
| 银　川 | 64 | 1487 | | | | |
| 乌鲁木齐 | 629 | 34490 | 6 | 1036 | | |

2-18 续表 8

| 地 区 | #中草药及中成药类 | | 文化办公用品类 | | #计算机及其配套产品 | |
|---|---|---|---|---|---|---|
| | 摊位数（个） | 成交额（万元） | 摊位数（个） | 成交额（万元） | 摊位数（个） | 成交额（万元） |
| **总 计** | **2990** | **3091898** | **33845** | **6212908** | **21174** | **3048995** |
| 北 京 | 5 | 1192 | 4336 | 595133 | 1524 | 173412 |
| 天 津 | 1 | 59 | 87 | 4378 | | |
| 石家庄 | | | 749 | 711520 | 720 | 708160 |
| 太 原 | | | 10 | 175 | | |
| 呼和浩特 | | | 519 | 44051 | 295 | 33740 |
| 沈 阳 | | | | | | |
| 大 连 | | | 1913 | 663018 | 6 | 462 |
| 长 春 | | | 144 | 2642 | 2 | 62 |
| 哈尔滨 | | | 2121 | 283796 | 2090 | 283000 |
| 上 海 | 163 | 20072 | 323 | 35798 | 180 | 22080 |
| 南 京 | | | 248 | 46108 | 207 | 36225 |
| 杭 州 | 2 | 329 | 1826 | 190166 | 1266 | 113446 |
| 宁 波 | | | 781 | 119970 | 525 | 68888 |
| 合 肥 | | | 153 | 5609 | | |
| 福 州 | 1 | 49 | 502 | 68006 | 392 | 62941 |
| 厦 门 | 1 | 40 | 3 | 240 | | |
| 南 昌 | | | 438 | 152572 | | |
| 济 南 | | | 260 | 6090 | | |
| 青 岛 | | | 581 | 103658 | 391 | 88320 |
| 郑 州 | | | 2995 | 354938 | 2769 | 350000 |
| 武 汉 | | | 1523 | 619108 | 737 | 43094 |
| 长 沙 | 186 | 188000 | 1725 | 690587 | 1164 | 246825 |
| 广 州 | 415 | 12586 | 1098 | 178243 | 865 | 98076 |
| 深 圳 | 1 | 90 | 4256 | 131065 | 4191 | 129748 |
| 南 宁 | 3 | 1009 | 655 | 79231 | 650 | 79000 |
| 海 口 | | | 295 | 26550 | | |
| 重 庆 | 32 | 6285 | 1907 | 264477 | 1220 | 119992 |
| 成 都 | 2105 | 2841750 | 155 | 13587 | 2 | 2400 |
| 贵 阳 | | | 300 | 105314 | 152 | 19120 |
| 昆 明 | 2 | 300 | 804 | 162304 | 113 | 4256 |
| 拉 萨 | | | | | | |
| 西 安 | | | 802 | 295691 | 590 | 238407 |
| 兰 州 | 2 | 84 | 124 | 51271 | 6 | 689 |
| 西 宁 | 70 | 20000 | 342 | 10196 | | |
| 银 川 | | | 432 | 43057 | 314 | 34200 |
| 乌鲁木齐 | 1 | 53 | 1438 | 154359 | 803 | 92452 |

2-18 续表 9

| 地区 | 家具类 | | 通讯器材类 | | 煤炭及制品类 | |
|---|---|---|---|---|---|---|
| | 摊位数（个） | 成交额（万元） | 摊位数（个） | 成交额（万元） | 摊位数（个） | 成交额（万元） |
| **总　计** | **43027** | **7237511** | **12362** | **1712189** | **2775** | **2563624** |
| 北　京 | 4973 | 716179 | 73 | 6040 | | |
| 天　津 | 325 | 22396 | 7 | 139 | 2716 | 1966794 |
| 石家庄 | 2910 | 579756 | 517 | 53923 | | |
| 太　原 | 571 | 40171 | | | | |
| 呼和浩特 | 801 | 68840 | 223 | 51356 | | |
| 沈　阳 | 2038 | 156741 | 349 | 42911 | | |
| 大　连 | 1482 | 143579 | 197 | 33575 | | |
| 长　春 | 1896 | 90463 | 38 | 1083 | | |
| 哈尔滨 | 532 | 70040 | 37 | 2702 | | |
| 上　海 | 1702 | 156557 | 67 | 11825 | | |
| 南　京 | 2199 | 251107 | | | | |
| 杭　州 | 2229 | 367331 | 841 | 136914 | | |
| 宁　波 | 1324 | 289441 | | | 49 | 596217 |
| 合　肥 | 188 | 4737 | 5 | 310 | | |
| 福　州 | 215 | 18496 | 90 | 5699 | | |
| 厦　门 | 106 | 48687 | 2 | 180 | | |
| 南　昌 | 533 | 55292 | 16 | 900 | | |
| 济　南 | 1114 | 205757 | 216 | 3813 | | |
| 青　岛 | 833 | 243128 | 78 | 5735 | 5 | 98 |
| 郑　州 | 1325 | 224340 | 109 | 1527 | | |
| 武　汉 | 97 | 11056 | 426 | 181026 | | |
| 长　沙 | 1244 | 398528 | 514 | 78205 | | |
| 广　州 | 394 | 25923 | 72 | 4843 | | |
| 深　圳 | 73 | 11285 | 4361 | 371984 | | |
| 南　宁 | 386 | 167014 | 7 | 236 | | |
| 海　口 | | | | | | |
| 重　庆 | 3772 | 1772029 | 1051 | 333657 | 3 | 485 |
| 成　都 | 4532 | 463080 | | | | |
| 贵　阳 | 162 | 19850 | | | | |
| 昆　明 | 742 | 218812 | 329 | 6533 | 2 | 30 |
| 拉　萨 | | | | | | |
| 西　安 | 441 | 36320 | 1264 | 229175 | | |
| 兰　州 | 461 | 30880 | 13 | 8264 | | |
| 西　宁 | 225 | 26830 | | | | |
| 银　川 | 610 | 42240 | 114 | 6601 | | |
| 乌鲁木齐 | 2592 | 260626 | 1346 | 133033 | | |

2-18 续表 10

| 地区 | 木材及制品类 | | 石油及制品类 | | 化工材料及制品类 | |
|---|---|---|---|---|---|---|
| | 摊位数（个） | 成交额（万元） | 摊位数（个） | 成交额（万元） | 摊位数（个） | 成交额（万元） |
| **总　计** | **6338** | **1713647** | **687** | **13420911** | **7234** | **9857260** |
| 北　京 | 122 | 14772 | | | 51 | 19548 |
| 天　津 | 57 | 19040 | | | 216 | 82086 |
| 石家庄 | 145 | 247993 | | | 75 | 136466 |
| 太　原 | | | | | | |
| 呼和浩特 | | | | | | |
| 沈　阳 | 286 | 41505 | | | | |
| 大　连 | 375 | 15461 | 165 | 4800000 | 85 | 8242 |
| 长　春 | 160 | 14213 | | | 214 | 5600 |
| 哈尔滨 | 70 | 8000 | | | 47 | 30259 |
| 上　海 | 904 | 589790 | 470 | 7800000 | 153 | 329234 |
| 南　京 | 40 | 8812 | | | | |
| 杭　州 | 272 | 125655 | | | 312 | 343107 |
| 宁　波 | 154 | 58137 | 50 | 819926 | 3394 | 8140602 |
| 合　肥 | 44 | 9324 | | | | |
| 福　州 | 185 | 31807 | | | | |
| 厦　门 | 202 | 47169 | | | 4 | 2987 |
| 南　昌 | 165 | 19143 | | | 122 | 20541 |
| 济　南 | | | | | | |
| 青　岛 | 236 | 99496 | | | 19 | 3408 |
| 郑　州 | 1 | 220 | | | 501 | 12324 |
| 武　汉 | 74 | 6600 | | | 79 | 1220 |
| 长　沙 | 333 | 19343 | 1 | 168 | 941 | 199930 |
| 广　州 | 175 | 26938 | | | 19 | 5262 |
| 深　圳 | | | | | 363 | 188381 |
| 南　宁 | | | 1 | 817 | 40 | 66225 |
| 海　口 | | | | | | |
| 重　庆 | 319 | 71507 | | | 208 | 77029 |
| 成　都 | 1422 | 128300 | | | | |
| 贵　阳 | | | | | | |
| 昆　明 | | | | | 249 | 10680 |
| 拉　萨 | | | | | | |
| 西　安 | | | | | 36 | 150000 |
| 兰　州 | | | | | | |
| 西　宁 | | | | | | |
| 银　川 | | | | | 19 | 21550 |
| 乌鲁木齐 | 597 | 110422 | | | 87 | 2579 |

2-18 续表 11

| 地区 | #化肥类 | | 金属材料类 | | 建筑及装潢材料类 | |
|---|---|---|---|---|---|---|
| | 摊位数（个） | 成交额（万元） | 摊位数（个） | 成交额（万元） | 摊位数（个） | 成交额（万元） |
| **总　计** | **259** | **115206** | **32318** | **112666758** | **120007** | **19273930** |
| 北　京 | | | 478 | 388503 | 5904 | 1239676 |
| 天　津 | 3 | 2530 | 971 | 1229180 | 1169 | 152144 |
| 石家庄 | | | 181 | 46741 | 4662 | 794334 |
| 太　原 | | | | | | |
| 呼和浩特 | | | | | 584 | 35607 |
| 沈　阳 | | | 1606 | 1418095 | 3464 | 485915 |
| 大　连 | | | 152 | 249280 | 1350 | 101057 |
| 长　春 | | | 745 | 26806 | 260 | 32895 |
| 哈尔滨 | 36 | 26066 | 725 | 1023200 | 4292 | 650800 |
| 上　海 | | | 2010 | 63673428 | 6310 | 1177933 |
| 南　京 | | | | | 11611 | 1124174 |
| 杭　州 | 2 | 940 | 603 | 938919 | 5810 | 1261854 |
| 宁　波 | | | 3842 | 11895691 | 3944 | 1522178 |
| 合　肥 | | | 1027 | 3775767 | 2995 | 306329 |
| 福　州 | | | | | 1145 | 1353047 |
| 厦　门 | | | 16 | 12761 | 336 | 40821 |
| 南　昌 | | | 774 | 47390 | 4547 | 214481 |
| 济　南 | | | 533 | 154088 | 740 | 148916 |
| 青　岛 | 10 | 1536 | 511 | 779490 | 1834 | 341942 |
| 郑　州 | | | | | 4776 | 390918 |
| 武　汉 | 26 | 320 | 1859 | 1833120 | 1766 | 157813 |
| 长　沙 | | | 2098 | 5002543 | 6108 | 1739711 |
| 广　州 | | | 592 | 1044497 | 1937 | 211921 |
| 深　圳 | | | 149 | 2873 | 360 | 38774 |
| 南　宁 | 20 | 48000 | 732 | 1650660 | 1351 | 138332 |
| 海　口 | | | | | 480 | 262935 |
| 重　庆 | 44 | 8304 | 4385 | 6372250 | 11060 | 2297557 |
| 成　都 | | | 2645 | 4174700 | 11936 | 1153743 |
| 贵　阳 | | | 1355 | 281605 | 1929 | 251324 |
| 昆　明 | 99 | 5960 | | | 281 | 78755 |
| 拉　萨 | | | | | | |
| 西　安 | | | 95 | 170000 | 4868 | 509873 |
| 兰　州 | | | 138 | 10004 | 874 | 89472 |
| 西　宁 | | | | | 1023 | 96800 |
| 银　川 | 19 | 21550 | 1625 | 540211 | 690 | 44847 |
| 乌鲁木齐 | | | 2471 | 5924956 | 9611 | 827052 |

2-18 续表 12

| 地区 | 机电产品及设备类 | | #农机类 | | 汽车类 | |
|---|---|---|---|---|---|---|
| | 摊位数（个） | 成交额（万元） | 摊位数（个） | 成交额（万元） | 摊位数（个） | 成交额（万元） |
| **总计** | **23143** | **6489039** | **1240** | **846053** | **49031** | **44165799** |
| 北京 | 361 | 128912 | | | 3947 | 9950847 |
| 天津 | 562 | 254765 | | | 441 | 1813320 |
| 石家庄 | 1385 | 148454 | 7 | 11082 | 567 | 682501 |
| 太原 | | | | | | |
| 呼和浩特 | | | | | | |
| 沈阳 | 1 | 50 | | | 2804 | 794864 |
| 大连 | | | | | 6400 | 1964000 |
| 长春 | 220 | 9810 | | | 2182 | 2292825 |
| 哈尔滨 | | | | | | |
| 上海 | 650 | 120896 | | | 1495 | 3360756 |
| 南京 | 48 | 9260 | 20 | 4020 | 310 | 405183 |
| 杭州 | 755 | 441490 | | | 5835 | 6820875 |
| 宁波 | 135 | 24738 | | | 420 | 876738 |
| 合肥 | 826 | 711602 | 649 | 656704 | 933 | 245905 |
| 福州 | | | | | 145 | 31950 |
| 厦门 | | | | | 119 | 414564 |
| 南昌 | 192 | 144500 | 40 | 58000 | 2086 | 802488 |
| 济南 | 149 | 33120 | 45 | 2300 | 887 | 939708 |
| 青岛 | 244 | 67878 | 242 | 67439 | 1005 | 439821 |
| 郑州 | 359 | 15465 | | | 1007 | 1116259 |
| 武汉 | 8 | 150 | 4 | 80 | 238 | 617000 |
| 长沙 | 1182 | 336878 | | | 1892 | 2109429 |
| 广州 | 361 | 109465 | | | 2581 | 1887770 |
| 深圳 | 179 | 92603 | | | 28 | 52000 |
| 南宁 | 496 | 78400 | | | 1381 | 42346 |
| 海口 | 100 | 22156 | | | | |
| 重庆 | 4402 | 1511086 | 62 | 9370 | 5143 | 2698369 |
| 成都 | 4018 | 590160 | | | 1351 | 367570 |
| 贵阳 | 300 | 400000 | | | 1214 | 1486086 |
| 昆明 | 400 | 14384 | 8 | 389 | 112 | 100308 |
| 拉萨 | | | | | | |
| 西安 | 1060 | 150261 | | | 1662 | 258642 |
| 兰州 | 60 | 28750 | | | | |
| 西宁 | | | | | | |
| 银川 | 417 | 64355 | 163 | 36669 | | |
| 乌鲁木齐 | 4273 | 979451 | | | 2846 | 1593675 |

2-18　续表 13

| 地　区 | 种子饲料类 | | 棉麻类 | | 其他类 | |
|---|---|---|---|---|---|---|
| | 摊位数（个） | 成交额（万元） | 摊位数（个） | 成交额（万元） | 摊位数（个） | 成交额（万元） |
| **总　计** | **883** | **170648** | **593** | **157660** | **58923** | **8411443** |
| 北　京 | 5 | 172 | 65 | 960 | 5714 | 239150 |
| 天　津 | 5 | 1332 | | | 649 | 79388 |
| 石家庄 | 5 | 603 | | | 1074 | 112021 |
| 太　原 | | | | | 373 | 2500 |
| 呼和浩特 | | | | | 39 | 460 |
| 沈　阳 | 223 | 10302 | | | 3764 | 352703 |
| 大　连 | | | | | 3067 | 153364 |
| 长　春 | | | 203 | 2603 | 3285 | 254833 |
| 哈尔滨 | 70 | 50000 | | | 1808 | 162239 |
| 上　海 | 7 | 1410 | | | 2581 | 354162 |
| 南　京 | | | | | 359 | 24400 |
| 杭　州 | | | | | 2531 | 686710 |
| 宁　波 | 3 | 5360 | 200 | 150067 | 1010 | 210571 |
| 合　肥 | | | | | 1914 | 284031 |
| 福　州 | 3 | 167 | | | 492 | 170976 |
| 厦　门 | 6 | 222 | | | 149 | 5935 |
| 南　昌 | | | 39 | 1163 | 1038 | 43363 |
| 济　南 | | | | | 1710 | 73882 |
| 青　岛 | | | 13 | 375 | 181 | 20225 |
| 郑　州 | 3 | 1590 | | | 6119 | 1509393 |
| 武　汉 | 30 | 505 | | | 895 | 143020 |
| 长　沙 | 3 | 257 | | | 1855 | 293771 |
| 广　州 | 12 | 327 | | | 1726 | 124981 |
| 深　圳 | | | | | 2635 | 628568 |
| 南　宁 | 319 | 76354 | 28 | 212 | 713 | 103098 |
| 海　口 | | | | | | |
| 重　庆 | 78 | 3088 | 45 | 2280 | 3200 | 498193 |
| 成　都 | | | | | 247 | 6158 |
| 贵　阳 | | | | | 3900 | 752500 |
| 昆　明 | 68 | 2101 | | | 2303 | 473746 |
| 拉　萨 | | | | | | |
| 西　安 | | | | | 104 | 16885 |
| 兰　州 | | | | | 497 | 42714 |
| 西　宁 | | | | | 542 | 33057 |
| 银　川 | 28 | 16530 | | | 324 | 33734 |
| 乌鲁木齐 | 15 | 328 | | | 2125 | 520712 |

## (四)三大地带

# 2-19 商品交易市场总体情况

| 地区 | 市场数量(个) | 总摊位数(个) | 年末出租摊位数(个) | 营业面积(平方米) | 成交额(万元) |
|---|---|---|---|---|---|
| **三大地带合计** | **1704** | **1242011** | **1083455** | **90431021** | **554539238** |
| **环渤海** | **368** | **328439** | **293618** | **21771780** | **101485501** |
| 北京 | 114 | 95789 | 83672 | 6601844 | 39220612 |
| 天津 | 44 | 35600 | 30655 | 3163445 | 13154060 |
| 唐山 | 21 | 16288 | 13166 | 792290 | 3329648 |
| 沈阳 | 58 | 60385 | 50286 | 2481422 | 14524592 |
| 大连 | 39 | 40058 | 37974 | 1883577 | 13405009 |
| 济南 | 32 | 20070 | 19473 | 1840320 | 4797045 |
| 青岛 | 60 | 60249 | 58392 | 5008882 | 13054535 |
| **长三角** | **1073** | **690300** | **620746** | **53725411** | **403692256** |
| 上海 | 134 | 61669 | 54616 | 4215698 | 89478618 |
| 南京 | 36 | 35789 | 34534 | 2515763 | 10594493 |
| 苏州 | 81 | 84386 | 72875 | 8845204 | 78558528 |
| 无锡 | 49 | 45725 | 40192 | 4897785 | 38672745 |
| 常州 | 56 | 42750 | 36293 | 5102591 | 21176142 |
| 镇江 | 13 | 6962 | 6205 | 1098608 | 4448706 |
| 南通 | 81 | 49654 | 45137 | 2981484 | 19475174 |
| 扬州 | 53 | 20414 | 19333 | 1653888 | 6833763 |
| 泰州 | 24 | 17780 | 15427 | 1780831 | 3390044 |
| 杭州 | 148 | 85920 | 79679 | 4204727 | 31214263 |
| 宁波 | 121 | 56888 | 51988 | 4165466 | 33418563 |
| 嘉兴 | 66 | 55378 | 51401 | 3631564 | 18226292 |
| 湖州 | 43 | 22736 | 19603 | 1625334 | 6896031 |
| 绍兴 | 44 | 51928 | 48122 | 4261008 | 28743350 |
| 舟山 | 12 | 6401 | 5738 | 317417 | 2047254 |
| 台州 | 112 | 45920 | 39603 | 2428043 | 10518290 |
| **珠三角** | **263** | **223272** | **169091** | **14933830** | **49361481** |
| 广州 | 127 | 101986 | 82440 | 6090645 | 19912922 |
| 深圳 | 27 | 52174 | 29742 | 1670367 | 6380508 |
| 珠海 | 8 | 4157 | 3468 | 110390 | 1606868 |
| 佛山 | 27 | 15551 | 14187 | 2908289 | 7150623 |
| 江门 | 8 | 3818 | 2892 | 187959 | 967885 |
| 东莞 | 49 | 36216 | 27772 | 3470540 | 11167674 |
| 中山 | 3 | 2324 | 1959 | 55315 | 42226 |
| 惠州 | 5 | 4817 | 4553 | 400000 | 1961579 |
| 肇庆 | 9 | 2229 | 2078 | 40325 | 171196 |

# 2-20 商品交易市场情况(按市场类别分)

(综合市场)

| 地 区 | 市场数量<br>(个) | 总摊位数<br>(个) | 年末出租摊位数<br>(个) | 营业面积<br>(平方米) | 成交额<br>(万元) |
|---|---|---|---|---|---|
| **三大地带合计** | **458** | **379475** | **325942** | **19293107** | **88269108** |
| **环渤海** | **95** | **123517** | **113978** | **5497483** | **30336574** |
| 北京 | 32 | 36923 | 32858 | 1684186 | 13760144 |
| 天津 | 11 | 11808 | 10537 | 1100931 | 4193046 |
| 唐山 | 8 | 7631 | 7514 | 193260 | 1593688 |
| 沈阳 | 10 | 7265 | 5431 | 158853 | 368192 |
| 大连 | 17 | 23072 | 21528 | 896153 | 5085885 |
| 济南 | 5 | 5610 | 5478 | 301000 | 429472 |
| 青岛 | 12 | 31208 | 30632 | 1163100 | 4906147 |
| **长三角** | **313** | **185064** | **165720** | **10664659** | **46640810** |
| 上海 | 45 | 23448 | 20369 | 1144078 | 4477089 |
| 南京 | 15 | 15991 | 15835 | 1309121 | 7445070 |
| 苏州 | 4 | 1848 | 1218 | 46600 | 241856 |
| 无锡 | 9 | 19701 | 17646 | 1680130 | 5488179 |
| 常州 | 16 | 8811 | 7701 | 1337967 | 5768367 |
| 镇江 | 3 | 2597 | 2478 | 537429 | 537441 |
| 南通 | 10 | 5797 | 5284 | 244194 | 1049735 |
| 扬州 | 10 | 3379 | 3319 | 110180 | 983972 |
| 泰州 | 9 | 10658 | 8855 | 618300 | 1637559 |
| 杭州 | 43 | 23731 | 22561 | 1017373 | 6519314 |
| 宁波 | 45 | 25209 | 22970 | 1075519 | 4859855 |
| 嘉兴 | 20 | 8814 | 7378 | 163722 | 916110 |
| 湖州 | 25 | 12213 | 9719 | 602638 | 2218378 |
| 绍兴 | 11 | 5120 | 4538 | 289794 | 1808810 |
| 舟山 | 6 | 3017 | 2388 | 47515 | 248231 |
| 台州 | 42 | 14730 | 13461 | 440099 | 2440844 |
| **珠三角** | **50** | **70894** | **46244** | **3130965** | **11291724** |
| 广州 | 14 | 11353 | 10134 | 344163 | 905896 |
| 深圳 | 11 | 39722 | 19495 | 1356839 | 5245631 |
| 珠海 | 2 | 1268 | 1152 | 8690 | 35179 |
| 佛山 | 6 | 5499 | 5081 | 416208 | 1549932 |
| 江门 | 4 | 2822 | 1898 | 88477 | 144910 |
| 东莞 | 4 | 5436 | 4000 | 749563 | 2944989 |
| 中山 | | | | | |
| 惠州 | 1 | 3249 | 3078 | 130000 | 333887 |
| 肇庆 | 8 | 1545 | 1406 | 37025 | 131300 |

2-20 续表 1

(生产资料综合市场)

| 地区 | 市场数量(个) | 总摊位数(个) | 年末出租摊位数(个) | 营业面积(平方米) | 成交额(万元) |
|---|---|---|---|---|---|
| **三大地带合计** | **15** | **10731** | **10138** | **1719327** | **1680625** |
| **环渤海** | **2** | **1200** | **1130** | **36000** | **90000** |
| 北京 | | | | | |
| 天津 | | | | | |
| 唐山 | | | | | |
| 沈阳 | 1 | 500 | 430 | 6000 | 10000 |
| 大连 | 1 | 700 | 700 | 30000 | 80000 |
| 济南 | | | | | |
| 青岛 | | | | | |
| **长三角** | **12** | **8179** | **7656** | **1651467** | **1542719** |
| 上海 | | | | | |
| 南京 | | | | | |
| 苏州 | | | | | |
| 无锡 | 2 | 2119 | 2010 | 732130 | 297865 |
| 常州 | | | | | |
| 镇江 | 1 | 1997 | 1997 | 525000 | 441591 |
| 南通 | | | | | |
| 扬州 | | | | | |
| 泰州 | | | | | |
| 杭州 | 1 | 1293 | 1293 | 98388 | 435939 |
| 宁波 | 2 | 350 | 350 | 58322 | 125246 |
| 嘉兴 | | | | | |
| 湖州 | 3 | 1357 | 943 | 207001 | 166378 |
| 绍兴 | | | | | |
| 舟山 | 1 | 905 | 905 | 25886 | 39500 |
| 台州 | 2 | 158 | 158 | 4740 | 36200 |
| **珠三角** | **1** | **1352** | **1352** | **31860** | **47906** |
| 广州 | | | | | |
| 深圳 | 1 | 1352 | 1352 | 31860 | 47906 |
| 珠海 | | | | | |
| 佛山 | | | | | |
| 江门 | | | | | |
| 东莞 | | | | | |
| 中山 | | | | | |
| 惠州 | | | | | |
| 肇庆 | | | | | |

2-20 续表 2

(工业消费品综合市场)

| 地 区 | 市场数量（个） | 总摊位数（个） | 年末出租摊位数（个） | 营业面积（平方米） | 成交额（万元） |
|---|---|---|---|---|---|
| **三大地带合计** | **77** | **114960** | **90757** | **4704020** | **16651458** |
| **环渤海** | **28** | **29804** | **28156** | **1011184** | **4292737** |
| 北 京 | 8 | 7556 | 6934 | 163548 | 605044 |
| 天 津 | 1 | 432 | 432 | 9300 | 63149 |
| 唐 山 | 1 | 654 | 654 | 8220 | 378100 |
| 沈 阳 | 1 | 1457 | 1293 | 14193 | 48909 |
| 大 连 | 10 | 10945 | 10173 | 297423 | 1231168 |
| 济 南 | 3 | 3160 | 3076 | 113000 | 67672 |
| 青 岛 | 4 | 5600 | 5594 | 405500 | 1898695 |
| **长三角** | **36** | **43352** | **40777** | **2308591** | **9451124** |
| 上 海 | 1 | 1033 | 847 | 38000 | 55652 |
| 南 京 | 2 | 1207 | 1207 | 56453 | 110846 |
| 苏 州 | 1 | 800 | 368 | 22000 | 19720 |
| 无 锡 | 3 | 10980 | 10526 | 575000 | 2720761 |
| 常 州 | 1 | 450 | 366 | 360000 | 409583 |
| 镇 江 | | | | | |
| 南 通 | 4 | 3272 | 2989 | 196764 | 754161 |
| 扬 州 | 1 | 1454 | 1454 | 50000 | 700703 |
| 泰 州 | 1 | 2466 | 2454 | 48000 | 74338 |
| 杭 州 | 8 | 7019 | 6692 | 185173 | 1042600 |
| 宁 波 | 6 | 7474 | 7028 | 427973 | 1581386 |
| 嘉 兴 | | | | | |
| 湖 州 | 2 | 1243 | 1207 | 34689 | 294378 |
| 绍 兴 | 2 | 1317 | 1298 | 121719 | 752627 |
| 舟 山 | | | | | |
| 台 州 | 4 | 4637 | 4341 | 192820 | 934369 |
| **珠三角** | **13** | **41804** | **21824** | **1384245** | **2907597** |
| 广 州 | 7 | 5513 | 5290 | 208003 | 528054 |
| 深 圳 | 3 | 31453 | 11954 | 978564 | 1353761 |
| 珠 海 | | | | | |
| 佛 山 | 2 | 1589 | 1502 | 67678 | 691895 |
| 江 门 | | | | | |
| 东 莞 | | | | | |
| 中 山 | | | | | |
| 惠 州 | 1 | 3249 | 3078 | 130000 | 333887 |
| 肇 庆 | | | | | |

2-20 续表 3

(农产品综合市场)

| 地区 | 市场数量(个) | 总摊位数(个) | 年末出租摊位数(个) | 营业面积(平方米) | 成交额(万元) |
|---|---|---|---|---|---|
| **三大地带合计** | **293** | **165030** | **143942** | **8051111** | **51322626** |
| **环渤海** | **45** | **43965** | **38185** | **2562113** | **17794322** |
| 北京 | 21 | 27040 | 24150 | 1459773 | 13101542 |
| 天津 | 5 | 4090 | 3413 | 450000 | 2467421 |
| 唐山 | 3 | 1190 | 1096 | 95000 | 324597 |
| 沈阳 | 6 | 4179 | 2579 | 113360 | 288708 |
| 大连 | 3 | 2075 | 2075 | 82980 | 467570 |
| 济南 | 2 | 2450 | 2402 | 188000 | 361800 |
| 青岛 | 5 | 2941 | 2470 | 173000 | 782684 |
| **长三角** | **221** | **97258** | **85820** | **3871453** | **25360172** |
| 上海 | 37 | 15331 | 14270 | 861469 | 3973104 |
| 南京 | 8 | 6548 | 6393 | 551685 | 5287719 |
| 苏州 | | | | | |
| 无锡 | 4 | 6602 | 5110 | 373000 | 2469553 |
| 常州 | 11 | 6347 | 5572 | 527902 | 4075766 |
| 镇江 | 1 | 350 | 269 | 8929 | 59600 |
| 南通 | 4 | 1735 | 1608 | 28430 | 245374 |
| 扬州 | 8 | 1587 | 1527 | 54600 | 234469 |
| 泰州 | 6 | 3563 | 3129 | 135300 | 623911 |
| 杭州 | 26 | 9077 | 8335 | 192205 | 1243314 |
| 宁波 | 34 | 15490 | 13760 | 438207 | 2761567 |
| 嘉兴 | 20 | 8814 | 7378 | 163722 | 916110 |
| 湖州 | 16 | 7006 | 5707 | 198048 | 1336993 |
| 绍兴 | 8 | 3366 | 2803 | 101243 | 636183 |
| 舟山 | 5 | 2112 | 1483 | 21629 | 208731 |
| 台州 | 33 | 9330 | 8476 | 215084 | 1287778 |
| **珠三角** | **27** | **23807** | **19937** | **1617545** | **8168132** |
| 广州 | 6 | 5330 | 4583 | 132180 | 364429 |
| 深圳 | 5 | 5749 | 5069 | 325615 | 3794430 |
| 珠海 | 2 | 1268 | 1152 | 8690 | 35179 |
| 佛山 | 4 | 3910 | 3579 | 348530 | 858037 |
| 江门 | 2 | 1475 | 946 | 39458 | 94348 |
| 东莞 | 4 | 5436 | 4000 | 749563 | 2944989 |
| 中山 | | | | | |
| 惠州 | | | | | |
| 肇庆 | 4 | 639 | 608 | 13509 | 76720 |

2-20 续表 4

(其他综合市场)

| 地　　区 | 市场数量<br>(个) | 总摊位数<br>(个) | 年末出租摊位数<br>(个) | 营业面积<br>(平方米) | 成交额<br>(万元) |
|---|---|---|---|---|---|
| **三大地带合计** | **73** | **88754** | **81105** | **4818649** | **18614399** |
| **环渤海** | **20** | **48548** | **46507** | **1888186** | **8159515** |
| 北　京 | 3 | 2327 | 1774 | 60865 | 53558 |
| 天　津 | 5 | 7286 | 6692 | 641631 | 1662476 |
| 唐　山 | 4 | 5787 | 5764 | 90040 | 890991 |
| 沈　阳 | 2 | 1129 | 1129 | 25300 | 20575 |
| 大　连 | 3 | 9352 | 8580 | 485750 | 3307147 |
| 济　南 | | | | | |
| 青　岛 | 3 | 22667 | 22568 | 584600 | 2224768 |
| **长三角** | **44** | **36275** | **31467** | **2833148** | **10286795** |
| 上　海 | 7 | 7084 | 5252 | 244609 | 448333 |
| 南　京 | 5 | 8236 | 8235 | 700983 | 2046505 |
| 苏　州 | 3 | 1048 | 850 | 24600 | 222136 |
| 无　锡 | | | | | |
| 常　州 | 4 | 2014 | 1763 | 450065 | 1283018 |
| 镇　江 | 1 | 250 | 212 | 3500 | 36250 |
| 南　通 | 2 | 790 | 687 | 19000 | 50200 |
| 扬　州 | 1 | 338 | 338 | 5580 | 48800 |
| 泰　州 | 2 | 4629 | 3272 | 435000 | 939310 |
| 杭　州 | 8 | 6342 | 6241 | 541607 | 3797461 |
| 宁　波 | 3 | 1895 | 1832 | 151017 | 391656 |
| 嘉　兴 | | | | | |
| 湖　州 | 4 | 2607 | 1862 | 162900 | 420629 |
| 绍　兴 | 1 | 437 | 437 | 66832 | 420000 |
| 舟　山 | | | | | |
| 台　州 | 3 | 605 | 486 | 27455 | 182497 |
| **珠三角** | **9** | **3931** | **3131** | **97315** | **168089** |
| 广　州 | 1 | 510 | 261 | 3980 | 13413 |
| 深　圳 | 2 | 1168 | 1120 | 20800 | 49534 |
| 珠　海 | | | | | |
| 佛　山 | | | | | |
| 江　门 | 2 | 1347 | 952 | 49019 | 50562 |
| 东　莞 | | | | | |
| 中　山 | | | | | |
| 惠　州 | | | | | |
| 肇　庆 | 4 | 906 | 798 | 23516 | 54580 |

2-20 续表 5

(专业市场)

| 地区 | 市场数量(个) | 总摊位数(个) | 年末出租摊位数(个) | 营业面积(平方米) | 成交额(万元) |
|---|---|---|---|---|---|
| **三大地带合计** | **1246** | **862536** | **757513** | **71137914** | **466270130** |
| **环渤海** | **273** | **204922** | **179640** | **16274297** | **71148927** |
| 北京 | 82 | 58866 | 50814 | 4917658 | 25460468 |
| 天津 | 33 | 23792 | 20118 | 2062514 | 8961014 |
| 唐山 | 13 | 8657 | 5652 | 599030 | 1735960 |
| 沈阳 | 48 | 53120 | 44855 | 2322569 | 14156400 |
| 大连 | 22 | 16986 | 16446 | 987424 | 8319124 |
| 济南 | 27 | 14460 | 13995 | 1539320 | 4367573 |
| 青岛 | 48 | 29041 | 27760 | 3845782 | 8148388 |
| **长三角** | **760** | **505236** | **455026** | **43060752** | **357051446** |
| 上海 | 89 | 38221 | 34247 | 3071620 | 85001529 |
| 南京 | 21 | 19798 | 18699 | 1206642 | 3149423 |
| 苏州 | 77 | 82538 | 71657 | 8798604 | 78316672 |
| 无锡 | 40 | 26024 | 22546 | 3217655 | 33184566 |
| 常州 | 40 | 33939 | 28592 | 3764624 | 15407775 |
| 镇江 | 10 | 4365 | 3727 | 561179 | 3911265 |
| 南通 | 71 | 43857 | 39853 | 2737290 | 18425439 |
| 扬州 | 43 | 17035 | 16014 | 1543708 | 5849791 |
| 泰州 | 15 | 7122 | 6572 | 1162531 | 1752485 |
| 杭州 | 105 | 62189 | 57118 | 3187354 | 24694949 |
| 宁波 | 76 | 31679 | 29018 | 3089947 | 28558708 |
| 嘉兴 | 46 | 46564 | 44023 | 3467842 | 17310182 |
| 湖州 | 18 | 10523 | 9884 | 1022696 | 4677653 |
| 绍兴 | 33 | 46808 | 43584 | 3971214 | 26934540 |
| 舟山 | 6 | 3384 | 3350 | 269902 | 1799023 |
| 台州 | 70 | 31190 | 26142 | 1987944 | 8077446 |
| **珠三角** | **213** | **152378** | **122847** | **11802865** | **38069757** |
| 广州 | 113 | 90633 | 72306 | 5746482 | 19007026 |
| 深圳 | 16 | 12452 | 10247 | 313528 | 1134877 |
| 珠海 | 6 | 2889 | 2316 | 101700 | 1571689 |
| 佛山 | 21 | 10052 | 9106 | 2492081 | 5600691 |
| 江门 | 4 | 996 | 994 | 99482 | 822975 |
| 东莞 | 45 | 30780 | 23772 | 2720977 | 8222685 |
| 中山 | 3 | 2324 | 1959 | 55315 | 42226 |
| 惠州 | 4 | 1568 | 1475 | 270000 | 1627692 |
| 肇庆 | 1 | 684 | 672 | 3300 | 39896 |

2-20 续表 6

(生产资料市场)

| 地 区 | 市场数量（个） | 总摊位数（个） | 年末出租摊位数（个） | 营业面积（平方米） | 成交额（万元） |
|---|---|---|---|---|---|
| **三大地带合计** | **206** | **98590** | **81699** | **14253764** | **195174585** |
| **环渤海** | **45** | **13712** | **12188** | **2956688** | **12738676** |
| 北 京 | 13 | 3214 | 2971 | 434194 | 1101716 |
| 天 津 | 8 | 4278 | 3977 | 271697 | 3265418 |
| 唐 山 | 3 | 572 | 432 | 160066 | 429104 |
| 沈 阳 | 5 | 2423 | 1899 | 352971 | 1597017 |
| 大 连 | 4 | 588 | 512 | 114300 | 5081631 |
| 济 南 | 5 | 1081 | 1023 | 184500 | 294668 |
| 青 岛 | 7 | 1556 | 1374 | 1438960 | 969122 |
| **长三角** | **142** | **72629** | **61104** | **9419412** | **176141552** |
| 上 海 | 21 | 4497 | 3833 | 911248 | 73142382 |
| 南 京 | 3 | 9157 | 9122 | 206266 | 493997 |
| 苏 州 | 19 | 12220 | 7609 | 1034741 | 34585538 |
| 无 锡 | 14 | 11034 | 9171 | 1712173 | 28605206 |
| 常 州 | 14 | 7701 | 6231 | 1358100 | 6737067 |
| 镇 江 | 1 | 258 | 125 | 15196 | 2495716 |
| 南 通 | 7 | 1229 | 963 | 239793 | 350996 |
| 扬 州 | 8 | 2243 | 2174 | 373235 | 549919 |
| 泰 州 | 3 | 1478 | 1179 | 503627 | 621161 |
| 杭 州 | 6 | 1016 | 722 | 123796 | 776558 |
| 宁 波 | 22 | 10780 | 9783 | 1594161 | 22772256 |
| 嘉 兴 | 6 | 2984 | 2602 | 385645 | 1658164 |
| 湖 州 | 4 | 3731 | 3673 | 206257 | 1162695 |
| 绍 兴 | 5 | 2160 | 2123 | 543998 | 1292815 |
| 舟 山 | 1 | 1 | 1 | 3200 | 331672 |
| 台 州 | 8 | 2140 | 1793 | 207976 | 565410 |
| **珠三角** | **19** | **12249** | **8407** | **1877664** | **6294357** |
| 广 州 | 6 | 2149 | 1709 | 299198 | 1347140 |
| 深 圳 | | | | | |
| 珠 海 | | | | | |
| 佛 山 | 5 | 1157 | 572 | 344636 | 452163 |
| 江 门 | | | | | |
| 东 莞 | 8 | 8943 | 6126 | 1233830 | 4495054 |
| 中 山 | | | | | |
| 惠 州 | | | | | |
| 肇 庆 | | | | | |

2-20 续表 7

(农业生产用具市场)

| 地区 | 市场数量(个) | 总摊位数(个) | 年末出租摊位数(个) | 营业面积(平方米) | 成交额(万元) |
|---|---|---|---|---|---|
| **三大地带合计** | **5** | **940** | **917** | **267415** | **181953** |
| **环渤海** | **2** | **254** | **233** | **97000** | **65510** |
| 北京 | | | | | |
| 天津 | | | | | |
| 唐山 | | | | | |
| 沈阳 | | | | | |
| 大连 | | | | | |
| 济南 | | | | | |
| 青岛 | 2 | 254 | 233 | 97000 | 65510 |
| **长三角** | **2** | **506** | **504** | **55400** | **67155** |
| 上海 | | | | | |
| 南京 | | | | | |
| 苏州 | | | | | |
| 无锡 | | | | | |
| 常州 | 1 | 460 | 460 | 52700 | 53083 |
| 镇江 | | | | | |
| 南通 | | | | | |
| 扬州 | | | | | |
| 泰州 | | | | | |
| 杭州 | | | | | |
| 宁波 | | | | | |
| 嘉兴 | | | | | |
| 湖州 | 1 | 46 | 44 | 2700 | 14072 |
| 绍兴 | | | | | |
| 舟山 | | | | | |
| 台州 | | | | | |
| **珠三角** | **1** | **180** | **180** | **115015** | **49288** |
| 广州 | | | | | |
| 深圳 | | | | | |
| 珠海 | | | | | |
| 佛山 | 1 | 180 | 180 | 115015 | 49288 |
| 江门 | | | | | |
| 东莞 | | | | | |
| 中山 | | | | | |
| 惠州 | | | | | |
| 肇庆 | | | | | |

2-20 续表 8

(农用生产资料市场)

| 地 区 | 市场数量(个) | 总摊位数(个) | 年末出租摊位数(个) | 营业面积(平方米) | 成交额(万元) |
|---|---|---|---|---|---|
| **三大地带合计** | **1** | **1** | **1** | **43956** | **10372** |
| **环渤海** | | | | | |
| 北京 | | | | | |
| 天津 | | | | | |
| 唐山 | | | | | |
| 沈阳 | | | | | |
| 大连 | | | | | |
| 济南 | | | | | |
| 青岛 | | | | | |
| **长三角** | | | | | |
| 上海 | | | | | |
| 南京 | | | | | |
| 苏州 | | | | | |
| 无锡 | | | | | |
| 常州 | | | | | |
| 镇江 | | | | | |
| 南通 | | | | | |
| 扬州 | | | | | |
| 泰州 | | | | | |
| 杭州 | | | | | |
| 宁波 | | | | | |
| 嘉兴 | | | | | |
| 湖州 | | | | | |
| 绍兴 | | | | | |
| 舟山 | | | | | |
| 台州 | | | | | |
| **珠三角** | **1** | **1** | **1** | **43956** | **10372** |
| 广州 | | | | | |
| 深圳 | | | | | |
| 珠海 | | | | | |
| 佛山 | 1 | 1 | 1 | 43956 | 10372 |
| 江门 | | | | | |
| 东莞 | | | | | |
| 中山 | | | | | |
| 惠州 | | | | | |
| 肇庆 | | | | | |

2-20 续表 9

(煤炭市场)

| 地区 | 市场数量(个) | 总摊位数(个) | 年末出租摊位数(个) | 营业面积(平方米) | 成交额(万元) |
|---|---|---|---|---|---|
| **三大地带合计** | **3** | **2765** | **2765** | **406400** | **2563011** |
| **环渤海** | **2** | **2716** | **2716** | **1400** | **1966794** |
| 北京 | | | | | |
| 天津 | 2 | 2716 | 2716 | 1400 | 1966794 |
| 唐山 | | | | | |
| 沈阳 | | | | | |
| 大连 | | | | | |
| 济南 | | | | | |
| 青岛 | | | | | |
| **长三角** | **1** | **49** | **49** | **405000** | **596217** |
| 上海 | | | | | |
| 南京 | | | | | |
| 苏州 | | | | | |
| 无锡 | | | | | |
| 常州 | | | | | |
| 镇江 | | | | | |
| 南通 | | | | | |
| 扬州 | | | | | |
| 泰州 | | | | | |
| 杭州 | | | | | |
| 宁波 | 1 | 49 | 49 | 405000 | 596217 |
| 嘉兴 | | | | | |
| 湖州 | | | | | |
| 绍兴 | | | | | |
| 舟山 | | | | | |
| 台州 | | | | | |
| **珠三角** | | | | | |
| 广州 | | | | | |
| 深圳 | | | | | |
| 珠海 | | | | | |
| 佛山 | | | | | |
| 江门 | | | | | |
| 东莞 | | | | | |
| 中山 | | | | | |
| 惠州 | | | | | |
| 肇庆 | | | | | |

2-20 续表 10

(木材市场)

| 地 区 | 市场数量（个） | 总摊位数（个） | 年末出租摊位数（个） | 营业面积（平方米） | 成交额（万元） |
|---|---|---|---|---|---|
| **三大地带合计** | **20** | **10729** | **8512** | **1775745** | **3275140** |
| **环渤海** | **2** | **400** | **398** | **402760** | **116797** |
| 北 京 | | | | | |
| 天 津 | | | | | |
| 唐 山 | | | | | |
| 沈 阳 | 1 | 200 | 200 | 2800 | 29145 |
| 大 连 | | | | | |
| 济 南 | | | | | |
| 青 岛 | 1 | 200 | 198 | 399960 | 87652 |
| **长三角** | **16** | **7818** | **7558** | **1044475** | **2638343** |
| 上 海 | 5 | 542 | 511 | 284396 | 566556 |
| 南 京 | | | | | |
| 苏 州 | 1 | 350 | 329 | 32000 | 29700 |
| 无 锡 | | | | | |
| 常 州 | 3 | 2236 | 2106 | 402300 | 775194 |
| 镇 江 | | | | | |
| 南 通 | | | | | |
| 扬 州 | 1 | 180 | 158 | 30000 | 50125 |
| 泰 州 | | | | | |
| 杭 州 | 1 | 115 | 115 | 15000 | 29100 |
| 宁 波 | | | | | |
| 嘉 兴 | | | | | |
| 湖 州 | 2 | 3684 | 3628 | 203322 | 1127960 |
| 绍 兴 | 1 | 70 | 70 | 11607 | 14348 |
| 舟 山 | | | | | |
| 台 州 | 2 | 641 | 641 | 65850 | 45360 |
| **珠三角** | **2** | **2511** | **556** | **328510** | **520000** |
| 广 州 | | | | | |
| 深 圳 | | | | | |
| 珠 海 | | | | | |
| 佛 山 | | | | | |
| 江 门 | | | | | |
| 东 莞 | 2 | 2511 | 556 | 328510 | 520000 |
| 中 山 | | | | | |
| 惠 州 | | | | | |
| 肇 庆 | | | | | |

2-20 续表 11

(建材市场)

| 地　区 | 市场数量(个) | 总摊位数(个) | 年末出租摊位数(个) | 营业面积(平方米) | 成交额(万元) |
|---|---|---|---|---|---|
| **三大地带合计** | **50** | **25275** | **23347** | **3225774** | **5024849** |
| **环渤海** | **12** | **4035** | **3514** | **519111** | **879606** |
| 北　京 | 8 | 2130 | 2072 | 229940 | 478940 |
| 天　津 | 1 | 780 | 528 | 186000 | 104469 |
| 唐　山 | | | | | |
| 沈　阳 | 1 | 273 | 92 | 39171 | 149727 |
| 大　连 | | | | | |
| 济　南 | 1 | 420 | 390 | 32000 | 110000 |
| 青　岛 | 1 | 432 | 432 | 32000 | 36470 |
| **长三角** | **36** | **20156** | **19046** | **2535577** | **3883662** |
| 上　海 | 5 | 899 | 840 | 302843 | 399251 |
| 南　京 | 3 | 9157 | 9122 | 206266 | 493997 |
| 苏　州 | 6 | 2335 | 2256 | 158227 | 304597 |
| 无　锡 | 1 | 1380 | 1120 | 587450 | 326000 |
| 常　州 | 4 | 1085 | 875 | 456056 | 836219 |
| 镇　江 | | | | | |
| 南　通 | 2 | 600 | 570 | 78033 | 164670 |
| 扬　州 | 4 | 1324 | 1302 | 223695 | 142772 |
| 泰　州 | 2 | 908 | 641 | 123627 | 78279 |
| 杭　州 | 1 | 83 | 83 | 25000 | 44312 |
| 宁　波 | 5 | 1859 | 1726 | 221246 | 1041172 |
| 嘉　兴 | 2 | 461 | 446 | 149634 | 41093 |
| 湖　州 | | | | | |
| 绍　兴 | | | | | |
| 舟　山 | | | | | |
| 台　州 | 1 | 65 | 65 | 3500 | 11300 |
| **珠三角** | **2** | **1084** | **787** | **171086** | **261581** |
| 广　州 | 1 | 1029 | 742 | 163786 | 188581 |
| 深　圳 | | | | | |
| 珠　海 | | | | | |
| 佛　山 | | | | | |
| 江　门 | | | | | |
| 东　莞 | 1 | 55 | 45 | 7300 | 73000 |
| 中　山 | | | | | |
| 惠　州 | | | | | |
| 肇　庆 | | | | | |

2-20 续表 12

(化工材料及制品市场)

| 地区 | 市场数量<br>(个) | 总摊位数<br>(个) | 年末出租摊位数<br>(个) | 营业面积<br>(平方米) | 成交额<br>(万元) |
|---|---|---|---|---|---|
| **三大地带合计** | **20** | **18558** | **12303** | **1703682** | **29582846** |
| **环渤海** | **2** | **307** | **307** | **7861** | **88032** |
| 北京 | | | | | |
| 天津 | 1 | 209 | 209 | 3561 | 79132 |
| 唐山 | | | | | |
| 沈阳 | | | | | |
| 大连 | 1 | 98 | 98 | 4300 | 8900 |
| 济南 | | | | | |
| 青岛 | | | | | |
| **长三角** | **15** | **12799** | **7166** | **957801** | **25747921** |
| 上海 | 1 | 495 | 1 | 13000 | 905 |
| 南京 | | | | | |
| 苏州 | 3 | 5729 | 1498 | 78093 | 8405357 |
| 无锡 | 2 | 937 | 882 | 43000 | 6132923 |
| 常州 | 2 | 1394 | 1062 | 265904 | 2042158 |
| 镇江 | | | | | |
| 南通 | | | | | |
| 扬州 | | | | | |
| 泰州 | | | | | |
| 杭州 | 1 | 90 | 90 | 2000 | 205303 |
| 宁波 | 3 | 3255 | 3105 | 411800 | 7743662 |
| 嘉兴 | 1 | 440 | 101 | 68004 | 989163 |
| 湖州 | | | | | |
| 绍兴 | 1 | 125 | 108 | 21000 | 59000 |
| 舟山 | | | | | |
| 台州 | 1 | 334 | 319 | 55000 | 169450 |
| **珠三角** | **3** | **5452** | **4830** | **738020** | **3746893** |
| 广州 | | | | | |
| 深圳 | | | | | |
| 珠海 | | | | | |
| 佛山 | | | | | |
| 江门 | | | | | |
| 东莞 | 3 | 5452 | 4830 | 738020 | 3746893 |
| 中山 | | | | | |
| 惠州 | | | | | |
| 肇庆 | | | | | |

2-20 续表 13

(金属材料市场)

| 地　区 | 市场数量(个) | 总摊位数(个) | 年末出租摊位数(个) | 营业面积(平方米) | 成交额(万元) |
|---|---|---|---|---|---|
| **三大地带合计** | **83** | **33751** | **28039** | **6435258** | **139144826** |
| **环渤海** | **21** | **5021** | **4180** | **1844486** | **4559736** |
| 北　京 | 3 | 420 | 349 | 150184 | 385806 |
| 天　津 | 4 | 573 | 524 | 80736 | 1115023 |
| 唐　山 | 3 | 572 | 432 | 160066 | 429104 |
| 沈　阳 | 3 | 1950 | 1607 | 311000 | 1418145 |
| 大　连 | 1 | 175 | 124 | 80000 | 247500 |
| 济　南 | 4 | 661 | 633 | 152500 | 184668 |
| 青　岛 | 3 | 670 | 511 | 910000 | 779490 |
| **长三角** | **53** | **26046** | **22143** | **4122695** | **132985867** |
| 上　海 | 6 | 1695 | 1684 | 259613 | 63681353 |
| 南　京 | | | | | |
| 苏　州 | 7 | 2584 | 2359 | 722130 | 25685486 |
| 无　锡 | 11 | 8717 | 7169 | 1081723 | 22146283 |
| 常　州 | 3 | 1792 | 1006 | 178140 | 2963517 |
| 镇　江 | 1 | 258 | 125 | 15196 | 2495716 |
| 南　通 | 2 | 128 | 88 | 73000 | 51314 |
| 扬　州 | 3 | 739 | 714 | 119540 | 357022 |
| 泰　州 | 1 | 570 | 538 | 380000 | 542882 |
| 杭　州 | 2 | 686 | 394 | 65871 | 422567 |
| 宁　波 | 10 | 4980 | 4523 | 529015 | 12533251 |
| 嘉　兴 | 2 | 1184 | 1182 | 132307 | 582679 |
| 湖　州 | | | | | |
| 绍　兴 | 2 | 1783 | 1763 | 491000 | 1199397 |
| 舟　山 | | | | | |
| 台　州 | 3 | 930 | 598 | 75160 | 324400 |
| **珠三角** | **9** | **2684** | **1716** | **468077** | **1599223** |
| 广　州 | 4 | 783 | 630 | 122412 | 1051559 |
| 深　圳 | | | | | |
| 珠　海 | | | | | |
| 佛　山 | 3 | 976 | 391 | 185665 | 392503 |
| 江　门 | | | | | |
| 东　莞 | 2 | 925 | 695 | 160000 | 155161 |
| 中　山 | | | | | |
| 惠　州 | | | | | |
| 肇　庆 | | | | | |

## 2-20 续表 14

(机械设备市场)

| 地　区 | 市场数量(个) | 总摊位数(个) | 年末出租摊位数(个) | 营业面积(平方米) | 成交额(万元) |
|---|---|---|---|---|---|
| **三大地带合计** | **11** | **2547** | **2196** | **206733** | **885980** |
| **环渤海** | **1** | **370** | **256** | **33000** | **116000** |
| 北　京 | 1 | 370 | 256 | 33000 | 116000 |
| 天　津 | | | | | |
| 唐　山 | | | | | |
| 沈　阳 | | | | | |
| 大　连 | | | | | |
| 济　南 | | | | | |
| 青　岛 | | | | | |
| **长三角** | **9** | **1840** | **1603** | **160733** | **662980** |
| 上　海 | 1 | 187 | 148 | 4500 | 71911 |
| 南　京 | | | | | |
| 苏　州 | 1 | 122 | 122 | 26291 | 10875 |
| 无　锡 | | | | | |
| 常　州 | 1 | 734 | 722 | 3000 | 66896 |
| 镇　江 | | | | | |
| 南　通 | 2 | 402 | 218 | 78960 | 71380 |
| 扬　州 | | | | | |
| 泰　州 | | | | | |
| 杭　州 | 1 | 42 | 40 | 15925 | 75276 |
| 宁　波 | | | | | |
| 嘉　兴 | | | | | |
| 湖　州 | | | | | |
| 绍　兴 | 1 | 182 | 182 | 20391 | 20070 |
| 舟　山 | 1 | 1 | 1 | 3200 | 331672 |
| 台　州 | 1 | 170 | 170 | 8466 | 14900 |
| **珠三角** | **1** | **337** | **337** | **13000** | **107000** |
| 广　州 | 1 | 337 | 337 | 13000 | 107000 |
| 深　圳 | | | | | |
| 珠　海 | | | | | |
| 佛　山 | | | | | |
| 江　门 | | | | | |
| 东　莞 | | | | | |
| 中　山 | | | | | |
| 惠　州 | | | | | |
| 肇　庆 | | | | | |

2-20 续表 15

(其他生产资料市场)

| 地 区 | 市场数量(个) | 总摊位数(个) | 年末出租摊位数(个) | 营业面积(平方米) | 成交额(万元) |
|---|---|---|---|---|---|
| **三大地带合计** | **13** | **4024** | **3619** | **188801** | **14505608** |
| **环 渤 海** | **3** | **609** | **584** | **51070** | **4946201** |
| 北 京 | 1 | 294 | 294 | 21070 | 120970 |
| 天 津 | | | | | |
| 唐 山 | | | | | |
| 沈 阳 | | | | | |
| 大 连 | 2 | 315 | 290 | 30000 | 4825231 |
| 济 南 | | | | | |
| 青 岛 | | | | | |
| **长 三 角** | **10** | **3415** | **3035** | **137731** | **9559407** |
| 上 海 | 3 | 679 | 649 | 46896 | 8422406 |
| 南 京 | | | | | |
| 苏 州 | 1 | 1100 | 1045 | 18000 | 149523 |
| 无 锡 | | | | | |
| 常 州 | | | | | |
| 镇 江 | | | | | |
| 南 通 | 1 | 99 | 87 | 9800 | 63632 |
| 扬 州 | | | | | |
| 泰 州 | | | | | |
| 杭 州 | | | | | |
| 宁 波 | 3 | 637 | 380 | 27100 | 857954 |
| 嘉 兴 | 1 | 899 | 873 | 35700 | 45229 |
| 湖 州 | 1 | 1 | 1 | 235 | 20663 |
| 绍 兴 | | | | | |
| 舟 山 | | | | | |
| 台 州 | | | | | |
| **珠 三 角** | | | | | |
| 广 州 | | | | | |
| 深 圳 | | | | | |
| 珠 海 | | | | | |
| 佛 山 | | | | | |
| 江 门 | | | | | |
| 东 莞 | | | | | |
| 中 山 | | | | | |
| 惠 州 | | | | | |
| 肇 庆 | | | | | |

2-20 续表 16

(农产品市场)

| 地 区 | 市场数量(个) | 总摊位数(个) | 年末出租摊位数(个) | 营业面积(平方米) | 成交额(万元) |
|---|---|---|---|---|---|
| **三大地带合计** | **346** | **178690** | **153602** | **12422242** | **84650581** |
| **环渤海** | **69** | **52148** | **44452** | **4942607** | **27938809** |
| 北 京 | 14 | 14147 | 11602 | 1651019 | 11902169 |
| 天 津 | 12 | 9967 | 8262 | 994647 | 3119701 |
| 唐 山 | 3 | 3408 | 850 | 174386 | 327781 |
| 沈 阳 | 8 | 4375 | 3875 | 394000 | 6060955 |
| 大 连 | 4 | 1426 | 1426 | 94700 | 674887 |
| 济 南 | 8 | 5297 | 5271 | 270600 | 2225746 |
| 青 岛 | 20 | 13528 | 13166 | 1363255 | 3627570 |
| **长三角** | **222** | **104947** | **90451** | **5809692** | **45976897** |
| 上 海 | 25 | 12733 | 10826 | 730945 | 4532174 |
| 南 京 | 8 | 3308 | 2677 | 437939 | 1584029 |
| 苏 州 | 32 | 15259 | 13592 | 787679 | 7412968 |
| 无 锡 | 9 | 3916 | 3532 | 225496 | 2161031 |
| 常 州 | 4 | 5309 | 2972 | 459484 | 2627466 |
| 镇 江 | 1 | 388 | 255 | 40000 | 596576 |
| 南 通 | 31 | 14223 | 12798 | 309534 | 3298331 |
| 扬 州 | 15 | 5457 | 5043 | 244144 | 3460734 |
| 泰 州 | 4 | 565 | 562 | 286800 | 785721 |
| 杭 州 | 28 | 17838 | 16044 | 831084 | 7317439 |
| 宁 波 | 18 | 9364 | 8333 | 368366 | 2452329 |
| 嘉 兴 | 10 | 3681 | 3311 | 486572 | 4283600 |
| 湖 州 | 3 | 1208 | 1141 | 60600 | 773853 |
| 绍 兴 | 10 | 4066 | 3423 | 204485 | 1363376 |
| 舟 山 | 3 | 1924 | 1890 | 111700 | 1348476 |
| 台 州 | 21 | 5708 | 4052 | 224864 | 1978794 |
| **珠三角** | **55** | **21595** | **18699** | **1669943** | **10734875** |
| 广 州 | 19 | 6673 | 5824 | 553627 | 4664243 |
| 深 圳 | 6 | 2739 | 2217 | 65433 | 829106 |
| 珠 海 | 5 | 2361 | 1979 | 94300 | 1555441 |
| 佛 山 | 4 | 2187 | 2086 | 205629 | 685661 |
| 江 门 | 4 | 996 | 994 | 99482 | 822975 |
| 东 莞 | 14 | 5432 | 4535 | 628157 | 2138709 |
| 中 山 | 2 | 1024 | 881 | 15315 | 26040 |
| 惠 州 | 1 | 183 | 183 | 8000 | 12700 |
| 肇 庆 | | | | | |

2-20 续表 17

(粮油市场)

| 地　　区 | 市场数量(个) | 总摊位数(个) | 年末出租摊位数(个) | 营业面积(平方米) | 成交额(万元) |
|---|---|---|---|---|---|
| **三大地带合计** | **46** | **12368** | **9871** | **1374914** | **8254556** |
| **环 渤 海** | **7** | **2225** | **2210** | **366617** | **1308606** |
| 北　　京 | | | | | |
| 天　　津 | 3 | 1605 | 1605 | 174410 | 770297 |
| 唐　　山 | | | | | |
| 沈　　阳 | 1 | 288 | 288 | 37000 | 289776 |
| 大　　连 | | | | | |
| 济　　南 | | | | | |
| 青　　岛 | 3 | 332 | 317 | 155207 | 248533 |
| **长 三 角** | **32** | **8270** | **5929** | **735217** | **6189120** |
| 上　　海 | 9 | 1025 | 940 | 47385 | 213504 |
| 南　　京 | 2 | 156 | 148 | 83000 | 246782 |
| 苏　　州 | 3 | 623 | 461 | 8600 | 2244281 |
| 无　　锡 | 2 | 842 | 594 | 121000 | 304219 |
| 常　　州 | 1 | 991 | 254 | 14000 | 23247 |
| 镇　　江 | | | | | |
| 南　　通 | | | | | |
| 扬　　州 | 1 | 468 | 466 | 6500 | 276395 |
| 泰　　州 | 1 | 79 | 78 | 170000 | 525600 |
| 杭　　州 | 3 | 2867 | 2067 | 133000 | 1615328 |
| 宁　　波 | 2 | 286 | 279 | 24500 | 209096 |
| 嘉　　兴 | 2 | 449 | 233 | 70200 | 157917 |
| 湖　　州 | | | | | |
| 绍　　兴 | 3 | 359 | 359 | 37112 | 247069 |
| 舟　　山 | | | | | |
| 台　　州 | 3 | 125 | 50 | 19920 | 125682 |
| **珠 三 角** | **7** | **1873** | **1732** | **273080** | **756830** |
| 广　　州 | 3 | 865 | 770 | 51953 | 84022 |
| 深　　圳 | | | | | |
| 珠　　海 | | | | | |
| 佛　　山 | | | | | |
| 江　　门 | | | | | |
| 东　　莞 | 4 | 1008 | 962 | 221127 | 672808 |
| 中　　山 | | | | | |
| 惠　　州 | | | | | |
| 肇　　庆 | | | | | |

2-20 续表 18

(肉禽蛋市场)

| 地区 | 市场数量(个) | 总摊位数(个) | 年末出租摊位数(个) | 营业面积(平方米) | 成交额(万元) |
|---|---|---|---|---|---|
| **三大地带合计** | **42** | **13157** | **11545** | **752775** | **6601161** |
| **环渤海** | **3** | **403** | **403** | **16086** | **67666** |
| 北京 | 1 | 97 | 97 | 1100 | 25116 |
| 天津 | | | | | |
| 唐山 | 1 | 268 | 268 | 10986 | 12550 |
| 沈阳 | 1 | 38 | 38 | 4000 | 30000 |
| 大连 | | | | | |
| 济南 | | | | | |
| 青岛 | | | | | |
| **长三角** | **28** | **9698** | **8375** | **371551** | **4667403** |
| 上海 | 1 | 218 | 218 | 4000 | 129450 |
| 南京 | 2 | 561 | 498 | 21700 | 382180 |
| 苏州 | 3 | 1193 | 963 | 76360 | 371374 |
| 无锡 | 1 | 1241 | 1241 | 37230 | 1431706 |
| 常州 | | | | | |
| 镇江 | | | | | |
| 南通 | 12 | 4004 | 3002 | 113334 | 481282 |
| 扬州 | 2 | 141 | 138 | 12500 | 414517 |
| 泰州 | 1 | 283 | 283 | 4300 | 26460 |
| 杭州 | 4 | 1267 | 1242 | 83577 | 1083034 |
| 宁波 | 1 | 780 | 780 | 17900 | 320000 |
| 嘉兴 | | | | | |
| 湖州 | | | | | |
| 绍兴 | | | | | |
| 舟山 | | | | | |
| 台州 | 1 | 10 | 10 | 650 | 27400 |
| **珠三角** | **11** | **3056** | **2767** | **365138** | **1866092** |
| 广州 | 4 | 833 | 714 | 81119 | 595742 |
| 深圳 | 1 | 440 | 310 | 7000 | 70199 |
| 珠海 | | | | | |
| 佛山 | 2 | 1160 | 1125 | 148737 | 553795 |
| 江门 | 2 | 472 | 470 | 53482 | 506775 |
| 东莞 | 2 | 151 | 148 | 74800 | 139581 |
| 中山 | | | | | |
| 惠州 | | | | | |
| 肇庆 | | | | | |

2-20 续表 19

(水产品市场)

| 地 区 | 市场数量(个) | 总摊位数(个) | 年末出租摊位数(个) | 营业面积(平方米) | 成交额(万元) |
|---|---|---|---|---|---|
| **三大地带合计** | **75** | **38345** | **34622** | **2001085** | **19189351** |
| **环渤海** | **18** | **10764** | **10595** | **387454** | **7593427** |
| 北 京 | 3 | 2442 | 2362 | 73919 | 1263573 |
| 天 津 | 1 | 200 | 200 | 8000 | 350000 |
| 唐 山 | 1 | 100 | 70 | 5400 | 13350 |
| 沈 阳 | 4 | 2929 | 2879 | 109000 | 3617983 |
| 大 连 | 2 | 1034 | 1034 | 63200 | 624439 |
| 济 南 | 2 | 1960 | 1960 | 46000 | 1425000 |
| 青 岛 | 5 | 2099 | 2090 | 81935 | 299082 |
| **长三角** | **45** | **24110** | **21187** | **1429641** | **9850215** |
| 上 海 | 3 | 4144 | 3926 | 289500 | 2232679 |
| 南 京 | 2 | 2366 | 1823 | 285239 | 860933 |
| 苏 州 | 5 | 1426 | 1373 | 108881 | 543573 |
| 无 锡 | 2 | 237 | 208 | 31666 | 143723 |
| 常 州 | | | | | |
| 镇 江 | | | | | |
| 南 通 | 2 | 1130 | 1124 | 40000 | 340928 |
| 扬 州 | 5 | 973 | 680 | 108444 | 323244 |
| 泰 州 | 2 | 203 | 201 | 112500 | 233661 |
| 杭 州 | 2 | 2170 | 1792 | 89135 | 1112205 |
| 宁 波 | 9 | 6241 | 5413 | 151733 | 1048806 |
| 嘉 兴 | 1 | 180 | 140 | 20825 | 50307 |
| 湖 州 | | | | | |
| 绍 兴 | 1 | 160 | 160 | 7200 | 198028 |
| 舟 山 | 2 | 1900 | 1866 | 110200 | 1333706 |
| 台 州 | 9 | 2980 | 2481 | 74318 | 1428422 |
| **珠三角** | **12** | **3471** | **2840** | **183990** | **1745709** |
| 广 州 | 5 | 1073 | 837 | 56665 | 891218 |
| 深 圳 | 2 | 751 | 619 | 33000 | 646000 |
| 珠 海 | 1 | 121 | 30 | 25000 | 60000 |
| 佛 山 | 1 | 620 | 595 | 50000 | 88784 |
| 江 门 | 1 | 301 | 301 | 5000 | 34200 |
| 东 莞 | 1 | 55 | 51 | 8630 | 11326 |
| 中 山 | 1 | 550 | 407 | 5695 | 14181 |
| 惠 州 | | | | | |
| 肇 庆 | | | | | |

2-20 续表 20

(蔬菜市场)

| 地区 | 市场数量<br>(个) | 总摊位数<br>(个) | 年末出租摊位数<br>(个) | 营业面积<br>(平方米) | 成交额<br>(万元) |
|---|---|---|---|---|---|
| **三大地带合计** | **58** | **38710** | **32418** | **2932392** | **10549734** |
| **环渤海** | **23** | **22652** | **18094** | **1889333** | **5014651** |
| 北京 | 5 | 2164 | 2041 | 381000 | 2192496 |
| 天津 | 6 | 6668 | 4983 | 513011 | 558877 |
| 唐山 | 1 | 3040 | 512 | 158000 | 301881 |
| 沈阳 | 1 | 320 | 320 | 94000 | 266900 |
| 大连 | | | | | |
| 济南 | 4 | 2498 | 2475 | 111600 | 679579 |
| 青岛 | 6 | 7962 | 7763 | 631722 | 1014918 |
| **长三角** | **28** | **12397** | **11141** | **781380** | **4621203** |
| 上海 | 3 | 743 | 699 | 64110 | 822507 |
| 南京 | 2 | 225 | 208 | 48000 | 94134 |
| 苏州 | 2 | 1252 | 1176 | 84800 | 167712 |
| 无锡 | 1 | 526 | 522 | 7400 | 160207 |
| 常州 | | | | | |
| 镇江 | | | | | |
| 南通 | 1 | 350 | 350 | 15000 | 21253 |
| 扬州 | 2 | 1400 | 1396 | 68300 | 1275985 |
| 泰州 | | | | | |
| 杭州 | 5 | 4216 | 4210 | 164334 | 665212 |
| 宁波 | 3 | 868 | 859 | 104933 | 485899 |
| 嘉兴 | 3 | 767 | 753 | 113846 | 675914 |
| 湖州 | | | | | |
| 绍兴 | | | | | |
| 舟山 | 1 | 24 | 24 | 1500 | 14770 |
| 台州 | 5 | 2026 | 944 | 109157 | 237610 |
| **珠三角** | **7** | **3661** | **3183** | **261679** | **913880** |
| 广州 | 4 | 2508 | 2178 | 121879 | 287880 |
| 深圳 | | | | | |
| 珠海 | | | | | |
| 佛山 | | | | | |
| 江门 | | | | | |
| 东莞 | 3 | 1153 | 1005 | 139800 | 626000 |
| 中山 | | | | | |
| 惠州 | | | | | |
| 肇庆 | | | | | |

2-20 续表 21

(干鲜果品市场)

| 地　区 | 市场数量(个) | 总摊位数(个) | 年末出租摊位数(个) | 营业面积(平方米) | 成交额(万元) |
|---|---|---|---|---|---|
| **三大地带合计** | **34** | **19986** | **16133** | **2806330** | **23570542** |
| **环渤海** | **8** | **8903** | **6163** | **1675600** | **11528422** |
| 北　京 | 2 | 6586 | 4416 | 1135000 | 8265884 |
| 天　津 | | | | | |
| 唐　山 | | | | | |
| 沈　阳 | 1 | 800 | 350 | 150000 | 1856296 |
| 大　连 | 1 | 302 | 302 | 27000 | 38451 |
| 济　南 | 1 | 200 | 200 | 110000 | 86273 |
| 青　岛 | 3 | 1015 | 895 | 253600 | 1281518 |
| **长三角** | **19** | **7541** | **7033** | **627719** | **7324598** |
| 上　海 | 3 | 801 | 710 | 152760 | 96507 |
| 南　京 | | | | | |
| 苏　州 | 1 | 110 | 92 | 1000 | 18500 |
| 无　锡 | | | | | |
| 常　州 | | | | | |
| 镇　江 | 1 | 388 | 255 | 40000 | 596576 |
| 南　通 | 1 | 1307 | 1307 | 1200 | 1432954 |
| 扬　州 | 2 | 328 | 319 | 15300 | 998546 |
| 泰　州 | | | | | |
| 杭　州 | 4 | 1694 | 1486 | 117206 | 1038322 |
| 宁　波 | 1 | 500 | 500 | 53000 | 218635 |
| 嘉　兴 | 2 | 1757 | 1708 | 205001 | 2716862 |
| 湖　州 | | | | | |
| 绍　兴 | 1 | 89 | 89 | 21433 | 48016 |
| 舟　山 | | | | | |
| 台　州 | 3 | 567 | 567 | 20819 | 159680 |
| **珠三角** | **7** | **3542** | **2937** | **503011** | **4717522** |
| 广　州 | 3 | 1394 | 1325 | 242011 | 2805381 |
| 深　圳 | | | | | |
| 珠　海 | 1 | 612 | 481 | 50000 | 978976 |
| 佛　山 | | | | | |
| 江　门 | 1 | 223 | 223 | 41000 | 282000 |
| 东　莞 | 1 | 1130 | 725 | 162000 | 638465 |
| 中　山 | | | | | |
| 惠　州 | 1 | 183 | 183 | 8000 | 12700 |
| 肇　庆 | | | | | |

2-20　续表 22

(棉麻土畜、烟叶市场)

| 地　区 | 市场数量<br>(个) | 总摊位数<br>(个) | 年末出租摊位数<br>(个) | 营业面积<br>(平方米) | 成交额<br>(万元) |
|---|---|---|---|---|---|
| **三大地带合计** | **4** | **3187** | **3092** | **512684** | **3409945** |
| **环渤海** | | | | | |
| 北　京 | | | | | |
| 天　津 | | | | | |
| 唐　山 | | | | | |
| 沈　阳 | | | | | |
| 大　连 | | | | | |
| 济　南 | | | | | |
| 青　岛 | | | | | |
| **长三角** | **4** | **3187** | **3092** | **512684** | **3409945** |
| 上　海 | | | | | |
| 南　京 | | | | | |
| 苏　州 | | | | | |
| 无　锡 | | | | | |
| 常　州 | 1 | 2398 | 2370 | 425984 | 2574176 |
| 镇　江 | | | | | |
| 南　通 | | | | | |
| 扬　州 | | | | | |
| 泰　州 | | | | | |
| 杭　州 | | | | | |
| 宁　波 | 1 | 261 | 245 | 10000 | 153169 |
| 嘉　兴 | 2 | 528 | 477 | 76700 | 682600 |
| 湖　州 | | | | | |
| 绍　兴 | | | | | |
| 舟　山 | | | | | |
| 台　州 | | | | | |
| **珠三角** | | | | | |
| 广　州 | | | | | |
| 深　圳 | | | | | |
| 珠　海 | | | | | |
| 佛　山 | | | | | |
| 江　门 | | | | | |
| 东　莞 | | | | | |
| 中　山 | | | | | |
| 惠　州 | | | | | |
| 肇　庆 | | | | | |

2-20 续表 23

(其他农产品市场)

| 地　区 | 市场数量(个) | 总摊位数(个) | 年末出租摊位数(个) | 营业面积(平方米) | 成交额(万元) |
|---|---|---|---|---|---|
| **三大地带合计** | **87** | **52937** | **45921** | **2042062** | **13075292** |
| **环 渤 海** | **10** | **7201** | **6987** | **607517** | **2426037** |
| 北　京 | 3 | 2858 | 2686 | 60000 | 155100 |
| 天　津 | 2 | 1494 | 1474 | 299226 | 1440527 |
| 唐　山 | | | | | |
| 沈　阳 | | | | | |
| 大　连 | 1 | 90 | 90 | 4500 | 11997 |
| 济　南 | 1 | 639 | 636 | 3000 | 34894 |
| 青　岛 | 3 | 2120 | 2101 | 240791 | 783519 |
| **长 三 角** | **66** | **39744** | **33694** | **1351500** | **9914413** |
| 上　海 | 6 | 5802 | 4333 | 173190 | 1037527 |
| 南　京 | | | | | |
| 苏　州 | 18 | 10655 | 9527 | 508038 | 4067528 |
| 无　锡 | 3 | 1070 | 967 | 28200 | 121176 |
| 常　州 | 2 | 1920 | 348 | 19500 | 30043 |
| 镇　江 | | | | | |
| 南　通 | 15 | 7432 | 7015 | 140000 | 1021914 |
| 扬　州 | 3 | 2147 | 2044 | 33100 | 172047 |
| 泰　州 | | | | | |
| 杭　州 | 10 | 5624 | 5247 | 243832 | 1803338 |
| 宁　波 | 1 | 428 | 257 | 6300 | 16724 |
| 嘉　兴 | | | | | |
| 湖　州 | 3 | 1208 | 1141 | 60600 | 773853 |
| 绍　兴 | 5 | 3458 | 2815 | 138740 | 870263 |
| 舟　山 | | | | | |
| 台　州 | | | | | |
| **珠 三 角** | **11** | **5992** | **5240** | **83045** | **734842** |
| 广　州 | | | | | |
| 深　圳 | 3 | 1548 | 1288 | 25433 | 112907 |
| 珠　海 | 3 | 1628 | 1468 | 19300 | 516465 |
| 佛　山 | 1 | 407 | 366 | 6892 | 43082 |
| 江　门 | | | | | |
| 东　莞 | 3 | 1935 | 1644 | 21800 | 50529 |
| 中　山 | 1 | 474 | 474 | 9620 | 11859 |
| 惠　州 | | | | | |
| 肇　庆 | | | | | |

2-20 续表 24

(食品、饮料及烟酒市场)

| 地 区 | 市场数量（个） | 总摊位数（个） | 年末出租摊位数（个） | 营业面积（平方米） | 成交额（万元） |
|---|---|---|---|---|---|
| **三大地带合计** | **40** | **20370** | **16873** | **1533791** | **4341793** |
| **环 渤 海** | **8** | **5817** | **4243** | **446061** | **1148794** |
| 北 京 | 2 | 394 | 394 | 25500 | 55322 |
| 天 津 | 1 | 2055 | 1390 | 266800 | 428732 |
| 唐 山 | | | | | |
| 沈 阳 | 2 | 2208 | 1379 | 47761 | 220473 |
| 大 连 | | | | | |
| 济 南 | 2 | 800 | 800 | 90000 | 196000 |
| 青 岛 | 1 | 360 | 280 | 16000 | 248267 |
| **长 三 角** | **24** | **10770** | **9361** | **918597** | **2994550** |
| 上 海 | 2 | 691 | 689 | 38000 | 31005 |
| 南 京 | | | | | |
| 苏 州 | 1 | 750 | 409 | 110000 | 504657 |
| 无 锡 | 1 | 142 | 123 | 13580 | 63000 |
| 常 州 | 3 | 1060 | 996 | 73582 | 206984 |
| 镇 江 | 1 | 200 | 190 | 3200 | 32559 |
| 南 通 | 8 | 3170 | 2373 | 154359 | 235262 |
| 扬 州 | | | | | |
| 泰 州 | | | | | |
| 杭 州 | 2 | 520 | 520 | 48500 | 331350 |
| 宁 波 | 3 | 2196 | 2185 | 190000 | 974776 |
| 嘉 兴 | 1 | 550 | 385 | 36570 | 62405 |
| 湖 州 | | | | | |
| 绍 兴 | 1 | 1397 | 1397 | 246558 | 509962 |
| 舟 山 | | | | | |
| 台 州 | 1 | 94 | 94 | 4248 | 42590 |
| **珠 三 角** | **8** | **3783** | **3269** | **169133** | **198449** |
| 广 州 | 3 | 804 | 766 | 80000 | 102171 |
| 深 圳 | 1 | 1468 | 1294 | 36895 | 32457 |
| 珠 海 | 1 | 528 | 337 | 7400 | 16248 |
| 佛 山 | 1 | 456 | 377 | 15078 | 13171 |
| 江 门 | | | | | |
| 东 莞 | 2 | 527 | 495 | 29760 | 34402 |
| 中 山 | | | | | |
| 惠 州 | | | | | |
| 肇 庆 | | | | | |

2-20 续表 25

(食品饮料市场)

| 地　区 | 市场数量(个) | 总摊位数(个) | 年末出租摊位数(个) | 营业面积(平方米) | 成交额(万元) |
|---|---|---|---|---|---|
| **三大地带合计** | **9** | **6092** | **4951** | **247288** | **1056155** |
| **环 渤 海** | **1** | **1978** | **1149** | **30128** | **190473** |
| 北　京 | | | | | |
| 天　津 | | | | | |
| 唐　山 | | | | | |
| 沈　阳 | 1 | 1978 | 1149 | 30128 | 190473 |
| 大　连 | | | | | |
| 济　南 | | | | | |
| 青　岛 | | | | | |
| **长 三 角** | **4** | **1525** | **1510** | **103987** | **793628** |
| 上　海 | | | | | |
| 南　京 | | | | | |
| 苏　州 | | | | | |
| 无　锡 | | | | | |
| 常　州 | 2 | 640 | 625 | 44987 | 177693 |
| 镇　江 | | | | | |
| 南　通 | | | | | |
| 扬　州 | | | | | |
| 泰　州 | | | | | |
| 杭　州 | 1 | 220 | 220 | 19000 | 212850 |
| 宁　波 | 1 | 665 | 665 | 40000 | 403085 |
| 嘉　兴 | | | | | |
| 湖　州 | | | | | |
| 绍　兴 | | | | | |
| 舟　山 | | | | | |
| 台　州 | | | | | |
| **珠 三 角** | **4** | **2589** | **2292** | **113173** | **72054** |
| 广　州 | 1 | 350 | 312 | 50000 | 12614 |
| 深　圳 | 1 | 1468 | 1294 | 36895 | 32457 |
| 珠　海 | | | | | |
| 佛　山 | 1 | 456 | 377 | 15078 | 13171 |
| 江　门 | | | | | |
| 东　莞 | 1 | 315 | 309 | 11200 | 13812 |
| 中　山 | | | | | |
| 惠　州 | | | | | |
| 肇　庆 | | | | | |

2-20　续表 26

(茶叶市场)

| 地　区 | 市场数量(个) | 总摊位数(个) | 年末出租摊位数(个) | 营业面积(平方米) | 成交额(万元) |
|---|---|---|---|---|---|
| **三大地带合计** | **12** | **4478** | **4450** | **495751** | **1050936** |
| **环渤海** | **5** | **1424** | **1424** | **133133** | **281322** |
| 北　京 | 2 | 394 | 394 | 25500 | 55322 |
| 天　津 | | | | | |
| 唐　山 | | | | | |
| 沈　阳 | 1 | 230 | 230 | 17633 | 30000 |
| 大　连 | | | | | |
| 济　南 | 2 | 800 | 800 | 90000 | 196000 |
| 青　岛 | | | | | |
| **长三角** | **4** | **2388** | **2386** | **314058** | **659467** |
| 上　海 | 2 | 691 | 689 | 38000 | 31005 |
| 南　京 | | | | | |
| 苏　州 | | | | | |
| 无　锡 | | | | | |
| 常　州 | | | | | |
| 镇　江 | | | | | |
| 南　通 | | | | | |
| 扬　州 | | | | | |
| 泰　州 | | | | | |
| 杭　州 | 1 | 300 | 300 | 29500 | 118500 |
| 宁　波 | | | | | |
| 嘉　兴 | | | | | |
| 湖　州 | | | | | |
| 绍　兴 | 1 | 1397 | 1397 | 246558 | 509962 |
| 舟　山 | | | | | |
| 台　州 | | | | | |
| **珠三角** | **3** | **666** | **640** | **48560** | **110147** |
| 广　州 | 2 | 454 | 454 | 30000 | 89557 |
| 深　圳 | | | | | |
| 珠　海 | | | | | |
| 佛　山 | | | | | |
| 江　门 | | | | | |
| 东　莞 | 1 | 212 | 186 | 18560 | 20590 |
| 中　山 | | | | | |
| 惠　州 | | | | | |
| 肇　庆 | | | | | |

2-20 续表 27

(烟酒市场)

| 地 区 | 市场数量(个) | 总摊位数(个) | 年末出租摊位数(个) | 营业面积(平方米) | 成交额(万元) |
|---|---|---|---|---|---|
| **三大地带合计** | **3** | **960** | **859** | **139200** | **720897** |
| **环 渤 海** | **1** | **360** | **280** | **16000** | **248267** |
| 北 京 | | | | | |
| 天 津 | | | | | |
| 唐 山 | | | | | |
| 沈 阳 | | | | | |
| 大 连 | | | | | |
| 济 南 | | | | | |
| 青 岛 | 1 | 360 | 280 | 16000 | 248267 |
| **长 三 角** | **2** | **600** | **579** | **123200** | **472630** |
| 上 海 | | | | | |
| 南 京 | | | | | |
| 苏 州 | | | | | |
| 无 锡 | | | | | |
| 常 州 | | | | | |
| 镇 江 | 1 | 200 | 190 | 3200 | 32559 |
| 南 通 | | | | | |
| 扬 州 | | | | | |
| 泰 州 | | | | | |
| 杭 州 | | | | | |
| 宁 波 | 1 | 400 | 389 | 120000 | 440071 |
| 嘉 兴 | | | | | |
| 湖 州 | | | | | |
| 绍 兴 | | | | | |
| 舟 山 | | | | | |
| 台 州 | | | | | |
| **珠 三 角** | | | | | |
| 广 州 | | | | | |
| 深 圳 | | | | | |
| 珠 海 | | | | | |
| 佛 山 | | | | | |
| 江 门 | | | | | |
| 东 莞 | | | | | |
| 中 山 | | | | | |
| 惠 州 | | | | | |
| 肇 庆 | | | | | |

2-20 续表 28

(其他食品饮料及烟酒市场)

| 地 区 | 市场数量（个） | 总摊位数（个） | 年末出租摊位数（个） | 营业面积（平方米） | 成交额（万元） |
|---|---|---|---|---|---|
| **三大地带合计** | **16** | **8840** | **6613** | **651552** | **1513805** |
| **环渤海** | **1** | **2055** | **1390** | **266800** | **428732** |
| 北 京 | | | | | |
| 天 津 | 1 | 2055 | 1390 | 266800 | 428732 |
| 唐 山 | | | | | |
| 沈 阳 | | | | | |
| 大 连 | | | | | |
| 济 南 | | | | | |
| 青 岛 | | | | | |
| **长三角** | **14** | **6257** | **4886** | **377352** | **1068825** |
| 上 海 | | | | | |
| 南 京 | | | | | |
| 苏 州 | 1 | 750 | 409 | 110000 | 504657 |
| 无 锡 | 1 | 142 | 123 | 13580 | 63000 |
| 常 州 | 1 | 420 | 371 | 28595 | 29291 |
| 镇 江 | | | | | |
| 南 通 | 8 | 3170 | 2373 | 154359 | 235262 |
| 扬 州 | | | | | |
| 泰 州 | | | | | |
| 杭 州 | | | | | |
| 宁 波 | 1 | 1131 | 1131 | 30000 | 131620 |
| 嘉 兴 | 1 | 550 | 385 | 36570 | 62405 |
| 湖 州 | | | | | |
| 绍 兴 | | | | | |
| 舟 山 | | | | | |
| 台 州 | 1 | 94 | 94 | 4248 | 42590 |
| **珠三角** | **1** | **528** | **337** | **7400** | **16248** |
| 广 州 | | | | | |
| 深 圳 | | | | | |
| 珠 海 | 1 | 528 | 337 | 7400 | 16248 |
| 佛 山 | | | | | |
| 江 门 | | | | | |
| 东 莞 | | | | | |
| 中 山 | | | | | |
| 惠 州 | | | | | |
| 肇 庆 | | | | | |

2-20 续表 29

(纺织、服装、鞋帽市场)

| 地　区 | 市场数量<br>(个) | 总摊位数<br>(个) | 年末出租摊位数<br>(个) | 营业面积<br>(平方米) | 成交额<br>(万元) |
|---|---|---|---|---|---|
| **三大地带合计** | **185** | **314789** | **284035** | **17979943** | **105470651** |
| **环 渤 海** | **36** | **64867** | **59151** | **1649967** | **9173826** |
| 北　京 | 10 | 15423 | 13788 | 472760 | 390916 |
| 天　津 | 2 | 2809 | 2809 | 39800 | 165635 |
| 唐　山 | 4 | 2867 | 2822 | 48828 | 844619 |
| 沈　阳 | 9 | 26613 | 23004 | 491904 | 4470534 |
| 大　连 | 4 | 4686 | 4513 | 66234 | 367419 |
| 济　南 | 3 | 3924 | 3693 | 247941 | 433086 |
| 青　岛 | 4 | 8545 | 8522 | 282500 | 2501617 |
| **长 三 角** | **97** | **178812** | **169388** | **12254569** | **85432325** |
| 上　海 | 10 | 7644 | 6918 | 145384 | 595491 |
| 南　京 | 2 | 3762 | 3701 | 84000 | 292953 |
| 苏　州 | 3 | 36107 | 33464 | 4787152 | 30164433 |
| 无　锡 | 2 | 2900 | 2318 | 157996 | 449299 |
| 常　州 | 3 | 5595 | 5291 | 113360 | 292082 |
| 镇　江 | 3 | 1605 | 1400 | 183598 | 285620 |
| 南　通 | 5 | 12967 | 12932 | 620650 | 12925396 |
| 扬　州 | 4 | 4261 | 4018 | 276036 | 509321 |
| 泰　州 | 2 | 1554 | 1443 | 41104 | 90260 |
| 杭　州 | 21 | 23133 | 21724 | 566873 | 5070569 |
| 宁　波 | 6 | 4334 | 4044 | 223086 | 801952 |
| 嘉　兴 | 15 | 31864 | 31245 | 2020758 | 8955737 |
| 湖　州 | 2 | 3449 | 3397 | 336600 | 2240789 |
| 绍　兴 | 9 | 31530 | 30074 | 2229220 | 21407451 |
| 舟　山 | | | | | |
| 台　州 | 10 | 8107 | 7419 | 468752 | 1350972 |
| **珠 三 角** | **52** | **71110** | **55496** | **4075407** | **10864500** |
| 广　州 | 39 | 53772 | 40863 | 3219763 | 8342620 |
| 深　圳 | | | | | |
| 珠　海 | | | | | |
| 佛　山 | 1 | 3706 | 3706 | 404000 | 1821079 |
| 江　门 | | | | | |
| 东　莞 | 10 | 11034 | 8644 | 399644 | 535785 |
| 中　山 | 1 | 1300 | 1078 | 40000 | 16186 |
| 惠　州 | 1 | 1298 | 1205 | 12000 | 148830 |
| 肇　庆 | | | | | |

2-20 续表 30

(布料及纺织品市场)

| 地区 | 市场数量(个) | 总摊位数(个) | 年末出租摊位数(个) | 营业面积(平方米) | 成交额(万元) |
|---|---|---|---|---|---|
| **三大地带合计** | **36** | **97809** | **85291** | **8552332** | **62545295** |
| **环渤海** | **2** | **939** | **556** | **71034** | **284620** |
| 北京 | 1 | 581 | 198 | 51034 | 10524 |
| 天津 | | | | | |
| 唐山 | | | | | |
| 沈阳 | | | | | |
| 大连 | | | | | |
| 济南 | | | | | |
| 青岛 | 1 | 358 | 358 | 20000 | 274096 |
| **长三角** | **26** | **66815** | **64313** | **5543004** | **55534808** |
| 上海 | 2 | 2587 | 2453 | 20000 | 69475 |
| 南京 | | | | | |
| 苏州 | 2 | 8300 | 8049 | 1787152 | 15272683 |
| 无锡 | 1 | 1300 | 1200 | 100000 | 130000 |
| 常州 | | | | | |
| 镇江 | | | | | |
| 南通 | 2 | 11074 | 11046 | 560000 | 12877638 |
| 扬州 | 2 | 1600 | 1432 | 193320 | 219296 |
| 泰州 | | | | | |
| 杭州 | 5 | 4572 | 4390 | 207290 | 2652413 |
| 宁波 | 2 | 1698 | 1651 | 37700 | 336628 |
| 嘉兴 | 3 | 5937 | 5837 | 437322 | 2600000 |
| 湖州 | 1 | 169 | 117 | 18000 | 140160 |
| 绍兴 | 6 | 29578 | 28138 | 2182220 | 21236515 |
| 舟山 | | | | | |
| 台州 | | | | | |
| **珠三角** | **8** | **30055** | **20422** | **2938294** | **6725867** |
| 广州 | 2 | 22361 | 13524 | 2346000 | 4597397 |
| 深圳 | | | | | |
| 珠海 | | | | | |
| 佛山 | 1 | 3706 | 3706 | 404000 | 1821079 |
| 江门 | | | | | |
| 东莞 | 5 | 3988 | 3192 | 188294 | 307391 |
| 中山 | | | | | |
| 惠州 | | | | | |
| 肇庆 | | | | | |

2-20 续表 31

(服装市场)

| 地　区 | 市场数量(个) | 总摊位数(个) | 年末出租摊位数(个) | 营业面积(平方米) | 成交额(万元) |
|---|---|---|---|---|---|
| **三大地带合计** | **108** | **164609** | **151009** | **7685539** | **33092903** |
| **环渤海** | **22** | **40241** | **37973** | **1047330** | **3772034** |
| 北　京 | 8 | 14392 | 13155 | 401726 | 353101 |
| 天　津 | 2 | 2809 | 2809 | 39800 | 165635 |
| 唐　山 | 1 | 1345 | 1345 | 11200 | 232000 |
| 沈　阳 | 6 | 8379 | 7556 | 128404 | 343564 |
| 大　连 | 3 | 3375 | 3302 | 46200 | 344064 |
| 济　南 | 1 | 2924 | 2803 | 190000 | 203616 |
| 青　岛 | 1 | 7017 | 7003 | 230000 | 2130054 |
| **长三角** | **49** | **89763** | **83663** | **5731232** | **25971212** |
| 上　海 | 7 | 4968 | 4376 | 123224 | 511986 |
| 南　京 | 1 | 1861 | 1800 | 9000 | 74953 |
| 苏　州 | 1 | 27807 | 25415 | 3000000 | 14891750 |
| 无　锡 | 1 | 1600 | 1118 | 57996 | 319299 |
| 常　州 | | | | | |
| 镇　江 | 2 | 1090 | 995 | 52148 | 105860 |
| 南　通 | 1 | 317 | 315 | 15000 | 15337 |
| 扬　州 | | | | | |
| 泰　州 | 1 | 319 | 208 | 8892 | 10350 |
| 杭　州 | 15 | 17700 | 16624 | 345583 | 2402636 |
| 宁　波 | 3 | 2281 | 2146 | 181586 | 442758 |
| 嘉　兴 | 11 | 25778 | 25328 | 1502815 | 6030737 |
| 湖　州 | | | | | |
| 绍　兴 | 2 | 867 | 851 | 14500 | 32500 |
| 舟　山 | | | | | |
| 台　州 | 4 | 5175 | 4487 | 420488 | 1133046 |
| **珠三角** | **37** | **34605** | **29373** | **906977** | **3349657** |
| 广　州 | 31 | 25761 | 22374 | 655627 | 2974567 |
| 深　圳 | | | | | |
| 珠　海 | | | | | |
| 佛　山 | | | | | |
| 江　门 | | | | | |
| 东　莞 | 4 | 6246 | 4716 | 199350 | 210074 |
| 中　山 | 1 | 1300 | 1078 | 40000 | 16186 |
| 惠　州 | 1 | 1298 | 1205 | 12000 | 148830 |
| 肇　庆 | | | | | |

2-20 续表 32

(鞋帽市场)

| 地区 | 市场数量（个） | 总摊位数（个） | 年末出租摊位数（个） | 营业面积（平方米） | 成交额（万元） |
|---|---|---|---|---|---|
| **三大地带合计** | **17** | **14369** | **12496** | **547167** | **2388267** |
| **环渤海** | **6** | **4595** | **3618** | **93466** | **680688** |
| 北京 | | | | | |
| 天津 | | | | | |
| 唐山 | 1 | 535 | 527 | 8025 | 320710 |
| 沈阳 | 2 | 2750 | 1900 | 16500 | 56294 |
| 大连 | | | | | |
| 济南 | 2 | 1000 | 890 | 57941 | 229470 |
| 青岛 | 1 | 310 | 301 | 11000 | 74214 |
| **长三角** | **5** | **4124** | **3913** | **235565** | **936923** |
| 上海 | | | | | |
| 南京 | | | | | |
| 苏州 | | | | | |
| 无锡 | | | | | |
| 常州 | | | | | |
| 镇江 | 1 | 515 | 405 | 131450 | 179760 |
| 南通 | | | | | |
| 扬州 | 1 | 2055 | 2023 | 12500 | 270663 |
| 泰州 | | | | | |
| 杭州 | | | | | |
| 宁波 | | | | | |
| 嘉兴 | 1 | 149 | 80 | 80621 | 325000 |
| 湖州 | | | | | |
| 绍兴 | | | | | |
| 舟山 | | | | | |
| 台州 | 2 | 1405 | 1405 | 10994 | 161500 |
| **珠三角** | **6** | **5650** | **4965** | **218136** | **770656** |
| 广州 | 6 | 5650 | 4965 | 218136 | 770656 |
| 深圳 | | | | | |
| 珠海 | | | | | |
| 佛山 | | | | | |
| 江门 | | | | | |
| 东莞 | | | | | |
| 中山 | | | | | |
| 惠州 | | | | | |
| 肇庆 | | | | | |

2-20 续表 33

(其他纺织服装鞋帽市场)

| 地　区 | 市场数量(个) | 总摊位数(个) | 年末出租摊位数(个) | 营业面积(平方米) | 成交额(万元) |
|---|---|---|---|---|---|
| **三大地带合计** | **24** | **38002** | **35239** | **1194905** | **7444186** |
| **环渤海** | **6** | **19092** | **17004** | **438137** | **4436484** |
| 北　京 | 1 | 450 | 435 | 20000 | 27291 |
| 天　津 | | | | | |
| 唐　山 | 2 | 987 | 950 | 29603 | 291909 |
| 沈　阳 | 1 | 15484 | 13548 | 347000 | 4070676 |
| 大　连 | 1 | 1311 | 1211 | 20034 | 23355 |
| 济　南 | | | | | |
| 青　岛 | 1 | 860 | 860 | 21500 | 23253 |
| **长三角** | **17** | **18110** | **17499** | **744768** | **2989382** |
| 上　海 | 1 | 89 | 89 | 2160 | 14030 |
| 南　京 | 1 | 1901 | 1901 | 75000 | 218000 |
| 苏　州 | | | | | |
| 无　锡 | | | | | |
| 常　州 | 3 | 5595 | 5291 | 113360 | 292082 |
| 镇　江 | | | | | |
| 南　通 | 2 | 1576 | 1571 | 45650 | 32421 |
| 扬　州 | 1 | 606 | 563 | 70216 | 19362 |
| 泰　州 | 1 | 1235 | 1235 | 32212 | 79910 |
| 杭　州 | 1 | 861 | 710 | 14000 | 15520 |
| 宁　波 | 1 | 355 | 247 | 3800 | 22566 |
| 嘉　兴 | | | | | |
| 湖　州 | 1 | 3280 | 3280 | 318600 | 2100629 |
| 绍　兴 | 1 | 1085 | 1085 | 32500 | 138436 |
| 舟　山 | | | | | |
| 台　州 | 4 | 1527 | 1527 | 37270 | 56426 |
| **珠三角** | **1** | **800** | **736** | **12000** | **18320** |
| 广　州 | | | | | |
| 深　圳 | | | | | |
| 珠　海 | | | | | |
| 佛　山 | | | | | |
| 江　门 | | | | | |
| 东　莞 | 1 | 800 | 736 | 12000 | 18320 |
| 中　山 | | | | | |
| 惠　州 | | | | | |
| 肇　庆 | | | | | |

2-20 续表 34

(日用品及文化用品市场)

| 地　区 | 市场数量（个） | 总摊位数（个） | 年末出租摊位数（个） | 营业面积（平方米） | 成交额（万元） |
|---|---|---|---|---|---|
| **三大地带合计** | **32** | **28000** | **23525** | **1378279** | **5872954** |
| **环 渤 海** | **3** | **3746** | **2899** | **213000** | **215764** |
| 北　京 | 1 | 474 | 397 | 18000 | 78957 |
| 天　津 | | | | | |
| 唐　山 | | | | | |
| 沈　阳 | 2 | 3272 | 2502 | 195000 | 136807 |
| 大　连 | | | | | |
| 济　南 | | | | | |
| 青　岛 | | | | | |
| **长 三 角** | **10** | **7731** | **6934** | **236148** | **3569323** |
| 上　海 | 1 | 70 | 70 | 5000 | 2444600 |
| 南　京 | | | | | |
| 苏　州 | 1 | 2350 | 2330 | 57700 | 700000 |
| 无　锡 | | | | | |
| 常　州 | 3 | 2521 | 2457 | 27448 | 277234 |
| 镇　江 | | | | | |
| 南　通 | 1 | 278 | 251 | 50000 | 13285 |
| 扬　州 | | | | | |
| 泰　州 | | | | | |
| 杭　州 | 1 | 91 | 70 | 10000 | 22500 |
| 宁　波 | | | | | |
| 嘉　兴 | | | | | |
| 湖　州 | | | | | |
| 绍　兴 | | | | | |
| 舟　山 | | | | | |
| 台　州 | 3 | 2421 | 1756 | 86000 | 111704 |
| **珠 三 角** | **19** | **16523** | **13692** | **929131** | **2087867** |
| 广　州 | 19 | 16523 | 13692 | 929131 | 2087867 |
| 深　圳 | | | | | |
| 珠　海 | | | | | |
| 佛　山 | | | | | |
| 江　门 | | | | | |
| 东　莞 | | | | | |
| 中　山 | | | | | |
| 惠　州 | | | | | |
| 肇　庆 | | | | | |

2-20 续表 35

(小商品市场)

| 地　区 | 市场数量(个) | 总摊位数(个) | 年末出租摊位数(个) | 营业面积(平方米) | 成交额(万元) |
|---|---|---|---|---|---|
| **三大地带合计** | **18** | **14066** | **12567** | **514948** | **1594976** |
| **环 渤 海** | **2** | **2251** | **1404** | **168000** | **198957** |
| 北　京 | 1 | 474 | 397 | 18000 | 78957 |
| 天　津 | | | | | |
| 唐　山 | | | | | |
| 沈　阳 | 1 | 1777 | 1007 | 150000 | 120000 |
| 大　连 | | | | | |
| 济　南 | | | | | |
| 青　岛 | | | | | |
| **长 三 角** | **4** | **4703** | **4592** | **127148** | **975725** |
| 上　海 | | | | | |
| 南　京 | | | | | |
| 苏　州 | 1 | 2350 | 2330 | 57700 | 700000 |
| 无　锡 | | | | | |
| 常　州 | 2 | 2075 | 2011 | 19448 | 262440 |
| 镇　江 | | | | | |
| 南　通 | 1 | 278 | 251 | 50000 | 13285 |
| 扬　州 | | | | | |
| 泰　州 | | | | | |
| 杭　州 | | | | | |
| 宁　波 | | | | | |
| 嘉　兴 | | | | | |
| 湖　州 | | | | | |
| 绍　兴 | | | | | |
| 舟　山 | | | | | |
| 台　州 | | | | | |
| **珠 三 角** | **12** | **7112** | **6571** | **219800** | **420294** |
| 广　州 | 12 | 7112 | 6571 | 219800 | 420294 |
| 深　圳 | | | | | |
| 珠　海 | | | | | |
| 佛　山 | | | | | |
| 江　门 | | | | | |
| 东　莞 | | | | | |
| 中　山 | | | | | |
| 惠　州 | | | | | |
| 肇　庆 | | | | | |

2-20 续表 36

(箱包市场)

| 地 区 | 市场数量(个) | 总摊位数(个) | 年末出租摊位数(个) | 营业面积(平方米) | 成交额(万元) |
|---|---|---|---|---|---|
| **三大地带合计** | **1** | **4230** | **2900** | **500000** | **1050000** |
| **环 渤 海** | | | | | |
| 北 京 | | | | | |
| 天 津 | | | | | |
| 唐 山 | | | | | |
| 沈 阳 | | | | | |
| 大 连 | | | | | |
| 济 南 | | | | | |
| 青 岛 | | | | | |
| **长 三 角** | | | | | |
| 上 海 | | | | | |
| 南 京 | | | | | |
| 苏 州 | | | | | |
| 无 锡 | | | | | |
| 常 州 | | | | | |
| 镇 江 | | | | | |
| 南 通 | | | | | |
| 扬 州 | | | | | |
| 泰 州 | | | | | |
| 杭 州 | | | | | |
| 宁 波 | | | | | |
| 嘉 兴 | | | | | |
| 湖 州 | | | | | |
| 绍 兴 | | | | | |
| 舟 山 | | | | | |
| 台 州 | | | | | |
| **珠 三 角** | **1** | **4230** | **2900** | **500000** | **1050000** |
| 广 州 | 1 | 4230 | 2900 | 500000 | 1050000 |
| 深 圳 | | | | | |
| 珠 海 | | | | | |
| 佛 山 | | | | | |
| 江 门 | | | | | |
| 东 莞 | | | | | |
| 中 山 | | | | | |
| 惠 州 | | | | | |
| 肇 庆 | | | | | |

2-20 续表 37

(文具市场)

| 地　区 | 市场数量(个) | 总摊位数(个) | 年末出租摊位数(个) | 营业面积(平方米) | 成交额(万元) |
|---|---|---|---|---|---|
| **三大地带合计** | **1** | **107** | **107** | **4446** | **99124** |
| **环渤海** | | | | | |
| 北　京 | | | | | |
| 天　津 | | | | | |
| 唐　山 | | | | | |
| 沈　阳 | | | | | |
| 大　连 | | | | | |
| 济　南 | | | | | |
| 青　岛 | | | | | |
| **长三角** | | | | | |
| 上　海 | | | | | |
| 南　京 | | | | | |
| 苏　州 | | | | | |
| 无　锡 | | | | | |
| 常　州 | | | | | |
| 镇　江 | | | | | |
| 南　通 | | | | | |
| 扬　州 | | | | | |
| 泰　州 | | | | | |
| 杭　州 | | | | | |
| 宁　波 | | | | | |
| 嘉　兴 | | | | | |
| 湖　州 | | | | | |
| 绍　兴 | | | | | |
| 舟　山 | | | | | |
| 台　州 | | | | | |
| **珠三角** | **1** | **107** | **107** | **4446** | **99124** |
| 广　州 | 1 | 107 | 107 | 4446 | 99124 |
| 深　圳 | | | | | |
| 珠　海 | | | | | |
| 佛　山 | | | | | |
| 江　门 | | | | | |
| 东　莞 | | | | | |
| 中　山 | | | | | |
| 惠　州 | | | | | |
| 肇　庆 | | | | | |

2-20 续表 38

(图书、报刊杂志市场)

| 地 区 | 市场数量（个） | 总摊位数（个） | 年末出租摊位数（个） | 营业面积（平方米） | 成交额（万元） |
|---|---|---|---|---|---|
| **三大地带合计** | **2** | **180** | **159** | **22989** | **42355** |
| **环渤海** | | | | | |
| 北京 | | | | | |
| 天津 | | | | | |
| 唐山 | | | | | |
| 沈阳 | | | | | |
| 大连 | | | | | |
| 济南 | | | | | |
| 青岛 | | | | | |
| **长三角** | **1** | **91** | **70** | **10000** | **22500** |
| 上海 | | | | | |
| 南京 | | | | | |
| 苏州 | | | | | |
| 无锡 | | | | | |
| 常州 | | | | | |
| 镇江 | | | | | |
| 南通 | | | | | |
| 扬州 | | | | | |
| 泰州 | | | | | |
| 杭州 | 1 | 91 | 70 | 10000 | 22500 |
| 宁波 | | | | | |
| 嘉兴 | | | | | |
| 湖州 | | | | | |
| 绍兴 | | | | | |
| 舟山 | | | | | |
| 台州 | | | | | |
| **珠三角** | **1** | **89** | **89** | **12989** | **19855** |
| 广州 | 1 | 89 | 89 | 12989 | 19855 |
| 深圳 | | | | | |
| 珠海 | | | | | |
| 佛山 | | | | | |
| 江门 | | | | | |
| 东莞 | | | | | |
| 中山 | | | | | |
| 惠州 | | | | | |
| 肇庆 | | | | | |

2-20 续表 39

(体育用品市场)

| 地　区 | 市场数量(个) | 总摊位数(个) | 年末出租摊位数(个) | 营业面积(平方米) | 成交额(万元) |
|---|---|---|---|---|---|
| **三大地带合计** | **1** | **324** | **260** | **12800** | **18000** |
| **环 渤 海** | | | | | |
| 北　京 | | | | | |
| 天　津 | | | | | |
| 唐　山 | | | | | |
| 沈　阳 | | | | | |
| 大　连 | | | | | |
| 济　南 | | | | | |
| 青　岛 | | | | | |
| **长 三 角** | | | | | |
| 上　海 | | | | | |
| 南　京 | | | | | |
| 苏　州 | | | | | |
| 无　锡 | | | | | |
| 常　州 | | | | | |
| 镇　江 | | | | | |
| 南　通 | | | | | |
| 扬　州 | | | | | |
| 泰　州 | | | | | |
| 杭　州 | | | | | |
| 宁　波 | | | | | |
| 嘉　兴 | | | | | |
| 湖　州 | | | | | |
| 绍　兴 | | | | | |
| 舟　山 | | | | | |
| 台　州 | | | | | |
| **珠 三 角** | **1** | **324** | **260** | **12800** | **18000** |
| 广　州 | 1 | 324 | 260 | 12800 | 18000 |
| 深　圳 | | | | | |
| 珠　海 | | | | | |
| 佛　山 | | | | | |
| 江　门 | | | | | |
| 东　莞 | | | | | |
| 中　山 | | | | | |
| 惠　州 | | | | | |
| 肇　庆 | | | | | |

2-20 续表 40

(其他日用品及文化用品市场)

| 地 区 | 市场数量(个) | 总摊位数(个) | 年末出租摊位数(个) | 营业面积(平方米) | 成交额(万元) |
|---|---|---|---|---|---|
| **三大地带合计** | **9** | **9093** | **7532** | **323096** | **3068499** |
| **环 渤 海** | **1** | **1495** | **1495** | **45000** | **16807** |
| 北 京 | | | | | |
| 天 津 | | | | | |
| 唐 山 | | | | | |
| 沈 阳 | 1 | 1495 | 1495 | 45000 | 16807 |
| 大 连 | | | | | |
| 济 南 | | | | | |
| 青 岛 | | | | | |
| **长 三 角** | **5** | **2937** | **2272** | **99000** | **2571098** |
| 上 海 | 1 | 70 | 70 | 5000 | 2444600 |
| 南 京 | | | | | |
| 苏 州 | | | | | |
| 无 锡 | | | | | |
| 常 州 | 1 | 446 | 446 | 8000 | 14794 |
| 镇 江 | | | | | |
| 南 通 | | | | | |
| 扬 州 | | | | | |
| 泰 州 | | | | | |
| 杭 州 | | | | | |
| 宁 波 | | | | | |
| 嘉 兴 | | | | | |
| 湖 州 | | | | | |
| 绍 兴 | | | | | |
| 舟 山 | | | | | |
| 台 州 | 3 | 2421 | 1756 | 86000 | 111704 |
| **珠 三 角** | **3** | **4661** | **3765** | **179096** | **480594** |
| 广 州 | 3 | 4661 | 3765 | 179096 | 480594 |
| 深 圳 | | | | | |
| 珠 海 | | | | | |
| 佛 山 | | | | | |
| 江 门 | | | | | |
| 东 莞 | | | | | |
| 中 山 | | | | | |
| 惠 州 | | | | | |
| 肇 庆 | | | | | |

2-20 续表 41

(黄金、珠宝、玉器等首饰市场)

| 地　区 | 市场数量<br>(个) | 总摊位数<br>(个) | 年末出租摊位数<br>(个) | 营业面积<br>(平方米) | 成交额<br>(万元) |
|---|---|---|---|---|---|
| **三大地带合计** | **8** | **6894** | **4793** | **267681** | **3021615** |
| **环 渤 海** | **3** | **2070** | **1489** | **117408** | **174775** |
| 北　京 | 2 | 830 | 539 | 18829 | 163193 |
| 天　津 | | | | | |
| 唐　山 | | | | | |
| 沈　阳 | | | | | |
| 大　连 | | | | | |
| 济　南 | | | | | |
| 青　岛 | 1 | 1240 | 950 | 98579 | 11582 |
| **长 三 角** | **3** | **2940** | **1942** | **136973** | **2762848** |
| 上　海 | | | | | |
| 南　京 | | | | | |
| 苏　州 | 1 | 200 | 192 | 10000 | 142100 |
| 无　锡 | | | | | |
| 常　州 | | | | | |
| 镇　江 | | | | | |
| 南　通 | | | | | |
| 扬　州 | | | | | |
| 泰　州 | | | | | |
| 杭　州 | 1 | 360 | 360 | 20000 | 1504300 |
| 宁　波 | | | | | |
| 嘉　兴 | | | | | |
| 湖　州 | | | | | |
| 绍　兴 | 1 | 2380 | 1390 | 106973 | 1116448 |
| 舟　山 | | | | | |
| 台　州 | | | | | |
| **珠 三 角** | **2** | **1884** | **1362** | **13300** | **83992** |
| 广　州 | 1 | 1200 | 690 | 10000 | 44096 |
| 深　圳 | | | | | |
| 珠　海 | | | | | |
| 佛　山 | | | | | |
| 江　门 | | | | | |
| 东　莞 | | | | | |
| 中　山 | | | | | |
| 惠　州 | | | | | |
| 肇　庆 | 1 | 684 | 672 | 3300 | 39896 |

2-20 续表 42

(电器、通讯器材、电子设备市场)

| 地 区 | 市场数量(个) | 总摊位数(个) | 年末出租摊位数(个) | 营业面积(平方米) | 成交额(万元) |
|---|---|---|---|---|---|
| **三大地带合计** | **45** | **26183** | **20732** | **690305** | **1660281** |
| **环渤海** | **10** | **6079** | **4728** | **204220** | **478826** |
| 北 京 | 5 | 3802 | 3266 | 58220 | 299126 |
| 天 津 | | | | | |
| 唐 山 | | | | | |
| 沈 阳 | 3 | 1584 | 952 | 101000 | 79415 |
| 大 连 | | | | | |
| 济 南 | | | | | |
| 青 岛 | 2 | 693 | 510 | 45000 | 100285 |
| **长三角** | **21** | **9940** | **7861** | **312477** | **850968** |
| 上 海 | 2 | 426 | 361 | 10864 | 59016 |
| 南 京 | 1 | 210 | 210 | 4007 | 40250 |
| 苏 州 | 1 | 1604 | 1600 | 44232 | 53200 |
| 无 锡 | 1 | 400 | 186 | 8400 | 37168 |
| 常 州 | 1 | 426 | 301 | 10000 | 37950 |
| 镇 江 | | | | | |
| 南 通 | | | | | |
| 扬 州 | | | | | |
| 泰 州 | 1 | 400 | 388 | 11000 | 51490 |
| 杭 州 | 8 | 2289 | 2056 | 108094 | 223283 |
| 宁 波 | 2 | 638 | 555 | 32000 | 74085 |
| 嘉 兴 | 1 | 73 | 51 | 3000 | 11200 |
| 湖 州 | | | | | |
| 绍 兴 | 1 | 185 | 150 | 5680 | 24758 |
| 舟 山 | | | | | |
| 台 州 | 2 | 3289 | 2003 | 75200 | 238568 |
| **珠三角** | **14** | **10164** | **8143** | **173608** | **330487** |
| 广 州 | 7 | 1951 | 1541 | 65220 | 175633 |
| 深 圳 | 6 | 7983 | 6482 | 102200 | 147654 |
| 珠 海 | | | | | |
| 佛 山 | 1 | 230 | 120 | 6188 | 7200 |
| 江 门 | | | | | |
| 东 莞 | | | | | |
| 中 山 | | | | | |
| 惠 州 | | | | | |
| 肇 庆 | | | | | |

2-20 续表 43

(家电市场)

| 地　区 | 市场数量（个） | 总摊位数（个） | 年末出租摊位数（个） | 营业面积（平方米） | 成交额（万元） |
|---|---|---|---|---|---|
| **三大地带合计** | **11** | **3425** | **2761** | **136728** | **279221** |
| **环渤海** | **2** | **874** | **620** | **33000** | **28749** |
| 北　京 | | | | | |
| 天　津 | | | | | |
| 唐　山 | | | | | |
| 沈　阳 | 1 | 728 | 500 | 24000 | 16684 |
| 大　连 | | | | | |
| 济　南 | | | | | |
| 青　岛 | 1 | 146 | 120 | 9000 | 12065 |
| **长三角** | **4** | **754** | **693** | **51628** | **141561** |
| 上　海 | | | | | |
| 南　京 | | | | | |
| 苏　州 | | | | | |
| 无　锡 | | | | | |
| 常　州 | | | | | |
| 镇　江 | | | | | |
| 南　通 | | | | | |
| 扬　州 | | | | | |
| 泰　州 | 1 | 400 | 388 | 11000 | 51490 |
| 杭　州 | 3 | 354 | 305 | 40628 | 90071 |
| 宁　波 | | | | | |
| 嘉　兴 | | | | | |
| 湖　州 | | | | | |
| 绍　兴 | | | | | |
| 舟　山 | | | | | |
| 台　州 | | | | | |
| **珠三角** | **5** | **1797** | **1448** | **52100** | **108911** |
| 广　州 | 3 | 906 | 676 | 35500 | 77557 |
| 深　圳 | 2 | 891 | 772 | 16600 | 31354 |
| 珠　海 | | | | | |
| 佛　山 | | | | | |
| 江　门 | | | | | |
| 东　莞 | | | | | |
| 中　山 | | | | | |
| 惠　州 | | | | | |
| 肇　庆 | | | | | |

2-20 续表 44

(通讯器材市场)

| 地 区 | 市场数量(个) | 总摊位数(个) | 年末出租摊位数(个) | 营业面积(平方米) | 成交额(万元) |
|---|---|---|---|---|---|
| **三大地带合计** | **7** | **6352** | **5160** | **157835** | **230484** |
| **环渤海** | **2** | **856** | **452** | **77000** | **62731** |
| 北 京 | | | | | |
| 天 津 | | | | | |
| 唐 山 | | | | | |
| 沈 阳 | 2 | 856 | 452 | 77000 | 62731 |
| 大 连 | | | | | |
| 济 南 | | | | | |
| 青 岛 | | | | | |
| **长三角** | **2** | **1904** | **1898** | **55235** | **64653** |
| 上 海 | | | | | |
| 南 京 | | | | | |
| 苏 州 | 1 | 1604 | 1600 | 44232 | 53200 |
| 无 锡 | | | | | |
| 常 州 | | | | | |
| 镇 江 | | | | | |
| 南 通 | | | | | |
| 扬 州 | | | | | |
| 泰 州 | | | | | |
| 杭 州 | 1 | 300 | 298 | 11003 | 11453 |
| 宁 波 | | | | | |
| 嘉 兴 | | | | | |
| 湖 州 | | | | | |
| 绍 兴 | | | | | |
| 舟 山 | | | | | |
| 台 州 | | | | | |
| **珠三角** | **3** | **3592** | **2810** | **25600** | **103100** |
| 广 州 | | | | | |
| 深 圳 | 3 | 3592 | 2810 | 25600 | 103100 |
| 珠 海 | | | | | |
| 佛 山 | | | | | |
| 江 门 | | | | | |
| 东 莞 | | | | | |
| 中 山 | | | | | |
| 惠 州 | | | | | |
| 肇 庆 | | | | | |

2-20 续表 45

(照相、摄像器材市场)

| 地　区 | 市场数量(个) | 总摊位数(个) | 年末出租摊位数(个) | 营业面积(平方米) | 成交额(万元) |
|---|---|---|---|---|---|
| **三大地带合计** | **2** | **479** | **412** | **16320** | **68805** |
| **环 渤 海** | **1** | **232** | **230** | **8520** | **31558** |
| 北　京 | 1 | 232 | 230 | 8520 | 31558 |
| 天　津 | | | | | |
| 唐　山 | | | | | |
| 沈　阳 | | | | | |
| 大　连 | | | | | |
| 济　南 | | | | | |
| 青　岛 | | | | | |
| **长 三 角** | **1** | **247** | **182** | **7800** | **37247** |
| 上　海 | 1 | 247 | 182 | 7800 | 37247 |
| 南　京 | | | | | |
| 苏　州 | | | | | |
| 无　锡 | | | | | |
| 常　州 | | | | | |
| 镇　江 | | | | | |
| 南　通 | | | | | |
| 扬　州 | | | | | |
| 泰　州 | | | | | |
| 杭　州 | | | | | |
| 宁　波 | | | | | |
| 嘉　兴 | | | | | |
| 湖　州 | | | | | |
| 绍　兴 | | | | | |
| 舟　山 | | | | | |
| 台　州 | | | | | |
| **珠 三 角** | | | | | |
| 广　州 | | | | | |
| 深　圳 | | | | | |
| 珠　海 | | | | | |
| 佛　山 | | | | | |
| 江　门 | | | | | |
| 东　莞 | | | | | |
| 中　山 | | | | | |
| 惠　州 | | | | | |
| 肇　庆 | | | | | |

2-20 续表 46

(计算机及辅助设备市场)

| 地 区 | 市场数量(个) | 总摊位数(个) | 年末出租摊位数(个) | 营业面积(平方米) | 成交额(万元) |
|---|---|---|---|---|---|
| **三大地带合计** | **22** | **12258** | **9426** | **315522** | **844996** |
| **环渤海** | **3** | **2237** | **1976** | **71800** | **267928** |
| 北 京 | 2 | 1690 | 1586 | 35800 | 179708 |
| 天 津 | | | | | |
| 唐 山 | | | | | |
| 沈 阳 | | | | | |
| 大 连 | | | | | |
| 济 南 | | | | | |
| 青 岛 | 1 | 547 | 390 | 36000 | 88220 |
| **长三角** | **13** | **5246** | **3565** | **147814** | **458592** |
| 上 海 | 1 | 179 | 179 | 3064 | 21769 |
| 南 京 | 1 | 210 | 210 | 4007 | 40250 |
| 苏 州 | | | | | |
| 无 锡 | 1 | 400 | 186 | 8400 | 37168 |
| 常 州 | 1 | 426 | 301 | 10000 | 37950 |
| 镇 江 | | | | | |
| 南 通 | | | | | |
| 扬 州 | | | | | |
| 泰 州 | | | | | |
| 杭 州 | 4 | 1635 | 1453 | 56463 | 121759 |
| 宁 波 | 2 | 638 | 555 | 32000 | 74085 |
| 嘉 兴 | 1 | 73 | 51 | 3000 | 11200 |
| 湖 州 | | | | | |
| 绍 兴 | 1 | 185 | 150 | 5680 | 24758 |
| 舟 山 | | | | | |
| 台 州 | 1 | 1500 | 480 | 25200 | 89653 |
| **珠三角** | **6** | **4775** | **3885** | **95908** | **118476** |
| 广 州 | 4 | 1045 | 865 | 29720 | 98076 |
| 深 圳 | 1 | 3500 | 2900 | 60000 | 13200 |
| 珠 海 | | | | | |
| 佛 山 | 1 | 230 | 120 | 6188 | 7200 |
| 江 门 | | | | | |
| 东 莞 | | | | | |
| 中 山 | | | | | |
| 惠 州 | | | | | |
| 肇 庆 | | | | | |

2-20 续表 47

(其他电器、通讯器材、电子设备市场)

| 地 区 | 市场数量(个) | 总摊位数(个) | 年末出租摊位数(个) | 营业面积(平方米) | 成交额(万元) |
|---|---|---|---|---|---|
| **三大地带合计** | **3** | **3669** | **2973** | **63900** | **236775** |
| **环 渤 海** | **2** | **1880** | **1450** | **13900** | **87860** |
| 北 京 | 2 | 1880 | 1450 | 13900 | 87860 |
| 天 津 | | | | | |
| 唐 山 | | | | | |
| 沈 阳 | | | | | |
| 大 连 | | | | | |
| 济 南 | | | | | |
| 青 岛 | | | | | |
| **长 三 角** | **1** | **1789** | **1523** | **50000** | **148915** |
| 上 海 | | | | | |
| 南 京 | | | | | |
| 苏 州 | | | | | |
| 无 锡 | | | | | |
| 常 州 | | | | | |
| 镇 江 | | | | | |
| 南 通 | | | | | |
| 扬 州 | | | | | |
| 泰 州 | | | | | |
| 杭 州 | | | | | |
| 宁 波 | | | | | |
| 嘉 兴 | | | | | |
| 湖 州 | | | | | |
| 绍 兴 | | | | | |
| 舟 山 | | | | | |
| 台 州 | 1 | 1789 | 1523 | 50000 | 148915 |
| **珠 三 角** | | | | | |
| 广 州 | | | | | |
| 深 圳 | | | | | |
| 珠 海 | | | | | |
| 佛 山 | | | | | |
| 江 门 | | | | | |
| 东 莞 | | | | | |
| 中 山 | | | | | |
| 惠 州 | | | | | |
| 肇 庆 | | | | | |

2-20 续表 48

(医药、医疗用品及器材市场)

| 地 区 | 市场数量 (个) | 总摊位数 (个) | 年末出租摊位数 (个) | 营业面积 (平方米) | 成交额 (万元) |
|---|---|---|---|---|---|
| **三大地带合计** | **2** | **597** | **549** | **14093** | **32138** |
| **环 渤 海** | | | | | |
| 北 京 | | | | | |
| 天 津 | | | | | |
| 唐 山 | | | | | |
| 沈 阳 | | | | | |
| 大 连 | | | | | |
| 济 南 | | | | | |
| 青 岛 | | | | | |
| **长 三 角** | **1** | **190** | **160** | **8000** | **20000** |
| 上 海 | 1 | 190 | 160 | 8000 | 20000 |
| 南 京 | | | | | |
| 苏 州 | | | | | |
| 无 锡 | | | | | |
| 常 州 | | | | | |
| 镇 江 | | | | | |
| 南 通 | | | | | |
| 扬 州 | | | | | |
| 泰 州 | | | | | |
| 杭 州 | | | | | |
| 宁 波 | | | | | |
| 嘉 兴 | | | | | |
| 湖 州 | | | | | |
| 绍 兴 | | | | | |
| 舟 山 | | | | | |
| 台 州 | | | | | |
| **珠 三 角** | **1** | **407** | **389** | **6093** | **12138** |
| 广 州 | 1 | 407 | 389 | 6093 | 12138 |
| 深 圳 | | | | | |
| 珠 海 | | | | | |
| 佛 山 | | | | | |
| 江 门 | | | | | |
| 东 莞 | | | | | |
| 中 山 | | | | | |
| 惠 州 | | | | | |
| 肇 庆 | | | | | |

2-20 续表 49

(中药材市场)

| 地　区 | 市场数量（个） | 总摊位数（个） | 年末出租摊位数（个） | 营业面积（平方米） | 成交额（万元） |
|---|---|---|---|---|---|
| **三大地带合计** | **2** | **597** | **549** | **14093** | **32138** |
| **环渤海** | | | | | |
| 北　京 | | | | | |
| 天　津 | | | | | |
| 唐　山 | | | | | |
| 沈　阳 | | | | | |
| 大　连 | | | | | |
| 济　南 | | | | | |
| 青　岛 | | | | | |
| **长三角** | **1** | **190** | **160** | **8000** | **20000** |
| 上　海 | 1 | 190 | 160 | 8000 | 20000 |
| 南　京 | | | | | |
| 苏　州 | | | | | |
| 无　锡 | | | | | |
| 常　州 | | | | | |
| 镇　江 | | | | | |
| 南　通 | | | | | |
| 扬　州 | | | | | |
| 泰　州 | | | | | |
| 杭　州 | | | | | |
| 宁　波 | | | | | |
| 嘉　兴 | | | | | |
| 湖　州 | | | | | |
| 绍　兴 | | | | | |
| 舟　山 | | | | | |
| 台　州 | | | | | |
| **珠三角** | **1** | **407** | **389** | **6093** | **12138** |
| 广　州 | 1 | 407 | 389 | 6093 | 12138 |
| 深　圳 | | | | | |
| 珠　海 | | | | | |
| 佛　山 | | | | | |
| 江　门 | | | | | |
| 东　莞 | | | | | |
| 中　山 | | | | | |
| 惠　州 | | | | | |
| 肇　庆 | | | | | |

2-20 续表 50

(家具、五金及装饰材料市场)

| 地区 | 市场数量(个) | 总摊位数(个) | 年末出租摊位数(个) | 营业面积(平方米) | 成交额(万元) |
|---|---|---|---|---|---|
| **三大地带合计** | **224** | **127736** | **118104** | **15405410** | **19722309** |
| **环渤海** | **55** | **27932** | **25856** | **3164853** | **2947476** |
| 北京 | 20 | 10936 | 9735 | 1333049 | 1446937 |
| 天津 | 6 | 2671 | 2671 | 223922 | 185384 |
| 唐山 | 1 | 485 | 405 | 120000 | 11360 |
| 沈阳 | 9 | 6217 | 5806 | 382843 | 567149 |
| 大连 | 7 | 3871 | 3595 | 363190 | 231187 |
| 济南 | 5 | 1702 | 1691 | 314341 | 255335 |
| 青岛 | 7 | 2050 | 1953 | 427508 | 250124 |
| **长三角** | **149** | **90409** | **83950** | **10319692** | **14790724** |
| 上海 | 14 | 9591 | 9321 | 937936 | 790209 |
| 南京 | 6 | 2991 | 2679 | 419430 | 333011 |
| 苏州 | 14 | 12728 | 11304 | 1448827 | 2183010 |
| 无锡 | 9 | 6670 | 6396 | 878510 | 1096404 |
| 常州 | 8 | 6927 | 6607 | 687650 | 1598102 |
| 镇江 | 3 | 849 | 766 | 250000 | 205930 |
| 南通 | 17 | 10479 | 9236 | 1153354 | 1126182 |
| 扬州 | 10 | 3547 | 3288 | 476584 | 1088099 |
| 泰州 | 5 | 3125 | 3000 | 320000 | 203853 |
| 杭州 | 19 | 9115 | 8187 | 1074249 | 2057591 |
| 宁波 | 14 | 3670 | 3514 | 496773 | 552941 |
| 嘉兴 | 7 | 4972 | 4722 | 433393 | 1134708 |
| 湖州 | 6 | 1886 | 1437 | 342000 | 252386 |
| 绍兴 | 4 | 4522 | 4467 | 609300 | 1053830 |
| 舟山 | 1 | 1458 | 1458 | 142347 | 56973 |
| 台州 | 12 | 7879 | 7568 | 649339 | 1057495 |
| **珠三角** | **20** | **9395** | **8298** | **1920865** | **1984109** |
| 广州 | 5 | 3039 | 2851 | 294703 | 236677 |
| 深圳 | 1 | 176 | 176 | 26000 | 10560 |
| 珠海 | | | | | |
| 佛山 | 7 | 2213 | 2149 | 1273300 | 1158783 |
| 江门 | | | | | |
| 东莞 | 7 | 3967 | 3122 | 326862 | 578089 |
| 中山 | | | | | |
| 惠州 | | | | | |
| 肇庆 | | | | | |

2-20 续表 51

(家具市场)

| 地　区 | 市场数量（个） | 总摊位数（个） | 年末出租摊位数（个） | 营业面积（平方米） | 成交额（万元） |
|---|---|---|---|---|---|
| **三大地带合计** | **70** | **28770** | **26552** | **4472373** | **3920111** |
| **环渤海** | **22** | **10170** | **9761** | **1527737** | **1264517** |
| 北　京 | 11 | 5590 | 5398 | 879763 | 764942 |
| 天　津 | 1 | 418 | 418 | 48381 | 27911 |
| 唐　山 | | | | | |
| 沈　阳 | 2 | 945 | 945 | 150343 | 101412 |
| 大　连 | 4 | 1912 | 1718 | 187509 | 153187 |
| 济　南 | 3 | 1125 | 1114 | 181741 | 205757 |
| 青　岛 | 1 | 180 | 168 | 80000 | 11308 |
| **长三角** | **45** | **17762** | **15991** | **2813744** | **2616157** |
| 上　海 | 2 | 359 | 359 | 160859 | 49907 |
| 南　京 | 3 | 1270 | 1235 | 195088 | 193788 |
| 苏　州 | 5 | 5039 | 4377 | 599443 | 1023106 |
| 无　锡 | 2 | 809 | 734 | 204610 | 69697 |
| 常　州 | 2 | 994 | 955 | 105812 | 188532 |
| 镇　江 | | | | | |
| 南　通 | 4 | 1400 | 995 | 170000 | 260844 |
| 扬　州 | | | | | |
| 泰　州 | 3 | 2530 | 2405 | 185000 | 154127 |
| 杭　州 | 6 | 1646 | 1540 | 341105 | 219564 |
| 宁　波 | 7 | 960 | 876 | 240904 | 121644 |
| 嘉　兴 | 2 | 308 | 284 | 89646 | 34792 |
| 湖　州 | 2 | 448 | 289 | 169000 | 74450 |
| 绍　兴 | 2 | 265 | 210 | 97000 | 71540 |
| 舟　山 | 1 | 1458 | 1458 | 142347 | 56973 |
| 台　州 | 4 | 276 | 274 | 112930 | 97193 |
| **珠三角** | **3** | **838** | **800** | **130892** | **39437** |
| 广　州 | 1 | 512 | 510 | 64892 | 18814 |
| 深　圳 | 1 | 176 | 176 | 26000 | 10560 |
| 珠　海 | | | | | |
| 佛　山 | 1 | 150 | 114 | 40000 | 10063 |
| 江　门 | | | | | |
| 东　莞 | | | | | |
| 中　山 | | | | | |
| 惠　州 | | | | | |
| 肇　庆 | | | | | |

2-20　续表 52

(装饰材料市场)

| 地　区 | 市场数量 (个) | 总摊位数 (个) | 年末出租摊位数 (个) | 营业面积 (平方米) | 成交额 (万元) |
|---|---|---|---|---|---|
| **三大地带合计** | **81** | **45235** | **41474** | **6410815** | **7035885** |
| **环 渤 海** | **20** | **9975** | **8950** | **1035847** | **1178115** |
| 北　京 | 7 | 3616 | 3096 | 368286 | 655600 |
| 天　津 | 2 | 489 | 489 | 50280 | 39632 |
| 唐　山 | 1 | 485 | 405 | 120000 | 11360 |
| 沈　阳 | 5 | 2436 | 2081 | 141500 | 319915 |
| 大　连 | 2 | 1780 | 1740 | 119581 | 65000 |
| 济　南 | 1 | 350 | 350 | 64600 | 38916 |
| 青　岛 | 2 | 819 | 789 | 171600 | 47692 |
| **长 三 角** | **51** | **30268** | **28102** | **3844857** | **4516987** |
| 上　海 | 5 | 3859 | 3634 | 368904 | 420370 |
| 南　京 | 3 | 1721 | 1444 | 224342 | 139223 |
| 苏　州 | 3 | 2373 | 2365 | 251320 | 79220 |
| 无　锡 | 5 | 1685 | 1530 | 541000 | 622996 |
| 常　州 | 2 | 558 | 432 | 85556 | 49269 |
| 镇　江 | 3 | 849 | 766 | 250000 | 205930 |
| 南　通 | 8 | 6783 | 6200 | 741531 | 678234 |
| 扬　州 | 5 | 1861 | 1810 | 256474 | 573460 |
| 泰　州 | 1 | 210 | 210 | 55000 | 15230 |
| 杭　州 | 5 | 2070 | 1666 | 283853 | 220554 |
| 宁　波 | 3 | 1036 | 1034 | 170924 | 193023 |
| 嘉　兴 | 4 | 4414 | 4200 | 253747 | 1031378 |
| 湖　州 | 1 | 333 | 327 | 16000 | 18500 |
| 绍　兴 | | | | | |
| 舟　山 | | | | | |
| 台　州 | 3 | 2516 | 2484 | 346206 | 269600 |
| **珠 三 角** | **10** | **4992** | **4422** | **1530111** | **1340783** |
| 广　州 | 3 | 1929 | 1899 | 216811 | 178263 |
| 深　圳 | | | | | |
| 珠　海 | | | | | |
| 佛　山 | 6 | 2063 | 2035 | 1233300 | 1148720 |
| 江　门 | | | | | |
| 东　莞 | 1 | 1000 | 488 | 80000 | 13800 |
| 中　山 | | | | | |
| 惠　州 | | | | | |
| 肇　庆 | | | | | |

2-20 续表 53

(灯具市场)

| 地　区 | 市场数量<br>(个) | 总摊位数<br>(个) | 年末出租摊位数<br>(个) | 营业面积<br>(平方米) | 成交额<br>(万元) |
|---|---|---|---|---|---|
| **三大地带合计** | **7** | **4017** | **3842** | **694100** | **1173360** |
| **环 渤 海** | **4** | **837** | **739** | **228100** | **102962** |
| 北　京 | | | | | |
| 天　津 | | | | | |
| 唐　山 | | | | | |
| 沈　阳 | 1 | 276 | 220 | 54000 | 58000 |
| 大　连 | 1 | 179 | 137 | 56100 | 13000 |
| 济　南 | 1 | 227 | 227 | 68000 | 10662 |
| 青　岛 | 1 | 155 | 155 | 50000 | 21300 |
| **长 三 角** | **3** | **3180** | **3103** | **466000** | **1070398** |
| 上　海 | 1 | 130 | 130 | 44000 | 35398 |
| 南　京 | | | | | |
| 苏　州 | | | | | |
| 无　锡 | | | | | |
| 常　州 | 1 | 3000 | 2958 | 411000 | 1023000 |
| 镇　江 | | | | | |
| 南　通 | | | | | |
| 扬　州 | | | | | |
| 泰　州 | | | | | |
| 杭　州 | | | | | |
| 宁　波 | | | | | |
| 嘉　兴 | | | | | |
| 湖　州 | 1 | 50 | 15 | 11000 | 12000 |
| 绍　兴 | | | | | |
| 舟　山 | | | | | |
| 台　州 | | | | | |
| **珠 三 角** | | | | | |
| 广　州 | | | | | |
| 深　圳 | | | | | |
| 珠　海 | | | | | |
| 佛　山 | | | | | |
| 江　门 | | | | | |
| 东　莞 | | | | | |
| 中　山 | | | | | |
| 惠　州 | | | | | |
| 肇　庆 | | | | | |

2-20　续表 54

(厨具、盥洗设备市场)

| 地　　区 | 市场数量(个) | 总摊位数(个) | 年末出租摊位数(个) | 营业面积(平方米) | 成交额(万元) |
|---|---|---|---|---|---|
| **三大地带合计** | **2** | **866** | **864** | **34608** | **132938** |
| **环 渤 海** | **1** | **366** | **364** | **21608** | **22138** |
| 北　　京 | | | | | |
| 天　　津 | | | | | |
| 唐　　山 | | | | | |
| 沈　　阳 | | | | | |
| 大　　连 | | | | | |
| 济　　南 | | | | | |
| 青　　岛 | 1 | 366 | 364 | 21608 | 22138 |
| **长 三 角** | **1** | **500** | **500** | **13000** | **110800** |
| 上　　海 | | | | | |
| 南　　京 | | | | | |
| 苏　　州 | | | | | |
| 无　　锡 | | | | | |
| 常　　州 | | | | | |
| 镇　　江 | | | | | |
| 南　　通 | | | | | |
| 扬　　州 | | | | | |
| 泰　　州 | | | | | |
| 杭　　州 | | | | | |
| 宁　　波 | 1 | 500 | 500 | 13000 | 110800 |
| 嘉　　兴 | | | | | |
| 湖　　州 | | | | | |
| 绍　　兴 | | | | | |
| 舟　　山 | | | | | |
| 台　　州 | | | | | |
| **珠 三 角** | | | | | |
| 广　　州 | | | | | |
| 深　　圳 | | | | | |
| 珠　　海 | | | | | |
| 佛　　山 | | | | | |
| 江　　门 | | | | | |
| 东　　莞 | | | | | |
| 中　　山 | | | | | |
| 惠　　州 | | | | | |
| 肇　　庆 | | | | | |

2-20 续表 55

(五金材料市场)

| 地 区 | 市场数量(个) | 总摊位数(个) | 年末出租摊位数(个) | 营业面积(平方米) | 成交额(万元) |
|---|---|---|---|---|---|
| **三大地带合计** | **36** | **28380** | **26165** | **1521491** | **5090814** |
| **环渤海** | **4** | **1456** | **1355** | **133042** | **156088** |
| 北 京 | 1 | 550 | 449 | 35000 | 10050 |
| 天 津 | 2 | 726 | 726 | 73742 | 112197 |
| 唐 山 | | | | | |
| 沈 阳 | | | | | |
| 大 连 | | | | | |
| 济 南 | | | | | |
| 青 岛 | 1 | 180 | 180 | 24300 | 33841 |
| **长三角** | **25** | **23359** | **21734** | **1128587** | **4330837** |
| 上 海 | 2 | 2780 | 2780 | 154784 | 214576 |
| 南 京 | | | | | |
| 苏 州 | 2 | 3318 | 2583 | 265888 | 356800 |
| 无 锡 | 2 | 4176 | 4132 | 132900 | 403711 |
| 常 州 | 3 | 2375 | 2262 | 85282 | 337301 |
| 镇 江 | | | | | |
| 南 通 | 2 | 1008 | 779 | 45000 | 54506 |
| 扬 州 | 4 | 1190 | 1151 | 117110 | 492097 |
| 泰 州 | | | | | |
| 杭 州 | 3 | 2421 | 2295 | 87120 | 1281427 |
| 宁 波 | 2 | 1134 | 1072 | 68000 | 97253 |
| 嘉 兴 | | | | | |
| 湖 州 | | | | | |
| 绍 兴 | 1 | 775 | 775 | 32300 | 456164 |
| 舟 山 | | | | | |
| 台 州 | 4 | 4182 | 3905 | 140203 | 637002 |
| **珠三角** | **7** | **3565** | **3076** | **259862** | **603889** |
| 广 州 | 1 | 598 | 442 | 13000 | 39600 |
| 深 圳 | | | | | |
| 珠 海 | | | | | |
| 佛 山 | | | | | |
| 江 门 | | | | | |
| 东 莞 | 6 | 2967 | 2634 | 246862 | 564289 |
| 中 山 | | | | | |
| 惠 州 | | | | | |
| 肇 庆 | | | | | |

2-20 续表 56

(其他装修市场)

| 地 区 | 市场数量<br>(个) | 总摊位数<br>(个) | 年末出租摊位数<br>(个) | 营业面积<br>(平方米) | 成交额<br>(万元) |
|---|---|---|---|---|---|
| **三大地带合计** | **28** | **20468** | **19207** | **2272023** | **2369201** |
| **环渤海** | **4** | **5128** | **4687** | **218519** | **223656** |
| 北 京 | 1 | 1180 | 792 | 50000 | 16345 |
| 天 津 | 1 | 1038 | 1038 | 51519 | 5644 |
| 唐 山 | | | | | |
| 沈 阳 | 1 | 2560 | 2560 | 37000 | 87822 |
| 大 连 | | | | | |
| 济 南 | | | | | |
| 青 岛 | 1 | 350 | 297 | 80000 | 113845 |
| **长三角** | **24** | **15340** | **14520** | **2053504** | **2145545** |
| 上 海 | 4 | 2463 | 2418 | 209389 | 69958 |
| 南 京 | | | | | |
| 苏 州 | 4 | 1998 | 1979 | 332176 | 723884 |
| 无 锡 | | | | | |
| 常 州 | | | | | |
| 镇 江 | | | | | |
| 南 通 | 3 | 1288 | 1262 | 196823 | 132598 |
| 扬 州 | 1 | 496 | 327 | 103000 | 22542 |
| 泰 州 | 1 | 385 | 385 | 80000 | 34496 |
| 杭 州 | 5 | 2978 | 2686 | 362171 | 336046 |
| 宁 波 | 1 | 40 | 32 | 3945 | 30221 |
| 嘉 兴 | 1 | 250 | 238 | 90000 | 68538 |
| 湖 州 | 2 | 1055 | 806 | 146000 | 147436 |
| 绍 兴 | 1 | 3482 | 3482 | 480000 | 526126 |
| 舟 山 | | | | | |
| 台 州 | 1 | 905 | 905 | 50000 | 53700 |
| **珠三角** | | | | | |
| 广 州 | | | | | |
| 深 圳 | | | | | |
| 珠 海 | | | | | |
| 佛 山 | | | | | |
| 江 门 | | | | | |
| 东 莞 | | | | | |
| 中 山 | | | | | |
| 惠 州 | | | | | |
| 肇 庆 | | | | | |

2-20 续表 57

(汽车、摩托车及零配件市场)

| 地　区 | 市场数量(个) | 总摊位数(个) | 年末出租摊位数(个) | 营业面积(平方米) | 成交额(万元) |
|---|---|---|---|---|---|
| **三大地带合计** | **123** | **38522** | **32885** | **5742427** | **40485974** |
| **环渤海** | **33** | **18921** | **15702** | **2154006** | **15961687** |
| 北　京 | 12 | 5386 | 3929 | 813250 | 9950517 |
| 天　津 | 3 | 1432 | 429 | 244648 | 1782164 |
| 唐　山 | 1 | 325 | 243 | 62400 | 90313 |
| 沈　阳 | 5 | 3288 | 2809 | 283790 | 795164 |
| 大　连 | 3 | 6415 | 6400 | 349000 | 1964000 |
| 济　南 | 3 | 1006 | 887 | 226938 | 939708 |
| 青　岛 | 6 | 1069 | 1005 | 173980 | 439821 |
| **长三角** | **68** | **15733** | **13491** | **2638700** | **19151975** |
| 上　海 | 11 | 1804 | 1494 | 240642 | 3359756 |
| 南　京 | 1 | 370 | 310 | 55000 | 405183 |
| 苏　州 | 2 | 349 | 211 | 498073 | 896121 |
| 无　锡 | 4 | 962 | 820 | 221500 | 772458 |
| 常　州 | 3 | 1750 | 1137 | 575000 | 1729190 |
| 镇　江 | | | | | |
| 南　通 | 1 | 529 | 342 | 84600 | 150000 |
| 扬　州 | 2 | 376 | 360 | 70200 | 47988 |
| 泰　州 | | | | | |
| 杭　州 | 17 | 6077 | 5835 | 345550 | 6820875 |
| 宁　波 | 9 | 511 | 420 | 153221 | 876738 |
| 嘉　兴 | 5 | 1844 | 1481 | 65045 | 1168218 |
| 湖　州 | 2 | 192 | 179 | 75000 | 235150 |
| 绍　兴 | | | | | |
| 舟　山 | 1 | 1 | 1 | 12655 | 61902 |
| 台　州 | 10 | 968 | 901 | 242214 | 2628396 |
| **珠三角** | **22** | **3868** | **3692** | **949721** | **5372312** |
| 广　州 | 12 | 2715 | 2581 | 270747 | 1887770 |
| 深　圳 | 2 | 86 | 78 | 83000 | 115100 |
| 珠　海 | | | | | |
| 佛　山 | 2 | 103 | 96 | 243250 | 1462634 |
| 江　门 | | | | | |
| 东　莞 | 4 | 877 | 850 | 102724 | 440646 |
| 中　山 | | | | | |
| 惠　州 | 2 | 87 | 87 | 250000 | 1466162 |
| 肇　庆 | | | | | |

2-20 续表 58

(汽车市场)

| 地　区 | 市场数量（个） | 总摊位数（个） | 年末出租摊位数（个） | 营业面积（平方米） | 成交额（万元） |
|---|---|---|---|---|---|
| **三大地带合计** | **92** | **23443** | **20774** | **4570470** | **36823056** |
| **环 渤 海** | **23** | **12274** | **10950** | **1640640** | **14696511** |
| 北　京 | 9 | 1702 | 1490 | 612782 | 9356258 |
| 天　津 | 3 | 1432 | 429 | 244648 | 1782164 |
| 唐　山 | 1 | 325 | 243 | 62400 | 90313 |
| 沈　阳 | 2 | 1720 | 1720 | 117790 | 609802 |
| 大　连 | 3 | 6415 | 6400 | 349000 | 1964000 |
| 济　南 | 1 | 71 | 71 | 130000 | 513708 |
| 青　岛 | 4 | 609 | 597 | 124020 | 380266 |
| **长 三 角** | **55** | **9758** | **8470** | **2129910** | **17162305** |
| 上　海 | 7 | 371 | 358 | 158103 | 3067268 |
| 南　京 | 1 | 370 | 310 | 55000 | 405183 |
| 苏　州 | 2 | 349 | 211 | 498073 | 896121 |
| 无　锡 | 2 | 302 | 238 | 110000 | 586688 |
| 常　州 | 2 | 960 | 871 | 515000 | 1702536 |
| 镇　江 | | | | | |
| 南　通 | 1 | 529 | 342 | 84600 | 150000 |
| 扬　州 | 1 | 26 | 24 | 5200 | 13810 |
| 泰　州 | | | | | |
| 杭　州 | 13 | 3555 | 3349 | 171025 | 5401665 |
| 宁　波 | 9 | 511 | 420 | 153221 | 876738 |
| 嘉　兴 | 5 | 1844 | 1481 | 65045 | 1168218 |
| 湖　州 | 2 | 192 | 179 | 75000 | 235150 |
| 绍　兴 | | | | | |
| 舟　山 | 1 | 1 | 1 | 12655 | 61902 |
| 台　州 | 9 | 748 | 686 | 226988 | 2597026 |
| **珠 三 角** | **14** | **1411** | **1354** | **799920** | **4964240** |
| 广　州 | 4 | 258 | 243 | 120946 | 1479698 |
| 深　圳 | 2 | 86 | 78 | 83000 | 115100 |
| 珠　海 | | | | | |
| 佛　山 | 2 | 103 | 96 | 243250 | 1462634 |
| 江　门 | | | | | |
| 东　莞 | 4 | 877 | 850 | 102724 | 440646 |
| 中　山 | | | | | |
| 惠　州 | 2 | 87 | 87 | 250000 | 1466162 |
| 肇　庆 | | | | | |

2-20 续表 59

(摩托车市场)

| 地　　区 | 市场数量（个） | 总摊位数（个） | 年末出租摊位数（个） | 营业面积（平方米） | 成交额（万元） |
|---|---|---|---|---|---|
| **三大地带合计** | **1** | **220** | **215** | **15226** | **31370** |
| **环渤海** | | | | | |
| 北　京 | | | | | |
| 天　津 | | | | | |
| 唐　山 | | | | | |
| 沈　阳 | | | | | |
| 大　连 | | | | | |
| 济　南 | | | | | |
| 青　岛 | | | | | |
| **长三角** | **1** | **220** | **215** | **15226** | **31370** |
| 上　海 | | | | | |
| 南　京 | | | | | |
| 苏　州 | | | | | |
| 无　锡 | | | | | |
| 常　州 | | | | | |
| 镇　江 | | | | | |
| 南　通 | | | | | |
| 扬　州 | | | | | |
| 泰　州 | | | | | |
| 杭　州 | | | | | |
| 宁　波 | | | | | |
| 嘉　兴 | | | | | |
| 湖　州 | | | | | |
| 绍　兴 | | | | | |
| 舟　山 | | | | | |
| 台　州 | 1 | 220 | 215 | 15226 | 31370 |
| **珠三角** | | | | | |
| 广　州 | | | | | |
| 深　圳 | | | | | |
| 珠　海 | | | | | |
| 佛　山 | | | | | |
| 江　门 | | | | | |
| 东　莞 | | | | | |
| 中　山 | | | | | |
| 惠　州 | | | | | |
| 肇　庆 | | | | | |

2-20　续表 60

(机动车零配件市场)

| 地　区 | 市场数量(个) | 总摊位数(个) | 年末出租摊位数(个) | 营业面积(平方米) | 成交额(万元) |
|---|---|---|---|---|---|
| **三大地带合计** | **30** | **14859** | **11896** | **1156731** | **3631548** |
| **环 渤 海** | **10** | **6647** | **4752** | **513366** | **1265176** |
| 北　京 | 3 | 3684 | 2439 | 200468 | 594259 |
| 天　津 | | | | | |
| 唐　山 | | | | | |
| 沈　阳 | 3 | 1568 | 1089 | 166000 | 185362 |
| 大　连 | | | | | |
| 济　南 | 2 | 935 | 816 | 96938 | 426000 |
| 青　岛 | 2 | 460 | 408 | 49960 | 59555 |
| **长 三 角** | **12** | **5755** | **4806** | **493564** | **1958300** |
| 上　海 | 4 | 1433 | 1136 | 82539 | 292488 |
| 南　京 | | | | | |
| 苏　州 | | | | | |
| 无　锡 | 2 | 660 | 582 | 111500 | 185770 |
| 常　州 | 1 | 790 | 266 | 60000 | 26654 |
| 镇　江 | | | | | |
| 南　通 | | | | | |
| 扬　州 | 1 | 350 | 336 | 65000 | 34178 |
| 泰　州 | | | | | |
| 杭　州 | 4 | 2522 | 2486 | 174525 | 1419210 |
| 宁　波 | | | | | |
| 嘉　兴 | | | | | |
| 湖　州 | | | | | |
| 绍　兴 | | | | | |
| 舟　山 | | | | | |
| 台　州 | | | | | |
| **珠 三 角** | **8** | **2457** | **2338** | **149801** | **408072** |
| 广　州 | 8 | 2457 | 2338 | 149801 | 408072 |
| 深　圳 | | | | | |
| 珠　海 | | | | | |
| 佛　山 | | | | | |
| 江　门 | | | | | |
| 东　莞 | | | | | |
| 中　山 | | | | | |
| 惠　州 | | | | | |
| 肇　庆 | | | | | |

2-20 续表 61

(花鸟鱼虫市场)

| 地　区 | 市场数量(个) | 总摊位数(个) | 年末出租摊位数(个) | 营业面积(平方米) | 成交额(万元) |
|---|---|---|---|---|---|
| **三大地带合计** | **13** | **9573** | **9279** | **802378** | **3157916** |
| **环 渤 海** | **3** | **1512** | **1445** | **42490** | **39549** |
| 北　京 | 1 | 392 | 325 | 12190 | 15366 |
| 天　津 | 1 | 580 | 580 | 21000 | 13980 |
| 唐　山 | | | | | |
| 沈　阳 | 1 | 540 | 540 | 9300 | 10203 |
| 大　连 | | | | | |
| 济　南 | | | | | |
| 青　岛 | | | | | |
| **长 三 角** | **9** | **6661** | **6434** | **741888** | **3011696** |
| 上　海 | 2 | 575 | 575 | 43601 | 26896 |
| 南　京 | | | | | |
| 苏　州 | | | | | |
| 无　锡 | | | | | |
| 常　州 | 1 | 2650 | 2600 | 460000 | 1901700 |
| 镇　江 | | | | | |
| 南　通 | 1 | 982 | 958 | 125000 | 325987 |
| 扬　州 | 1 | 512 | 509 | 48000 | 138849 |
| 泰　州 | | | | | |
| 杭　州 | 2 | 1750 | 1600 | 59208 | 570484 |
| 宁　波 | | | | | |
| 嘉　兴 | | | | | |
| 湖　州 | 1 | 57 | 57 | 2239 | 12780 |
| 绍　兴 | | | | | |
| 舟　山 | | | | | |
| 台　州 | 1 | 135 | 135 | 3840 | 35000 |
| **珠 三 角** | **1** | **1400** | **1400** | **18000** | **106671** |
| 广　州 | 1 | 1400 | 1400 | 18000 | 106671 |
| 深　圳 | | | | | |
| 珠　海 | | | | | |
| 佛　山 | | | | | |
| 江　门 | | | | | |
| 东　莞 | | | | | |
| 中　山 | | | | | |
| 惠　州 | | | | | |
| 肇　庆 | | | | | |

2-20　续表 62

(花卉市场)

| 地　区 | 市场数量(个) | 总摊位数(个) | 年末出租摊位数(个) | 营业面积(平方米) | 成交额(万元) |
|---|---|---|---|---|---|
| **三大地带合计** | **10** | **8335** | **8041** | **759166** | **3097697** |
| **环渤海** | **2** | **972** | **905** | **33190** | **29346** |
| 北　京 | 1 | 392 | 325 | 12190 | 15366 |
| 天　津 | 1 | 580 | 580 | 21000 | 13980 |
| 唐　山 | | | | | |
| 沈　阳 | | | | | |
| 大　连 | | | | | |
| 济　南 | | | | | |
| 青　岛 | | | | | |
| **长三角** | **7** | **5963** | **5736** | **707976** | **2961680** |
| 上　海 | 1 | 177 | 177 | 15069 | 13780 |
| 南　京 | | | | | |
| 苏　州 | | | | | |
| 无　锡 | | | | | |
| 常　州 | 1 | 2650 | 2600 | 460000 | 1901700 |
| 镇　江 | | | | | |
| 南　通 | 1 | 982 | 958 | 125000 | 325987 |
| 扬　州 | 1 | 512 | 509 | 48000 | 138849 |
| 泰　州 | | | | | |
| 杭　州 | 1 | 1450 | 1300 | 53828 | 533584 |
| 宁　波 | | | | | |
| 嘉　兴 | | | | | |
| 湖　州 | 1 | 57 | 57 | 2239 | 12780 |
| 绍　兴 | | | | | |
| 舟　山 | | | | | |
| 台　州 | 1 | 135 | 135 | 3840 | 35000 |
| **珠三角** | **1** | **1400** | **1400** | **18000** | **106671** |
| 广　州 | 1 | 1400 | 1400 | 18000 | 106671 |
| 深　圳 | | | | | |
| 珠　海 | | | | | |
| 佛　山 | | | | | |
| 江　门 | | | | | |
| 东　莞 | | | | | |
| 中　山 | | | | | |
| 惠　州 | | | | | |
| 肇　庆 | | | | | |

2-20 续表 63

(其他花鸟鱼虫市场)

| 地　区 | 市场数量(个) | 总摊位数(个) | 年末出租摊位数(个) | 营业面积(平方米) | 成交额(万元) |
|---|---|---|---|---|---|
| **三大地带合计** | **3** | **1238** | **1238** | **43212** | **60219** |
| **环 渤 海** | **1** | **540** | **540** | **9300** | **10203** |
| 北　京 | | | | | |
| 天　津 | | | | | |
| 唐　山 | | | | | |
| 沈　阳 | 1 | 540 | 540 | 9300 | 10203 |
| 大　连 | | | | | |
| 济　南 | | | | | |
| 青　岛 | | | | | |
| **长 三 角** | **2** | **698** | **698** | **33912** | **50016** |
| 上　海 | 1 | 398 | 398 | 28532 | 13116 |
| 南　京 | | | | | |
| 苏　州 | | | | | |
| 无　锡 | | | | | |
| 常　州 | | | | | |
| 镇　江 | | | | | |
| 南　通 | | | | | |
| 扬　州 | | | | | |
| 泰　州 | | | | | |
| 杭　州 | 1 | 300 | 300 | 5380 | 36900 |
| 宁　波 | | | | | |
| 嘉　兴 | | | | | |
| 湖　州 | | | | | |
| 绍　兴 | | | | | |
| 舟　山 | | | | | |
| 台　州 | | | | | |
| **珠 三 角** | | | | | |
| 广　州 | | | | | |
| 深　圳 | | | | | |
| 珠　海 | | | | | |
| 佛　山 | | | | | |
| 江　门 | | | | | |
| 东　莞 | | | | | |
| 中　山 | | | | | |
| 惠　州 | | | | | |
| 肇　庆 | | | | | |

2-20　续表 64

(旧货市场)

| 地　区 | 市场数量<br>(个) | 总摊位数<br>(个) | 年末出租摊位数<br>(个) | 营业面积<br>(平方米) | 成交额<br>(万元) |
|---|---|---|---|---|---|
| **三大地带合计** | **8** | **5296** | **4886** | **167345** | **259168** |
| **环 渤 海** | **1** | **3732** | **3732** | **39635** | **39814** |
| 北　京 | 1 | 3732 | 3732 | 39635 | 39814 |
| 天　津 | | | | | |
| 唐　山 | | | | | |
| 沈　阳 | | | | | |
| 大　连 | | | | | |
| 济　南 | | | | | |
| 青　岛 | | | | | |
| **长 三 角** | **7** | **1564** | **1154** | **127710** | **219354** |
| 上　海 | | | | | |
| 南　京 | | | | | |
| 苏　州 | | | | | |
| 无　锡 | | | | | |
| 常　州 | | | | | |
| 镇　江 | | | | | |
| 南　通 | | | | | |
| 扬　州 | 1 | 73 | 71 | 25000 | 20156 |
| 泰　州 | | | | | |
| 杭　州 | | | | | |
| 宁　波 | 2 | 186 | 184 | 32340 | 53631 |
| 嘉　兴 | 1 | 596 | 226 | 36859 | 36150 |
| 湖　州 | | | | | |
| 绍　兴 | 1 | 260 | 252 | 8000 | 40900 |
| 舟　山 | | | | | |
| 台　州 | 2 | 449 | 421 | 25511 | 68517 |
| **珠 三 角** | | | | | |
| 广　州 | | | | | |
| 深　圳 | | | | | |
| 珠　海 | | | | | |
| 佛　山 | | | | | |
| 江　门 | | | | | |
| 东　莞 | | | | | |
| 中　山 | | | | | |
| 惠　州 | | | | | |
| 肇　庆 | | | | | |

2-20 续表 65

(古玩、古董、字画市场)

| 地　区 | 市场数量<br>(个) | 总摊位数<br>(个) | 年末出租摊位数<br>(个) | 营业面积<br>(平方米) | 成交额<br>(万元) |
|---|---|---|---|---|---|
| **三大地带合计** | | | | | |
| **环 渤 海** | | | | | |
| 北　京 | | | | | |
| 天　津 | | | | | |
| 唐　山 | | | | | |
| 沈　阳 | | | | | |
| 大　连 | | | | | |
| 济　南 | | | | | |
| 青　岛 | | | | | |
| **长 三 角** | | | | | |
| 上　海 | | | | | |
| 南　京 | | | | | |
| 苏　州 | | | | | |
| 无　锡 | | | | | |
| 常　州 | | | | | |
| 镇　江 | | | | | |
| 南　通 | | | | | |
| 扬　州 | | | | | |
| 泰　州 | | | | | |
| 杭　州 | | | | | |
| 宁　波 | | | | | |
| 嘉　兴 | | | | | |
| 湖　州 | | | | | |
| 绍　兴 | | | | | |
| 舟　山 | | | | | |
| 台　州 | | | | | |
| **珠 三 角** | | | | | |
| 广　州 | | | | | |
| 深　圳 | | | | | |
| 珠　海 | | | | | |
| 佛　山 | | | | | |
| 江　门 | | | | | |
| 东　莞 | | | | | |
| 中　山 | | | | | |
| 惠　州 | | | | | |
| 肇　庆 | | | | | |

2-20 续表 66

(其他旧货市场)

| 地 区 | 市场数量（个） | 总摊位数（个） | 年末出租摊位数（个） | 营业面积（平方米） | 成交额（万元） |
|---|---|---|---|---|---|
| **三大地带合计** | **8** | **5296** | **4886** | **167345** | **259168** |
| **环 渤 海** | **1** | **3732** | **3732** | **39635** | **39814** |
| 北 京 | 1 | 3732 | 3732 | 39635 | 39814 |
| 天 津 | | | | | |
| 唐 山 | | | | | |
| 沈 阳 | | | | | |
| 大 连 | | | | | |
| 济 南 | | | | | |
| 青 岛 | | | | | |
| **长 三 角** | **7** | **1564** | **1154** | **127710** | **219354** |
| 上 海 | | | | | |
| 南 京 | | | | | |
| 苏 州 | | | | | |
| 无 锡 | | | | | |
| 常 州 | | | | | |
| 镇 江 | | | | | |
| 南 通 | | | | | |
| 扬 州 | 1 | 73 | 71 | 25000 | 20156 |
| 泰 州 | | | | | |
| 杭 州 | | | | | |
| 宁 波 | 2 | 186 | 184 | 32340 | 53631 |
| 嘉 兴 | 1 | 596 | 226 | 36859 | 36150 |
| 湖 州 | | | | | |
| 绍 兴 | 1 | 260 | 252 | 8000 | 40900 |
| 舟 山 | | | | | |
| 台 州 | 2 | 449 | 421 | 25511 | 68517 |
| **珠 三 角** | | | | | |
| 广 州 | | | | | |
| 深 圳 | | | | | |
| 珠 海 | | | | | |
| 佛 山 | | | | | |
| 江 门 | | | | | |
| 东 莞 | | | | | |
| 中 山 | | | | | |
| 惠 州 | | | | | |
| 肇 庆 | | | | | |

2-20 续表 67

(其他专业市场)

| 地　区 | 市场数量(个) | 总摊位数(个) | 年末出租摊位数(个) | 营业面积(平方米) | 成交额(万元) |
|---|---|---|---|---|---|
| **三大地带合计** | **14** | **7296** | **6551** | **480256** | **2420165** |
| **环 渤 海** | **7** | **4386** | **3755** | **343362** | **290931** |
| 北　京 | 1 | 136 | 136 | 41012 | 16435 |
| 天　津 | | | | | |
| 唐　山 | 1 | 1000 | 900 | 33350 | 32783 |
| 沈　阳 | 4 | 2600 | 2089 | 64000 | 218683 |
| 大　连 | | | | | |
| 济　南 | 1 | 650 | 630 | 205000 | 23030 |
| 青　岛 | | | | | |
| **长 三 角** | **7** | **2910** | **2796** | **136894** | **2129234** |
| 上　海 | | | | | |
| 南　京 | | | | | |
| 苏　州 | 3 | 971 | 946 | 20200 | 1674645 |
| 无　锡 | | | | | |
| 常　州 | | | | | |
| 镇　江 | 1 | 1065 | 991 | 69185 | 294864 |
| 南　通 | | | | | |
| 扬　州 | 2 | 566 | 551 | 30509 | 34725 |
| 泰　州 | | | | | |
| 杭　州 | | | | | |
| 宁　波 | | | | | |
| 嘉　兴 | | | | | |
| 湖　州 | | | | | |
| 绍　兴 | 1 | 308 | 308 | 17000 | 125000 |
| 舟　山 | | | | | |
| 台　州 | | | | | |
| **珠 三 角** | | | | | |
| 广　州 | | | | | |
| 深　圳 | | | | | |
| 珠　海 | | | | | |
| 佛　山 | | | | | |
| 江　门 | | | | | |
| 东　莞 | | | | | |
| 中　山 | | | | | |
| 惠　州 | | | | | |
| 肇　庆 | | | | | |

# 2-21 商品交易市场情况(按营业状态分)

(常年营业)

| 地 区 | 市场数量（个） | 总摊位数（个） | 年末出租摊位数（个） | 营业面积（平方米） | 成交额（万元） |
|---|---|---|---|---|---|
| **三大地带合计** | **1688** | **1232854** | **1077099** | **89807929** | **553555231** |
| **环渤海** | **360** | **321608** | **289362** | **21403430** | **101083681** |
| 北 京 | 111 | 91633 | 81788 | 6322844 | 39072300 |
| 天 津 | 44 | 35600 | 30655 | 3163445 | 13154060 |
| 唐 山 | 20 | 15288 | 12266 | 758940 | 3296865 |
| 沈 阳 | 57 | 60040 | 49941 | 2477422 | 14407027 |
| 大 连 | 39 | 40058 | 37974 | 1883577 | 13405009 |
| 济 南 | 31 | 19760 | 19171 | 1821320 | 4767615 |
| 青 岛 | 58 | 59229 | 57567 | 4975882 | 12980805 |
| **长三角** | **1066** | **688095** | **618676** | **53495669** | **403170069** |
| 上 海 | 132 | 61413 | 54360 | 4177382 | 89369497 |
| 南 京 | 36 | 35789 | 34534 | 2515763 | 10594493 |
| 苏 州 | 79 | 84042 | 72538 | 8820864 | 78484028 |
| 无 锡 | 49 | 45725 | 40192 | 4897785 | 38672745 |
| 常 州 | 56 | 42750 | 36293 | 5102591 | 21176142 |
| 镇 江 | 13 | 6962 | 6205 | 1098608 | 4448706 |
| 南 通 | 80 | 49004 | 44615 | 2971484 | 19433021 |
| 扬 州 | 53 | 20414 | 19333 | 1653888 | 6833763 |
| 泰 州 | 24 | 17780 | 15427 | 1780831 | 3390044 |
| 杭 州 | 147 | 85807 | 79566 | 4201227 | 31182997 |
| 宁 波 | 120 | 56046 | 51146 | 4011880 | 33153416 |
| 嘉 兴 | 66 | 55378 | 51401 | 3631564 | 18226292 |
| 湖 州 | 43 | 22736 | 19603 | 1625334 | 6896031 |
| 绍 兴 | 44 | 51928 | 48122 | 4261008 | 28743350 |
| 舟 山 | 12 | 6401 | 5738 | 317417 | 2047254 |
| 台 州 | 112 | 45920 | 39603 | 2428043 | 10518290 |
| **珠三角** | **262** | **223151** | **169061** | **14908830** | **49301481** |
| 广 州 | 127 | 101986 | 82440 | 6090645 | 19912922 |
| 深 圳 | 27 | 52174 | 29742 | 1670367 | 6380508 |
| 珠 海 | 7 | 4036 | 3438 | 85390 | 1546868 |
| 佛 山 | 27 | 15551 | 14187 | 2908289 | 7150623 |
| 江 门 | 8 | 3818 | 2892 | 187959 | 967885 |
| 东 莞 | 49 | 36216 | 27772 | 3470540 | 11167674 |
| 中 山 | 3 | 2324 | 1959 | 55315 | 42226 |
| 惠 州 | 5 | 4817 | 4553 | 400000 | 1961579 |
| 肇 庆 | 9 | 2229 | 2078 | 40325 | 171196 |

2-21 续表 1

(季节性营业)

| 地区 | 市场数量(个) | 总摊位数(个) | 年末出租摊位数(个) | 营业面积(平方米) | 成交额(万元) |
|---|---|---|---|---|---|
| **三大地带合计** | **15** | **9066** | **6265** | **587026** | **885393** |
| **环渤海** | **8** | **6831** | **4256** | **368350** | **401820** |
| 北京 | 3 | 4156 | 1884 | 279000 | 148312 |
| 天津 | | | | | |
| 唐山 | 1 | 1000 | 900 | 33350 | 32783 |
| 沈阳 | 1 | 345 | 345 | 4000 | 117565 |
| 大连 | | | | | |
| 济南 | 1 | 310 | 302 | 19000 | 29430 |
| 青岛 | 2 | 1020 | 825 | 33000 | 73730 |
| **长三角** | **6** | **2114** | **1979** | **193676** | **423573** |
| 上海 | 1 | 165 | 165 | 2250 | 10507 |
| 南京 | | | | | |
| 苏州 | 2 | 344 | 337 | 24340 | 74500 |
| 无锡 | | | | | |
| 常州 | | | | | |
| 镇江 | | | | | |
| 南通 | 1 | 650 | 522 | 10000 | 42153 |
| 扬州 | | | | | |
| 泰州 | | | | | |
| 杭州 | 1 | 113 | 113 | 3500 | 31266 |
| 宁波 | 1 | 842 | 842 | 153586 | 265147 |
| 嘉兴 | | | | | |
| 湖州 | | | | | |
| 绍兴 | | | | | |
| 舟山 | | | | | |
| 台州 | | | | | |
| **珠三角** | **1** | **121** | **30** | **25000** | **60000** |
| 广州 | | | | | |
| 深圳 | | | | | |
| 珠海 | 1 | 121 | 30 | 25000 | 60000 |
| 佛山 | | | | | |
| 江门 | | | | | |
| 东莞 | | | | | |
| 中山 | | | | | |
| 惠州 | | | | | |
| 肇庆 | | | | | |

2-21　续表 2

(其他)

| 地　区 | 市场数量（个） | 总摊位数（个） | 年末出租摊位数（个） | 营业面积（平方米） | 成交额（万元） |
|---|---|---|---|---|---|
| **三大地带合计** | **1** | **91** | **91** | **36066** | **98614** |
| **环 渤 海** | | | | | |
| 北　京 | | | | | |
| 天　津 | | | | | |
| 唐　山 | | | | | |
| 沈　阳 | | | | | |
| 大　连 | | | | | |
| 济　南 | | | | | |
| 青　岛 | | | | | |
| **长 三 角** | **1** | **91** | **91** | **36066** | **98614** |
| 上　海 | 1 | 91 | 91 | 36066 | 98614 |
| 南　京 | | | | | |
| 苏　州 | | | | | |
| 无　锡 | | | | | |
| 常　州 | | | | | |
| 镇　江 | | | | | |
| 南　通 | | | | | |
| 扬　州 | | | | | |
| 泰　州 | | | | | |
| 杭　州 | | | | | |
| 宁　波 | | | | | |
| 嘉　兴 | | | | | |
| 湖　州 | | | | | |
| 绍　兴 | | | | | |
| 舟　山 | | | | | |
| 台　州 | | | | | |
| **珠 三 角** | | | | | |
| 广　州 | | | | | |
| 深　圳 | | | | | |
| 珠　海 | | | | | |
| 佛　山 | | | | | |
| 江　门 | | | | | |
| 东　莞 | | | | | |
| 中　山 | | | | | |
| 惠　州 | | | | | |
| 肇　庆 | | | | | |

# 2-22 商品交易市场情况(按经营方式分)

(批发为主)

| 地区 | 市场数量(个) | 总摊位数(个) | 年末出租摊位数(个) | 营业面积(平方米) | 成交额(万元) |
|---|---|---|---|---|---|
| **三大地带合计** | **924** | **851883** | **737327** | **68250329** | **487217810** |
| **环渤海** | **211** | **213557** | **191327** | **15589277** | **82638795** |
| 北京 | 43 | 51953 | 43729 | 3623704 | 26294904 |
| 天津 | 33 | 28217 | 25132 | 2617617 | 12569049 |
| 唐山 | 13 | 11323 | 8430 | 616961 | 3017716 |
| 沈阳 | 34 | 37588 | 32464 | 1805004 | 12919761 |
| 大连 | 20 | 17442 | 16534 | 1165230 | 11463606 |
| 济南 | 25 | 15485 | 14946 | 1352979 | 3977183 |
| 青岛 | 43 | 51549 | 50092 | 4407782 | 12396576 |
| **长三角** | **529** | **450710** | **405862** | **39544649** | **361045512** |
| 上海 | 56 | 35259 | 30814 | 2755930 | 83883291 |
| 南京 | 16 | 21644 | 20776 | 1452514 | 8601067 |
| 苏州 | 49 | 73136 | 63223 | 7544546 | 76275154 |
| 无锡 | 33 | 26366 | 21876 | 3615179 | 34022968 |
| 常州 | 33 | 29292 | 24427 | 4031161 | 18469522 |
| 镇江 | 7 | 4779 | 4249 | 950831 | 4178139 |
| 南通 | 28 | 22701 | 21567 | 1524394 | 16983433 |
| 扬州 | 31 | 12101 | 11459 | 1147490 | 5683339 |
| 泰州 | 14 | 10698 | 8939 | 1498427 | 2710397 |
| 杭州 | 77 | 56908 | 52980 | 2769304 | 23510867 |
| 宁波 | 61 | 36854 | 34764 | 3209515 | 30815974 |
| 嘉兴 | 29 | 36539 | 34981 | 2811198 | 15941971 |
| 湖州 | 17 | 12701 | 11139 | 1117756 | 5513770 |
| 绍兴 | 27 | 41499 | 38477 | 3511126 | 27142802 |
| 舟山 | 4 | 2110 | 2110 | 135586 | 1688570 |
| 台州 | 47 | 28123 | 24081 | 1469692 | 5624248 |
| **珠三角** | **184** | **187616** | **140138** | **13116403** | **43533503** |
| 广州 | 101 | 90642 | 73108 | 5521204 | 17646272 |
| 深圳 | 16 | 45836 | 24207 | 1381305 | 5986047 |
| 珠海 | 5 | 2627 | 2062 | 98200 | 1557920 |
| 佛山 | 19 | 12964 | 12119 | 2533364 | 5549278 |
| 江门 | 3 | 695 | 693 | 94482 | 788775 |
| 东莞 | 34 | 28214 | 21940 | 3142153 | 10529265 |
| 中山 | 2 | 1850 | 1485 | 45695 | 30367 |
| 惠州 | 4 | 4788 | 4524 | 300000 | 1445579 |
| 肇庆 | | | | | |

2-22 续表

(零售为主)

| 地 区 | 市场数量 (个) | 总摊位数 (个) | 年末出租摊位数 (个) | 营业面积 (平方米) | 成交额 (万元) |
|---|---|---|---|---|---|
| **三大地带合计** | **780** | **390128** | **346128** | **22180692** | **67321428** |
| **环 渤 海** | **157** | **114882** | **102291** | **6182503** | **18846706** |
| 北 京 | 71 | 43836 | 39943 | 2978140 | 12925708 |
| 天 津 | 11 | 7383 | 5523 | 545828 | 585011 |
| 唐 山 | 8 | 4965 | 4736 | 175329 | 311932 |
| 沈 阳 | 24 | 22797 | 17822 | 676418 | 1604831 |
| 大 连 | 19 | 22616 | 21440 | 718347 | 1941403 |
| 济 南 | 7 | 4585 | 4527 | 487341 | 819862 |
| 青 岛 | 17 | 8700 | 8300 | 601100 | 657959 |
| **长 三 角** | **544** | **239590** | **214884** | **14180762** | **42646744** |
| 上 海 | 78 | 26410 | 23802 | 1459768 | 5595327 |
| 南 京 | 20 | 14145 | 13758 | 1063249 | 1993426 |
| 苏 州 | 32 | 11250 | 9652 | 1300658 | 2283374 |
| 无 锡 | 16 | 19359 | 18316 | 1282606 | 4649777 |
| 常 州 | 23 | 13458 | 11866 | 1071430 | 2706620 |
| 镇 江 | 6 | 2183 | 1956 | 147777 | 270567 |
| 南 通 | 53 | 26953 | 23570 | 1457090 | 2491741 |
| 扬 州 | 22 | 8313 | 7874 | 506398 | 1150424 |
| 泰 州 | 10 | 7082 | 6488 | 282404 | 679647 |
| 杭 州 | 71 | 29012 | 26699 | 1435423 | 7703396 |
| 宁 波 | 60 | 20034 | 17224 | 955951 | 2602589 |
| 嘉 兴 | 37 | 18839 | 16420 | 820366 | 2284321 |
| 湖 州 | 26 | 10035 | 8464 | 507578 | 1382261 |
| 绍 兴 | 17 | 10429 | 9645 | 749882 | 1600548 |
| 舟 山 | 8 | 4291 | 3628 | 181831 | 358684 |
| 台 州 | 65 | 17797 | 15522 | 958351 | 4894042 |
| **珠 三 角** | **79** | **35656** | **28953** | **1817427** | **5827978** |
| 广 州 | 26 | 11344 | 9332 | 569441 | 2266650 |
| 深 圳 | 11 | 6338 | 5535 | 289062 | 394461 |
| 珠 海 | 3 | 1530 | 1406 | 12190 | 48948 |
| 佛 山 | 8 | 2587 | 2068 | 374925 | 1601345 |
| 江 门 | 5 | 3123 | 2199 | 93477 | 179110 |
| 东 莞 | 15 | 8002 | 5832 | 328387 | 638409 |
| 中 山 | 1 | 474 | 474 | 9620 | 11859 |
| 惠 州 | 1 | 29 | 29 | 100000 | 516000 |
| 肇 庆 | 9 | 2229 | 2078 | 40325 | 171196 |

# 2-23 商品交易市场情况(按经营环境分)

(露天式)

| 地 区 | 市场数量 (个) | 总摊位数 (个) | 年末出租摊位数 (个) | 营业面积 (平方米) | 成交额 (万元) |
|---|---|---|---|---|---|
| **三大地带合计** | **172** | **84027** | **72803** | **11493756** | **54628515** |
| **环 渤 海** | **76** | **47884** | **40256** | **6765894** | **30603585** |
| 北 京 | 19 | 15054 | 12430 | 2264701 | 20185680 |
| 天 津 | 13 | 13096 | 10208 | 1315857 | 3048775 |
| 唐 山 | 6 | 2197 | 1875 | 285816 | 792948 |
| 沈 阳 | 10 | 6691 | 5521 | 415800 | 3067066 |
| 大 连 | 4 | 2011 | 1935 | 330980 | 855190 |
| 济 南 | 8 | 2586 | 2407 | 332438 | 745665 |
| 青 岛 | 16 | 6249 | 5880 | 1820302 | 1908261 |
| **长 三 角** | **70** | **27569** | **24328** | **3217762** | **19936706** |
| 上 海 | 8 | 3152 | 2741 | 347181 | 1617299 |
| 南 京 | 2 | 1052 | 992 | 58500 | 420635 |
| 苏 州 | 5 | 1528 | 1279 | 173039 | 149046 |
| 无 锡 | 5 | 1363 | 678 | 149903 | 1051531 |
| 常 州 | 5 | 3136 | 3005 | 718496 | 3865834 |
| 镇 江 | 1 | 258 | 125 | 15196 | 2495716 |
| 南 通 | 4 | 1809 | 1809 | 44800 | 1725574 |
| 扬 州 | 7 | 2017 | 2005 | 188457 | 552588 |
| 泰 州 | 3 | 413 | 407 | 178800 | 284033 |
| 杭 州 | 7 | 1003 | 703 | 97459 | 664791 |
| 宁 波 | 12 | 7301 | 7085 | 776522 | 3266898 |
| 嘉 兴 | | | | | |
| 湖 州 | 4 | 851 | 758 | 85409 | 134017 |
| 绍 兴 | 5 | 3502 | 2605 | 361700 | 3470605 |
| 舟 山 | | | | | |
| 台 州 | 2 | 184 | 136 | 22300 | 238139 |
| **珠 三 角** | **26** | **8574** | **8219** | **1510100** | **4088224** |
| 广 州 | 8 | 2750 | 2689 | 206374 | 673366 |
| 深 圳 | 1 | 322 | 292 | 1900 | 51840 |
| 珠 海 | | | | | |
| 佛 山 | 5 | 996 | 954 | 360968 | 408619 |
| 江 门 | | | | | |
| 东 莞 | 8 | 3962 | 3800 | 675077 | 1460754 |
| 中 山 | | | | | |
| 惠 州 | 2 | 87 | 87 | 250000 | 1466162 |
| 肇 庆 | 2 | 457 | 397 | 15781 | 27483 |

## 2-23 续表 1

(封闭式)

| 地 区 | 市场数量（个） | 总摊位数（个） | 年末出租摊位数（个） | 营业面积（平方米） | 成交额（万元） |
|---|---|---|---|---|---|
| **三大地带合计** | **1332** | **1022231** | **894617** | **66872166** | **404941572** |
| **环渤海** | **266** | **252884** | **230258** | **12793289** | **62608373** |
| 北 京 | 89 | 71685 | 62959 | 4049233 | 17167236 |
| 天 津 | 29 | 21613 | 19556 | 1725182 | 9766085 |
| 唐 山 | 12 | 9936 | 9758 | 291034 | 2209271 |
| 沈 阳 | 46 | 53144 | 44215 | 1845622 | 10663587 |
| 大 连 | 32 | 31647 | 30192 | 1254597 | 9440580 |
| 济 南 | 20 | 16012 | 15640 | 1117282 | 3347662 |
| 青 岛 | 38 | 48847 | 47938 | 2510339 | 10013952 |
| **长三角** | **870** | **583141** | **529398** | **42893669** | **309416394** |
| 上 海 | 100 | 45037 | 39895 | 2595733 | 74251010 |
| 南 京 | 34 | 34737 | 33542 | 2457263 | 10173858 |
| 苏 州 | 61 | 70858 | 64374 | 7539759 | 42926929 |
| 无 锡 | 33 | 33458 | 31125 | 3284902 | 29907977 |
| 常 州 | 41 | 34276 | 28174 | 3257274 | 14270216 |
| 镇 江 | 11 | 4707 | 4083 | 558412 | 1511399 |
| 南 通 | 67 | 42977 | 39091 | 2702124 | 16926859 |
| 扬 州 | 36 | 14233 | 13496 | 1212613 | 5637626 |
| 泰 州 | 19 | 14158 | 12228 | 1530031 | 2665341 |
| 杭 州 | 128 | 77304 | 71694 | 3709729 | 25838771 |
| 宁 波 | 102 | 47652 | 43183 | 3198322 | 29234384 |
| 嘉 兴 | 64 | 55272 | 51301 | 3615864 | 18020311 |
| 湖 州 | 32 | 15938 | 13610 | 1308464 | 4618284 |
| 绍 兴 | 32 | 43699 | 41345 | 3368811 | 23115268 |
| 舟 山 | 10 | 5197 | 4534 | 210917 | 729856 |
| 台 州 | 100 | 43638 | 37723 | 2343451 | 9588305 |
| **珠三角** | **196** | **186206** | **134961** | **11185208** | **32916805** |
| 广 州 | 110 | 93140 | 74063 | 5426608 | 15932777 |
| 深 圳 | 22 | 48481 | 26473 | 1564034 | 4654111 |
| 珠 海 | 6 | 3508 | 3101 | 77990 | 1530620 |
| 佛 山 | 15 | 6485 | 5359 | 1449456 | 2271621 |
| 江 门 | 5 | 2137 | 1501 | 117809 | 357129 |
| 东 莞 | 32 | 28834 | 21227 | 2477092 | 7953429 |
| 中 山 | 2 | 1774 | 1552 | 49620 | 28045 |
| 惠 州 | 1 | 1298 | 1205 | 12000 | 148830 |
| 肇 庆 | 3 | 549 | 480 | 10599 | 40243 |

2-23 续表 2

(其他)

| 地 区 | 市场数量 (个) | 总摊位数 (个) | 年末出租摊位数 (个) | 营业面积 (平方米) | 成交额 (万元) |
|---|---|---|---|---|---|
| **三大地带合计** | **200** | **135753** | **116035** | **12065099** | **94969151** |
| **环 渤 海** | **26** | **27671** | **23104** | **2212597** | **8273543** |
| 北 京 | 6 | 9050 | 8283 | 287910 | 1867696 |
| 天 津 | 2 | 891 | 891 | 122406 | 339200 |
| 唐 山 | 3 | 4155 | 1533 | 215440 | 327429 |
| 沈 阳 | 2 | 550 | 550 | 220000 | 793939 |
| 大 连 | 3 | 6400 | 5847 | 298000 | 3109239 |
| 济 南 | 4 | 1472 | 1426 | 390600 | 703718 |
| 青 岛 | 6 | 5153 | 4574 | 678241 | 1132322 |
| **长 三 角** | **133** | **79590** | **67020** | **7613980** | **74339156** |
| 上 海 | 26 | 13480 | 11980 | 1272784 | 13610309 |
| 南 京 | | | | | |
| 苏 州 | 15 | 12000 | 7222 | 1132406 | 35482553 |
| 无 锡 | 11 | 10904 | 8389 | 1462980 | 7713237 |
| 常 州 | 10 | 5338 | 5114 | 1126821 | 3040092 |
| 镇 江 | 1 | 1997 | 1997 | 525000 | 441591 |
| 南 通 | 10 | 4868 | 4237 | 234560 | 822741 |
| 扬 州 | 10 | 4164 | 3832 | 252818 | 643549 |
| 泰 州 | 2 | 3209 | 2792 | 72000 | 440670 |
| 杭 州 | 13 | 7613 | 7282 | 397539 | 4710701 |
| 宁 波 | 7 | 1935 | 1720 | 190622 | 917281 |
| 嘉 兴 | 2 | 106 | 100 | 15700 | 205981 |
| 湖 州 | 7 | 5947 | 5235 | 231461 | 2143730 |
| 绍 兴 | 7 | 4727 | 4172 | 530497 | 2157477 |
| 舟 山 | 2 | 1204 | 1204 | 106500 | 1317398 |
| 台 州 | 10 | 2098 | 1744 | 62292 | 691846 |
| **珠 三 角** | **41** | **28492** | **25911** | **2238522** | **12356452** |
| 广 州 | 9 | 6096 | 5688 | 457663 | 3306779 |
| 深 圳 | 4 | 3371 | 2977 | 104433 | 1674557 |
| 珠 海 | 2 | 649 | 367 | 32400 | 76248 |
| 佛 山 | 7 | 8070 | 7874 | 1097865 | 4470383 |
| 江 门 | 3 | 1681 | 1391 | 70150 | 610756 |
| 东 莞 | 9 | 3420 | 2745 | 318371 | 1753491 |
| 中 山 | 1 | 550 | 407 | 5695 | 14181 |
| 惠 州 | 2 | 3432 | 3261 | 138000 | 346587 |
| 肇 庆 | 4 | 1223 | 1201 | 13945 | 103470 |

# 2-24 商品交易市场成交情况(按摊位分)

| 地区 | 粮油、食品类 | | #粮油类 | | #肉禽蛋类 | |
|---|---|---|---|---|---|---|
| | 摊位数（个） | 成交额（万元） | 摊位数（个） | 成交额（万元） | 摊位数（个） | 成交额（万元） |
| **三大地带合计** | **307127** | **135160376** | **28705** | **18379504** | **53011** | **20133052** |
| **环渤海** | **97716** | **48116361** | **7224** | **4201221** | **13141** | **4362318** |
| 北京 | 30024 | 23031084 | 1572 | 1717696 | 4302 | 2451220 |
| 天津 | 14121 | 6091321 | 2338 | 1268448 | 1043 | 543439 |
| 唐山 | 3808 | 1051273 | 360 | 132351 | 1008 | 140610 |
| 沈阳 | 8061 | 6572441 | 748 | 334768 | 1473 | 122318 |
| 大连 | 6229 | 2328966 | 792 | 179989 | 935 | 316302 |
| 济南 | 6868 | 2534244 | 243 | 69621 | 529 | 376956 |
| 青岛 | 28605 | 6507032 | 1171 | 498348 | 3851 | 411473 |
| **长三角** | **170721** | **68609142** | **17303** | **12541775** | **30649** | **10938850** |
| 上海 | 23315 | 8196686 | 3268 | 858839 | 4082 | 1347067 |
| 南京 | 9597 | 6357869 | 1670 | 2910958 | 1866 | 522103 |
| 苏州 | 12778 | 7586945 | 1150 | 2676374 | 2551 | 1261333 |
| 无锡 | 8072 | 4413783 | 1282 | 632338 | 1499 | 1391948 |
| 常州 | 5916 | 4444274 | 770 | 559465 | 2294 | 1244954 |
| 镇江 | 953 | 681571 | 95 | 51989 | 222 | 61865 |
| 南通 | 14928 | 3515046 | 1123 | 161419 | 2850 | 709605 |
| 扬州 | 6395 | 3672772 | 893 | 268557 | 1083 | 375939 |
| 泰州 | 3532 | 1378889 | 331 | 611372 | 732 | 224677 |
| 杭州 | 23453 | 9194853 | 1561 | 2168473 | 4828 | 1773671 |
| 宁波 | 22774 | 5441240 | 1144 | 504857 | 2997 | 784124 |
| 嘉兴 | 9981 | 4451335 | 1464 | 244320 | 1632 | 268370 |
| 湖州 | 7363 | 2328634 | 581 | 139803 | 1728 | 434408 |
| 绍兴 | 6076 | 2033738 | 665 | 392474 | 781 | 235129 |
| 舟山 | 3363 | 1556921 | 129 | 7295 | 180 | 64763 |
| 台州 | 12225 | 3354586 | 1177 | 353242 | 1324 | 238894 |
| **珠三角** | **38690** | **18434873** | **4178** | **1636508** | **9221** | **4831884** |
| 广州 | 9882 | 4946978 | 1026 | 139886 | 2099 | 705521 |
| 深圳 | 8005 | 4259521 | 870 | 316300 | 1517 | 769030 |
| 珠海 | 2701 | 1582183 | 81 | 5510 | 381 | 270285 |
| 佛山 | 5566 | 1561726 | 129 | 64976 | 2130 | 967127 |
| 江门 | 2016 | 882459 | 240 | 54985 | 751 | 444333 |
| 东莞 | 8442 | 5038132 | 1573 | 1031352 | 1658 | 1613237 |
| 中山 | 762 | 23644 | 76 | 2025 | 210 | 5632 |
| 惠州 | 292 | 23923 | | | | |
| 肇庆 | 1024 | 116307 | 183 | 21474 | 475 | 56719 |

2-24 续表 1

| 地 区 | #水产品类 | | #蔬菜类 | | #干鲜果品类 | |
|---|---|---|---|---|---|---|
| | 摊位数(个) | 成交额(万元) | 摊位数(个) | 成交额(万元) | 摊位数(个) | 成交额(万元) |
| **三大地带合计** | **63962** | **33132989** | **102057** | **28574364** | **46892** | **32272053** |
| **环 渤 海** | **18310** | **12829052** | **35545** | **12679504** | **17236** | **12989046** |
| 北 京 | 3856 | 3213692 | 10096 | 7575713 | 5403 | 7499214 |
| 天 津 | 1304 | 1591891 | 6986 | 1472495 | 2305 | 1141990 |
| 唐 山 | 482 | 96007 | 1502 | 478756 | 426 | 187034 |
| 沈 阳 | 2688 | 3632879 | 1449 | 402645 | 1419 | 2005388 |
| 大 连 | 1577 | 812615 | 1878 | 488901 | 773 | 294821 |
| 济 南 | 1940 | 1145390 | 3297 | 808173 | 406 | 105756 |
| 青 岛 | 6463 | 2336578 | 10337 | 1452821 | 6504 | 1754843 |
| **长 三 角** | **39765** | **18022956** | **54508** | **11908609** | **22981** | **13720915** |
| 上 海 | 6196 | 2721032 | 6291 | 1664035 | 3389 | 1599771 |
| 南 京 | 2018 | 1380101 | 2996 | 882433 | 1015 | 656785 |
| 苏 州 | 2890 | 1585743 | 3464 | 977152 | 2226 | 1081636 |
| 无 锡 | 929 | 617116 | 2761 | 479553 | 1153 | 764108 |
| 常 州 | 818 | 1222540 | 1589 | 915692 | 386 | 497592 |
| 镇 江 | 117 | 21183 | 354 | 169888 | 165 | 376646 |
| 南 通 | 3555 | 854724 | 5249 | 504278 | 1849 | 1090905 |
| 扬 州 | 1300 | 530197 | 2300 | 1364012 | 794 | 1061482 |
| 泰 州 | 937 | 317703 | 1273 | 151535 | 259 | 73601 |
| 杭 州 | 3281 | 2171141 | 8749 | 978173 | 3571 | 1944576 |
| 宁 波 | 7761 | 2075796 | 7512 | 1328838 | 1703 | 534514 |
| 嘉 兴 | 1367 | 238974 | 2708 | 909226 | 2666 | 2754242 |
| 湖 州 | 1278 | 607232 | 2266 | 508896 | 1252 | 482653 |
| 绍 兴 | 1019 | 485877 | 2725 | 516068 | 834 | 394319 |
| 舟 山 | 1981 | 1424878 | 1001 | 40868 | 48 | 4346 |
| 台 州 | 4318 | 1768719 | 3270 | 517962 | 1671 | 403739 |
| **珠 三 角** | **5887** | **2280981** | **12004** | **3986251** | **6675** | **5562092** |
| 广 州 | 1436 | 950132 | 3615 | 1163358 | 1164 | 1881675 |
| 深 圳 | 1370 | 841627 | 2628 | 1307305 | 1620 | 1025259 |
| 珠 海 | 491 | 80411 | 1213 | 554422 | 461 | 654374 |
| 佛 山 | 1185 | 207150 | 1932 | 256061 | 190 | 65453 |
| 江 门 | 274 | 79811 | 437 | 15975 | 314 | 287355 |
| 东 莞 | 583 | 89053 | 1921 | 669609 | 2707 | 1633703 |
| 中 山 | 452 | 13926 | 22 | 1763 | 2 | 88 |
| 惠 州 | | | | | 183 | 12700 |
| 肇 庆 | 96 | 18871 | 236 | 17758 | 34 | 1485 |

2-24 续表 2

| 地区 | 饮料类 | | 烟酒类 | | 服装、鞋帽、针纺织品类 | |
|---|---|---|---|---|---|---|
| | 摊位数（个） | 成交额（万元） | 摊位数（个） | 成交额（万元） | 摊位数（个） | 成交额（万元） |
| **三大地带合计** | **11891** | **3536553** | **8337** | **4019332** | **334674** | **109927186** |
| **环渤海** | **3636** | **954275** | **3608** | **1352552** | **80752** | **10878900** |
| 北京 | 1180 | 416181 | 1181 | 855300 | 17390 | 531816 |
| 天津 | 327 | 111879 | 299 | 172009 | 4176 | 250289 |
| 唐山 | 268 | 56072 | 171 | 65385 | 5213 | 988354 |
| 沈阳 | 55 | 3346 | 49 | 2126 | 21827 | 3852549 |
| 大连 | 325 | 111036 | 107 | 21094 | 12463 | 1692326 |
| 济南 | 813 | 196967 | 113 | 4354 | 4052 | 447507 |
| 青岛 | 668 | 58794 | 1688 | 232284 | 15631 | 3116059 |
| **长三角** | **6895** | **2301751** | **4173** | **2399249** | **188702** | **87605802** |
| 上海 | 965 | 55457 | 145 | 21859 | 8131 | 631662 |
| 南京 | 345 | 455074 | 154 | 580400 | 5869 | 572168 |
| 苏州 | 214 | 160183 | 363 | 245220 | 31244 | 28332981 |
| 无锡 | 315 | 96925 | 132 | 63438 | 6807 | 1160725 |
| 常州 | 882 | 250168 | 355 | 109695 | 5065 | 579259 |
| 镇江 | 40 | 2413 | 168 | 40478 | 1485 | 297972 |
| 南通 | 650 | 106416 | 661 | 136256 | 14137 | 13095266 |
| 扬州 | 148 | 35216 | 256 | 42996 | 4146 | 781985 |
| 泰州 | 145 | 10493 | 220 | 10340 | 3196 | 113119 |
| 杭州 | 801 | 294272 | 692 | 382298 | 24462 | 5572436 |
| 宁波 | 442 | 113263 | 515 | 504264 | 7876 | 1673483 |
| 嘉兴 | 47 | 18918 | 52 | 46063 | 30855 | 8851896 |
| 湖州 | 203 | 84475 | 178 | 102144 | 4352 | 2433375 |
| 绍兴 | 1466 | 567110 | 65 | 72466 | 31068 | 21679651 |
| 舟山 | | | | | 5 | 91 |
| 台州 | 232 | 51368 | 217 | 41332 | 10004 | 1829733 |
| **珠三角** | **1360** | **280527** | **556** | **267531** | **65220** | **11442484** |
| 广州 | 515 | 116133 | 180 | 33014 | 42938 | 8447915 |
| 深圳 | 378 | 54092 | 138 | 164899 | 5121 | 199370 |
| 珠海 | 20 | 1820 | 26 | 2583 | 429 | 9922 |
| 佛山 | 120 | 46381 | 67 | 26043 | 4096 | 1921312 |
| 江门 | 88 | 17092 | 64 | 13302 | 202 | 6893 |
| 东莞 | 218 | 43786 | 56 | 26282 | 8480 | 537901 |
| 中山 | 5 | 43 | 1 | 2 | 1186 | 18432 |
| 惠州 | 6 | 864 | 14 | 1215 | 2623 | 295689 |
| 肇庆 | 10 | 316 | 10 | 191 | 145 | 5050 |

2-24 续表 3

| 地 区 | 服装类 | | 鞋帽类 | | 针纺织品类 | |
|---|---|---|---|---|---|---|
| | 摊位数(个) | 成交额(万元) | 摊位数(个) | 成交额(万元) | 摊位数(个) | 成交额(万元) |
| **三大地带合计** | **180314** | **33918991** | **37384** | **6601266** | **116976** | **69406929** |
| **环 渤 海** | **52121** | **6677068** | **12997** | **1783000** | **15634** | **2418832** |
| 北 京 | 12935 | 371436 | 2073 | 51817 | 2382 | 108563 |
| 天 津 | 3018 | 199681 | 607 | 17828 | 551 | 32780 |
| 唐 山 | 3653 | 417320 | 932 | 406645 | 628 | 164389 |
| 沈 阳 | 11816 | 2683336 | 3833 | 305226 | 6178 | 863987 |
| 大 连 | 7442 | 874682 | 2190 | 259711 | 2831 | 557933 |
| 济 南 | 2063 | 150758 | 1296 | 248162 | 693 | 48587 |
| 青 岛 | 11194 | 1979855 | 2066 | 493611 | 2371 | 642593 |
| **长 三 角** | **92146** | **23587579** | **16780** | **3886458** | **79776** | **60131765** |
| 上 海 | 6349 | 562207 | 288 | 14484 | 1494 | 54971 |
| 南 京 | 3418 | 352872 | 980 | 89623 | 1471 | 129673 |
| 苏 州 | 18029 | 10700703 | 3459 | 1373470 | 9756 | 16258808 |
| 无 锡 | 2589 | 539929 | 1457 | 393256 | 2761 | 227540 |
| 常 州 | 2713 | 170636 | 856 | 55250 | 1496 | 353373 |
| 镇 江 | 816 | 87423 | 533 | 188221 | 136 | 22328 |
| 南 通 | 2085 | 181389 | 814 | 106876 | 11238 | 12807001 |
| 扬 州 | 982 | 188849 | 1111 | 287898 | 2053 | 305238 |
| 泰 州 | 2330 | 77842 | 496 | 23458 | 370 | 11819 |
| 杭 州 | 16728 | 2668985 | 1824 | 86975 | 5910 | 2816476 |
| 宁 波 | 5186 | 949298 | 934 | 355416 | 1756 | 368769 |
| 嘉 兴 | 21355 | 4521941 | 212 | 332198 | 9288 | 3997757 |
| 湖 州 | 2411 | 1241650 | 276 | 49247 | 1665 | 1142478 |
| 绍 兴 | 2038 | 224570 | 239 | 61973 | 28791 | 21393108 |
| 舟 山 | 5 | 91 | | | | |
| 台 州 | 5112 | 1119194 | 3301 | 468113 | 1591 | 242426 |
| **珠 三 角** | **36047** | **3654344** | **7607** | **931808** | **21566** | **6856332** |
| 广 州 | 23754 | 3016648 | 5522 | 806936 | 13662 | 4624331 |
| 深 圳 | 3104 | 106011 | 1060 | 37745 | 957 | 55614 |
| 珠 海 | 364 | 5921 | 49 | 2181 | 16 | 1820 |
| 佛 山 | 216 | 60297 | 87 | 23404 | 3793 | 1837611 |
| 江 门 | 177 | 5234 | 16 | 919 | 9 | 740 |
| 东 莞 | 5221 | 221675 | 425 | 10910 | 2834 | 305316 |
| 中 山 | 1101 | 16726 | 83 | 1671 | 2 | 35 |
| 惠 州 | 1987 | 217565 | 353 | 47434 | 283 | 30690 |
| 肇 庆 | 123 | 4267 | 12 | 608 | 10 | 175 |

2-24 续表 4

| 地区 | 化妆品类 | | 金银珠宝类 | | 日用品类 | |
|---|---|---|---|---|---|---|
| | 摊位数（个） | 成交额（万元） | 摊位数（个） | 成交额（万元） | 摊位数（个） | 成交额（万元） |
| **三大地带合计** | **5640** | **780690** | **5670** | **3537490** | **63977** | **13154742** |
| **环渤海** | **1692** | **251884** | **1143** | **249922** | **17996** | **2756576** |
| 北京 | 263 | 34114 | 607 | 179585 | 5196 | 698966 |
| 天津 | 149 | 14687 | 21 | 308 | 1315 | 108555 |
| 唐山 | 122 | 43987 | 20 | 30301 | 432 | 87173 |
| 沈阳 | 302 | 20251 | | | 4371 | 743469 |
| 大连 | 407 | 106972 | 49 | 21973 | 1929 | 513517 |
| 济南 | 29 | 3140 | 80 | 1750 | 954 | 25923 |
| 青岛 | 420 | 28733 | 366 | 16005 | 3799 | 578973 |
| **长三角** | **1665** | **361138** | **2248** | **3144112** | **31013** | **8618496** |
| 上海 | 63 | 3824 | 14 | 1363 | 862 | 2599125 |
| 南京 | 19 | 2342 | 22 | 2589 | 2822 | 557678 |
| 苏州 | 35 | 11539 | 231 | 436965 | 2796 | 696780 |
| 无锡 | 265 | 40810 | 79 | 8260 | 5331 | 1213115 |
| 常州 | 78 | 18436 | 20 | 11027 | 6102 | 1302851 |
| 镇江 | 45 | 2253 | 7 | 916 | 188 | 2679 |
| 南通 | 184 | 71196 | 25 | 2973 | 955 | 141471 |
| 扬州 | 78 | 72610 | | | 877 | 176780 |
| 泰州 | 295 | 22915 | | | 482 | 16853 |
| 杭州 | 180 | 7404 | 365 | 1505078 | 3940 | 672853 |
| 宁波 | 162 | 30442 | | | 2272 | 415638 |
| 嘉兴 | 33 | 2318 | 6 | 332 | 728 | 133134 |
| 湖州 | 59 | 46669 | 2 | 160 | 181 | 59992 |
| 绍兴 | 7 | 465 | 1475 | 1174317 | 608 | 258469 |
| 舟山 | | | | | 5 | 195 |
| 台州 | 162 | 27915 | 2 | 132 | 2864 | 370883 |
| **珠三角** | **2283** | **167668** | **2279** | **143456** | **14968** | **1779670** |
| 广州 | 2039 | 109784 | 600 | 37938 | 12258 | 1543712 |
| 深圳 | 123 | 1594 | 753 | 38136 | 1277 | 42510 |
| 珠海 | 9 | 413 | | | 89 | 3880 |
| 佛山 | 22 | 16432 | | | 487 | 141719 |
| 江门 | 12 | 433 | | | 330 | 10324 |
| 东莞 | 5 | 68 | | | 15 | 854 |
| 中山 | | | | | 2 | 69 |
| 惠州 | 73 | 38944 | 254 | 27486 | 434 | 33601 |
| 肇庆 | | | 672 | 39896 | 76 | 3001 |

2-24 续表 5

| 地　区 | #儿童玩具类 | | 五金、电料类 | | 体育、娱乐用品类 | |
|---|---|---|---|---|---|---|
| | 摊位数（个） | 成交额（万元） | 摊位数（个） | 成交额（万元） | 摊位数（个） | 成交额（万元） |
| **三大地带合计** | **5942** | **1063932** | **42572** | **10379521** | **2779** | **580306** |
| **环渤海** | **2006** | **172931** | **7075** | **1654924** | **802** | **125969** |
| 北　京 | 786 | 24607 | 1124 | 100901 | 328 | 30820 |
| 天　津 | 40 | 5877 | 2974 | 773454 | 35 | 3702 |
| 唐　山 | 241 | 43378 | 240 | 107192 | 62 | 47759 |
| 沈　阳 | 497 | 15704 | 581 | 10542 | | |
| 大　连 | 136 | 5676 | 697 | 279651 | 90 | 34068 |
| 济　南 | 62 | 2028 | 431 | 8802 | 58 | 5172 |
| 青　岛 | 244 | 75661 | 1028 | 374382 | 229 | 4448 |
| **长三角** | **2875** | **794587** | **29080** | **7223460** | **1137** | **320767** |
| 上　海 | 217 | 31138 | 3924 | 283974 | 220 | 39532 |
| 南　京 | 79 | 17088 | 636 | 180779 | 13 | 1507 |
| 苏　州 | 416 | 125289 | 3255 | 573935 | 251 | 148785 |
| 无　锡 | 539 | 385688 | 3425 | 856430 | 67 | 21431 |
| 常　州 | 124 | 8767 | 2664 | 555220 | 12 | 9811 |
| 镇　江 | 88 | 895 | 54 | 4233 | 8 | 370 |
| 南　通 | 345 | 36676 | 1351 | 153318 | 122 | 21533 |
| 扬　州 | 386 | 99058 | 1115 | 475260 | | |
| 泰　州 | 139 | 6809 | 1213 | 353347 | 130 | 5468 |
| 杭　州 | 121 | 19671 | 4241 | 2117312 | 36 | 5538 |
| 宁　波 | 158 | 3927 | 2342 | 487563 | 89 | 2651 |
| 嘉　兴 | 7 | 180 | 371 | 9970 | | |
| 湖　州 | 32 | 22297 | 391 | 60279 | 11 | 1268 |
| 绍　兴 | 74 | 21288 | 1108 | 567590 | 8 | 14117 |
| 舟　山 | | | | | | |
| 台　州 | 150 | 15816 | 2990 | 544250 | 170 | 48756 |
| **珠三角** | **1061** | **96414** | **6417** | **1501137** | **840** | **133570** |
| 广　州 | 241 | 13872 | 3287 | 840113 | 393 | 60922 |
| 深　圳 | 312 | 9388 | 265 | 8416 | 319 | 40339 |
| 珠　海 | 29 | 1481 | 17 | 782 | 8 | 584 |
| 佛　山 | 121 | 44547 | 221 | 87179 | 57 | 26378 |
| 江　门 | 40 | 1052 | 10 | 522 | 10 | 388 |
| 东　莞 | 10 | 693 | 2486 | 552202 | 6 | 63 |
| 中　山 | | | | | | |
| 惠　州 | 293 | 24829 | 131 | 11923 | 47 | 4896 |
| 肇　庆 | 15 | 552 | | | | |

2-24 续表 6

| 地 区 | 照相器材类 | | 书报杂志类 | | 电子出版物及音像制品类 | |
|---|---|---|---|---|---|---|
| | 摊位数（个） | 成交额（万元） | 摊位数（个） | 成交额（万元） | 摊位数（个） | 成交额（万元） |
| **三大地带合计** | **478** | **74715** | **475** | **78570** | **494** | **140197** |
| **环渤海** | **155** | **26308** | **50** | **11248** | **125** | **21357** |
| 北 京 | 147 | 19408 | 11 | 9235 | 7 | 369 |
| 天 津 | | | 4 | 163 | 10 | 1540 |
| 唐 山 | 8 | 6900 | 3 | 1000 | 10 | 4296 |
| 沈 阳 | | | | | 5 | 98 |
| 大 连 | | | 13 | 168 | 69 | 11591 |
| 济 南 | | | 4 | 300 | | |
| 青 岛 | | | 15 | 382 | 24 | 3463 |
| **长三角** | **213** | **44717** | **325** | **47274** | **282** | **56648** |
| 上 海 | 183 | 37519 | 11 | 2631 | 22 | 1337 |
| 南 京 | | | 3 | 22 | 1 | 5 |
| 苏 州 | | | 2 | 43 | 7 | 560 |
| 无 锡 | 2 | 87 | 143 | 6363 | 14 | 629 |
| 常 州 | | | 3 | 48 | 51 | 17250 |
| 镇 江 | 2 | 220 | 5 | 130 | 9 | 207 |
| 南 通 | 23 | 3025 | 76 | 15054 | 48 | 6467 |
| 扬 州 | | | 2 | 438 | 3 | 65 |
| 泰 州 | | | 4 | 8 | 19 | 285 |
| 杭 州 | | | 70 | 22500 | 8 | 194 |
| 宁 波 | | | 5 | 22 | | |
| 嘉 兴 | | | | | | |
| 湖 州 | | | | | 11 | 1819 |
| 绍 兴 | 3 | 3866 | 1 | 15 | 3 | 5316 |
| 舟 山 | | | | | | |
| 台 州 | | | | | 86 | 22514 |
| **珠三角** | **110** | **3690** | **100** | **20048** | **87** | **62192** |
| 广 州 | 101 | 3278 | 95 | 19935 | | |
| 深 圳 | 1 | 12 | | | | |
| 珠 海 | 8 | 400 | | | | |
| 佛 山 | | | | | 60 | 59278 |
| 江 门 | | | 2 | 110 | 1 | 124 |
| 东 莞 | | | | | | |
| 中 山 | | | | | | |
| 惠 州 | | | | | 26 | 2790 |
| 肇 庆 | | | 3 | 3 | | |

2-24 续表 7

| 地区 | 家用电器和音像器材类 | | 中西药品类 | | #西药类 | |
|---|---|---|---|---|---|---|
| | 摊位数（个） | 成交额（万元） | 摊位数（个） | 成交额（万元） | 摊位数（个） | 成交额（万元） |
| **三大地带合计** | **6983** | **1030713** | **934** | **351846** | **179** | **244371** |
| **环渤海** | **2143** | **303941** | **89** | **11830** | **46** | **9347** |
| 北京 | 310 | 29265 | 22 | 3084 | 16 | 1892 |
| 天津 | 9 | 739 | 10 | 452 | 6 | 302 |
| 唐山 | 116 | 74638 | 14 | 6600 | 14 | 6600 |
| 沈阳 | 500 | 16684 | | | | |
| 大连 | 401 | 151491 | 9 | 580 | 5 | 462 |
| 济南 | 462 | 3512 | | | | |
| 青岛 | 345 | 27612 | 34 | 1114 | 5 | 91 |
| **长三角** | **2815** | **517742** | **403** | **324769** | **124** | **233734** |
| 上海 | 105 | 8192 | 167 | 21187 | 4 | 1115 |
| 南京 | 238 | 15016 | | | | |
| 苏州 | 696 | 28882 | 1 | 51 | 1 | 51 |
| 无锡 | 255 | 98741 | 24 | 110175 | 13 | 64881 |
| 常州 | 30 | 6728 | 40 | 161379 | 40 | 161379 |
| 镇江 | 22 | 1378 | 36 | 2230 | 20 | 1519 |
| 南通 | 166 | 48738 | 46 | 5813 | 38 | 4532 |
| 扬州 | 43 | 1135 | 7 | 125 | 7 | 125 |
| 泰州 | 253 | 37018 | | | | |
| 杭州 | 414 | 126043 | 3 | 461 | 1 | 132 |
| 宁波 | 205 | 40361 | | | | |
| 嘉兴 | 3 | 625 | | | | |
| 湖州 | 5 | 370 | 7 | 700 | | |
| 绍兴 | 56 | 12720 | 1 | 8 | | |
| 舟山 | | | | | | |
| 台州 | 324 | 91795 | 71 | 22640 | | |
| **珠三角** | **2025** | **209030** | **442** | **15247** | **9** | **1290** |
| 广州 | 868 | 122854 | 418 | 13454 | 3 | 868 |
| 深圳 | 956 | 53960 | 3 | 138 | 2 | 48 |
| 珠海 | | | 4 | 590 | 1 | 170 |
| 佛山 | 50 | 14646 | | | | |
| 江门 | | | 7 | 805 | 1 | 140 |
| 东莞 | 1 | 35 | 4 | 250 | 2 | 64 |
| 中山 | | | | | | |
| 惠州 | 147 | 15669 | | | | |
| 肇庆 | 3 | 1866 | 6 | 10 | | |

2-24 续表 8

| 地 区 | #中草药及中成药类 | | 文化办公用品类 | | 计算机及其配套产品 | |
|---|---|---|---|---|---|---|
| | 摊位数（个） | 成交额（万元） | 摊位数（个） | 成交额（万元） | 摊位数（个） | 成交额（万元） |
| **三大地带合计** | **700** | **71371** | **20352** | **2909641** | **11278** | **963192** |
| **环渤海** | **6** | **1251** | **7637** | **1465778** | **2028** | **269489** |
| 北 京 | 5 | 1192 | 4336 | 595133 | 1524 | 173412 |
| 天 津 | 1 | 59 | 87 | 4378 | | |
| 唐 山 | | | 460 | 93501 | 107 | 7295 |
| 沈 阳 | | | | | | |
| 大 连 | | | 1913 | 663018 | 6 | 462 |
| 济 南 | | | 260 | 6090 | | |
| 青 岛 | | | 581 | 103658 | 391 | 88320 |
| **长三角** | **269** | **57108** | **6979** | **1096957** | **4074** | **458679** |
| 上 海 | 163 | 20072 | 323 | 35798 | 180 | 22080 |
| 南 京 | | | 248 | 46108 | 207 | 36225 |
| 苏 州 | | | 388 | 183040 | | |
| 无 锡 | 9 | 12294 | 495 | 87930 | 205 | 44902 |
| 常 州 | | | 729 | 59653 | 301 | 37950 |
| 镇 江 | 16 | 711 | 16 | 1111 | 6 | 650 |
| 南 通 | 8 | 1281 | 416 | 91285 | 24 | 5573 |
| 扬 州 | | | 439 | 105776 | 365 | 24225 |
| 泰 州 | | | 89 | 1815 | 14 | 180 |
| 杭 州 | 2 | 329 | 1826 | 190166 | 1266 | 113446 |
| 宁 波 | | | 781 | 119970 | 525 | 68888 |
| 嘉 兴 | | | 67 | 13739 | 51 | 11200 |
| 湖 州 | | | 18 | 3610 | | |
| 绍 兴 | 1 | 1 | 169 | 39709 | 153 | 30633 |
| 舟 山 | | | | | | |
| 台 州 | 70 | 22420 | 975 | 117247 | 777 | 62727 |
| **珠三角** | **425** | **13012** | **5736** | **346906** | **5176** | **235024** |
| 广 州 | 415 | 12586 | 1098 | 178243 | 865 | 98076 |
| 深 圳 | 1 | 90 | 4256 | 131065 | 4191 | 129748 |
| 珠 海 | 3 | 326 | 8 | 378 | | |
| 佛 山 | | | 176 | 20185 | 120 | 7200 |
| 江 门 | | | 21 | 480 | | |
| 东 莞 | | | 31 | 913 | | |
| 中 山 | | | | | | |
| 惠 州 | | | 146 | 15642 | | |
| 肇 庆 | 6 | 10 | | | | |

2-24 续表 9

| 地区 | 家具类 | | 通讯器材类 | | 煤炭及制品类 | |
|---|---|---|---|---|---|---|
| | 摊位数（个） | 成交额（万元） | 摊位数（个） | 成交额（万元） | 摊位数（个） | 成交额（万元） |
| **三大地带合计** | **33581** | **5349549** | **8688** | **870640** | **2864** | **3656369** |
| **环渤海** | **10804** | **1498912** | **991** | **109618** | **2726** | **1970992** |
| 北京 | 4973 | 716179 | 73 | 6040 | | |
| 天津 | 325 | 22396 | 7 | 139 | 2716 | 1966794 |
| 唐山 | 39 | 11132 | 71 | 17405 | 5 | 4100 |
| 沈阳 | 2038 | 156741 | 349 | 42911 | | |
| 大连 | 1482 | 143579 | 197 | 33575 | | |
| 济南 | 1114 | 205757 | 216 | 3813 | | |
| 青岛 | 833 | 243128 | 78 | 5735 | 5 | 98 |
| **长三角** | **22114** | **3765892** | **3155** | **359272** | **137** | **1685263** |
| 上海 | 1702 | 156557 | 67 | 11825 | | |
| 南京 | 2199 | 251107 | | | | |
| 苏州 | 5035 | 1188841 | 951 | 31955 | 6 | 2205 |
| 无锡 | 1040 | 129109 | 56 | 12577 | 32 | 886937 |
| 常州 | 734 | 149320 | 44 | 5004 | | |
| 镇江 | 24 | 3313 | 28 | 1872 | 7 | 363 |
| 南通 | 1430 | 294422 | 99 | 24469 | | |
| 扬州 | 577 | 119001 | | | | |
| 泰州 | 1396 | 122008 | | | 34 | 3150 |
| 杭州 | 2229 | 367331 | 841 | 136914 | | |
| 宁波 | 1324 | 289441 | | | 49 | 596217 |
| 嘉兴 | 227 | 28936 | | | 7 | 196216 |
| 湖州 | 1578 | 376366 | 2 | 250 | 2 | 175 |
| 绍兴 | 784 | 119478 | | | | |
| 舟山 | 1458 | 56973 | | | | |
| 台州 | 377 | 113689 | 1067 | 134406 | | |
| **珠三角** | **663** | **84745** | **4542** | **401750** | **1** | **114** |
| 广州 | 394 | 25923 | 72 | 4843 | | |
| 深圳 | 73 | 11285 | 4361 | 371984 | | |
| 珠海 | | | 5 | 245 | | |
| 佛山 | 188 | 40067 | 2 | 15167 | | |
| 江门 | 2 | 7000 | | | 1 | 114 |
| 东莞 | 6 | 470 | 10 | 151 | | |
| 中山 | | | | | | |
| 惠州 | | | 89 | 9342 | | |
| 肇庆 | | | 3 | 18 | | |

2-24 续表 10

| 地区 | 木材及制品类 | | 石油及制品类 | | 化工材料及制品类 | |
|---|---|---|---|---|---|---|
| | 摊位数（个） | 成交额（万元） | 摊位数（个） | 成交额（万元） | 摊位数（个） | 成交额（万元） |
| **三大地带合计** | **9679** | **3414060** | **735** | **13887968** | **13668** | **30161099** |
| **环渤海** | **1079** | **191774** | **168** | **4803100** | **380** | **118884** |
| 北京 | 122 | 14772 | | | 51 | 19548 |
| 天津 | 57 | 19040 | | | 216 | 82086 |
| 唐山 | 3 | 1500 | 3 | 3100 | 9 | 5600 |
| 沈阳 | 286 | 41505 | | | | |
| 大连 | 375 | 15461 | 165 | 4800000 | 85 | 8242 |
| 济南 | | | | | | |
| 青岛 | 236 | 99496 | | | 19 | 3408 |
| **长三角** | **7858** | **2680178** | **567** | **9084868** | **8071** | **26101315** |
| 上海 | 904 | 589790 | 470 | 7800000 | 153 | 329234 |
| 南京 | 40 | 8812 | | | | |
| 苏州 | 507 | 119321 | | | 1498 | 8405357 |
| 无锡 | 691 | 33550 | | | 927 | 6168591 |
| 常州 | 2169 | 780570 | 1 | 38 | 1062 | 2042158 |
| 镇江 | 32 | 6536 | 10 | 1893 | 52 | 94285 |
| 南通 | 236 | 57626 | | | 41 | 24292 |
| 扬州 | 259 | 68096 | | | | |
| 泰州 | | | | | 86 | 11782 |
| 杭州 | 272 | 125655 | | | 312 | 343107 |
| 宁波 | 154 | 58137 | 50 | 819926 | 3394 | 8140602 |
| 嘉兴 | | | 24 | 457678 | 75 | 307690 |
| 湖州 | 1743 | 737602 | | | 5 | 630 |
| 绍兴 | 150 | 40123 | 2 | 1521 | 109 | 59822 |
| 舟山 | | | | | | |
| 台州 | 701 | 54360 | 10 | 3812 | 357 | 173765 |
| **珠三角** | **742** | **542108** | | | **5217** | **3940900** |
| 广州 | 175 | 26938 | | | 19 | 5262 |
| 深圳 | | | | | 363 | 188381 |
| 珠海 | | | | | | |
| 佛山 | | | | | | |
| 江门 | | | | | 5 | 364 |
| 东莞 | 567 | 515170 | | | 4830 | 3746893 |
| 中山 | | | | | | |
| 惠州 | | | | | | |
| 肇庆 | | | | | | |

2-24 续表 11

| 地区 | #化肥类 | | 金属材料类 | | 建筑及装潢材料类 | |
|---|---|---|---|---|---|---|
| | 摊位数（个） | 成交额（万元） | 摊位数（个） | 成交额（万元） | 摊位数（个） | 成交额（万元） |
| **三大地带合计** | **110** | **19010** | **29112** | **138329315** | **83731** | **16485815** |
| **环渤海** | **16** | **6866** | **4695** | **4655540** | **14901** | **2509810** |
| 北京 | | | 478 | 388503 | 5904 | 1239676 |
| 天津 | 3 | 2530 | 971 | 1229180 | 1169 | 152144 |
| 唐山 | 3 | 2800 | 444 | 436904 | 440 | 40160 |
| 沈阳 | | | 1606 | 1418095 | 3464 | 485915 |
| 大连 | | | 152 | 249280 | 1350 | 101057 |
| 济南 | | | 533 | 154088 | 740 | 148916 |
| 青岛 | 10 | 1536 | 511 | 779490 | 1834 | 341942 |
| **长三角** | **91** | **11989** | **22375** | **132040703** | **64005** | **12487490** |
| 上海 | | | 2010 | 63673428 | 6310 | 1177933 |
| 南京 | | | | | 11611 | 1124174 |
| 苏州 | | | 2376 | 25689101 | 5513 | 477798 |
| 无锡 | 3 | 4256 | 7013 | 21190701 | 2982 | 992880 |
| 常州 | | | 1022 | 2971142 | 2925 | 1952907 |
| 镇江 | 3 | 829 | 166 | 2592488 | 785 | 230340 |
| 南通 | 7 | 164 | 554 | 125680 | 6280 | 754839 |
| 扬州 | | | 730 | 316323 | 2424 | 580030 |
| 泰州 | 76 | 5800 | 503 | 535060 | 2466 | 198885 |
| 杭州 | 2 | 940 | 603 | 938919 | 5810 | 1261854 |
| 宁波 | | | 3842 | 11895691 | 3944 | 1522178 |
| 嘉兴 | | | 1182 | 582679 | 5091 | 1149307 |
| 湖州 | | | | | 2622 | 264596 |
| 绍兴 | | | 1764 | 1200906 | 1959 | 476252 |
| 舟山 | | | | | | |
| 台州 | | | 610 | 328585 | 3283 | 323517 |
| **珠三角** | **3** | **155** | **2042** | **1633072** | **4825** | **1488515** |
| 广州 | | | 592 | 1044497 | 1937 | 211921 |
| 深圳 | | | 149 | 2873 | 360 | 38774 |
| 珠海 | | | 2 | 130 | | |
| 佛山 | | | 455 | 418473 | 2036 | 1149744 |
| 江门 | 3 | 155 | | | | |
| 东莞 | | | 844 | 167099 | 492 | 88076 |
| 中山 | | | | | | |
| 惠州 | | | | | | |
| 肇庆 | | | | | | |

2-24 续表 12

| 地区 | 机电产品及设备类 | | #农机类 | | 汽车类 | |
|---|---|---|---|---|---|---|
| | 摊位数（个） | 成交额（万元） | 摊位数（个） | 成交额（万元） | 摊位数（个） | 成交额（万元） |
| **三大地带合计** | **10500** | **2545257** | **1630** | **275999** | **32989** | **40563909** |
| **环渤海** | **1332** | **493425** | **302** | **72139** | **15727** | **15992873** |
| 北京 | 361 | 128912 | | | 3947 | 9950847 |
| 天津 | 562 | 254765 | | | 441 | 1813320 |
| 唐山 | 15 | 8700 | 15 | 2400 | 243 | 90313 |
| 沈阳 | 1 | 50 | | | 2804 | 794864 |
| 大连 | | | | | 6400 | 1964000 |
| 济南 | 149 | 33120 | 45 | 2300 | 887 | 939708 |
| 青岛 | 244 | 67878 | 242 | 67439 | 1005 | 439821 |
| **长三角** | **8425** | **1793210** | **1148** | **154572** | **13618** | **19261794** |
| 上海 | 650 | 120896 | | | 1495 | 3360756 |
| 南京 | 48 | 9260 | 20 | 4020 | 310 | 405183 |
| 苏州 | 1510 | 191039 | 254 | 36076 | 213 | 899116 |
| 无锡 | 26 | 13860 | 7 | 6843 | 822 | 777252 |
| 常州 | 1225 | 123273 | 485 | 55090 | 1096 | 1729826 |
| 镇江 | 916 | 173021 | 79 | 10018 | 4 | 2568 |
| 南通 | 297 | 87204 | 61 | 8164 | 346 | 152044 |
| 扬州 | 181 | 25919 | 70 | 10184 | 394 | 84444 |
| 泰州 | 460 | 31535 | 128 | 10105 | | |
| 杭州 | 755 | 441490 | | | 5835 | 6820875 |
| 宁波 | 135 | 24738 | | | 420 | 876738 |
| 嘉兴 | 197 | 14732 | | | 1481 | 1168218 |
| 湖州 | 65 | 17072 | 44 | 14072 | 513 | 324164 |
| 绍兴 | 234 | 57925 | | | 2 | 1682 |
| 舟山 | 906 | 371172 | | | 1 | 61902 |
| 台州 | 820 | 90074 | | | 686 | 2597026 |
| **珠三角** | **743** | **258622** | **180** | **49288** | **3644** | **5309242** |
| 广州 | 361 | 109465 | | | 2581 | 1887770 |
| 深圳 | 179 | 92603 | | | 28 | 52000 |
| 珠海 | | | | | | |
| 佛山 | 201 | 56398 | 180 | 49288 | 96 | 1462634 |
| 江门 | 1 | 109 | | | | |
| 东莞 | 1 | 47 | | | 852 | 440676 |
| 中山 | | | | | | |
| 惠州 | | | | | 87 | 1466162 |
| 肇庆 | | | | | | |

2-24 续表 13

| 地区 | 种子饲料类 | | 棉麻类 | | 其他类 | |
|---|---|---|---|---|---|---|
| | 摊位数(个) | 成交额(万元) | 摊位数(个) | 成交额(万元) | 摊位数(个) | 成交额(万元) |
| **三大地带合计** | **385** | **54790** | **1522** | **3173573** | **44096** | **10459731** |
| **环渤海** | **238** | **14706** | **78** | **1335** | **16035** | **969015** |
| 北京 | 5 | 172 | 65 | 960 | 5714 | 239150 |
| 天津 | 5 | 1332 | | | 649 | 79388 |
| 唐山 | 5 | 2900 | | | 950 | 50303 |
| 沈阳 | 223 | 10302 | | | 3764 | 352703 |
| 大连 | | | | | 3067 | 153364 |
| 济南 | | | | | 1710 | 73882 |
| 青岛 | | | 13 | 375 | 181 | 20225 |
| **长三角** | **124** | **39179** | **1443** | **3172182** | **22416** | **8593603** |
| 上海 | 7 | 1410 | | | 2581 | 354162 |
| 南京 | | | | | 359 | 24400 |
| 苏州 | 6 | 190 | 166 | 682077 | 2833 | 2465619 |
| 无锡 | | | | | 1179 | 288533 |
| 常州 | 5 | 111 | 554 | 1617616 | 3509 | 2278378 |
| 镇江 | 4 | 330 | | | 1141 | 303756 |
| 南通 | 70 | 26447 | 133 | 63322 | 1886 | 453997 |
| 扬州 | 7 | 123 | | | 1252 | 274669 |
| 泰州 | | | | | 904 | 537074 |
| 杭州 | | | | | 2531 | 686710 |
| 宁波 | 3 | 5360 | 200 | 150067 | 1010 | 210571 |
| 嘉兴 | | | 390 | 659100 | 584 | 133406 |
| 湖州 | | | | | 292 | 51681 |
| 绍兴 | 2 | 28 | | | 1005 | 359922 |
| 舟山 | | | | | | |
| 台州 | 20 | 5180 | | | 1350 | 170725 |
| **珠三角** | **23** | **905** | **1** | **56** | **5645** | **897113** |
| 广州 | 12 | 327 | | | 1726 | 124981 |
| 深圳 | | | | | 2635 | 628568 |
| 珠海 | | | | | 150 | 3358 |
| 佛山 | 4 | 446 | | | 283 | 86415 |
| 江门 | 4 | 105 | 1 | 56 | 115 | 27205 |
| 东莞 | 3 | 27 | | | 423 | 8579 |
| 中山 | | | | | 3 | 36 |
| 惠州 | | | | | 184 | 13433 |
| 肇庆 | | | | | 126 | 4538 |

# 第三部分　市场篇

简要说明：

本篇资料的主要内容是按成交额排名居前列的大型商品交易市场的名称，包括按照市场类别划分的综合市场、专业市场等。

# 3-1 前100家商品交易市场

| 序号 | 市场名称 | 序号 | 市场名称 |
|---|---|---|---|
| 1 | 上海物贸有色金属交易市场 | 51 | 大连双兴商品城 |
| 2 | 张家港玖隆物流园企业管理有限公司（苏州市） | 52 | 沈阳水产批发市场 |
| 3 | 中国常熟服装城（苏州市） | 53 | 亳州市（中国）中药材交易中心 |
| 4 | 浙江省义乌市中国小商品城（金华市） | 54 | 新联农副产品综合市场（乌鲁木齐） |
| 5 | 白沟新城市场（保定市） | 55 | 河北省香河家具城（廊坊市） |
| 6 | 中国东方丝绸市场（苏州市） | 56 | 江苏东方钢材城（无锡市） |
| 7 | 中国轻纺城（绍兴市） | 57 | 杭州萧山商业城 |
| 8 | 宁波镇海大宗生产资料交易中心 | 58 | 无锡招商城市场 |
| 9 | 江阴长江港口物流园区交易中心（无锡市） | 59 | 江苏宣武集团市场（徐州市） |
| 10 | 河南万邦国际农产品物流股份有限公司（郑州市） | 60 | 广州江南果菜批发市场（广州市） |
| 11 | 张家港保税区化工品交易中心有限公司（苏州市） | 61 | 江阴市金属材料市场（无锡市） |
| 12 | 北京新发地农副产品批发市场中心 | 62 | 无锡市国联金属材料市场 |
| 13 | 上海石协石化市场经营管理公司 | 63 | 江苏湖塘纺织城（常州市） |
| 14 | 齐鲁国际塑化城（淄博市） | 64 | 江津区双福国际农贸城（重庆市） |
| 15 | 叠石桥国际家纺城（南通市） | 65 | 东莞市信立农副产品批发中心 |
| 16 | 余姚市中国塑料城（宁波市） | 66 | 惠龙港国际钢铁物流股份有限公司（镇江市） |
| 17 | 江苏华东石化物资交易市场（无锡市） | 67 | 上海外高桥钟表交易中心 |
| 18 | 南通市通州区志浩综合市场 | 68 | 湖南省三湘南湖大市场（长沙市） |
| 19 | 新疆宝新恒源钢材物流园（乌鲁木齐市） | 69 | 苏州南环桥市场 |
| 20 | 钱清中国轻纺原料城（绍兴市） | 70 | 新发地农副产品批发市场（保定市） |
| 21 | 北京市旧机动车交易市场 | 71 | 合肥周谷堆大兴农产品国际物流园有限责任公司 |
| 22 | 海城市西柳服装市场（鞍山市） | 72 | 嘉兴水果市场 |
| 23 | 南京众彩农副产品批发市场 | 73 | 长葛市新区钢材市场（许昌市） |
| 24 | 湖南钢材大市场（长沙市） | 74 | 安国市东方药城交易大厅（保定市） |
| 25 | 石家庄市新华集贸市场 | 75 | 海吉星农产品批发市场（深圳市） |
| 26 | 中国兴福国际钢贸城（滨州市） | 76 | 洛阳市洛龙区关林市场 |
| 27 | 大连石油交易所（大连市） | 77 | 无锡南方不锈钢市场 |
| 28 | 湖南高桥大市场（长沙市） | 78 | 福州海峡水产品交易市场 |
| 29 | 浙江中国科技五金城（金华市） | 79 | 安庆市光彩大市场 |
| 30 | 广州市海珠区中大布匹市场 | 80 | 北京锦绣大地农副产品批发市场 |
| 31 | 盐湖区禹都市场（运城市） | 81 | 青岛市城阳蔬菜水产品批发市场 |
| 32 | 成都濛阳农副产品综合批发交易市场 | 82 | 即墨市服装批发市场（青岛市） |
| 33 | 成都市量力钢材物流有限公司 | 83 | 张家港保税区粮油交易市场（苏州市） |
| 34 | 沈阳五爱小商品批发市场 | 84 | 北京市新发地农产品股份有限公司 |
| 35 | 朝天门市场（重庆市） | 85 | 中国织里童装市场（湖州市） |
| 36 | 沧州崔尔庄红枣批发市场 | 86 | 东阳市花园红木家具城（金华市） |
| 37 | 桐乡市濮院羊毛衫市场（嘉兴市） | 87 | 武汉白沙洲农副产品大市场 |
| 38 | 成都国际商贸城（成都市） | 88 | 烟台市三站市场 |
| 39 | 南三条市场（石家庄市） | 89 | 东莞市大京九塑胶原料市场 |
| 40 | 山东泰山钢材大市场（泰安市） | 90 | 南昌深圳农产品中心批发市场 |
| 41 | 张家港保税区纺织原料市场（苏州市） | 91 | 常州市武进夏溪花木市场 |
| 42 | 江苏凌家塘市场（常州市） | 92 | 杭州机动车交易市场 |
| 43 | 安徽省徽商钢材市场（合肥市） | 93 | 沈阳果品批发市场 |
| 44 | 商丘市农产品中心批发市场 | 94 | 广东西樵轻纺城（佛山市） |
| 45 | 贵阳西南国际商贸城 | 95 | 重庆万吨冷储物流交易中心 |
| 46 | 南昌市洪城大市场 | 96 | 成都农产品中心批发市场 |
| 47 | 长沙市红星实业集团有限公司农副产品大市场 | 97 | 浙江纺织采购博览城（杭州市） |
| 48 | 长沙马王堆农产品股份有限公司 | 98 | 碑廓木材市场（日照市） |
| 49 | 绍兴越州轻纺工贸园区市场 | 99 | 天津港交易市场 |
| 50 | 北京大洋路农副产品市场 | 100 | 常州市武进汽车城 |

# 3-2 前100家综合贸易市场

| 序号 | 市场名称 | 序号 | 市场名称 |
|---|---|---|---|
| 1 | 浙江省义乌市中国小商品城（金华市） | 51 | 深圳市福田农产品批发市场 |
| 2 | 白沟新城市场（保定市） | 52 | 蚌埠市光彩市场 |
| 3 | 南京众彩农副产品批发市场 | 53 | 监利县天府庙大市场（荆州市） |
| 4 | 湖南高桥大市场（长沙市） | 54 | 南京金箔集团金宝市场 |
| 5 | 浙江中国科技五金城集团有限公司（金华市） | 55 | 湖北北盟投资集团有限公司（襄阳市） |
| 6 | 盐湖区禹都市场（运城市） | 56 | 浠水县市场开发服务中心（黄冈市） |
| 7 | 成都濛阳农副产品综合批发交易市场 | 57 | 无锡朝阳农产品大市场 |
| 8 | 朝天门市场（重庆市） | 58 | 北京八里桥农产品中心批发市场 |
| 9 | 南三条市场（石家庄市） | 59 | 闽南商业城批发市场（漳州市） |
| 10 | 江苏凌家塘市场（常州市） | 60 | 中国北方五金城（天津市） |
| 11 | 商丘市农产品中心批发市场 | 61 | 无锡市金桥副食品市场 |
| 12 | 贵阳西南国际商贸城 | 62 | 石家庄桥西蔬菜中心批发市场 |
| 13 | 南昌市洪城大市场 | 63 | 呼和浩特美通商贸有限公司 |
| 14 | 长沙市红星实业集团有限公司农副产品大市场 | 64 | 大足区龙水五金市场（重庆市） |
| 15 | 北京大洋路农副产品市场 | 65 | 山东黑马集团有限公司商贸批发市场（德州市） |
| 16 | 大连双兴商品城 | 66 | 泰州市华东五金城市场 |
| 17 | 新联农副产品综合市场（乌鲁木齐） | 67 | 杭州萧山鑫火金属建材城 |
| 18 | 杭州萧山商业城 | 68 | 蚌埠中恒义乌国际商贸城 |
| 19 | 无锡招商城市场 | 69 | 宜春市赣西农副新产品批发市场 |
| 20 | 江津区双福国际农贸城（重庆市） | 70 | 安徽省广德县农贸市场（宣城市） |
| 21 | 东莞市信立农副产品批发中心 | 71 | 蚌埠海吉星农产品物流有限公司 |
| 22 | 湖南省三湘南湖大市场（长沙市） | 72 | 阜阳临沂商城 |
| 23 | 合肥周谷堆大兴农产品国际物流园有限责任公司 | 73 | 滕州真爱商城（枣庄市） |
| 24 | 海吉星农产品批发市场（深圳市） | 74 | 路南区荷花坑市场（唐山市） |
| 25 | 洛阳市洛龙区关林市场（洛阳市） | 75 | 中南农产品市场（佛山市） |
| 26 | 安庆市光彩大市场 | 76 | 中国龙水五金旅游城（重庆市） |
| 27 | 北京锦绣大地农副产品批发市场 | 77 | 安徽省广德县太极商城（宣城市） |
| 28 | 青岛市城阳蔬菜水产品批发市场 | 78 | 扬州曲江商品城有限公司 |
| 29 | 烟台市三站市场 | 79 | 长兴县农副产品综合批发市场（湖州市） |
| 30 | 南昌深圳农产品中心批发市场 | 80 | 四川好一新商贸城（达州市） |
| 31 | 成都农产品中心批发市场 | 81 | 慈溪市农副产品批发市场（宁波市） |
| 32 | 松北区润恒农副产品大市场（哈尔滨市） | 82 | 中国芜湖商品交易博览城 |
| 33 | 北京盛华宏林粮油批发市场 | 83 | 涵江商贸批发中心（莆田市） |
| 34 | 天津王顶堤批发市场 | 84 | 九江市京九农副产品中心批发市场 |
| 35 | 聊城香江光彩大市场 | 85 | 宁波轻纺城 |
| 36 | 赣南贸易广场（赣州市） | 86 | 正定县恒山板材批发市场（石家庄市） |
| 37 | 宿迁经济开发区宿迁义乌商贸城 | 87 | 南京金桥市场 |
| 38 | 北京农产品中央批发市场 | 88 | 石河子农产品交易中心 |
| 39 | 北京顺鑫石门农产品批发市场 | 89 | 昌平市场服务管理中心 |
| 40 | 北京京丰岳各庄农副产品批发市场中心 | 90 | 皖西北商贸城（阜阳市） |
| 41 | 即墨小商品城（青岛市） | 91 | 衢州新农都批发市场（衢州市） |
| 42 | 哈尔滨哈达农副产品股份有限公司 | 92 | 南宁市桂果香果品有限公司五里亭蔬菜批发市场 |
| 43 | 华南国际工业原料城(深圳)有限公司（深圳市） | 93 | 台州市路桥小商品批发市场（台州市） |
| 44 | 上海江杨农产品市场 | 94 | 天津金元宝滨海农产品交易市场 |
| 45 | 华威物流新西营里市场（福州） | 95 | 重庆马家岩板材批发市场 |
| 46 | 新疆华凌工贸集团有限公司华凌综合市场（乌鲁木齐市） | 96 | 重庆渝州交易城 |
| 47 | 上海农产品中心批发市场 | 97 | 慈溪市工业品批发市场（宁波市） |
| 48 | 重庆市永川区商贸城 | 98 | 河北高邑蔬菜批发市场（石家庄市） |
| 49 | 周口市黄淮物流港农产品批发市场 | 99 | 大连奥林匹克电子城 |
| 50 | 江苏苏浙皖边界市场（常州市） | 100 | 江阴市江南农副产品批发市场（无锡市） |

## 3-3　前100家专业市场

| 序号 | 市场名称 | 序号 | 市场名称 |
|---|---|---|---|
| 1 | 上海物贸有色金属交易市场 | 51 | 宁波江北华东物资城浙甬市场 |
| 2 | 张家港玖隆物流园企业管理有限公司（苏州市） | 52 | 华东胶合板市场（临沂市） |
| 3 | 宁波镇海大宗生产资料交易中心 | 53 | 中国铁路物资哈尔滨钢材大市场 |
| 4 | 江阴长江港口物流园区交易中心（无锡市） | 54 | 中储发展股份有限公司天津储宝分公司 |
| 5 | 张家港保税区化工品交易中心（苏州市） | 55 | 山东罗庄建材批发市场（临沂市） |
| 6 | 上海石协石化市场 | 56 | 成都富森美家居置业有限公司 |
| 7 | 齐鲁国际塑化城（淄博市） | 57 | 浙江长三角石油化工发展有限公司（宁波市） |
| 8 | 余姚市中国塑料城（宁波市） | 58 | 南阳龙升物流枢纽中心银海钢材市场 |
| 9 | 江苏华东石化物资交易市场（无锡市） | 59 | 沈阳钢材中心批发市场 |
| 10 | 新疆宝新恒源钢材物流园（乌鲁木齐市） | 60 | 余姚市模板市场（宁波市） |
| 11 | 湖南钢材大市场（长沙市） | 61 | 东莞市樟木头塑胶原料市场 |
| 12 | 中国兴福国际钢贸城（滨州市） | 62 | 河南葛天金属材料交易市场（许昌市） |
| 13 | 大连石油交易所 | 63 | 新疆华凌建材出口基地（乌鲁木齐市） |
| 14 | 成都市量力钢材物流有限公司 | 64 | 江阴景澄物流交易市场（无锡市） |
| 15 | 山东泰山钢材大市场（泰安市） | 65 | 肥东县裕隆市场（合肥市） |
| 16 | 安徽省徽商钢材市场（合肥市） | 66 | 中储801仓库钢材市场（洛阳市） |
| 17 | 江苏东方钢材城（无锡市） | 67 | 沈阳沈都钢材市场 |
| 18 | 江阴市金属材料市场（无锡市） | 68 | 恒胜钢材市场（重庆市） |
| 19 | 无锡市国联金属材料市场 | 69 | 禧龙建筑装饰材料大市场（哈尔滨市） |
| 20 | 惠龙港国际钢铁物流股份有限公司（镇江市） | 70 | 新疆亚中机电市场（乌鲁木齐市） |
| 21 | 长葛市新区钢材市场（许昌市） | 71 | 宁波市镇海煤炭交易市场 |
| 22 | 无锡南方不锈钢市场 | 72 | 江苏万商商贸城（常州市） |
| 23 | 东莞市大京九塑胶原料市场（东莞市） | 73 | 广东鱼珠国际建材市场（广州市） |
| 24 | 碑廓木材市场（日照市） | 74 | 中国西部金属交易城（重庆市） |
| 25 | 天津港交易市场 | 75 | 安平县丝网大世界（衡水市） |
| 26 | 宁波镇海液体化工产品交易市场 | 76 | 兴化市戴南镇不锈钢交易城（泰州市） |
| 27 | 宁波华东物资城 | 77 | 常州长贸中心市场 |
| 28 | 常州钢材现货交易市场（常州市） | 78 | 新疆通汇市场（乌鲁木齐市） |
| 29 | 江苏长江塑料化工交易市场（常州市） | 79 | 湛江海田新五金机电产品批发市场 |
| 30 | 无锡不锈钢市场 | 80 | 乌兰浩特市融佳建材市场（兴安盟） |
| 31 | 临沂市万宝钢材市场 | 81 | 广东东方兴业城（东莞市） |
| 32 | 常州淮都金属城（常州市） | 82 | 永康市废旧金属材料市场（金华市） |
| 33 | 江苏八里钢铁市场（徐州市） | 83 | 揭阳市国际金属材料市场 |
| 34 | 江津区攀宝钢材市场（重庆市） | 84 | 南宁市荣宝龙钢材市场 |
| 35 | 重庆巨龙钢材市场 | 85 | 无锡储运有限公司朝阳钢材交易市场 |
| 36 | 武汉市琴台钢材市场 | 86 | 永宁县望远现代金属物流园（银川市） |
| 37 | 南宁市虎邱城北钢材市场 | 87 | 温州市六虹钢材市场 |
| 38 | 永年县标准件市场（邯郸市） | 88 | 广州钢铁交易中心 |
| 39 | 诸暨华东汽配水暖城（绍兴市） | 89 | 宁波市镇海厚恒物资城 |
| 40 | 浙江南浔建材市场（湖州市） | 90 | 北三环大明宫建材家居市场（西安市） |
| 41 | 高阳县庞口汽车农机配件城（保定市） | 91 | 嘉兴中安市场（嘉兴市） |
| 42 | 长葛市九鼎美达建材市场（许昌市） | 92 | 成都万贯五金机电市场 |
| 43 | 龙文钢材市场（重庆市） | 93 | 宁波华东物资城王家弄市场 |
| 44 | 徐州区域生产资料市场 | 94 | 金华市浙中建筑装饰材料市场 |
| 45 | 临清市烟店轴承市场（聊城市） | 95 | 青州市钢材物流市场（潍坊市） |
| 46 | 聊城大东钢管市场（聊城市） | 96 | 孟村县辛大管件市场（沧州市） |
| 47 | 东莞市华南塑胶城（东莞市） | 97 | 徐州市殷庄五金机电城 |
| 48 | 绿云石都建材交易城（九龙坡区） | 98 | 株洲市中南金属物流大市场 |
| 49 | 嘉兴中国石油化工品交易市场 | 99 | 马鞍山三和仓储配送有限公司钢材市场 |
| 50 | 福州市南方建材市场（福州市） | 100 | 浙江省浙金钢材现货市场（杭州市） |

## 3-4 前20家生产资料综合市场

| 序号 | 市场名称 |
|---|---|
| 1 | 浙江中国科技五金城集团有限公司（金华市） |
| 2 | 安庆市光彩大市场 |
| 3 | 湖北北盟投资集团有限公司（襄阳市） |
| 4 | 正定县恒山板材批发市场（石家庄市） |
| 5 | 重庆马家岩板材批发市场 |
| 6 | 江苏华东灯具城（镇江市） |
| 7 | 浙江世纪建材装饰市场（杭州市） |
| 8 | 武汉市舵落口大市场 |
| 9 | 新雪域农产品交易中心（遵义市） |
| 10 | 阿克苏市农哈哈农资市场（阿克苏地区） |
| 11 | 成都国融金府机电城 |
| 12 | 宜兴市轻纺建材装璜市场（无锡市） |
| 13 | 临沂河东土杂市场 |
| 14 | 无锡五洲国际装饰城 |
| 15 | 博兴县城东大市场（滨州市） |
| 16 | 丰县招商场（徐州市） |
| 17 | 晨旭无公害蔬菜批发市场（重庆市） |
| 18 | 长兴太平洋商贸城市场（湖州市） |
| 19 | 宿州市光彩城大市场 |
| 20 | 乐平市赣东北商贸城（景德镇市） |

## 3-5 前20家工业消费品综合市场

| 序号 | 市场名称 |
|---|---|
| 1 | 浙江省义乌市中国小商品城（金华市） |
| 2 | 白沟新城市场（保定市） |
| 3 | 湖南高桥大市场（长沙市） |
| 4 | 朝天门市场（重庆市） |
| 5 | 南三条市场（石家庄市） |
| 6 | 南昌市洪城大市场 |
| 7 | 无锡招商城市场 |
| 8 | 湖南省三湘南湖大市场（长沙市） |
| 9 | 洛阳市洛龙区关林市场（洛阳市） |
| 10 | 烟台市三站市场 |
| 11 | 聊城香江光彩大市场 |
| 12 | 宿迁经济开发区宿迁义乌商贸城（宿迁市） |
| 13 | 即墨小商品城（青岛市） |
| 14 | 华南国际工业原料城(深圳)有限公司 |
| 15 | 重庆市永川区商贸城 |
| 16 | 蚌埠市光彩市场 |
| 17 | 大足区龙水五金市场（重庆市） |
| 18 | 山东黑马集团有限公司商贸批发市场（德州市） |
| 19 | 中国龙水五金旅游城（重庆市） |
| 20 | 扬州曲江商品城 |

## 3-6 前20家农产品综合市场

| 序号 | 市场名称 |
|---|---|
| 1 | 南京众彩农副产品批发市场 |
| 2 | 成都濛阳农副产品综合批发交易市场 |
| 3 | 江苏凌家塘市场（常州市） |
| 4 | 商丘市农产品中心批发市场 |
| 5 | 长沙市红星实业集团有限公司农副产品大市场 |
| 6 | 北京大洋路农副产品市场 |
| 7 | 江津区双福国际农贸城（重庆市） |
| 8 | 东莞市信立农副产品批发中心 |
| 9 | 合肥周谷堆大兴农产品国际物流园有限责任公司 |
| 10 | 海吉星农产品批发市场（深圳市） |
| 11 | 北京锦绣大地农副产品批发市场 |
| 12 | 南昌深圳农产品中心批发市场 |
| 13 | 成都农产品中心批发市场 |
| 14 | 松北区润恒农副产品大市场（哈尔滨市） |
| 15 | 北京盛华宏林粮油批发市场 |
| 16 | 天津王顶堤批发市场 |
| 17 | 北京农产品中央批发市场 |
| 18 | 北京顺鑫石门农产品批发市场 |
| 19 | 北京京丰岳各庄农副产品批发市场 |
| 20 | 哈尔滨哈达农副产品股份有限公司（哈尔滨市） |

## 3-7 前20家其他综合市场

| 序号 | 市场名称 |
|---|---|
| 1 | 盐湖区禹都市场（运城市） |
| 2 | 贵阳西南国际商贸城 |
| 3 | 大连双兴商品城 |
| 4 | 新联农副产品综合市场（乌鲁木齐） |
| 5 | 杭州萧山商业城 |
| 6 | 青岛市城阳蔬菜水产品批发市场 |
| 7 | 赣南贸易广场（赣州市） |
| 8 | 新疆华凌工贸集团有限公司华凌综合市场（乌鲁木齐市） |
| 9 | 江苏苏浙皖边界市场（常州市） |
| 10 | 监利县天府庙大市场（荆州市） |
| 11 | 南京金箔集团金宝市场 |
| 12 | 浠水县市场开发服务中心（黄冈市） |
| 13 | 闽南商业城批发市场（漳州市） |
| 14 | 中国北方五金城（天津市） |
| 15 | 泰州市华东五金城市场 |
| 16 | 杭州萧山鑫火金属建材城 |
| 17 | 蚌埠中恒义乌国际商贸城 |
| 18 | 阜阳临沂商城 |
| 19 | 滕州真爱商城（枣庄市） |
| 20 | 路南区荷花坑市场（唐山市） |

## 3-8 17家农业生产用具市场

| 序号 | 市场名称 |
|---|---|
| 1 | 高阳县庞口汽车农机配件城(保定市) |
| 2 | 肥东县裕隆市场（合肥市） |
| 3 | 宁晋县大陆村镇农机配件市场（邢台市） |
| 4 | 湖南农机产业园（湘潭市） |
| 5 | 南昌县农机大市场 |
| 6 | 长葛市金桥农机商贸市场（许昌市） |
| 7 | 常州农机机电市场 |
| 8 | 佛山市南海东方国际机械广场 |
| 9 | 陵县农机市场（德州市） |
| 10 | 平度市农机及配件市场（青岛市） |
| 11 | 平度市机动车配件城（青岛市） |
| 12 | 伊宁市城东综合批发市场（伊犁哈萨克自治州） |
| 13 | 通辽经济技术开发区农机市场 |
| 14 | 浙北机电调剂市场（湖州市） |
| 15 | 湘潭农机机电大市场（湘潭市） |
| 16 | 新乐市三轮车市场（石家庄市） |
| 17 | 扎兰屯市蒙东农机具交易市场（呼伦贝尔市） |

## 3-9 前20家农用生产资料市场

| 序号 | 市场名称 |
|---|---|
| 1 | 新沂市农资市场（徐州市） |
| 2 | 南宁市种畜场饲料兽药禽苗市场 |
| 3 | 中国荣昌畜牧产品交易市场（重庆市） |
| 4 | 西北农资城（银川市） |
| 5 | 武鸣县农资专业市场（南宁市） |
| 6 | 闽西粮油饲料城（龙岩市） |
| 7 | 海兴县辛集镇鱼子鱼粉市场（沧州市） |
| 8 | 供销农资批发市场（怀化市） |
| 9 | 菏泽市牡丹区农业科技市场 |
| 10 | 石河子市种子交易市场 |
| 11 | 邢台市第一农业生产资料总公司 |
| 12 | 江苏大自然电商产业园有限公司（徐州市） |
| 13 | 永州市农业生产资料市场 |
| 14 | 八步区八达饲料市场（贺州市） |
| 15 | 扎兰屯市蒙东农业生产资料市场（呼伦贝尔市） |
| 16 | 梅河口市农资市场（通化市） |
| 17 | 通辽经济技术开发区农资市场 |
| 18 | 阜阳市颍东区颍汇农资市场 |
| 19 | 南阳惠农达农资市场 |
| 20 | 巴彦县生资市场（哈尔滨市） |

## 3-10 前20家木材市场

| 序号 | 市场名称 |
|---|---|
| 1 | 碑廓木材市场（日照市） |
| 2 | 浙江南浔建材市场（湖州市） |
| 3 | 华东胶合板市场（临沂市） |
| 4 | 常州长贸中心市场 |
| 5 | 广东东方兴业城（东莞市） |
| 6 | 上海福人国际木材交易中心 |
| 7 | 江苏武进横林国际地板家具城（常州市） |
| 8 | 丰县木材市场（徐州市） |
| 9 | 郓城县黄安木材交易市场（菏泽市） |
| 10 | 通辽经济技术开发区木材市场 |
| 11 | 浙江贺村木业市场（衢州市） |
| 12 | 邹城市兴隆大市场（济宁市） |
| 13 | 上海金翔木材批发市场 |
| 14 | 青岛市金胶州木材市场 |
| 15 | 上海晋福木制品有限公司（联东） |
| 16 | 大西南木材城（成都） |
| 17 | 扬州兴森木业有限公司 |
| 18 | 湖州浙北山货市场 |
| 19 | 临沂装饰木制品市场 |
| 20 | 温州木材市场 |

## 3-11 前20家建材市场

| 序号 | 市场名称 |
|---|---|
| 1 | 长葛市九鼎美达建材市场（许昌市） |
| 2 | 福州市南方建材市场 |
| 3 | 宁波江北华东物资城浙甬市场 |
| 4 | 山东罗庄建材批发市场（临沂市） |
| 5 | 成都富森美家居置业有限公司 |
| 6 | 新疆华凌建材出口基地（乌鲁木齐市） |
| 7 | 禧龙建筑装饰材料大市场（哈尔滨市） |
| 8 | 北三环大明宫建材家居市场（西安市） |
| 9 | 金华市浙中建筑装饰材料市场 |
| 10 | 中国北方国际五金城（临沂市） |
| 11 | 新世界建材市场（重庆市） |
| 12 | 安徽金太阳装饰城（滁州市） |
| 13 | 江苏省华东石材市场（无锡市） |
| 14 | 常州万都国际陶瓷装饰置业有限公司 |
| 15 | 海南金盛达家居建材商城（海口市） |
| 16 | 江苏升辉装饰建材实业有限公司（徐州市） |
| 17 | 常州市常鹏装饰材料市场 |
| 18 | 领袖中原建材城（襄阳市） |
| 19 | 上海东华环球木业建材交易市场 |
| 20 | 襄樊市襄阳区新世纪建材市场 |

## 3-12 前20家化工材料及制品市场

| 序号 | 市场名称 |
|---|---|
| 1 | 张家港保税区化工品交易中心有限公司（苏州市） |
| 2 | 齐鲁国际塑化城（淄博市） |
| 3 | 余姚市中国塑料城（宁波市） |
| 4 | 江苏华东石化物资交易市场（无锡市） |
| 5 | 东莞市大京九塑胶原料市场 |
| 6 | 宁波镇海液体化工产品交易市场 |
| 7 | 江苏长江塑料化工交易市场（常州市） |
| 8 | 东莞市华南塑胶城 |
| 9 | 嘉兴中国石油化工品交易市场 |
| 10 | 东莞市樟木头塑胶原料市场 |
| 11 | 江苏万商商贸城 |
| 12 | 景县橡塑制品专业市场（衡水市） |
| 13 | 中央空调配件城（德州市） |
| 14 | 温州市金海化学品市场 |
| 15 | 浙江化工市场（杭州市） |
| 16 | 河北衡水橡胶城 |
| 17 | 台州市塑料化工市场 |
| 18 | 武城县滕庄镇玻璃钢原料市场（德州市） |
| 19 | 花炮展示交易中心（长沙市） |
| 20 | 江苏宜兴化工交易市场（无锡市） |

## 3-13 前20家金属材料市场

| 序号 | 市场名称 |
|---|---|
| 1 | 上海物贸有色金属交易市场 |
| 2 | 张家港玖隆物流园企业管理有限公司（苏州市） |
| 3 | 宁波镇海大宗生产资料交易中心 |
| 4 | 江阴长江港口物流园区交易中心（无锡市） |
| 5 | 新疆宝新恒源钢材物流园（乌鲁木齐市） |
| 6 | 湖南钢材大市场（长沙市） |
| 7 | 中国兴福国际钢贸城（滨州市） |
| 8 | 成都市量力钢材物流有限公司 |
| 9 | 山东泰山钢材大市场（泰安市） |
| 10 | 安徽省徽商钢材市场（合肥市） |
| 11 | 江苏东方钢材城（无锡市） |
| 12 | 江阴市金属材料市场（无锡市） |
| 13 | 无锡市国联金属材料市场 |
| 14 | 惠龙港国际钢铁物流股份有限公司（镇江市） |
| 15 | 长葛市新区钢材市场（许昌市） |
| 16 | 无锡南方不锈钢市场 |
| 17 | 宁波华东物资城 |
| 18 | 常州钢材现货交易市场 |
| 19 | 无锡不锈钢市场 |
| 20 | 临沂市万宝钢材市场 |

## 3-14 前20家机械设备市场

| 序号 | 市场名称 |
|---|---|
| 1 | 徐州区域生产资料市场 |
| 2 | 临清市烟店轴承市场（聊城市） |
| 3 | 新疆亚中机电市场（乌鲁木齐市） |
| 4 | 湛江海田新五金机电产品批发市场 |
| 5 | 成都万贯五金机电市场 |
| 6 | 浙江船舶交易市场（舟山市） |
| 7 | 庆云县万通机车市场（德州市） |
| 8 | 金科机电城（重庆市） |
| 9 | 高新机电批发配送中心（重庆市） |
| 10 | 西安蔚蓝机电市场 |
| 11 | 渝州五金市场（重庆市） |
| 12 | 双峰县湘中农机机电大市场（娄底市） |
| 13 | 陈家坪机电市场有限公司（重庆市） |
| 14 | 成都川金府西部五金机电批发城 |
| 15 | 乐清市柳市电器城（温州市） |
| 16 | 北京经开万佳国际机械商城 |
| 17 | 广州市黄埔环宇机械城 |
| 18 | 中湘五金大市场（衡阳市） |
| 19 | 庆云县金融机具礼品市场（德州市） |
| 20 | 鼎坚五金机电市场（石家庄市） |

## 3-15 前20家其他生产资料市场

| 序号 | 市场名称 |
|---|---|
| 1 | 上海石协石化市场经营管理公司 |
| 2 | 大连石油交易所 |
| 3 | 浙江长三角石油化工发展有限公司（宁波市） |
| 4 | 新疆通汇市场（乌鲁木齐市） |
| 5 | 乌兰浩特市融佳建材市场（兴安盟） |
| 6 | 湛江海田建饰材料综合批发市场 |
| 7 | 中昊化工网上交易中心（上海市） |
| 8 | 永翔钢材市场（上海市） |
| 9 | 广西百色市南大建材综合市场 |
| 10 | 中国西部模具城（重庆市） |
| 11 | 昆山市亿丰装饰机电城（苏州市） |
| 12 | 莱阳市盛隆建材批发市场（烟台市） |
| 13 | 莆田市黄石鞋服城（莆田市） |
| 14 | 北京益麒麟家居建材广场市场 |
| 15 | 新疆华凌工贸（集团）有限责任公司华凌市场（巴州） |
| 16 | 黑龙江先锋农业生产资料交易市场（哈尔滨市） |
| 17 | 晏城镇建材市场（德州市） |
| 18 | 温州浙南鞋料市场 |
| 19 | 温州浙江皮革市场 |
| 20 | 海安县东方建材大市场（南通市） |

## 3-16　前20家粮油市场

| 序号 | 市场名称 |
|---|---|
| 1 | 张家港保税区粮油交易市场有限公司（苏州市） |
| 2 | 临沂鲁南国际粮油市场 |
| 3 | 贵阳市谷丰粮油食品批发市场（贵阳市） |
| 4 | 杭州农副产品物流中心浙江食品市场 |
| 5 | 连云港农副产品批发市场 |
| 6 | 兴化市粮食交易市场（泰州市） |
| 7 | 东莞市常平粮油饲料批发市场 |
| 8 | 杭州粮油批发交易市场 |
| 9 | 大庆市粮食综合批发市场 |
| 10 | 天津市兴耀粮油食品批发市场 |
| 11 | 西安粮油批发交易市场 |
| 12 | 沈阳粮食批发市场 |
| 13 | 天津市粮油批发交易市场 |
| 14 | 郴州市七星大市场 |
| 15 | 扬州东方国际食品城 |
| 16 | 昆明骏骐干菜副食粮油批发市场 |
| 17 | 黄河商品交易市场（德州市） |
| 18 | 江苏无锡国家粮食储备库（无锡市） |
| 19 | 南京粮油交易市场 |
| 20 | 杭州农副产品物流中心粮油批发交易市场 |

## 3-17　前20家肉禽蛋市场

| 序号 | 市场名称 |
|---|---|
| 1 | 重庆万吨冷储物流交易中心 |
| 2 | 三联家禽市场（成都市） |
| 3 | 无锡天鹏菜篮子工程有限公司 |
| 4 | 杭州农副产品物流中心冷冻食品交易市场 |
| 5 | 邯郸市馆陶县金凤禽蛋农贸批发市场 |
| 6 | 江门市水产冻品副食市场 |
| 7 | 广西淡村商贸城有限公司（南宁市） |
| 8 | 广州市嘉禾禽畜交易服务中心 |
| 9 | 扬州朝苏农副畜产品冷冻食品批发市场 |
| 10 | 南昌肉类联合加工厂肉食品批发市场 |
| 11 | 清江冷链冷冻批发市场（南京市） |
| 12 | 佛山市南海创贸投资有限公司 |
| 13 | 宁波市肉禽蛋批发市场 |
| 14 | 沙依巴克村活畜交易市场（石河子市） |
| 15 | 杭州农副产品物流中心五和肉类交易市场 |
| 16 | 合肥徽商大地农副产品批发市场 |
| 17 | 佛山市南海五丰生猪交易市场 |
| 18 | 额敏县万通畜牧有限责任公司（塔城地区） |
| 19 | 张家港市第一集贸市场（苏州市） |
| 20 | 华凌畜牧产业基地（华凌畜产品市场）（乌鲁木齐市） |

## 3-18　前20家水产品市场

| 序号 | 市场名称 |
|---|---|
| 1 | 沈阳水产批发市场 |
| 2 | 福州海峡水产品交易市场 |
| 3 | 武汉白沙洲农副产品大市场 |
| 4 | 舟山水产品中心批发市场 |
| 5 | 北京大红门京深海鲜批发市场 |
| 6 | 四季水产物流港(郑州市) |
| 7 | 岚山鲜活水产城(日照市) |
| 8 | 山东济南维尔康肉类水产综合批发市场(济南市) |
| 9 | 上海东方国际水产中心市场 |
| 10 | 上海江阳水产品批发交易市场 |
| 11 | 湛江市霞山区水产品批发市场 |
| 12 | 杭州农副产品物流中心水产品交易市场 |
| 13 | 日照市岚山区安东卫海货城市场 |
| 14 | 广州黄沙水产交易市场 |
| 15 | 烟台九田国际水产品批发市场 |
| 16 | 西三街农副水产品市场(重庆市) |
| 17 | 长春东北亚物流农贸水产市场 |
| 18 | 浙江松门水产品批发市场(台州市) |
| 19 | 大连辽渔国际水产品市场 |
| 20 | 马王堆海鲜水产批发市场(长沙市) |

## 3-19　前20家蔬菜市场

| 序号 | 市场名称 |
|---|---|
| 1 | 长沙马王堆农产品股份有限公司 |
| 2 | 北京市新发地农产品股份有限公司 |
| 3 | 山东金乡大蒜国际交易市场(济宁市) |
| 4 | 江苏联谊农副产品批发市场(扬州市) |
| 5 | 济宁蔬菜批发市场 |
| 6 | 东宁县雨润绥阳木耳大市场(牡丹江市) |
| 7 | 金乡县鱼山农副产品批发市场(济宁市) |
| 8 | 新疆九鼎恒兴蔬菜批发市场(乌鲁木齐市) |
| 9 | 绵阳市高水农副产品批发有限公司 |
| 10 | 庆云县蔬菜水果批发市场(德州市) |
| 11 | 上海市江桥批发市场 |
| 12 | 寿光市农产品物流园有限公司(潍坊市) |
| 13 | 陈砦蔬菜批发市场(郑州市) |
| 14 | 嘉兴市蔬菜批发交易市场 |
| 15 | 南充川北农产品交易有限公司 |
| 16 | 咸阳新阳光西北农副产品交易中心 |
| 17 | 厦门闽南农副产品物流中心 |
| 18 | 东莞市虎门富民农副产品批发市场 |
| 19 | 临沂皇山农副产品批发市场 |
| 20 | 奎屯中兴商贸城(伊犁哈萨克自治州) |

## 3-20 前20家干鲜果品市场

| 序号 | 市场名称 |
|---|---|
| 1 | 北京新发地农副产品批发市场中心 |
| 2 | 沧州崔尔庄红枣批发市场 |
| 3 | 广州江南果菜批发市场 |
| 4 | 新发地农副产品批发市场（保定市） |
| 5 | 嘉兴水果市场 |
| 6 | 沈阳果品批发市场 |
| 7 | 新疆九鼎盛和果品批发市场（乌鲁木齐市） |
| 8 | 南通农副产品物流有限公司 |
| 9 | 滕州市杏花村干杂货市场（枣庄市） |
| 10 | 青岛东方鼎信国际农副产品交易中心 |
| 11 | 金华农产品批发市场 |
| 12 | 蓝特商业城（荆州市） |
| 13 | 珠海市铭海投资发展有限公司农副产品批发物流中心 |
| 14 | 昆明金马正昌第二果品市场 |
| 15 | 广西海吉星市场（南宁市） |
| 16 | 滕州市嘉誉市场（枣庄市） |
| 17 | 赣州市南北大市场 |
| 18 | 扬州市广陵区东花园副食品批发市场 |
| 19 | 东莞市果菜副食交易市场 |
| 20 | 镇江农副产品批发市场 |

## 3-21 15家棉麻土畜、烟叶市场

| 序号 | 市场名称 |
|---|---|
| 1 | 江苏湖塘纺织城（常州市） |
| 2 | 昌黎县佳朋皮毛交易市场（秦皇岛市） |
| 3 | 中国茧丝绸交易市场（嘉兴市） |
| 4 | 宁波市江北浙东轻纺城（宁波市） |
| 5 | 围场满族蒙古族自治县棋盘山大牲畜交易市场（承德市 |
| 6 | 扎兰屯市蒙东牲畜交易市场（呼伦贝尔市） |
| 7 | 凌源市三十家子大牲畜交易市场（朝阳市） |
| 8 | 无棣县西小王乡枣棉市场（滨州市） |
| 9 | 临泉县瓦店山羊交易市场（阜阳市） |
| 10 | 巨野县锦源棉花加工市场（菏泽市） |
| 11 | 海宁市西山皮革原辅料市场（嘉兴市） |
| 12 | 乌兰浩特市中野畜牧有限责任公司（兴安盟） |
| 13 | 平泉县六河源牲畜交易市场（承德市） |
| 14 | 阜宁县陈集镇苗猪交易市场（盐城市） |
| 15 | 喀左县白塔子镇余祥大牲畜交易市场（朝阳市） |

## 3-22 前20家其他农产品市场

| 序号 | 市场名称 |
|---|---|
| 1 | 河南万邦国际农产品物流股份有限公司（郑州市） |
| 2 | 苏州南环桥市场 |
| 3 | 萧山(浙江)新农都物流中心（杭州市） |
| 4 | 天津市金钟河蔬菜贸易中心 |
| 5 | 玉林宏进农副产品批发市场 |
| 6 | 贵阳地利农产品物流园有限公司 |
| 7 | 浙北农副产品交易中心（湖州市） |
| 8 | 上海浦南农副产品批发市场 |
| 9 | 温州菜篮子农副产品批发交易市场 |
| 10 | 甘肃省食品股份有限公司肉食水产批发市场（兰州市） |
| 11 | 众信农副产品批发交易市场（驻马店市） |
| 12 | 张家港市青草巷农副产品批发市场（苏州市） |
| 13 | 山东黑马集团有限公司农贸批发市场（德州市） |
| 14 | 绍兴市蔬菜果品批发交易市场 |
| 15 | 芜湖大地农副产品批发市场 |
| 16 | 重庆农副产品综合批发市场 |
| 17 | 吉安农产品批发市场（吉安市） |
| 18 | 即墨市农产品批发市场（青岛市） |
| 19 | 珠海市和平物流综合市场有限公司农产品批发市场 |
| 20 | 西安朱雀农副产品物流中心 |

## 3-23 前20家食品饮料市场

| 序号 | 市场名称 |
|---|---|
| 1 | 庆云县酒水副食市场(德州市) |
| 2 | 慈溪市周巷副食品批发市场(宁波市) |
| 3 | 青龙路市场(泰安市) |
| 4 | 临沂国际副食品市场 |
| 5 | 杭州江南食品市场 |
| 6 | 沈阳温州城商品交易市场 |
| 7 | 常州市金三角食品市场 |
| 8 | 商丘市白云副食批发市场 |
| 9 | 绥芬河伊戈尔商城 |
| 10 | 火车站日用品批发城(十堰市) |
| 11 | 邵阳市湘运大市场 |
| 12 | 永川区玉屏市场(重庆市) |
| 13 | 食品新城(襄阳市) |
| 14 | 常州茅山茶叶市场 |
| 15 | 山东东方圣都副食品批发市场(济宁市) |
| 16 | 仙桃市锦瑞路副食批发市场 |
| 17 | 驻马店市驿城区宏大副食批发市场 |
| 18 | 福建省长汀县市场发展总公司(龙岩市) |
| 19 | 深圳市宝安区公明综合市场 |
| 20 | 王氏商城(泸州市) |

## 3-24　前20家茶叶市场

| 序号 | 市场名称 |
|---|---|
| 1 | 浙江浙南茶叶市场有限公司（丽水市） |
| 2 | 新昌中国茶市（绍兴市） |
| 3 | 安徽江南第一茶市（芜湖市） |
| 4 | 济南博茗茶叶市场 |
| 5 | 宜昌三峡国际旅游茶城 |
| 6 | 淳安千岛湖茶叶市场（杭州市） |
| 7 | 安溪茶叶批发市场（泉州市） |
| 8 | 广州市穗芳东兴实业有限公司（广州市） |
| 9 | 昆明雄达茶文化城有限公司 |
| 10 | 南宁市佳禾市场投资开发有限公司－茶叶市场 |
| 11 | 茶叶市场（成都） |
| 12 | 湄潭县西南茶城（遵义市） |
| 13 | 南宁市佳禾市场投资开发有限公司－茉莉花市场 |
| 14 | 重庆恒康茶叶批发市场（重庆市） |
| 15 | 北京市京华沅茶叶市场 |
| 16 | 武义县茶城（金华市） |
| 17 | 浙江遂昌龙谷名茶市场（丽水市） |
| 18 | 中国北方茶城（沈阳市） |
| 19 | 东莞市鼎好市场 |
| 20 | 德州金华茶城 |

## 3-25　10家烟酒市场

| 序号 | 市场名称 |
|---|---|
| 1 | 宁波保税区进出口葡萄酒市场 |
| 2 | 即墨市东关副食品批发市场（青岛市） |
| 3 | 漕冲糖酒批发市场（合肥市） |
| 4 | 丹徒区宝堰集贸市场（镇江市） |
| 5 | 湘乡市烟酒副食大市场（湘潭市） |
| 6 | 东营区刘家副食品批发市场（东营市） |
| 7 | 临邑县副食品批发市场（德州市） |
| 8 | 长沙市红星糖酒批发大市场 |
| 9 | 鹰潭市干鲜果综合批发市场 |
| 10 | 龙山副食批发城（聊城市） |

## 3-26　前20家其他食品饮料烟酒市场

| 序号 | 市场名称 |
|---|---|
| 1 | 哈尔滨南极批发市场 |
| 2 | 义乌市副食品市场（金华市） |
| 3 | 贵阳海恒农副产品批发市场 |
| 4 | 常熟华东食品城（苏州市） |
| 5 | 天津韩家墅海吉星农产品物流有限公司 |
| 6 | 温州浙闽副食品商城 |
| 7 | 山东省潍坊青州市副食品批发市场 |
| 8 | 枝江市五柳树市场（宜昌市） |
| 9 | 宣州区九洲市场（宣城市） |
| 10 | 五一大市场（衡阳市） |
| 11 | 恒盛（菏泽）大市场（菏泽市） |
| 12 | 宁波市二号桥市场 |
| 13 | 福鼎市闽浙边贸商城（宁德市） |
| 14 | 齐河县晏城大集（德州市） |
| 15 | 南通资丰市场建设有限公司 |
| 16 | 新合作襄阳食品城 |
| 17 | 宁津县闫沙副食品批发市场（德州市） |
| 18 | 宜兴市金三角副食城（无锡市） |
| 19 | 桐乡市副食品批发市场（嘉兴市） |
| 20 | 东海县副食品批发市场（连云港市） |

## 3-27　前20家布料及纺织品市场

| 序号 | 市场名称 |
|---|---|
| 1 | 中国东方丝绸市场(苏州市) |
| 2 | 中国轻纺城(绍兴市) |
| 3 | 叠石桥国际家纺城有限公司(南通市) |
| 4 | 南通市通州区志浩综合市场 |
| 5 | 钱清中国轻纺原料城(绍兴市) |
| 6 | 广州市海珠区中大布匹市场(广州市) |
| 7 | 张家港保税区纺织原料市场(苏州市) |
| 8 | 绍兴越州轻纺工贸园区市场(绍兴市) |
| 9 | 广东西樵轻纺城(佛山市) |
| 10 | 浙江纺织采购博览城(杭州市) |
| 11 | 浙江大唐轻纺袜业城(绍兴市) |
| 12 | 嘉兴毛衫城(嘉兴市) |
| 13 | 嘉兴市南方丝绸市场(嘉兴市) |
| 14 | 海宁中国家纺装饰城(嘉兴市) |
| 15 | 清河县羊绒制品市场(邢台市) |
| 16 | 河北省邯郸市冀南针纺城 |
| 17 | 晋州市新世纪商城(石家庄市) |
| 18 | 潍坊星河国际轻纺城 |
| 19 | 温州商贸城 |
| 20 | 杭州汽车东站小商品市场 |

## 3-28 前20家服装市场

| 序号 | 市场名称 |
|---|---|
| 1 | 中国常熟服装城(苏州市) |
| 2 | 石家庄市新华集贸市场 |
| 3 | 桐乡市濮院羊毛衫市场(嘉兴市) |
| 4 | 即墨市服装批发市场(青岛市) |
| 5 | 昆明螺蛳湾国际商贸城一期市场 |
| 6 | 康复路交易广场(西安市) |
| 7 | 海宁中国皮革城(嘉兴市) |
| 8 | 路桥中国日用品商城(台州市) |
| 9 | 灯塔佟二堡海宁皮革城(辽阳市) |
| 10 | 四季青服装集团有限公司(杭州市) |
| 11 | 广州白马服装市场 |
| 12 | 杭州意法服饰城 |
| 13 | 石狮市服装城(泉州市) |
| 14 | 汉正街名牌服饰(武汉市) |
| 15 | 商丘市光彩大市场 |
| 16 | 遵义市红花岗区苟家井综合批发市场 |
| 17 | 临沂华丰服装城 |
| 18 | 安徽白马服装城(合肥市) |
| 19 | 陕西银邦经营管理有限公司(西安市) |
| 20 | 灯塔市香港时代广场(辽阳市) |

## 3-29 前20家鞋帽市场

| 序号 | 市场名称 |
|---|---|
| 1 | 丹尼尔商城（西安市） |
| 2 | 中国西南鞋材交易中心（重庆市） |
| 3 | 荔湾站西鞋城（广州市） |
| 4 | 商丘市梁园区梁园市场 |
| 5 | 桐乡市洲泉足佳鞋材市场（嘉兴市） |
| 6 | 鸦鸿桥河西村鞋市（唐山市） |
| 7 | 扬州市江都区苏中皮革商贸有限公司 |
| 8 | 临沂市鞋帽批发市场 |
| 9 | 锦绣国际商贸城（西安市） |
| 10 | 东方皮革商城（镇江市） |
| 11 | 山东齐鲁鞋城（济南市） |
| 12 | 菏泽市牡丹区牡丹商贸城 |
| 13 | 广州市华南鞋业百货城 |
| 14 | 台州横峰国际鞋材城 |
| 15 | 济南众鑫鞋城 |
| 16 | 即墨市蓝村皮鞋专业市场（青岛市） |
| 17 | 台州横峰鞋业市场 |
| 18 | 哈尔滨鞋类批发市场 |
| 19 | 沈阳南塔鞋城 |
| 20 | 温州国际鞋城 |

## 3-30 前20家其他纺织服装鞋帽市场

| 序号 | 市场名称 |
|---|---|
| 1 | 海城市西柳服装市场（鞍山市） |
| 2 | 沈阳五爱小商品批发市场 |
| 3 | 江苏宣武集团市场（徐州市） |
| 4 | 中国织里童装市场（湖州市） |
| 5 | 瑞安商城（温州市） |
| 6 | 中豪襄阳国际商贸城 |
| 7 | 重庆市万州商贸城 |
| 8 | 南阳市光彩大世界 |
| 9 | 赣州市龙都商城 |
| 10 | 常德市鼎城桥南市场 |
| 11 | 玛克威商厦服装鞋帽批发大市场（哈尔滨市） |
| 12 | 鸦鸿桥镇小商品城（唐山市） |
| 13 | 庆云县宝艺服装城（德州市） |
| 14 | 南京玉桥商业广场 |
| 15 | 安顺市小商品批发市场 |
| 16 | 新昌县羊毛衫兔毛市场（绍兴市） |
| 17 | 江苏九洲投资集团有限公司常州服装城分公司 |
| 18 | 龙口市服装百货市场（烟台市） |
| 19 | 溧阳市工商企业服务中心（常州市） |
| 20 | 达州市天成实业有限公司 |

## 3-31 前20家小商品市场

| 序号 | 市场名称 |
|---|---|
| 1 | 中国庆云小商品城现代批发市场（德州市） |
| 2 | 苏州市钱万里桥小商品市场 |
| 3 | 临沂小商品城 |
| 4 | 临沂教育用品采购基地 |
| 5 | 中国自行车零件城（邢台市） |
| 6 | 临沂劳保市场 |
| 7 | 常州市金三角小商品批发市场 |
| 8 | 永嘉县桥头钮扣市场（温州市） |
| 9 | 中国沈阳龙之梦小商品大世界 |
| 10 | 临沂沂隆市场 |
| 11 | 北京世纪天鼎商品交易市场 |
| 12 | 常州市九龙小商品批发市场 |
| 13 | 兴发广场（广州市） |
| 14 | 广州市万菱广场 |
| 15 | 广州市白云南方钟表城 |
| 16 | 广州眼镜城 |
| 17 | 广州市粤成市场 |
| 18 | 广州旺角钟表城 |
| 19 | 十堰韩国小商品城 |
| 20 | 广州一德（国际）玩具文具精品广场 |

## 3-32 前20家其他日用品及文化用品市场

| 序号 | 市场名称 |
|---|---|
| 1 | 上海外高桥钟表交易中心 |
| 2 | 武汉市科振经贸有限公司纸张油墨市场 |
| 3 | 武汉莱特纸张油墨市场 |
| 4 | 广州南方五金商贸城 |
| 5 | 临沂华东橡胶塑料市场 |
| 6 | 浙江缝配城（金华市） |
| 7 | 重庆中兴塑料市场 |
| 8 | 温州礼品城 |
| 9 | 广州沙溪国际酒店用品城 |
| 10 | 白云世界皮具贸易中心（广州市） |
| 11 | 浙江眼镜城（台州市） |
| 12 | 温州文化用品市场 |
| 13 | 临沂市大陆商业村 |
| 14 | 博山陶琉大观园国际商贸城（淄博市） |
| 15 | 重庆公路运输（集团）有限公司休闲娱乐品市场 |
| 16 | 台州国际塑料城 |
| 17 | 眼镜大世界（郑州市） |
| 18 | 淮安康业商务管理服务有限公司 |
| 19 | 沈阳华大实业总公司东北日杂市场 |
| 20 | 重庆泰兴E世界电子市场 |

## 3-33 前20家黄金、珠宝、玉器首饰市场

| 序号 | 市场名称 |
|---|---|
| 1 | 杭州国际珠宝城 |
| 2 | 诸暨华东国际珠宝城（绍兴市） |
| 3 | 中国宝石城（潍坊市） |
| 4 | 江苏东海水晶产业投资发展有限公司（连云港市） |
| 5 | 莆田妈祖工艺城开发有限公司 |
| 6 | 湖南黄金之城珠宝有限公司（长沙市） |
| 7 | 上塘珠宝交易市场（莆田市） |
| 8 | 福州特艺城 |
| 9 | 苏州渭塘珍珠市场 |
| 10 | 北京世纪万特国际珠宝市场 |
| 11 | 通辽市露天市场 |
| 12 | 阿拉善大漠奇石文化产业园（阿拉善盟） |
| 13 | 北京红桥市场 |
| 14 | 中国玉都玉器展销市场（揭阳市） |
| 15 | 广州市荔湾广场 |
| 16 | 四会市玉器市场（肇庆市） |
| 17 | 江西国际珠宝城（南昌） |
| 18 | 中原国际黄金珠宝交易中心（郑州市） |
| 19 | 岫岩满族自治县荷花玉器交易市场（鞍山市） |
| 20 | 鼓楼区保定珠宝城（福州市） |

## 3-34 前20家家电市场

| 序号 | 市场名称 |
|---|---|
| 1 | 安徽信地大市场（合肥市） |
| 2 | 临沂家电厨卫城 |
| 3 | 睢阳区港澳大世界（商丘市） |
| 4 | 怀化市河西家电城 |
| 5 | 洛阳聚客隆实业有限公司家电市场 |
| 6 | 永川区家电批发市场（重庆市） |
| 7 | 邵阳市日恒电器城 |
| 8 | 浙江省家电市场（杭州市） |
| 9 | 金华家电市场 |
| 10 | 南阳家电大世界 |
| 11 | 泰州市嘉城经济发展有限公司 |
| 12 | 温州家电市场 |
| 13 | 南昌长运商贸城 |
| 14 | 邵东县家电市场（邵阳市） |
| 15 | 中南灯具市场（德州市） |
| 16 | 菏泽市牡丹区中原商城 |
| 17 | 广州市越秀区海印电器总汇 |
| 18 | 家电大世界（商丘市） |
| 19 | 鼎城武陵镇德客隆新世纪家电城市场（常德市） |
| 20 | 鼎城区武陵镇桥南家电城（常德市） |

## 3-35 前20家通讯器材市场

| 序号 | 市场名称 |
|---|---|
| 1 | 重庆大坪百货有限责任公司新浪通通讯器材交易市场 |
| 2 | 华中通信广场（武汉市） |
| 3 | 西安海荣赛格电子市场 |
| 4 | 新疆中山国际手机交易市场（乌鲁木齐市） |
| 5 | 深圳市远望数码商城 |
| 6 | 呼和浩特市颐高数码市场（呼和浩特市） |
| 7 | 苏州赛格电子市场 |
| 8 | 华强电子世界（沈阳市） |
| 9 | 海龙电子城（石家庄市） |
| 10 | 长沙市宝新通信器材批发市场 |
| 11 | 茅箭区邮电街手机市场（十堰市） |
| 12 | 义乌通信市场（金华市） |
| 13 | 武陵3C批发市场（重庆市） |
| 14 | e时代电讯市场（长沙市） |
| 15 | 沈阳明亿物业服务有限公司 |
| 16 | 深圳市唐诚龙胜手机市场 |
| 17 | 杭州通信器材市场 |
| 18 | 振华手机市场（深圳市） |
| 19 | 黄石港区大学生创业园 |
| 20 | 海星手机市场（西安市） |

## 3-36 前20家计算机及辅助设备市场

| 序号 | 市场名称 |
|---|---|
| 1 | 西安赛格电脑城 |
| 2 | 河南科技园区管理委员会（郑州市） |
| 3 | 哈尔滨工程大学科技园发展有限公司船舶电子大世界 |
| 4 | 长沙国储电脑城 |
| 5 | 科贸电子城（北京市） |
| 6 | 福州大利嘉城电子市场 |
| 7 | 温岭国际数码城（台州市） |
| 8 | 青岛兴旺电子信息城 |
| 9 | 百脑汇数码科技广场（临沂市） |
| 10 | 临沂桃源科技广场 |
| 11 | 长沙鼎星投资咨询有限公司合峰电脑城 |
| 12 | 广西南宁电子科技广场 |
| 13 | 新疆百花村电脑城（乌鲁木齐市） |
| 14 | 延吉市中关村电子科技大厦（延边朝鲜族自治州） |
| 15 | 哈尔滨锦秀教化电子大世界 |
| 16 | 宁波市江东区颐高市场 |
| 17 | 杭州颐高数码科技市场 |
| 18 | 佰腾数码广场（重庆市） |
| 19 | 颐高数码广场（广州市） |
| 20 | 北京市硅谷电脑市场 |

## 3-37 10家其他电器、通讯器材、电子设备市场

| 序号 | 市场名称 |
|---|---|
| 1 | 台州电子数码城 |
| 2 | 汇川区罗庄电器市场（遵义市） |
| 3 | 重庆赛博迈特数码广场 |
| 4 | 重庆永缘汽车装饰市场 |
| 5 | 北京中发天交电子市场 |
| 6 | 怀化商城 |
| 7 | 北京中发天交电子市场 |
| 8 | 海南迪希商业城（海口市） |
| 9 | 永诚商厦（南阳市） |
| 10 | 乐清市鸿基数码广场（温州市） |

## 3-38 前20家中药材市场

| 序号 | 市场名称 |
|---|---|
| 1 | 成都国际商贸城 |
| 2 | 亳州市（中国）中药材交易中心 |
| 3 | 安国市东方药城交易大厅（保定市） |
| 4 | 樟树中药材专业市场（宜春市） |
| 5 | 玉林中药材专业市场 |
| 6 | 邵东县廉桥药都市场（邵阳市） |
| 7 | 禹州中药材市场（许昌市） |
| 8 | 集安市清河人参交易市场（通化市） |
| 9 | 东北土特产品交易中心（铁岭市） |
| 10 | 文山三七国际交易中心 |
| 11 | 康美（普宁）中药材专业市场（揭阳市） |
| 12 | 华东农贸综合市场（温州市） |
| 13 | 磐安县浙八味特产市场（金华市） |
| 14 | 太和县李兴镇中药材交易市场（阜阳市） |
| 15 | 山东省鄄城县舜王城中药材市场（菏泽市） |
| 16 | 靖州苗族侗族自治县茯苓大市场（怀化市） |
| 17 | 牛营子药材交易中心（赤峰市） |
| 18 | 柘荣县太子参市场开发中心（宁德市） |
| 19 | 上海维韩保健品市场 |
| 20 | 青海新千商务管理有限公司（西宁市） |

## 3-39 前20家家具市场

| 序号 | 市场名称 |
|---|---|
| 1 | 河北省香河家具城（廊坊市） |
| 2 | 东阳市花园红木家具城（金华市） |
| 3 | 重庆铠恩国际家居名都 |
| 4 | 江苏蠡口国际家具城（苏州市） |
| 5 | 浙江东阳中国木雕城（金华市） |
| 6 | 庆云县装饰材料城（德州市） |
| 7 | 南康家具博览中心（赣州市） |
| 8 | 南康泓泰家具市场（赣州市） |
| 9 | 河南中博股份有限公司（郑州市） |
| 10 | 南康家具中心市场（赣州市） |
| 11 | 盘锦市金地物业管理有限公司(汇美家饰) |
| 12 | 成都八益家具城 |
| 13 | 临沂汇海隆家居Mall |
| 14 | 中国古典工艺博览城（莆田市） |
| 15 | 东部全球家具采购中心（海安）有限公司（南通市） |
| 16 | 昆明华洋家居广场 |
| 17 | 凭祥市浦寨边民互市点（崇左市） |
| 18 | 重庆红星美凯龙世博家居生活广场 |
| 19 | 常州市红星装饰城 |
| 20 | 酒泉市东州家具商贸有限责任公司 |

## 3-40　前20家装饰材料市场

| 序号 | 市场名称 |
|---|---|
| 1 | 嘉兴市建材陶瓷市场 |
| 2 | 仙桃市恒迪建材市场 |
| 3 | 上饶市信州区江南商贸城 |
| 4 | 淄川建材城 |
| 5 | 佛山市华夏陶瓷博览城 |
| 6 | 芜湖市长江市场园 |
| 7 | 北京居然之家家居建材市场 |
| 8 | 扬州商城 |
| 9 | 无锡华厦家居港建材市场 |
| 10 | 长沙市马王堆陶瓷建材城恒广区 |
| 11 | 重庆马家岩大川建材市场 |
| 12 | 荣昌县汇宇建材家私市场（重庆市） |
| 13 | 华源大市场（衡阳市） |
| 14 | 佛山市石湾置业陶瓷批发市场 |
| 15 | 新凤朝装饰材料市场（衢州市） |
| 16 | 沭阳浙江商城管理有限公司（宿迁市） |
| 17 | 湖南万家丽家居建材市场（长沙市） |
| 18 | 江苏省宜兴建材装璜市场（无锡市） |
| 19 | 福州黎明建材市场 |
| 20 | 临沂百易家装饰城 |

## 3-41　16家灯具市场

| 序号 | 市场名称 |
|---|---|
| 1 | 常州市武进邹区灯具城 |
| 2 | 临沂灯具城 |
| 3 | 潼南县时代灯具市场（重庆市） |
| 4 | 灯具市场（衢州市） |
| 5 | 菜园坝城外城灯饰市场（重庆市） |
| 6 | 温州东方灯具市场 |
| 7 | 成都金府灯具城 |
| 8 | 沈阳张士灯具市场 |
| 9 | 南岸区南坪灯饰广场（重庆市） |
| 10 | 同泰灯具城（西安市） |
| 11 | 上海灯具城市场 |
| 12 | 青岛灯具市场 |
| 13 | 大连友谊灯饰批发市场 |
| 14 | 重庆建川实业（集团）有限公司 |
| 15 | 湖州市灯具大市场 |
| 16 | 山东灯具批发市场（济南市） |

## 3-42　前20家五金材料市场

| 序号 | 市场名称 |
|---|---|
| 1 | 浙江建华五金机电市场（杭州市） |
| 2 | 侨丰国际机电交易中心（襄阳） |
| 3 | 中国轴承大世界（邢台市） |
| 4 | 潍坊豪德贸易广场 |
| 5 | 浙江南方五金城（绍兴市） |
| 6 | 成都市金府五金机电交易市场 |
| 7 | 常熟国际汽配城（苏州市） |
| 8 | 临沂市五金市场 |
| 9 | 浙江温西工量刃具交易中心（台州市） |
| 10 | 滨州市新兴市场 |
| 11 | 东莞市迎海商贸城 |
| 12 | 江苏省扬州汽车运输集团公司福运门五金交电批发市场 |
| 13 | 喀什远方市场 |
| 14 | 无锡金桥商贸城市场 |
| 15 | 长沙市雨花区五金机电大市场 |
| 16 | 浙江时代电子市场（杭州市） |
| 17 | 怀化市河西建材市场 |
| 18 | 江西联信大市场（南昌市） |
| 19 | 台州市机电五金城 |
| 20 | 上海易智机电五金钢材市场 |

## 3-43　前20家其他装修市场

| 序号 | 市场名称 |
|---|---|
| 1 | 泰安市光彩大市场 |
| 2 | 常熟建筑装饰材料市场（苏州市） |
| 3 | 浙江石狮商贸城（绍兴市） |
| 4 | 胶东家具装饰材料批发市场（烟台市） |
| 5 | 富安居（国际）家具建材广场（南宁市） |
| 6 | 魏县天龙建筑建材批发市场（邯郸市） |
| 7 | 杭州陶瓷品市场 |
| 8 | 滁州国际商城 |
| 9 | 青海省北山市场装饰材料有限责任公司（西宁市） |
| 10 | 盐城高力国际家居港 |
| 11 | 青岛经济技术开发区福瀛装饰城 |
| 12 | 仓山区上渡林产品交易市场（福州市） |
| 13 | 苍南县嘉恒家居市场（温州市） |
| 14 | 德清莫干山卢球商贸中心（湖州市） |
| 15 | 中国家具城（沈阳市） |
| 16 | 温州国际商城（石河子市） |
| 17 | 南通东大商贸发展有限公司 |
| 18 | 平湖华都九龙广场（嘉兴市） |
| 19 | 兰州雁滩家具市场 |
| 20 | 富阳市金鑫建材家居广场（杭州市） |

## 3-44 前20家汽车市场

| 序号 | 市场名称 |
|---|---|
| 1 | 北京市旧机动车交易市场 |
| 2 | 杭州机动车交易市场 |
| 3 | 常州市武进汽车城 |
| 4 | 中南汽车世界大中南汽车贸易公司（长沙市） |
| 5 | 北京北辰亚运村汽车交易市场中心 |
| 6 | 天津空港北方汽车交易市场 |
| 7 | 杭州汽车城 |
| 8 | 长春北方汽贸城市场 |
| 9 | 上海市旧机动车交易市场 |
| 10 | 浙江方林二手车市场（台州市） |
| 11 | 浙江世纪汽车市场（杭州市） |
| 12 | 上海二手车交易市场 |
| 13 | 河南汽车贸易中心（郑州市） |
| 14 | 广物汽贸股份有限公司 |
| 15 | 嘉兴市汽车商贸园 |
| 16 | 华南汽车城（佛山市） |
| 17 | 长春汽车批发中心市场 |
| 18 | 惠州市江南汽车交易市场有限公司 |
| 19 | 安徽阜阳汽贸物流园建设指挥部 |
| 20 | 浙江方林汽车城（台州市） |

## 3-45 10家摩托车市场

| 序号 | 市场名称 |
|---|---|
| 1 | 重庆外滩摩托车配件交易市场 |
| 2 | 驻马店豪德贸易广场 |
| 3 | 安徽迅捷物流摩托车仓储批发市场（合肥市） |
| 4 | 大城县东阜市场（廊坊市） |
| 5 | 摩托车城（商丘市） |
| 6 | 浙江路桥摩托车交易中心（台州市） |
| 7 | 兰州东部机动车配件中心 |
| 8 | 宁乡县摩托汽配大市场（长沙市） |
| 9 | 柳州市锦环服务有限责任公司摩托车商城 |
| 10 | 株洲锦云摩配市场 |

## 3-46 前20家机动车零配件市场

| 序号 | 市场名称 |
|---|---|
| 1 | 中国（十堰）汽配城 |
| 2 | 杭州浙江汽配城 |
| 3 | 江津区和润汽摩市场（重庆市） |
| 4 | 临沂汽摩配城 |
| 5 | 北京城环城国际汽车配件城 |
| 6 | 山东济南重汽配件城 |
| 7 | 汽配城(中国)有限公司（徐州市） |
| 8 | 金华汽配城 |
| 9 | 东联汽车配件市场（石家庄市） |
| 10 | 江西省洪城汽配城（南昌市） |
| 11 | 杭州汽车城汽配市场 |
| 12 | 新疆恒汇机电城（乌鲁木齐市） |
| 13 | 河间市米各庄汽配城（沧州市） |
| 14 | 上海百联联合汽车交易市场 |
| 15 | 北京五方天雅汽配城 |
| 16 | 沈阳东北机动车配件市场 |
| 17 | 无锡市广益汽配城 |
| 18 | 江西省运通汽配市场（南昌市） |
| 19 | 西安市玉林汽配批发市场 |
| 20 | 盛大国际汽车用品广场（广州市） |

## 3-47 前20家花卉市场

| 序号 | 市场名称 |
|---|---|
| 1 | 常州市武进夏溪花木市场 |
| 2 | 浙江花木城（杭州市） |
| 3 | 昆明斗南国际花卉产业园区开发有限公司 |
| 4 | 如皋市花木大世界（南通市） |
| 5 | 郑州陈砦花卉市场 |
| 6 | 肥西花木城花卉交易市场（合肥市） |
| 7 | 江苏阿波罗花木市场（扬州市） |
| 8 | 凌源市花卉市场（朝阳市） |
| 9 | 青州市黄楼镇万红花卉交易大厅（潍坊市） |
| 10 | 广州市岭南花卉市场 |
| 11 | 鄢陵县花木交易市场（许昌市） |
| 12 | 承德万泉花卉市场 |
| 13 | 温岭市花鸟市场（台州市） |
| 14 | 长沙红星花卉大市场 |
| 15 | 新疆明珠花卉市场（乌鲁木齐市） |
| 16 | 临沂鲁南花卉城 |
| 17 | 合肥裕丰花鸟虫鱼市场 |
| 18 | 北京九州卉通花卉市场 |
| 19 | 天津市北方花卉市场 |
| 20 | 上海双季花卉园艺市场 |

## 3-48　12家旧货市场

| 序号 | 市场名称 |
|---|---|
| 1 | 温岭市泽国第二旧机床交易中心（台州市） |
| 2 | 绍兴旧货市场 |
| 3 | 北京潘家园旧货市场 |
| 4 | 嘉兴物资调剂市场 |
| 5 | 宁波市北仑区甬港废旧物资交易市场 |
| 6 | 江西省旧货大市场（南昌市） |
| 7 | 江苏省物联苏北废旧金属调剂有限公司（扬州市） |
| 8 | 慈溪市旧货交易市场（宁波市） |
| 9 | 台州市雄鹰旧货交易中心 |
| 10 | 庆云县旧货市场（德州市） |
| 11 | 漳州收藏文化城（漳州市） |
| 12 | 郑州古玩城 |

## 3-49　前20家其他专业市场

| 序号 | 市场名称 |
|---|---|
| 1 | 张家港保税区进口消费品市场（苏州市） |
| 2 | 肃宁县皮毛交易市场（沧州市） |
| 3 | 郑州信基调味品城 |
| 4 | 通辽市成峰牲畜交易市场 |
| 5 | 丹阳国际眼镜城（镇江市） |
| 6 | 张北县张库牲畜交易有限公司（张家口市） |
| 7 | 阜南黄岗镇柳编大市场（阜阳市） |
| 8 | 科左后旗科尔沁黄牛市场（通辽市） |
| 9 | 扎赉特旗石头城子牲畜交易市场（兴安盟） |
| 10 | 兰山区华东酒店用品市场（临沂市） |
| 11 | 丰县环宇电动车城（徐州市） |
| 12 | 沈阳张士农副产品股份有限公司 |
| 13 | 阿鲁科尔沁旗牲畜交易市场（赤峰市） |
| 14 | 金华澧浦苗木城有限公司 |
| 15 | 绍兴市东浦废丝市场 |
| 16 | 林西县锦绣大地活畜交易市场（赤峰市） |
| 17 | 郑州桑园兽药饲料批发市场 |
| 18 | 辽宁绿源黄牛交易市场（锦州市） |
| 19 | 景德镇市香江商贸有限公司 |
| 20 | 太和县马集乡人发马尾交易市（阜阳市） |

# 3-50 东部地区前100家商品交易市场

| 序号 | 市场名称 | 序号 | 市场名称 |
|---|---|---|---|
| 1 | 上海物贸有色金属交易市场 | 51 | 福州海峡水产品交易市场 |
| 2 | 张家港玖隆物流园企业管理有限公司（苏州市） | 52 | 北京锦绣大地农副产品批发市场 |
| 3 | 中国常熟服装城（苏州市） | 53 | 青岛市城阳蔬菜水产品批发市场 |
| 4 | 浙江省义乌市中国小商品城（金华市） | 54 | 即墨市服装批发市场（青岛市） |
| 5 | 白沟新城市场（保定市） | 55 | 张家港保税区粮油交易市场（苏州市） |
| 6 | 中国东方丝绸市场（苏州市） | 56 | 北京市新发地农产品股份有限公司 |
| 7 | 中国轻纺城（绍兴市） | 57 | 中国织里童装市场（湖州市） |
| 8 | 宁波镇海大宗生产资料交易中心 | 58 | 东阳市花园红木家具城（金华市） |
| 9 | 江阴长江港口物流园区交易中心（无锡市） | 59 | 烟台市三站市场 |
| 10 | 张家港保税区化工品交易中心（苏州市） | 60 | 东莞市大京九塑胶原料市场 |
| 11 | 北京新发地农副产品批发市场中心 | 61 | 常州市武进夏溪花木市场 |
| 12 | 上海石协石化市场经营管理公司 | 62 | 杭州机动车交易市场 |
| 13 | 齐鲁国际塑化城（淄博市） | 63 | 广东西樵轻纺城（佛山市） |
| 14 | 叠石桥国际家纺城（南通市） | 64 | 浙江纺织采购博览城（杭州市） |
| 15 | 余姚市中国塑料城（宁波市） | 65 | 碑廓木材市场（日照市） |
| 16 | 江苏华东石化物资交易市场（无锡市） | 66 | 天津港交易市场 |
| 17 | 南通市通州区志浩综合市场 | 67 | 常州市武进汽车城（常州市） |
| 18 | 钱清中国轻纺原料城（绍兴市） | 68 | 宁波镇海液体化工产品交易市场 |
| 19 | 北京市旧机动车交易市场 | 69 | 北京北辰亚运村汽车交易市场中心 |
| 20 | 南京众彩农副产品批发市场 | 70 | 张家港保税区进口消费品市场（苏州市） |
| 21 | 石家庄市新华集贸市场 | 71 | 宁波华东物资城 |
| 22 | 中国兴福国际钢贸城（滨州市） | 72 | 常州钢材现货交易市场 |
| 23 | 浙江中国科技五金城（金华市） | 73 | 天津空港北方汽车交易市场 |
| 24 | 广州市海珠区中大布匹市场 | 74 | 北京盛华宏林粮油批发市场 |
| 25 | 沧州崔尔庄红枣批发市场 | 75 | 天津王顶堤批发市场 |
| 26 | 桐乡市濮院羊毛衫市场（嘉兴市） | 76 | 萧山(浙江)新农都物流中心（杭州市） |
| 27 | 南三条市场（石家庄市） | 77 | 杭州国际珠宝城 |
| 28 | 山东泰山钢材大市场（泰安市） | 78 | 聊城香江光彩大市场 |
| 29 | 张家港保税区纺织原料市场（苏州市） | 79 | 江苏长江塑料化工交易市场（常州市） |
| 30 | 江苏凌家塘市场（常州市） | 80 | 宿迁经济开发区宿迁义乌商贸城 |
| 31 | 绍兴越州轻纺工贸园区市场 | 81 | 南通农副产品物流有限公司 |
| 32 | 北京大洋路农副产品市场 | 82 | 无锡天鹏菜篮子工程有限公司 |
| 33 | 河北省香河家具城（廊坊市） | 83 | 海宁中国皮革城（嘉兴市） |
| 34 | 江苏东方钢材城（无锡市） | 84 | 肃宁县皮毛交易市场（沧州市） |
| 35 | 杭州萧山商业城 | 85 | 北京农产品中央批发市场 |
| 36 | 无锡招商城市场 | 86 | 山东金乡大蒜国际交易市场（济宁市） |
| 37 | 江苏宣武集团市场（徐州市） | 87 | 无锡不锈钢市场 |
| 38 | 广州江南果菜批发市场 | 88 | 杭州汽车城 |
| 39 | 江阴市金属材料市场（无锡市） | 89 | 北京顺鑫石门农产品批发市场 |
| 40 | 无锡市国联金属材料市场 | 90 | 浙江大唐轻纺袜业城（绍兴市） |
| 41 | 江苏湖塘纺织城（常州市） | 91 | 北京京丰岳各庄农副产品批发市场中心 |
| 42 | 东莞市信立农副产品批发中心 | 92 | 临沂市万宝钢材市场 |
| 43 | 惠龙港国际钢铁物流股份有限公司（镇江市） | 93 | 常州淮都金属城 |
| 44 | 上海外高桥钟表交易中心 | 94 | 即墨小商品城（青岛市） |
| 45 | 苏州南环桥市场 | 95 | 舟山水产品中心批发市场 |
| 46 | 新发地农副产品批发市场（保定市） | 96 | 华南国际工业原料城(深圳)有限公司 |
| 47 | 嘉兴水果市场 | 97 | 临沂鲁南国际粮油市场 |
| 48 | 安国市东方药城交易大厅（保定市） | 98 | 江苏八里钢铁市场（徐州市） |
| 49 | 海吉星农产品批发市场（深圳市） | 99 | 江苏联谊农副产品批发市场（扬州市） |
| 50 | 无锡南方不锈钢市场 | 100 | 济宁蔬菜批发市场 |

# 3-51 东北地区前100家商品交易市场

| 序号 | 市场名称 | 序号 | 市场名称 |
|---|---|---|---|
| 1 | 海城市西柳服装市场(鞍山市) | 51 | 阜新市瑞轩蔬菜农副产品综合批发市场 |
| 2 | 大连石油交易所 | 52 | 东港市黄海大市场（丹东市） |
| 3 | 沈阳五爱小商品批发市场 | 53 | 沈阳北大营海鲜市场 |
| 4 | 大连双兴商品城 | 54 | 长春中东大市场 |
| 5 | 沈阳水产批发市场 | 55 | 沈阳东北机动车配件市场 |
| 6 | 沈阳果品批发市场 | 56 | 辽中县茨榆坨镇轻工市场（沈阳市） |
| 7 | 松北区润恒农副产品大市场(哈尔滨市) | 57 | 北方钢铁交易市场（鞍山市） |
| 8 | 长春北方汽贸城市场 | 58 | 沈阳浩松陶瓷市场 |
| 9 | 哈尔滨哈达农副产品股份有限公司 | 59 | 牡丹江牡达农副产品有限公司 |
| 10 | 东宁县雨润绥阳木耳大市场(牡丹江市) | 60 | 沈阳张士农副产品股份有限公司 |
| 11 | 长春汽车批发中心市场 | 61 | 绥芬河市青云经贸有限公司青云市场（牡丹江市） |
| 12 | 哈尔滨南极批发市场 | 62 | 大连东方投资置业有限公司 |
| 13 | 中国铁路物资哈尔滨钢材大市场 | 63 | 玉皇商城装饰城（葫芦岛市） |
| 14 | 大连汽车国际博览中心 | 64 | 哈尔滨古铁市场 |
| 15 | 海城市南台箱包市场(鞍山市) | 65 | 吉林远东实业集团有限公司（长春市） |
| 16 | 沈阳钢材中心批发市场 | 66 | 中国沈阳龙之梦小商品大世界 |
| 17 | 灯塔佟二堡海宁皮革城(辽阳市) | 67 | 鞍山宝润二手机动车交易市场 |
| 18 | 大连旧机动车交易市场 | 68 | 凌源市花卉市场物业服务中心（朝阳市） |
| 19 | 长春东北亚物流农贸水产市场 | 69 | 吉林市果品批发市场 |
| 20 | 沈阳沈都钢材市场 | 70 | 沈阳红旗台石材超市 |
| 21 | 禧龙建筑装饰材料大市场(哈尔滨市) | 71 | 长春市长运集团有限责任公司 |
| 22 | 大连辽渔国际水产品市场 | 72 | 齐齐哈尔市百花园市场 |
| 23 | 大连奥林匹克电子城 | 73 | 沈阳东北装饰城 |
| 24 | 亿丰（大连）汽车城 | 74 | 大连棉麻有限公司果菜批发市场 |
| 25 | 灯塔市香港时代广场(辽阳市) | 75 | 哈尔滨呼兰双来中心市场 |
| 26 | 齐齐哈尔市哈达农果品副产品综合市场 | 76 | 绥芬河伊戈尔商城有限公司（绥芬河市） |
| 27 | 塔湾北行农贸市场(沈阳市) | 77 | 红博商贸城（哈尔滨市） |
| 28 | 大庆市粮食综合批发市场 | 78 | 鞍山市新兴商贸集团有限责任公司 |
| 29 | 沈阳二手车交易市场 | 79 | 抚顺市中顺农副产品批发交易市场 |
| 30 | 大商集团股份有限公司贸易大世界(大连市) | 80 | 黑龙江先锋农业生产资料交易市场（哈尔滨市） |
| 31 | 大连开发区农副产品批发市场 | 81 | 哈尔滨友谊海鲜批发市场 |
| 32 | 沈阳粮食批发市场 | 82 | 大庆市农副产品综合批发大市场 |
| 33 | 沈阳新塔湾旧机动车交易中心 | 83 | 宝清县紫香白瓜籽交易市场（双鸭山市） |
| 34 | 集安市清河人参交易市场(通化市) | 84 | 盘锦市兴隆台区环球电子商贸中心 |
| 35 | 沈阳盛发菜果批发有限公司 | 85 | 齐齐哈尔市新开路工业品综合市场 |
| 36 | 锦州市辽西小商品批发市场 | 86 | 吉林市淞北粮油批发市场（吉林市） |
| 37 | 盘锦市金地物业管理有限公司(汇美家饰) | 87 | 哈尔滨二三五处钢材市场 |
| 38 | 玛克威商厦服装鞋帽批发大市场（哈尔滨市） | 88 | 辽源市仙城物流园区 |
| 39 | 大连钢材现货交易市场 | 89 | 延吉市新兴分局西市场（延边朝鲜族自治州） |
| 40 | 大连金玛商城 | 90 | 延吉万源农副产品批发市场（延边朝鲜族自治州） |
| 41 | 鞍山市钢材现货市场 | 91 | 白山市兴泰批发市场 |
| 42 | 东港黄海水产品市场(丹东) | 92 | 中国家具城（沈阳市） |
| 43 | 大商集团有限公司昌临休闲购物广场(大连市) | 93 | 东昌区综合大市场（通化市） |
| 44 | 哈尔滨工程大学科技园发展有限公司船舶电子大世界 | 94 | 黑山县消费品综合市场（锦州市） |
| 45 | 宽甸北方山奇农产品交易市场(丹东市) | 95 | 延边北大建筑材料批发市场（延边朝鲜族自治州） |
| 46 | 沈阳温州城商品交易市场 | 96 | 上海红星美凯龙品牌管理有限公司大连华南家居生活 |
| 47 | 东北土特产品交易中心(铁岭市) | 97 | 大连机电五金批发市场 |
| 48 | 沈阳康平大市场 | 98 | 普兰店市锦龙商贸有限公司（大连市） |
| 49 | 大连熟食品交易中心 | 99 | 营口市东升市场 |
| 50 | 二台子钢材交易市场(鞍山市) | 100 | 黑龙江四达农副产品有限公司（双鸭山市） |

# 3-52 中部地区前100家商品交易市场

| 序号 | 市场名称 | 序号 | 市场名称 |
|---|---|---|---|
| 1 | 河南万邦国际农产品物流股份有限公司(郑州市) | 51 | 中国芜湖商品交易博览城 |
| 2 | 湖南钢材大市场(长沙市) | 52 | 众信农副产品批发交易市场(驻马店市) |
| 3 | 湖南高桥大市场(长沙市) | 53 | 九江市京九农副产品中心批发市场 |
| 4 | 盐湖区禹都市场(运城市) | 54 | 陈砦蔬菜批发市场(郑州市) |
| 5 | 安徽省徽商钢材市场(合肥市) | 55 | 竹叶山汽车市场(武汉市) |
| 6 | 商丘市农产品中心批发市场 | 56 | 汉正街名牌服饰(武汉市) |
| 7 | 南昌市洪城大市场 | 57 | 芜湖市长江市场园 |
| 8 | 长沙市红星实业集团有限公司农副产品大市场 | 58 | 商丘市光彩大市场 |
| 9 | 长沙马王堆农产品股份有限公司 | 59 | 芜湖大地农副产品批发市场 |
| 10 | 亳州市（中国）中药材交易中心 | 60 | 皖西北商贸城(阜阳市) |
| 11 | 湖南省三湘南湖大市场(长沙市) | 61 | 马王堆海鲜水产批发市场(长沙市) |
| 12 | 合肥周谷堆大兴农产品国际物流园有限责任公司 | 62 | 吉安农产品批发市场 |
| 13 | 长葛市新区钢材市场(许昌市) | 63 | 湖北天润投资集团有限公司(襄阳市) |
| 14 | 洛阳市洛龙区关林市场 | 64 | 安徽白马服装城(合肥市) |
| 15 | 安庆市光彩大市场 | 65 | 湖北汉口四季美农贸市场(武汉市) |
| 16 | 武汉白沙洲农副产品大市场 | 66 | 邵东县工业品市场(邵阳市) |
| 17 | 南昌深圳农产品中心批发市场 | 67 | 孝感市南大批发市场 |
| 18 | 中南汽车世界大中南汽车贸易公司(长沙市) | 68 | 南昌水产品综合交易批发市场 |
| 19 | 中国（十堰）汽配城 | 69 | 马鞍山市安民农副产品批发交易中心(马鞍山市) |
| 20 | 赣南贸易广场(赣州市) | 70 | 临汾市尧都区奶牛场尧丰农产品批发市场 |
| 21 | 武汉市琴台钢材市场 | 71 | 禹州中药材市场(许昌市) |
| 22 | 周口市黄淮物流港农产品批发市场 | 72 | 银基商贸城有限公司(郑州市) |
| 23 | 四季水产物流港(郑州市) | 73 | 南昌肉类联合加工厂肉食品批发市场 |
| 24 | 安徽信地大市场(合肥市) | 74 | 南康家具博览中心(赣州市) |
| 25 | 蚌埠市光彩市场 | 75 | 南康泓泰家具市场(赣州市) |
| 26 | 监利县天府庙大市场(荆州市) | 76 | 湖南黄金之城珠宝有限公司(长沙市) |
| 27 | 蓝特商业城(荆州市) | 77 | 株洲市中南金属物流大市场 |
| 28 | 长葛市九鼎美达建材市场(许昌市) | 78 | 马鞍山三和仓储配送有限公司钢材市场 |
| 29 | 湖北北盟投资集团有限公司(襄阳市) | 79 | 九江果品批发交易大市场 |
| 30 | 浠水县市场开发服务中心(黄冈市) | 80 | 濉溪县中瑞农副产品有限责任公司(淮北市) |
| 31 | 郑州信基调味品城 | 81 | 中国矿业设备博览城(淮北市) |
| 32 | 河南汽车贸易中心(郑州市) | 82 | 武汉市科振经贸有限公司纸张油墨市场 |
| 33 | 樟树中药材专业市场(宜春市) | 83 | 湖南洞庭渔都水产批发市场(岳阳市) |
| 34 | 安徽阜阳汽贸物流园建设指挥部 | 84 | 河南科技园区管理委员会(郑州市) |
| 35 | 仙桃市恒迪建材市场 | 85 | 阜阳市瑶海农产品市场 |
| 36 | 蚌埠中恒义乌国际商贸城 | 86 | 郑州毛庄农产品批发市场 |
| 37 | 宜春市赣西农副新产品批发市场 | 87 | 安徽金太阳装饰城(滁州市) |
| 38 | 上饶市信州区江南商贸城 | 88 | 澧县八百里洞庭水产市场(常德市) |
| 39 | 南阳龙升物流枢纽中心银海钢材市场 | 89 | 商丘市梁园区梁园市场 |
| 40 | 侨丰国际机电交易中心(襄阳) | 90 | 南阳市光彩大世界 |
| 41 | 安徽省广德县农贸市场(宣城市) | 91 | 新乡市宇鑫农贸有限公司 |
| 42 | 蚌埠海吉星农产品物流有限公司 | 92 | 河南中博股份有限公司(郑州市) |
| 43 | 阜阳临沂商城 | 93 | 太原市河西农产品有限公司 |
| 44 | 河南葛天金属材料交易市场(许昌市) | 94 | 南康家具中心市场(赣州市) |
| 45 | 安徽省广德县太极商城(宣城市) | 95 | 赣州市龙都商城 |
| 46 | 邵东县廉桥药都市场(邵阳市) | 96 | 宜昌金东山市场有限公司 |
| 47 | 赣州市南北大市场 | 97 | 武汉市舵落口大市场 |
| 48 | 中豪襄阳国际商贸城 | 98 | 鹰潭市杏园市场 |
| 49 | 肥东县裕隆市场建设投资有限公司(合肥市) | 99 | 常德市鼎城桥南市场 |
| 50 | 中储801仓库钢材市场(洛阳市) | 100 | 郑州陈砦花卉市场 |

# 3-53 西部地区前100家商品交易市场

| 序号 | 市场名称 | 序号 | 市场名称 |
|---|---|---|---|
| 1 | 新疆宝新恒源钢材物流园(乌鲁木齐市) | 51 | 遵义市红花岗区苟家井综合批发市场 |
| 2 | 成都濛阳农副产品综合批发交易市场 | 52 | 新疆通汇市场有限公司(乌鲁木齐市) |
| 3 | 成都市量力钢材物流有限公司 | 53 | 重庆农副产品综合批发市场 |
| 4 | 朝天门市场(重庆市) | 54 | 贵阳海恒农副产品批发市场 |
| 5 | 成都国际商贸城 | 55 | 南宁市桂果香果品有限公司五里亭蔬菜批发市场 |
| 6 | 贵阳西南国际商贸城 | 56 | 乌兰浩特市融佳建材市场有限责任公司(兴安盟) |
| 7 | 新联农副产品综合市场(乌鲁木齐) | 57 | 重庆马家岩板材批发市场 |
| 8 | 江津区双福国际农贸城(重庆市) | 58 | 重庆渝州交易城 |
| 9 | 重庆万吨冷储物流交易中心 | 59 | 重庆市万州商贸城 |
| 10 | 成都农产品中心批发市场 | 60 | 大足区龙水花市街市场(重庆市) |
| 11 | 新疆九鼎盛和果品批发市场(乌鲁木齐市) | 61 | 中宁县国际枸杞交易中心(中卫市) |
| 12 | 三联家禽市场(成都市) | 62 | 南宁市荣宝龙钢材市场有限公司 |
| 13 | 昆明螺蛳湾国际商贸城一期市场 | 63 | 新阳光农贸市场(咸阳市) |
| 14 | 康复路交易广场(西安市) | 64 | 咸阳新阳光西北农副产品交易中心 |
| 15 | 丹尼尔商城(西安市) | 65 | 兰州瑞德摩尔城市购物广场 |
| 16 | 江津区攀宝钢材市场(重庆市) | 66 | 西安雨润农产品全球采购有限公司 |
| 17 | 重庆巨龙钢材市场 | 67 | 成都市海霸王冷藏物流交易市场 |
| 18 | 中国西南鞋材交易中心(重庆市) | 68 | 昆明斗南国际花卉产业园区开发有限公司 |
| 19 | 新疆华凌工贸集团有限公司华凌综合市场(乌鲁木齐市) | 69 | 重庆市万州区小天鹅批发市场 |
| 20 | 南宁市虎邱城北钢材市场有限公司 | 70 | 宜宾市翠屏区江北农产品批发市场 |
| 21 | 重庆市永川区商贸城 | 71 | 奎屯中兴商贸城(伊犁哈萨克自治州) |
| 22 | 重庆铠恩国际家居名都 | 72 | 涪陵区新大兴农副产品交易中心 |
| 23 | 玉林宏进农副产品批发市场 | 73 | 永宁县望远现代金属物流园(银川市) |
| 24 | 贵阳市谷丰粮油食品批发市场 | 74 | 重庆市渝南汽车交易市场 |
| 25 | 龙文钢材市场(重庆市) | 75 | 乌鲁木齐北园春（集团）有限责任公司北园春市场 |
| 26 | 绿云石都建材交易城(重庆市) | 76 | 北三环大明宫建材家居市场(西安市) |
| 27 | 玉林中药材专业市场 | 77 | 桂林五里店果蔬批发市场 |
| 28 | 新疆九鼎恒兴蔬菜批发市场(乌鲁木齐市) | 78 | 成都万贯五金机电市场 |
| 29 | 呼和浩特美通商贸有限公司 | 79 | 广西淡村商贸城有限公司(南宁市) |
| 30 | 绵阳市高水农副产品批发有限公司 | 80 | 贵州凯利德市场管理有限公司(贵阳市) |
| 31 | 贵阳地利农产品物流园有限公司 | 81 | 陕西银邦经营管理有限公司(西安市) |
| 32 | 大足区龙水五金市场(重庆市) | 82 | 宁夏四季鲜果品蔬菜批发市场(银川市) |
| 33 | 通辽市成峰牲畜交易市场 | 83 | 西安朱雀农副产品物流中心 |
| 34 | 成都富森美家居置业有限公司 | 84 | 达州市复兴市场 |
| 35 | 昆明金马正昌第二果品市场 | 85 | 成都市金府五金机电交易市场 |
| 36 | 新疆赛博特国际汽车城有限公司(乌鲁木齐市) | 86 | 绵阳毅德商贸城 |
| 37 | 贵州合朋二手车市场交易有限公司(贵阳市) | 87 | 新疆兵团农二师鑫金三角综合交易市场(巴音郭楞蒙古自治州) |
| 38 | 广西海吉星市场(南宁市) | 88 | 西安赛格电脑城 |
| 39 | 江津区和润汽摩市场(重庆市) | 89 | 通辽市团结路贸易区 |
| 40 | 重庆驰盛汽车城 | 90 | 遵义绿色产品交易中心 |
| 41 | 中国龙水五金旅游城(重庆市) | 91 | 云南龙城农产品经营股份有限公司(昆明市) |
| 42 | 新疆华凌建材出口基地(乌鲁木齐市) | 92 | 昆明螺蛳湾国际商贸城二期市场 |
| 43 | 西三街农副水产品市场(重庆市) | 93 | 新世界建材市场(重庆市) |
| 44 | 四川好一新商贸城有限公司(达州市) | 94 | 陕西省生产资料第一交易市场(西安市) |
| 45 | 甘肃省食品股份有限公司肉食水产批发市场(兰州市) | 95 | 成都荷花池大成市场 |
| 46 | 恒胜钢材市场(重庆市) | 96 | 西宁农商投资建设开发管理有限公司 |
| 47 | 新疆亚中机电市场(乌鲁木齐市) | 97 | 阿克苏市华能市场 |
| 48 | 南充川北农产品交易有限公司 | 98 | 沙依巴克村活畜交易市场(石河子市) |
| 49 | 中国西部金属交易城(重庆市) | 99 | 万州区宏远批发市场(重庆市) |
| 50 | 石河子农产品交易中心 | 100 | 柳州商港市场 |

# 附录　主要统计指标解释

# 附录：主要统计指标解释

## 一、主要统计指标及市场分类

**亿元以上商品交易市场**：指年成交额在亿元及以上的商品交易市场。商品交易市场是指经有关部门和组织批准设立，有固定场所、设施，有经营管理部门和监管人员，若干市场经营者入内，常年或实际开业三个月以上，集中、公开、独立地进行生活消费品、生产资料等现货商品交易以及提供相关服务的交易场所，包括各类消费品市场、生产资料市场等。

**营业状态**：按照市场营业时间的连续性分为常年营业、季节性营业和其它等三种状态。常年营业指不受季节、时间等因素的影响，全年均营业的市场；季节性营业市场指受季节因素影响，全年间断营业的市场，如旅游旺季营业的交易市场等；其它市场指上述以外的其它营业状态的交易市场。

**经营方式**：指市场直接从事商品流通的买卖形式，包括批发和零售两种方式。批发市场指专门从事批发业务活动或以批发业务为主的交易市场。零售市场指专门从事零售业务的活动，并直接向城乡居民销售日用消费品、农产品的市场，或以零售业务为主，同时兼批发业务的交易市场。

**经营环境**：指各市场经营场所具备的基本条件，分露天式、封闭式和其它。露天式市场指市场摊位完全在室外，或70%以上的摊位在室外，包括柜台式市场及无设施市场；封闭式市场指市场摊位完全在室内（包括平房和楼房）；其它市场指上述以外的其它经营环境的交易市场。

**年末出租摊位数**：指该市场年末实际出租的摊位数。

**成交额**：指该市场所有摊位的全年商品交易额之合计。

**市场类别**：指根据商品交易市场经营商品类别进行分类，包括综合市场和专业市场两大类。

**综合市场**：指经营生产资料、工业消费品、农产品等多种商品的综合性现货商品交易市场。

**综合贸易市场**：分为生产资料综合市场、工业消费品综合市场、农产品综合市场及其它综合市场。

**—生产资料综合市场**：指经营两类或两类以上生产资料的交易市场，包括工业生产资料交易市场、农业生产资料交易市场，交易对象主要是生产经营者，市场内摊位成交额主要集中在生产资料商品。

**—工业消费品综合市场**：指经营两类及两类以上工业消费品的交易市场，交易对象主要是商品使用者和消费者，市场内摊位主要经营食品、服装、日用品等商品。

**—农产品综合市场**：指经营两类及两类以上农产品的交易市场，交易对象主要是商品使用者和消费者。

**—其它综合市场**：以上未列明综合性现货商品交易市场。如果市场中农产品和工业品混杂经营，成交额难以分清主次的，市场类别应为其它综合市场。

**专业市场**：指主要进行某一领域商品的交易活动的现货市场。根据所经营的商品类别，分为12类专业市场。专业市场类别应根据摊位交易情况确定，即经营某类商品的摊位成交额超过总成交额的60%，市场则确定为相应的专业市场。

（1）**生产资料市场**：主要经营某类生产资料的交易市场。

**—农业生产用具市场**：经营半机械化农机具及其配件、中小农具、园艺工具等为主。

**—农用生产资料市场**：经营农用生产资料为主，如农药、化肥、农膜、农用温室玻璃、园艺工具等。

**—煤炭市场**：经营煤炭及制品为主。

**—木材市场**：经营木、竹采伐产品和木材、竹非生活制品为主。

**—建材市场**：经营建筑材料、保温材料、玻璃制品等建筑施工用材为主，主要面向建筑设施的施工企业。

**—化工材料及制品市场：**经营生产经营用化工材料及制品为主。

**—金属材料市场：**经营各种黑色金属材料和有色金属材料为主。

**—机械电子设备市场：**经营机械设备、电子产品和仪器为主，面向生产经营单位。

**—其它生产资料市场：**以上未列明的生产资料专业市场。

**（2）农产品市场：**指主要经营某一类农产品的交易市场。

**—粮油市场：**经营谷物、大豆、玉米、食用油为主。

**—肉禽蛋市场：**经营肉禽蛋为主。

**—水产品市场：**经营水产品为主。

**—蔬菜市场：**经营蔬菜为主。

**—干鲜果品市场：**经营干鲜果品为主。

**—棉麻土畜、烟叶市场：**经营棉麻、土特产品、种畜、种禽、耕畜、烟叶为主。

**—其它农产品市场：**以上未提及的或经营两种以上农产品的农产品专业市场。

**（3）食品、饮料及烟酒市场：**指主要经营食品、饮料及烟酒等商品的交易市场。

**—食品饮料市场：**经营食品、饮料为主。

**—茶叶市场：**经营茶叶为主。

**—烟酒市场：**经营烟酒为主。

**—其它食品饮料及烟酒市场：**以上未提及的或主要经营两类以上食品、饮料及烟酒商品的专业市场。

**（4）纺织、服装、鞋帽市场：**指主要经营布料及纺织品、服装、鞋帽等商品的交易市场。

**—布料及纺织品市场：**经营布料及纺织品为主。

**—服装市场：**经营服装为主。

**—鞋帽市场：**经营鞋帽为主。

**—其它纺织服装鞋帽市场：**以上未提及的或主要经营两类以上纺织、服装、鞋帽商品的专业市场。

**（5）日用品及文化用品市场：**指主要经营各类日用品及文化用品等商品的交易市场。

**—小商品市场：**经营日用小百货为主。

**—箱包市场：**经营箱包为主。

**—玩具市场：**经营玩具为主。

**—文具市场：**经营文具为主。

**—图书、报刊杂志市场：**经营图书、报刊杂志为主。

**—音像制品及电子出版物市场：**经营音像制品及电子出版物为主。

**—体育用品市场：**经营体育用品为主。

**—其它日用品及文化用品市场：**以上未提及的或经营两类以上日用品及文化用品的专业市场。

**（6）黄金、珠宝、玉器等首饰市场：**指主要经营黄金、珠宝、玉器等首饰的交易市场。

**（7）电器、通讯器材、电子设备市场：**指主要经营电器、通讯器材、电子设备等商品的交易市场。

**—家电市场：**经营家电为主。

**—通讯器材市场：**经营通讯器材为主。

**—照相、摄像器材市场：**经营照相、摄像器材为主。

**—计算机及辅助设备市场：**以经营计算机及其配件、计算机辅助设备为主。

**—其它电器、通讯器材、电子设备市场：**以上未提及的或主要经营两类以上电器、通讯器材、电子设备商品的专业市场。

**（8）医药、医疗用品及器材市场：**指主要经营药材、中西药品、医疗器械等商品的交易市场。

**—中药材市场：**经营中药材为主。

**—其它医药、医疗用品及器材市场：**中药材专业市场以外的医药、医疗用品及器材专业市场。

**（9）家具、五金及装饰材料市场：**指主要经营家具、五金电料、各种家居装修装饰材料等商品的交易市场。

**—家具市场：**经营家具为主。

**—装饰材料市场：**经营装饰材料为主。

**—灯具市场：**经营灯具为主。

**—厨具、盥洗设备市场：**经营厨具、盥洗设备为主。

**—五金材料市场：**经营五金材料为主。

**—其它家具、五金及装饰材料市场：**以上未提及的或主要经营两类以上家具、五金或装饰材料商品的专业市场。

**（10）汽车、摩托车及零配件市场：**指专门从事新、旧机动车辆及其零配件交易的市场。

**—汽车市场：**经营汽车为主，包括新车市场和旧车市场。

**—摩托车市场：**经营摩托车为主。

**—机动车零配件市场：**经营机动车零配件为主。

（11）**花、鸟、鱼、虫市场**：指主要经营花、鸟、鱼、虫等商品的交易市场。

—**花卉市场**：经营鲜花、苗木及其制品为主。

—**鸟市场**：经营鸟类商品为主。

—**观赏鱼市场**：经营观赏鱼类商品为主。

—**其它花鸟鱼虫市场**：以上未提及的或主要经营两类以上花鸟鱼虫商品的专业市场。

（12）**旧货市场**：指经营各类旧货商品的交易市场。

—**古玩、古董、字画市场**：经营古玩、古董、字画商品为主。

—**邮票、硬币市场**：经营邮票、硬币商品为主。

—**其它旧货市场**：以上未提及的或主要经营两类以上旧货商品的专业市场。

（13）其它专业市场：以上未提及商品的专业市场。

## 二、商品分类及解释

1. **粮油、食品类**：指供人们食用的各种食品，如粮油、肉禽蛋、水产品、干鲜蔬果、食糖、糖果糕点、豆制品、滋补食品、食盐、调味品、罐头食品、奶及奶制品及其他食品加工制品等。

—**粮油类**：指供人们食用的粮食和食用油。

其中，粮食，包括小麦、稻谷、玉米、豆类、杂粮及其成品粮、磨粉、淀粉及其制品等；

淀粉及其制品，包括粉皮、粉丝、粉条、淀粉等；

食用油，包括食用植物和动物油等。

—**肉禽蛋类**：指供人们食用的肉类、禽类、蛋类商品。

其中，肉类，指供食用的活猪、活牛、活羊、家兔及其鲜（冻）肉和肉制品（不含各种肉罐头，统计在“其他食品类”）；

禽类，指供人们食用的活鸡、活鸭、活鹅和其他人工饲养的活禽类及其鲜（冻）、腌制和卤熟制品；

蛋类，指鸡、鸭、鹅和其他禽类的鲜蛋、再制蛋。

—**水产品类**：指各种海水、淡水产的鲜的或干的鱼、虾、蟹、藻类、贝类、软体类、腔肠类等水产品。

—**蔬菜类**：指各种新鲜的蔬菜，包括各种叶菜、茎菜、根菜、花菜、果菜以及各种食用菌等。

—**干鲜果品类**：包括新鲜瓜果、干果及蜜饯果脯等干鲜果。

2. **饮料类**：指供人们食用的各种饮料，包括液体型饮料，如汽水、果菜汁、矿泉水等；冷冻饮品；固体饮料；茶叶、咖啡、可可和其他饮料。

3. **烟酒类**：包括酒和烟草加工品。酒，包括白酒、啤酒、黄酒、果露酒等。烟草加工品，包括卷烟、雪茄烟、烟丝、莫合烟、鼻烟等烟草加工品，不包括烤烟、晒烟等烟草加工原料（统计在“其他类”）。

4. **服装、鞋帽、针纺织品类**：指服装、鞋帽、针织品和纺织品的集合。

（1）**服装类**：指以棉布、棉化纤混纺布、化纤布、麻布、呢绒、绸缎、裘皮、化纤针织面料等为原料缝制的各种男、女、成人、儿童的单、夹、棉、皮等各种服装（包括内衣裤、外衣裤、衬衣、衬裤、胸罩、裙子等），包括以毛线、丝线、麻线和各种混纺线编织的各种服装，如毛衣、毛衫、毛裤。

（2）**鞋帽类**：鞋，指皮鞋、胶鞋、布鞋和全塑料鞋等，包括各种材料制作的靴子、凉鞋、便鞋、拖鞋、运动鞋、旅游鞋、春秋鞋等；帽，指各种面料、各种款式的男、女、童、婴儿帽子。

（3）**针、纺织品类**：针织品，指纯棉、纯化纤、化纤与棉（包括短涤纶）混纺的针棉织品、毛毯、线毯、地毯、毛巾、毛线、毛织物等纯纺、纯化纤、混纺针织品及化纤针织面料；纺织品，指布（包括棉布、棉花化纤混纺布、化纤布等外棉棉布、玻璃纤维布、再生纤维布、野杂纤维布、土纺布、无纺布、漆布等），呢绒（包括涤纶混纺物），绸缎，麻布，纱类（包括棉纱、等外棉棉纱、玻璃纤维纱、再生纤维纱、野条纤维纱、废纱、土纱、麻绒等纺织品）。针、纺织品包括除服装外的制成品，如床上用品、袜子、针纺织手套、窗帘等。

5. **化妆品类**：指洁肤护肤美容用品、洁发护发美发用品、药物美容美体用品等。

洁肤护肤美容用品，包括洁面乳、霜、油等洁肤用品，霜、香脂、乳液、润肤油、爽身粉等护肤品，香粉（粉饼）、胭脂、唇膏、眼影、眉笔、指甲油、各种化妆盒、假发等美容品；

洁发护发美发用品，包括洗发香波、洗发膏、洗发精、浴液、剃须膏、发油、发露、发腊、发宝、营养发水、护发素、发胶、摩丝、各种染发剂等；

药物美容美体用品，包括花露水、腋下香、香水、防秃生发水、浓眉露、止痒水（粉）、祛斑霜、粉刺露、防晒剂、痱子粉（水）、减肥霜等；其他化妆用品。

6. **金银珠宝类**：指以金、银、铂等金属及钻石、宝（玉）石、翡翠、珍珠、水晶、象牙、骨角等为原料，经加工和连接组合、镶嵌等方法，制成各种图案造型的装饰品、饰品、工艺品等。包括首饰，如项链、戒指、耳环、手镯、脚链、挂件、别针、发卡等，珠宝饰品，如宝（玉）石、宝（玉）石饰品、钻石镶嵌、珍珠镶嵌以及其他金银珠宝饰品等。

7. **日用品类**：指日用金属制品、日用搪瓷制品、日用塑料制品、天然皮革和人造皮革制品、玻璃器皿、日用百货、燃气灶具、儿童玩具、日用化工产品、照明器具、日用杂品、钟表眼镜及配件、各种工艺品、烟花炮竹、人力或助动车类及配件等。

其中，日用金属制品，包括精铝、铸铝、铝合金家用器皿，不锈钢制餐具，家用厨房用具及其他不锈钢制器皿等，不包括工业建筑的通用金属器皿（统计在“金属材料类”）；

日用搪瓷制品，包括单瓷、双瓷的面盆、口杯及其他搪瓷制品等，不包括工业建筑的通用搪瓷制品（统计在“建筑及装潢材料类”）；

日用百货，包括如缝纫机、保温瓶、雨衣、理发用具、剃须刀具、火柴、打火机、电池、腰带、刀、剪、锁、钳、卫生纸、卫生巾等；

日用化工产品，包括洗涤用品、杀虫剂、花肥等；

燃气灶具，包括燃气热水器、各种灶具等；

照明器具，包括各种灯具、灯泡、灯管、手电筒等；

日用杂品，包括铁锅、笼屉、瓷碗、碟等餐具和炊事用具，竹、木、藤、柳编制品，炉子、烟筒和取暖设备等；

钟包括各种机械、石英电子的闹钟、挂钟、座钟等，表包括各种机械、石英电子手表、怀表、秒表、其他表、钟表零配件等，眼镜包括成品眼镜、眼镜架、眼镜片、眼镜毛坯、眼镜零配件等；

各种工艺品，包括雕塑工艺品、人造花卉工艺品、天然植物工艺品、纤维编织工艺品、刺绣工艺品、抽纱工艺品等。其中，雕塑工艺品包括玉雕、牙雕、金属工艺品、漆器工艺品、画类工艺品等，天然植物工艺品、纤维编织工艺品包括竹编工艺品、藤编工艺品、草编工艺品等；

人力或助动车类及配件，包括自行车、助动自行车、三轮车、残疾人座车（无论是否装有发动机）、婴儿推车和手推车等及配件。

**儿童玩具类**：包括各种材质制作的玩具。

8. **五金、电料类**：指五金工具、电工工具、工具配件、水暖器材、各种专用工具、五金杂品等，以及木瓦工具、电工电讯器材及配件等各类商品，如各种榔头、钳子、扳手、锉刀、泥刀、自来水管、各种水龙头、暖气片、阀门、螺丝、螺母、水表、电表、插座、插头、开关、电线、铁丝、镇流器、灯架、灯罩等。

9. **体育、娱乐用品类**：指体育用品、健身器材、游艺器材、棋牌、戏装道具、乐器、照相器材及用品等。

其中，体育用品，包括球类、球类器材、体操运动器材、举重运动器材、田径运动器材、水上运动器材、冰雪运动器材、射击、射箭、击剑器材、场地器材、航空、航海模型材料、运动保护用具、钓鱼用具等；

健身器材，指各种用于达到锻炼身体、提高身体素质目的的器材，包括侧重于肌肉训练的，如扩胸机、举重床、自重式健力器、哑铃组合架、坐式后拉器、卧式后屈腿训练器等；包括侧重于身体素质训练的，如跑步机、健步器、骑马机、滑雪器、健骑机等以及集消除疲劳、减肥健身为一体的各种按摩机（非电动）、健腹器等；

游艺器材，包括游戏机、插卡式电脑学习机、儿童运动游艺器材等；

棋牌，包括象棋、国际象棋、围棋、克郎棋、军棋、跳棋、扑克牌、麻将牌等；

乐器，包括中西乐器、电子乐器、乐器辅助用品及配件，如钢琴、提琴、手风琴、吉他等；

—**照相器材类**：包括摄影用品、暗房用品、修相用品和其他照相器材，如摄影用品，包括照相机、座机、外拍机、胶卷胶片、相纸、放大机、照相镜头、摄像灯具照相零配件及其他摄影用品，上光机、反拍机、翻版机、冲片机等，修相油、上光用品、修底版用具等，洗相药品，如显影液、定影液等，不包括X光胶片和工业胶片（统计在“化工材料及制品类”）。

10. **书报杂志类**：指各种以纸介质形态出版发行的中外文的书籍、工具书、课本、教材、图片、报纸和杂志等。

11. **电子出版物及音像制品类**：指电子出版物和音像制品。

其中，电子出版物，指以数字方式将图文音像等信息编辑加工后存储在磁、光、电介质上，通过计算机或者具有类似功能的设备读取使用，用以表达思想、普及知识和积累文化，并可复制发行的大众传播媒介，其媒体形态包括软磁盘（FD）、只读光盘（CD-ROM）、交互式光盘（CD-Ⅰ）、照片光盘（PHOTO-ROM）、高密度只读光盘（DVD-ROM）、集成电路卡（IC CARD）等，及其他媒体形态；

音像制品，指各种磁、光、电介质的录音、录像的磁带、光盘（CD、LD、VCD、DVD）等，包括各种空白的录音带、录像带、光盘。

12. **家用电器和音像器材类**：指洗涤电器、制冷电器、清洁电器、小家电、家用厨房电器具、家用保健电器和各类音像器材等。

其中，洗涤电器，包括洗衣机、甩干机等；

制冷电器，包括电冰箱、电冰柜、房间空调器等；

清洁电器，包括吸尘器、加湿器、空气净化器等；

小家电，包括电熨斗、电风扇、电淋浴器（包括浴霸）、节能热水器等；

家用厨房电器具，包括食品加工机、抽排油烟机、微波炉、电饭煲、电烤箱、洗碗机、消毒柜等；

家用保健电器，包括电取暖器、电动按摩器等；

音像器材，包括电视机、录音机、录像机、摄像机、收音机、幻灯机、组合音响、影碟机（LD、CD、VCD、DVD等）、专业音响器材、专业声像器材以及配件等，不包括照相器材及用具（统计在“体育、娱乐用品类”）。

13. **中西药品类**：指人用各种中西药品、中药材以及各种小型医疗用品、敷料，不包括医疗用的各种大型设备，如CT机，核磁共振器等和兽用的各种药品、医疗器材（统计在“其他类”）。

—**西药类**：指以化学物质为原料根据药典或处方生产的用于预防、治疗、诊断人体的疾病，有目的地调节人体的生理机能并规定有适应症、用法和用量的物质，包括化学药品制剂、放射性药品、血清疫苗、血液制品和诊断药品等，但不包括化学试剂（统计在“化工材料及制品类”）。

—**中草药及中成药类**：指以天然的活性物质群为原料，根据中医药典或处方生产或配置，用于预防、治疗人体的疾病，有目的地调节人体的生理机能并规定有适应症、用法和用量的物质。包括中药材、中药饮片、中成药。

其中，中药材，指在自然界中天然生长或人工种植、养殖、采掘的可用于加工中药饮片和中成药的物质，包括各种植物、动物、矿物等；

中药饮片，指以中药材（包括各种药用植物、动物、矿物）为原料用于预防、治疗人体的疾病，有目的地调节人体的生理机能并规定有适应症、用法和用量的物质；

中成药，指以中药材（包括各种药用植物、动物、矿物）为原料根据药典或处方生产的用于预防、治疗人体的疾病，有目的地调节人体的生理机能并规定有适应症、用法和用量的制剂，包括各种剂型（丸、散、膏、丹、胶、药酒、露、冲剂及改良剂型）的中成药。

14. **文化办公用品类**：指学习用品、办公用品和计算机及其配套产品。

其中，学习和办公用品，包括学习和办公用的纸张、本册、打字机、油印机、速印机、复印机、计算器、快译通、电子笔记本、算盘、文具、普通测绘仪器、印刷材料以及教学用的设备、器材、标本、模型等；

计算机及其配套产品，包括CPU在80186以上的大、中、小、微型、便携式电子计算机（包括多媒体计算机）和计算机的辅助设备，如服务器、打印机、扫描仪、不间断电源、多媒体配件、专用设备和零配件，计算机用键盘、鼠标、网卡、U盘、内存条、软盘、磁带、打印机用纸、色带、墨盒、硒鼓等，不包括单板机、插卡式电脑学习机（统计在“体育、娱乐用品类”），也不包括各种电子计算机软件（统计在“电子出版物及音像制品类”，随机附赠品除外）。

15. **家具类**：指用木材、金属、塑料、藤、竹等为主要原料制成的供人们生活、学习、工作、休息用的各种普通家具和具有特定用途的专用家具，包括家用就寝、就餐、起居、书房使用的床、柜、箱、架、沙发、桌、椅、凳、茶几、屏风，以及成套或组合家具，也包括医院、学校、图书馆、旅游、办公等专用的办公桌椅、文件柜、书柜等家具。

16. **通讯器材类**：指有线、无线通讯使用的各种器材和设备，包括电话机（普通电话机、无绳电话机、移动电话、小灵通等）、对讲机、寻呼机、传真机等以及配套产品。

17. **煤炭及制品类**：包括原煤、煤炭和煤制品，如洗煤、筛选块煤、筛选混煤及混末煤、焦炭、石油焦、半焦、煤饼（块）、煤球等。

18. **木材及制品类**：指木、竹采伐产品和木材、竹非生活制品等。此类商品销售一律按批发计算。

其中，木、竹采伐产品，包括原木、小规模木材、薪炭木材、毛竹、篙竹等；

木材、竹非生活制品，包括锯材、板材、人造板、木材防腐制品，木、竹工业、建筑业用品，藤、棕、柳条工业制品等。

19. **石油及制品类**：包括原油、炼厂气体、汽油、煤油、柴油、燃料油、工业燃料、溶剂油、润滑油、石蜡、地腊、专用腊、凡士林、洗涤剂原料、石油腊类、石油沥青、标准油、白色油、软麻油、原料油、润滑脂、石油酸、石油皂、液化石油气等。

20. **化工材料及制品类**：指化学矿采选品、化工产品、橡胶制品、塑料制品等。此类商品销售一律按批发计算。

其中，化学矿采选品，包括硫铁矿、磷矿、硼矿、钾矿、天然硫磺、钙芒硝矿、芒硝矿、蛇纹矿、天然矿、重晶石、督重石、天青石、雄黄石、明矾石等；

化工产品，不包括日用化工产品（统计在“日用品类”或“化妆品类”），包括无机化学品、化学肥料、化学农药、有机化学品、颜料、染料、催化剂、助剂、添加剂、粘合剂、高分子聚合物、信息用化学品、化学试剂、X 光胶片、工业用胶片等；

橡胶制品，不包括日用橡胶制品（统计在“日用品类”），包括如橡胶运输带、橡胶类传输带、橡胶三角带、橡胶风扇带、橡胶胶管、再生胶、橡胶导风管、橡胶浮筒、橡胶杂品、乳胶制品、橡胶密封制品、特种橡胶制品、软胶壳、微孔橡胶隔板、胶绳、胶筋、胶液、密封腻子等；

塑料制品，不包括日用塑料制品（统计在“日用品类”），包括塑料薄膜、塑料板材、塑料管、塑料棒、塑料异型材、塑料丝、塑料人造革、塑料合成革、泡沫塑料、塑料工业配件、塑料包装箱及容器等塑料原料。

**—化肥类**：指氮肥、磷肥、钾肥、复合肥，不包括家庭使用的花肥（统计在“日用品类”）。此类商品销售一律按批发计算。

其中，氮肥，包括液氮、尿素、硝酸铵、氯化铵、硫酸铵、氨水等；

磷肥，包括重过磷酸钙、普通过磷酸钙等；

钾肥，包括氯化钾、硫酸钾、窑灰钾、钾镁肥等；

复合肥，包括氮磷肥、氮钾肥、磷钾肥、氮磷钾肥、硝酸磷、氮钾混合肥、铵磷钾、磷酸铵等。不包括磷矿粉肥和“土法”生产的各种化学肥料，如硫磺脚渣提炼的硫磺铵、硝酸钾、土制过磷酸钙和磷酸钾，也不包括微量元素的化学肥料（如钾酸铵）。

21. **金属材料类**：指黑色金属矿采选品和黑色金属冶炼及其压延产品、有色金属矿采选产品和有色金属冶炼及其压延产品。此类商品销售一律按批发计算。

其中，黑色金属矿采选品，包括铁矿石原矿、铁矿石成品矿、人造富铁矿、锰矿石原矿、锰矿石成品矿、人造富锰矿、铬矿石原矿、铬矿石成品矿等；

黑色金属冶炼及其压延产品，包括钢、生铁、铁合金、钢材、钢坯、钎子钢、轧制钢球、重熔钢、炼铁副产品、球墨铸铁、金属化球团、海棉铁、钒渣和粗末冶金原料、钢板网等；

有色金属矿采选产品，包括重有色金属矿采选产品、轻有色金属矿采选产品、贵金属矿采选产品、稀有金属矿采选产品等；

有色金属矿冶炼及其压延产品，包括有色金属矿冶炼产品、轻有色金属矿冶炼产品、稀土金属冶炼产品。稀散金属及半金属冶炼产品、高纯及超纯有色金属、重有色金属合金、硬质合金、稀有稀土金属合金、稀有放射性金属冶炼产品、重有色金属加工材、双金属材、轻有色金属加工材、贵金属加工材、稀有金属加工材、有色金属加工材、半导体材料等。

22. **建筑及装潢材料类**：指非金属矿采选成品、建筑材料及其他非金属矿物制品和各种办公或家庭用的室内装饰材料等。

其中，非金属矿采选成品，包括土砂石矿品、耐火土石开采及其初加工品、工艺美术品用非金属矿、石棉、工业原料用云母、石墨、石膏、工业原料滑石、滑石粉、金刚石、水晶、冰洲石、次土、膨润土及其初加工品、长石、叶腊石、蛭石、硅线石、凹凸奉石、海泡石、浮石、沸石、珍珠岩、霞石正方岩、刚玉、硅藻石、硅石灰石等；

建筑材料及其他非金属矿物制品，包括水泥、无熟料水泥、水泥熟料、水泥混凝土制品、水泥预制构件、纤维增强水泥制品、砖、瓦、建筑砌砖、石灰、轻质建筑材料、建筑用石材加工品、建筑防水材料、建筑保温材料、建筑用玻璃制品、平板玻璃、压延玻璃、磨砂玻璃、喷花玻璃、中空玻璃、热反射玻璃、吸热玻璃、玻璃砖、泡沫玻璃、工业技术玻璃、特种玻璃、玻璃纤维及其制品，石英玻璃及其制品、光学玻璃、玻璃仪器、绝缘玻璃、玻璃保温容器（不包括日用玻璃保温容器，统计在“日用百货类”）、普通陶瓷制品（不包括陶瓷餐具，统计在“日用品类”）、工业陶瓷、高压绝缘子、低压绝缘子耐火材料制品、玻璃窑专用耐火材料、石墨及碳素制品、碳化纤维、石墨热交换器。石棉制品、云母制品、磨料和磨具、铸石、化学石膏、人造水晶、合成云母、人造金刚石、晶体材料、晶体镀膜材料等；

办公和家庭用的室内装饰材料，包括地板、地板革、墙纸、墙布、涂料、乳胶漆及各种装饰用具等，但不包括家具（统计在“家具类”）、清洁电器和家用厨房电器具（统计在“家用电器和音响器材类”）。

**23. 机电产品及设备类**：指普通机械、交通运输机械、电器机械及器材、电子产品及通讯设备、各种农林牧渔业机械等。

其中，普通机械，包括锅炉及原动机、金属加工机械、通用机械、铸锻件及通用零部件、工业专用设备、建筑工程机械、钻探机械等；

交通运输机械，包括铁路运输设备、飞行器、工矿设备、船舶及其辅机、摩托车，不包括汽车、汽车底盘及汽车配件（统计在“汽车类”）；

电器机械及器材，包括电机、输变电设备、电工器材等；

电子产品及通讯设备，包括雷达和无线电导航设备、通讯设备、广播电视设备、电子原件、电子器件、仪器仪表、计量标准仪具及量具、衡器，不包括家用电脑机及其各种配套产品（统计在“文化办公用品类”）、电话机、移动电话、BP 机等（统计在“通讯器材类”），也不包括家用电视机、录音机、录像机、摄像机等（统计在“家用电器和音像器材类”）。

**—农机类**：指各种农林牧渔业机械。包括农机具、农药具、农用车、农用动力机械等，如拖拉机、收割机、机引犁、机引耙、机引播种机、机动三轮车、拖车、机动植保机械、机动畜牧机械、机动脱粒机、内燃发动机组、水泵、喷灌机；以及各种零配件，如电动机、柴油机、手推车车轮等。此类商品销售一律按批发计算。

**24. 汽车类**：指由动力装置驱动，具有四个或以上车轮的非轨道无架线的车辆及其零配件，包括汽车、汽车底盘和汽车配件等。

其中，汽车包括载货汽车、越野汽车、自卸汽车、牵引汽车、专用汽车、客车、轿车等。

**25. 种子饲料类**：指各种农业或公共园艺使用的种子、种苗和饲养牲畜的草料、杂粮、杂豆等，不包括家庭使用的花种、种苗等，以及人们以娱乐、休闲为目的而饲养各种动物的从专门商店购买的宠物食品（统计在“其他类”）。此类商品销售一律按批发计算。

**26. 棉麻类**：指棉麻产品、蚕茧等。

其中，棉，包括籽棉、细绒棉、长绒棉、絮棉、棉短绒；

麻，包括黄麻、红麻、苎麻、大麻、亚麻、剑麻；

蚕茧，包括桑蚕茧、柞蚕茧、蓖蚕茧和其他蚕茧等。

**27. 其他类**：指以上未包括的商品类别，如大型医疗器材，文物、古董、邮票、硬币、现代绘画作品，土特产品和畜产品、禽畜或宠物用的药品、宠物食品、花鸟鱼虫，消防器材及设施，废旧物资等。

其中，畜产品包括各种牛皮、羊皮、猪皮及其他动物皮革，以及种畜、幼畜、幼禽绒毛、羽毛、鬃毛、肠衣等。